国家交通重大工程档案·北京篇
——广渠路东延道路工程

《国家交通重大工程档案》编辑部 编著

人民交通出版社股份有限公司
北　京

图书在版编目（CIP）数据

广渠路东延道路工程/《国家交通重大工程档案》编辑部编著 .—北京：人民交通出版社股份有限公司，2021.9

（国家交通重大工程档案.北京篇）

ISBN 978-7-114-17631-9

Ⅰ.①广⋯　Ⅱ.①国⋯　Ⅲ.①城市道路—道路工程—工程档案—北京　Ⅳ.①U415②G275.3

中国版本图书馆 CIP 数据核字（2021）第 188690 号

Guojia Jiaotong Zhongda Gongcheng Dang'an · Beijing Pian——Guangqulu Dongyan Daolu Gongcheng

书　　名：	国家交通重大工程档案 · 北京篇——广渠路东延道路工程
著 作 者：	《国家交通重大工程档案》编辑部
责任编辑：	赵瑞琴　齐黄柏盈
责任校对：	孙国靖　龙　雪
责任印制：	张　凯
出版发行：	人民交通出版社股份有限公司
地　　址：	(100011)北京市朝阳区安定门外外馆斜街3号
网　　址：	http://www.ccpcl.com.cn
销售电话：	(010)59757973
总 经 销：	人民交通出版社股份有限公司发行部
经　　销：	各地新华书店
印　　刷：	北京地大彩印有限公司
开　　本：	787×1092　1/16
印　　张：	52.5
字　　数：	943千
版　　次：	2021年9月　第1版
印　　次：	2021年9月　第1次印刷
书　　号：	ISBN 978-7-114-17631-9
定　　价：	412.00元（含两册）

(有印刷、装订质量问题的图书由本公司负责调换)

《国家交通重大工程档案》编纂说明

改革开放特别是党的十八大以来，我国综合交通事业发展突飞猛进、成就举世瞩目，已成为门类齐全、设施发达、设备先进、基数庞大、网络完备的交通大国，一大批交通重大工程建设项目不仅在中国乃至在世界交通发展史上都书写了辉煌、创造了奇迹。

为全面系统记录我国综合交通重大工程建设发展历程和现状，客观展示中国交通重大工程建设取得的巨大成就，深刻诠释"交通强国"的发展理念，生动反映我国交通建设者继往开来、砥砺奋进，朝着"交通强国"宏伟蓝图，朝着中华民族伟大复兴的中国梦，踏石留印，一路前行，经国家发展和改革委员会基础产业司（现为基础设施发展司，下同）批准，由《中国交通年鉴》社启动编纂《国家交通重大工程档案》（以下简称《重大工程档案》）。

《重大工程档案》分为综合卷和系列卷，系列卷由铁路卷、公路卷、水路卷、民航卷、管道运输卷、城市交通卷、企业卷、地方交通卷等组成；采取纪实性大型资料工具书形式，以文字、图片、数据表格、效果图等方式，简要、系统、直观、立体地呈现我国交通重大工程建设取得的巨大成果。

《重大工程档案》记述对象从1978年改革开放开始，以国家综合交通"五年规划"为主线，筛选各建设时期具有重大社会效益、经济效益和具有代表性、标志性及科技创新性的重大交通工程项目为收录对象，重点以"十二五"规划接转项目和"十三五"规划在建、竣工的重大工程项目为主。编纂内容主要包括项目基本情况、审批依据、建设意义、投资主体、工程进度、新技术应用和项目评估等。

《重大工程档案》全套丛书彩色印刷，图文并茂，设计装帧精美，由国家级出版社公开出版发行。同时，呈送党中央、国务院、全国人大、全国政协领导和相关机构及国家有关部、委、局、署。

《重大工程档案》主要发行对象为各省区市发展改革委、交通运输部门及相关建设单位等。编纂《重大工程档案》对于建立综合、权威的国家交通重大工程数据库，为政府决策机构提供翔实的参考数据并存史资政，宣传推广我国综合交通行业取得的重大成就和科技成果，具有重要的历史价值和现实意义。

《重大工程档案》指导单位为国家发展和改革委员会基础产业司，组织单位为《中国交通年鉴》社《国家交通重大工程档案》编委会，编纂单位为《中国交通年鉴》社《国家交通重大工程档案》编辑部。

编纂《重大工程档案》得到了国家有关部委，中央国有大型企业，各省、自治区、直辖市有关厅、局、委及交通重大工程建设指挥部、项目部和项目管理单位、建设单位、设计单位、施工单位、监理单位等有关领导、专家、学者、交通建设者的大力支持和帮助，在此一并表示感谢！

《国家交通重大工程档案》编委会
2020年12月

前 言

睿智通大道，妙手筑丰碑

百年工程、千年大计，开智慧大道，显强国实力，筑当代新路，创时代象征。

2021年1月20日，广渠路东延道路建成通车。决策者的远见记在这里，勘察者的足迹留在这里，设计者的智慧融在这里，建设者的汗水洒在这里。他们创造和奉献的丰碑，也高高地竖在这里。

自从党和国家做出建设北京城市副中心的重大规划之后，广渠路东延，就成为一种传奇。从北京市中心到城市副中心，有几条路可走。但最直线、最便捷的，还是从广渠路一直东行。只可惜，当时的广渠路，只能通到五环路。后来经过广渠路二期工程，到达通州区西侧的怡乐西路。再往前走，则要穿过通州城区，然后才能到达北京副中心办公区。

很明显，这是一个瓶颈。从通州城区穿过，必然会大大影响行车速度。为此规划者和设计者大胆提出了一个精妙方案，将这条主干道设置地面和地下两套系统，同期建设景观大道。

广渠路东延道路工程，具有五大亮点：

其一是隔空成大道，闹市变通途。广渠路东延道路通车之后，成为自东四环大郊亭桥至东六环段长约20km的城市快速路，使东四环大郊亭桥到达副中心办公区的行车时间，由1小时缩短到20多分钟，大大缩短了中心城区与城市副中心间的通勤时间。

其二是隧道穿城过，时空瞬息移。广渠路东延道路地下隧道取名"运通隧道"，取行驶畅通之意。隧道内大部分路段最高限速80km/h，邻近隧道东侧出口处，最高限速 60km/h；而到达出口处时，最高限速 50km/h。

其三是三季都有花，全路都是景。广渠路东延道路的地上系统道路两侧，各设置了两条宽达 15m 的景观提升带，形成一条绿色长廊。同时它也是一条供市民漫步的人行步道，为沿线居民提供了舒适宜居的活动场所和生活空间。一条三季有花、四季常绿、树种多样、层次丰富的森林植物景观大道，将出现在每个路过者眼前。

其四是空中无蜘网，地下有管廊。与广渠路东延道路工程同步建设的，还有一条市民看不见的地下市政综合管廊。有了这条地下市政综合管廊，市民驾车途经广渠路东延段时，最直观的感受就是，井盖少了，车辆行驶起来更加平稳。同时"马路拉链""空中蜘蛛网"等问题也消失不见了。

其五是空气全净化，灯光随调整。广渠路东延道路在隧道内安装了空气净化设备。隧道内的空气由射流风机吹到隧道出口后，通过一条侧向的风口，抽排到隧道侧壁内的风机房中。空气中的污染物，经过活性炭和静电除尘设备吸附，污染物含量大大降低，随后再通过风道把处理过的干净空气排回隧道。同时，隧道口的灯光，也能随光线变化调整。

高尔基说："世界上最神圣最美好的东西，就是劳动。几乎人间的所有财富，都是由劳动创造而来。"李大钊讲："我觉得人生求乐的方法，最好莫过于尊重劳动。一切乐境，都可由劳动得来；一切苦境，都可由劳动解脱。"

许多人，在这里付出了体力；更多人，在这里奉献了智慧。是他们的劳动和创造，实现了北京的东延之梦，也为这个伟大的城市，留下了精彩的一笔。

北京，会感谢他们！历史，将记住他们！

《国家交通重大工程档案》编辑部
2021 年 4 月

目 录

第一篇 概览篇 ······ 1
- 第一章 项目简介 ······ 3
- 第二章 建设背景及意义 ······ 5
- 第三章 建设方案 ······ 8
- 第四章 经济评价 ······ 12
- 第五章 节能评价 ······ 14

第二篇 规划篇 ······ 15
- 第一章 规划背景 ······ 17
- 第二章 广渠路东延道路工程规划 ······ 19

第三篇 勘察设计篇 ······ 25
- 第一章 自然条件及地质条件 ······ 27
- 第二章 道路工程方案 ······ 30

第四篇 管理篇 ······ 85
- 第一章 建设依据 ······ 87
- 第二章 建设单位及管理机构 ······ 88
- 第三章 前期工作情况 ······ 91

1

第五篇　建设篇 ... 97

第一章　广渠路东延道路工程第一标段 ... 99
第二章　广渠路东延道路工程第二标段 ... 120
第三章　广渠路东延道路工程第三标段 ... 131
第四章　广渠路东延道路工程第四标段 ... 146
第五章　广渠路东延道路工程第五标段 ... 162

第六篇　监理篇 ... 179

第一章　监理公司简介 ... 181
第二章　项目监理机构的组建 ... 183
第三章　监理规划及实施细则 ... 184
第四章　工程测量和监测 ... 185
第五章　工程材料和构配件管理 ... 186
第六章　桩基托换工程监理 ... 187
第七章　隧道工程监理 ... 192

第七篇　环保篇 ... 195

第一章　广渠路东延道路工程第一标段 ... 197
第二章　广渠路东延道路工程第二标段 ... 203
第三章　广渠路东延道路工程第三标段 ... 208
第四章　广渠路东延道路工程第四标段 ... 209
第五章　广渠路东延道路工程第五标段 ... 215

第八篇　成果篇 ... 223

第一章　广渠路东延道路工程第一标段 ... 225
第二章　广渠路东延道路工程第二标段 ... 227
第三章　广渠路东延道路工程第三标段 ... 232
第四章　广渠路东延道路工程第四标段 ... 234
第五章　广渠路东延道路工程第五标段 ... 235

第九篇　人物篇 · · · · · · 243

第一章　广渠路东延道路工程第一标段 · · · · · · 245
第二章　广渠路东延道路工程第二标段 · · · · · · 247
第三章　广渠路东延道路工程第三标段 · · · · · · 250
第四章　广渠路东延道路工程第四标段 · · · · · · 253
第五章　广渠路东延道路工程第五标段 · · · · · · 255
第六章　广渠路东延道路工程监理二标 · · · · · · 258

第十篇　党建文化篇 · · · · · · 261

第一章　参建单位党建文化 · · · · · · 263
第二章　参建单位文化建设 · · · · · · 271

大事记 · · · · · · 277

第一篇 概览篇

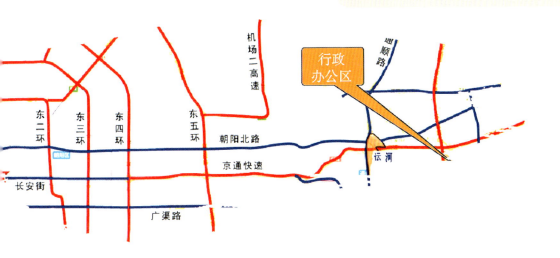

概 述

广渠路东延，不仅是一项市政工程，而且是一项时代工程，不仅是一项攻关工程，而且是一项智慧工程。因为它承担着，打通首都北京市中心到副中心交通瓶颈的重大历史使命。

这项工程自2017年9月开工，到2021年1月20日正式通车。历时三年，风雨兼程。建设者的汗水洒在这里，智慧融在这里，丰碑也竖在这里。

广渠路东延道路工程的最大特点，是地下与地上两套系统同步建设，同行并进。地下开通管廊隧道，地上建成景观大道。尤其是城市地下综合管廊，将成为城市建设现代化、科技化、集约化的标志之一。既是城市地下空间充分利用的有效手段，又是确保城市安全运转和可持续发展的基础。既是百年工程，又是千年大计。广渠路东延道路的地上工程，也将成为一条高效率、多体验、艺术性的景观长卷，使城市融入自然，交通融入景观。

工程建设者克服地质条件复杂、环保要求高、施工难度大等困难，特别是面对新冠疫情的影响，参建单位创新工作思路，大胆采用新工艺、新材料、新技法，创造性地完成了项目的建设任务。

第一章 项目简介

广渠路东延（怡乐西路—东六环路）道路工程，投资金额：建安费合计73.36亿元；建设周期：2017年12月25日—2021年6月30日（除个别节点外）；项目起终点：怡乐西路到东六环路，全长7.6km；建设标准：有地面、地下两套系统，同期建设景观大道。地面道路长约7.6km，设计速度为60km/h，主路为双向六车道，外侧车道为快速公交专用道；地下隧道长约6.57km，设计速度为80km/h，双向六车道。

2017年9月29日，《北京城市总体规划（2016—2035年）》发布，明确提出为落实城市战略定位、疏解非首都功能、促进京津冀协同发展，充分考虑延续古都历史格局、治理"大城市病"的现实需要和面向未来的可持续发展，着眼打造以首都为核心的世界级城市群，完善城市体系，在北京市域范围内形成"一核一主一副、两轴多点一区"的城市空间结构，着力改变单中心集聚的发展模式，构建北京新的城市发展格局。

北京城市副中心为北京新两翼中的一翼。紧紧围绕对接中心城区功能和人口疏解，发挥对疏解非首都功能的示范带动作用，促进行政功能与其他城市功能有机结合，以行政办公、商务服务、文化旅游为主导功能，形成配套完善的城市综合功能。

北京城市副中心规划范围为原通州新城规划建设区，总面积约155km²。外围控制区即通州全区约906km²，进而辐射带动廊坊北三县地区协同发展，见图1-1-1。

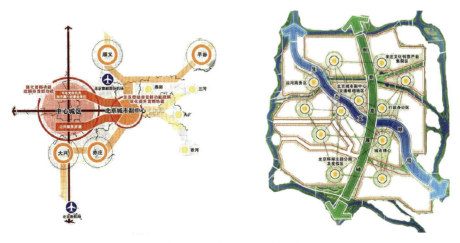

图1-1-1 区域位置示意图

中央高度关注北京城市副中心规划建设工作，北京市高度重视城市副中心建设工作。广渠路东延（怡乐西路—东六环路）道路工程列为北京市重点工程，见图1-1-2。

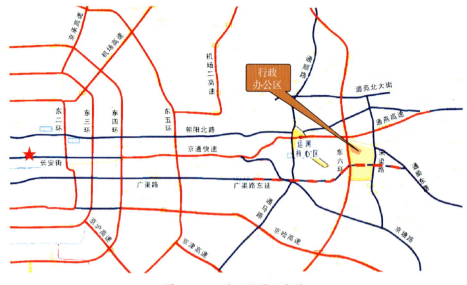

图1-1-2 地理位置示意图

一、地理位置

广渠路东延（怡乐西路—东六环路）道路工程，向西连接广渠路二期，向东连接行政办公区，是北京中心城与东部城区及功能区快速交通连接通道的组成部分，是区域范围内重要的通过性交通干道。线位起于怡乐西路，沿现况通朝大街、运河西大街、运河东大街方向向东与东六环路相交，处于城市副中心中部。

二、工程范围

广渠路西起东二环广渠门桥，东至通州区通柴东路（现况堡东路），全线长度约28km。广渠路是中心城与城市副中心、行政办公区的重要连接通道，是通州城区与中心城的重要联系通道，也是公共交通骨干网络东西向通道，是快速公交的重要走廊。

广渠路东延（怡乐西路—东六环路）道路规划为城市主干路，道路红线宽度为60m。该段长约7.6km，道路按地面、地下两套系统设置。地面道路为景观大道，设计速度为60km/h，主路车道数为双向六车道，外侧车道为快速公交专用道；地下道路全线下穿，预留远期提级为城市快速路的条件，长约6.57km，设计速度为80km/h，车道数双向六车道，外侧车道为快速公交专用道。

第二章　建设背景及意义

一、项目情况介绍

整体来说，目前北京的城区结构是一个空心的、环状的、扁平的多中心结构，主要分布在从二环到四环的区域里。北京市功能体系为：第一，首都职能，包括政治中心、文化中心、对外交往中心和科技创新中心。第二，建智力城市。作为中国面向亚太的一个门户，北京一定要有一个面向国际区域的高端管理功能，包括国际型企业的总部、国际化的金融功能、生产性的服务功能，这是为发展成世界城市之后承担国际化的职责。第三，要有支撑整个城市运行的基本设施，包括医疗卫生、城市物流和商业等最基本的职能，这些组成了首都自身的健康保障运行体系。

随着《北京城市总体规划（2016—2035年）》的发布，北京市总体规划提出，构建"一核一主一副、两轴多点一区"的城市空间结构，更加明确了通州作为北京城市副中心的定位。广渠路东延（怡乐西路—东六环路）道路工程被列为2018年市重点工程。

广渠路自东二环至通柴东路，是中心城市与副中心的重要联系通道。广渠路东延道路作为广渠路的一部分，位于城市副中心内，其建设不仅要强化主副城区的连接，又不能增加对沿线地区的交通干扰，通过地面设置城市景观大道，地下设置市政综合管廊，进一步改善该区域市政基础设施条件，提升人民生活水平，建设意义特别重大。

广渠路东延道路工程被赋予以下三项重要意义：

（1）地面道路形成林荫大道、景观长卷，并设置快速公交走廊，道路红线两侧各15~20m范围内设置景观带，营造交通与环境融合的典范。

（2）通过地下道路的设置隔离过境交通对该地区交通的影响，为该地区营造良好的交通环境。

（3）地下空间综合利用，同步建设地下综合管廊，并结合海绵城市设计理念，提升城市防洪排涝能力及城市生态系统功能。

广渠路东延（怡乐西路—东六环路）道路规划为城市主干路，道路红线宽度为60m。该段长约7.6km，道路按地面、地下两套系统设置。地面道路为景观大道，设计速度为60km/h，主路车道数为双向六车道，外侧车道为快速公交专用道；地下道路全线下穿，预留远期提级为城市快速路的条件，长约6.57km，设计速度为80km/h，车道数双向六车道，外侧车道为快速公交专用道。隧道上方同步设置市政综合管廊。

二、项目主要绩效目标

1. 推动副中心建设、保障中心城与副中心快速交通联系

随着城市副中心的建设的推进，北京市域范围内将形成"一核一主一副、两轴多点一区"的城市空间结构。广渠路东延（怡乐西路—东六环路）道路向西连接广渠路二期，向东与东六环路相交，是北京中心城与东部城区及功能区快速交通连接通道的组成部分，是区域范围内重要的通过性交通干道。

为保证中心城与副中心快速、安全、便捷的交通联系，提升通州区区域路网交通承载能力，自怡乐中路以东至芙蓉路设置地下道路，全长6.57km。考虑地下空间的综合利用，隧道的空间布置，为规划地铁等地下工程预留了条件。隧道内采用吸音降噪装饰材料，提升行车舒适感受。隧道采用明挖法施工的双洞隧道，车行道左右分幅，双向六车道，最外侧设置快速公交系统。

2. 落实北京市总体规划，完善副中心路网结构

2017年9月29日，《北京城市总体规划（2016—2035年）》发布，明确提出为落实城市战略定位、疏解非首都功能、促进京津冀协同发展，充分考虑延续古都历史格局、治理"大城市病"的现实需要和面向未来的可持续发展，着眼打造以首都为核心的世界级城市群，完善城市体系。该项目是北京市重点工程。

3. 实现公共交通骨干网络的东西向通道

广渠路西起东二环广渠门桥，东至通州区通柴东路，全线长度约28km。广渠路是中心城与城市副中心、行政办公区的重要联系通道（图1-2-1）。广渠路快速公交系统自东二环以西马圈站至东小营站，全长26.6km，设置16对车站。该项目作为广渠路的一部分，设置

图1-2-1　广渠路东延道路

5对快速公交车站，形成公共交通骨干网络东西向通道，同时也是快速公交的重要走廊。道路两侧布置有地铁八通线车站，承担了多种公共交通方式转换功能。

4. 着眼地下空间综合利用，实现综合管廊与地下道路共构合建

道路下方建设有雨水、污水、给水、中水、电力、电信等市政管线，是行政办公区重要的市政管线路由。

近年，国家大力提倡城市建设综合管廊工程，将城市管线纳入综合管廊，解决城市"马路拉链""空中蜘蛛网"等问题。

城市地下综合管廊是城市建设现代化、科技化、集约化的标志之一，是城市地下空间充分利用的有效手段，也是确保城市安全运转和可持续发展的基础。广渠路东延道路位于通州区内，在通州建设"北京城市副中心"的背景下，该项目通过技术创新实现地下道路与综合管廊合建，不仅为该地区提供重要交通保障，同时也是结合旧城改造、景观提升等综合性的城市建设，是实现北京副中心可持续发展的百年工程、千年大计。

5. 通过城市设计使广渠路东延道路成为一条高效率、多体验、艺术性的景观长卷，使城市融入自然，交通融入景观

景观大道设置8m中央隔离带，两侧为双向六车道的地面主路，最外侧车道设置为公交专用道；通过辅路的设置，方便小区出入，主辅分隔带为4.5m；非机动车道宽3.5m，人行步道结合绿化及城市景观设计，慢行系统完全融入路侧休闲绿带，形成林荫景观大道。

项目在规划建设过程中遵循城市发展规律，牢固树立并贯彻落实创新、协调、绿色、开放、共享的发展理念，充分体现中华元素、文化基因，借鉴其他文化特色。加强现代化建设与生态景观的有机融合，突出山水城市的景观特征；注重精细化设计，打造宜居宜人景观尺度；注重多层次、立体化城市景观塑造；加强沿路的城市空间韵律感设计，体现中国特色，富有现代活力。

景观大道同样体现智慧城市的要求，比如路灯杆设置成智慧灯杆，满足wifi使用、交通监控、信息发布、环境监测等多种功能。结合道路两侧15~20m的景观休闲绿带的修建，人行步道设于休闲绿带中。街道公共空间增加，道路绿地率增加4%，慢行系统林荫覆盖率增加20%。

第三章 建设方案

一、建设条件

（一）自然条件

北京市位于华北平原西北边缘，北有军都山，西有西山，东南面向辽阔的华北平原，距渤海约150km。除东南一部分与天津毗邻外，其余边界均与河北省接壤，自东北至东南分别与河北省承德、张家口、保定及廊坊为邻，是一个靠近海湾的特大型内陆城市。北京的东部和南部平原地区，是联系东部港口及南部平原城镇的重要地区，具有明显的优越条件，是城市发展的主要区域。

通州区位于北京市东南部、京杭大运河北端，地处北京长安街延长线东端，是京杭大运河的北起点、首都北京的东大门。西临朝阳区、大兴区，北与顺义区接壤，东隔潮白河与河北省三河市、大厂回族自治县、香河县相连，南和天津市武清区、河北省廊坊市交界。紧邻北京中央商务区（CBD），西距国贸中心13km，北距首都机场16km，东距塘沽港100km，素有"一京二卫三通州"之称，是环渤海经济圈中的核心枢纽部位。

广渠路东延（怡乐西路—东六环路）道路起点位于北京市通州区的怡乐西路，与广渠路二期相接，沿北苑街道和梨园街道的分界线通朝大街向东，经过玉桥街道和潞城镇，终点在潞城镇与东六环路相交，整个项目都在通州区境内。

（二）工程地质条件

（1）区域性工程地质特征。

根据岩土工程勘察报告，该工程沿线第四纪沉积物主要由古金沟河及古潮白河冲积形成。沿线地层主要为黏性土、粉土与砂卵石互层沉积为主。地层沉积物的组构、空间相变规律具有较为明显的区域性特征和过渡性、渐变性，并具有典型的多沉积旋回的特征。

（2）场地地层。

根据对拟建场区周边工程地质资料整理所揭示的地层规律表明，工程场区地面以下120.0m深度范围内地层按其沉积年代及工程性质可分为人工堆积层、新近沉积层及第四纪沉积层三大类。

（3）沿线土的腐蚀性评价。

根据勘察对钻孔内采取的2份浅层土的易溶盐分析试验成果，依据现行《岩土工程勘察规范》判定：建设道路沿线浅层土对混凝土结构及钢筋混凝土结构中的钢筋均具有微腐蚀性。

图1-3-1 温榆河

（三）水文条件

（1）沿线地表水分布条件。

通州区地表水系较发育，属海河流域潮白河、北运河两大水系，主要有潮白河、北运河、温榆河（图1-3-1）、凉水河、通惠河、小中河、运潮减河及玉带河等。

该工程地表水及地下水均对该工程建设有较大影响，如当盾构施工穿越地表水体下方时，盾构机上覆土层较薄，泥水仓压力控制一旦不够准确，会导致河底衬砌变形，河水经裂隙进入隧道，发生突涌等安全事故。

（2）沿线地下水分布条件。

根据工程所在区域普（详）查资料及地下水监测资料，工程场区近几年（2004年以来）的潜水和第1层承压水的最高水位在地面下4m左右，工程近3~5年地下水水位标高在-16.00~-15.00m（自西向东逐渐降低，不含上层滞水）；历年（自1955年以来）最高地下水水位标高在-24.30~-19.50m（水位自西向东降低）。

二、交通分析及预测

根据广渠路东延地下道路和地面道路的功能定位，地下道路主要承担中心区和副中心的快速联系，尤其是随着行政办公区搬迁后，将承担大部分通勤客流。广渠路东延道路地下部分早高峰客流见表1-3-1。

特征年路段早高峰广渠路地下道路流量预测一览表（单位：pcu/h） 表1-3-1

路段	距离（km）	2020年	2035年
广渠路地下道路	6.57	3495	3510

此外针对广渠路地面道路进行分析，对规划路网条件下2020年、2035年进行分析，各特征年的路段流量见表1-3-2。

特征年的路段早高峰广渠路地面道路流量预测一览表（单位：pcu/h） 表 1-3-2

路　段	距离（km）	2020 年	2035 年
怡乐西路—翠屏西路	1.3	3903	3945
翠屏西路—果园环岛	1.1	2420	2780
果园环岛—玉桥中路	1.6	3290	3818
玉桥中路—东六环路	3.6	3167	3272
断面平均值	—	3263	3430

三、技术标准

道路等级：规划为城市主干路（预留远期提级为快速的条件）。

设计车速：地下道路 80km/h，地面道路 60km/h。

车道数：地下道路双向六车道，地面道路主路双向六车道。

设计荷载：城市 –A 级。

道路净空及限界高度：4.5m。

雨水重现期：5 年。

抗震设防标准：水平向地震动峰值加速度按 0.2g 设计，抗震设防烈度为 8 度。桥梁设防类别为乙类，抗震设防措施等级为 9 级。

隧道设计安全等级：一级。

隧道防水等级：二级。

隧道耐久性设计：该工程环境类别为 II 类，按照现行《混凝土结构耐久性设计规范》为一般环境，环境作用等级为 C 级。

抗渗等级：P8。

抗浮安全系数：大于等于 1.05（不计侧壁摩阻力）。

车行横通道间距：不大于 500m；人行横通道间距：250~300m。

四、建设规模

广渠路东延（怡乐西路—东六环路）道路起点于广渠路二期终点，即怡乐西路，终点与东六环路相交，线位沿现况通朝大街、运河西大街、运河东大街布置。分为地面道路和地下道路两个交通系统，地面道路路线全长 7.6km，地下道路全长 6.57km。起点处道路主线上跨怡乐西路、杨庄路，通过广渠路东延地面道路系统在怡乐西路西侧、杨庄路东侧各设置一对进出口，与怡乐西路、杨庄路形成菱形立交，终点段在六

图 1-3-2 广渠路东延地下隧道工程

环路以西设置一对进出口进出地下道路。与东六环路相交节点，近期利用现状桥孔下穿东六环路，远期结合东六环路改造工程进一步完善该节点交通组织方案，与行政办公区段道路断面接顺。地面道路与沿线相交道路均采用平面交叉形式。

该工程高架桥起点位于怡乐西路西侧，与广渠路二期分界桩号 K11+880.407，终点位于杨庄路东侧，桩号为 K12+420.757，全长 540.35m，桥梁面积 14481m^2。

该工程隧道（图 1-3-2）均采用明挖法施工（交叉路口段施工期间采用铺盖法），主体结构采用钢筋混凝土闭合框架及 U 形槽结构。隧道暗埋段主体结构采用四孔闭合框架结构。单孔结构最大内轮廓净宽 14.25m，净高 6.8m（车行断面）。标准单幅横断面结构全宽 30.90m，全高 13.10m；隧道结构主体采用现浇钢筋混凝土结构，C35 防水混凝土。

该工程新建雨水管道断面为 $D600\sim D2000$mm，雨水方沟断面为□ 2000mm×1600mm~2□ 3000mm×2200mm~2□ 3600mm×2000mm 等，雨水新建管线总长度约 14260m。

该工程新建污水管道断面为 $D400\sim D1000$mm，污水新建管线总长度约 9310m。

全线设置 1 处监控中心、2 座通风竖井、1 座排烟竖井，两座空气净化站。隧道设置有变配电室、排水泵房等附属设施。全线设置两处人行地下通道，保障原路过街需求。

第四章 经济评价

广渠路自东二环至春明路,道路全长约 28km,是市区通往副中心的一条主要的快速通道,其重要地位仅次于长安街。广渠路东延道路作为广渠路的一部分,位于规划城市副中心内,它的建成将形成一条能够凸现其"绿韵、文韵"连接主、副中心的城市新纽带,地面形成景观大道(图 1-4-1),地下设置安全、舒适、方便的连接副中心办公区的快速通道,同时采用综合管廊与地下道路合建方式,一次按规划实施市政管网,提升周边区域的生活品质。

一、社会效益

该工程的建成会产生较大的社会效益,主要表现在:

(1)改善沿线交通基础设施。

(2)促进沿线经济发展。

图 1-4-1 广渠路东延地面道路

（3）创造就业机会。

二、环境效益分析

该工程的建成，改善了交通环境，将去往副中心办公区与项目沿线的交通进行有效分流，减少了区域内两个主要目的地交通间相互干扰。道路技术标准高，行车条件好，减少了车辆行驶中加速、减速和停车次数，从而使单车排污量大大减少。

该工程同期实施的市政综合管廊，充分考虑地下空间的综合利用，为轨道交通等设施，预留地下空间。改变通州区雨污合流现状，避免城市"马路拉链""空中蜘蛛网"等不良影响。有效解决了沿线市政设施缺位，提高了人民的生活质量。

该工程地面设置林荫大道并设置快速公交走廊，形成一条能够凸现其"绿韵、文韵"连接主、副中心的城市新纽带，突出交通承载功能、生态景观价值、运河人文内涵。它的建成将形成连接中心城区与城市副中心，体现中国特色，并富有现代活力的景观长卷。

三、经济效益分析

该工程的建成将对工程沿线的投资环境起到明显的改善作用，促进一系列相关事业的发展。投资环境的改变也必将吸引更多建设资金，从而促进地区经济的发展。此外交通条件改善，区域交通与副中心办公区交通的分流，将大大改善副中心办公区出行的交通条件，节约能耗，降低污染，从而产生较好的经济效益。

第五章 节能评价

根据交通运输部世行中国研究项目《STUDY OF PRIORITISATION OF HIGHWAY INVESTMENTS AND IMPROVING FEASIBILITY STUDY METHODOLOGIES》（Rust PPK. Australia & HPTI. China etc.1996.3）中的研究成果测算：运营期间各车型车辆燃油节约效益和年均燃油节约效益计算结果见表 1-5-1。

运营期间各车型车辆燃油节约效益表　　　　表 1-5-1

车型	小客车	大客车	其他	合计
年均燃油节约量（万 L/年）	104.52	5.90	8.33	118.75

燃油节约效益测算结果表明，该项目的建成，将节约大量燃油，大大降低能源消耗，从而产生较好的经济效益。

第二篇　规划篇

概　述

广渠路东延道路工程的规划依据是《北京城市总体规划（2016年—2035年）》。该规划的主要特点既具有综合性、系统性、前瞻性、时代性和时间性，又拥有确定性、专一性、合理性、有效性和可行性；既体现了现代特点，又融入了科技智慧。

规划是项目的先导，是人类对空间环境的设计，也是社会秩序的创造。一个精妙的设计，既要了解城市空间的内容和分类，又要合理地处理好骨架空间、象征空间和目的空间，使之纵横有序，协调发展，不仅有质的要求，还要有量的概念。

广渠路东延道路工程规划，主要包含了四个方面的内容：一是北京市中心到副中心的主干道交通规划；二是相关道路规划；三是与道路相关的轨道交通规划；四是快速公交规划。

第一章 规划背景

一、北京市城市总体规划

2017年9月29日,《北京城市总体规划(2016年—2035年)》发布,明确提出为落实城市战略定位、疏解非首都功能、促进京津冀协同发展,充分考虑延续古都历史格局、治理"大城市病"的现实需要和面向未来的可持续发展,着眼打造以首都为核心的世界级城市群,完善城市体系,在北京市域范围内形成"一核一主一副、两轴多点一区"的城市空间结构,着力改变单中心集聚的发展模式,构建北京新的城市发展格局。

(1)一核:首都功能核心区,总面积约 92.5km^2。

(2)一主:中心城区即城六区,包括东城区、西城区、朝阳区、海淀区、丰台区、石景山区,总面积约 1378km^2。

(3)一副:北京城市副中心,规划范围为原通州新城规划建设区,总面积约 155km^2。

(4)两轴:中轴线及其延长线、长安街及其延长线。

(5)多点:5个位于平原地区的新城,包括顺义、大兴、亦庄、昌平、房山新城。

(6)一区:生态涵养区,包括门头沟区、平谷区、怀柔区、密云区、延庆区,以及昌平区和房山区的山区。

二、北京城市副中心规划

北京城市副中心为北京新两翼中的一翼。应当坚持世界眼光、国际标准、中国特色、高点定位,以创造历史、追求艺术的精神,以最先进的理念、最高的标准、最好的质量推进北京城市副中心规划建设,着力打造国际一流的和谐宜居之都示范区、新型城镇化示范区和京津冀区域协同发展示范区。

紧紧围绕对接中心城区功能和人口疏解,发挥对疏解非首都功能的示范带动作用,促进行政功能与其他城市功能有机结合,以行政办公、商务服务、文化旅游为主导功

图 2-1-1 通州核心区效果图

能，形成配套完善的城市综合功能（图 2-1-1）。

北京城市副中心规划范围约 155km²，外围控制区即通州全区约 906km²，进而辐射带动廊坊北三县地区协同发展。

到 2035 年，北京城市副中心常住人口规模调控目标为 130 万人以内，就业人口规模调控目标为 60 万~80 万人。通过有序推动市级党政机关和市属行政事业单位搬迁，带动中心城区其他相关功能和人口疏解，到 2035 年承接中心城区 40 万~50 万人常住人口疏解。

到 2020 年，北京城市副中心规划区主要基础设施建设框架基本形成，主要功能节点初具规模；到 2035 年，初步建成国际一流的和谐宜居现代化城区。

第二章 广渠路东延道路工程规划

广渠路东延(怡乐西路—东六环路)道路工程,向西连接广渠路二期,向东连接行政办公区,是北京中心城与东部城区及功能区快速交通连接通道的组成部分,是区域范围内重要的通过性交通干道。

一、道路

(一)项目路由

广渠路东延(怡乐西路—东六环路)道路工程的现状路由包括通朝大街、运河西大街、运河东大街(图2-2-1)。

通朝大街(通州区怡乐西路—果园环岛),全长约2.4km。道路等级为城市主干路,道路红线宽度为60m,四幅路,主路双向六车道。

运河西大街与运河东大街道路等级为城市主干路,道路红线宽度为60m,三幅路,主路双向六车道。

(二)工程相交道路

工程沿线主要相交道路分别为:杨庄路、怡乐中路、翠屏西路、京津公路、九棵树西路、新华南路、九棵树东路、玉桥西路、梨园路、玉桥中路、玉桥东路、乔庄

通朝大街　　　　　　　　　　　运河大街

图2-2-1　广渠路东延(怡乐西路—东六环路)道路

东路、乔庄南路、北运河西滨河路、北运河东滨河路、芙蓉路、东六环西辅路及东六环路。相交道路中有高速公路1条，主干路5条，次干路10条，支路2条，见图2-2-2。

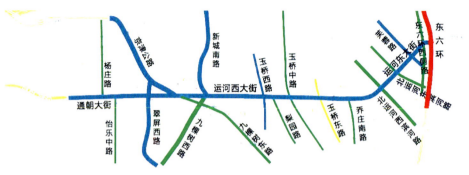

图2-2-2 广渠路东延（怡乐西路—东六环路）道路相关现状

（三）轨道交通

该项目范围内主要有地铁八通线及地铁6号线经过。其中，八通线在通州地区设置有通州北苑、果园、九棵树、梨园、临河里、土桥6站，地铁6号线在通州地区设有物资学院路、通州北关、北运河西、郝家府、东夏园、潞城6站。两条地铁线路均为东西向，连接通州新城与中心城。

八通线西起四惠站，东至土桥站。全长18.964km，设13座车站和1座车辆段（图2-2-3）。

图2-2-3 项目范围周边现状轨道交通线路与站点分布图

地铁6号线，运营区段为海淀五路居站至潞城站，途经海淀区、西城区、东城区、朝阳区、通州区，全长42.8km，共开放26座车站（其中换乘车站9座），拥有车辆基地2座。单向全程用时70min左右。

（四）地面公交

广渠路东延（怡乐西路—东六环路）道路沿线有27条公交线路，主要的站点包括：李老新村站、新华联家园站、地铁果园站、葛布店站、通州国税局站、通州交通队站、玉桥小区站、乔庄站、运乔嘉园站、京东运乔建材城站、地铁北运河东站等。

二、相关道路规划

广渠路的定位是联系中心城和城市副中心、行政办公区、通州城区的重要通道，同时，也是公共交通骨干网络东西向通道，是快速公交的重要走廊。

根据路网规划，与广渠路东延（怡乐西路—东六环路）道路项目相交的道路中，共有1条快速路、8条主干路、10条次干路，以及16条支路（图2-2-4）。

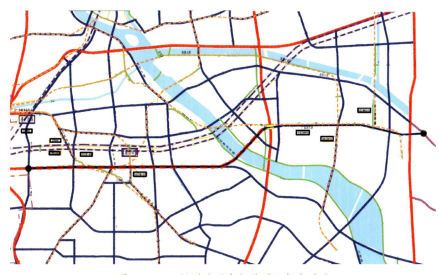

图2-2-4　规划路网中与该项目相交道路

三、轨道交通规划

广渠路东延道路与规划轨道S6线、通州环线、地铁N2线及城际铁路联络线相交。在果园环岛附近，该项目与规划S6线、通州环线相交；在通三铁路附近与规划城际铁路联络线相交；在东六环附近与规划中的N2线相交，见图2-2-5。

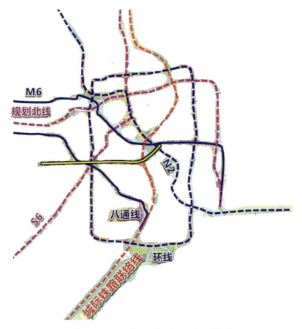

图 2-2-5 轨道交通规划示意图

四、快速公交规划

《北京市快速公交系统线网规划》提出城区内骨干放射线路 6 条，其中广渠路快速公交系统（BRT）为"两广路走廊"东侧段，它将与其他交通方式一起构成市区东部可持续发展的公共交通骨干网络（图 2-2-6）。

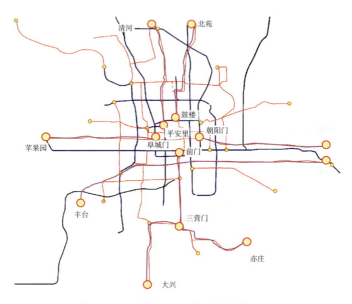

图 2-2-6 北京 BRT 线网规划图

《广渠路快速公交沿线规划设计要点》确定了广渠路线路走向、首末场站选址及中间站位：西起东二环路的广渠门桥站，东至通州东小营中心站，全长约26km；全线共设站16对。首末场站分别位于马圈站及东小营站，见图2-2-7。

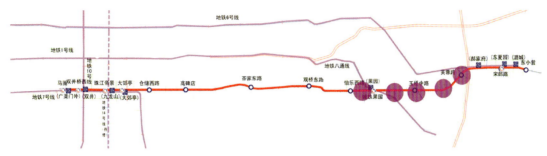

图2-2-7 规划快速公交站点示意图

广渠路东延地面道路共规划5对车站，分别为城铁果园站、通州东站、玉桥中路站、乔庄东路站和芙蓉路站。

第三篇　勘察设计篇

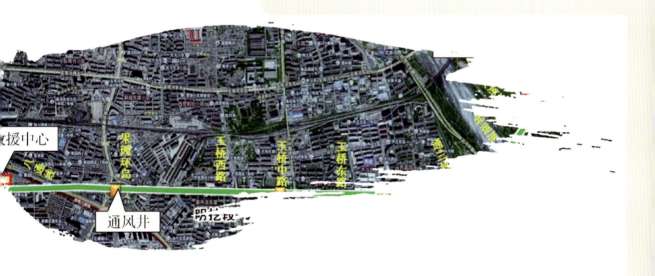

概　述

　　勘察设计是工程建设的重要环节，其指导思想和技术水平，不仅直接决定着建设工程的投资效益、社会效益、环境效益和质量安全，而且对城市建设和地域发展，也会产生重大的影响。

　　广渠路东延道路工程经过多条河流，地质结构复杂。道路工程要采用桥梁、隧道、U形槽道路等多种设计形式，同时路下还要建设市政管廊，设计难度大，技术要求高。既要拥有勘察设计的综合资质、专业资质和劳务资质，又要考虑自然条件、地质条件和水文条件。最后经过可行性研究、初勘、定测及补充定测等四个过程，达到了具有现代战略眼光和精密科学的施工标准。

　　在坚持以人为本原则上，广渠路东延道路工程的地面景观大道设计、地下道路及综合管廊设计、桥梁工程设计、排水工程设计、隧道通风设计、隧道装饰设计、交通信号设计等，都达到了国内领先水平。

第一章　自然条件及地质条件

一、自然条件

北京市通州区气候为典型的暖温带半湿润大陆性季风气候，四季分明。夏季炎热多雨，冬季寒冷干燥，春、秋短促。年平均气温10~12℃，1月份平均气温 –7~–4℃，7月份平均气温25~26℃。极端最低气温 –27.4℃，极端最高气温42℃以上。全年无霜期180~200天，西部山区较短。年平均降雨量600mm左右，为华北地区降雨最多的地区之一，山前迎风坡可达700mm以上。降水季节分配很不均匀，全年降水的75%集中在夏季，7月、8月份常有暴雨。冬季寒冷干燥，有时有风沙。

二、工程地质条件

（一）区域性工程地质特征

工程沿线第四纪沉积物主要由古金沟河及古潮白河冲积形成。沿线地层主要为黏性土、粉土与砂卵石互层沉积为主。地层沉积物的组构、空间相变规律具有较为明显的区域性特征和过渡性、渐变性，并具有典型的多沉积旋回的特征。

（二）场地地层

工程场区地面以下120.0m深度范围内地层按其沉积年代及工程性质可分为人工堆积层、新近沉积层及第四纪沉积层三大类。

（三）沿线土的腐蚀性评价

建设道路沿线浅层土对混凝土结构及钢筋混凝土结构中的钢筋均具有微腐蚀性。

三、水文条件

通州区地表水系较发育，属海河流域潮白河、北运河两大水系。主要有潮白河、北运河、温榆河、凉水河、通惠河、小中河、运潮减河及玉带河等，如图3-1-1所示，各地表水体现状如图3-1-2所示。

工程在里程桩号K16+200~K16+350区间下穿现状玉带河（暗河），在里程桩号

图 3-1-1 通州区地表水系图

K18+280~K18+500 区间下穿现状北运河。

北运河是海河水系四大河流之一，通州境内主河道长 42km，流域面积 189.9km²。线路下穿位置处的北运河河道宽度约 220m，水深约 3.0m，河道有衬砌。

玉带河又名护城河，1986 年对通惠河段进行整治，设计流量 6m³/s。工程沿线的玉带河河道已全部掩盖于地下，并在其上建设了文化公园。

该工程地表水及地下水均对该工程建设有较大影响，如当盾构施工穿越地表水体下方时，盾构机上覆土层较薄，泥水仓压力控制一旦不够准确，会导致河底衬砌变形，河水经裂隙与隧道连通，发生突涌等安全事故。

温榆河现状

运潮减河现状

通惠河现状

北运河现状

图 3-1-2 拟建场区附近典型区地表水体现状图

四、沿线地下水分布条件

（一）地下水情况

该工程岩土工程初步勘察期间（2016年12月中、下旬）于钻孔深度范围内（最深35.00m）实测到2层地下水。各层地下水水位情况及类型参见表3-1-1。

地下水水位量测情况一览表　　　　　表3-1-1

序　号	地下水类型	地下水稳定水位（承压水测压水头）	
		水位埋深（m）	水位标高（m）
1	潜水	6.40~12.30	10.57~13.79
2	承压水	13.20	9.67

注：该工程场区地下水水位标高整体自西向东逐渐降低。

根据区域水文地质资料及已有勘察成果可知：

（1）工程沿线上部的粉土层及砂类土层具有赋存上层滞水的条件。

（2）工程场区深部砂、卵砾石层内分布有多层承压水。

上述各层地下水对该工程设计、施工及运营有较大的影响。

（二）地下水水位动态

建场区潜水与第1层承压水的水位动态特征基本一致，年动态变化规律一般为：9月份到第二年3月份水位较高，其他月份水位较低，水位年变幅一般在1.0~3.0m。此外，在高水位时期时，上述2层地下水的水位标高基本一致。

深层承压水的水位动态特征与上述潜水和第1层承压水的水位动态不同。该层水的年动态规律一般为：5~10月份以及12月份到第二年3月份水位均较低，其他月份水位较高，水位年变幅一般在3.0~5.0m。

（三）历年高水位调查

根据工程所在区域普（详）查资料及地下水监测资料，建场区近几年（2004年以来）的潜水和第1层承压水的最高水位在地面下4m左右，工程近3~5年地下水水位在标高16.00~15.00m（水位自西向东逐渐降低，不含上层滞水）；历年（自1955年以来）最高地下水水位标高在24.30~19.50m（水位自西向东降低）。

第二章 道路工程方案

一、设计理念

广渠路是仅次于长安街的一条东西向城市连廊，长安街是印记着中华人民共和国成立的"国家象征"，广渠路则是首都北京开启生态文明新篇章的"时代象征"。设计将其打造成一条能够凸现"绿韵、文韵"连接主副中心的城市新纽带，突出交通承载功能、生态景观价值、运河人文内涵的工程。遵循城市发展规律，牢固树立并贯彻落实创新、协调、绿色、开放、共享的发展理念，坚持世界眼光、国际标准、中国特色、高点定位，以创造历史、追求艺术的精神进行北京城市副中心的规划设计建设，构建蓝绿交织、清新明亮、水城共融、多组团集约紧凑发展的生态城市布局，着力打造国际一流和谐宜居之都示范区，充分体现中华元素、文化基因，借鉴其他文化特色。

（1）景观大道：加强现代化建设与生态景观的有机融合，突出山水城市的景观特征。

（2）精细化设计：两侧多以居住用地为主，打造宜居宜人景观尺度。

（3）多层次、立体化：道路空间形态变化大，注重多层次、立体化城市景观塑造。

（4）空间韵律感：通行能力强，应加强沿路的城市空间韵律感设计。

（5）中国特色、现代活力：连接中心城区与城市副中心，应体现中国特色，并富有现代活力。

（6）城市空间综合利用：市政管廊与交通隧道紧密结合，体现城市"智慧"。

（7）海绵城市理念：综合采取"渗、滞、蓄、净、用、排"等措施，最大限度地减少城市开发建设对生态环境的影响，实现小雨不积水、大雨不内涝、水体不黑臭、热岛有缓解的海绵城市建设典范。

二、总体设计原则

生态优先：通过园林绿化景观的建设，改善生态环境，提升绿色、低碳、环保、可持续发展的理念，将城市的绿色之肺延伸至绿化所能布及的每一部分，积极拓展绿色空间；结合海绵城市理念，对有条件位置进行雨水花园设计。

以人为本：创造舒适宜人的道路交通环境，车行、步行、自行车慢行系统等不同功能使用的空间。

交通安全优先：保障道路交通顺畅、安全，从有效减弱汽车眩光、消除驾驶员驾驶疲劳、行人安全过街等多方面着手。

地面景观大道路线线位布设与现有道路相协调，根据不同限制条件，合理减少工程量、拆迁和投资。

地下道路线形符合规范要求，在条件许可的情况下，根据仅次于长安街的定位，尽量采用较高的技术指标，保持线形的均衡与连续。

地下道路纵断面线形指标在满足规范要求的基础上，力求与平面线形相协调，并综合考虑长期运营行车、通风、排水、防灾与节能需求。

隧道竖向埋深充分考虑八通线、通三铁路、北运河等控制性工程的要求，合理优化断面、结构等设计，确保施工安全与运营安全。

在对地质条件、水文条件及穿越风险源使用现状与保护要求，充分掌握与分析的基础上，平面线位尽量远离高风险建构筑物布线，竖向位置尽量与建（构）筑物基础间留有适宜的安全距离；当不可避免的穿越建（构）筑物基础时，尽量为影响与代价较小的地层或结构加固措施留有空间。

隧道平纵线位的布设与技术措施的采用，考虑规划条件的变化、邻近建（构）筑物的改扩建及地下空间（地铁、管廊等）可能的扩展。

隧道断面结合工法特点、管廊布置、进出线需求、通风排烟等附属设备设施布设与检修维护需求、救援疏散要求等统筹考虑，既满足功能需求，又考虑节约成本。

隧道出入口结合规划及景观要求综合考虑，满足景观要求及交通功能，同时减少噪声、雨水等不利影响。

重视环境保护，减少噪声和废气污染。

隧道施工工艺力求简洁、方便施工、勇于创新，设计方面施工阶段和使用阶段相结合，近期使用和远期规划相结合，建造过程与后期运营相结合。

改造广渠路合流制排水体制，实现完全的雨、污水分流制并对初期雨水采取截流措施，减少对下游河道水体的污染，并将初期雨水与污水送至再生水厂进行处理再利用，实现水资源的综合利用。

综合考虑道路红线内绿化隔离带、红线外两侧绿带以及地下可用空间，设置相应的"渗、滞、蓄、净、用、排"的符合海绵理念的措施。

三、总体设计方案

广渠路东延（怡乐西路—东六环路）道路工程分为地面道路和地下道路两个交通系统。地面道路结合景观设计为景观大道，地下道路结合综合管廊设计为交通隧道与综合管廊共构的地下隧道。

（一）地面景观大道设计

景观大道起点与广渠路二期终点，即怡乐西路相交，终点与东六环路相交。线位沿通朝大街、运河西大街、运河东大街布置。沿线经过八通线、果园环岛、通三铁路、北运河，与六环路相交后接入副中心行政办公区段。依据设计理念及功能要求，地面道路的总体设计充分考虑生态、景观、以人为本、交通及安全等方面的需求，力求将生态景观与道路功能有机结合。

该项目地面道路规划为城市主干路，设计速度60km/h，道路净高4.5m，设计路线全长7.6km。道路红线宽60m。红线内设置机动车主路与辅路系统，同时设置非机动车道。主路采用双向六车道（最外侧设置快速公交专用道），辅路采用双向两车道设计。道路路中采用8m宽绿化隔离带，主辅路间绿化带宽4.5m，辅路与非机动车道间隔离带宽2m，非机动车道紧邻红线。人行道设置于红线外，融入绿地，为行人创造更好的绿色舒适环境。

起点处道路主线上跨怡乐西路，通过广渠路东延地面道路系统在怡乐西路西侧、杨庄路东侧各设置一对进出口，与怡乐西路、杨庄路形成菱形立交。辅路与广渠路二期地面辅路相接。

终点段在六环路以西设置一对进出口进出地下道路。与东六环路相交节点，短期利用现状桥孔下穿东六环路，远期结合东六环路改造工程进一步完善该节点交通组织方案，与行政办公区段道路断面接顺。

地面道路全线共与35条规划道路相交，在果园环岛处，将现况环岛改建为灯控十字路口，预留远期京津公路与九棵树东路等道路功能调整的设计条件。全线共设置14处灯控路口及4处右进右出路口。路口出口段配合公交设计设置公交车站。

景观大道在北运河处利用现况运河大桥上跨北运河，现况桥梁进行景观提升设计。

（二）地下道路及综合管廊设计

为充分利用地下空间，综合市政管线规划、市政基础设施建设需求、现场实际情况、绿化需求，该次设计采用明挖工法，按照道路与综合管廊共构的方式，实现地下道路的综合利用。

地下道路（交通隧道）长 6.57km，设计速度为 80km/h，横断面采用双洞隧道形式，每孔隧道内路面宽 12.25m，机动车道双向六车道（最外侧设置快速公交专用道），净高 4.5m。隧道穿越八通线采用双洞分离+桩基托换的方式通过现状桥梁，通三铁路节点采用现浇方式下穿施工，北运河采用钢桩膜围岩分幅施工的方式施工。

隧道监控：设置一处隧道监控中心，建立多个分系统集成的监控系统以实现整个隧道智能化操作，分系统应包括：中央计算机管理分系统、交通监控分系统、设备监控分系统、通信分系统、火灾报警分系统（FAS）。

隧道通风：对应结构明挖方案，通风采用分段纵向式方式，排烟采用分段纵向式方式。

隧道消防：该隧道属于特长城市隧道，设计选用灭火器、消火栓系统，泡沫-水喷雾联用灭火系统相结合的方案；当隧道内发生火灾时进行灭火，减少火灾造成的损失，保护人身和财产安全。

隧道供配电及照明：全线设置变配电室及地埋式变压器，尽量靠近负荷中心，供电半径原则上不大于 500m。根据隧道一级用电负荷性质，主变电所拟采用双路专用 10kV 电源供电，双路电源同时运行互为备用，并设有高压联络开关，分变配电室采用环网供电，分变配电室高压侧不设联络开关。照明采用 LED 光源，根据隧道外亮度的变化分级设置入口段、过渡段、基本段、出口段的照明，并采用动态调光控制方式。

综合管廊布置于地下道路上方，统一考虑地下道路与地面道路大部分路段线位不能重合，同时考虑地面种植大型树木的需求，管廊采用平顶设置，上方设有 3.5m 种植土，节点出支线段在结构上方设置出线夹层。结合规范要求及地面道路条件，设置管廊用吊装口、逃生口、人员出入口、通风口及风亭。

该项目在果园环岛—通三铁路段约 3.4km 范围管廊方案存在共构与分置两个方案，管廊位于交通隧道上方形成"田字格"方案，管廊与交通隧道分置，设置于隧道南侧形成"平铺"方案。经综合比较采用"平铺"方案占用过宽的地下空间，对远期地下空间综合利用开发不利，因此果园环岛—通三铁路段地下结构采用"田字格"方案。

该项目设一处隧道监控中心，并与综合管廊系统监控中心合建。监控中心位于项目西侧，广渠路与翠屏西路交叉路口东北角。东侧变配电室位于项目东侧，广渠路与杨陀九街交叉路口西北角。

（三）桥梁工程设计

该项目高架桥起点位于怡乐西路西侧，与广渠路二期分界桩号K11+880.407，终点位于杨庄路东侧，桩号为K12+420.757，全长540.35m，桥梁面积14481m^2。

（四）排水工程设计

该项目建设雨水管道断面为D600~D2000mm，雨水方沟断面为□2000mm×1600mm~2□3000mm×2200mm~2□3600mm×2000mm等，雨水新建管线总长度约14260m。

该项目新建污水管道断面为D400~D1000mm等，污水新建管线总长度约9310m。

（五）人行过街设计

结合周边出行需求，沿线共设置1处人行天桥和2处地下人行通道。

四、道路工程

（一）主要技术指标

广渠路东延（怡乐西路—东六环路）道路规划为城市主干路，红线宽60m，按地面、地下两套系统设置，地面道路设计速度为60km/h；地下道路预留提级为城市快速路的条件，设计速度为80km/h。

（二）景观道路设计

1. 道路定线

（1）设计原则及控制因素。

该项目规划红线及规划中线已由规划部门确定，道路设计定测线依据规划定线，基本沿通朝大街、运河西大街、运河东大街中线，并结合八通线、东六环路等节点确定。

（2）道路定线及技术指标。

该项目定线起点接广渠路二期地面道路，定线起点桩号K11+880，在八通线以东以及北运河西滨河路以东段基本沿规划中线定线，八通线至北运河西滨河路段基本沿道路中线定线，定线终点位于东六环路东侧，定线终点桩号为K19+731.033，定线全长7851.033m。全线共设置平曲线5处，最小平曲线半径400m，最大平曲线半径75000m。

2. 平面设计

地面道路走向为东西向，设计起点桩号K11+880.407，与广渠路二期地面辅路顺接，沿线与规划怡乐西路、杨庄路、怡乐中路、翠屏西路、地铁八通线、京津公路、九棵树西路、葛布店东里北路、玉桥西路、玉桥中路、玉桥东路、乔庄南路、通三铁路、北运河西滨河路、北运河东滨河路、芙蓉路、东六环西辅路相交，至终点东六环现况桥下道路，设计终点桩号K19+545.881，与广渠路东延（东六环路—宋梁路）道路工程衔接，道路设计全长7665.474m。

（1）主要控制点。

全线主要控制点有地铁八通线、通三铁路、北运河、高压线等。

（2）平面方案设计。

地面道路全线都有现况路，现况路等级为城市主干路，该次改造后道路等级仍维持城市主干路标准。地面道路红线内交通系统包含机动车道和非机动车道，人行道结合景观绿化设置在红线外。其中机动车道分为主、辅路两套系统，主路双向六车道（最外侧为公交专用道），主要解决长距离交通，辅路双向两车道，主要承担周边小区进出集散功能，根据沿线用地情况，仅在北运河以西设置辅路。在机动车道外侧设置非机动车专用车道。结合线位走向及主要控制点，分段进行平面设计方案的论述。

①起点至翠屏西路段：

地面道路起点与广渠路二期辅路相接，在怡乐西路、杨庄路、翠屏西路形成灯控路口，怡乐中路右进右出。地下道路系统接广渠路二期高架桥，上跨杨庄路后高架桥系统落地，为增加通州区与行政办公区的快速联系，在怡乐中路的西侧桩号K12+580位置，利用地平段设置一对进出口，考虑进出口加减速车道的影响，整个断面车道数为14条。杨庄路东南象限的加油站（图3-2-1）需拆迁，怡乐中路东南象限的怡乐园一区54、57、66号楼需拆迁（图3-2-2）。该段南、北侧最大出规划红线均为6m。

图3-2-1 中石化加油站

图3-2-2 怡乐园一区

②翠屏西路至果园环岛段：

该段地面道路下穿八通线，在翠屏西路、京津公路维持灯控十字路口，将果园环岛改造为灯控十字路口，九棵树东路改为右进右出。该段涉及的拆迁主要是京津公路路口东北角的通朝大街65号院1号楼（图3-2-3），果园环岛东北角的葛布店北里10号、11号楼（图3-2-4）以及邮政通州运河支行等。该段南侧最大出规划红线为4m，北侧为2.5m。

图3-2-3　通朝大街65号院1号楼　　　　　图3-2-4　葛布店北里10号、11号楼

③果园环岛至通三铁路段：

该段地面道路在葛布店东里北路、玉桥西路、玉桥中路、玉桥东路、乔庄东路设置灯控路口，梨园路、乔庄商业街右进右出，与通三铁路保留平交道口。涉及的拆迁主要是古船食品有限公司东侧的运河西大街137号院1号楼（图3-2-5）、路南侧的两栋2层楼（图3-2-6），以及通三铁路两座班房等。

该项目在玉桥中路至乔庄东路段设置地下停车场，地下停车场车行出入口采用被交路进出和路侧进出两种方式，其中路侧进出口共4处，道路南北侧各2处。地面道路在路侧进出口段需出红线5m。

图3-2-5　运河西大街137号院1号楼　　　　　图3-2-6　路南侧的2层建筑

④通三铁路至东六环段：

地面道路跨北运河处利用现况运通桥（图3-2-7），在北运河滨河路、东滨河路、芙蓉路和东六环西辅路设置灯控十字路口，在东六环西辅路路口地下道路出地面与地面道路相接。结合广渠路东延道路功能定位，主要为双中心的联系，而东六环路主要功能为过境交通，故在相交位置，不设置互通立交，仅采取分离式立交；并结合东六环路近期不进行改造，其现况桥洞宽27m，仅能提供三上三下的车行通道，慢行及行人需在同一标高混行通过。远期东六环改造后实现景观大道。

结合规划，进出城市副中心的交通主要由地下道路解决，通过地面道路进出的需求不大，因此该段地面道路从北运河西滨河路至东六环西辅路段采用车道逐级递减的方式，北运河西滨河路至北运河东滨河路维持双向六车道，北运河东滨河路至芙蓉路减为双向四车道，芙蓉路至东六环西辅路段仅保留双向两条公交专用道，地面道路进出副中心利用周边路网绕行。

该段用地控制主要在芙蓉路和东六环西辅路之间，道路南北两侧地块为北京市通州区潞城镇棚户区改造土地开发项目、A区杨坨三号地安置房项目用地（图3-2-8）。

图3-2-7　运通桥

图3-2-8　现况东六环杨坨桥

该段地面道路基本不涉及建筑物拆迁。

（3）设计原则及控制因素。

道路纵断设计既要满足规范要求及沿线相交道路规划高程，又要满足道路排水及周边建筑的排水标高要求，综合考虑相关高程条件如下：

①地下道路的起终点高程接顺。

②道路设计高程需满足该道路与沿线各条相交现况道路高程接顺。

③设计高程应尽量满足与道路两侧沿街建筑现况高程的合理高差关系。

④满足设计道路排水坡度及敷设地下管线的高程要求。

⑤满足相关控制条件前提下尽量减少该道路设计高程与现状地块之间高差。

⑥满足东六环路改造设置条件。

（4）纵断面布置及技术指标。

该项目地面道路纵段基本拟合现况道路高程，与地下道路进出口以及周边小区出入口接顺。最小纵坡0.3%，最大纵坡1.68%，最小坡长150m，最小凸形竖曲线半径5000m，最小凹形竖曲线半径6500m。

3. 横断面设计

（1）设计原则及控制因素。

①在道路规划红线范围内布设道路横断面并满足相关规范要求。

②参照道路规划设计方案合理布置道路横断面形式。

③满足道路地下管线、地上杆线及其他附属设施布置需求。

④创造宜居环境，沿道路布设景观绿化。

（2）横断面布置。

道路规划设计条件中道路横断面规划根据现状道路断面的不同分为三种对应断面，在现况路幅进行微调，意在减少对现况路的改动。

经过论证，确定地下道路采用明挖工法作为推荐方案，雨污水管线要按照规划实现。结合地面道路为景观大道的定位，该次横断面设计充分利用红线宽度设置景观绿化空间，红线内横断面包括主、辅路机动车道，非机动车道以及隔离带，人行步道结合两侧景观布置在红线外侧。

①标准横断面：

采用六幅路布设，断面为：3.5m（非机动车道）+2m（路侧隔离带）+4.5m（辅路）+4.5m（主辅隔离带）+11.5m（主路）+8m（中央绿化带）+11.5m（主路）+4.5m（主辅隔离带）+4.5m（辅路）+2m（路侧隔离带）+3.5m（非机动车道）=60m，见图3-2-9。

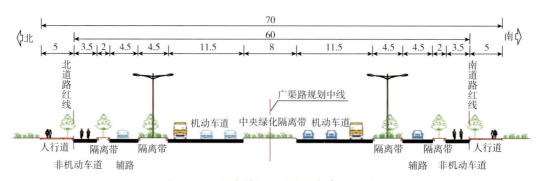

图3-2-9 标准横断面图（尺寸单位：m）

②起点高架桥段：

此段为与广渠路二期衔接段，为节约用地不设置主辅隔离带，断面布设为：3.5m（非机动车道）+1.5m（绿化隔离带）+15m（机动车道）+28.6m（中央绿化隔离带）+15m（机动车道）+1.5m（绿化隔离带）+3.5m（非机动车道）=68.6m，见图3-2-10。

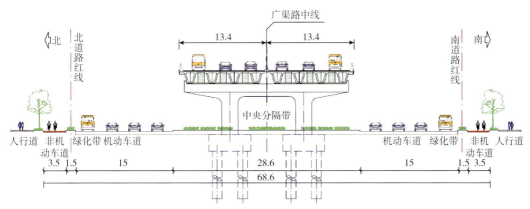

图 3-2-10　高架桥段横断面图（尺寸单位：m）

③怡乐中路U槽段：

由于在平坡段设置主辅路进出口，因此U槽段设置加减速车道，地下道路双向6~8条车道渐变，地面道路双向六车道，断面布置为：3.5m（非机动车道）+1.5m（绿化隔离带）+11.5m（地面道路机动车道）+1.75m（U槽结构及隔离带）+12.25~15.75m（地下道路机动车道）+1~2.3m（中央隔离带）+12.25~15.75m（地下道路机动车道）+1.75m（U槽结构及隔离带）+14m（地面道路机非混行车道）=61.5~67.7m，参见图3-2-11。

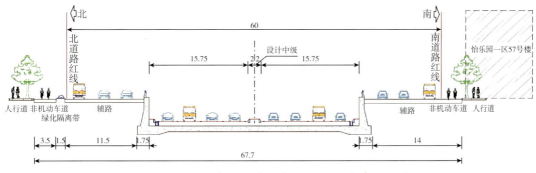

图 3-2-11　怡乐中路U槽段横断面图（尺寸单位：m）

④北运河东滨河路至芙蓉路段：

由于北运河以东地面道路车道数逐级递减，该段仅保留双向4车道，断面布置为：5m（绿化隔离带）+3.5m（非机动车道）+6m（绿化隔离带）+8m（机动车道）+

15m（中央绿化带）+8m（机动车道）+6m（绿化隔离带）+3.5m（非机动车道）+5m（绿化隔离带）=60m，参见图 3-2-12。

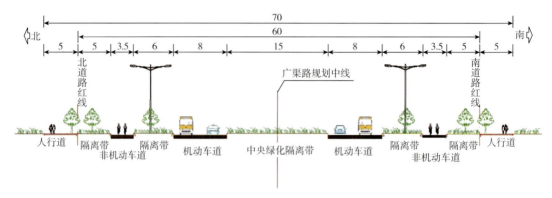

图 3-2-12　北运河东滨河路至芙蓉路段横断面图（尺寸单位：m）

⑤终点 U 槽段：

由于北运河以东地面道路车道数逐级递减，该段仅保留双向两车道，且均为公交专用道，根据与杨坨三号地安置房项目用地协调配合结果，道路至居住用地红线间保留绿化空间，断面布置为：3.5m（非机动车道）+4m（路侧隔离带）+5m（辅路）+4m（U 槽结构和绿化）+12.25m（地下道路机动车道）+2.3~2.5m（中央隔离带）+12.25~14.5m（地下道路机动车道）+2.5~3.25m（U 槽结构和绿化）+5~8m（辅路）+3m（路侧隔离带）+3.5m（非机动车道）=60.5m，参见图 3-2-13。

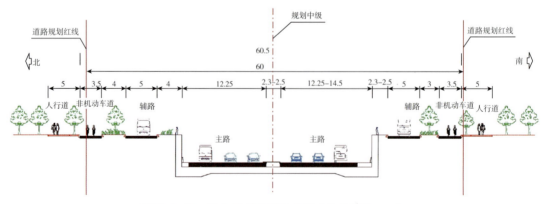

图 3-2-13　终点 U 槽段横断面图（尺寸单位：m）

4. 路拱设计

该道路机动车道、非机动车道及人行道路拱形式为直线形，机动车道横坡为 1.5%，由道路中线向两侧坡向道路红线；非机动车道横坡为一面坡，横坡度为 1.5%，坡向道路中线一侧。

5. 交叉口设计

（1）设计原则。

①根据区域整体路网规划，结合该项目道路功能性质及交叉口交通量大小，确定交叉的功能定位，选择合理的交叉形式。

②对于重要平面交叉口，根据交通量大小，合理设置拓宽车道数及分配各方向的车道数。

③重视交叉口绿化、美化、人性化设计。避免人为地造就景点、突出小品等现象，分散驾驶人员注意力。应使节点布设能与周围地形、地貌结合，坡面修饰、绿化与周围地貌、植被协调，与周围自然景观、人文环境浑然一体。

④交叉口设计应考虑近、远期结合。

（2）平面交叉。

道路沿线相交路口设置情况：

沿线共设置平交路口18处，其中十字灯控路口14处，分别是怡乐西路、杨庄路、翠屏西路、京津公路、通马路、葛布店东里北路、玉桥西路、玉桥中路、玉桥东路、乔庄东路、北运河西滨河路、北运河东滨河路、芙蓉路、东六环西辅路；右进右出路口4处，分别是怡乐中路、九棵树东路、梨园路、乔庄商业街。灯控路口最小间距300m，最大间距1000m，平均间距约540m。

路口标准渠化段主路为四车道，一个左转车道+三个直行车道，辅路为一个右转车道。

（3）立体交叉。

该项目设计终点与东六环路相交为分离式立体交叉，近期现况东六环路上跨广渠路东延，远期东六环路改造入地后，广渠路东延地面道路上跨东六环路。

6. 公交与人行过街设施

（1）公交设施。

①公交车道：

根据道路规划条件，该道路最外侧车道布置为公交专用道，提供BRT及常规公交车辆行驶。

②公交站点及位置：

根据已取得广渠路东延道路BRT公交规划资料，该项目共设置城铁果园、通州东站、玉桥中路、乔庄东路、芙蓉路5处BRT车站，该次设计选用BRT公交站规划点位，结合公交车道为 BRT 与常规公交共用的条件，公交车站将提供 BRT 与常规公交停靠条件。

结合现况公交车站位置及线路需求另设置常规公交车站 7 对。

③公交车站：

公交车站原则设置在路口的出口处，利用主辅隔离带设置公交站台，BRT 车站长度为 105m，常规公交车站长度为 30m，站台宽度 3m，车站范围预留公交车站供电条件。

（2）人行过街设施。

该项目沿线现况人行过街主要通过平交灯控路口过街以及路段人行灯控过街，另有两处人行天桥，一处为周边学生过街服务（玉桥西路）、一处为分担地面过街（乔庄商业街）流量服务。

考虑到该项目实施后人行过街长度增加，结合通州区实际需求，为增加过街的安全性和便利性，该次设计在重点路口设置立体过街设施，路段过街依旧保持灯控过街的形式。综合设置条件，在玉桥东路和乔庄商业街设置地下人行通道。

（三）地下道路设计

1. 定线设计

（1）设计原则及控制因素。

地下道路定线走向与地面道路基本一致，平纵横线性组合应满足行车视距的要求。主要控制因素有地铁八通线、居正房地产用地、运通桥、杨坨三号地安置房项目用地、东六环路等。

（2）道路定线及技术指标。

该项目分两幅定线，左线为 Z1 线，右线为 Z2 线，定线位置位于机动车道左侧边线。Z1、Z2 线定线起点桩号分别为 Z1K11+880、Z2K11+880，与广渠路二期主线桩号 K11+880 对应，在翠屏西路以西定线基本与地面道路中线走向一致。在八通线处 Z1 线从 6 号、7 号、8 号承台处下穿，Z2 线从 11 号、12 号承台处下穿。两条线在果园环岛以东至乔庄东路与地面道路中线走向一致，在乔庄东路以东根据下穿北运河线位的不同分为三个方案：方案一，线路向南偏，从运通桥南侧下穿北运河；方案二，线路向北偏，在运通桥北侧下穿北运河；方案三，分幅分别从运通桥的南北两侧下穿北运河。下穿北运河之后线路向东北在东六环西辅路东侧与地面道路中线重合，定线终点位于东六环路东侧，方案一定线终点桩号为 Z1K19+761.4 和 Z2K19+760.435，定线全长分别为 7881.4m、7880.435m。Z1 线共设置平曲线 8 处，最小平曲线半径 400m，最大平曲线半径

75000m；Z2 线共设置平曲线 9 处，最小平曲线半径 400m，最大平曲线半径 75000m。

2. 平面设计

广渠路东延地下道路接广渠路二期预留高架桥，设计起点桩号为 Z1K11+880.407、Z2K11+880.407，高架桥上跨杨庄路后落地，设置地平反坡段后在翠屏西路西侧入地，洞口桩号 Z1K12+960、Z2K12+960，之后分幅下穿八通线托换承台，沿运河东西大街向东，乔庄东路至终点段分三个方案，该段主要控制条件有通三铁路、高压塔、运通桥、居正房地产用地、公交集团建材城公交总站用地以及杨坨三号地安置房项目用地。

方案一，线路向南偏，整幅下穿通三铁路，在运通桥南侧下穿北运河，线位占用公交集团建材城公交总站用地 2137m²，需要改移运河东侧两座 110kV 高压塔，不占用杨坨三号地安置房项目用地，但压缩了道路用地与建筑用地之间绿化空间（图 3-2-14）。

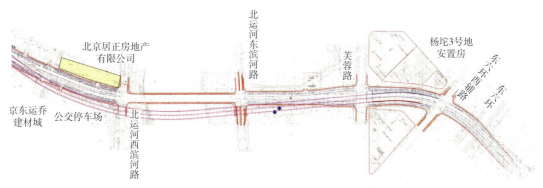

图 3-2-14　方案一（南线）平面示意图

方案二，线路向北偏，整幅下穿通三铁路，在运通桥北侧下穿北运河，线位占用居正房地产用地 5780m²，需要改移运河西侧 1 座 110kV 和 1 座 220kV 高压塔，不占用杨坨三号地安置房项目用地，且在南北两侧的道路用地与建筑用地之间各保留了 20m 的绿化空间（图 3-2-15）。

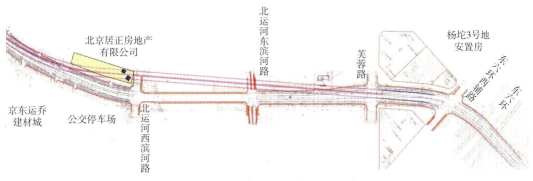

图 3-2-15　方案二（北线）平面示意图

方案三，线路分两幅，分幅下穿通三铁路和北运河，线位占用居正房地产用地1205m²、占用公交集团建材城公交总站用地252m²，需要改移运河西侧1座110kV高压塔和运河东侧两座110kV高压塔，不占用杨坨三号地安置房项目用地，但压缩了道路用地与建筑用地之间绿化空间（图3-2-16）。

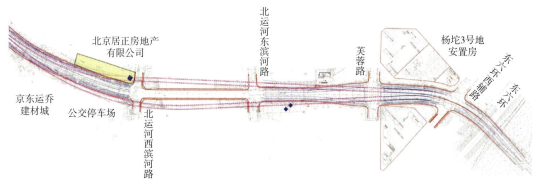

图3-2-16 方案三（分线）平面示意图

另外，各方案地下结构距运通桥结构均保证10m以上。根据相关会议精神，降低对周边已拨用地的影响，综合考虑推荐方案一。

地下道路在东六环西辅路前出地面，出洞口桩号Z1K19+130.85、Z2K19+132，终点至东六环路，推荐方案终点桩号为Z1K19+576.23、Z2K19+575.386，闭合段全长约6.17km。

全线共设置2处通风井、1处排烟井，1处救援中心位于翠平西路东侧，1处监控、养护、消防中心位于杨坨九街西侧（图3-2-17）。

图3-2-17 隧道附属设施布置示意图

3.纵断面设计

（1）设计原则及控制因素。

地下道路纵坡设置宜平缓，减少竖向低点的设置；因与综合管廊共构设置，地下道路纵坡应在满足道路规范的要求下，同时满足设置综合管廊的要求。下穿地铁段，满足隧道施工及地铁运营安全设计施工方案的要求；下穿河道处，竖向设计应满足河道规划条件及防洪要求。

地下道路的起终点与地面道路标高接顺，地下道路主要控制点有地铁八通线、规划地铁 S6 线、城际联络线、通州环线、通三铁路、北运河、横向雨污水管等。

综合管廊与道路隧道合建，在起点至八通线下穿段，受八通线桩基控制，管廊需设置在隧道上方。通三铁路至北运河东滨河路段，受通三铁路段隧道施工要求及用地控制，综合管廊需设置在隧道上方。在果园环岛至通三铁路以西约 3.4km 路段，交通隧道与综合管廊设置有两个方案。方案一为管廊设置于隧道上方，隧道结构形成"田字格"形式，方案二为管廊与交通隧道不共构，将综合管廊设置于隧道一侧，形成"平铺"方案。根据管线规划条件，道路南侧管线较少，因此管廊平置于隧道南侧。由于管廊设置于隧道一侧，可将交通隧道向上抬升，降低隧道基坑深度。该段交通隧道设计标高较方案一平均抬高 4m。

（2）纵断面布置及技术指标。

该项目地下道路纵段起点衔接广渠路二期高架桥，上跨杨庄路后落地，设置地平反坡段和主辅路进出口，在翠屏西路以西入地，下穿八通线托换承台，在果园环岛处上跨规划地铁 S6 线和通州环线，在玉桥中路处下穿现况雨水箱涵（3600mm×2000mm），在通三铁路西侧上跨规划城际铁路联络线，之后下穿现况污水管（ϕ1950）、北运河以及现况污水管（ϕ1100），在芙蓉路东侧出地面，在东六环西辅路与地面道路接顺。最小纵坡 0.3%，最大纵坡 3.5%，最小坡长 200m，最小凸形竖曲线半径 4500m，最小凹形竖曲线半径 3000m，见图 3-2-18。

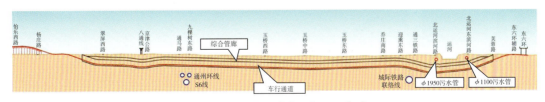

图 3-2-18　地下道路纵断面示意图

4. 横断面布置

隧道进出口段：设置 U 形槽，主路双向六车道。布置形式见地面景观道路设计横断面。

八通线段（翠屏西路—果园环岛）横断面：管廊设置于地下道路上方，采用分幅方式下穿八通线边跨 5 个现况桥墩,隧道形成两个"日字形",现况八通线桥墩进行桩基托换,横断面如图 3-2-19 所示。

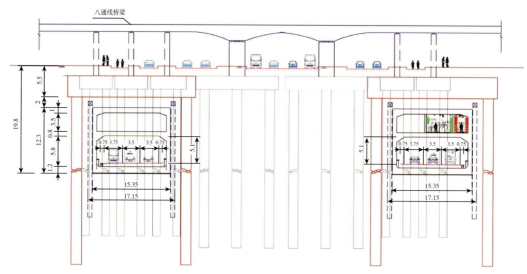

图 3-2-19 八通线段地下道路横断面示意图(尺寸单位:m)

标准段(果园环岛—通三铁路段)横断面方案一:管廊设置于地下道路上方,采用整幅方式与地下道路共构,形成"田字格"形式。标准横断面规划为城市主干道(远期预留提级为快速路的条件),设计速度 80km/h,双向六车道,车行道宽 0.75m+2×3.5m+3.75m+0.75m=12.25m,横断面如图 3-2-20 所示。

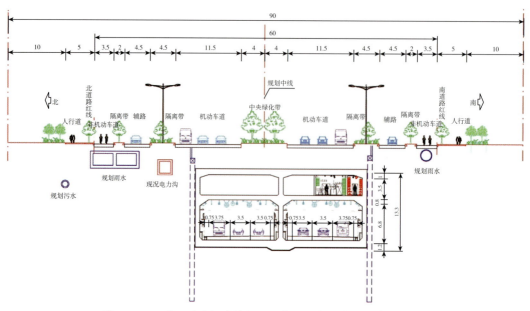

图 3-2-20 地下道路标准横断面方案一示意图(尺寸单位:m)

标准段（果园环岛—通三铁路段）横断面方案二：管廊设置于地下道路南侧，与地下道路共构，形成"平铺"形式。地下道路行车道宽度与"田字格"方案一致，横断面如图 3-2-21 所示。

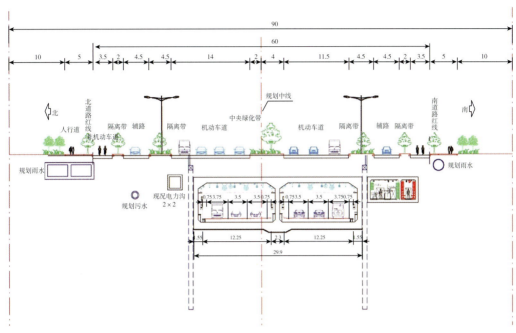

图 3-2-21　地下道路标准横断面方案二示意图（尺寸单位：m）

北运河段横断面采用管廊设置，于地下道路上方设置，同样为"田字格"的整幅隧道方式，在距现况运通桥 12.5~24.5m 南侧下穿北运河，横断面形式如图 3-2-22 所示。

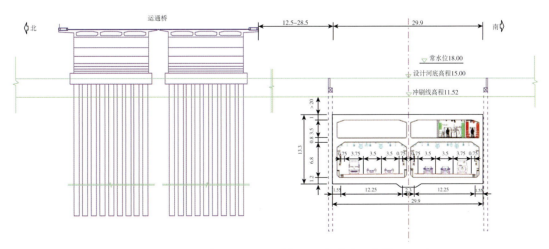

图 3-2-22　地下道路北运河段横断面示意图（尺寸单位：m）

（四）路基设计

1. 设计原则

该项目沿线有现况路，地面道路基本为现况路加宽，加宽部分结合地勘报告考虑路基处理。

2. 路基处理

该工程范围内人工填筑土层不能作为路基持力层，人工填土层需经过挖除换填或其他合理措施处理后作为道路路基使用。

（五）路面设计

1. 设计原则

路面需满足结构强度、高温稳定性、低温抗裂性、抗疲劳、抗水损坏及耐磨、平整、抗滑、低噪声等表面特性要求，采用温拌沥青，洞口内外应设置防冰路面。

2. 设计参数

该项目道路规划等级为城市主干路，道路路面结构设计使用年限为15年，路面设计荷载标准采用BZZ-100，材料为沥青混凝土路面。

（六）附属构筑物

该项目地下道路出入口段设置连接高架桥以及U槽的挡土墙，全长600m，平均高度约4m，采用预制混凝土悬臂式挡土墙。

（七）交通工程

1. 设计标准

道路等级：城市主干路。

车道数：地下道路双向六车道，地面道路双向六车道。

设计速度：地面60km/h，地下80km/h。

标志板面均采用二级反光膜。

各种地面标线的划法均以现行国标《道路交通标志和标线》（GB 5768.3—2009）为准，全部采用热熔型反光材料。

2. 设计方案

交通工程涉及的主要工程内容包括交通标线、交通标志及附属设施（平交路口信号灯、人行横道信号灯等）。其中地面道路交通标志、信号灯等结合景观进行外形设计，并采用多杆合一的原则。

五、隧道工程

（一）隧道方案

1. 技术标准

（1）设计速度：地面道路 60km/h，地下道路 80km/h。

（2）道路等级：地面道路：主干路；地下道路：主干路标准，预留快速路条件。

（3）荷载等级：城—A级。

（4）设计安全等级：一级。

（5）设计基准期：100 年。

（6）隧道防水等级：二级。

（7）耐久性设计：该工程环境类别为Ⅱ类，按照《混凝土结构耐久性设计规范》（GB/T 50476—2008）为一般环境，环境作用等级为C级。

（8）隧道限界净高：4.5m；隧道限界净宽：12.25m。

（9）抗渗等级：P8。

（10）抗浮安全系数：≥ 1.05（不计侧壁摩阻力）。

（11）抗震设防基本烈度为 8 度，地震动峰值加速度：0.2g，按 9 度采取抗震措施。

（12）最大纵坡：3.5%；横坡：1.0%。

（13）车行横通道间距：不大于 500m；人行横通道间距：不大于 250m。

2. 设计原则

隧道设计遵循"工程实施安全可靠、易于操作、保证质量；运营使用安全、经济、舒适、美观"的总体思路。

结构设计以满足地下道路交通为条件，同时结合综合管廊、地下空间开发等要求，按工程不同地段的地下道路布置特点、施工方法、使用条件及荷载特性等选择合理的结构尺寸进行设计。

隧道净空满足各部分建筑、通风、设备、使用以及施工工艺等要求，并考虑减少施工中和建成后对环境造成的不利影响。

3. 方案概述

广渠路现状地面道路交通流量大，管线错综复杂，地下道路的施工会对其带来较大影响。广渠路东延隧道考虑地下道路施工工艺，综合管廊及地下空间和车行隧道一起实施，最终确定采用明挖方案。明挖方案隧道设置见表 3-2-1。

明挖隧道设置一览表　　　　　　　　表 3-2-1

名称	起终点桩号	长度（m）	车道数	行车道宽度（m）	结构形式	施工方法	通风方式
隧道工程	Z1K12+760~Z1K12+960	200	双向六车道	12.25	U形槽	明挖	—
	Z1K12+960~Z4K19+130	6170	双向六车道	12.25	闭合框架	明挖	机械
	Z4K19+130~Z4K19+330	200	双向六车道	12.25	U形槽	明挖	—

（二）隧道线路

1. 隧道平面线形设计

该工程平面线位考虑景观大道设计、周边建筑物拆迁、现况北运河桥梁位置关系等，选择余地小，线位较明确；平面线位充分考虑了隧道洞口及洞身线形要求、两端接线条件、隧址区环境条件、工程地质条件、营运管理设施场地及工程造价等诸多因素。广渠路地下隧道平面线位由缓和曲线和圆曲线共同组成，其中圆曲线半径 $R=1000$m，横坡 1.0%。

2. 隧道纵断面线形设计

隧道纵坡设计主要考虑到与相关管线、规划路线及地铁设计等竖向关系以及通风、排水、施工及两端接线等因素。为方便隧道内排水，隧道内纵坡不小于 0.3%；洞外连接线与隧道纵面线形应协调一致，并服从路线总体布设要求；U 形槽与道路相接部分设置纵坡反坡点，避免向隧道内汇水。隧道段纵断面设计时，综合考虑以上各种因素拟定纵坡，纵坡控制值为 3.5%。

（三）隧道建筑

1. 建筑限界

隧道建筑限界是根据《城市地下道路工程设计规范》（CJJ 221—2015）及该工程道路设计标准确定：道路净宽 12.25m，净高 4.5m（单向三车道）。

断面布置如下：0.75m（左侧向宽度）+2×3.5m（行车道）+3.75m（行车道）+0.75m（右侧向宽度）；限高 4.5m；限界外预留装饰及消防等设施安装空间；该工程的防撞等级为 A 级，防撞护栏高度高于行车道 0.81m。由于该工程考虑了防撞设施，防撞护栏高度超出了 0.4m，因此需考虑《城市地下道路工程设计规范》（CJJ 211—2015）3.5.1 条中路缘带宽度 0.5m 和安全带宽度的 0.25m，侧向宽则定义为 0.75m，见图 3-2-23。

2. 横断面设计

该工程设计中同期考虑实施管廊，根据管廊及车行隧道布置条件，设置如下 2 个方案。

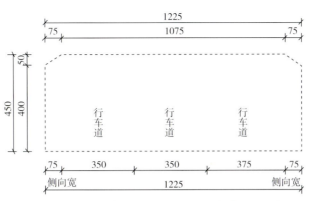

图 3-2-23　隧道建筑限界设计图（尺寸单位：cm）

方案一：平置方案，该方案是将管廊和车行隧道的结构分离设置，车行隧道位于中间，管廊位于两侧。该方案可有效降低基坑深度，结构受力比较明确，但同时占用横断面宽度较大，部分路段会超出红线，导致两侧管线无法布置，同时开挖土方较多（图 3-2-24）。

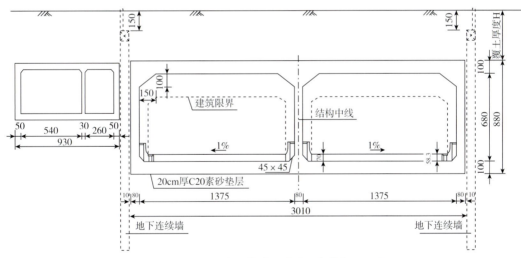

图 3-2-24　平置方案剖面图（尺寸单位：cm）

方案二：共构方案，该方案管廊层位于车行隧道上层，车行隧道的顶板作为管廊层的底板。该方案基坑深度、宽度等和方案二相当。但该方案中竖墙对齐，使得结构受力明确，传力路径简洁，中板仅考虑管廊层荷载，无须加强设计。并且该方案先施工顶板，后期实施内部隔墙，空间布置灵活。上部覆土荷载分布和地基承载力等较为均匀。

考虑到消防箱的设置，可将消防箱嵌入墙体或者挂置墙体，嵌入墙体方案（图 3-2-25）需要在侧墙开洞，且后期消防设施及管线等维修、升级改造难度大，因此采用挂置方案（图 3-2-26）。

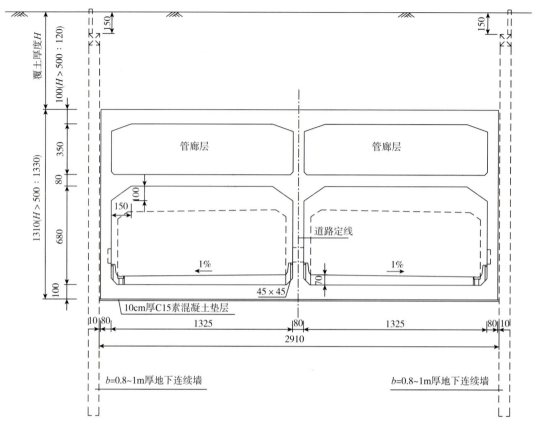

图 3-2-25 消防箱嵌入方案剖面图（尺寸单位：cm）

该工程结构工程施工体量大，施工周期长，对结构质量要求高。结合上述横断面结构布置方案进行比较，具体比较见表 3-2-2。

横断面结构方案综合比较表　　　　　　　　　　　　　表 3-2-2

比选内容	方案一	方案二
名称	平置方案	共构方案
结构受力	受力明确，传力路径简洁，合理	受力明确，传力路径简洁，合理
施工	需分幅施工，施工周期长，土方量大	可整幅施工，管廊层空间较大，内隔墙可后期实施，方便施工
地基处理	地基反力均匀	地基反力均匀
管廊布置	内部布置灵活，但出支线处理难度大	内部布置灵活，出支线处理难度相对较小
比选结果		推荐

结合表 3-2-2 比较可知，方案二的共构方案，结构受力合理，工程造价低，管廊内部管线布置灵活，因此推荐方案二为该工程横断面的推荐方案。

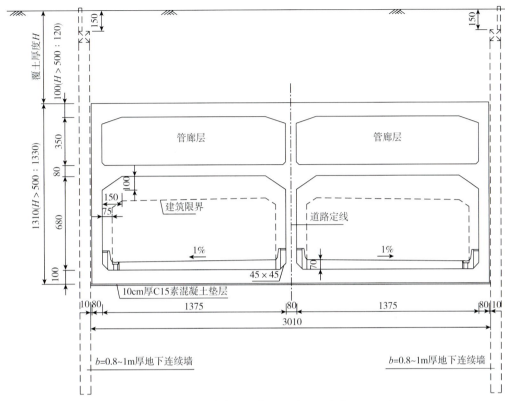

图 3-2-26 消防箱挂置方案剖面图（尺寸单位：cm）

（四）结构防水与耐久性

1. 防水原则

（1）地下结构应遵循"以防为主，刚柔相济，多道设防，因地制宜，综合治理"的原则。

（2）防水设计应技术先进、方案可靠、施工简便、经济合理、使用安全，确保质量要求。

（3）防水是一个系统工程，建筑结构与防水必须密切配合，协调统一。

（4）地下结构应以混凝土结构自防水为主，强调结构自防水首先应保证混凝土、钢筋混凝土结构的自防水能力。采取有效技术措施保证变形缝、施工缝、穿墙管、预埋件、预留孔洞、各型接头、各种结构断面接口、桩头等细部结构的防水效果；同时还应根据不同的结构形式选用不同的辅助排水措施。

（5）鉴于该工程地下水位高，地层间的水力联系较为密切，且对混凝土及混凝土中的钢筋具微腐蚀性。优先考虑采用混凝土结构自防水与柔性全包防水层相结合的防水方案。

（6）结构防水设计和施工必须符合环境保护的要求，并根据具体情况采取相应对策，减少对环境影响。

（五）隧道通风设计

1. 设计原则

（1）严格执行国家、行业现行规范与标准，当规范与标准相互之间有不一致时，取高值。

（2）正常运行情况下，向行驶空间提供充足的新鲜空气；在阻塞交通工况下，为隧道内车辆及人员提供尚可接受的环境；火灾发生时，减少和消除在行驶空间及逃生路线上产生的有害物质浓度，并抑制其扩散；在养护维修时，为隧道内养护维修人员提供满足卫生标准的环境；控制噪声和污染物排放，满足环保要求。

（3）尽量利用车辆行驶的活塞效应诱导自然通风。

（4）防止通过隧道排出过量有害物质污染洞口环境。

（5）系统设计以人为本，安全第一。

（6）与工程特点相结合，利用自然地势地貌。

（7）采用高效节能环保的通风设备。

2. 设计参数

（1）道路等级：一类城市交通隧道。

（2）设计速度：主车道设计速度为80km/h。

（3）隧道建设规模：隧道总长为6087m，单向三车道。

（4）交通量预测：见表3-2-3。

单向隧道设计交通量（单位：pcu/h） 表3-2-3

路　段	距离（km）	2020年	2030年
怡乐西路—翠屏西路	1.3	3903	3945
翠屏西路—果园环岛	1.1	2420	2780
果园环岛—玉桥中路	1.6	3290	3818
玉桥中路—东六环路	3.6	3167	3272

注：大型车混入率为2%。

3. 设计标准

该次设计参照《公路隧道通风设计细则》（JTG/T D702-02—2014），根据表3-2-4和表3-2-5选取设计所需的基本参数。

一氧化碳（CO）允许浓度　　　　　表 3-2-4

工　况	一氧化碳（CO）设计浓度 δ（cm^3/m^3）	备　注
正常营运	100	
阻滞交通	150	按 30km/h 平均速度考虑

烟雾允许浓度　　　　　表 3-2-5

计算速度（km/h）	烟雾设计浓度（m^{-1}）	备　注
80	0.0065	
70	0.0065	
60	0.0065	
50	0.007	
40	0.0075	
30	0.012	交通管制

注：隧道内采用 LED 灯光源。

4. 附属用房通风设计

（1）变配电室设置消除余热通风，根据电气专业提供的设备散热量并与换气次数 10 次 /h 核算取其大者作为排风量，选择通风机将室内余热排出室外，室内新风采取自然补风的方式。

（2）变配电室值班室设置分体式空调机。

（3）主变配电室及监控室设置排烟系统，风机耐温 280℃，连续运行 0.5h，排烟系统管道上设置 280℃防火阀，进风风口采用 70℃防火风口，防火阀及防火风口都是熔断关闭，手动复位。

（4）排水泵房、消防泵房设置消除湿热通风，换气次数按照 10 次 /h 进行计算，并选择斜流通风机将污浊空气排出室外，室内新风采取自然补风的方式。

（5）排水泵房、消防泵房及值班室排风系统排风管道上设置 70℃防火阀，进风风口采用 70℃防火风口，防火阀及防火风口都是熔断关闭，手动复位。

（六）隧道变配电系统设计

根据隧道一级用电负荷性质，主变配电室拟采用双重独立 10kV 电源供电，双路电源同时运行互为备用，并设有高压联络开关，分变配电室采用环网供电，分变配电室高压侧不设联络开关。对于一级负荷中特别重要负荷每个变配电所配置 UPS 系统一套，由动力 0.4kV 系统提供电源，其为变配电系统 PLC、交通监控系统、紧急呼叫设施系统、通风与照明控制系统、火灾及消防报警系统提供应急后备电源，每个变配电所配置 EPS 系统一套由动力 0.4kV 系统提供电源，为人行 / 车行联络洞照明、隧道应急照明、疏散指示标志、紧急电话指示标志、消防设备指示标志、人行/车行横洞指示标志等提供应急后备不间断电源。

（七）隧道照明设计

该工程隧道照明灯具采用 LED 作为光源。

该工程照明控制方法采用动态调光控制方法，根据实时采集的洞外亮度、交通量等参数，自动调控照明亮度。隧道管理人员也可根据实际运营情况，由自动控制方式切换到人工控制方式，改为手动。人工控制方式的优先级最高。隧道照明控制框架结构如图 3-2-27 所示。

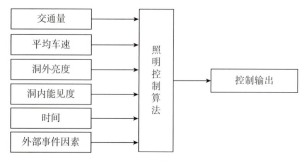

图 3-2-27　隧道照明控制框架结构图

（八）防灾救援

根据国内外研究成果及实际运行情况，针对该工程的特点确定火灾排烟预案采用分段纵向式排烟方式。

广渠路道路工程射流风机悬吊于隧道顶部及侧壁，用来补充汽车低速行驶时交通通风力的不足，由喷流效果保持空气推力，使隧道内压力上升，纵向接力式将隧道内有害气体排出洞外。竖井内设有轴流风机，用于火灾时送风排烟使用。

利用排风井作为排烟竖井，两个竖井之间的距离超过 3km，因此在两个竖井之间 K16+100 处设置专用排烟竖井，竖井 3 则只需设置排风，隧道排烟方案分三段，即全部采用分段纵向式排烟方式。

沿车行方向，火灾发生在隧道入口与竖井 1 之间时，排烟设施运行模式如图 3-2-28 所示。

运行模式：采用分段纵向式排烟，射流风机开启保持临界风速，新鲜空气从隧道入口进入，竖井 1 内射流风机开启排烟，使烟气控制在隧道入口与竖井 1 之间。

沿车行方向，火灾发生在竖井 1 与竖井 2 之间时，排烟设施运行模式如图 3-2-29 所示。

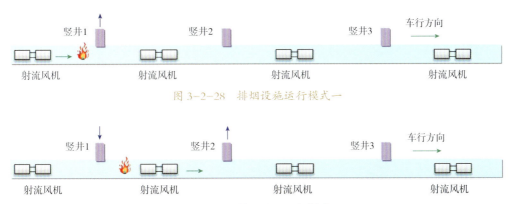

图 3-2-28 排烟设施运行模式一

图 3-2-29 排烟设施运行模式二

运行模式：采用分段纵向式排烟，射流风机开启保持临界风速，竖井1内射流风机开启补风，竖井2内射流风机开启排烟，将烟气控制在竖井1与竖井2之间。

（九）附属用房

1. 监控中心

监控中心位于项目西侧，广渠路与翠屏西路交叉路口东北角。用地面积为3814.52m²，南北长约55.81m，东西长约106.88m。

监控中心建筑主体为钢筋混凝土框架结构，地上三层，地下一层。建筑耐火等级为一级，建筑设计使用年限为50年。总建筑面积为3814.52m²，建筑单体包括监控中心一座，建筑面积3578.67m²，门卫亭一座，建筑面积2.25m²。综合管廊与监控中心于地下一层设有连接通道。

2. 监控中心

监控中心位于建筑主体用地偏西侧，场地主入口设置于用地南侧。场地东部设置小汽车停车场及自行车停车场，共设有19个机动车位，其中含1个残疾人车位，4个充电车位和14个普通车位。地上建筑面积为2859.49m²，地下建筑面积为719.18m²，总高度为18.30m（图3-2-30）。

本工程为保障隧道及管廊的运行，设置监控中心，分别为管廊部分及隧道部分进行管理、应急、指挥和调度。首层布置有变配电室、厨房及餐厅、维修

图 3-2-30 监控中心效果图

间及设备用房等，二层布置有管理用房、后勤用房、设备用房，三层布置有监控大厅、指挥值班室、数据机房及设备用房，屋顶布置有机房、水箱间，地下为消防设备用房、风机房、给水泵房等。

（十）隧道出入口及隧道内装饰

1.隧道出入口设计思路

隧道是以车行为主，是车辆提速前行的场所，为了延续顺应这个特点，纵向上不断强调地面道路与隧道衔接的方向感，比如玻璃的方向，灯带的方向和侧墙灰色条带的设置，都有很强的导向性和方向感，给驾驶员提供一种顺畅的、毫无干扰的进入隧道内部的体验。顶棚玻璃带的设置可以起到光线过度的作用，可削弱黑白洞效应。有利于安全驾驶，以保证行车人员的视线安全，见图3-2-31。

2.隧道内装饰方案设计思路

（1）隧道内部墙面及顶部装有各种管线及设备，如消防管道、电缆桥架、分线箱、扩音器等，此次两个方案的主要区别即是否将部分管线设备等隐藏。

（2）照明专业建议：优先选择浅色，颜色越浅反射率越高，照明专业会对侧壁的反射率有要求，如果颜色太深反射率会达不到要求。

（3）《公路隧道通风照明设计规范》（JT/T 026.1—1999）4.2.1要求：隧道两侧墙面2m高范围内，宜敷设反射率不小于0.7的墙面材料。

（4）材料推荐搪瓷钢板。

方案选用的装饰板分割以竖向为主，色带是横向的大面积色带方式，形成导向性。颜色为浅灰色与白色结合，使人产生比较安静的感觉，有利于长时间安全驾驶，见图3-2-32。

图3-2-31 隧道出入口效果图

图3-2-32 隧道内装饰效果图

六、桥梁工程

（一）桥梁设计思路

（1）该工程项目沿线地貌特点为城市平原区，桥梁设计应采用"安全耐久、经济实用、因地制宜、美观协调、低碳环保、技术创新、方便施工、易于养护"的设计原则。

（2）常规桥梁结构优先采用便于养护的结构体系，一般桥梁推行标准化、定型化、工厂化和装配化施工，以便进行工厂化施工管理，从而提高工程质量、降低工程造价、加快工程进度。

（3）合理确定桥梁长度，桥孔跨径及墩台、基础的结构形式，确保桥梁结构运营安全和经济合理。桥梁总体布置与周围环境协调，并充分照顾到沿线群众的出行方便，体现安全、经济、服务和协调的原则。

（4）对于一般桥梁，在满足不同功能的前提下，尽量选择统一跨径来布设，以方便施工。

（5）桥长控制：结合地质条件，桥台最大填土高度宜控制在4m。

（6）该段采用高架桥形式，为了保证桥梁结构受力合理明确，桥墩中线与道路定线垂直布置。

（7）为了充分利用桥下空间且保证全线美观协调，主线桥下部结构采用大悬臂 π 形盖梁结构，双柱位于中央隔离带内。

（二）技术标准

（1）桥梁结构的设计基准期为100年。

（2）设计荷载：城—A级。

（3）桥梁宽度：桥梁行车道宽度与路段同宽，护栏宽度按0.6m设计。

（4）桥下净空：跨相交路口净空≥4.5m。

（5）抗震设防标准：水平向地震动峰值加速度按0.2g设计，抗震设防烈度为8度。桥梁设防类别为乙类，抗震设防措施等级为9级。

（6）桥梁段主路道路延续广渠路二期，设计速度为80km/h。

（7）地面道路设计速度为60km/h。

（三）桥梁结构形式

该段高架桥起点位于怡乐西路西侧，与广渠路二期分界桩号为K11+880.407，终点位于杨庄路东侧，桩号为K12+420.757，全长540.35m，桥梁面积14481m^2。高架桥共跨越路口两个,分别为怡乐西路和杨庄路路口。

1. 上部结构

怡乐西路到杨庄路之间及杨庄路以东上部结构均采用30m小箱梁,梁高1.8m,半幅桥4片梁,全桥桥宽26.8m。怡乐西路路口、杨庄路路口上部结构采用37m+45m+37m钢-混凝土组合梁,梁高2.2m,每半幅桥设2个单箱单室钢箱梁,全桥桥宽26.8m。

2. 下部结构

高架桥均采用大悬臂Π形盖梁结构,墩柱均为矩形墩柱,墩柱间距为11.3m;小箱梁墩柱尺寸为2.5m×1.8m,钢-混凝土组合梁墩柱尺寸为2.5m×2.0m,墩柱下接6.4m×6.4m×2.5m承台、1.3mDX桩基;桥台采用重力式,接1.2m桩基,见图3-2-33及图3-2-34。

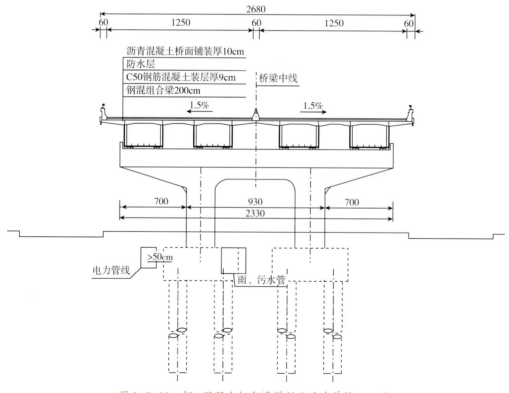

图3-2-33 钢-混凝土组合梁横断(尺寸单位:cm)

(四)桥梁附属

1. 桥面铺装及防水层

桥面铺装采用沥青玛蹄脂,碎石混合料(SMA-16)厚40mm,中粒式沥青混凝土

（AC-20C）厚60mm，下设改性沥青防水卷材，各项性能指标要求满足《道桥用改性沥青防水卷材》（JC/T 974—2005）的技术标准。施工前应对混凝土铺装表面进行环氧树脂或专用冷底子油基层封闭处理。

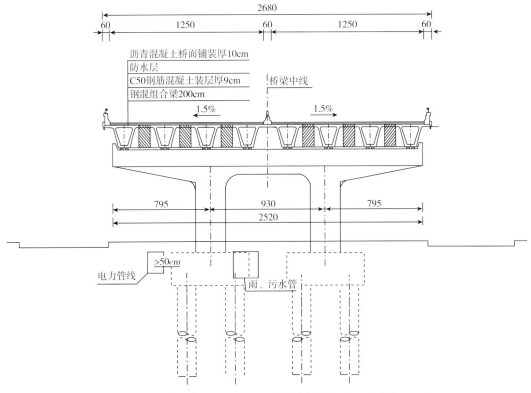

图3-2-34 装配式预应力混凝土连续箱梁横断（尺寸单位：cm）

2. 桥面排水设施

在桥面一侧横坡低点处设置 $D=200mm$ 的排水口，并采用排水管连接，排至柱外或雨水口处。

3. 桥面伸缩缝

桥面伸缩缝采用三维位移止水型伸缩缝（单组或双组），施工单位需严格按照有关图纸要求的施工顺序施工，根据安装时的温度合理设置安装间隙。

4. 桥梁支座

对于装配式预应力混凝土连续箱梁，支座采用圆形板式橡胶支座或圆形四氟滑板式支座。对于钢-混组合梁，边墩支座采用矩形板式橡胶支座，中墩采用铅芯隔震橡胶支座。

5. 护栏及栏杆

主路桥梁两侧及中间均为现浇组合式护栏（SA级）。

七、排水工程

（一）概述

根据《广渠路（怡乐西路—东六环路）雨污水排除规划》，该项目怡乐西路至翠屏西路的断面为 $D1000$~ □ $2800mm \times 1800mm$，雨水出路为现况怡乐中路 □ $5000mm \times 2000mm$ 的雨水方沟内，雨水最终进入运河。

翠屏西路至果园环岛的雨水，规划雨水管道规格 $D1200$~$D2000mm$，雨水出路为规划翠平西路南侧规格 $D2000mm$ 的雨水管道内。

果园环岛至玉桥中路的雨水管道断面为 □ $3400mm \times 2000mm$~2 □ $3200mm \times 2000mm$~2 □ $3600mm \times 2000mm$，雨水出路为现况玉桥中路玉带河。

玉桥中路至北运河滨河路的雨水管道断面为 $D2000$~ □ $4000mm \times 2000mm$，雨水下游排入运河内。

北运河东滨河路至东六环的雨水管道断面为 □ $3600mm \times 2000mm$~ □ $3800mm \times 2000mm$，雨水下游排入运河内。

（二）方案要点

1. 设计原则

排水体制采用完全的雨、污水分流制。

现况广渠路东延道路工程确定为地面道路和地下道路两个交通系统，施工方法为明挖法，由于地下隧道系统与现况广渠路东延道路范围内现况排水管线位置重叠，致使现况的雨水管道无法保留，需结合道路及隧道方案，在道路两侧新建雨水管道，满足道路排水需求，并综合考虑道路红线内绿化隔离带、红线外两侧绿带以及地下可用空间，设置相应的"渗、滞、蓄、净、用、排"的符合海绵理念的措施。

坚持低水低排、高水高排的原则，避免高水系统进入低水系统，并尽量减少低水系统的汇水量，最大限度地减少雨水泵站规模。

雨水管道坡度满足不小于最小坡度要求，并尽量与道路纵向坡度一致，以降低埋深。

重视环境保护，采取有效措施防止水土流失和初期雨水对水源污染。

为避免隧道内积水，该设计在隧道内设置雨水泵站及废水泵站，将隧道内雨、污水有组织就近排放到现况的雨、污水管道内。

2. 雨水管线布置

该项目设计起点为怡乐西路，终点为东六环路，雨水管道断面为 $D800$~$D2000mm$，雨水方沟断面为□2000mm×1600mm~2□3600mm×2200mm~2□3600mm×2000mm等。管（涵）坡度一般随道路坡度并满足流速要求。雨水管道一般布置在慢车道或非机动车道下，部分路段修建于隧道之上。

3. 污水管线布置

该项目设计起点为怡乐西路，终点为东六环路辅路，污水管道断面为D400~D1000mm。管（涵）坡度一般随道路坡度并满足流速要求。污水管道一般布置在人行步道或非机动车道下，部分路段修建于隧道之上。

4. 现况管线分析

由于现况广渠路排水体制为合流制，不满足现行排放标准，需对现况道路的雨、污水管道进行拆除、改造及新建，即进行分流制排水体制的改造。

5. 工程量

（1）现况管线雨、污水管线拆除总长度约为10410m，其中雨水管道及雨水方沟拆除总长度约为9310m。

（2）广渠路东延道路雨水工程设计雨水新建管线总长度约14260m。广渠路东延道路雨水工程设计污水新建管线总长度约9130m。

八、电气工程

（一）道路照明工程

1. 设计原则及技术处理措施

（1）设计原则：

①满足设计标准和设计规范，工程合理、技术先进。

②绿色照明，节约能源。

③在满足道路照明设计的条件下，尽量减少工程投资。

（2）技术处理措施：

①电气系统：选用国内先进的技术和设备，保证系统可靠、稳定的工作。

②控制系统：为了节约能源，应选择合理的控制设备，以满足道路照明的要求。

2. 道路设计照明标准

根据《城市道路照明设计标准》（CJJ 45—2015）该工程道路照明设计照度标准如下。

城市主干路：

平均亮度：L_{av}=1.5/2.0cd/m²

均匀度：$U_o=L_{min}/L_{av} \geq 0.4$

平均照度：$E_{av}=20/30L_x$

照明功率密度：LPD ＜ 0.85/1.25（0.7/1.00）W/㎡，眩光限制阈值增量T_1最大初始值不大于10%。

周边环境比：0.5

路口交汇区照明标准：

平均照度：$E_{av}=30/50L_x$

均匀度：$U_o=L_{min}/L_{av} \geq 0.4$

3. 设计内容

（1）电源负荷等级。

该工程道路照明电源按三级负荷设计。

（2）电源及供电方式。

道路照明电源采用箱式变电站，10kV电源线路及电源引入由供电部门统一考虑。箱式变电站的供电半径为500m左右，变压器容量按远期考虑（道路照明、公交站台、交通信号灯、监控、绿化景观等用电负荷）。该工程设100kVA箱式变电站8座。电能计量按供电管理部门要求。

（3）低压配电系统。

箱式变电站低压（AC 220V/380V）出线设置断路器保护，馈电为断路器出线，断路器保护设置短路、过负荷和接地故障保护。所有照明出线回路均采用三相配电，照明配电顺序应为U、V、W电源相序，照明配电应尽量使三相负荷平衡。

照明低压配电系统采用三相四线制。低压照明馈电采用断路器保护，浪涌过电压保护采用一级SPD防护。每个照明灯具应设有单独的保护装置。

（4）照明光源及照明方式。

道路照明光源采用LED光源，色温4000K；道路照明选用截光型灯具；道路照明灯具效率应大于90%，照明灯具防护等级≥IP65；灯杆选用内外热镀锌处理的圆柱形金属锥形钢杆。

道路照明采用12m双挑钢杆灯照明方式，照明灯具容量为主路300W+辅路120W，灯杆对称布置，灯杆安装在机非隔离带内，灯杆间距约为35m。

路口15m（2×300W）灯杆进行加强照明，灯杆安装在人行步道内。

（5）节能措施：

①箱式变电站内变压器选用高效率、低能耗产品。

②充分利用绿色高效节能技术，道路照明选用高效节能光源。

③光源指标应符合国家现行有关能效标准规定的节能评价值要求。

④道路照明灯具效率应大于 90%。

⑤功率因数应大于 0.95。

（6）智慧灯杆设施：

①运营商小型天线：

为解决基站选址难、设备用电难、通信塔与环境不协调等问题，提供智能灯杆作为移动基站安装平台，并通过智慧灯杆的数量优势，实现 4G 覆盖。安装需求：需在传统照明灯头的上方预留 2~3m 的挂载位置。

②无线城市，wifi 覆盖：

为了推动区域 wifi 覆盖，延伸对民服务，计划在智慧灯杆上加载 wifi 模块，为用户在室外区域提供无线宽带互联网访问功能，提升城市形象。安装需求：商业区及人流密集区（如公交场站、公园、学校、医院等）为重点覆盖区域。

③平安城市，视频监控：

在建设智慧城市的过程中，平安城市是极其重要的一环，而智能监控系统是构建现代平安城市的关键。因此，在"智慧灯杆"上承载视频监控功能，智慧灯杆在设计、建设中应考虑监控挂载能力或预留挂载接口。安装需求：各路口、小区出入口及重点社会单位及人流密集区域为监控的重点地段。

④环境感知：

通过在智慧灯杆上安装环境监测传感器，为管理者提供实时环境数据，提高环境污染事故的预警、防治能力。传感系统多参数集成设计，可同时测量风速、风向、温度、湿度、气压等参数，可全天候工作，不受暴雨、冰雪、霜冻天气的影响。

⑤ LED 显示屏：

通过智慧灯杆上安装大型 LED 信息屏，实现地区公共信息的发布，提高城市服务水平。两侧对称布置。防水等级：IP65/54（正面/侧底面）；供电电压：220V，最大功率：720W/m²，平均功率：210W/m²。

⑥智慧灯杆参数需求：

a. 高度：在原路灯杆体高度向上延长 2~3m；

b. 供电需求：200W；

c. 承载重量：50kg。

安装位置：路口四周，根据实际设计确定 4 个或者 2 个；每 2 个一体杆的间距约为 100m；小区出入口、公交场站、人流密集场所为重点覆盖对象，可根据实际情况进行一体杆的增减或者调整。

（二）交通信号监控设计

1. 交通信号灯

该工程包含 13 处十字路口和 4 处丁字路口交通信号灯设计，设计内容包括：电源管及交通信号灯线缆；智能交通信号控制机及交通信号灯；防雷接地系统。

智能交通信号控制机及交通信号灯设计：

（1）交通信号机设置原则。

每个设置交通信号灯的路口设置 1 台交通信号机。为方便使用和维护，交通信号机安装在位于通信管线一侧的人行步道上。

（2）信号机总体要求。

交通信号机应符合中华人民共和国公共安全行业标准，应采用先进、稳定、可靠的模块化多处理器、多总线系统结构，结合灵活的多功能固化应用软件，可实现路口交通信号控制、路段行人过街控制、主线车道信号/标志控制、匝道控制、快速路汇/分流控制、综合交通数据采集等；交通信号控制主机应采用多相位、多时段、绿波带集中协调式联网交通信号控制机；信号机机型应与所在区域机型兼容。

（3）交通信号灯设计。

根据交通工程专业的要求在相关路口设置智能交通信号灯。信号灯主灯杆原则上设置在路口的对向出口方向。

机动车信号灯的设置模式：

车行信号灯根据道路断面及路口相交形式分别采用不同臂长的 L 形单悬臂杆型。信号灯杆安装在人行步道上或机非隔离带上，车行信号灯灯杆主要形式：$H \times L = 6.5m \times 6m$，$H \times L = 6.5m \times 8m$。立柱式车行信号灯杆高 $H = 6m$。

2. 视频监控系统

每个相交路口设置 1 台高清数字摄像机，主要用于路口交通状态的监控。电视监控设备安置于交叉口人行步道上的适当位置，监控杆高 9~16m，横臂长 3~6m，视频采集单元采用可 360°旋转高清晰度视频采集单元。设备与网络信号机相连，可随时将现场情况回传交通指挥中心。

3. 信息发布系统

可变交通诱导标志、显示屏是现代化城市智能交通系统的重要信息发布设备，通过可靠的通信传输技术实现对交通的诱导。

4. 违法检测系统

（1）违章抓拍监控系统设计。

违章抓拍监控系统设备安置于路口停车线后 25m 的位置。启动违章抓拍设备的信号取自各个路口的信号控制机，当有车辆强行通过停止线时，违章抓拍监控设备自动启动，对违章车辆进行抓拍记录，并通过 3G 无线网络，将违章记录随时传回交管局指挥中心。

（2）公交车道执法设备。

在设置公交车道的路段，每隔 500m 设置公交车道执法设备。每 2 个信号灯之间的路段保证设置一套。

（3）在实际需要的地点，设置采集违法停车、应急车道、闯逆行、压导流带、大货车、单行线、非机动车道等违法行为的设备。

（4）广渠路东延道路在上下行两个方向各设置一套超速抓拍设备。

5. 交通检测设备

在每个灯控路口违章抓拍横杆上复合设置交通流检测设备、号牌识别设备、视频监控设备。

6. 监控设备防雷接地要求

监控系统中的设备大多为弱电设施，必须设置完善的防雷设施，保护设备和系统的安全。监控系统主要分为监控电源防雷、信号防雷、监控系统接地三部分。

在各类交通信号、监控设施的机箱内均应设置电源、信号防雷及监控设施、设备接地系统。

每一根信号灯杆、监控杆、交通信号控制机箱体外壳及交通监控设备机柜等所有电气设备金属外壳必须良好接地，接地极采用 L50×5 镀锌角钢，工作接地电阻小于 1Ω，保护接地小于 4Ω。接地网线采用 −50×5 扁钢，接地网线之间续接及与接地体的连接均采用满焊焊接。

九、景观工程

（一）设计目标及定位

广渠路是仅次于长安街的一条东西向城市连廊，长安街是印记着中华人民共和国成立的"国家象征",广渠路则是首都北京开启生态文明新篇章的"时代象征"。设计将其打造成一条能够凸现"绿韵、文韵"连接主副中心的城市新纽带,突出交通承载功能,生态景观价值,运河人文内涵的工程。

(二)设计理念

(1)景观大道:加强现代化建设与生态景观的有机融合,突出山水城市的景观特征。

(2)精细化设计:打造宜居、宜人景观尺度。

(3)多层次、立体化:道路空间形态变化大,注重多层次、立体化城市景观塑造。

(4)空间韵律感:车速快,通行能力强,加强沿路的城市空间韵律感设计。

(5)中国特色、现代活力:连接中心城区与城市副中心,体现中国特色,富有现代活力。

(三)设计原则

(1)交通安全优先:保障道路交通顺畅、安全,从有效减弱汽车眩光、消除驾驶员驾驶疲劳、行人安全过街等多方面着手。

(2)生态优先:通过园林绿化景观的建设,改善生态环境,提升绿色、低碳、环保、可持续发展的理念,将城市的绿色之肺延伸至绿化所能布及的每一部分,积极拓展绿色空间;结合海绵城市理念,对有条件位置进行雨水花园设计。

(3)强调道路园林景观的系统性、整体性与连续性,形成简洁大气、具有节奏韵律感的道路景观。将城市家具、市政设施等道路景观元素整体考虑。

(4)平衡与发展:强调道路绿化与城市建设以及周边用地之间的协调平衡发展关系,同时强调植物生长的动态发展及绿化效果的近远期的结合。

(5)因地制宜,适地适树:突出植物文化,以富于表现力及变化丰富的植物作为主体应用素材,利用其本身的特性、内涵的表达来形成特色(开花、果实、色叶、树姿等)。

(6)以人为本:创造舒适宜人的道路交通环境,车行、步行、自行车慢行系统等不同功能使用的空间。

(四)硬质景观设计

道路作为工程主体是一条协调着两侧城市环境的重要轴线,所以从交通功能、周边区段、行驶角度都需要有统一风格,由道路的交通元素向两边辐射,对全线起到纽带串联作用,充分体现国际标准、中国特色。

设计方案遵循整体统筹、特色突出、综合提升、节约发展的原则,打破常规道路绿化带的设计模式，以城市开放空间的新视角、新思路，创造新颖的具有视觉冲击力的城市尺度的大景观，使人眼前一亮。同时整体考虑市政设施及城市家具设计，如公交车站、路灯、路牌等。

设计对广渠路历史及相关文化进行研究和提炼，道路中硬质景观相关设计以中国传统纹样和由"广渠"两字组成的广渠印作为LOGO，应用于市政设施及城市家具之中。

1. 路口精细化

为了增加路口的通行效率，满足安全美观的要求，路口改造增加交通岛、人行道桩和道牙精细化设计，路口设置提示带，增加安全性，见图3-2-35和图3-2-36。

图 3-2-35　路口设计效果图一

图 3-2-36　路口设计效果图二

2. 人行步道铺装

人行道铺装以花岗岩为主，深灰浅灰搭配，高雅、大气。自行车道和人行道种植高大乔木形成林荫效果，用灰色线条框住设施带区域，设施带标出距广渠门的距离印记，同时采用金色广渠路篆字标志，变化之中彰显高雅，使广渠路形成空间和人文的长卷。路侧公园开口同人行道铺装一体化设计，开口采用如意卷云纹，体现中国特色。部分人行道融入绿地，为行人创造更好的绿色舒适环境，部分地段单侧设置艺术座凳及挡墙，绿地设置微地形，置石雕刻广渠印，见图3-2-37和图3-2-38。

图3-2-37 园路效果图一

图3-2-38 园路效果图二

3. 城市家具、市政设施

将相关设施进行一体化设计，统一色彩、材质、纹饰等。市政设施箱体、井盖尽量消隐，市政箱体移到人行道外侧或高架桥桥底不影响景观的位置。材质选用金属钢管，防腐好、安全性能好、不生锈、高强度，以深灰色为主体色彩，搭配金色纹饰，见图3-2-39和图3-2-40。

1—信号灯　3—街牌　5—路灯　7—置石
2—阻车桩　4—垃圾桶　6—慢行桩　8—嵌入式井盖取代(常规井盖)

图 3-2-39　城市家具布置图

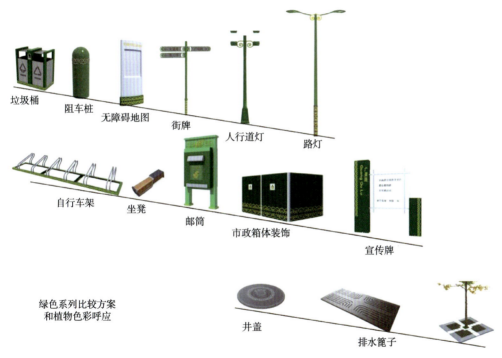

图 3-2-40　城市家具比选方案

4. 公交车站

车站主体设计以简洁为主，采用构成的手法，将使用功能与造型更完美的结合。材料和色彩与全线设施呼应，以灰色金属为主，在此基础上进行深灰、浅灰的合理搭配。造型方面考虑与垃圾桶、座凳等设施的结合，站台前设置雨水篦子，防止积水，车站标识智能化，设置电子站牌、普通站牌和盲人站牌。站台设置坡道与人行横道，方便人行过路，站台设置盲人站牌，见图 3-2-41。

图 3-2-41　公交车站效果图

5. 风亭等附属设施外装饰

考虑整体景观效果，在有条件的地方，将风亭的外部用景墙进行遮挡，景墙的材料选用钢板，并在钢板上采用虚实结合的方式，设计成大树的自然景观图案，与隔离其他部分的绿化设计相呼应，颜色选用淡金色，见图 3-2-42。

图 3-2-42　风亭设计效果图

（五）种植设计

广渠路东延道路作为新城生态廊道，留有五条绿化带。在道路的可行地块处整体设计，因路段而构景，尽量减少因道路建设对环境带来的负面影响，使道路绿化与周边不同性质用地有所联系及有机融合。突出重点地段的景观地位，提升其作为节点、标识的作用。

设计强调在对道路景观进行普遍提升的基础上，突出重点地段的景观地位，提升其作为节点、标识的作用。在设计中提出"点、线、面"相结合，线是统领，不仅作为"道路交通线"，而且是一条"绿色新纽带""文化品质线"；"点"是指道路沿线分布的主要道路交叉口等，是重要的地段特征，重要的交通及绿化节点；"面"主要指道路沿线区域的不同用地，通过线上的景观，来带动及渗透面上的景观，相互融合，增加绿量。以上要素分析，通过绿化来整合，形成一种崭新、顺畅、优美、和谐的道路环境。绿化设计以行车交通安全为优先，保障行车通畅、视线开阔、交通功能满足的前提下，强调绿化的美化、景观效果。

1. 中央绿化带

中央绿化带视线主要来自驾驶人和乘车者，且视线是连续、频繁的，设计考虑塑造微地形，增加局部覆土深度，种植白皮松、月季花。选用生长容易、管理粗放的植物，主要采用复合种植形式，植物自然组团景观和阵列式植物景观相互交错过渡，给人简洁明快的立面效果。

2. 非机动车道与人行道分隔带

植物的选择以国槐等冠大荫浓、分枝点高的乔木为主，形成林荫大道的感觉，下层交替种植草坪和花卉，形成有节奏的变化及韵律感。

3. 道路两侧绿化带

自行车道功能不断加强的同时，意味着人行道上的遮阴功能也在不断地加强，在炎热的夏季能行走在绿色林荫通道上应该是大部分行人梦寐以求的。因此为了体现以人为本的设计原则，特选国槐作为行道树，同时在有条件的道路两侧绿化带里设计雨水花园，应用海绵城市理念，实现对雨水的回收、净化和利用，见图3-2-43。

图 3-2-43　绿化效果图

（六）植物选择

间种的樱花春季盛开，月季月月开花；夏季金黄色的栾树花盛开；秋季变成复色彩叶；冬季白皮松依然翠绿。四季植物景观稳定，且有变化。

（1）行道树：要求树形高大、生长健壮、冠大荫浓、少病虫害、抗干旱性强、适应性强等。该次设计选择国槐。

（2）上层乔木：常绿与落叶搭配，同时考虑不同季节不同色彩和不同树姿树形的乔木。如油松、桧柏、白蜡、黄栌、玉兰、樱花、银红槭、国槐、银杏等。

（3）小乔及灌木：选择不同花期、色彩丰富的小乔及灌木，搭配上层乔木。如紫叶李、红叶碧桃、山桃、黄刺玫、黄杨、榆叶梅、紫薇、木槿、西府海棠、珍珠梅、金银木等。

（4）地被花卉：丰花月季、千屈菜、萱草、沙地柏、荷兰菊、地被菊、马蔺、紫叶小檗、金叶女贞、桧柏篱等。

（七）绿化给水

采用自动喷淋给水系统。给水管道敷设时供水管选用UPVC管，供水管管顶埋深：干道下不小于1m，人行道下不小于0.7m，绿地下不小于0.5m；穿越道路、构筑物等障碍物时，应穿镀锌钢管敷设。

十、海绵城市建设理念

（一）设计原则

1. 生态优先原则

把握好生态优先理念，创造宜于多种生物生长的环境，保证生物多样化。充分发挥生态效益，增加与周围景观的协调性，保证道路绿化体系的可持续发展。

2. 地方特色原则

充分挖掘通州区的历史文化内涵，根据其自身特点，利用各种景观要素，突出地域文化特色，打造富有特色的新型生态城道路景观。

3. 科技性原则

借助科技的手段和先进的设备，创造全新的具有科技含量的道路景观及海绵因素。

4. 经济性原则

强调经济实用，节约这一原则，即充分利用自然气候地形，当地材料，构筑情切宜人的空间。

5. 可持续发展原则

运用设计的手段，充分结合自然环境，对环境和生态起到强化作用，充分利用可再生能源，节约不可再生资源的消耗。

（二）设计理念

1. 因地制宜（生态理念）

尊重现状，依据基地独特的地形地貌，构筑高低错落、疏密有致的景观系统与空间结构，创造宜人的景区环境。

2. 文化内涵的创造（文化理念）

融入现代景观规划设计手法，突出体现浓郁的人文气息与文化氛围，结合优越的自然条件，创造具有特色的"通州文化"。

3. 以人为本、以环境为中心（人本理念）

充分尊重自然环境，合理布局，精心营造休闲生活氛围，求得人文环境与自然环境的和谐、统一。重视人的行为心理需求，提高景观环境的舒适性、安全性，探索新的度假休闲环境。努力解决好区域内的服务及管理，做到合理布局、使用便捷、管理方便。结合地域文化，创造高品位、适合特定需求的休闲度假场所，突出体现浓郁的人文气息与文化氛围。

4. 转变排水防涝思路

传统的市政管理模式认为，雨水排得越多、越快、越通畅越好，这种"快排式"的传统模式没有考虑水的循环利用。海绵城市遵循"渗、滞、蓄、净、用、排"的六字方针，把雨水的渗透、滞留、集蓄、净化、循环使用和排水密切结合，统筹考虑内涝防治、径流污染控制、雨水资源化利用和水生态修复等多个目标。具体技术方面，有很多成熟的工艺手段，可通过城市基础设施规划、设计及其空间布局来实现。总之，只要能够把上述六字方针落到实处，城市地表水的年径流量就会大幅下降。经验表明：在正常的气候条件下，典型海绵城市可以截流85%以上的雨水。

（三）有针对性的技术措施

海绵设施技术措施的选择需充分考虑北京市降雨、水温、土壤、地貌、城市用地等情况。海绵化建设主要遵从遵循"渗、滞、蓄、净、用、排"的六字方针，把雨水的渗透、滞留、集蓄、净化、循环使用和排水密切结合，统筹考虑内涝防治、径流污染控制、雨水资源化利用和水生态修复等多个目标。

1. 渗

（1）对于沉降及不均匀沉降要求不严格的绿地、广场和人行步道，可让雨水直接下渗：该工程通过 60m 红线范围内的绿化带、道路步道外的下凹式绿地、雨水植草沟、生物滞留池及两侧的雨水花园等的海绵化措施，对降雨进行下渗，同时，路面所生的初期雨水经过收集另行处理。

（2）对于沉降要求严格的建筑物，应先进行处理，消除渗漏的影响。

（3）设计范围内的人行步道、广场铺装面层，采用透水面层，以更有效地达到"渗"的功能，并解决可能存在的路基稳定性和荷载问题。

（4）对于路堑边坡或具有开挖临空面的区域，应严禁雨水下渗。

2. 滞

为控制径流总量，削减峰值流量，去除面源污染，可考虑通过新建改建多采用各类滞留措施。在道路两侧的小区、人行步道、绿地内综合设置透水铺装、下凹绿地、植草沟等，并在两侧修建雨水花园、湿地公园等将雨水有效滞留，较少地产生径汇流流入道路管道系统中。

3. 蓄

调蓄以及初雨池等设施的设置，应考虑在径流总量控制内和城市内涝应对及溢流污染控制等方面的需求。适度适量、根据具体情况进行微地形处理，作为植被缓冲带，经微地形植被拦截及土壤下渗作用减缓地表径流流速，并去除径流中的部分污染物，充分发挥生物净化的效用。

因为北京市水务局、园林局及相关部门对于初期雨水提出了收集并排放的要求，因此为在实现径流总量控制目标的前提下，必须采取集中收集初期雨水的措施，以免对河道产生污染。

4. 净

净化措施的选择，应根据北京市的水环境保护目标制定，主要包括净化及保持两部分内容。

其中，净化部分包括在雨水口内可设置过滤装置、在绿化带及两侧绿带内设置下凹式绿地、雨水植草沟、污水管网厂站、合流制截流管道、下沉绿地净化系统、初期雨水调蓄池、一体化水处理站，以及人工湿地等措施，对初期雨水以及收集的雨水进行净化，以备日后回用；而相应的保持系统主要包括调水补水工程，即通过收集或净化之后的雨水、再生水对河道、景观以及绿地进行回灌。

5. 用

针对北京市对于雨水综合利用的要求，在水质满足要求的前提下，对有回用需求的建筑可在其地块内设置雨水调蓄池进行储水回用，有景观水体的小区，结合景观水体进行雨水调蓄。对区域内的湖泊水体，考虑直接利用雨水进行生态及景观补水。同时还可考虑将雨水利用在绿化浇洒及道路冲洗方面。

6. 排

针对该建设区域的重要性，对于旧城区应结合道路及小区改造，加快推进雨、污水分流，加快低洼积水点的排水设施提标改造，提高城市防洪排涝减灾能力。

（四）方案设计

广渠路东延道路工程中设计范围为60m红线，设计范围包括主路、辅路、非机动车道、主路绿化隔离带以及主辅路隔离带，由于广渠路东延道路为城市主干路，是连接北京市中心到城市副中心的重要道路，保证道路的结构安全与人员行驶安全为首要前提，由于运用透水路面的结构强度不满足城市主干路的结构要求，故不宜在道路工程中使用透水路面等海绵化措施。在该道路工程内，主要对绿化带进行海绵化改造，采用下凹式绿地、雨水植草沟、生物滞留池等海绵化措施，见图3-2-44。

图3-2-44　对绿化带进行海绵化改造

在该工程的绿化带中采用上述海绵化措施，每次降雨（降雨量大于10mm）绿化带内可以滞留、下渗雨水量约1200m³，使绿化带内雨水不外排，满足植物生长需求。结合该工程的特殊性，可在相应路口处的绿地内设置雨水调蓄池，调蓄池内通过阀门控制，将初期雨水进行分离收集后，再储存较为洁净的雨水。由于绿化部门对于绿化灌溉用水需满足地表Ⅳ类水标准，收集的雨水以及初期雨水需通过一体化处理设备处理后可直接用于绿化灌溉喷洒以及路面的冲扫，减少对再生水的用量，实现对雨水收集-使用的循环利用，见图 3-2-45。雨水调蓄池以及净化设施的规模需依照专项海绵规划方案设置容积，满足规划年径流总量控制率。

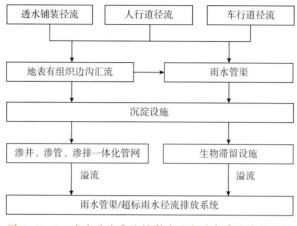

图 3-2-45　城市道路系统低影响开发雨水系统流程示例

十一、BIM 技术在工程中的应用

广渠路东延道路是北京市城市副中心综合设置景观大道、交通隧道与综合管廊的重点项目。工程分为地面道路和地下道路两个交通系统，地面道路路线全长 7.6km，地下道路全长 6.57km。地下道路为明挖暗埋双洞隧道，综合管廊与地下道路合建。隧道标准断面段采用地下连续墙支护及闭合框架结构，明挖法施工，实施过程中涉及深基坑施工、下穿两处重要节点、隧址区管线复杂、施工期间影响交通出行等问题。为了更好地解决工程中遇到的问题和挑战，设计引入 BIM 技术进行辅助设计。

（一）BIM 技术在工程全生命周期的应用

广渠路东延道路工程 BIM 应用，以工程的全生命周期应用为核心。在设计阶段，以实现各阶段设计 BIM 模型为指引；在施工实施阶段，以施工管理平台为依托，建立实时联动的施工数据监控与采集，并最终实现竣工模型；在运营维护阶段，以运维管理平台为支撑，实现运维的智能化、自动化管理；同时，实现对隧道内部环境监控、结构质量检测等大数据的采集，见图 3-2-46。

通过 BIM 技术在工程各阶段的应用，对提高项目策划能力，增强项目过程管控能力，提高施工深化设计质量和效率，提升项目各阶段的精细化管理水平，实现工程实体与数字道路的同步交付，为业主后期物业运营维护服务提供帮助。

BIM 技术在工程设计—施工—运维阶段的应用主要有以下几个方面。

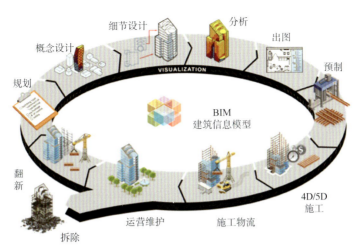

图 3-2-46　BIM 在工程全生命周期中的应用

1. 设计阶段

（1）方案展示、比选。

根据地勘测绘单位提供的资料，建立 BIM 模型，进行方案比选。根据隧道的设计指标、下穿建构筑物风险评估、工程造价等因素综合考虑，最终确定工程设计方案。

（2）协同化设计。

协同化设计是项目成员在同一个环境下用同一套标准来完成同一个设计项目。设计过程中，各专业并行设计，沟通及时准确。

传统设计到 BIM 设计的转变过程如图 3-2-47 所示。传统的设计解决专业问题时采用的方法是 2D 平面设计，各专业间以定期、节点性提资的方式进行"配合"，即绿色线框里的工作模式。这个工作模式已经非常成熟，有诸多好处，无数土木工程都是这么被设计出来。然而新时代有新要求，虽然传统设计方法在未来很长一段时间内不会被取代，但由于这种方法明显存在着数据交换不充分、理解不完整的问题，所以很难满足许多新项目要求。于是，基于三维全信息模型的 BIM 技术在当今备受关注。一些设计单位已经完成了图 3-2-47 中"1"的转变过程，设计成果不止有传统的二维图纸，还有三维模型。但是协作方式还是传统的"配合"，即黄线框里的工作模式。这个阶段实际上是最难受的，因为三维设计处理的信息更大，表达方式更复杂，工作量上去了，如果没有更专业、功能更强大的协同工作平台作为支撑，工作效率会低得令人难以接受。而以后理想的 BIM 设计模式不只包含 BIM 全信息模型的建立与应用，另一个重要的部分就是协同化设计。只有完成了"2"的转变，才能达到 BIM 设计的要求，即红色线框里的工作模式。

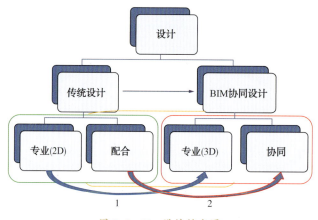

图 3-2-47 设计转变图

（3）管线拆改和交通导改。

地下道路工程临近既有管线繁多，施工期间影响交通通行。为最大程度减小工程对交通的影响以及弄清管线的复杂关系，需要借助 BIM 技术在设计阶段进行管线拆改和交通导改模拟，以便确定最佳方案。

（4）碰撞检查。

传统的二维平面设计，能检查出一些专业间的碰撞，但对于一些复杂的节点、多专业空间关系复杂处，检查起来难度很大，这就需要借助三维空间模型来进行碰撞检查。来保证图纸设计意图的表达以及图纸质量，主要包括以下两个方面：

一是外部碰撞检查：地下道路与既有建（构）筑物之间；

二是内部碰撞检查：地下道路内部各专业设备之间。

（5）性能分析、计算分析。

基于 BIM 技术，可以将三维设计成果无缝过渡到各种分析类软件中进行相应的专业分析，例如光照分析、结构分析、土石方优化分析、交通流量分析、行车视距分析等，从而全面而有效地优化项目性能，缩短设计周期，并且减少投资成本。

（6）工程量统计。

①便于设计前期的成本控制，方便造价工程师及时地将设计方案的成本反馈给设计师及业主，便于在设计前期阶段对成本进行控制。

②大大降低概预算人员基础工作强度。它可以使概预算人员从繁杂、沉重的算量基础工作中解放出来，节省更多的时间与精力去从事造价管理中更有价值的工作，例如对市场价格的把控与研究、金融环境与市场对项目全生命周期投资影响的分析、对工程项目成本风险的研究与预测等。

③工程量精度与稳定性高。由于从模型输入到工程量输出过程中，手工参与工程量计算部分比例几乎为零，并且BIM的信息流动为无损过程，所以比起传统的工程量，计算软件的工程量精度有了本质的提升。

④实现项目全生命周期数据共享，节省大量建设项目相关资源。BIM在项目全生命周期中实现数据共享，并能有效应对工程设计变更，节省大量人力物力。基于BIM的工程量计算与造价管理系统可以实现工程量以及所有工程实体数据的共享与透明，设计方、建设单位、建设单位委托机构、施工方、监理方等可以统一调用工程BIM而实现数据透明、公开、共享，极大地保证了各方对于工程实体客观数据的信息对称性，从而节约大量的工期、人力、物力。

2. 施工阶段

基于BIM施工管理平台，主要实现了以下几个方面的应用。

（1）节点精细化施工仿真模拟。

①针对项目的典型施工工艺，结合施工BIM模型，编制初步施工方案，同时以此为基础开展BIM模拟，优化相关工艺工序工法，确定最终施工方案，明确工艺重难点，直观指导班组施工。

②针对复杂节点进行施工模拟。对于含有进出口、地下地上道路叠置、市政管线交叉、施工期间交通疏导复杂的节点开展BIM模拟，展示各部位时空关系，优化相关工艺工序工法，确定最终施工方案。

（2）全线施工进度模拟。

根据总体工期及关键工期的节点要求，明确人、机、料的过程需求，基于施工BIM模型，开展施工工程进度模拟，并及时与BIM模型数据做比对，进而优化施工进度计划。

（3）施工信息管理系统。

①利用BIM模型，将设施构件信息与信息管理系统结合，实现了可视化管理技术，确保信息的可追溯性。

②利用RFID工地人员自动定位系统装置，在BIM系统通过模型与数据的展示来模拟现场施工人员的定位，实时定位施工及现场管理人员，为施工管理提供保证。

（4）监测数据可视化预警。

在该工程中，针对明挖基坑的沉降变形，将检测数据与BIM模型进行联动，并将这个带有检测数据信息的模型与设计的理论模型进行比对，将偏差超出允许值的部位可视化展示，警示相关工程技术人员，及时采取纠偏措施，实现监测数据的可视化预警。

3. 运维阶段

基于 BIM 运维管理平台，主要有以下几个方面：

（1）智能预警系统。

（2）动态监测系统。

（3）运维信息可视化。

（4）维护计划、管理。

（5）维护文档管理。

（6）结构病害追踪分析。

主要实现以下功能：

（1）人员管理：

利用 RFID 工地人员自动定位系统装置，在 BIM 系统通过模型与数据的展示来模拟现场施工人员的定位，实时定位运维管理人员，为运维管理提供保证。

（2）空间管理：

三维 BIM 模型可以在运维阶段帮助运管方提升空间利用率，生成可靠的空间分配和占用报表；通过空间管理，更好地规划当前和将来的空间需求。

（3）设施管理：

①通过 BIM 模型，方便顺利查找设备以及关联设备，对设备资产进行管理。

②借用 BIM 数据信息，分析评估设备性能，把主要工作变为预防养护，对病害进行量化的科学预警，定义定期运维程序并分配给相关设备，增加设施的使用寿命。

（4）安全运营管理：

①实时获取隧道内各种状态信息，存储在数据库并可随时查阅。

②将各种监测信息通过平台与 BIM 模型结合，当出现异常时，系统自动报警，自动确定应急措施，自动发送启动应急措施命令。

（二）BIM 技术在设计阶段的应用

1. 可研阶段 BIM 应用

结合广渠路东延道路工程特点及可研阶段工作重点，北京市市政工程设计研究总院根据可研设计内容组织人员全力完成 BIM 应用点如下：

（1）场地现状 BIM 建模：

①收集的数据含电子版地形图、周边环境图纸、场地信息、现场相关照片。

②场地建模。根据收集的数据进行项目周边环境建模、构筑物主体轮廓和附属设施建模。

③校验模型的完整性、准确性。

④场地现状仿真模型整合。整合生成的多个模型,标注项目构筑物主体、出入口、地面建筑部分与红线、绿线、水域蓝线、高压黄线等。

(2) 管线 BIM 建模:

①收集的数据管线搬迁与道路翻交的平面设计成果。

②校验模型的完整性、准确性。

③整合生成的多类管线模型,标注市政管线构筑物类型、名称、进出口等信息。

(3) 主体结构 BIM 建模:

①收集线路设计资料、主体结构设计资料。

②根据设计信息建立敞开段、暗埋段的围护结构及敞开段、暗埋段主体结构的简化几何模型,给出必要的非几何属性信息。

(4) 道路 BIM 建模:

①路面结构表层表面模型。

②标准横断面组成表面模型。

(5) 信息汇总。

将场地信息、管线信息、主体结构信息、道路信息汇总生成外部漫游仿真视频,并与模型交付给建设单位。

2. 初步设计阶段 BIM 应用

(1) 场地现状 BIM 建模。

根据项目设计阶段逐步深化。

(2) 管线 BIM 建模。

根据项目设计阶段逐步深化。

(3) 主体结构 BIM 建模。

敞开段:建立地基处理、围护桩、围护墙、主体结构底板和侧墙的几何模型。

暗埋段:建立地基处理、土方回填、围护桩、围护墙、主体结构的顶板、底板和侧墙的几何模型。

(4) 道路 BIM 建模。

根据项目设计阶段逐步深化。

(5)信息汇总。

将场地信息、管线信息、主体结构信息、道路信息汇总生成内部漫游仿真视频,并与模型交付给建设单位。

3. 施工图设计阶段 BIM 应用

(1)参数化建模,分部分项工程关键节点。

(2)碰撞检查、部分工程量核算。

(3)复杂构件性能分析。

(4)施工模拟。

(5)施工监控方案研究。

第四篇 管理篇

概 述

　　2017年2月24日，北京市规划和国土资源管理委员会以市规划国土函〔2017〕426号文件，给北京市公联公路联络线有限责任公司下发了《关于报审广渠路东延道路过程设计方案的批复》。由此，广渠路东延道路项目拉开了开工建设的序幕。

　　广渠路东延道路项目经相关部门审批，最终确定，项目建设单位为北京市公联公路联络线有限责任公司，项目建设管理机构设5个职能部门，负责项目的前期筹备、筹建、监督、管理工作，招标工作按规定规范开展。

　　在市委市政府和有关部门的指导下，北京市公联公路联络线有限责任公司对广渠路东延道路工程做了大量的前期准备工作，为项目开工建设创造了条件。

第一章 建设依据

建设见图 4-1-1。

北京市规划和国土资源管理委员会

市规划国土函〔2017〕426 号

北京市规划和国土资源管理委员会
关于广渠路东延（怡乐西路～通柴东路）
道路工程设计方案的批复

市公联公司：

你单位《关于报审广渠路东延（怡乐西路～东六环路、宋梁路～通柴东路）道路工程设计方案的请示函》（京公联函〔2016〕261 号）收悉。经组织审查并报市政府批准，原则同意所报设计方案。现批复如下：

一、原则同意广渠路东延（怡乐西路～通柴东路）道路工程的设计范围：该道路西起怡乐西路，与现状广渠路二期工程相接，分为地面道路及地下道路两个系统，地面道路系统沿现状通朝大街及运河大街布设线位，沿线主要经过翠屏西路、地铁八通线、新华南路、玉桥西路、通三铁路、北运河、芙蓉路、东六环路、宋梁路等，至终点通柴东路，全长约 12 公里；地下道路系统于怡乐中路东侧入地，至东六环西侧路出地面，全长约 7 公里，随该道路同步建设市政综合管廊。

— 2 —

二、该道路（东六环路～宋梁路段）段道路工程以我委《关于运河东大街（东六环路～宋梁路）道路工程设计方案的批复》（市规划国土函〔2016〕1394 号）为准。

二、原则同意该道路工程由怡乐西路至东六环路段采用地面及地下两个道路系统。其中地面道路系统规划为城市主干路，设计速度 60 公里/小时，规划红线宽 60 米；地下道路规划为城市主干路，预留远期提级为城市快速路的条件，设计速度采用 80 公里/小时。由宋梁路至通柴东路段规划为城市主干路，设计速度 50 公里/小时，规划红线宽 60 米。

四、原则同意该道路工程的横断面设计。

由怡乐西路至东六环路段，地面道路系统标准横断面具体布置为：中央绿化分隔带宽 8 米，两侧主路各宽 11.5 米，机动车道三上三下（最外侧车道为快速公交走廊），两侧主辅路绿化分隔带各宽 4.5 米，两侧辅路各宽 4.5 米，两侧机非分隔带各宽 2 米；两侧非机动车道各宽 3.5 米，两侧人行步道结合道路外侧绿道布设。地下道路系统标准横断面采用双洞隧道形式，每孔隧道净宽 11.75 米，机动车道三上三下（最外侧车道为快速公交走廊），净高 4.5 米。

由宋梁路至通柴东路段，道路采用四幅路形式，标准横断面具体布置为：中央分隔带宽 2 米～6 米，两侧路面各宽 11.5 米，机动车道三上三下（最外侧设置大容量快速公交），两侧机非分隔带各宽 6 米，两侧非机动车道各宽 3.5 米，两侧人行道各宽 4.5 米，步道外侧绿化隔离带各宽 3.5 米～1.5 米。

— 3 —

五、原则同意该工程地面道路系统与沿线相交道路的处理形式。

1. 该道路主线上跨怡乐西路，通过广渠路东延地面道路系统在怡乐西路两侧各设置一对进出口，与怡乐西路形成菱形立交。

2. 该道路与东六环路相交处近期利用现状桥孔下穿东六环路，远期结合东六环路改造工程进一步完善该节点交通组织方案。

3. 该道路地面辅路系统与沿线其它道路相交处均按照平交灯控路口处理。

4. 该道路在东六环西侧路相交路口西侧设置一对进出口。

六、原则同意该工程地面道路系统利用现状桥梁上跨北运河，地下道路系统以隧道形式下穿北运河。

七、原则同意该工程地面道路系统与地铁八通线相交处维持现状下穿形式不变；与通三铁路相交处近期维持现状节点形式不变；地下道路系统以隧道形式下穿地铁八通线及通三铁路。

八、需进一步完善的问题。

1. 请建设单位、设计单位依据 2016 年 12 月 21 日专家评审意见，进一步深化方案设计。

2. 请建设单位、设计单位商通州区政府、朝阳区政府按照广渠路沿线环境整治、景观提升要求，进一步深化景观方案设计，抓紧完善绿化提升及绿道方案，报市园林绿化主管部门审定。

3. 请建设单位、设计单位进一步深化该工程地下道路系统施工方案，并商地铁、铁路及河道相关主管单位落实下穿地铁八通线、通三铁路及北运河等节点设计。

4. 请建设单位、设计单位商市交管局，进一步深化该道路交通工程及施工期间交通导行等方案设计内容。

5. 请市交通委牵头商通州区政府组织对广渠路东延沿线 500 米范围内的道路系统进行梳理，打造区域微循环系统，解决区域交通出行，并将相关项目列入"十三五"规划中，逐步实施。

6. 请建设单位、设计单位商市公交集团，进一步落实该道路沿线公交站点设置的具体位置及形式。

7. 请建设单位、设计单位商市城市管理委等相关单位，进一步研究落实该道路既有管线改移及新建综合管廊方案研究工作。

8. 请建设单位商通州区政府，抓紧启动道路沿线征地拆迁及拆迁安置工作。

9. 请建设单位按照基本建设程序办理相关手续。

北京市规划和国土资源管理委员会
（代章）
2017 年 2 月 24 日

抄送：市发展改革委、市交通委、市住房城乡建设委、市交管局、市水务局、北京铁路局、市环保局、通州区政府、市规划委通州分局、地铁运营公司、市公交集团、京投公司、市园林绿化局。

— 4 —

图 4-1-1　北京市规划委对广渠路东延道路工程设计方案的批复

第二章　建设单位及管理机构

一、建设单位简介

该项目的建设单位为北京市公联公路联络线有限责任公司。

北京市公联公路联络线有限责任公司（简称"北京市公联公司"）于1998年10月成立，注册资本21亿元，是北京市首都公路发展集团有限公司的全资子公司，主营业务为城市道路及配套设施的建设及运营管理。公联公司自成立以来，伴随着首都城市道路建设发展和投融资体制改革深化而成长。经过20年的发展，规模持续扩大，盈利水平不断提高，已由单一组织实施城市道路建设项目的代建制公司转型成为以城市道路工程建设管理、交通枢纽建设管理服务、综合管廊建设运营管理、道路养护保洁管理服务四大业务板块支撑，加油站经营、广告服务、旅游开发和招投标咨询等产业同步发展的多元、良性、综合性公司。截至2018年底，拥有全资及控股企业9家，资产总额达717亿元，员工队伍近1200人。

城市基础设施建设是北京市公联公司的主业，面对城市建设管理发展的新环境、新形势、新要求，按照中央确定的《京津冀协同发展规划纲要》和新批复的《北京城市总体规划（2016年—2035年）》，公司作为特殊功能类企业，全面、优质、高效地完成市委市政府下达的"十三五"时期交通基础设施投资建设和运营管理任务，以构建现代化的首都道路交通体系为使命，加快推进2022年冬奥会、城市副中心、大兴国际机场等重大活动、重要区域的配套交通基础设施项目实施；进一步完善、优化城市道路的干线路网结构，科学配建综合交通枢纽、综合管廊、停车等配套服务设施，倾力打造智慧交通、生态交通、低碳交通，优化交通组织，全面提高道路交通基础设施的有效供给能力和服务保障能力。

城市道路建设管理方面，秉承"替政府融资、建精品工程"的原则，坚持"求实、创新、协作、敬业"的企业精神，按照市政府交通基础设施建设计划安排，高效优质地组织实施，基本实现了城市快速路网建设规划目标。年均城市道路建设投资额40亿元。截至2018年底，负责实施的道路工程共计257项，总投资1042.77亿元，总里程 1052.38km；建成通车 215 项，总投资 606.76 亿元，通车里程 883km。

交通枢纽建设管理方面，负责组织了北京市综合交通枢纽网点建设规划，先后建设完成了西苑、宋家庄、四惠交通枢纽工程项目，已投入运营；接管运营了东直门、北京南站、篱笆房交通枢纽。管理综合交通枢纽及驻车换乘场站资产约 46 亿元，管理面积 75 万 m^2，建筑面积 17 万 m^2。

综合管廊建设运营管理方面，地下综合管廊是未来城市基础设施建设的重要增长极，公司已将综合管廊确定为重点培育的核心业务板块之一。依托保障性住房周边、城市副中心区域建设，本着"新建道路同步建设、存量道路逐步推进"的原则，分类推进地下综合管廊建设。目前，公司前期推进和在施工的综合管廊项目共计 4 个，总长约 18.6km，投资规模约 42.1 亿元（其中，广渠路管廊为共构结构，全长 7.6km，投资 21.7 亿元），参见图 4-2-1。

城市道路养护保洁方面，洁达公司是北京城市基础设施建设管理的一支重要队伍，也是北京市交通道路养护行业的主力军；洁达公司注重科技创新和管理创新，是国家级高新技术企业及中关村高新技术企业。公司所属的安全生产应急救援队是北京市 13 支应急抢险队伍之一，担负着北京市市级安全生产应急救援、交通应急抢险、防汛应急抢险、国防交通应急专业保障等任务。目前，共管养城市快速路 16 条、城市主干路 68 条、

图 4-2-1　综合管廊入口

郊区公路 3 条、临时接养道路 8 条，道路养护总面积达 2123 万 m^2，道路养护总里程 676km，管养各类桥梁隧道 937 座，约占市管桥梁总量的 60%，市管道路面积的 40%。

北京市公联公司经过 20 年的发展，规模持续扩大，盈利水平不断提高，已由单一组织实施城市道路建设项目的代建制公司转型成为以城市道路工程建设管理、交通枢纽建设管理服务、综合管廊建设运营管理、道路养护保洁管理服务四大主业为支撑，广告媒体租赁、旅游开发、停车楼（库）经营等产业同步发展的多元、良性、综合性公司。

北京市公联公司成立以来，共获得国家级、北京市级优质工程奖等各类奖励 175 项，其中中国土木工程詹天佑大奖 3 项、国家优质工程银质奖 5 项、市政金杯示范工程奖 12 项，长城杯金银质奖 53 项，什邡援建天府杯金奖 2 项，其他奖项 100 项。

二、建设指挥部组织机构

该工程项目建设管理机构设5个职能部门，负责项目的前期筹备、筹建、监督、管理工作。

（1）行政管理：负责日常行政工作以及与项目履行单位的接待、联络等工作。

（2）计划财务：负责项目的财务计划和实施计划安排与项目履行单位办理合同协作手续，以及资金使用安排及收支手续。

（3）技术管理：负责项目的技术文件、技术档案的管理工作，主持设计图纸的会审，处理有关技术问题，组织技术交流，组织职工的专业技术培训、技术考核等工作。

（4）施工管理：负责项目的土建施工安装的协调与指挥，施工进度与计划的安排，施工质量与施工安全的监督检查及工程的验收工作。

（5）设备材料管理：负责项目设备材料的订货、采购、保管、调拨等验收工作。

第三章 前期工作情况

一、项目实施

（一）建设进度

建设单位及市政府对该项目的建设非常重视，并做了大量的前期准备工作，为项目开工建设创造了条件。该项目计划建设期为28个月，2017年9月开工，2019年12月竣工。

管廊土建施工与地下道路（隧道）结合，土建完成后同时进行管廊内机电设备安装，计划总体工期为28个月，参见图4-3-1。

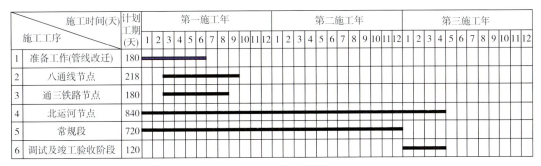

图 4-3-1　建设进度

（二）项目管理组织

该项目建设规模大，分项工程多，涉及面广。在项目的整个实施过程中要严格按基建程序办事。除精心设计，严把图纸质量关外，在施工过程中还要重视设计单位的现场后续服务，加强质量监督。

施工队伍及监理人员素质也是搞好工程质量的关键，建设单位应充分发挥监理人员的工作积极性和管理水平。

建设单位管理部门人员培训工作需提前进行，人员培训可采用请进来或走出去的方法，以提高管理人员的素质和水平。

为保证工程建设的顺利实施，成立建设工程指挥部，主要负责资金筹措、征地拆迁、三通一平、地方协调等工作，并负责招标及合同管理。指挥部主要由办公室、工程部、技术部、拆迁部、机材部、监理部、实验室等组成。

工程完工后对该项目成立管理机构,该机构负责该项目的运营管理、经营还贷等。有关技术人员应进行培训,包括:项目建设程序和有关法规制度;招标、施工组织管理业务;交通管理业务;养护管理业务。

(三)项目施工

1. 施工前期准备

工程施工队伍在施工前做好充分的准备工作,选用施工经验丰富和组织管理能力强的人员组建项目经理部。安排详细的施工计划,将专用设备及经验丰富的队伍投入到该工程中。

(1)人员物资及机械设备进场。

人员物资及机械设备进场,以满足工程施工需要和业主或监理工程师要求为原则,按工程进度计划分期分批进入施工现场,并随工程进展情况变化及时调整。

(2)临时设施建设。

临时设施布置以少占地和投资少,方便施工为原则,充分利用现有道路和民房,以减少临时工程量。为尽快施工,首批人员进场后,立即着手修建临时工程,做到"三通一平",即路通、水通、电通、场地平,临时工程所需的材料就近采购,并保证满足工程需要。

(3)技术准备。

第一批施工人员进场后即开始进行技术准备工作。技术准备工作分为内业和外业两种。内业技术准备主要包括:认真学习施工规范、审核施工图纸、编写施工组织设计、结合工程施工特点编写技术管理办法和实施细则、编写开工报告等。外业技术准备工作包括:交桩及复测,测设桥涵中心线、路中线、路边线、用地界,调查各种工程材料,进行试验检测,编写试验报告,并进行合格性分析等。

(4)物资准备工作。

先遣人员进驻现场,10天内做出材料供应计划,确定工程所需用钢材、木材、水泥、油料及就地材的供货地点、数量,以汽车运输方式运输,建立完善的检测试验手段,保证按期开工。

(5)清理现场。

施工人员进驻现场后,首先进行物探,确定地下设施的准确位置,然后开始施工场地的清理工作,严格按图纸所示或监理工程师指示,清理工地范围内阻碍施工的各种构筑物、障碍物以及丛林树木、树墩、树根等。迁移管线或拆移设施,为临时和主体工程施工创造条件。

2. 道路施工

（1）施工顺序。

清除表土或软基处理—填筑路基—石灰粉煤灰砂砾混合料基层—透层乳化沥青—粗粒式沥青混凝土—砌筑路缘石—黏层油—中粒式沥青混凝土—黏层油—改性沥青玛琋脂碎石混合料。

（2）路基施工。

土方调配：该工程内挖方可利用部分就近填筑；弃方运至弃土场，按照规范分层填筑、碾压，压实度达到标准要求。

路基施工采用机械化，大型机械作业。桥台背后两侧回填，以人力配合小型机械施工。施工过程中，过湿土均在取土场采用翻松晾晒或在路基上摊铺晾晒，待达到要求的含水率后碾压。碾压工作要及时快速，确保达到密实度要求。

路基填筑，在路基全宽范围内分层填筑、分层碾压。根据不同的填料选择机械类型，并修筑试验段，取得合理的试验参数后，再在全合同段按标准程序化进行。

（3）路面施工。

该项目采用沥青混凝土面层，路面面层施工顺序如下：

清除表土或软基处理—填筑路基—摊铺基层—基层顶面喷洒透层油—摊铺下封层—摊铺下面层—砌筑路缘石—喷洒黏层油—摊铺中面层—喷洒黏层油—摊铺表面层。

3. 隧道施工

（1）施工顺序。

定位放线→围护结构施工→土方开挖→基槽验收→垫层施工→结构施工→回填土方→路面施工

（2）基坑施工。

土方开挖应根据结构要求分层分区域对称进行，严格控制土体高差，每个分层区域土体高差不应过大，以免结构受力和变位不均而致结构开裂；基坑内随着土方的分层开挖，在基坑内及时用钢支撑体系进行支护，使基坑无支撑时的暴露时间控制在24h以内。分层开挖的深度不得超过相应支撑的底面。

（3）结构施工。

加强混凝土养护，顶板、底板混凝土面要覆盖塑料薄膜，草包或麻袋等浇水养护,侧墙混凝土要延长拆模时间,使混凝土保温,保湿,减小混凝土内外温差,防止产生收缩裂缝。对于底板和顶板,应在终凝前多次收水抹光。顶板应蓄水养护,其他混凝土必须采用保温保湿的养护,且要有足够长的时间。避免干湿交替。冬季保湿保温养护的两侧风口,应有防"穿堂风"的措施。

图4-3-2为隧道内沥青摊铺。

4. 管线施工方案

(1) 管线材料。

图4-3-2 隧道内沥青摊铺

管线材料:雨水管采用柔性接口的钢筋混凝土承插口管及企口管,方沟采用钢筋混凝土模块方沟,管基及接口做法见标准图集(YBJ-PS03—2004)。

(2) 施工方法。

该设计管线为开槽施工。

(3) 回填土。

回填土:管道回填土标准按照《给水排水管道工程施工及验收规范》(GB 50268—2008)执行。

(4) 检查井。

设计雨水管检查井采用混凝土或模块砌体排水检查井。检查井井盖应标识"雨"。检查井井盖必须符合《检查井盖》(GB/T 23858—2009)建设标准。检查井内应安装成品防坠落装置。双层井盖中子盖具有一定的承重能力(≥100kg),并具备较大的过水能力,避免暴雨期间雨水从井底涌出时被冲走。井盖几何尺寸、外观、结构形式按照《检查井盖》(GB/T 23858—2009)和《单层、双层井盖及踏步(2015年合订本)》(S501-1~2)要求执行。井盖净开孔尺寸与井筒内径尺寸保持一致,误差在±10mm以内。井盖与井座之间采用合页连接。

二、招标

1. 招标内容

招标内容包括:工程设计勘察、施工、监理、设备、材料及安装等。

2. 招标方式

项目招标方式为公开招标。

3. 招标组织形式

该项目招标组织形式采用委托招标。评标机构为评审委员会，由技术、经济、商务等方面的专家组成。

4. 招标情况表

根据《建设项目可行性研究报告增加招标内容以及核准招标事项暂行规定》（国家发展计划委员会令 2001 年第 9 号）、《中华人民共和国招投标法》《工程建设项目招标范围和规模标准规定》（国家发展计划委员会令 2000 年第 3 号）规定，该项目为必须招标项目。招标内容和招标方式见表 4-3-1。

招标内容和招标方式　　　　　　　表 4-3-1

项目	招标范围		招标组织形式		招标方式		不采用招标方式	备注
	全部招标	部分招标	自行招标	委托招标	公开招标	邀请招标		
勘察	√			√		√		
设计	√			√		√		
建筑工程	√			√	√			
安装工程	√			√	√			
监理	√			√	√			
主要设备	√			√	√			
重要材料	√			√	√			
其他								

第五篇 建设篇

概 述

广渠路东延道路工程，共分五个标段进行建设。各标段项目部严格按照设计要求施工，确保工程质量，同时抢抓施工时间，确保了 2021 年 1 月顺利通车。

第一标段，参建单位为北京市政建设集团有限责任公司。该标段包含高架桥段、地平段、U 槽段和地下道路段，还有人行过街天桥一座。结构形式复杂，绿色文明施工要求高。

第二标段，参建单位为中铁十八局集团有限公司。该标段采用双层闭合框架结构，下层为新建隧道快速路，其上层为综合管廊。地面景观大道采用双向六车道，两侧设置双向两车道辅路，外侧设置非机动车道和人行道。工程重点和难点，是桩基托换。

第三标段，参建单位为北京市公联公路联络线有限责任公司。该标段制定了高效可行的交通导流方案，坚持平行施工、流水作业，如期圆满完成了施工任务。

第四标段，参建单位为北京住总集团有限责任公司轨道交通市政工程总承包部。该标段所处位置环境复杂、地下管线较多、施工内容综合性强，基坑工程涉及工艺齐全。

第五标段，参建单位为中国建筑第八工程局有限公司。该标段的主要节点是在运通桥下游下穿北运河。合理的施工组织成为该工程标段的施工重点。而控制运通桥的沉降，则为施工的主要难点。

第一章　广渠路东延道路工程第一标段

一、参建单位简介

北京市政建设集团有限责任公司（以下简称"市政集团公司"）是北京市政集团的核心企业，成立于2000年12月，注册资本金10亿元。市政集团公司是中国北方地区唯一具有市政公用工程总承包、公路工程总承包双特级资质的施工企业，也是北京市唯一一家市政公用工程总承包特级资质企业。市政集团公司及其所属21家单位，具有建筑施工多种类别的建筑业资质62项，其中特级、一级资质28项。

市政集团公司是从事市政工程、公路工程、建筑工程的大型企业集团，其前身为新中国建立初期成立的北平市建设局，有着50多年的文化沉积和辉煌业绩。

"北京市政"是国内城市基础设施建设的强势企业，曾创造了北京乃至全国建设史上的诸多"第一"：建设了"神州第一街"；铺设了北京第一条煤气管道、热力管道和天然气管线。

承建了北京第一座城市立交桥、第一座箱涵顶进式铁路立交；承建了中国最大的污水处理厂高碑店污水处理厂和亚洲最大的自来水厂北京第九水厂，参与承建了北京首条地铁线，承建了亚洲第一座地铁斜拉桥立水西桥。

市政集团公司具有丰富的项目承包、施工管理和项目运营的经验，品牌、技术、人才、融资、综合配套能力优势突出。曾先后五次承担天安门广场改建、扩建任务；组织建设了北京市二环、三环城市环路和京通路等城市快速路，组织建设了三环以内所有城市道路和桥梁，承建了北京市四环、五环、六环等公路环线；承建了北京市全部11座自来水厂，见图5-1-1。

组织建设了北京高碑店污水处理厂等全

图 5-1-1　市政集团公司承建的项目

部 12 座污水处理厂；承建了首都国际机场东、西跑道改扩建工程；承担了北京市地铁 1 号线、八通线、机场线、13 号线、5 号线、10 号线一期主要施工任务，是目前北京地铁 4 号线、10 号线二期、9 号线、大兴线、房山线、昌平线、8 号线、15 号线工程的最大承包商；承担了众多北京奥运市政配套工程。

二、标段概况

广渠路东延（怡乐西路—东六环路）道路 1 标段起点为规划怡乐西路，与广渠路二期相接，终点至翠屏西路西侧，桩号范围 K11+880.407~K13+220，标段长度 1339.593m。该标段包含高架桥段、地平段、U 槽段和地下道路段，还有人行过街天桥一座，附属用房一座，消防泵房一座。

三、标段特点、重难点

（一）标段特点

1. 绿色文明施工要求高

该工程位于北京市通州城区，是北京中心城与城市副中心重要的连接通道，施工区域紧邻多个居住区及办公区，标准化绿色施工要求高。特别是在 2017 年北京市提出了"蓝天保卫战"的严峻形势下，对标准化绿色施工提出了更高的要求。

2. 结构形式复杂

隧道主体结构与地下综合管廊结构由并行渐变为上下共构形式，由双孔单层闭合框架结构净空渐变为双层双孔框架。

该工程隧道起点桩号 Z1K12+760~Z1K12+960 为 U 形槽。Z1K12+960~Z1K13+070 为双孔单层闭合框架。考虑减少覆土厚度，隧道在 Z1K13+070~Z1K13+200 为第一层净空渐变的双层双孔框架。在 Z1K13+200 管廊与隧道主体结构共线，管廊利用主体结构上层进行布设。隧道在 Z1K13+200 为双层框架。桩号范围为 Z1K13+200~Z2K13+220。

（二）标段重难点

1. 施工要求高

工程政治社会影响大，关注度高，地处通州主城区，强化绿色文明施工控制。

（1）分析。

该工程位于北京市通州城区，是北京中心城与城市副中心重要的连接通道，施工区域紧邻多个居住区及办公区，标准化绿色施工要求高（图 5-1-2）。特别是在 2017 年北京市提出了"蓝天保卫战"的严峻形势下，对标准化绿色施工提出了更高的要求。

（2）主要对策：

①根据标段周边环境特点，制定绿色施工标准化实施方案，经审批后实施。建立奖惩办法，奖优罚劣，加大宣传力度，利用板报、标语营造宣传氛围。

②节地：办公区、施工区在规划许可用地范围内合理布局，统一筹划，尽量减少占地。特别是在城市用地紧张的情况下，应更好地统筹安排，通过各种技术手段减少用地量。

图 5-1-2　通州城区道路

③节水：项目部及生活区使用节水型器具，安装水表计量，控制用水量。设置雨水收集池，做到水资源循环再利用。

④节能：项目部及生活区实行用电分表计量，利用空气取暖、制冷，充分利用太阳能及 LED 光源，做到节能节电。

⑤节材：使用集成房屋、钢质围挡、钢质防护、伸缩式钢筋棚等可周转重复使用的材料。对于现况道路和临时导行道路废除后产生的沥青废料及时回收。

⑥环保：施工现场出入口设置高效洗轮机，并在易产生扬尘部位安装 PM2.5 扬尘监测设备和防尘雾炮。设置封闭式垃圾站，安装预拌料储存罐，采用低噪声机具。选择符合《建筑垃圾运输车辆标识、监控和密闭技术要求》的车辆运输土方。

2. 富水地层深基坑时空效应控制

（1）分析。

场区工程地质条件复杂，以人工填土层、新近沉积及第四纪沉积的粉土及粉细砂层为主，场区内地下水丰富，分布有潜水和多层承压水，地下水埋深 6.4~13.6m，开挖过程中土层自稳能力差，深基坑工程的开挖和支护具有很强的时空效应。

（2）主要对策：

①围护结构施工中，加强对地下连续墙的标高、垂直度和接缝质量控制。

②加强围护结构的监测工作，制定详细的监测方案，跟踪掌握施工进程和发展情况，当发现施工过程中监测的结果接近预先设计的警戒值，及时预警，进行检查和分析原因，情况不明或未采取有效措施前，不得进行施工。

图 5-1-3　工程隧道

③及时对坑底进行降水疏干，保持槽底干燥。制定详细可行科学的槽底水的疏干实施性方案，并在槽底和围护结构外侧设置水位观测井，通过水位观测数据，实时掌握槽底疏干情况。

④通过优化开挖工序、施工参数，按分层、分步、对称、平衡的原则开挖，有效调动地层的空间效应，以降低应力水平、控制流变位移。

⑤采用时空效应的深基坑信息化施工方法，实时监测开挖引起的基坑最新岩土体状态，根据最新的岩土体状态信息反演基坑和围护结构的其他力学特征，及时调节施工工艺以及施工参数，确保深基坑的安全和变形控制。

3. 防水质量控制

（1）分析。

该工程隧道（图5-1-3）结构位于场区地下分布的潜水（第1层地下水）及承压水（第2层地下水）水位以下或附近，吊装孔等接口多，施工缝和变形缝相对较多，这些部位极易发生渗漏，从而给结构的使用带来隐患，事后处理极为困难。

（2）主要对策：

①由防水专业队伍施工，每道防水施工由专职质检员检查把关。严格执行"三检"和旁站监理制。按特殊过程加强防水施工的控制与管理。做好成品保护工作。

②严把原材料进场质量关，对防水材料做相应的试验检测，确保材料合格。

③严格按照设计要求施工，认真把住"三关"，即把住结构自防水关；全包柔性防水关；不同结构的接口防水关。

④按图纸要求，选用相应等级的防水混凝土，加强过程控制，确保混凝土质量；严格控制混凝土浇筑质量，确保结构自防水。

⑤卷材防水层细部做法符合设计要求和施工规范的规定。保证施工缝、变形缝的止水带安装准确，确保防水质量。

4. 加强基坑监测

（1）分析。

新建隧道两侧范围内建筑物众多，同时施工区域两侧交通不断行，对于基坑监测的要求高,需要加强基坑监测。

(2)主要对策。

基坑监测由业主委托的第三方监测单位进行,北京市政建设集团有限责任公司在基坑监测过程中将加紧与监测单位进行联系,积极就监测数据调整施工,确保基坑安全,保证周围建筑物的安全。

5.控制路基不均匀沉降

(1)分析:

①新建地面景观大道路基加宽以及与多条道路平交,新旧路基之间易产生不均匀沉降。

②隧道顶板回填土与两侧路基之间易产生不均匀沉降。

(2)主要对策:

①严格控制回填土源质量,对土源进行天然含水量、液限、塑限、标准击实、CBR试验等试验,必须满足规范要求。

②分层进行土方填筑,严格控制填筑厚度。采用12t以上压路机充分碾压,确保压实度满足设计和规范要求。

③搭接位置做好台阶,不得直茬连接。

④加强质量管理,每个回填的部位立标牌,标明施工负责人及质检人员姓名,责任落实到人。每层回填完毕自检合格后,报监理工程师抽检,合格后方可进行下层回填。

四、施工管理

(一)质量管理

1.质量管理体系

为了贯彻质量方针,确保工程质量目标在该工程项目的实现,单位及项目部建立健全质量管理体系,设置工程质量管理组织机构,配备足够的有经验的技术人员、质检人员、施工人员、试验人员、测量人员和操作人员,树立全员质量管理意识,确定质量职责和质量活动的内容及要求,明确施工过程中的质量控制程序。

为确保该标段工程质量标准达到合格标准,北京市政建设集团有限责任公司按照《质量管理体系》(GB/T 19001—2016)和 ISO 9001:2015 质量管理体系认证要求,建立并保持一个健全、行之有效的工程质量管理体系。

质量保证体系框图如图 5-1-4 所示。

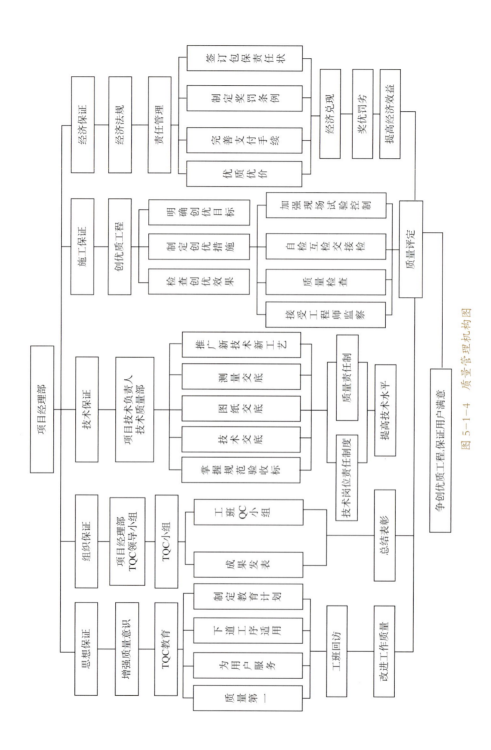

图 5-1-4 质量管理机构图

2.质量保证体系

为保证该工程项目顺利实施和实现招标文件要求的工程质量目标,根据 GB/T 19001《质量管理体系》、ISO 9001《质量管理体系认证》文件规定,结合以往从事类似工程的经验,从组织机构、思想教育、技术管理、施工管理、监督责任以及规章制度等六个方面建立符合该工程项目的质量保证体系。

根据该工程的具体情况,项目经理部建立健全符合该项目特点的质量保证体系,并形成质量体系文件,配置必要的设备、装备和专业人员,以确保质量计划的内容具有严密性、针对性、可操作性和可行性。项目经理部各职能部门分析可能产生不合格的潜在原因,制定预防措施,防止发生不合格品。质量保证体系框图如图 5-1-5 所示。

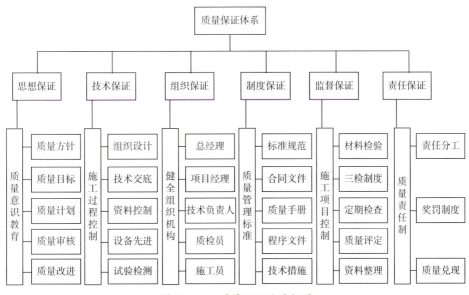

图 5-1-5 质量保证体系框图

3.质量保证措施

(1)组织保证措施:

①加强施工技术管理,严格执行以技术负责人为首的技术责任制,使施工管理标准化、规范化、程序化。认真熟悉施工图纸,深入领会设计意图,严格按照设计文件和图纸施工,吃透设计文件和施工规范、验收标准。施工人员严格掌握施工标准、质量检查及验收标准和工艺要求并及时进行技术交底,在施工期间技术人员跟班作业,发现问题及时解决。

②严格执行工程监理制度,施工队自检、经理部复检合格后及时通知监理工程师

检查签认，隐蔽工程的质量验收必须经监理工程师签认后方能隐蔽。

③项目经理部设专职质检工程师、工程队设兼职质检员，保证施工作业始终在质检人员的严格监督下进行。质检工程师拥有质量否决权，发现违背施工程序，不按设计图、规范及技术交底施工，或使用材料半成品及设备不符合质量要求者，有权制止，必要时下停工令，限期整改并有权进行处罚，杜绝半成品或成品不合格。

④制定实施性施工计划的同时，编制详细的质量保证措施，没有质量保证措施不准开工。质量保证体系和措施不完善或没有落实的应停工整顿，达到要求后再继续施工。

⑤建立质量奖罚制度，明确奖罚标准，做到奖罚分明，杜绝质量事故发生。

⑥严格施工纪律，把好工序质量关，上道工序不合格不能进行下道工序的施工，否则质量问题由下道工序的班组负责。对工艺流程的每一步工作内容要认真进行检查，使施工规范化、合理化（图5-1-6）。

⑦制定工程创优计划，明确工程创优目标，层层落实创优措施，责任到人。

⑧坚持三级测量复核制，各测量桩点要认真保护，施工中可能损毁的重要桩点要设置保护桩，施工测量放线要反复校核。认真进行交接班，确保中线、标高及结构物尺寸位置正确。

⑨施工所用的各种计量仪器设备按照有关规范规定进行定期检查和标定，确保计量检测仪器设备的精度和准确度，严格计量施工。

⑩所有工程材料应事先进行检查，严格把好原材料进场关，不合格材料不准验收，保证使用的材料全部符合工程质量的要求。每项材料到工地应有出厂检验单，同时在现场进行抽查。做到来历不明的材料不用、过期变质的材料不用、不符合工程质量要求的材料不用，消除外来因素对工程质量的影响。

图5-1-6 地面主路沥青摊铺

⑪做好质量记录：质量记录与质量活动同步进行，内容要客观、具体、完整、真实、有效，条理清楚，字迹清晰，各方签字齐全，具有可追溯性。由施工技术员、质检员、测试人员或施工负责人按时

收集记录并保存，确保该工程全过程记录齐全。

⑫坚持文明施工，创造良好的施工环境。为优质、安全、高效的施工，创造良好的施工条件。做到道路平整，排水通畅，材料堆放整齐和机械车辆停放有序。

（2）制度保证措施：

①按照有关规范和技术标准，结合该单位实际情况，建立工程质量管理程序，设立以项目经理为代表的行政管理系统，抓好施工全过程中的质量控制、检查和监督。

②建立并实施质量保证记录系统，对记录的编写、收集、分发、标识、归档、贮存、保管和处理等作出明确的规定。每月一次向业主提交质量趋势分析报告。

③建立不合格产品质量控制程序，及时将不合格项报告及建议处置方案和有关技术处理方案报业主及其代表审查认可，并接受业主及监理对纠正行动的验证。对严重有损于质量和重复发生的不合格项以及质量下降趋势的状况，必须认真分析、鉴定并查明起因，采取纠正措施，防止重复出现。

④对构成工程主体的材料、半成品供货商进行资格评价并将评价报告报业主审查认可，必要时业主可参加资格评价工作或委派监理公司参加资格评价工作。

⑤推行全面质量管理的科学管理方法，抓好关键部位、关键工序的质量关，严格执行"三级质量检查"制度。填写检查验评表，逐级签字，坚持上道工序不合格，下道工序不施工的原则。

⑥建立质量评定制度，定期对施工质量进行评定，树立样板工程，及时反馈工程质量信息，把评定结果作为制定项目施工计划的依据之一。制定工程创优规划，明确工程创优目标，层层落实创优措施，责任到人。建立质量奖罚制度，明确奖罚标准，作到奖罚分明，杜绝质量事故发生。

⑦建立图纸会审制度，及时组织相关人员对图纸进行学习，充分领会设计意图，明确技术要求，对设计文件中的差错与问题，及时与设计单位联系，积极提出修改意见，避免技术事故或产生经济与质量事故。

⑧建立技术交底制度，项目技术负责人要接受企业技术主管部门的技术交底，同时项目技术负责人又要在项目内进行层层技术交底，以保证技术责任制的落实，技术管理体系的正常运行，技术管理工作有效。

⑨成立QC小组，开展QC小组活动，定期进行QC小组成果发布，巩固和扩大QC小组活动成果。

（3）责任保证措施：

①建立以项目经理领导下的技术负责人负责的责任制度。

②技术负责人负责贯彻执行技术规范标准和上级技术决定，制定施工项目的技术管理制度。

③技术负责人直接领导技术员、施工员及有关职能人员的技术工作。

④及时组织有关人员熟悉图纸，编制单位工程和分项工程的施工组织设计。

⑤对于施工中的重要工序，技术负责人必须向施工项目内有关人员进行施工技术交底。

⑥定期审定施工技术组织措施计划并组织实施。

⑦技术负责人应参加隐蔽工程验收，处理质量事故并向上级报告。

⑧负责组织工程档案中各项技术资料的签证收集整理并汇总上报。

⑨领导项目部有关人员组织技术学习，总结交流技术经验。

（4）技术管理措施：

①施工组织编制及管理：

a. 承接工程后，详细阅读业主提供的地下管线、邻近结构物等图纸资料、设计单位提供的工程地质勘测报告、工程设计图纸、技术文件和监理单位提供的工程监理大纲及有关文件；透彻了解建设、设计和监理单位对该工程施工质量的原则要求和特殊要求，并在工程实施前召开由设计、建设、监理和施工四个单位有关人员参加的技术、质量交底会，进一步明确设计意图、技术要求和质量检验标准。

b. 工程施工前，按照施工图纸、设计变更等设计文件要求编制工程实施性施工组织设计、施工方案、技术措施、工程质量保证体系、质量计划、质量控制程序及工程质量保证措施，经工程监理单位审查批复后实施。

②现场施工技术管理：

a. 根据施工任务需要，配置足够的、能满足使用要求与测试精度的各种设备、工具、卡具、仪器仪表、计量器具。现场所用计量器具必须经过国家认可的有关部门或单位检定，并在检定合格证的有效期内使用。

b. 混凝土运输、入模、捣固、养护必须按规范要求施工，确保混凝土内实外光，保证混凝土的浇筑质量。

③贯彻技术交底制度。

严格按照设计文件、国家颁布的施工验收规范、操作规程和工程质量检查评定标准指导施工，并结合实际情况建立保证质量的各项管理制度和管理办法，坚决执行"三个必须"的技术管理制度，即设计图纸必须详细审查，未经审核的设计图纸不得交付施工；方案必须批准，未经批准的方案不施工；技术必须交底，特别是在施工前要详细进行交底，把施工要点、质量标准通过各种形式写出来，做到人人心中有数。

④贯彻技术复核制度：

a. 子项工程主管工程师，根据施工任务和质量要求，制定相应的工作计划，做好各项工程的

图 5-1-7　工程隧道施工完毕

衔接，认真进行各道工序的施工质量控制及防止污染措施的检验，对施工中的每道工序，按技术标准的要求检验合格后，经监理工程师或业主代表签认后方可进行下一道工序的施工，同时对工程质量及施工进度进行严格管理，使整个工程施工处于受控状态。

b. 把好各道工序中施工过程的质量检验关，对加工的半成品按要求认真进行检查验收，并报驻地监理检验。认真作好原材料的检查试验和对混凝土的质量检查工作，使其始终处于可控状态。

c. 坚持三级测量复核制，各测量桩点要认真保护，施工中可能损毁的重要桩点要做好护桩，施工测量放线反复复核，确保中线、水平及结构物尺寸位置正确。

d. 工程实施时，严格按照经过业主审定的施工组织设计和保证质量的施工技术措施的要求进行施工，每道工序都要严格按照图纸施工，严格执行 ISO 9000 质量管理体系标准和有关"施工与验收规范"及业主、监理单位作出的技术规定，见图 5-1-7。

（5）施工资料管理措施：

①资料管理控制措施：

a. 该工程具有工期紧、对技术资料要求高、资料数量大等特点。各级领导和管理部门必须把施工技术资料管理作为施工管理中一项重要工作完成，建立健全技术资料工作管理系统和目标责任制。

b. 设专职资料员负责施工技术资料管理工作以及有关技术资料的对外协调工作。资料员要认真学习、熟悉有关规范和规定，对各部门移交资料及时整理、编目、装订，妥善保管。

c. 施工中建立完善的施工技术资料管理责任制和奖励制度，项目部内应明确责

任，各负其责，互相配合，积极主动完成资料汇集、编写工作。相关部门及人员认真填写各类原始报表和隐蔽工程验收报告单。各种资料及时率不低于95%，其中，隐、预检及时率应为100%，试验及时率为100%。

d. 各种原始资料和技术资料报经有关部门，经过签认后进行汇编归档。内业资料的归档做到正确规范，条理清晰。

②竣工资料编制、管理措施：

a. 工程进入尾声后，由专职资料员负责组织相关人员，将施工过程的原始资料进行重新整理，按照资料管理规程的相应要求陆续归档，进行竣工资料的编制。

b. 竣工资料的档案及目录编制必须按照建设单位、监理、档案馆及有关技术规范的要求进行编制。竣工资料管理归档必须做到及时、正确、齐全、规范。

（6）质量事故处理应急预案：

①质量事故处理原则。

坚持"百年大计，质量第一"和"四不放过"原则，即："事故原因不查清楚不放过、主要事故责任者得不到处理不放过、职工未受到教育不放过、补救和防范措施不落实不放过"。

②应急处理流程。

应急处理流程如图5-1-8所示。

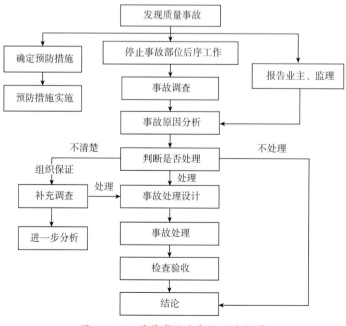

图5-1-8 质量事故应急处理流程图

③质量事故报告要求：

a.事故发生时，如实报告所发生事故的情况，报告流程为：项目经理→监理→业主程序报告，该公司内执行项目经理→公司质量部→公司技术负责人。

b.报告的同时还要联系指定人员，报告事故部位与事态；记载并保留事故记录；集中整理技术、质量、材料等资料。

（二）安全管理

1.安全生产管理体系

（1）安全管理体系。

在施工中必须严格贯彻执行各项安全组织措施和技术措施，切实做到管生产的同时必须管安全，全面有效地实现安全生产。建立安全管理保证体系，按规定配备安全生产管理机构和人员，建立健全安全生产责任制度和安全生产教育培训制度，制定施工现场安全生产规章制度和操作规程。

安全生产管理体系如图 5-1-9 所示。

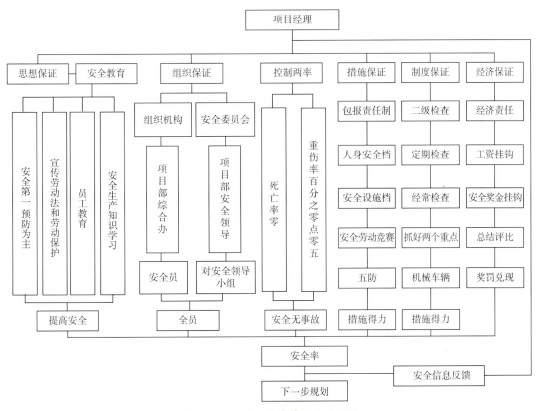

图 5-1-9　安全生产管理体系框图

（2）安全管理组织机构。

项目部成立由项目经理负责的安全生产管理小组，项目经理为组长，副总经理、技术负责人为副组长。项目经理为第一责任人，副经理为安全生产的直接责任人，项目技术负责人为技术负责人。

安全管理组织机构如图5-1-10所示，同时加强项目安全意识（图5-1-11、图5-1-12）。

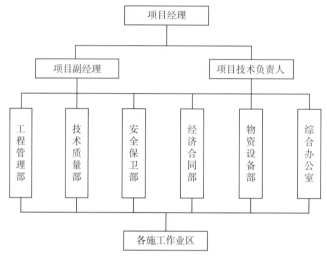

图5-1-10　安全管理组织机构框图

图5-1-11　项目经理与安全总监带队检查

图5-1-12　项目安全例会

2. 施工安全保证措施

（1）安全教育及培训。

入场前，项目部组织新进场的工人进行三级安全教育培训。由项目安全负责人根据该工程的实际情况和存在的风险，对项目部全体人员进行安全教育培训，提高全体人员的安全意识，增加安全知识（图5-1-13）。

图 5-1-13　作业人员进场作业前进行三级安全教育及体验式培训，经考试合格后，再进行分项作业的安全技术交底，方可进场作业

（2）安全技术交底。

对于工程重要部位，特殊工程和推广应用新技术、新工艺、新材料、新设备的工程，必须做详细的技术交底。

安全技术交底由项目部技术负责人按单位工程根据图纸、设计文件、上级交底内容、已审批通过的施工组织设计、相关规程规范等向全体施工人员进行安全技术交底，其中的重点部位、关键工序应详细描述，安全技术交底要有文字记录及签字见图 5-1-14、图 5-1-15。

图 5-1-14　安全技术交底汇总　　　　图 5-1-15　安全技术交底表

（3）专项施工方案专家论证。

市政集团公司严格按照建质〔2009〕87号文规定，在危险性较大的分部分项工程施工前编制专项方案；对于超过一定规模的危险性较大的分部分项工程，组织专家对专项方案进行论证。

①危险性较大的分部分项工程。

市政集团公司根据设计文件及现场调查后分析得出,施工范围内存在危险性较大的分部分项工程详见表 5-1-1 和图 5-1-16、图 5-1-17。

危险性较大的分部分项工程清单   表 5-1-1

序号	危大工程专项方案	危险性较大的分部分项工程清单	备注
1	基坑支护	开挖深度超过 3m(含 3m)或虽未超过 3m 但地质条件和周边环境复杂的基坑(槽)支护	
2	基坑开挖	开挖深度超过 3m(含 3m)的基坑(槽)的土方开挖工程	
3	模板施工	混凝土模板支撑工程:搭设高度 5m 及以上;搭设跨度 10m 及以上;施工总荷载 10kN/m² 及以上;集中线荷载 15kN/m 及以上;高度大于支撑水平投影宽度且相对独立无联系构件的混凝土模板支撑工程	
4	支架施工	隧道顶板支架工程	
5	起重吊装	钢-混叠合梁及预制箱梁吊装工程	
6	预应力张拉、压浆	预应力工程	

图 5-1-16 危大工程公示牌

图 5-1-17 危大工程验收牌

②超过一定规模的危险性较大的分部分项工程。

超过一定规模的危险性较大的分部分项工程见表 5-1-2。

超过一定规模的危险性较大的分部分项工程清单   表 5-1-2

序号	超过一定规模危大工程专项方案	超过一定规模的危险性较大的分部分项工程清单	备注
1	深基坑施工	开挖深度超过 5m(含 5m)的基坑(槽)的土方开挖、支护、降水工程	
2	高大模板施工	混凝土模板支撑工程:搭设高度 8m 及以上;搭设跨度 18m 及以上;施工总荷载 15kN/m² 及以上;集中线荷载 20kN/m 及以上	
3	支架施工	承重支撑体系:用于满堂支撑体系,承受单点集中荷载 700kg 以上	
4	起重吊装	起重量 300kN 及以上的起重设备安装工程	

3.安全事故应急预案

（1）应急预案组织机构。

成立以项目经理为组长，项目副经理、项目技术负责人为副组长，综合办公室、工程管理部、安全保卫部、技术质量部、物资设备部、经济合同部等相关成员为组员的应急领导小组。应急领导小组下设抢险救援组、工程技术组、指挥联络组、警戒保卫组、安全疏散组、医疗救援组、物资保障组、善后恢复组、事故调查组。

在项目部应急领导小组领导下开展工作，分工明确，各司其职，形成上下联动、协调一致、全员参与的预防和应急管理体系，保证预防和应急管理工作自上而下的有效实施。

应急指挥中心设在项目部综合办公室。

（2）应急材料准备。

应急材料包括应急车辆机械（抢险指挥车、挖掘机、推土机、翻斗自卸车）和应急物资（潜水泵、灭火器/胶皮水管、应急照明灯具、发电机/电缆线、砾石砂、编织袋/彩条布、雨衣/雨鞋、对讲机/急救箱）等。

（3）应急预案保障措施：

①信息传递。

应急小组成员必须坚持汛期、冬季扫雪除冰期等特殊时间24小时值班制度，及时收集掌握雨情、水情、雪情、险情和灾情，及时传递信息。按要求向项目部及建设单位电话上报上述资料。

②抢险队伍。

加强应急队伍的业务培训和应急演练，整合项目部现有应急资源，组建灾害救援组、安全保卫组和医疗救护组，三个小组共计30人。

项目部在应急救援行动的过程中，应充分利用社会应急资源，依托当地公安（消防）、武警、民防救灾、医疗卫生、地震救援、防风防汛、环境监控、基础信息网络和重要信息系统事故处置，以及水、电、油、气等政府工程抢险应急救援的专业队伍和骨干力量。

为保证救援工作的顺利实施和救援组织的有效运转，应急小组应加强现场救援专业组各方面的建设和人员相应的培训，以及应急措施的定期检查。确保在应急救援过程中制度的落实、应急资金落实、应急物资与装备的落实、人员落实，并能承担起其相应的职责。当有人员离开组织后，还应及时补充新的人员，并对其进行培训，见图5-1-18。

图 5-1-18　组织一线工人及管理人员参加应急演练，切实提高现场应急抢险能力

③经费保障。

各项经费由经济合同部按照规定标准提取，在成本中列支，专门用于完善和改进企业应急救援体系建设、监控设备定期检测、应急救援物资采购、应急救援演习和应急人员培训等。项目经理及经济合同部应确保应急费用专款专用，并接受安全管理人员的监督。

④应急预案的演练。

应定期在重要工序开工时进行应急预案演练并详细记录，在总结经验的同时持续改进。

（4）应急预案执行：

①出现事故和紧急情况时，发现人应立即向应急小组报告，如其危害性较小且能被现场的操作者控制在该范围内，影响预期不会扩大时，在事故现场的主要负责人应立即启动二级应急救援反应行动按以下程序开展应急救援组织工作：

a. 迅速组织应急救援组织的救援人员赶到出事地点，并落实分工。

b. 紧急疏散事故地点和附近危险区域的人员，设置警戒线。

c. 切断事故点电源、气源等危险源。

d. 安排救援所需要照明及救援器材到位。

e. 尽快研究出救援方案并实施救援。

②当出现亡人事故或较严重的火情时，项目应立即将事故情况报告上级单位，启动一级应急救援反应行动并按以下程序迅速开展应急救援组织工作：

a. 迅速组织应急救援人员赶到出事地点进行分工。

b. 应急救援领导小组到达现场后，应立即研究现场救援方案的可行性，或另外确定更安全有效的救援方案，并实施方案。

c. 对事故可能进一步扩大的危险源采取切实有效的控制措施。

d. 自身无能力救援和无能力控制事故进一步扩大时，经救援组长确定应立即向当地"119"求救；有人员伤亡时通知"120"急救中心。

e. 对第一现场用拍照、摄像、书面记录等方法取证，并妥善保管有关物证。

f. 制定善后处理方案，并且在24小时内写出书面报告，上报上级单位。事故报告应包括以下内容：

a）发生事故的单位及事故发生的时间、地点；

b）事故的简要经过、伤亡人数、直接经济损失的初步估计；

c）事故原因、性质的初步判断；

d）需要有关部门和单位协助事故抢救和处理的有关事宜；

e）事故的报告、签发人和报告时间。

五、经验成果

1. 该工程积极推广建筑业十项新技术

（1）地基基础和地下空间工程技术（长螺旋钻孔压灌桩技术、地下连续墙技术）。

（2）钢筋与混凝土技术（高强高性能混凝土技术、高强钢筋直螺纹连接技术、预应力技术）。

（3）装配式混凝土结构技术（预制预应力混凝土构件技术、预制构件工厂化生产加工技术）。

（4）绿色施工技术（施工扬尘控制技术、施工噪声控制技术）。

（5）防水技术与围护结构节能（地下工程预铺反粘防水技术）。

（6）信息化技术（基于BIM的现场施工管理信息技术）。

2. 已申请实用新型专利五项

（1）一种道路施工用路面修补装置

（2）一种综合管廊多功能施工操作平台

（3）一种玻璃钢地下综合管廊金属支撑架

（4）一种通风除尘式综合管廊

（5）一种综合型管廊结构

3. 科技创新课题研究

依托工程项目及集团公司技术实力，解决施工中遇到的具体难题，立项2项科技创新课题，见表5-1-3。

课题名称及研究内容　　　　　　　　表 5-1-3

课 题 名 称	研 究 内 容
复杂条件下城市隧道、管廊共构施工关键技术	（1）隧道深基坑围护结构在交通荷载条件下、不同工况下变形及受力研究。 （2）大交通量、繁华地段道路修筑标准化绿色施工研究。 （3）隧道与管廊渐变结构施工技术研究。 （4）大交通量条件下城市隧道、管廊共构施工信息化技术
BIM 技术在桥梁、U 形槽及闭合框架施工中的应用	（1）在项目对 BIM 技术的全面实施，将积极研究 BIM 技术在公路桥梁、隧道及管廊工程中的深入应用。 （2）形成 BIM 技术在公路桥梁、隧道及管廊工程中的应用手册与指导方案，对后续类似工程中的 BIM 应用起到参考作用

4. 获奖课题

为进一步提高现场质量以及新技术在该工程的应用，自开工以来项目共成立四个 QC 小组，参与了北京市市政工程行业协会举办的 QC 小组活动，并取得优异成绩。获奖情况见表 5-1-4。

获 奖 情 况　　　　　　　　表 5-1-4

小 组 名 称	课 题 名 称	奖　项
慕辰 QC 小组	提高钻孔灌注桩钢筋笼合格率	优秀奖
晓岸 QC 小组	提高墩柱与盖梁连接处的外观质量	二等奖
一方 QC 小组	提高闭合框架冬期混凝土养护质量	Ⅱ类成果
精匠 QC 小组	提高隧道预铺反粘式防水卷材拼接质量	Ⅰ类成果

5. BIM 技术综合应用

根据施工图纸建立该项目的桥梁、路面、隧道及管廊模型，生成桥梁段及隧道段现场周围的三维实景环境，再利用自行建立的标准化族库在三维环境下进行场地部署（图 5-1-19）。

"广渠路东延道路工程 1# 标段 BIM 技术综合应用"荣获 2019 年度北京市工程建设 BIM 成果证书，被评为综合应用成果Ⅲ类（图 5-1-20）。

6. DTC 道路相变调温材料应用

利用相变储能调温机理，在降温过程中释放相变潜热、升温过程中储存相变潜热的特性，主动调控沥青路面的工作温度，延长沥青路面在适宜温度工作的时间，改善沥青混合料的工作环境。

提高沥青路面对极端低温、大温差等适应能力，进行极端温度"削峰填谷"，同等环境温度条件下，一般沥青公路路面温度低于 0℃时，DTC 道路相变调温材料路面温度在 4℃，释放大量潜热，消除公路黑冰、冻雨冰层、冰冻层的产生，提高冬季沥青路面的行车安全性（图 5-1-21）。

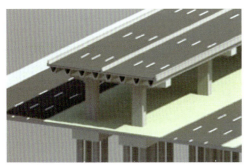
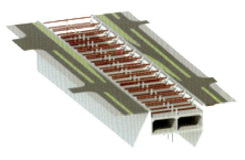

图 5-1-19　根据施工图纸建立模型

图 5-1-20　2019 年度北京市工程建设 BIM 成果证书

图 5-1-21　DTC 道路相变调温材料应用

第二章　广渠路东延道路工程第二标段

一、参建单位简介

广渠路东延（怡乐西路—东六环路）道路工程第 2 标段由中铁十八局集团有限公司承建。

中铁十八局集团有限公司（简称"集团公司"）系世界 500 强——中国铁建的旗舰企业，全国首家"五特六甲"建筑法人企业，具有铁路、建筑、水利水电、市政、公路工程 5 项施工总承包特级资质和铁道行业甲（Ⅱ）级、公路行业甲级、市政行业甲级、建筑行业甲级、水利行业（水库枢纽、灌溉排涝、城市防洪）专业甲级、岩土工程（勘察）甲级等 6 项设计、勘察甲级资质，19 项施工总承包一级资质，22 项专业承包一级资质，43 项其他专业承包资质，具有房地产开发一级资质和对外承包工程经营权。企业主营业务涵盖工程承包、投资开发、房地产开发、勘察设计、试验检测、物资贸易、工业制造等领域。

集团公司注册资本金 30 亿元，资产总额 423 亿元。现辖 12 个全资子公司，3 个专业分公司，9 个境外公司，10 个区域指挥部，若干个工程项目部。现有职工 2 万余人，其中各类专业技术人员 1.4 万余人，中高级技术人员 4500 余人，注册执业资格人员 1600 余人。拥有 TBM 全断面隧道掘进机、盾构机、900t 梁制运架设备等机械设备 9100 多台（套），年产值达 600 亿元以上。

集团公司在 60 多年的发展历程中，先后获得国家优质工程金奖 9 项、国家优质工程奖 67 项、中国建设工程鲁班奖 23 项、中国土木工程詹天佑奖 23 项、全国市政金杯示范工程 16 项、中国钢结构金奖 2 项、中国安装工程优质奖 1 项、全国用户满意工程奖 7 项、"新中国成立六十周年百项经典暨精品工程" 6 项、省部市行业级优质工程奖 250 多项。

集团公司系国家高新技术企业，建有国家级企业技术中心、博士后科研工作站、国家级工程实践教育中心、TBM 工程实验室（中国铁建地下工程装备工程实验室）、中国铁建 BIM 工程实验室（数字建造中心）、BIM 认证培训基地和 7 家省级企业技术中心。累计获得国家科技进步奖 10 项（特等奖 2 项）、省部级科技进步奖 92 项，国家级工法 25 项，省部级工法 219 项，住建部科技示范工程 3 项，全国建筑业绿色施工示范工程 7 项，在研省部级及以上重点研发项目 6 项、博士后基金课题 4 项，参与标准制定 25 项，拥有国家专利授权 624 项（发明专利 72 项）。

集团公司及所属公司全部通过 ISO 9001:2015 质量管理体系、ISO 45001:2018 职业健康安全管理体系、ISO 14001:2015 环境管理体系和 GB/T 50430—2017 工程建设施工企业质量管理规范标准认证，实现质量、安全、环境管理与国际标准接轨。先后荣获"全国优秀施工企业""全国守合同重信用企业""全国五一劳动奖状""全国文明单位""创鲁班奖特别荣誉企业""中国对外承包企业社会责任金奖""新中国成立 70 周年功勋企业"等荣誉称号。

图 5-2-1　K13+320 南隧道顶板施工

二、标段概况

第二标段起点为翠屏西路西侧，终点至果园环岛东侧，桩号范围为 K13+220~K14+660，标段长度 1440m。第二标段地面景观大道（设计速度为 60km/h）八通线以西段主路采用双向六车道，两侧设置双向两车道辅路，外侧设置非机动车道和人行道；下穿八通线处车道布置维持现状；八通线以东段主路采用双向六车道，北侧设置单车道辅路，南侧由于无小区集散需求，不设置辅路，外侧设置非机动车道和人行道；现状果园环岛改造为十字路口。地下道路（预留远期提级为城市快速路的条件，设计速度为 80km/h）分左右幅下穿八通线桥梁既有承台，采用桩基托换方式施工，单幅采用 3 车道机动车道。

隧道采用明挖法施工（交叉路口段施工期间采用铺盖法），主体结构为钢筋混凝土闭合框架，采用 C35 防水混凝土浇筑，参见图 5-2-1。

三、标段重点、难点工程

（一）工程亮点

广渠路东延隧道主体结构总长度 1440m，共 101 仓，分南、北两半幅，采用双层闭合框架结构，下层为新建隧道快速路，其上层为综合管廊，混凝土总用量达 47 万 m^3，钢筋总用量达 7.3 万 t，高峰期总用工量达 1800 人。

（二）工程重点、难点情况

（1）桩基托换是该工程重点和难点。桥墩偏心受压，受力平衡难度大；托换施工期间不限速、不停运，地铁正常运行。托换桥桩长90m，地质条件差，成桩难度大，距离地铁近，吊装平稳度、精确度要求高。

（2）如何减少扰民和民扰影响是该工程重点工作。该工程地处城市人口稠密区，施工现场周边居民区众多，施工生产产生的噪声对周边居民影响很大，因此制定行之有效的防扰民措施格外重要，只有做到不扰民或少扰民，才能不被民扰，保证施工生产顺利进行。

（3）基坑土方外运保障是该工程的重点工作。该工程主体隧道挖方达到95万m^3，高峰期平均每天出土8000m^3，确保运输顺畅格外重要，运输保障成为该工程成败的因素之一。

（4）雨季施工中安全度汛是该工程的重要工作。该工程基坑平均深度达到18.6m，最深达20.2m，属于深基坑施工，基坑长度1440延米，工期经过雨季，安全平稳地度过汛期格外重要，是施工单位控制安全风险的首选。

（5）路口盖挖施工是该工程重点工作。该工程京津公路路口盖挖较长，位于通朝大街与京津公路交叉口，交通流量大，夜间施工交通组织困难，如何统筹安排施工与交通组织是该工程的重点。

（6）绿色文明施工和环保要求高。该工程地处北京通州城市副中心，区政府和建委对环保工作要求较高，出台了一系列的文件和通知要求，做好环保工作是保证施工顺利实施的前提条件之一。

（三）工程施工特色

（1）地铁八通线桩基托换工程的施工是该工程的一大特色（图5-2-2）。地铁桥墩偏心受压，受力平衡难度大，并且托换施工期间不限速、不停运，地铁正常运行。托换桥桩长90m，地质条件差，成桩难度大，距离地铁近，吊装平稳度、精确度要求高。经过项目部的精心组织与系统规划，经过多次方案讨论、专家论证并结合现场实际，克服了种种管理与技术难题，顺利按期完成了桩基托换体系的施工。此桩基

图5-2-2 6号轴托换梁钢筋安装

托换是全国规模最大的托换工程。

（2）京津公路铺盖段施工是该工程的另一大特色。京津公路路口盖挖较长，位于通朝大街与京津公路交叉口，交通流量大，夜间施工交通组织困难，地下管线繁多。项目部认真分析并优化调整了交通导改方案，尽可能地减少占路施工的工程量，既提高了经济效益还减小了占路施工的风险，一举两得；铺盖段地下管线拆改进度缓慢严重制约围护桩施工，项目部召开了多次地下管线分析会，邀请各种管线产权单位的有关人员现场指认位置，制订了精确合理的围护桩施工计划，见缝插针进行打桩，路口铺盖体系得以顺利完成。

（3）大方量深基坑开挖也是该工程的一大特色。该工程隧道主基坑平均深度达19m，总挖方量达到95.4万 m^3，高峰期平均每天出土 $8000m^3$，确保运输顺畅格外重要，提高出土效率成为该工程的关键因素之一。项目部多次召开出土分析会，优化出土口位置，增加工作面，提高了出土效率，同时项目部还严格要求做好基坑提前降水、挂网喷锚、安装钢支撑等工序。在保证基坑安全的同时尽可能地提高出土效率、缩短工期，为后续主体结构施工奠定了良好的基础。

四、安全管理

广渠路东延道路工程2标项目部为切实加强项目部班组安全建设，提高项目部安全管理水平，夯实安全生产基础，有效避免和减少生产安全事故发生。根据集团公司关于开展公司班组安全建设工作活动的通知和公司有关文件的精神，项目部积极开展班组安全建设工作。

（一）工作目标

广渠路东延项目部要求安全生产做到工作内容指标化、工作步骤程序化、工作考核制度化、工作管理系统化和现场管理规范化，形成"实施有标准，处处有规范，人人讲安全"的基层安全管理保障机制。

职工安全防范意识和能力明显增强，杜绝重大人身伤亡和设备事故，努力实现班组"零事故、零隐患、零缺陷、零违章"，全面完成项目年度安全生产目标任务。

（二）工作意义

（1）班组是项目的细胞，班组的安全工作，是项目安全生产的基础。要搞好安全工作，必须抓好班组这个最基层、最基础单元，实现班组规范化管理、标准化建设，是夯实项目安全基础，推动安全发展、可持续发展的关键环节。

（2）班组安全建设是提升管理水平的有效方法，安全管理的基础在班组，执行力在班组中体现，效益通过班组实现，安全由班组来保证。提高班组成员的执行力、战斗力、创造力，提高班组经济效益。

（3）班组安全建设，是减少"三违"，防范事故的有效途径，项目安全施工是由"三违"造成的，只有始终坚持"安全第一"，严格执行安全管理制度，充分发挥班组安全生产第一道防线的作用，减少和杜绝"三违"现象，有效防止重大事故发生，保证安全生产（图5-2-3）。

（三）班组安全建设机制

1."渗透式"教育——攻击麻痹防线

（1）施工现场张贴安全标语（图5-2-4）、安全操作规程标志标牌等，为作业班组营造现场安全氛围，明确作业中的注意事项、安全要点。

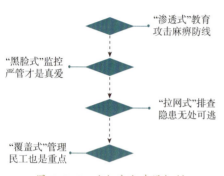

图 5-2-3　班组安全建设机制

图 5-2-4　安全标语

（2）进行岗前培训，通过观看岗前培训课件，让工人能够熟知安全常识，更好地保护好自己，最终通过岗前考核者方可施工作业（图5-2-5）。

（3）VR体验馆以三维动态的形式全真模拟出工地施工真实场景和险情，让一线班组人员"身临其境"，"亲历"施工过程中可能发生的各种危险场景，提高作业人员安全防范和劳动保护意识（图5-2-6）。

图 5-2-5　岗前培训

图 5-2-6　VR 体验馆

（4）施工现场宣传规定、制度和安全操作规程（图 5-2-7）。

图 5-2-7　施工现场宣传规定、制度和安全操作规程

（5）施工现场大门处设置危险源公示牌，明确现场存在的重大危险源、关键部位、发生形式、预防措施和责任人（图 5-2-8）。

图 5-2-8　施工现场大门处设置危险源公示牌

（6）组织安全月启动仪式，进行安全宣誓并印刷安全宣传册，确保施工人员人手一本，定期组织施工人员集中学习（图 5-2-9）。

图 5-2-9　进行安全宣誓并印刷安全宣传册

（7）组织班组积极开展各项应急演练，将培训的理论知识应用于实战，提高各组长、组员对自己职责的掌握程度及突发事故的紧急应变能力，掌握应急程序和提高各岗位之间的协调能力，见图 5-2-10。

2. "黑脸式"监控——严管才是真爱

（1）现场发现隐患立即通知相关人员进行整改，如不整改，下罚款整改通知单，严格按照"五定原则"督促整改，举一反三（图 5-2-11）。

图 5-2-10　组织班组积极开展各项应急演练　　图 5-2-11　罚款通知单

（2）贯彻国家有关安全生产的法律、法规，制定安全包保责任制，逐级签订安全承包合同，使全体参建人员明确安全职责和安全目标，充分体现"安全生产、事事相关、人人有责"，达到全员参与、全面管理的目的，有效控制和减少各类安全生产事故，见图 5-2-12。

图 5-2-12　逐级签订安全承包合同

（3）"地毯式"排查，"黑脸式"监控，确保现场不留死角，确保违规行为得以纠正，确保作业人员受到批评教育、处罚（图5-2-13）。

图5-2-13　"地毯式"排查，"黑脸式"监控

（4）"严管才是真爱，放纵就是伤害"：吊装、动土、动火作业实施从严审批，需由班组进行申请，经现场安全员、技术员、机电员及相关责任人检查确保安全后签字确认，方可进行作业。

3. "拉网式"排查——隐患无处可逃

（1）"有效监督重在群策群力"，项目部设立"群众安全员"和"劳动保护监督检查员"，配发袖标和安全手册，让职工群众广泛参与现场劳动保护和安全生产监督检查，排查隐患，整改隐患，避免事故发生，保障班组成员生命健康，见图5-2-14。

（2）利用互联网建微信管理平台，方便项目部内部和作业班组的协调、沟通，有效提高工作效率和加强现场的管控（图5-2-15、图5-2-16）。

图5-2-14　班前讲话　　图5-2-15　遮盖裸露土地　　图5-2-16　利用互联网建微信管理平台

4. "覆盖式"管理——民工也是重点

（1）强化农民工群体劳动安全教育培训，与职工同管理、同学习、同考核。定期召开班组安全例会，总结查改不足，提高农民工群体参与劳动保护和安全生产的积极性，不断增强安全意识，提高安全技能（图5-2-17）。

图 5-2-17　强化农民工群体劳动安全教育培训

（2）用心做实劳动保护，细微之处见温馨。设医药箱，提供防暑降温药品，人性化管理，劳逸结合（5-2-18）。

图 5-2-18　用心做实劳动保护

五、经验成果

（一）桩基托换

该标段隧道斜交下穿现况地铁八通线桥梁，八通线桥梁桩基托换工程是该标段的节点工程。

（1）施工期间地铁八通线不停运、不限速。为减小工程施工期间对八通线运营的影响，桥梁主动顶升、截桩等工序安排在地铁运行空窗期（00：30—3：30）进行。

（2）该次需托换的桥桩共计5处，分别为八通线桥梁的6号、7号、8号、11号、12号轴，每个托换梁约使用混凝土1500m³，钢筋260t，同时托换的桥桩数量之多且托换梁之大为北京首例。

（3）非对称顶升，该次主动托换的桩基承台不在托换梁的形心位置，故托换梁南、北端顶力相差较大，顶升位移不同，同步顶升操作难度大，最大顶力2068t，刷新全国同类工程纪录。

（二）BIM 运用

1. 导改模拟

（1）通过 BIM 模拟一期导改对现况影响，模拟车辆行人行驶路径。再结合每日车流量对一期导改进行优化。

（2）通过 BIM 模拟一期导改到二期导改的变化，解决现场导改顺序对周边环境的影响，对二期导改进行优化（图 5-2-19）。

（3）通过 BIM 模拟新建道路和原始道路对比。新建道路由果园环岛改为十字路口提升了道路景观，优化了行驶路线（图 5-2-20）。

图 5-2-19　通过 BIM 模拟一期导改到二期导改的变化　　图 5-2-20　通过 BIM 模拟新建道路和原始道路对比

2. 施工模拟

（1）吊装模拟（图 5-2-21）。由于顶升系统在地铁八通线下方，施工机械施工空间有限，吊装难度大。通过 BIM 对地面顶升系统进行精细化建模，模拟吊装空间，合理安排吊装顺序。

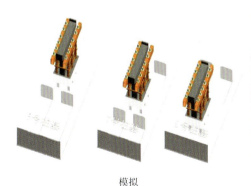 

模拟　　　　　　　　　　　　　　　现场

图 5-2-21　吊装模拟

（2）施工场地布置。施工空间小，施工时用电用水量大，周边环境复杂，泥浆池、配电室、钢筋加工场等临建设施布置困难，通过 BIM 对托换区进行布置，合理安排临建放置位置，模拟施工车辆进出线路，见图 5-2-22。

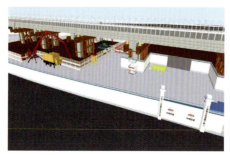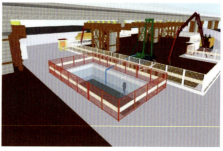

图 5-2-22　通过 BIM 对托换区进行布置

（三）科技成果

项目部始终坚持以科技创新推动质量管理，推动项目降本增效，创精品工程，项目进场之初积极组织开展科技策划，过程中聘请内外部专家论证工程重难点，经过不断修改和完善，形成了一系列的科技成果，如：《BIM 技术在市政道路工程中的应用》获得 2019 年度天津市建设系统 BIM 单项应用一等奖；《提高夜间施工机械使用率》获得 2019 年度北京市市政工程建设 QC 小组优秀成果三等奖；获得《一种用于坑道施工的多功能升降架》《一种用于隧道施工的高压旋喷机》等实用新型专利 15 项。

第三章　广渠路东延道路工程第三标段

一、参建单位简介

北京城建集团是北京市建筑业的龙头企业，具有房屋建筑工程、公路工程总承包特级资质，以城建工程、城建地产、城建设计、城建园林、城建置业、城建资本等六大产业为主业，城建文旅、城建国际、城建服务等新兴产业稳步成长，从前期投资规划至后期服务运营，打造出上下游联动的完整产业链，致力于转型提升为"国际知名的城市建设综合服务商"。

北京城建集团是"中国企业500强"之一，"ENR全球及国际工程大承包商"之一，荣获"中国最具影响力企业""北京最具影响力十大企业""全国优秀施工企业""全国思想政治工作先进单位""全国建设系统企业文化建设先进企业"等荣誉称号。现有总资产超过3400亿元，营业收入超过1200亿元；全资、控股子公司25家，包括A股上市公司1家，H股上市公司1家。

北京城建集团优质高效完成了北京大兴国际机场、国家体育场、国家大剧院、国家博物馆、国家体育馆、中国国学中心、北京奥运会篮球馆、奥运村、首都国际机场3号航站楼、银泰中心等国家和北京市重点工程，以及北京城市副中心、北京世园会项目集群和国内外多个城市的地铁、高速公路等重大工程，166次荣获中国建筑业鲁班奖、国家优质工程奖和詹天佑大奖。承建国家速滑馆、国家高山滑雪中心、冬奥村等三项北京冬奥会核心工程，使北京城建集团成为全球唯一一家既建造过夏季奥运会主场馆、又承建冬季奥运会主场馆的工程总承包商。

北京城建集团坚持文化引领，形成了"创新、激情、诚信、担当、感恩"的企业核心价值理念。"十四五"期间，集团积极推进实施"供给侧发力，产业链发力，筑牢筑实筑稳三个大厦，做强做优做大企业集团"战略，朝着"国际知名的城市建设综合服务商"的目标迈进。

二、标段概况

该标段起点位于果园环岛东侧,工程终点位于玉桥中路往东约 60m 处,起终点桩号为 K14+660~K16+300,道路全长 1640m。道路分双层设计,道路等级为城市主干道,地面道路红线宽度 60m,地下道路 C2 断面结构全宽为 30.3m,净高为 13.8m 结构形式为田字格框架结构,下层为行车道、上层为综合管廊。新建道路沿运河西大街敷设,地下道路标准断面净宽 13.75m,行车道净高 6.8m。隧道结构采用现浇钢筋混凝土,C35 防水混凝土。

三、标段特点、重难点及措施

(一)工期紧张

该项目工程量大,且为保证社会车辆通行,需设置交通导改,隧道和管线不能同时施工,且隧道基坑深度深、土方量大,使工期紧张。应对措施如下。

(1)制订高效可行的交通导流方案。

综合各施工项目的位置关系,充分考虑施工时序,制订高效可行的交通导流方案,以配合施工部署,尽可能缩短工期。

(2)平行施工、流水作业。

根据该项目工期紧张、任务重的特点,为便于施工管理及土方协调,将整个工程分为多个施工段,各施工段相对独立,配置相应的人员及机械设备,组织平行施工,同一施工段内各道工序同时安排相应的流水作业,参见图 5-3-1。

(3)确保人员和施工材料的投入。

根据该工程中标文件对工期的要求,必须投入足够的人力、物力配合施工,才能确保工期目标的实现。

(4)主材及时进场。

主要是制订科学可行的材料供应计划,确保施工过程不受材料供应的影响。考虑到工程的地域性、工程的施工条件,材料部门同供应商保持 24h 联系,确切了解库存情况

图 5-3-1 地连墙施工

和进场材料的计划落实情况，确保物流畅通无阻。为了保证材料及时到场，要做好计划提前报送。自行采购的材料要充分调用一切运力，保证材料通行无阻；同时，施工现场要储备有足够的施工用料。

（5）增加机械投入。

工程开工后，机械投入的保证，就是工期的保证，只有施工机械及时投入，才能保证工期目标的实现。增加机械投入可以有效缩短施工作业周期，使下道工序能提前进入施工。所以，项目部将机械计划按计划量的120%来考虑，确保优质高效完成任务。

（二）深基坑支护工程危险性大

该工程隧道为双层结构，埋深较深，结构施工涉及深基坑支护，属超过一定规模的危险性较大的分部分项工程范畴。具体应对措施如下：

（1）施工前编制翔实可行的专家论证方案，组织专家论证，确保施工方案安全可行。

（2）做好危险源辨识工作，对危险源进行评级，分析其危险性并制订预防及应急处理措施。

（3）将施工方案对项目部管理人员及施工作业班组进行安全技术交底、安全教育，确保每个人都知道施工项目的施工工艺和危险性。

（4）加强深基坑坡顶位移、围护桩垂直度、锚索应力等的监控量测，按照预警值严格控制，遇到问题及时发现，采取措施。

（三）文明施工和环境保护要求高

安全文明施工和环保是社会对施工建设项目新的重点要求，该工程场地大、土方量大，土方开挖倒运工作量大，且施工过程中交通沿导改路正常通行，有一定社会影响，故对扬尘处理、场地覆盖提出较高要求。应对措施如下：

（1）严格执行空气污染应急预案的要求。

（2）尽可能硬化施工场地和临时道路，现场设置水雾炮、降尘喷雾、洒水车、车辆出入清洗装置等防尘设施。

（3）建立健全文明施工环保体系，成立监督管理小组严格执行现行的环保条例及其他有关规定。

（四）现况地下管线拆改和保护

由于该标段道路范围内存在诸如燃气、雨水等现况管线，施工开始前需采取雷达物探，结合现场坑探的方式准确掌握其走向、线位、高程及与新建构筑物的位置关系，为了确保现况管线安全，施工前编制管线改移方案，施工过程中与现况地下管线冲突时解决的基本原则如下：

（1）所有有管线位置冲突的地方，在施工前报告设计院、建设单位和其他相关单位，协商解决。

（2）对于与新建结构相交且须保留的现况管线需根据其结构类型、断面大小，采取悬吊或支顶保护。

（3）对于与新建结构平行且须保留的现况管线需根据其结构类型、断面大小及与新建工程的位置关系，采取相应的措施进行防护。

（五）大体积混凝土施工

该标段隧道结构为大体积混凝土结构，为了保证混凝土成型效果，需从模板体系确定、钢筋骨架制安、混凝土配合比设计、浇筑过程及养生等方面加以控制。

1. 大体积混凝土的配合比设计

根据经验和对大体积混凝土开裂因素（水泥水化热、混凝土内外温差、混凝土收缩徐变）的研究，在这类混凝土的施工中采用如下措施：

（1）掺加缓凝减水剂及活性混合材料粉煤灰以减少水泥用量。采用5~25mm碎石、普通硅酸岩水泥配制混凝土，采取低水灰比，降低混凝土水化热。

（2）根据季节情况，可采取冷却集料、降低混凝土入模温度的办法。

（3）将混凝土的浇筑时间选在18：00以后。

以上措施，可一起使用，也可组合使用，具体实施将根据试验进行。

2. 大体积混凝土的浇筑

优化浇筑工艺，"斜面分层，薄层浇筑，连续推进"；降低混凝土内外温差，"内排"并"外保"。具体实施办法如下。

（1）混凝土浇筑需用泵车入模。分层浇筑，每层灌注须在下层混凝土未初凝前完成，以防出现施工冷缝。混凝土振捣采用直径70mm左右的插入式振捣器。振捣时插入下层混凝土10cm左右，并保证在下层混凝土初凝前进行一次振捣，使混凝土具有良好的密实度和整体性。振捣中既要防止漏振，也不能过振。为保证振捣质量可在模板上安装一定数量的附着式振捣器配合插入式振捣器进行混凝土施工。

（2）浇筑过程中设专人检查钢筋和模板的稳固性，发现问题及时处理。

（3）混凝土在浇筑振捣过程中会产生泌水，需配备一定数量的工具，如小水泵、大铁勺等用以排出泌水。浇筑过程中还要注意及时清除黏附在顶层钢筋表面上的松散混凝土，见图5-3-2。

3. 大体积混凝土的养护

（1）混凝土浇筑完毕后即转入养护阶段，此时浇筑混凝土的水化作用已基本确定，温度的控制转为降温速度和内外温差的控制，可以通过给浇筑体表面覆盖保温材料进行保温养护来实现。可用水直接覆盖在基础表面，拟采用水覆盖法。

（2）大体积混凝土的裂缝特别是表面裂缝，主要是由于内外温差过大产生的。浇筑后，水泥水化热使混凝土温度升高，表面易散热温度较低，内部不易散热温度较高，产生表面收缩和内部膨胀，表面收缩受内部约束产生拉应力。对大体积混凝土而言拉应力较大，容易超过混凝土抗拉强度而产生裂缝。因此，加强养护是防止混凝土开裂的关键之一。在养护中要加强温度监测和管理，及时调整保温和养护措施，延缓升降温速率，保证混凝土不开裂。养护需要14d以上，具体时间将根据现场的温度监测结果而定。

（六）季节施工影响

该工程施工期间历经冬季和雨季，因此，施工进度计划必须充分考虑季节对工程进度造成的不利影响，合理安排施工顺序和工序衔接，尽可能及早展开并提前完成各项施工任务。主要措施如下。

1. 冬季施工措施

（1）施工现场在入冬前由专人负责测温工作，每日对大气温度、混凝土温度、砂浆温度进行观测。专职测温人员要认真负责，测试数据真实可靠。

（2）测温时间和所测温度值详细记录，整理归档。每天，各施工段停止测温后，由技术员审阅测温记录，签字后交技术负责人审查。技术员定期将测温记录归入档案，以备存查。

（3）测温人员须保持与供热、保温人员联系，如发现供热故障或保温措施不当使温度急剧变化或降温过快等情况，立即向技术负责人报告进行处理。

图5-3-2 顶板混凝土浇筑

（4）水源及消火栓提前做好保温工作，防止受冻；临时工程的水管、供热管在入冬前做好保温维护工作，保证冬季施工时能正常供水供热。

（5）保温材料进场后，合理堆放苫盖。周转使用的材料每次使用时，及时整理晾晒。

2. 雨季施工措施

雨季施工主要以预防为主，及时收集气象信息，采取有效防雨措施，加强排水手段，搞好雨季施工及生产防护，把雨季对工程的影响减小到最低程度。

为保证工程质量，受降雨影响较大的项目，必须针对其特点制订相应的防雨措施；充分利用雨季中的间歇时间，做到科学、合理的安排和组织施工生产，尽可能提高工效，确保工程顺利进行，不耽误工期。

（1）雨季施工管理措施：

①加强组织领导，有针对性地进行防汛安全教育，提高广大职工的防汛意识和警觉性。

②在雨季、汛期到来之前，开展防汛大检查，重点检查防汛方案是否可行，职工住房环境、设备停放地点、材料储存场所等是否安全可靠，排水、防水设施是否齐备等。同时根据实际情况，采取切实可行的措施，备足抽水设备，避免构筑物受雨水浸泡。并认真执行雨中、雨后两检制度。

③积极与当地气象部门联系，及时收集气象信息，并向各施工队发布信息。

④项目经理部成立防汛领导小组，在雨季，各施工队在项目经理部统一领导下，组成应急突击队，明确责任，落实到人。

⑤坚持值班制度，遇有险情及时组织力量抢修，并及时与当地政府及防汛主管部门取得联系。

⑥根据总体安排和现场实际情况，在雨季来临前，进一步确定雨季施工项目，并编制雨季施工计划报监理工程师审核批准。

（2）雨季施工技术措施：

①配备充足的抽、排水设备，基坑开挖后要及时组织施工，同时坑外设拦水设施，确保基坑不受水浸泡。

②施工场地排水系统完善，保证不积水。钢筋加工存放场搭设防雨棚，以免钢筋被雨淋而生锈。

③主要运输便道路基碾压坚实，上铺天然级配砂石，并做好路拱。路两旁设排水沟，保证雨季交通畅通。

④防汛器材、防雨材料、防护用品、抽排水设备充足，配备发电机确保供电。

⑤机电设备的电闸箱要采取防雨、防潮等措施，并装接地保护装置。

⑥大型设备的接地装置要进行全面检查，符合规程要求，并进行遥测。

⑦怕雨淋的材料要采取防雨措施，可放入棚内或屋内，要垫高码放并通风良好。

⑧对现场临时设施，如工人宿舍、办公室、食堂、仓库等应进行全面检查，对危险建筑物进行全面翻修、加固或拆除。

图 5-3-3　雨水管线施工

⑨对停工工程要进行检查并做好维护，对基坑等基础工程在雨季加以遮盖或封闭，防止雨水灌入。

⑩基底四周挖排水沟及集水坑、基坑挖完后，立即浇筑混凝土垫层，防止雨水浸泡基底。

⑪雨后检查模板及钢筋上是否有泥水，如有立即清除。

⑫雷雨时，工人不要在高墙旁或大树下避雨，不要走近电杆、铁塔、架空电线和避雷针的接地导线周围 10m 以内地区，以防遭雷击。

⑬专人负责已施工段及现场设施的防护，发现问题及时解决，减少对施工的影响。

图 5-3-3 是雨水管施工。

（七）扰民及民扰影响

针对该工程所处位置周边环境，在项目管理工作中必须对可能出现的扰民和民扰问题予以高度重视，在施工前设专人负责与沿线单位、小区及居民委员会进行联络和沟通，对施工可能给居民造成的影响予以解释，并主动介绍主要施工方案、工程进度计划、文明施工、防扰民措施及保证各单位正常运营的措施，求得周边单位和居民的理解和支持。若在施工过程中发生民扰，则采取有理、有力、有节的办法予以解决。主要措施如下：

（1）进场后加强对施工区沿线居民及单位的调查、走访，主动与当地政府及周边相关单位及居民取得联系，介绍主要施工方案、工程进度计划、文明施工、防扰民措施及保证各单位正常运营的措施，求得周边单位和居民的理解和支持，确保工程顺利进行。

（2）施工过程中严格执行文明施工和环境保护的各项措施，重点是振动、扬尘和噪声及夜间施工光污染扰民，将施工对周边居民和单位的影响减少到最小。

（3）在经理部设置接待室，派专人负责与周边单位和居民联系，切实解决民扰和扰民问题。

四、施工管理

（一）施工组织管理

为确保人员、设备尽快进场形成施工能力，该工程由该公司一直从事市政工程施工，具有雄厚施工技术力量和精良机械设备的项目部组织实施，并严格按照公司"总部服务控制，项目授权管理，专业施工保障，上下通力合作"的运行机制进行项目管理，其机构由领导决策层、项目管理层和施工作业层三部分构成，如图5-3-4所示。

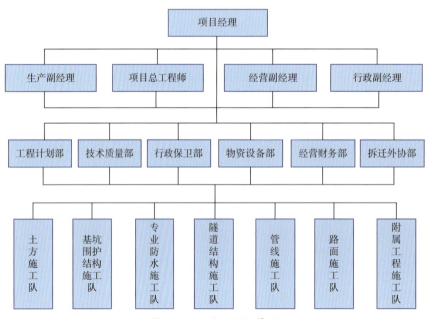

图 5-3-4　施工组织管理

（二）施工部署总体思路

1.施工部署指导思想和总体思路

（1）施工部署的指导思想。

根据业主要求并结合该工程实际特点，为确保高质量、高水平的完成全部工程项目，公司为该工程配备优秀的管理人员、高素质的施工队伍、先进的施工设备，运用科学、合理的施工工艺，并在施工全过程中贯彻如下施工指导思想。

以人为本，强化管理。以人为中心，成立强有力的领导班子，确保政令畅通；以工程为对象，以保工期、创优质、重环保为目标，以合同为依据，强化施工现场各项管理工作，充分挖掘生产要素的潜力，确保目标的实现。

技术先进，设备领先。严格监控，推行四新技术，兑现标书所确定的先进设备、技术和工艺。对施工全过程实施严谨、科学的监控。推行自检、交叉互检、旁站监控，以数据说话，使施工全过程处于施组策划可控方案之中。

优质安全，确保工期。把 ISO 9001 系列标准贯穿在施工全过程，高标准、严要求。无论管线工程、道路工程，主体工程或附属工程均一次成优。坚持安全第一的思想，严格操作规程，加强安全工地建设，确保安全生产指标达国标。

文明规范，注重环保。切实搞好标准化工地建设，做到施工场地景观化，认真做好生态环境保护工作，不乱弃渣，不乱排污，不乱取土。

（2）施工部署的总体思路：

①扫清障碍。开工后，抓紧时间配合业主进行拆迁工作，同时改造地面道路，力争使工程各部位按计划开工，为全面开工扫清障碍、铺平道路。

②抓住关键线路。紧紧抓住关键线路，"分段平行施工、各段内流水作业"的指导思想进行总体部署，通过修建临时道路、完成交通导流，最大限度为结构施工创造工作面。

③实现按时竣工。为响应业主"在确保质量、安全的前提下，尽可能缩短工期"的要求，充分考虑各种不利因素，制定有针对性的进度计划，以确保工程如期完工，具体保证措施如下：

a. 选派该单位具有丰富市政工程施工经验的管理人员组成该项目的班子成员，组成一支强有力的现场管理队伍，确保现场组织管理得力。

b. 择优选取具有丰富同类工程施工经验的专业队伍进行该项目的施工作业，保证工程质量优良，实际施工进度能够达到或超过计划要求。

c. 抓住流水、控制节拍。根据标段总体工程量和工期要求，采取多作业面平行施工的方式，作业面内部采取流水作业模式，保证所投入的人力、周转材料和施工机械数量达到最优。

d. 现场实行网络化管理模式，建立实时反馈系统。现场的实际施工进度与总体进度计划随时进行比较，及时找出差距，弥补漏洞，使整个现场按部就班、有序地整体推进。

e. 提前组织定型钢模板等周转材料，保证该项目周转材料的供应及时。

f. 提前联系并确定钢筋、混凝土、管节等物资的供货厂家，项目部安排专人进驻厂家，以总包人的身份对产品的生产进度和质量进行监管，确保其及时交付。

（3）施工部署因素分析：

①季节施工因素。根据工程开工时间及工期要求，考虑季节性对施工的影响。统筹兼顾，综合安排施工作业，在保证施工质量的前提下合理安排施工进度。

②施工协调因素。该工程存在与相邻标段、交管部门的协调配合问题，在施工过程中，根据工程特点及周边环境条件，综合考虑工程工期、质量、劳动力、周转材料、施工机械、临建设施等资源投入情况，组织分阶段分重点进行施工。施工期间，平面分区段，立体分流水，交叉作业。合理组织，保证施工的连续性、均衡性、节奏性，做好不同施工项目工序的穿插安排。

③工艺流程因素。根据该工程不同项目的工艺特点和现场条件，该工程的施工组织考虑分两阶段组织平行施工，第一阶段隧道施工分为 7 个施工区域进行流水作业，第二阶段辅路施工分为 3 个施工区域进行平行施工。

④平面布置因素。该工程所有施工临时设施、运输道路、临时用水、临时用电等科学合理布置，立足紧凑性和可移换性，以施工总进度计划为依据进行阶段性调整，为项目部及各作业队提供作业场地，最大限度地减小临设占地，为其他相邻施工单位施工提供方便的同时，做到投入最低，收效最大，经济适用。

2. 施工安排总体原则

根据工期要求和现场实际情况并结合该工程特点，确定施工安排的总体原则为：以交通导流为前提，紧紧围绕工期和质量为中心，根据现场情况和工程量情况分阶段组织施工，科学安排施工顺序，形成有规模的平行施工和有序的流水作业，在确保工期的前提下保持劳动力及各种生产资源相对均衡、稳定，力争优质、高效、经济合理地完成施工任务。

3. 施工阶段划分

根据施工安排总体原则并结合现场交通导流情况，将该工程分为两阶段组织顺序施工，具体施工阶段划分及任务安排如下：

该工程是在现况运河西大街的基础上进行重建施工。现况运河西大街交通量适中，路况较好。根据现况道路与规划道路的关系，在现况路隔离带至规划道路红线位置修建临时道路，将现况道路交通导行至临时道路，完成交通导流后组织主路范围内隧道施工，见图 5-3-5。

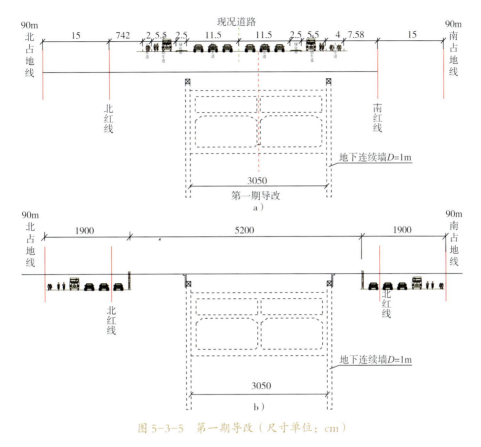

图 5-3-5 第一期导改（尺寸单位：cm）

在主路具备通车条件后，将临时道路交通导行至主路，拆除临时道路。组织第二阶段辅路、非机动车道、人行道范围管线、辅路、人行步道等施工。

（三）具体施工安排

1. 第一阶段施工

第一阶段将现况主路隧道范围内交通导向两侧导行路，隧道范围围挡进行封闭施工，主要施工内容为：降水井施工、隧道围护结构、土方开挖、隧道主体闭合框架施工、隧道路面及主路路面施工等，参见图 5-3-6。

（1）施工区段划分。

结合工期要求及工程量情况，将第一施工阶段划分为七个施工区，组织平行施工，隧道内道路与地面道路统一进行安排，各施工区划分情况如图 5-3-7 所示。

施工时，7 个作业面同步进行施工（包含地连墙、土方开挖、隧道结构），在具备作业条件的情况下，玉桥西路和玉桥中路盖挖部分先行施工。

（2）第一阶段具体施工安排：

①为提高施工效率，确保分段处止水带施工质量，施工过程中按照伸缩缝设计

情况采用跳仓法施工（每仓为 40m），并结合设计要求每仓 20m 设置一道施工缝（图 5-3-8），因此每 20m 为一施工段组织跳仓施工。

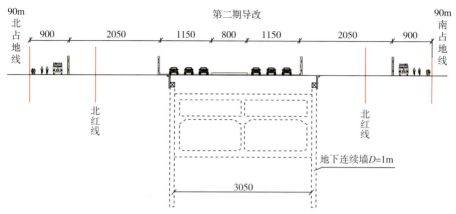

图 5-3-6　第二期导改（尺寸单位：cm）

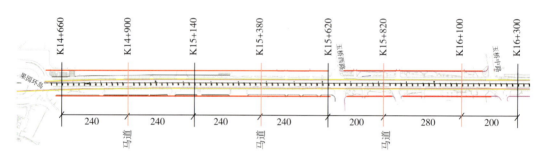

图 5-3-7　施工区段划分（尺寸单位：cm）

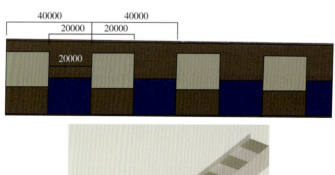

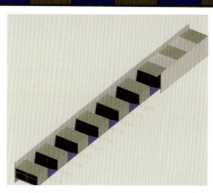

图 5-3-8　每仓 20m 设置一道施工缝（尺寸单位：mm）

②每施工区连续墙、格构柱和降水井施工至一定长度,立即安排混凝土冠梁的施工,在具备土方开挖作业条件后,尽早开始土方开挖施工,挖土过程中顺序安装钢支撑。

③由于施工场地情况,主要钢筋、模板采用外加工。结构钢筋、模板采用汽车吊进行垂直运输。

④综合考虑隧道结构根据基坑内支撑设计形式及混凝土施工质量,隧道结构分四次进行浇筑,第一次浇筑底板及部分侧墙,第二次浇筑侧墙,第三部浇筑中板及部分侧墙,第四部浇筑侧墙及顶板,参见图5-3-9。

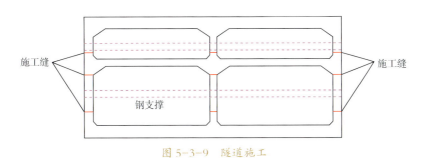

图5-3-9 隧道施工

⑤第5施工区域包含玉桥西路路口、第7施工区域包含玉桥中路路口,现况运河西大街交通繁忙,路口范围内采用盖挖法施工,现阶段导改方案路口段维护结构及盖板体系在夜间车流量少的条件下作业,白天恢复交通,每天有效作业时段仅6h,作业效率较低,工期长,在具备条件的情况下,首先进行路口盖挖范围施工。盖挖范围土方挖除随明挖段同时进行。

⑥视隧道施工进展情况,及时插入防水施工。钢筋工程施工过程中做好相关的预留、预埋。

⑦隧道内道路在防水工程施工结束后统一组织施工,地面道路在隧道土方回填结束统一安排。

2. 第二阶段施工

(1) 施工区段划分。

隧道结构施工完成后,流水安排土方回填,土方回填完成后,进行主路结构施工,主路结构上施工完成后,将导行路上的双向六车道导行至新建主路上,拆除临时导改道路,进行管线、辅路、人行步道、绿化施工,该阶段将此标段分为3个区域进行施工,施工划分见图5-3-10。

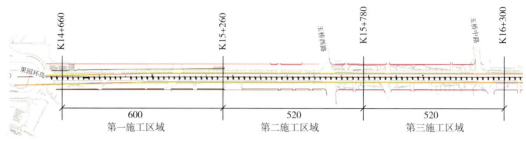

图 5-3-10　施工区段划分（尺寸单位：m）

（2）第二阶段具体施工安排：

①根据现况管线资料，辅路下地下管线较多，需对管线进行改移，改移后方可进行雨污水等管线的施工。

②雨污水等管线采用明挖施工，对距离较近的管线进行合槽施工，所有管线开挖至一定长度后，及时安排管线安装及井室施工。待管段经验收合格后，尽快组织管线回填。

③辅路路面结构层在管线管廊和各类管线施工结束后，统一组织施工。

3. 施工队伍组织和任务划分

根据该工程项目情况，组织四支土方工队、四支基坑围护结构施工队、两支专业防水施工队、七支隧道结构施工队、三支管线施工队、一支路面施工队和一支附属工程施工队负责各项施工任务的具体落实和实施。

（四）施工进度计划

1. 总体工期计划

该工程计划开工日期为 2017 年 12 月 31 日，竣工日期为 2019 年 7 月 3 日，考虑拆迁及不可预见因素影响，将总工期控制在 550 日历天内完成。

2. 主要项目工期安排

施工准备（含临设搭建、修建临时道路）：2017 年 12 月 31 日—2018 年 1 月 19 日。

第一阶段施工（主路范围内闭合框架及主路）：2018 年 1 月 20 日—2018 年 11 月 13 日。

其中：闭合框架第一施工区（K14+660—K15+060，400m）：2018 年 1 月 20 日—2018 年 10 月 11 日。

闭合框架第二施工区（K15+060—K15+460，400m）：2018 年 1 月 20 日—2018 年 10 月 11 日。

闭合框架第三施工区（K15+460—K15+900，440m）：2018年1月20日—2018年10月16日。

闭合框架第四施工区（K15+900—K16+300，400m）：2018年1月20日—2019年9月24日。

隧道内道路：2018年9月19日—2018年10月14日。

地面道路：2018年10月17日—2018年11月13日。

图 5-3-11　管线施工

第二阶段施工（左、右辅路内各类管线及道路，见图5-3-11）：2018年11月14日—2019年6月26日。

其中：第五施工区（K14+600—K15+460段左、右辅路范围内管线）：2018年11月14日—2019年4月22日。

第六施工区（K15+460—K16+300段左、右辅路范围内管线）：2018年11月14日—2019年5月4日。

道路工程：2019年5月5日—2019年6月26日。

现场清理及竣工验收：2019年6月27日—2019年7月3日。

第四章 广渠路东延道路工程第四标段

一、参见单位简介

北京住总集团有限责任公司（简称北京住总）成立于1983年，在改革开放中成立，在市场竞争中崛起，见证并参与了新中国改革发展和北京的城市建设，从组建之日起，始终秉承"建房人永远想着住房人"的宗旨和"为生民安其居，为建设立伟业"的使命，视今天为落后，求卓越争一流，艰苦奋斗，励精图治，开拓进取，发展成为建筑施工、地产开发、现代服务三业并举，跨地区、跨国经营的大型国有企业集团，在中国企业500强排名持续攀升。

北京住总经过30多年的发展历程，形成了比较完整的开发建设产业链，涵盖了从设计、开发、建设、监理、物流、物业等各个环节，打造出了一大批在国内外具有重大影响的品牌工程，建设中国海关、中粮广场、招商局大厦、最高人民法院、北航教学楼、新天坛医院、安贞医院、副中心行政办公区人大、政协办公楼等一大批重点工程，形成了独到的核心竞争力。获得数十项鲁班奖、詹天佑奖、国优金奖银奖和数百项市级以上建筑设计奖、优质工程奖。取得了数十项省部级以上科技进步奖、国家级专利、编制了数十项国家级标准和工法。同时，肩负国有企业的社会责任，在保障房建设、抢险救灾、对口援建、重大政治任务方面屡建奇功，赢得社会各界的广泛赞誉。

北京住总站在新的历史起点，以首都"四个中心"的城市定位和京津冀协同发展战略为指引，围绕打造国内知名的城乡投资建设运营服务商，以装配式、绿色建筑、BIM等技术体系应用，以全产业链"一体化经营"优势，立足京津冀、布局全中国、拓展丝路经济带，建设宜居绿色智能空间、服务城市配套运营，为社会各界提供咨询评估、投资开发、规划设计、技术研发、环境改造、施工建设等全方位、全过程、全周期的服务。

北京住总立志构建"和谐住总、效益住总、品牌住总、责任住总、创新住总"，期待与各界朋友携手、共享、共进、共赢、共筑美好未来。

二、标段概况

（一）建设规模

广渠路东延（怡乐西路—东六环路）道路工程4号标段，从玉桥中路东侧开始，沿运河西大街向东，先后与玉桥东路、乔庄商业街、乔庄南路相交，直至通三铁路向东约132m处结束。本工程分为地面道路工程和地下隧道工程两个系统，地面道路起始里程：K16+300~K17+993，全长1693m（图5-4-1）。

图 5-4-1 标段位置平面示意图

地面道路包括主路、辅路、非机动车道和人行步道，全宽70m。其中主路采用双向六车道，外侧车道为公交专用车道，主路机动车道单向全宽11.5m；辅路采用双向两车道，单车道宽4.5m；中央隔离带宽8m，机动车道与辅路之间隔离带宽4.5m，辅路与非机动车道之间隔离带宽2m。非机动车道采用双向两车道，单车道宽3.5m。人行步道设置在道路红线外，宽5m。

地下道路全线采用双向六车道（道路外侧设置公交专用车道），道路全宽29.9m，单向宽12.25m。公交专用车道宽3.75m，其他两道机动车宽3.5m，参见图5-4-2。

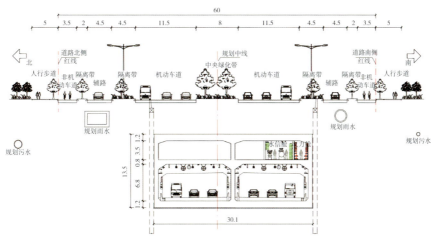

图 5-4-2 地面与地下道路标准横断面图（尺寸单位：m）

（二）主要工作内容

本工程主要工作包括：道路工程、地下通道、主体结构闭合框架、外挂附属结构、管廊预留预埋、雨水工程、污水工程。具体工作内容详见表5-4-1所示。

工作内容统计表　　　　　　　　　表5-4-1

序号	施工项目		主要施工内容
1	道路工程	土方工程	地面破除、路基填方
		路面工程	基层、下基层、透层黏层、沥青混凝土层
		附属工程	人行过街铺装、路缘石、阻车桩
2	地下通道	地下结构	混凝土、钢筋、模板
		防水	底板、侧墙、顶板、施工缝、变形缝
		装饰	装饰人行步道铺设、搪瓷钢板
3	闭合框架	围护结构	地连墙、钻孔灌注桩、格构柱、土方开挖、挡墙、冠梁、导墙、支撑（混凝土支撑、钢支撑）、喷射混凝土、土方回填
		主体结构	垫层、底板、侧墙、顶板混凝土
		防水	底板、侧墙、顶板、施工缝、变形缝
		附属工程	混凝土及钢筋（逃生口、排风口、吊装孔）
4	外挂附属结构	地下结构工程	垫层、隧道其他结构混凝土、现浇构件钢筋、装饰
		防水工程	侧墙、底板、顶板
5	管廊预留预埋工程		绿化水预埋、电力支架、热力支架、给水及再生水固定支墩、混凝土井、顶板预埋
6	雨水工程	土方	土方开挖、土方回填
		管道铺设	钢筋混凝土企口管管道铺设
		现浇方沟	钢筋、模板、混凝土、止水带
		顶管施工	工作坑开挖、支撑、工作坑结构施工、顶管掘进
		附属建筑物	检查井、雨水连接管、雨水篦子
7	污水工程	顶管施工	工作坑开挖、支撑、工作坑结构施工、顶管掘进
		管道铺设	钢筋混凝土承插口管、钢筋混凝土双胶圈钢承插口
		附属工程	检查井

三、标段特点、重点

（一）工程特点

依据设计图纸，结合现场踏勘，本工程的工程特点主要有以下几方面，如表5-4-2所示。

工程特点统计表　　　　　　　　　　表 5-4-2

序号	工程特点	特点分析
1	工程所处位置环境复杂	（1）工程施工区域为运河西大街主、辅路上，现况交通流量大。 （2）道路两侧建（构）筑物及出入口较多。 （3）地下管线较多
2	工程施工内容综合性强，基坑工程涉及工艺齐全	（1）本工程施工内容包括：地下隧道结构（明挖法及盖挖法）、综合管廊结构、地面道路、雨污水管线工程（顶管法施工）、装饰工程。 （2）基坑开挖涉及的工艺包含：地下连续墙、围护桩、格构柱、中间柱、倒挂井壁等
3	工程项目工程量大	（1）连续墙支护长度长、土方工程量大。 （2）工程混凝土、钢筋使用量大。 （3）闭合框架结构厚度大。 （4）防水施工面积大

1. 工程所处位置环境复杂

（1）工程施工区域为运河西大街主、辅路上，现况交通流量大。

本工程现况道路等级为城市主干路，规划红线宽度 60m，设计横断面布置为三幅路形式，中央主路全宽 23m，机动车道双向六车道。现况交叉道路主要有玉桥东路、乔庄商业街、乔庄南路以及通三铁路。经过前期现场调查，现况道路车流量较大，尤其是早晚高峰期间。现况道路横断面示意图如图 5-4-3 所示。

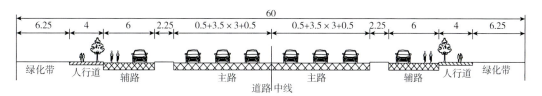

图 5-4-3　现况道路横断面示意图（尺寸单位：m）

（2）道路两侧建（构）筑物及出入口较多。

根据现场踏勘，本工程道路两侧主要为居民楼、学校及单位等。具体分布如下：

①道路北侧：玉桥小区、北京通州玉桥小学、乔庄西区、运乔嘉园、北京中华商科学校、柳岸景园、北京市公路局通州区分局沥青厂等。

②道路南侧：通州区农业局、通州区邮政局、卜蜂莲花超市、美然百度城、合生滨江帝景 1 期、京东运乔建材城等。

（3）地下管线较多。

本工程为城市主干路，顺街方向（东西向）地下现况管线主要有通信、雨水、给水、电力、电信及燃气管线等。现况地下管线顺街方向（东西向）分布情况如图 5-4-4 所示。

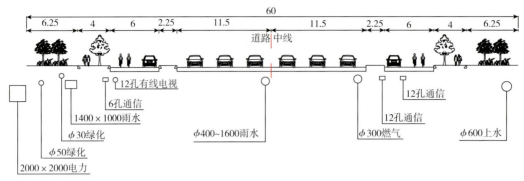

图 5-4-4　现况地下管线示意图（东西顺街向）（尺寸单位：m）

2. 工程施工内容综合性强，基坑工程涉及工艺齐全

（1）工程施工内容综合性强。

本工程包括地面道路工程、雨污水管线工程、地下隧道工程、管廊工程以及装修工程。

①地面道路工程中包括地面施工的全部工程，主辅路的路床、路基、路面等。

②地下隧道结构与管廊结构合建形成"田"字形框架结构，包含了地下行车道路和各种管线铺设的管廊隧道，见图 5-4-5、图 5-4-6 所示。

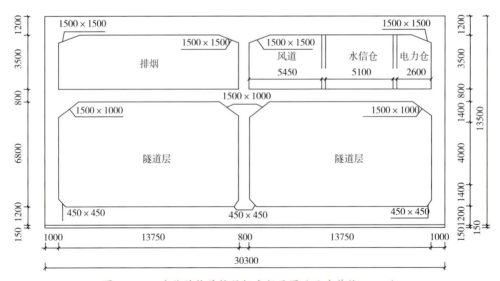

图 5-4-5　主体结构盖挖段标准断面图（尺寸单位：mm）

③雨水管线工程包括现浇雨水方沟、雨水管线的铺设、雨水顶管以及雨水支线的施工。

④污水管线采用顶管工艺施工管线。

⑤安装工程包括各种门窗、防火门、栏杆等各种构件的安装。

⑥装修工程包括外挂附属结构、隧道内的装饰装修。

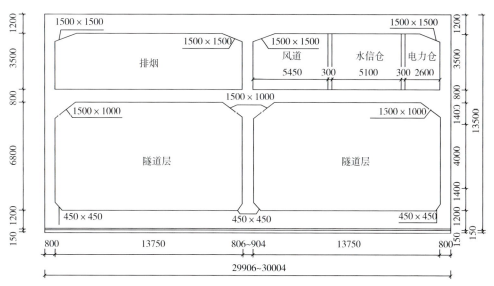

图 5-4-6 主体结构明挖段标准断面图（尺寸单位：m）

（2）基坑工程涉及工艺齐全。

基坑工程中常用的施工工艺在本工程中均有体现，见图 5-4-7、图 5-4-8 所示。

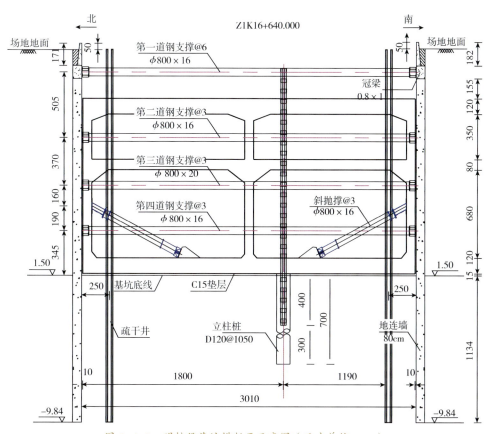

图 5-4-7 明挖段基坑横断面示意图（尺寸单位：cm）

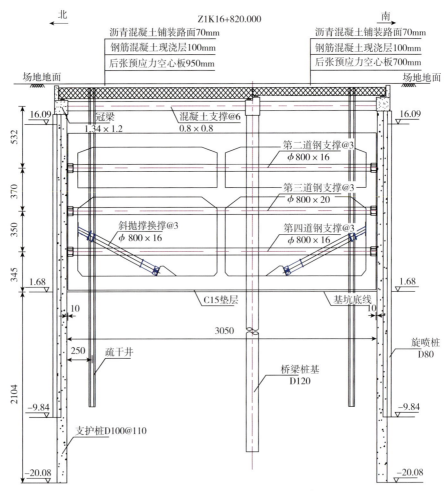

图 5-4-8 铺盖段基坑横断面示意图（尺寸单位：cm）

①围护结构包括连续墙支护、围护桩（路口及部分道路位置）。

②支撑形式包括混凝土支撑、钢支撑的支撑形式，中间采取格构柱作为临时柱支撑钢支撑。

③路口位置采用空心板+桥面体系作为临时导行路。

3. 工程项目工程量大

（1）连续墙支护长度长、土方工程量大。

本工程主基坑深度为 17.51~18.96m，平均开挖深度约 18.13m，开挖方量约 97 万 m^3，连续墙施工长度约为 2612m。

（2）工程混凝土、钢筋使用量大。

本工程混凝土、钢筋用量主要在闭合框架围护施工和结构施工，累计混凝土用量约 37.6 万 m^3，钢筋用量约 7.3 万 t。

(3)闭合框架结构厚度大。

本工程隧道主体结构覆土厚度为4~6m,设置成双层田字格形式闭合框架,顶底板厚度为1.2m,侧墙厚度为0.8~1m,单孔结构内轮廓净宽13.75m,地下道路层净高6.8m,管廊层净高3.5m;结构全宽29.9~30.5m,结构全高12.5~13.5m。主体结构主要参数见表5-4-3所示。

主体分段结构主要参数表　　　　　　　　表5-4-3

结构位置	隧道层			管廊层			侧墙（m）	中隔墙（m）
	底板（m）	净空高（m）	中板（m）	顶板（m）	净空高（m）	隔墙（m）		
明挖标准段	1.2	6.8	0.8	1.2	3.5	0.3	0.8	0.8
明挖曲线段	1.2	6.8	0.8	1.2	3.5	0.3	0.8	0.806~0.904
盖挖标准段	1.2	6.8	0.8	1.2	3.5	0.3	1	0.8
盖挖曲线段	1.2	6.8	0.8	1.2	3.5	0.3	1	0.904~1
管线过街段	1.2	5.8	0.8	1.2	3.5	0.3	0.8	1

(二)工程重点分析及对策

结合周边的环境、地质条件以及施工条件等方面分析,本工程重点见表5-4-4所示。

工程重点统计表　　　　　　　　表5-4-4

序号	工程重点	重点影响分析	主要应对措施
1	地下结构深基坑施工	本工程地下连续墙深28.519~36.055m,基坑深17.51~18.96m,基坑范围内有潜水水位和承压水两层地下水,基坑施工过程中的重点主要体现在以下方面: (1)明挖段连续墙和铺盖段围护桩的施工质量是基坑稳定关键。 (2)地下水丰富,且存在承压水,围护结构接缝的渗水治理直接影响到基坑稳定和主体结构的施工。 (3)格构柱施工质量和支撑施工的及时性是基坑稳定控制的重点。 (4)基坑开挖期间基坑的稳定和周边变形的控制是重点	(1)连续墙方面控制措施。 砂层中设置合理的泥浆比例; 成槽中采用机械本身控制垂直度,成槽后采用超声波检测; 混凝土灌注前导管密封性检测并严格控制导管提升时间和混凝土灌注速度。 (2)检查格构柱焊缝的焊接质量和钢支撑与格构柱的连接质量。 (3)对围护结构渗水位置采取引流或者壁后注浆措施止水。 (4)基坑开挖采取拉槽施工,设置支撑架设平台。 (5)基坑开挖前中后对基坑周边地面和建(构)筑物进行监控量测,并分析数据
2	综合管廊与地下道路共构形式大断面结构施工	本工程地基处于粉质黏土⑤层、细砂、中砂⑤2层,粉质黏土⑥1和粉土⑥3地层,防水施工面积大,底板和顶板最大厚度1.2m,且水平施工缝长,其控制重点如下所述: (1)地基承载力直接影响地下结构的整体稳定。 (2)模板及支撑是施工安全和质量的控制重点。 (3)混凝土浇筑是确保结构成型质量的关键	(1)基坑开挖至底部30cm采用人工开挖,开挖至底后钎探作业测试地基承载力,联合设计、监理、业主各方进行地基验槽。 (2)使用建科研模板计算软件计算模架体系,采取技术安全、联合检查的方式对模架体系进行检查。 (3)大体积混凝土浇筑通过原材配比、进场检验、分层浇筑方式、拆模时间及养护等环节加强控制

续上表

序号	工程重点	重点影响分析	主要应对措施
3	防水工程施工	本工程主体结构底板、侧墙及顶板均铺设防水卷材，铺设面积大，结构设有水平施工缝、垂直施工缝、变形缝以及细部接缝等防水，防水施工质量直接影响地下结构的是否产生渗漏水	（1）成立防水控制小组，对防水进行专项检查。 （2）专项检查预铺防水接缝，安排专人对每道缝检查并记录。 （3）对接缝防水材料的设置位置、混凝土浇筑密实以及混凝土浇筑方式严格控制
4	闭合框顶部回填土施工	本工程主体结构回填土厚度 3.493~5.758m，回填长度 1693m，且回填既筑路，回填质量直接影响道路的后期沉降。 （1）回填材料的质量是保证回填质量的前提。 （2）回填土施工质量控制直接影响地面道路结构的稳定	（1）根据回填土条件选择合适的回填材料，并对进场的回填材料进行检验。 （2）从含水率、虚铺厚度、碾压方式、压实度、压实机械进行现场压实试验，确定压实参数后再进行大面积回填。 （3）按照天气特点制定回填方案，以保证回填土质量
5	工期紧、任务重	（1）前期拆迁改移及道路导改工作不属于本工程施工范围，但以上两项工作直接关系到工程进场开工时间和工程总施工进度计划。 （2）冬季由于北京市对大气污染治理的停工政策影响总工期的实现。 （3）本工程施工任务重，合理的工序安排是总体工期目标实现的关键	（1）成立前期工作小组，做好前期调查，分类管理，对关键线路上的工序重点加强措施。 （2）合理规划现场工区，安排机械、劳动力以及材料满足现场进度要求。 （3）提前做好施工组织筹划，依据拆迁进度不断地调整施工安排。 （4）在污染严重的天气，合理的安排现场施工工序，材料以及劳动力，最大程度地减少由于污染天气带来的工期影响
6	文明施工及环境保护工作	（1）本工程沿线主要有居民区、学校、商场等，环境污染与噪声污染对周围场所影响大。 （2）工程所在地环境保护要求较高，是施工控制的重点	（1）现场施工前期做到裸露即覆盖的原则，后期采用现场地面 100% 的硬化处理。 （2）土方开挖过程中做到随开挖随覆盖，配备洒水车降尘。 （3）选用低噪声的机械设备和工艺施工，减轻噪声扰民。 （4）连续墙施工后对泥浆进行集中外运处理。 （5）现场生活污水以及固体垃圾按照要求设置化粪池、隔油池和封闭式垃圾站等并按照规定接入市政管道及外运
7	路口位置及需导改段盖挖法施工	按照设计图纸，路口位置及需导改段盖板体系完成前采用夜间施工，白天恢复交通。 （1）合理施工组织以满足正常工期是控制的重点。 （2）施工时间短，对工序施工质量影响大。 （3）夜间施工安全风险大	（1）根据路口及需导改施工的工程量，安排每天的夜间工作量，以确保工序的完整性。 （2）安排足够的机械、人员和材料，以满足工期进度。 （3）围护桩钢筋笼施工白天施工验收合格，成桩的泥浆、垂直度以及混凝土检测安排专人负责。 （4）特别是安全员的旁站和足够的照明设施
8	通三铁路下现浇段施工	广渠路东延与通三铁路在桩号 K17+863 处相交，铁路段框架施工线路加固采用箱型纵梁、钢枕横梁、支撑桩基础。钢便梁总重约 260t，需架空营业线时间达到 3 月	（1）组织精干力量进行施工。 （2）加强测量工作。 （3）施工方案需经产权单位和主管单位同意方可实施。 （4）按产权单位要求做好实施工作。 （5）实施过程中做好防护措施和应急方案

四、施工管理

(一) 质量管理

1. 质量保证体系

质量管理中健全的质量管理体系是执行国家技术法规和技术标准的有力保证，对建筑施工质量起着决定性作用，施工现场（图5-4-9）应建立健全项目质量保证体系、质量管理方针、目标，建立完善的质量管理机构是质量管理的组织保证，按由上到下顺序进行工程质量管理，贯彻执行ISO 9001质量管理体系。

公司推行生产控制和合格控制的全过程质量控制，具有健全的生产控制和合格控制的质量管理体系。

其中包括原材料控制、工艺流程控制、施工操作控制、每道工序质量检查、各道相关工序间的交接检验，以及专业工种之间等中间交接环节的质量控制和控制要求，满足施工图设计和功能要求的抽查检验制度等。通过内部的审核与管理者的评审，找出质量管理体系中存在的问题和薄弱环节，并制订改进的措施和跟踪检查落实等措施，使单位的质量管理体系不断健全和完善，是不断提高建筑工程施工质量的保证。

本单位重视综合质量控制水平，从施工技术、管理制度、工程质量控制等方面制订对施工单位综合质量控制水平的指标，以达到提高整体素质和经济效益。质量保证体系如图5-4-10所示。

2. 施工质量控制体系

（1）施工现场建立从材料采购、验收、储存、施工过程质量自检、互检、交接检，隐蔽工程验收，涉及安全和功能的抽查检验等各项质量检验制度，使质量处于受控状态。隐蔽工程验收程序如图5-4-11所示。

（2）工序质量控制着重抓好"三个点"的控制。首先是设立控制点，使其在操作中能符合技术标准要求；其次是设立检查点，以便及时发现问题，及时调整技术措施；第三是设立停止点，在施工操作完成一定数量或某一施工段时，由专职质量员做一次全面的检查，对存在的薄弱环节和问题及时加以纠正，为分项工程检验批的质量验收打下坚实基础。

图5-4-9 施工场地

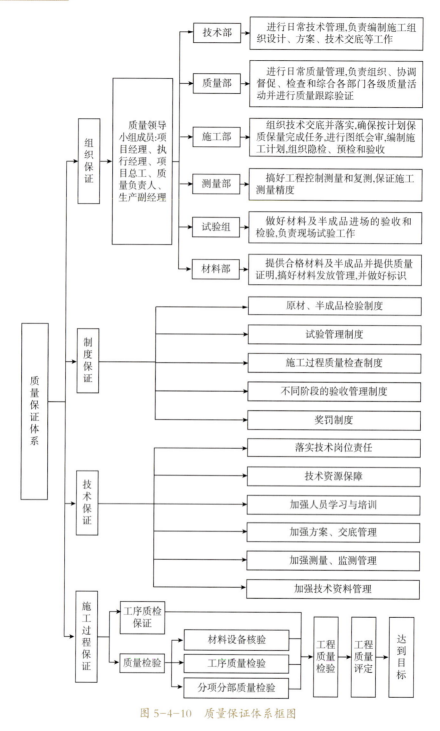

图 5-4-10　质量保证体系框图

（3）施工过程中做好隐蔽工程的质量验收。凡需隐蔽的工序完成后即将进入下道工序前，均进行隐蔽工程验收。每道需要隐蔽的工序未经监理工程师批准，不得进入下一道工序，检查时，质检工程师和施工人员应积极配合并做好记录。施工过程质量控制程序如图 5-4-12 所示。

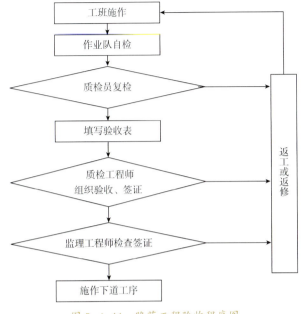

图 5-4-11　隐蔽工程验收程序图

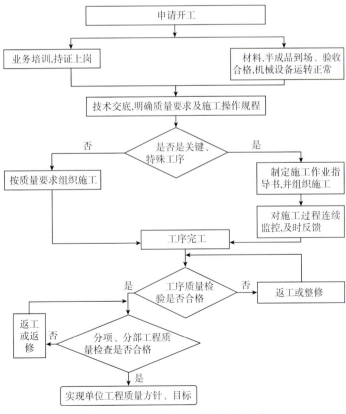

图 5-4-12　施工过程质量控制程序

（二）安全管理

1. 安全管理体系

建立文件化的安全管理体系，确保安全工作制度化、程序化，从而实现全面的系统控制。安全管理体系文件分为安全管理手册、安全管理程序文件和作业指导书三个层次，各自发挥其独特的作用和功能，健全自我约束机制，有效保护劳动者的安全和健康。安全管理体系如图 5-4-13 所示。

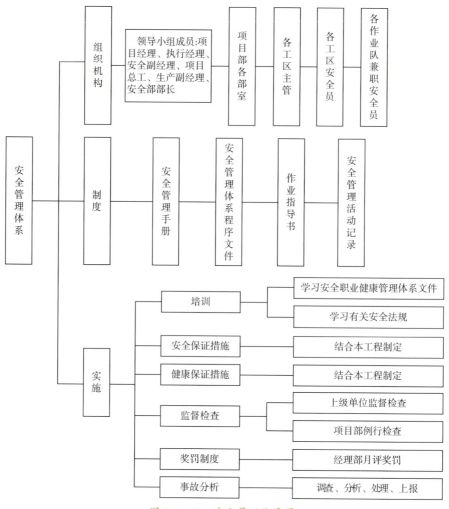

图 5-4-13　安全管理体系图

2. 安全保障措施

（1）安全培训：

①项目部职工要热爱本职工作，努力学习，提高政治、文化、业务水平和操作技能，积极参加安全生产的各种活动，提出改进安全工作的意见，搞好安全生产。

②遵守劳动纪律，服从领导和安全检查人员的指挥，工作时思想集中，坚守岗位，未经许可不得从事非本工种作业，严禁酒后上班，不得在严禁烟火的地方吸烟、动火。

③严格执行操作规程，不得违章指挥和作业，对违章作业的指令有权拒绝，并有责任制止他人违章作业，见图 5-4-14。

④按照作业要求正确穿戴个人防护用品，进入施工现场必须戴安全帽，严禁赤脚或穿高跟鞋、拖鞋进入施工现场。

图 5-4-14 碾压沥青路面

⑤正确使用防护装置和防护设施，各种防护装置、防护设施和警告、安全标志、告示不得任意拆除和随意挪动。

（2）安全教育：

①工程实施前或工程施工中，对新进场的作业人员进行安全生产宣传教育，学习国务院、北京市、集团、公司颁布的关于安全生产的规定、条例和安全生产操作规程，并在施工中严格遵守有关规定，按照技术操作规程施工。

②建立经常性的安全教育和培训考核制度，加强工前教育、工中检查、工后讲解，积极开展各项安全活动。

③电工、焊工、架子工等特殊工种除进行一般的安全教育外，还须经过该工种的安全技术教育，经考核合格发证后，方能独立操作，对从事有尘毒危害作业的人员要进行尘毒危害防治知识的教育。

④采用新技术、新工艺、新设备施工和调换工作岗位时，要对操作人员进行新技术操作和岗位的安全教育，未经教育或教育后考核不合格者，不得上岗操作。

⑤新职工三级安全生产教育。新职工（包括临时工、学徒工、实习生、代培人员和外施队人员）都必须进行公司、工地和班组的三级安全生产教育。经考试合格后，才准许进入生产岗位。

⑥建立完善安全教育系统，安全教育系统图见图 5-4-15 所示。

（3）监督检查：

①施工前对投入的机电和施工设施进行全面的安全检查，未经有关部门验收不准使用。

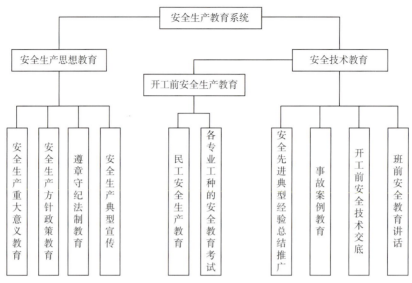

图 5-4-15　安全教育系统图

②项目部对生产中的安全工作,要组织定期和不定期检查。查思想、清隐患,安全经理每周负责组织召集和主持安全生产例会,要求所有在现场工作的工人和其他工作人员参加。每天对现场安全生产状况进行全面检查并做好记录,查看所有安全规则与条例的实施情况,确保所有的安全设施都处于良好的运转状态。

③加强安全生产的组织领导,针对安全生产中存在的实际问题制定具体计划,提出明确的目标和要求,充分做好宣传动员工作,有计划、有步骤、有重点地进行检查。

④安全生产检查时做到自查与互查结合,坚持横向到边、竖向到底,不留死角,做到边检查、边整改,条条有着落,件件有交代。

(三)绿色施工管理

1. 绿色施工管理框架

绿色施工总体框架由施工管理、资源节约、环境保护、作业环境与职业健康组成。

2. 绿色施工保证体系

建立绿色施工保证体系,严格按照保证体系运行,确保绿色施工的顺利开展。

3. 绿色施工方案

编制绿色施工方案,绿色施工方案应包括以下内容:

(1)环境保护措施,制定环境管理计划及应急救援预案,采取有效措施,降低环境负荷,保护地下设施和文物等资源。

(2)节材措施,在保证工程安全与质量的前提下,制定节材措施。如进行施工方案的节材优化，建筑垃圾减量化，尽量利用可循环材料等。

（3）节水措施，根据工程所在地的水资源状况，制定节水措施。

（4）节能措施，进行施工节能策划，确定目标，制定节能措施。

（5）节地与施工用地保护措施，制定临时用地指标、施工总平面布置规划及临时用地节地措施等。

五、经验成果

2020年上半年在公联和集团公司的支持下，项目部开展了QC课题小组活动，QC成果"降低地下综合管廊工程结构施工缝处渗漏率"作为年度QC成果获得北京市政工程行业协会"2020年度北京市市政工程建设QC小组活动优秀成果一等奖"，同时获得中国施工企业管理协会"2020年度工程建设质量管理小组活动一等奖"。

广渠路项目部2020年申请了北京市"长城杯"，2020年6月16日，项目部通过了北京市长城杯第一次专家评审和验收，2020年11月12日进行了第二次检查，并顺利通过评审。

第五章　广渠路东延道路工程第五标段

一、参建单位简介

中国建筑第八工程局有限公司（简称中建八局）是隶属于世界500强企业中国建筑股份有限公司的国有大型建筑施工骨干企业，局总部设在上海。2008年中建八局主要经济技术指标位列中建股份工程局第一名，是最具竞争力和成长性的中国建筑旗舰。中建八局前身是国家建工部直属企业，始建于1952年，1966年奉中央军委和国务院决定整编为基建工程兵部队，1983年9月集体改编为现企业，1998年根据企业发展战略的需要，局总部由山东济南南移至上海浦东，下辖8个一级资质的全资或控股子公司，两个甲级资质的设计院，8个地区事业部性质的直营公司。中建八局连续18年被评为省级"重合同、守信用"企业和"AAA"级资信企业，并先后获得"全国用户满意企业""全国质量奖""全国质量效益型先进施工企业""全国重合同守信用企业""中国诚信经营企业""全国思想政治工作优秀企业"和上海市"优秀施工企业"等称号。

中建八局拥有2个房屋建筑工程施工总承包特级资质，市政及机电安装等11个总承包壹级资质，钢结构工程等31个专业承包壹级资质。在工业与民用建筑、大型公共设施建设等领域积聚了雄厚的科技优势，引领中国建筑业科技发展潮流，被评为"全国建筑业科技进步与技术创新先进企业"。迄今八局共获国家科技进步奖3项，省部级科技进步奖121项，是唯一荣获国家科技进步一等奖的中建企业；拥有52项专利、10项国家级工法、99项省部级工法；2项工程荣获"全国十大建设科技成就奖"。建立了博士后科研工作站和省级技术中心，率先自主完成《建筑工程施工技术标准》，率先进行了《建筑工程绿色施工综合技术》研究。

二、标段概况

（一）道路工程概况

1. 设计简介

广渠路东延道路规划为城市主干路，红线宽60m，按地面、地下两套系统设置，地面道路设计速度为60km/h，地下道路预留提级为城市快速路的条件，设计速度为80km/h。

2. 典型断面图

各段典型断面图如下。

（1）通三铁路至北运河西滨河路段横断面图见图5-5-1。

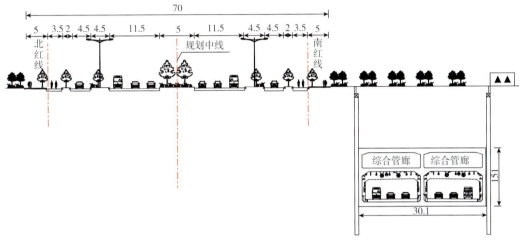

图5-5-1　通三铁路至北运河西滨河路段横断面图（尺寸单位：m）

（2）北运河西滨河路至芙蓉路段横断面图见图5-5-2。

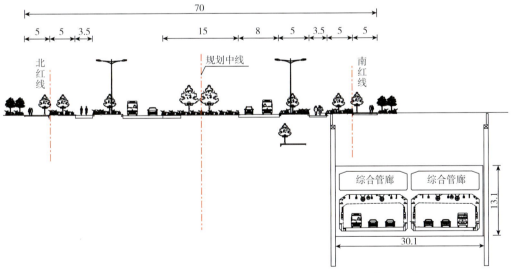

图5-5-2　北运河西滨河路至芙蓉路段横断面图（尺寸单位：m）

（3）终点U槽段横断面图见图5-5-3。

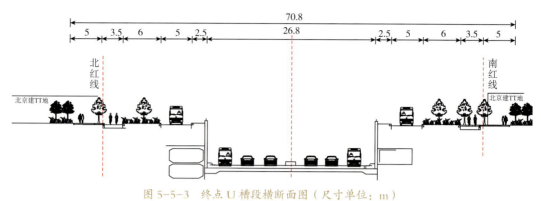

图 5-5-3 终点 U 槽段横断面图（尺寸单位：m）

（二）隧道工程概况

1. 设计概况

隧道设计概况见表 5-5-1。

隧道设计概况 表 5-5-1

序号	项目		内容	
1	管廊覆土厚度	5~15m	最大基坑深度	29m
2	结构设计概况	设计基准期	100年	
		抗震烈度	抗震设防基本烈度为8度，按9度采取抗震措施	
		结构安全等级	一级	
		耐久性	一般环境，环境作用等级为C级	
		设计基底承载力	220kPa	
		抗浮安全系数	不考虑侧壁摩擦阻力时取1.05，考虑侧摩阻力时取1.1，抗浮设计水位为地面以下0.5m。	
		混凝土强度等级	主体结构：C35P8；钻孔灌注桩：C35；垫层：C20；CFG桩：C25	
		钢材及外露钢构件	Q235B	
		钢筋	HPB300，HRB400	
		底板厚度	1m	
3	建筑设计概况	道路限界高度	≥4.5m	
		纵横坡	主线隧道内最大纵坡为3.5%，横坡为1.0%	
4	装饰工程	隧道主体内部	微孔岩吸隔声板＋横竖龙骨	
		人员出入口	钢龙骨＋印刷夹层玻璃（贴面夹层玻璃）	
		防撞栏杆	U槽顶防撞护栏均采用SA级；相应U型槽应预留防撞栏杆预埋筋；防撞护栏与U型槽侧墙顶采用施工缝防水构造	
5	防水（防腐）工程	隧道防水等级	二级	
		隧道内排水设计重现期	50年	

续上表

序号	项目		内容
5	防水（防腐）工程	隧道顶板	湿铺柔性防水卷材（P类），并设置隔离油毡，采用100厚细石混凝土作保护层
		隧道侧墙	柔性防水卷材，采用120砖墙或50厚泡沫板作保护层
		隧道底板	预铺柔性防水卷材，细石混凝土保护层厚度不应小于50mm
		施工缝处理	中埋式钢边橡胶止水带并设置注浆管，加强防水层
		变形缝处理	带注浆系统的中埋式橡胶止水带、防水嵌缝材料、外贴防水卷材（顶板）或外贴止水带（侧墙或底板）、接水槽（顶板及侧墙内侧）
6	土方回填		Z4K17+940~Z4K18+220 和 Z4K18+440~Z4K18+620 采用轻质土（泡沫混凝土）回填

2. 隧道典型标准断面图

隧道典型标准断面图如图5-5-4所示。

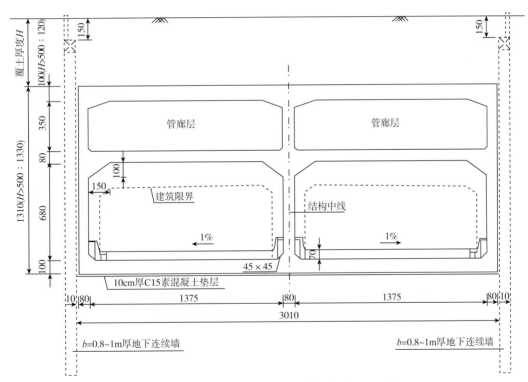

图5-5-4 隧道典型标准断面图（尺寸单位：cm）

（三）管廊工程概况

1. 总体概述

管廊总体概述见表5-5-2，管廊设计概述见表5-5-3。

管廊总体概述　　　　　　　　　　　　　　　　　　　　　表 5-5-2

序号	项目	内容		
1	管廊功能	给水管、电力管线、通信管线、热力管线、再生管线		
2	管廊特点	管廊为现浇钢筋混凝土结构形式，通三铁路至东六环西辅路为4舱，东六环西辅路至东六环路为3舱，附属设施系统包括吊装口、逃生口、人员出入口、通风口及风亭		
3	管廊总长度	1597m		
4	管廊名称	管廊长度（m）	起止桩号	舱体名称
	综合管廊	1353	Z4K17+947~K19+300	热力舱 + 水信舱1+ 水信舱2+ 电力舱
	综合管廊	244	K19+300~K19+544	天然气舱 + 水信舱1+ 水信舱2

管廊设计概述　　　　　　　　　　　　　　　　　　　　　表 5-5-3

序号	项目		内容
1	结构设计概况	设计使用年限	100 年
		抗震烈度	抗震设防烈度为 8 度
		结构安全等级	一级
		结构重要性系数	1.1
		耐久性	一般环境，环境作用等级为 C 级；结构允许裂缝开展宽度 ≤ 0.2mm，不允许出现贯穿裂缝
		地基基础设计等级	乙级
		抗浮安全系数	不考虑侧壁摩阻力时 ≥ 1.05
		混凝土强度等级	主体结构：C35P6（管廊埋置深度 $H < 10m$）或 C35P8（管廊埋置深度 $10m \leq H < 20m$）；垫层：C15；
		钢材及外露钢构件	Q235B
		钢筋	HPB300，HRB400
		底板厚度	0.8m
2	建筑设计概况	结构耐火等级	一级
3	防水（防腐）工程	管廊防水等级	二级
		防水卷材	自黏聚合物改性沥青聚酯胎防水卷材
		施工缝处理	钢板止水带
		变形缝处理	橡胶止水带
		嵌缝材料	侧墙、顶板外侧为双组分聚硫密封膏；底板下侧为遇水膨胀橡胶条；内侧为防火填缝胶。

2. 管廊典型标准断面图

管廊典型标准断面图如图 5-5-5~ 图 5-5-7 所示。

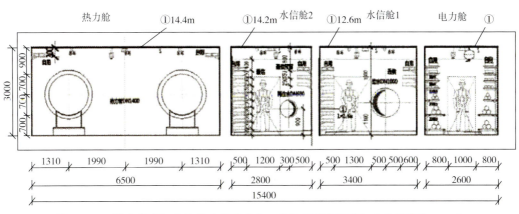

图 5-5-5　综合管廊标准断面（怡乐中路—北运河西滨河路）（尺寸单位：cm）

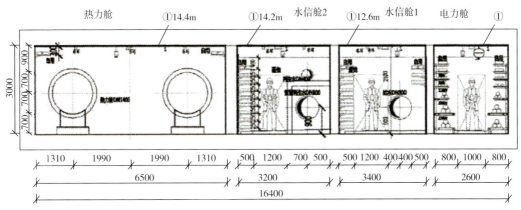

图 5-5-6　综合管廊标准断面（北运河西滨河路—东六环西辅路）（尺寸单位：cm）

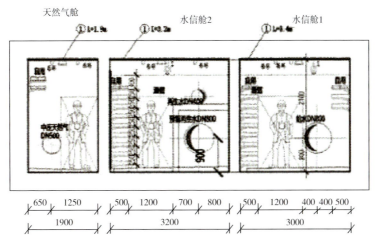

图 5-5-7　综合管廊标准断面（东六环西辅路—东六环路）（尺寸单位：cm）

（四）管道工程概况

管道工程设计概况见表 5-5-4。

管道工程设计概况 表 5-5-4

序号	名称		数量	备注
1	雨水七线	槽底标高	15.002~15.410	
2		管道类型	混凝土模块砌体方沟	
3		管道直径（mm）	4000×1940、2×2600×1940	
4		敷设方式	开槽，680m	
5	雨水八线	槽底标高	14.739~15.162	
6		管道类型	混凝土模块砌体方沟	
7		管道直径（mm）	2400×1940、2600×1940、3000×1940、	
8		敷设方式	开槽，705m	
9	雨水九线	槽底标高	17.355~18.818	
10		管道类型	混凝土模块砌体方沟、滑动胶圈接口承插口管材（Ⅱ级）	
11		管道直径（mm）	2×3000×1940、2×2800×1940、3800×1940、3600×1940、2800×1940、DN800	
12		敷设方式	开槽，966m	
13	雨水十线	槽底标高	16.795~18.711	
14		管道类型	滑动胶圈接口承插口管材（Ⅱ级）、滑动胶圈接口企口管材（Ⅱ级）	
15		管道直径（mm）	DN800、DN1000、DN1800、DN2000	
16		敷设方式	开槽，924m	
17	污水五线	槽底标高	9.669~11.288	
18		管道类型	双胶圈钢承插口钢筋混凝土顶管（Ⅲ级）	
19		管道直径（mm）	DN1000	
20		敷设方式	顶管，128.7m	
21	污水六线	槽底标高	9.256~10.028	
22		管道类型	双胶圈钢承插口钢筋混凝土顶管（Ⅲ级）	
23		管道直径（mm）	DN1000	
24		敷设方式	顶管，272m	
25	污水七线	槽底标高	13.907~16.916	
26		管道类型	滑动胶圈接口承插口管材（Ⅱ级）	
27		管道直径（mm）	DN500、DN600	
28		敷设方式	开槽，825m	
29	污水八线	槽底标高	13.818~17.602	
30		管道类型	滑动胶圈接口承插口管材（Ⅱ级）	
31		管道直径（mm）	DN500	
32		敷设方式	开槽，763m	

三、标段重难点

根据工程特点，结合类似工程经验，经过认真分析，筛选出以下施工重、难点，并拟定相关对策。详见表5-5-5。

工程重点、难点分析及应对措施　　　　　　　　表5-5-5

序号	重点、难点	分　　析	应对措施
1	迁改外部协调	（1）工程施工地段，牵扯到沿线给水、电力、电信、雨水、燃气管线等迁改。 （2）迁改涉及的面宽、线广，迁改进度直接影响工程施工开展，协调工作任务重，难度大。 （3）220kV高压线塔迁改手续繁杂，审批时间长	（1）施工前组织专人对沿线管线进行实地摸排、走访，探明所有管线的走向和埋深，编制摸排表及简图。 （2）与0号标召开碰头会确认，制定相应拆迁、迁改保护措施，排定完成时间表。 （3）专人负责沟通跟进迁改手续办理及施工进度。 （4）对于必须迁改的管线，根据工期计划，有主有次，先节点后正常的原则开展管线迁改工作，优先保证节点工程的管线迁改
2	基坑失稳风险	（1）该工程土方开挖深，根据《建筑基坑支护技术规程》第3.1.3条相关规定，属于超过一定范围的风险性较大分部分项工程，深基坑部分的施工是该工程的重点。 （2）基坑深度大，地质条件差，水位较高，周边环境对沉降敏感	（1）基坑工程施工前编制专项工程施工方案并按照国家固定要求进行专家论证。 （2）针对地层进行工艺试验在推广，提高基坑围护结构施工质量。 （3）基坑开挖采严格遵循"开槽支撑、先撑后挖、分层开挖、严禁超挖"的原则。 （4）按照降水方案控制地下水位深度。 （5）做好基坑变形监测，按照报警流程处理基坑变形
3	环境保护	该工程地处通三铁路与东六环路之间，是区域范围内重要的通过性交通干道，且处于城市副中心中部，衔接行政副中心，是市重点工程。该工程总长度约1604.621km，土方开挖、土方回填工作量大，且易形成扬尘；混凝土浇筑持续进行，扬尘、噪声的污染大，环境保护尤为重要	（1）在施工中，针对减噪、控尘、固体废弃物控制、污水沉淀处理、环保材料选用等五个方面开展环境保护工作。 （2）该工程土方开挖极易造成扬尘。开挖过程中，对正在开挖的土层进行洒水降尘，已开挖完成暂不浇筑垫层的进行防尘网覆盖；土方开挖过程中，外运土方全部覆盖外运，进出场车辆必须在出入口处清洗。 （3）公司将对所有垃圾进行分类存放，积极回收再利用，对废弃物将委托有资质的单位和符合要求的车辆外运建筑垃圾
4	场地狭小	施工作业面限制在规划红线内，临时设施及作业机械的布置受场地限制，需根据施工进度进行阶段性调整	地连墙、桩基、降水井、回灌井、旋喷桩、土方开挖、管廊主体施工等施工阶段，木工加工厂及钢筋加工场等设施及材料动态布置于施工场地内部。采用可周转、易拆卸的成品加工厂，确保场地利用
5	北运河节点工期紧迫	工程施工地段横穿北运河，只能于非汛期施工	（1）优化分期围堰法工程方案。 （2）提前做足技术、物资、队伍准备。 （3）保证资源投入，严格控制工序搭接及时长

四、节点工程

北运河节点工程包含栈桥、围堰、桥梁加固、明挖隧道、河道恢复工作。

1. 北运河节点工程概况

北运河工程于运通桥下游下穿北运河，对应河道中心线桩号 M3+776，对应左堤桩号为 L3+876，对应右堤桩号为 R4+005。隧道穿河段呈东北—西南走向，中线与河道中心线夹角约为 80°。北运河非汛期常水位标高 18.000m，50 年一遇洪水位标高为 21.20m。

地下工程采用明挖法施工，横断面采用双洞隧道形式，主体结构为"田字格"框架，箱体总宽 30.10m，高 13.10m，结构顶底板厚度为 1m，侧墙和中墙厚度为 0.8m。主体结构上层为管廊，布设有给水管、电力管、通信管、热力管、再生水管。箱体结构顶距现状河底 6.02~7.19m。施工围护结构为地下连续墙和内支撑，两侧地连墙厚度为 1.0~1.2m。工程距离上游运通桥结构边线约 12~29m，距离桥梁结构较近段在两工程之间进行袖阀管注浆，注浆管梅花形布设，间距为 1m×1m。

2. 北运河节点工程主要施工方案

该工程穿越北运河采用明挖法施工，为保障隧道下穿北运河干场施工要求，需在东岸对河道进行明渠导流，河道内在工程位置打设钢板桩围堰，再进行隧道穿河段主体施工。钢板桩围堰采用钢栈桥作为平台打设，钢围堰完成后，先抽水、清理河道淤泥，拆除隧道支护结构范围内原有护岸结构，为隧道地下连续墙施工提供便利条件。待地下连续墙强度达到设计要求后，进行基坑开挖及隧道主体结构施工，待隧道主体结构完成且强度达到设计强度 75% 后，拆除地下连续墙至冲刷线标高以下 2m，进行基坑回填、复堤、河底防护，见图 5-5-8。

3. 施工难点及注意事项

（1）该工程横穿北运河，北运河属于北京重要的泄洪通道，必须在汛期来临前完成施工，按时拆除河道中的阻水物，保证行洪安全，合理的施

图 5-5-8 节点工程施工

工组织为该工程施工重点。

（2）工程所在位置地质条件较差，大多为中细砂地层，地下水位高，确保基坑安全是施工难点之一。

（3）隧道北侧12~29m处为运通桥，在基坑影响范围内，隧道对运迪桥的影响较大，控制运通桥的沉降为施工难点之一。

五、施工管理

（一）质量管理

1. 质量管理保证体系

根据政府相关部门的政策法规，结合该工程特点、ISO 9001质量管理体系，施工单位将建立覆盖该工程全部施工范围的质量管理体系，并确保其贯穿于工程施工的全过程。

（1）质量管理组织机构。

该工程项目质量管理组织机构是在政府质量监督部门、招标人、监理、施工单位主管部门监督管理之下，以项目经理、项目副经理、项目技术负责人、质量总监等为实施主体的组织机构。

（2）质量管理制度。

质量保证体系要发挥其作用就必须建立一套与该工程相适应的质量管理制度，以规范体系的运行，而作为管理机构中的每个职能部门都应该清楚这个制度，作为开展工作的总则。质量管理制度见表5-5-6。

项目质量管理制度　　　　　　　表5-5-6

序号	管理制度	内　容
1	质量奖罚制度	与劳务分包单位签订奖罚协议书，根据其工作的质量情况进行奖励和处罚
2	工程质量负责制度	对工程的分部分项工程质量向招标人负责，每月向招标人呈交当月技术质量总结。招标人直接分包单位应对其分包工程施工质量向公司负责，各招标人直接分包单位每旬向公司交一份技术质量总结
3	图纸会审技术交底制度	技术管理部组织项目相关人员进行图纸审核、做好图纸会审记录，协助招标人、设计单位做好设计交底工作，解决图纸中存在的问题，并做好记录。每个工种、每道工序施工前要组织进行各级技术交底，包括专业工程师对劳务工长的技术交底，劳务工长对班组长的技术交底及班组长对作业人员的技术交底。各级交底以书面进行
4	技术复核制度	施工过程中，对于重要的技术质量工作，在分部分项工程施工前及施工过程中进行复核，以免发生重大偏差，影响工程质量和使用
5	隐蔽工程验收制度	凡隐蔽工程必须组织验收，填写隐蔽工程验收文件

续上表

序号	管理制度	内容
6	工程质量样板引路制度	各道工序或各分部分项工程施工前,必须制作样板,样板各工序及各节点构造通过招标人、设计、监理和施工单位验收合格后,方可大面积展开施工。施工过程中,各分部分项工程的施工工艺、质量控制重点和质量标准,严格按照样板展示的标准落实,强化工序质量
7	材料设备检试验制度	物资管理部将材料设备纳入管理范围,其使用前必须检验,合格后方可使用。不合格的材料、设备立即封存,并退场处理
8	工程质量事故处理制度	一旦发生质量事故立即停止施工,相关部门查清原因并提出处理意见,经监理、招标人和设计认可后,公司立即采取措施。待隐患消除后方可复工
9	成品保护制度	上下工序之间应做好交接工作,并做好记录。如下道工序的施工可能对上道工序的成品造成影响时,应征得上道工序操作人员及管理人员的同意
10	质量例会讲评制度	由质量总监组织每周质量例会和每月质量讲评。对质量好的要予以表扬,对需整改的应限期整改,并在下次质量例会逐项检查是否彻底整改
11	质量否决制度	不合格分项、分部和单位工程必须进行返工。不合格分项工程流入下道工序要追究班组长的责任,不合格分部工程流入下道工序要追究专业工程师和质量工程师的责任,不合格工程流入社会要追究项目技术负责人和项目经理的责任
12	过程三检制度	实行自检、专检、交接检制度,并做好文字记录。隐蔽工程由专业工程师负责组织项目技术工程师、质量工程师、班组长参与检查,并做出较详细的文字记录
13	施工挂牌制度	主要工种如钢筋、混凝土、模板等,施工过程中实行挂牌制,注明管理者,操作者,施工日期,并做相应的图文记录,作为重要的施工档案保存。若现场不按规范、规程施工而造成质量事故的要追究有关人员的责任

2. 质量保证措施

依据项目技术管理的组织体系,采用三级交底模式组织交底,具体详见图5-5-9和图5-5-10。

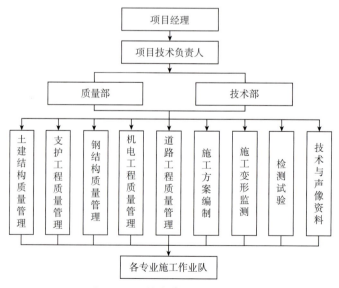

图5-5-9 技术管理的组织体系

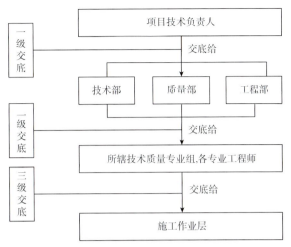

图 5-5-10　三级交底模式

（1）施工工序的管理保证措施。

工程质量管理重点在于施工过程的管控，施工工序的管理保证措施具体详见表 5-5-7。

施工工序的质量保证措施　　　　　　　　　　　表 5-5-7

序号	控制项目	控制措施内容
1	全过程全天候跟踪监控	项目部派出责任工程师，对过程质量展开全过程、全天候的监督与认可，凡达不到质量标准的不予签证，并责成限期整改
2	抓住关键过程进行质量控制	根据施工进度节点，突出重点，抓住关键过程进行质量控制。为了控制关键过程的工程质量，编制详细的施工方案，组织质量技术交底，下达作业指导书，对施工全过程实施质量检验。加强对关键过程的检查和监督，使关键过程施工质量始终处于受控状态
3	接受工程监督进行督促整改	在自检的基础上，必须通过监理工程师检验签字认可后，方可进入下一道工序安装或施工。对监理单位在监理过程中开具的施工安装不符合设计要求、施工技术标准和工程合同约定，或存在的测量、质量、安全等隐患方面的整改通知，项目部予以积极及时落实、跟踪和督促相关人员限时整改，直至监理验证签字认可为止
4	过程检验	在施工过程中抓好过程检验。 （1）在自检的基础上，对分部分项工程的质量进行复验认可。 （2）对隐蔽工程采取连续或全数的检验和试验方法，对隐蔽工程验收记录进行复验认可，并在监理核验签证后方可进入下道工序施工。 （3）组织主要分部工程质量等级的核验。项目部制订各分部分项工程质量的核验计划并报质监站，当上述分部工程分阶段完成时，经自检、复验、监理验收签证后，由质监站组织人员前来进行质量等级的检验
5	产品保护进行系统管理	对已完成并形成系统功能的产品，经项目部验收后，即组织人力、物力和相应的技术手段进行产品保护，直至形成最终产品交付招标人使用为止

（2）隐蔽工程施工的技术保证措施。

该工程中的隐蔽工程具有体量大、专业复杂、覆盖面广的特点，施工的关键在于技术组织。施工单位按照隐蔽工程施工组织流程实施对隐蔽工程的技术组织，重点加强对协调准备、检查验收两个环节的组织控制。

①协调准备：通过与各专业分包单位或工种协调，确定各专业穿插顺序，限定相应施工的时间。

②检查验收：实行自检、交接检、专检三管齐下的质量"三检"制度，实现"监督上工序、保证本工序、服务下工序"的控制目标，具体详见表5-5-8。

三 检 制　　　　　　　　　表5-5-8

序号	项目	内容
1	自检	即某一工序完成后，按照施工规范及质量验评标准，首先由该工序班组长组织作业人员对该工序质量进行自查自纠，完成后填写工序自检记录，通知交接检
2	交接检	接交接检通知后，由工序班组长组织人员对即将被隐蔽覆盖的上一工序的质量进行监督检查，确认不存在影响该工序施工的不合格质量因素，通知专检
3	专检	在完成工序自检、交接检，接到专检通知后，由项目质量部组织进行工序质量专项检查，发现问题督促整改；整改复核后报请监理验收并完成隐蔽工程验收记录的填写、签字工作，然后归档妥善保存

③实施奖罚：结合《工程质量奖罚制度》，根据检查验收的相关记录兑现奖惩。

（3）工程资料管理的技术保证措施。

该单位在收集各种施工资料时时刻注意检查各种预检、隐检资料是否齐全，预、隐检日期是否与试验报告、施工日志交圈，各种施工记录与施工日志是否一致，各分项分部质检资料是否有漏项，与预、隐检记录是否交圈，各份报验单与技术资料是否配套齐全，从而保证项目资料的完整性、真实性和可追溯性。图纸、技术资料的使用、更改标识、发放、保管、存档均按照"文件资料控制程序"规定执行。

（4）重大施工方案专家论证的技术保证措施。

该工程部分工艺具有施工难度大、施工质量不易控制且施工危险性较大的特点，该单位对此部分施工工艺将编制详细的施工方案，协同招标人、监理邀请专家对方案的可行性进行论证，使方案尽量优化，以确保施工质量。

方案由该单位组织本单位施工技术、安全、质量等部门的专业技术人员进行审核。经审核合格的，项目技术负责人及相关专业承包单位技术负责人签字。审核合格后报监理单位，由项目总监理工程师审核签字。

超过一定规模的危险性较大的分部分项工程专项方案由公司组织召开专家论证会。经论证后，建设单位根据论证报告修改完善专项方案，并经建设单位项目技术负责人、项目总监理工程师、建设单位项目负责人签字后，方可组织实施。

（5）"首件工程"的技术保证措施。

"首件工程"是工程施工质量管理的一种行之有效的做法。分部分项工程开工前，由建设单位根据专项方案、措施交底及现行的国家规范、标准，组织各专业工程作业队进行"首件工程"样板施工，"首件工程"工程验收合格后才能进行专项工程的施工。"首件工程"有利于加强对工程施工重要工序、关键环节的质量控制，消除工程质量通病，提高工程质量的水平，同时工程作业队也在首件工程施工中采用了新技术，提高了生产能力，见图5-5-11。该单位对"首件工程"的技术保证措施如下。

图5-5-11 施工现场

①首件工程设计管理：

a.该单位负责牵头首件工程的深化设计，并组织各专业工作队开展各自范围内的首件工程深化设计工作，同时做好各专业之间的协调与配合。

b.该单位负责组织首件工程设计图纸报审，报审前应经由相关专业单位责任人会签。

c.首件工程设计图纸由招标人组织评审、设计及监理工程师参与。

d.该单位和专业工作队应根据评审意见及时进行深化设计的调整，满足招标人的要求，直至通过审批。

②首件工程设计管理：

a.依据审批通过的首件工程深化设计图纸开展首件工程施工方案的编制。

b.首件工程施工方案的编制由该单位组织，各专业工作队负责各自首件工程施工方案的编制，并负责开展相关的协调工作。

c.招标人及监理单位负责首件工程施工方案的审核、审批工作，该单位组织相关方依据批复意见进行调整，直至通过审批，作为首件工程施工的依据。

③首件工程施工：

a.成立首件工程制作指导、监督小组。

b.首件工程施工场地及环境由公司组织协调，经招标人及监理单位批准后实施。

c.该单位负责牵头首件工程的施工，并组织各专业工作队开展各自范围内的首件工程施工工作，同时负责首件工程施工的组织协调工作。

d.根据施工进度要求及时对项目管理人员、班组操作工人进行施工工艺、质量控制重点及标准、质量通病防治措施等的交底工作。

e.首件工程施工过程中，应加强检查和工序质量的控制，对出现的问题，应及时整改,确保首件工程施工质量符合图纸设计、施工规范要求。

④首件工程评审:

a. 首件工程施工完成后进行自检,合格后配好检测工具,报监理单位、招标人等各方验收。

b. 首件工程经招标人、设计、监理、项目部及相关专业工作队评审通过,由招标人批准。

c. 对首件工程评审中提出的各项意见,该单位组织相关专业及时调整。

d. 验收合格后再组织大面积施工。

⑤首件工程交底示范管理:

a. 该单位负责组织各专业承包方完成首件工程施工总结报告,对施工工艺、材料选用、工序配合、质量控制重点、难点及应对措施进行总结,作为首件工程交底的依据及正式工程施工的标准。

b. 审批通过的首件工程,应立即做好保护工作,避免受到破坏或者污染,供参观学习。

c. 首件工程展示部位需将各操作规程、质量管理制度、措施、安全施工注意事项、实测实量的结果、质量通病的防治方法及合格验收标准等全部挂牌集中展示。

d. 在首件工程集中展示部位设置班前讲评台,向工人宣贯施工质量标准和质量通病防治措施。

(6)深化设计保证措施

该工程涉及的专业多,工程量大,实行切实有效的二次深化设计十分必要。深化设计的深度直接关系到施工的质量和可操作性。深化设计的保证措施如下:

①由技术部牵头,BIM工作室和质量部参与,共同负责开展工程图纸深化设计的报审、审核、组织会审及交底工作。

②做好深化设计时间计划表,根据工程进度提前进行深化设计工作,加强与原设计单位的沟通,深化设计图纸完成后及时完成签章手续,为施工创造条件。

③将深化设计与首件工程样板制作以及协调工作确认紧密结合起来,应做到样板先行,待样板得到各方认可后再进行大面积的深化设计,可取得事半功倍的效果。

(二)安全管理

1. 安全及文明施工目标

该工程安全及文明施工目标见表5-5-9。

安全及文明施工目标　　　　　　　　　　表 5-5-9

管 理 内 容	管 理 目 标
安全及文明施工目标	（1）遏制一般事故，杜绝较大事故，实现安全生产事故零死亡。 （2）安全生产及文明措施符合招标文件及合同相关的措施要求

2. 主要安全管理制度

（1）安全教育及培训。

①安全教育培训的形式。采取专家集中授课、张挂宣传图片等教育培训形式，如图 5-5-12 所示。

集中授课

张挂宣传图片

图 5-5-12　安全教育培训的形式

②安全教育培训的内容。安全教育培训的内容包括相关施工安全检查标准、施工安全小常识、用电安全知识、应急救援、特种作业人员的上岗培训等。

（2）安全技术交底。

根据施工组织设计中规定的工艺流程和施工方法，编写针对性、可操作性的分部（分项）安全技术交底，形成书面材料，由交底人与被交底人双方履行签字手续并存档。

（3）班前安全活动。

施工班组每天由班组长主持开展班前安全活动并做详细记录，活动内容是：学习作业安全交底的内容、措施；了解将进行作业的环节和危险度；熟悉操作规程；检查劳保用品是否完好并正确使用。

班前安全活动如图 5-5-13 所示。

（4）安全检查。

项目安全管理部负责施工现场安全巡查并做日检记录，对检查出的隐患，定人、定时间、定措施落实整改；企业安全管理部定期或不定期到现场进行安全检查，指导督促项目安全管理工作并提供相关支持保障。安全检查如图 5-5-14 所示。

图 5-5-13 班前安全活动

图 5-5-14 安全检查

（5）各专业分包安全管理措施。

各分包单位安全管理措施主要见表 5-5-10。

各分包单位安全管理措施 表 5-5-10

序号	项目	内　容
1	分包单位进场管理	分包进场前须将企业资质证书、安全生产许可证、中标通知书、安全生产合同、项目经理证书、项目经理安全员证书（B证）、安全员（C证）复印件报项目部审核
		分包单位进场后1个星期内将安全生产管理组织机构、义务消防队员花名册、安全管理方案、应急救援预案、消防安全方案和临电方案报项目部审核
		进场后的分包单位和项目部签订安全生产、文明施工及消防安全管理责任状
		分包单位在施工前要认真勘察现场，自行编制施工组织设计，并制定有针对性的安全技术措施计划，严格按施工组织设计和有关安全要求施工
		分包单位应对本单位职工进行安全生产入场教育，提高职工的安全生产意识和自我保护的能力，督促职工自觉遵守安全生产纪律和制度
2	分包单位日常管理	分包单位项目经理须对承包范围内的安全生产、消防及文明施工管理负总责，同时进入项目部安全生产领导小组，参与重大安全生产事项的决策；分包单位必须严格遵守、执行项目有关安全生产、消防及文明施工的各项管理规章及制度
		分包单位每年必须组织工人进行不少于3次的消防安全培训教育
		按项目部要求参加每日、每周、每月的安全生产、文明施工、消防安全及用电安全检查、巡视，发现问题及时整改
3	协调管理	项目部负责协助分包单位搞好安全生产、消防及文明施工管理工作。对于查出的隐患，分包单位必须限期整改。项目部有权对违反安全规定、违章作业的人员及分包单位进行处罚
		项目生产施工所需的机械设备、个人防护用品等由各分包单位自理。生产施工过程中严格执行"谁施工谁负责"的安全原则
		分包单位在施工中遇到影响工程施工安全的情况时（如需要拆除部分安全防护或安全警示标志等情况），及时与项目部单位联系，双方协调解决，妥善处理当前问题，严禁擅自行动
4	服务配合	提供在工地内现有的爬梯、脚手架等，共同使用
		提供各专业分包施工所需以保障场地安全之围墙
		对工地做全面的看管以防盗窃和破坏
		为施工中的永久工程和所有临时工程提供必要临时消防和紧急疏散设施

第六篇 监理篇

概 述

　　北京四方工程建设监理有限责任公司作为广渠路东延道路项目二标段的监理单位，技术力量雄厚，在广渠路东延道路工程项目的监理中，严格执行监理规定，组建了项目监理机构，履行监理责任和义务，制订了监理规划及实施细则，实施了工程测量和监测，严格进行工程材料和构配件管理，把桩基托换工程作为本工程监控的关键节点，隧道工程作为本工程监控的重点，保证了工程质量，高水平完成了工程项目的监理工作。

第一章　监理公司简介

北京四方工程建设监理有限责任公司成立于1994年2月。公司具有建设部市政公用工程监理甲级、房屋建筑工程监理甲级、公路工程专业资质乙级、机电安装工程专业资质乙级、水利水电工程专业资质乙级、电力工程专业资质乙级、工程造价咨询企业乙级（暂定）资质，交通部公路工程甲级监理资质，民防局人民防空工程监理乙级资质，水利部工程施工监理丙级资质和工信部信息系统工程监理丙级资质，招投标代理资质。公司是中国建设监理协会理事单位、北京市政工程行业协会副会长单位、北京市建设监理协会常务理事单位、《市政技术》杂志社常务理事单位、《特种结构》常务理事单位、北京公路学会常务理事单位、河北雄安新区工程质量协会发起单位。公司连续多年被评为北京市建设监理行业优秀监理单位，具备多年对大型工程建设项目监理的经验。

在市政建筑领域，公司经营范围是市政公用建筑一、二、三等工程的建设监理、建设监理咨询和技术服务；在公路建设领域，公司的业务范围为在全国范围内从事一、二、三类公路工程、桥梁工程、隧道工程项目的监理业务；在水利建筑领域，可承揽Ⅲ等（堤防3级）及以下各等级水利工程的施工监理；另外还可承接机电安装、电力工程、人民防空工程监理业务、信息系统工程监理，工程造价咨询服务，工程建设项目招标代理服务。

公司组织机构健全，领导班子设有董事长、总经理、总工程师、副总经理、副总工程师、总经济师和财务总监。机构设置有办公室、监理工作部、经营部、人力资源部、财务部、合约造价部、市场调研部7个管理科室。有近30个项目监理部分别设置在北京市和外省市监理现场，见图6-1-1。

公司技术力量雄厚，现有员工300人，涉及的专业包括建筑规划、结构、给排水、道路桥梁隧道（图6-1-2）、工民建、工程机械、电气自控、暖通、计算机、信息系统自动化等。其中教授级高级工程师3名、高级工程师56名、工程

图6-1-1　钢筋直螺纹丝头监理检查

图 6-1-2 隧道闭合框架结构

师 64 名；建设部注册监理工程师 58 名、一级注册造价工程师 7 名；交通部监理工程师 35 名、造价工程师 6 名、试验检测工程师 28 名；应急管理部注册安全工程师 11 名；水利工程监理工程师 38 名、造价工程师 14 人；注册设备监理工程师 6 名；信息产业部信息系统监理工程师 14 名；人防监理工程师 12 人。是一支技术力量雄厚、监理经验丰富、能承担大型市政公用工程及公路工程等工程监理、咨询的高智能化技术群体。

公司于 2007 年初通过了质量、环境、职业健康安全三体系整合认证。

多年来公司一直是"质量信得过单位""北京市政行业诚信企业""优秀建设监理单位""中国水利工程协会 AA 信用等级证书""北京市水务局 AA 信用等级证书""财务 AAA 企业和税务 A 级企业"。公司还获得了北京市建委颁发的"北京市安全生产优秀企业"称号。

公司有上百项监理工程获得过北京市和其他省、市建委或建设管理部门颁发的优质工程奖或长城杯奖，其中 2013 年参与监理的北京地铁四号线工程荣获"第十一届中国土木工程詹天佑奖"。

公司在基础管理方面包括优化管理模式、建立健全各项管理制度、加强人才队伍建设以及目标成本管理上建立了一整套制度。为保证监理工作的质量，公司有完善的质保体系和监理程序。为保证公司发展后劲，公司提出了中长期发展规划、建立了公司的经营格局，制订了公司的管理方针、经营理念和企业精神。

管理方针：业主满意、百姓放心、技术领先、服务一流。

经营理念：诚（诚实坦白，不做假）、信（恪守信誉，不骗人）、达（通晓明白，知天下）、知（技术领先，服务佳）。

企业精神：以人为本，务实创新。

品牌战略：擦亮牌子，做稳做大，创建全国市政监理行业知名品牌。

公司本着"守法、诚信、公正、科学"的监理准则，发挥综合技术优势，以"信守合同、严格监理、监帮结合、热情服务"为企业宗旨，竭诚为业主提供"高起点、高质量、高水平"的监理服务。

第二章 项目监理机构的组建

北京四方工程建设监理有限责任公司根据该工程的性质、工程规模、工程结构特点、工程质量进度投资控制目标要求、工程复杂程度、工程管理及技术特点，并结合公司内部组织管理机制、监理技术力量和技术业务特点，于2018年2月组建广渠路东延（怡乐西路—东六环路）道路工程2号标段项目监理机构，见图6-2-1。

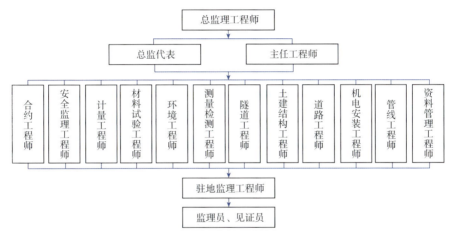

图6-2-1　广渠路东延（怡乐西路－东六环路）道路工程2号标段项目监理机构图

根据该工程建设规模大、施工难度大、风险及技术含量高、工期要求紧、协调难度大等特点，该工程所投入的40名监理人员均有着丰富的施工、监理经验，其中多人参加过类似规模的路桥及隧道建设，积累了一定的工作实践经验和较高的专业知识水平，工作责任心强。

现场监理人员中，多人拥有高级技术职称，其余均为中级技术职称。其中，主要监理的人员均持有建设部注册监理工程师或注册安全工程师或注册造价工程师等执业证书，其他监理人员均持有监理上岗培训证书。

在该项目的实施过程中，在总监的直接领导下，严格履行合同文件的规定，根据监理规范、国家标准、设计文件和监理合同赋予的权利，各专业协调配合，团结一致，用智慧和专业技能，做好该工程的监理服务，实现了合同约定的质量目标、工期目标、安全目标和投资目标。

第三章　监理规划及实施细则

（一）监理工作目标

工程目标：严格督促施工单位履行施工承包合同，工程质量等级达到合格要求。

工作目标：全面优质地履行监理合同，监理工作达到监理合同的各项要求。

（二）监理实施细则

根据工程项目进展，项目共编制《监理实施细则》二十余册，包括深基坑、托换梁、闭合框架主体结构模架、大体积混凝土工程、顶管工程、暗挖工程、预应力工程、下穿八通线桥梁保护、桩基托换工程、预制空心板梁吊装、地下连续墙钢筋笼吊装、有限空间作业、龙门吊安装拆卸、履带吊安装拆卸、塔吊安装拆卸、冬季施工、安全及环保等专项监理实施细则，对于每册监理实施细则都将从工程专业特点、监理工作流程、监理工作要点、监理工作方法及措施等方面进行编制，使监理工程师在现场中的每一项工作都有据可查，确保监理工作顺利开展，保证了工程质量和施工安全。

图 6-3-1 是桥梁体支撑系统。

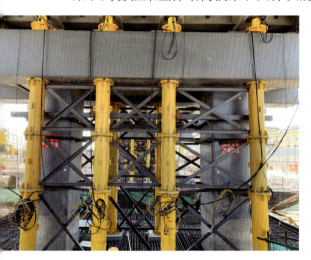

图 6-3-1　桥梁体支撑系统

第四章 工程测量和监测

该工程隧道从八通线桥下斜穿通过，在托换及隧道施工期间对现况桥变形值要求精度高，对此，总监办安排2名专业的测量工程师，并投入一套经标定合格的检测设备，对隧道及桩基托换各结构部位实施全程监控测量复核。

托换及隧道施工过程中，总监办测量工程师与施工测量人员根据测量规范及设计共同实施监测，为了确保八通线桥梁结构的正常安全使用，监控网络结合每个施工步骤可能对结构造成的影响实施布置。采用信息化施工技术，以信息指导施工。施工过程中，测量工程师配合第三方对每个环节的监测数据进行采集、分析，发现问题及时提出，及时反馈设计进行参数修正。

在桩基托换及隧道施工过程中，各阶段监控重点见表6-4-1。

各阶段监控重点　　　　　　　　　　　表6-4-1

施工阶段	监控部位	监控指标
托换梁施工阶段 托换阶段	高架桥区间结构及轨道	竖向变形、横向变形、道岔尖轨与基本轨差异沉降、变形缝差异沉降、桥梁结构顶升量
隧道施工阶段	高架桥区间结构及轨道	竖向变形、桥墩间差异沉降、横向变形
托换梁	托换梁	竖向变形、横向变形
临时围护桩结构	托换梁基坑围护桩	水平位移
	隧道基坑围护桩	水平位移
周边地表观测	周边地表	竖向变形

在托换体系转换过程中，监测数据基本趋于稳定状态，数据显示最大沉降量为托换北区7号墩对应的简支梁变形缝处，沉降量为+0.4mm，托换南区最大沉降量为11号墩对应的简支梁变形缝处，沉降量为+0.2mm。监测结果均在桥梁沉降控制值3mm的允许范围之内。整体托换工程于2019年8月30日顺利完成。

第五章 工程材料和构配件管理

该工程隧道结构钢筋、混凝土、防水及构配件用量较大，所有用于工程的材料和构配件都必须先批后用，材料试验工程师严格把关，对于质量证明材料不充分的材料一律清除现场。

开工前，监理编制见证取样计划书，对进场的材料和构配件材料试验工程师按见证试验计划抽取样品进行100%见证。重要材料的选用按"工程分包管理程序"进行，即对企业资质、生产工艺、质保体系、产品质量和生产能力等方面内容，进行考察并有效控制。钢筋原材见证试验检测时，对不合格件在监理人员的监督下全部进行返厂处理。钢筋连接件实体试件见证过程留有取样和恢复并有标识的影像资料。混凝土见证试件按结构网格分次取样，并留存各组试件制作、拆模及送件的影像资料。防水原材进场批次附配套的合格质量证明文件，材料试验工程师检查外观尺寸，按规定频率取样见证检测，该工程见证检测结果均合格。

构配件加工前，监理进行首件验收：包括钢筋骨架、模板、构件外观、几何尺寸等。构件出厂前监理与承包单位共同进行100%的产品验收，使用于该工程的构件达到精品工程标准。

第六章 桩基托换工程监理

该工程隧道在穿越八通线节点处南北向分开,避开大跨连续梁中墩基础,并与八通线的6号~8号墩、11号~12号墩基础相撞,需对5个墩进行基础托换(图6-6-1)。

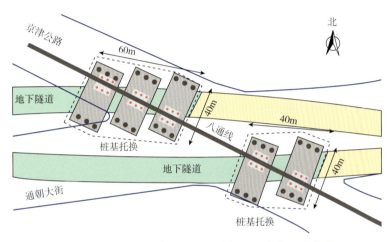

图6-6-1 广渠路东延地下隧道与八通线线位关系图

1. 现况八通线桥梁体支撑系统立柱、钢梁安装及监测

钢立柱基础是在既有承台顶面对应法兰盘位置进行植筋固定,为避免原有承台钢筋的破坏,监理事先采用钢筋探测仪对承台主筋分布情况进行探测、标注,指导作业人员打孔,并检查成孔质量,按设计要求进行植筋施工,使4号~14号轴立柱顺利安装。

钢立柱406无缝钢管和1.3m箱型钢横梁构件大、吨位大,受现场条件及八通线高架桥的影响,其中6号~8号箱形钢横梁的吊装难度较大,考虑到地铁运营安全,充分利用空窗期在地铁两侧各设一台250t的吊车同步起吊作业,整个吊运过程监理严密监控,利用一周时间顺利完成全部钢横梁的安装(图6-6-2)。

支顶系统搭设完成后,在现况八通线桥设置同步顶升设备,托换及隧道施工期间,测量工程师配合第三方严密监控现况桥的沉降变形情况,若出现沉降变形时,及时通过一套PLC顶升控制系统调整上部结构形态,整个施工期间,监测数据均在控制值范围内,确保了地铁正常运营。

图 6-6-2 6 号轴托换梁钢筋安装

2. 托换桩基桩径大、桩长，受八通线影响，成孔、接笼及灌注难度大

八通线桥 6 号、7 号、8 号、11 号、12 号轴托换桩共 30 棵，桩径 2m，桩长 88m，桩顶 15m 范围设置直径 2.3m 的钢护筒。受八通线高架桥净空影响，对于八通线线下桩或临近桩的实施难度较大。施工前结合试验桩总结，总监办组织召开专题会议，重点强调成孔、桩顶钢护筒及钢筋笼的吊装及混凝土浇筑等需注意的问题，并制定相应对策：①进行线下降方，保证降方后净空 7.5m，并整平压实；②选用特制 GW-25 型履带式循环钻（钻机高度 6.5m）成孔，成孔时间长，提高塌孔的风险；③钢套筒及钢筋笼按不超 5m 节段进行制作，为节省时间钢筋笼接头采用直螺纹连接，自制门式吊装设备（高度 6.5m）进行吊装；④混凝土浇筑方量大、时间长，要充分考虑高峰期时间段混凝土的供应必须保证连续。

3. 托换梁体积大，桥区环境复杂，地下物多，实施过程控制难度大

八通线桥 6 号、7 号、8 号、11 号、12 号轴桥墩承台外包裹的托换梁长 28~32.5m，宽 13.2m，梁高 4m，体积大，为减轻托换梁自重效应，托换梁在条件允许的部位采取挖空处理，5 个托换梁均采用预应力混凝土结构。

桥区环境复杂，地下管线错综复杂，土方开挖过程，现有管线的改移、加固和悬吊过程，监理人员进行全程监控。施工过程中，为防止机械磕碰现况桥，要求施工单位在桥上粘贴反光标志、设专业信号工指挥吊装、墩柱及盖梁包裹岩棉板等保护措施。

现况承台企口、植筋施工前，监理首先采用钢筋探测仪探测承台、桩基主筋位置并标记，同时现场监督、指导施工作业人员完成打孔、植筋施工。

托换梁体积大，钢筋用量大，安装密集、繁琐，预应力管道安装难度大，混凝土浇筑方量大，施工前监理组织专题会，充分讨论各种不利因素和解决措施，施工过程中监理实施全程旁站监控。对过程中存在的问题，如：钢筋直螺纹接头超标、钢筋焊接焊缝长度不够、预应力管道安装位置偏差等，随时指出并要求改正，各检验批最终验收结果均合格（图6-6-3）。

4. 桩帽及顶升装置安装过程要注重细节控制

托换桩顶共设10座桩帽，钢筋安装时，注意帽、梁固结部位预留的主筋避开千斤顶及螺旋自锁装置的钢板基础，测量监理准确校核桩顶部位限位装置的设置，确保了桩顶部位预埋的钢管与托换梁底预埋的钢管位置上下准确无误。

总监办严格审查监测和顶升设备的厂家资质和进场的合格质量证明文件，同时对进场的千斤顶和油泵、压力传感器和位移传感器分别进行配套标定试验。

单桩顶力6000~10000t，每桩顶安装4个500t千斤顶。为确保在桩基托换中万无一失，测量监理对每座桩帽顶安装的12个500t千斤顶和16个安全自锁装置的位置、高程及基础钢板的粘贴情况进行准确的校核，确保每一桩顶上的装置的组合形心与托换新桩的轴心完全重合。

驻地监理严格检查每台千斤顶配套安装的压力传感器和位移传感器，并监控调试过程，调试结果合格。

为便于托换梁底模的拆除，在桩帽顶还设置了自制带阀门的砂箱。

5. 托换顶升及体系转换过程监控的难度大

测量监理按设计方案严密监控同步顶

图6-6-3　钢筋检查

图 6-6-4　环岛内隧道顶板联合检查

升设备的安装,每个托换梁设有 24 个 500t 千斤顶,2 个油泵,1 个 PLC 控制器,36 个自锁千斤顶。PLC 控制屏幕上可设定同步千斤顶的数量、压力、精度、位移等,具备功能互锁和过载报警灯功能。每台千斤顶各安装 1 套压力传感器和 1 套位移传感器,实时显示多路位移量和力值。

托换桩基的预顶升施工是对整个托换体系进行原位检验、预超负荷加载以消除托换梁、新桩的部分长期变形,实现托换荷载由原桩向新桩转换的最关键环节。该阶段的施工,整个过程都是在高精度测试系统的严密监控下,经过精心组织、精细化操作完成,见图 6-6-4。

顶升施加顶力时,采取分级加压原则,将设计顶升力等分成 n 级逐步施加,每级增量按设计要求持荷,等结构稳定后方可加次级荷载,直至满足设计要求。

顶升时,严格控制千斤顶的顶升力和托换梁的位移,各千斤顶顶升力达到控制值而托换梁位移未达到位移值,或托换梁位移值已达到控制值而顶升力未达到控制值时,则立即通知设计单位,对施工参数进行调整。当每个顶升点位移与初始点沉降达到警戒值时,暂停施工,启动顶升设备开始顶升。顶升到位后,用机械锁锁死,待沉降稳定后继续施工。

顶升过程中,测量监理全程监测,对油缸压力、托换梁的应力、变形及现况桥梁墩柱沉降、倾斜、梁底变形进行实时监测并记录,遇油缸压力异常变化(急剧增大或降低)、梁体变形等情况立即关闭系统,排除故障后方可继续支顶。

按照设计所给压力值贴合梁底,达到预定顶力后,千斤顶自动中止顶升。

6. 旧桩截除是关键的一步,需各方协调配合

截桩前召开预备会,施工各参建方和地铁运营各相关配合单位参加,分析截桩可能出现的各种风险,并论证应急预案的合理性和可操作性。

托换梁顶升完毕后,被托换桩桩顶荷载接近零时,锁定千斤顶,根据第三方监测数据评判是否达到截桩要求。符合截桩条件后,利用地铁运行空窗期实施托换梁下旧桩对称截除,截桩机械采用金钢绳锯。

测量监理严密监测每墩最后两棵桩截断后桥梁上拱情况，若截桩后出现轨道上拱位移量超过控制值，需调松截桩影响区域（7号、11号墩两侧各10m，6号、8号、12号墩两侧各10m）轨道扣件，通过更换支座的方式来调整轨道标高。

驻地监理监控每天截桩过程各工序的时间安排，确保线上工作撤场时间为凌晨4：40，以保证地铁运营安全。

截桩后进行静止观测，沉降稳定后，撤出沙箱及自锁装置。

检查施工中破坏预留主筋的恢复情况、梁底凿毛情况、钢筋及预埋注浆管的安装情况，驻地监理旁站微膨胀混凝土的浇筑。

第七章　隧道工程监理

该工程闭合框架隧道长度为1440m，结构断面分为"田字格"和"日"字形式，"田"字断面宽度为30.1m，长度278m；"日"字断面宽度为15.75m，长度1162m。下层行车隧道结构净高6.8m，上层为市政综合管廊结构净高3.5m，地下道路全线下穿，设计速度为80km/h。地下道路净宽11.58m，净高4.5m（单向三车道）。

（一）深基坑开挖及支护体系

该工程隧道穿越翠屏西路、京津公路、果园环岛等重要路口，采用铺盖法施工，隧道围护结构采用围护桩+高压旋喷止水桩+钢支撑，新建围护桩2672棵、高压旋喷止水桩5562棵；其余路段采用明挖法施工，隧道围护结构采用地下连续墙+钢支撑，新建地下连续墙282幅。

1. 隧道围护桩

总监办严格审查桩基施工方案及紧急事故处理预案。

托换区域围护桩的施工，受八通线桥影响，根据轨道运营公司要求及现场实际情况，总监办建议选用改制的反循环钻机，钻塔的有效高度满足轨道运营公司的要求。

过路口时，受交通影响只能利用夜间占路施工，提前对路面进行铣刨，每晚待桩基结束后6:00前铺盖钢便桥恢复交通，对夜间交通组织及各工序的合理安排是监理检查的重点。

开钻前监理与施工人员详细核查地下管线情况，确保安全的情况下才同意开钻。实施过程驻地监理进行全程旁站，重点控制泥浆的调配及导管的密闭性试验、桩位、孔深、桩径、垂直度、清孔情况、钢筋笼接头及监测的预埋件、灌注混凝土、桩基检测。

2. 高压旋喷止水桩

铺盖及托换区域止水桩的施工，受现场环境影响，并结合轨道运营公司要求及现场实际情况，在铺盖体系下及八通线保护区范围内选用特制的矮式高压旋喷钻机。

驻地监理按设计要求的比例严格检测水泥浆的调配。

旋喷注浆过程中，驻地监理全程监控，重点检查泥浆泵的压力、浆液流量、空压机风压和风量、钻机旋转和提升速度、提升钻杆的数量以及实际的浆液耗用量。

3. 地下连续墙

测量监理准确复核每段导墙的位置，并量测导墙的宽度、垂直度均满足设计要求。为防导墙变形，驻地监理按施工方案监督施工方采取沿导墙纵向每隔1m加二道木支撑的加固措施（图6-7-1）。

钢筋笼体积庞大，各段钢筋笼加工场地的布置是首先考虑的问题，钢筋笼吊装前，总监办要严格审批吊装方案，并通过专家论证会。

图6-7-1 地下隧道深基坑钢支撑

施工过程中驻地监理重点检查：钢筋笼制作、声测管、测斜管及预埋件的安装、泥浆的拌制、槽深、两道导管的密闭试验及安装、沉渣厚度、锁口管的安装，全过程旁站混凝土浇筑，随时检测，确保每仓左、中、右混凝土面同步上升，严控锁口管的拔出时间。

4. 隧道开挖

该工程隧道结构底板埋深约21m，地下水量大，从观测井数据显示地下14m左右进入承压水层，对于坑内地下水的处理是基坑开挖前首先考虑的问题，也是该工程监理控制的难点。每仓见底前必须保证地下水位降至底板以下，否则将给底板施工带来众多隐患。

总监严格审批深基坑开挖方案，并通过专家论证。开挖时驻地监理严格监控按专项方案实施。每下挖2m工作面时，驻地监理及时督促并监督施工方施作基坑围护桩间锚喷。开挖面位于每道撑下50cm时，要求及时架设钢支撑，并施加预应力，钢支撑两端要设防坠绳索。基坑开挖过程，为确保基坑两侧土体的稳定，安全监理工程师每日加强槽内支撑及边坡稳定情况的巡查，并做好巡查记录，同时，测量监理与施工测量人员每日两次对开挖部位围护结构进行监测，如遇报警时，总监办下发监理通知，要求立即停止开挖，采取相应的措施，待预警解除，方可同意继续开挖。开挖过程中，安全监理工程师严格检查出土马道、坑内作业机械及现况管线的保护等。该工程在监理人员的严密监控下顺利完成110万 m^3 的出土任务。

（二）铺盖体系

因现场场地条件及交通因素限制，该工程翠屏西路、京津公路及果园环岛等路口处采用铺盖法施工，共铺筑空心板 1015 片，梁体数量较多，全部采用场外加工预制，总监办安排驻厂监理逐片梁进行旁站监控。

该工程隧道曲线段较多，空心板长度 12.96~19.3m 不等，单片梁最重约 29t，受交通环境影响，空心板的安装及铺装层只能利用夜间 22：00 至凌晨 5：00 实施，对此，总监办安排夜班监理人员全程进行严密监控，确保了全部空心板顺利安装就位。

该工程铺盖体系长，对于铺盖下隧道出土、钢支撑的安装、结构钢筋及模板等材料的吊运、结构混凝土浇筑等各工序的实施难度较大，对此，总监办多次组织现场协调会议，帮助施工单位随时解决一些突发问题，合理有序安排各队伍交叉作业，顺利完成铺盖下有限空间作业的施工任务。

（三）隧道闭合框架结构

该工程隧道闭合框架结构"田"字断面分为 10 仓施工，"日"字断面分为 91 仓施工，共计 101 仓。结构底板厚度为 1.2m，侧墙厚度为 1m，中板厚度为 0.8m，顶板厚度为 1.2m。框架结构体量较大，钢筋、防水及混凝土用量较大，且结构从底板到顶板共分五步实施，所涉及的施工缝、变形缝数量较多，同时结构预埋件、穿墙管量大，这些特殊部位将给钢筋、防水及混凝土施工带来一定的难度。对此，总监办投入多名有经验的监理人员，加强关键部位施工的旁站、巡视及检查力度，每周召开监理例会，并在关键部位实施前组织召开现场会议，积极主动地帮助施工单位解决现场的质量问题。在监理的严密监控下，整个隧道框架结构按相应的验收标准及设计文件履行监理验收职责，验收结果合格，并被评为"结构长城杯"优质工程。整体隧道于 2021 年 1 月 20 日放行交通（图 6-7-2）。

图 6-7-2 地下隧道

第七篇　环保篇

概 述

　　环保是工程建设的一个重要组成部分。因为各种工程施工，都会给周围环境带来一定的污染和影响，所以必须应用有关的科学知识和技术手段，通过一系列的组织安排，在确保工程进度和质量的基础上，确保工程的环境安全。

　　为此，在广渠路东延道路项目的施工中，五个标段的项目部，各司其职，各显神通，竭尽全力降低尘土、噪声、光线等污染，为首都的环保工作做出了积极贡献。

　　控制施工现场扬尘污染做到了5个100%，全面恢复了绿色植被，最大限度地节约各种资源，努力做好噪声控制及震动控制，严格防止对水的污染，制订多项文明施工保证措施，有效防止扰民和民扰，苫盖裸露土壤，减少施工噪声，运用湿法作业及洒水降尘。通过上述措施，使整个工程完全达到环保标准。

第一章 广渠路东延道路工程第一标段

一、绿色施工保证体系

项目部成立以项目经理为组长,技术负责人和副经理为副组长的绿色施工领导小组,落实相应的管理职责,实行责任分级负责制,见图7-1-1。

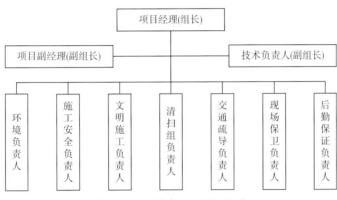

图7-1-1 绿色施工保证体系

二、绿色施工保证措施

1. 控制施工现场扬尘污染要做到5个100%

控制施工现场扬尘污染要做到5个100%,即必须做到工地沙土100%覆盖、工地路面100%硬化、出工地车辆100%冲洗车轮、拆除房屋的工地100%洒水压尘、暂时不开发的空地100%绿化。

(1) 明确责任,专人负责扬尘治理工作。

(2) 施工现场办公区、生活区与施工区分开设置。现场办公、生活区的裸露场地进行绿化、美化,种植速生草。

(3) 做到施工场地硬地化,定期向地面洒水(施工现场每天洒水两次),减少灰尘对周围环境的污染。

(4) 现场运输道路要平整坚实、畅通,每天安排专人清扫工地和道路,保持工地和所有场地道路的清洁。

（5）施工现场出入口处设置冲洗车辆的设施，工地出入口设置洗车槽、冲洗台两座，车辆外出即用水冲洗干净，确认不会对外部环境产生污染后，方可让车辆出门。

（6）4级以上大风、浓雾、大雨等恶劣气候不得进行土方开挖、土方回填，以及其他可能产生扬尘污染的施工。

（7）施工备用的土方或施工产生的土方应集中堆放，并用防尘网全覆盖。土方应集中堆放，采取覆盖和固化等措施。

（8）施工现场易飞扬细颗粒散体材料，应密闭存放。

（9）建筑拆除工程施工时应采取有效的降尘措施。拆除旧有建筑时，应随时洒水，减少扬尘污染。

2. 水土保持措施

施工过程中，禁止侵占非施工用地。项目经理部驻地、材料堆放、便道、机械车辆存放等场地设置合理。对适用于绿化的耕植土、表层熟土应储存于指定地点，集中堆放并采取密目网封闭苫盖，以利后期边坡绿化用土或用作弃土场的表层覆土。

保护用地范围之外的现有绿色植被，清表必须特别注意，尽最大可能保护清理区域范围外的天然植被。因修建临时工程损坏了现有的绿色植被，在拆除临时工程时予以恢复。

施工结束后，被破坏的原有植被场地、因施工造成的裸土，必须按业主、有关部门的规定，恢复原植被，绿化原有场地。

3. 资源节约措施

项目部办公区采用局域网络办公，可安置监控系统，加强对现场的管理。

项目部设立屋顶和雨水收集池，为现场提供洒水、降尘、冲洗轮胎等环保服务。使用节能房屋，充分利用太阳能进行洗澡、照明，采用节能灯具。用电实行计量管理。现场材料堆放整齐、紧凑，减少土地占用。

施工造成的破坏植被的裸土，采取临时绿化措施，避免水土流失。施工后对原有植被进行恢复、合理绿化。

4. 噪声控制及震动控制

施工过程中将严格控制施工产生的噪声及震动，尽量做到，最大限度减少对周围环境的不良影响。

严格控制各种施工机具噪声，对不符合噪声标准的汽车、机械严禁使用。

发电机房采用封闭式结构。发电机设置消音器，以减少噪声和废气污染。

噪声、震动源设备的使用，严格采取有效的隔音措施，并将噪声源作单独的围闭隔离。白天噪声不高于85分贝，夜间噪声不高于55分贝。

5. 水污染的控制

施工场地内设置排水系统，将场地内雨水排至排水系统。

钻孔灌注桩施工泥浆，采用防渗泥浆池，减少渗漏，成孔后泥浆经泌水晒干后，再运至弃土场。

把施工和生活产生的污水排入污水沉淀池，经沉淀后就近接入允许排放的其他地方，严禁随处排放污水。

三、文明施工保证措施

（1）施工人员入场后要进行文明施工入场教育，以提高全体施工人员文明施工自觉性，增强文明施工意识。

（2）加强施工现场的检查与巡视监督，从严要求、持之以恒，使现场文明施工管理真正抓出成效。同时经常征求建设单位和施工监理单位对文明施工的批评意见，及时采取整改措施，切实搞好文明施工。

（3）施工现场主要出入口设置简朴规整的大门，在大门旁显著位置设立明显的图板，标明工程项目名称、主要参建单位、工程概况、开竣工日期、现场施工总平面图、总平面管理、安全生产、文明施工、环境保护、质量控制、材料管理等的规章制度。

（4）围挡管理。施工区范围内采用专用的封闭式硬质围挡，满足文明施工的要求。施工围挡选择干净、整齐、标志清楚、无损坏、耐用的产品。围挡下口用砖基础找平，做到上口整齐，下口封闭，美观、牢固、耐用。外露砖基础用水泥砂浆抹面，既防止施工用水外流，又防止围挡板潮湿、锈蚀，而且美观、整洁。围挡板用钢管或架管做骨架，要用卡环做节点连接材料以保证围挡的整体稳固性。围挡固定采用三脚架支撑，也可借用现场其他可固定围挡的设施。围挡搭设紧凑，保证封闭。

（5）场区内主要施工通道应硬化，并根据施工部署的需要对其进行保养，满足施工和行车需要，并配专人随时清扫，洒水，保持场区清洁卫生，避免扬尘。

（6）现场废料管理。现场设置废料和垃圾的存放地，并设有标志。做到施工现场整洁美观、有序。高处的垃圾和废料要用专门容器收集后，由专人放到垃圾存放地。

及时清理现场内的垃圾和废弃物。

（7）施工用水采用水车供水时，水罐、水管要封严，做到不冒不漏，驾驶员要行车平稳，避免遗洒；施工现场的用电线路、用电设备的安装和使用，必须符合安装规范和安全操作规程，并按照设计进行架设，严禁随意拉线、接电。

（8）按计划合理调拨和购买施工材料。现场材料按规定码放整齐，做到稳固、有序，需要架空或苫盖的材料要按规定进行保护。

（9）施工机械要按照规定位置停放、行驶，不得任意侵占场内道路和在场外乱停乱放。

（10）合理安排工序之间的顺序，对于离办公区较近的施工范围，尽量在白天安排噪声较低的工作。如果必须在白天完成噪声较大的工作，施工方采用低噪声设备或采取必要的围挡降噪措施。

四、防止扰民和民扰的措施

1. 严格执行防止扰民的有关规定

根据北京市对施工现场的绿色施工及环境保护的规定，对施工现场进行全线封闭围挡，加强现场洒水降尘、土方苫盖等工作，减少夜间施工的灯光、噪声的污染，严格执行夜间作业施工时间，并严格执行相关标准，最大程度地降低对周围环境、人员的影响。

开工前，提前走访邻近单位、居民区、街道等地区，书面告知、张贴告示。对居民提出的问题，在处理权限范围内，及早进行处理。

2. 夜间施工

无特殊情况，夜间施工必须在22∶00前结束。

项目部根据施工进度安排无法避免在夜间施工的，应提前向有关部门申报夜间施工的有关手续，经批准领取"夜间施工许可证"或"昼夜施工许可证"。

采取措施减少噪声扰民。同时，在夜间施工时，严禁大声喧哗，装卸物料及码放时轻拿轻放。

夜间施工光源如铲车、汽车灯光及施工照明灯不直接对居民房，并采取有效措施避免直接照射。

各班组考虑工期、工程质量等因素，估计当天22∶00不能停止作业的班组，班组长应提前做好有关工作，及时上报项目部经理审批，经项目部审批后方可进行夜间施工。申请书内容包括：作业部位、作业人数、照明安排、申请作业时间、值班负责人安排、职工安全技术交底情况等。

夜间施工必须遵照国家安全生产管理条例，严禁盲目施工，不得安排年老体弱、带病、疲劳及一切不适合夜间作业的工人进行施工。

对于工期不紧的工序，尽量不安排夜间施工。

对于工期较紧的工序及不能中途停止施工的工序，需对施工作业人员进行日、夜班分班，并适当缩短夜间作业班组的作业时间，安排夜间作业人员适当的休息时间，并提供夜餐，减轻夜间作业人员的劳动强度。

3. 及时处理有关扰民、民扰的各种问题

施工过程中，及时处理有关扰民、民扰的各种问题。加强对环保和安全绿色施工的要求。

大型构件的安装，为保障社会交通畅通，采取夜间运输安装的方式，并采取对讲机通信、荧光棒指挥的方式，以减少扰民噪声。设专人负责现场交通疏导工作。

对于正常的民扰问题，合理地解决。非正常的民扰，与相关部门商议，采取果断措施，坚决执行。

五、雾霾天气应对措施

建立绿色施工组织管理体系，现场由项目经理组织制定绿色施工方案及细则，负责组织绿色施工的实施；对绿色施工的关键点进行监控、动态调整。对现场所有管理人员进行职责分工，把绿色施工具体落实到位。主要包括组织管理、规划管理、实施管理、评价管理和人员安全与健康管理等方面的具体落实。

前期施工阶段，对施工道路、料场等进行硬化，降低裸土面积，裸露场地和集中堆放的土方采取覆盖，建筑施工区域进行覆盖绿化，施工现场出口应设置洗车槽。

土方作业阶段，运送土方、垃圾、设备及建筑材料等，不污损场外道路。运输容易散落、飞扬、流漏的物料的车辆，采取全面覆盖密目网的措施，以减少扬尘，土方运输车辆采用全封闭车斗，保证车辆清洁，采取洒水、覆盖等措施，达到作业区目测扬尘高度小于1.5m，不扩散到场区外。不达要求，暂停土石方开挖、运输作业。

结构施工阶段，作业区目测扬尘高度小于0.5m。对易产生扬尘的堆放材料应采取覆盖措施；对粉末状材料应封闭存放；场区内可能引起扬尘的材料，须有降尘措施，如覆盖、洒水等；浇筑混凝土前清理灰尘和垃圾时尽量使用吸尘器，避免使用吹风器等易产生扬尘的设备；机械剔凿作业时可用局部遮挡、掩盖、水淋等防护措施。

施工现场非作业区达到目测无扬尘的要求。对现场易飞扬物质材料仓库采用全封闭库房，针对性采取有效措施，如洒水、地面硬化、围挡、密网覆盖、封闭等，防止扬尘产生。

机械设备与机具，定期保养机械设备，减少废气排放，控制空气污染。机械拆除前，做好扬尘控制计划。可采取清理积尘、洒水、设置隔挡等措施。

建筑垃圾控制，对现场废物处理进行监控，每天不少于两次的全场清理，清理可能增加扬尘的材料、废物；对施工现场生活区设置封闭式垃圾容器，施工场地生活垃圾实行袋装化，及时清运。对建筑垃圾进行分类，并收集到现场封闭式垃圾站，集中运出。

制定综合应对雾霾天气的专项应急预案，应对严重的雾霾天气。联合开展雾霾天气影响的研究，并在此基础上先做好顶层设计，使预案内容精细化、人性化和公众化，真正制定出操作性强的综合应对雾霾灾害的部门联动专项应急预案，明确各部门应对措施，有效应对不利影响。

加强人员的培训教育宣传工作，聘请监测公司到现场测试空气质量，对检查发现问题区域，分析原因，制定控制措施。

第二章　广渠路东延道路工程第二标段

为响应上级号召，促进通州区空气质量持续改善，增强通州人民群众幸福感和获得感，坚决打赢蓝天保卫战，为改变当前高投入、高消耗、高污染、低效率的模式，承担起企业发展的社会责任和义务。在该工程施工中，项目部贯彻"以资源的高效利用为核心，以环保优先为原则"的指导思想，追求高效、低耗、环保，统筹兼顾，实现经济、社会、环保（生态）综合效益最大化的绿色施工模式。在保证质量、安全等基本要求的前提下，通过科学管理和技术进步，最大程度地节约资源与减少对环境负面影响的施工活动，实现"四节一环保"（节能、节地、节水、节材和环境保护）的目标。

一、围挡

围挡连续封闭设置，使用周期超3个月的围挡采用钢骨架、镀锌板材质，总高4m，面板高3.5m，下砌50cm挡水墙，钢架立柱之间由4道横向方钢龙骨焊接拉结，龙骨外焊接镀锌面板并外贴宝丽布。

围挡外美观洁净、安全牢固，围挡结构及外表如有缺失、破损、污染等，及时进行补充、更换、修补或清洗等维护工作。

二、现场出入口及门前周边道路

施工现场内的主要汽车道路全部进行混凝土硬化处理，现场内未硬化的部位用密目网封闭或种植绿色植物。

现场出入门安装高效洗车设备及配套排水、泥浆沉淀设施。混凝土输送泵车、罐车、渣土运输车等车辆清洗后的废水排入沉淀池，经二次沉淀后循环使用或用于场地洒水降尘，不得直接排入市政污水管网；每周对洗车设施及配套排水、泥浆沉淀设施进行清理和维修保养。

土石方施工阶段，采用湿法作业，对扬尘现场洒水；施工现场所有车辆必须从安装高效洗车设施的出入口进出；车辆冲洗处有专人负责检查监督，保持车辆封闭良

图 7-2-1　工地周边道路清扫　　　　　图 7-2-2　围挡维护

好、载重合理、车轮洁净且车身无积土，否则，车辆一律不得出场。

　　施工过程中，组织成立专职清洁队伍，负责现场进出口及"门前三包"的日常清洁工作，对责任区域进行全面清扫（土石方施工阶段或连续施工阶段，即时清扫，见图 7-2-1），做到责任区域无堆积垃圾，无果皮、纸屑、烟头等废弃物，无污泥污水；围挡规范（图 7-2-2）、美观；道路干净整洁，无积尘浮土，通行畅通，车辆停放整齐有序，无违章占道行为。

三、湿法作业及洒水降尘

　　湿法作业，所有动土作业必须使用雾炮机，要做到"雾炮开，机械动；雾炮停，机械停"（图 7-2-3）。

　　场地清理，所有的施工场地，必须做到"工完料清场地清"，并用水冲洗干净，做到场地内没有明显的浮土和扬尘，见图 7-2-4。

　　　　　　　　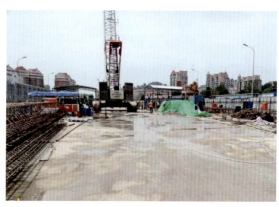

图 7-2-3　湿法作业　　　　　　　图 7-2-4　用水冲洗施工场地

四、土壤苫盖

负责施工现场密布网、防尘网、降尘网等扬尘苫盖材料的统一采购、使用及储备。

对裸露地面等位置进行水平苫盖时，必须使用 10cm×10cm 内 800 目以上标准的密布网进行苫盖，并使用木方或其他条形材料对网体进行固定压实。

施工现场内存放土方，形状整齐大方，采用密布网苫盖，100% 覆盖。边缘采取重叠覆盖措施，并必须使用木方或其他条形材料对网体进行固定压实。同时，按照"六全两到位"的标准落实，即"出入道路全硬化、监控冲洗全齐备、喷雾保洁全时段、作业现场全覆盖、裸露土地全绿化、分类处置全规范"和"落实主体责任到位、落实覆盖标准到位"。

五、降低施工噪声措施

施工现场提倡文明施工，减少人为的大声喧哗，增强全体施工人员防噪声扰民的自觉意识。

产生强噪声的成品加工、制作作业，尽量放在工厂、车间完成，减少因施工现场的加工制作产生的噪声；施工现场尽量选用低噪声或备有消声降噪设备的施工机械；在具备相应条件的施工现场设置封闭罩棚，以减少强噪声的扩散。

制定防止噪声污染的措施，减少或者避免附近居民投诉，针对此工作，指定专人负责，并将名单报建设单位。

为减少施工噪声对周边的影响，在培智学校处设置 64.6m 隔音屏（图 7-2-5）。

图 7-2-5　在学校设置隔音屏

六、非道路移动机械管理

广渠路东延2号标位于通州低排区,标段范围内禁止使用高排放的非道路移动机械。非道路移动机械经过环保登记取得二维码并通过进场核查验收,在机械的显著位置张贴验收标识,方可进场使用。同时建立了非道路移动机械进出场台账,标段内全部非道路移动机械张贴验收标识进场使用。

七、物料运输

运输垃圾、渣土、砂石、土方、灰浆等散装、流体物料的,依法使用符合条件的车辆,密闭运输。运输途中防尘措施到位,从施工现场主要道路到目的地全程不扬撒、不遗撒。

已取得市政管理行政部门办理的渣土消纳许可证,并公示渣土消纳许可证,同时按照规定的时间、路线和要求,消纳建筑垃圾、渣土。施工现场使用有资质的运输单位和符合要求的运输车辆承担现场土方、建筑垃圾等的运输任务。

施工现场渣土运输车须严格执行"三不进两不出"规定,即"无准运许可证的车辆不许进入施工工地,密闭装置破损的车辆不许进入施工工地,排放不达标的车辆不许进入施工工地,超量装载的车辆不许驶出施工工地,遮挡污损号牌、车身不洁、车轮带泥的车辆不许驶出施工工地"。

安排专人对进出施工现场的运输车辆进行逐一检查,做好登记。做到检查行为留痕,并保存证明运输车辆符合进出施工现场要求的相关证据。

每日出土结束后,项目部派专人专车沿出土路线进行巡视检查,留存影像资料。若发现有遗撒,及时上报,项目部立即组织人工、机械进行遗撒清理工作。

八、垃圾处理

施工现场设置密闭式垃圾池,生活垃圾和施工垃圾分开存放,垃圾池容量满足施工现场垃圾处理使用需求(图7-2-6)。

安排专人负责对现场垃圾进行管理,通过具备垃圾消纳资格的达标运输车辆每晚对垃圾池进行清

图7-2-6 封闭式垃圾站

理,将垃圾运送到指定的垃圾处理场所。

九、应急管理

密切关注大风及暴雨、雪等极端天气预报,做好各项安全措施,并在施工现场明显位置设立极端预警天气信息发布牌。

当相关部门发布空气重污染预警信息后,张贴预警公示牌,并严格落实应急措施。

根据整体施工进度及实际天气情况做好上述各类洒水降尘除尘设备的使用计划,在施工现场明显部位进行通知公示。空气重污染预警和霾污染预警过程中,适当增加设备使用频次及时长;各类洒水降尘除尘设备在适宜温度下使用,室外最高气温低于10℃时适当减少其使用,可配合其他降尘措施进行降尘,确保整体降尘效果。

十、项目重视

广渠路东延 2 号标段项目部十分重视扬尘治理工作,成立扬尘治理办公室,由项目经理直接管理。

项目经理及其他项目领导在每次巡查现场过程中,都把文明施工、扬尘治理作为一项重要的检查内容。同时为使分包单位重视扬尘治理工作,与分包单位逐一签订扬尘治理协议书。

第三章 广渠路东延道路工程第三标段

环保是社会对施工建设项目新的重点要求，该工程场地大、土方量大，土方开挖倒运工作量大，且施工过程中交通沿导改路正常通行，有一定社会影响，故对扬尘处理、场地覆盖提出较高要求。应对措施如下：

（1）严格执行空气污染应急预案的要求，不可以怀有不负责任的侥幸心理。

（2）尽可能硬化施工场地和临时道路，现场设置水雾炮、降尘喷雾、洒水车、车辆出入清洗装置等防尘设施。

（3）建立健全文明施工环保体系，成立监督管理小组，严格执行环保条例等有关规定。

文明规范，注重环保，切实搞好标准化工地建设，做到施工场地景观化，严格按设计施作环保设施，认真做好生态环境保护工作，不乱弃渣，不乱排污，不乱取土。

第四章　广渠路东延道路工程第四标段

一、绿色施工基本概述

（一）绿色施工管理目标

（1）环境保护4个节约、5个100%。

（2）无环境污染和扰民事件。

（3）采用环保、重复使用的材料。

（4）现场日常综合管理达标。

（二）绿色施工管理框架

绿色施工总体框架由施工管理、资源节约、环境保护、作业环境与职业健康组成，其框架结构图如图7-4-1所示。

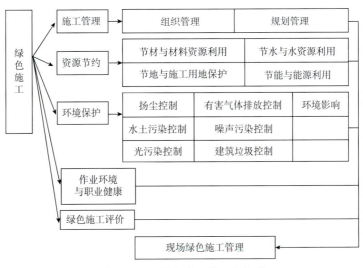

图7-4-1　绿色施工管理框架图

二、绿色施工保障措施

（一）绿色施工保证体系

建立绿色施工保证体系，严格按照保证体系运行，确保绿色施工的顺利开展，绿色施工体系及组织机构如图 7-4-2 和图 7-4-3 所示。

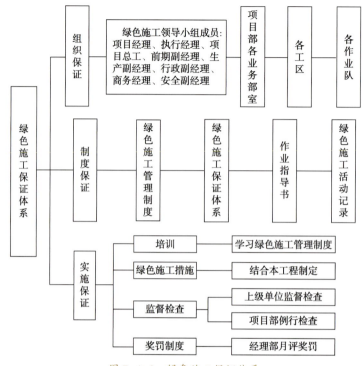

图 7-4-2　绿色施工保证体系

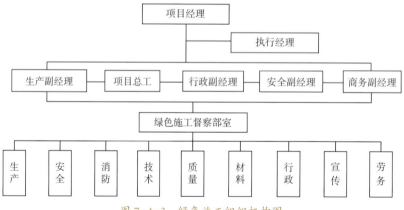

图 7-4-3　绿色施工组织机构图

（二）绿色施工方案

编制绿色施工方案，绿色施工方案包括以下内容：

（1）环境保护措施，制订环境管理计划及应急救援预案，采取有效措施，降低环境负荷，保护地下设施和文物等资源。

（2）节材措施，在保证工程安全与质量的前提下，制定节材措施。如进行施工方案的节材优化、建筑垃圾减量化、尽量利用可循环材料等。

（3）节水措施，根据工程所在地的水资源状况，制定节水措施。

（4）节能措施，进行施工节能策划，确定目标，制定节能措施。

（5）节地与施工用地保护措施，制定临时用地指标、施工总平面布置规划及临时用地节地措施等。

三、环境保护施工保障措施

（一）环境保护工作内容

依据该工程的主要施工内容，环境保护内容主要包括噪声控制、扬尘和大气污染控制、工地排水和污水处理、泥浆及固体废弃物处理、城市生态控制、卫生防疫、保洁清理等。环境污染影响因素分析见表7-4-1所示。

环境影响主要因素分析表　　　　　　表7-4-1

环境污染内容	影 响 因 素
噪声污染	路面破除：破碎锤、渣土车
	连续墙施工：成槽机械、吊装机械
	钻孔灌注桩：钻孔成孔、吊装机械
	基坑开挖施工：渣土车、挖掘机
	主体结构施工：汽车吊、钢筋切割、模板切割
	顶管施工：垂直运输机械、渣土车、挖掘机、泥浆分离机械
	管道敷设：汽车吊
	道路恢复：沥青摊铺机、沥青运输车、振动压路机
	附属设施工程：装修
扬尘和大气污染	路面破除
	基坑土方开挖
	渣土车运输引起的扬尘
	道路恢复沥青摊铺
水污染	工地污废水排放及基坑内排水
	办公区及生活区污废水排放
泥浆、固体废弃物	办公区垃圾
	地下连续墙泥浆池、
	顶管施工泥浆分离区泥浆
生态环境破坏	施工围挡内对原有地表及绿化的破坏

（二）环境保护控制措施

1. 噪声控制措施

（1）施工场地噪声控制标准按相关文件要求执行，确保施工作业区边界噪声符合要求。

（2）禁止施工人员在居民区附近和夜间施工时高声喧哗，避免人为噪声扰民，严格按照夜间、白天施工噪声控制标准控制作业。

（3）进入现场的挖土机、汽车不准鸣笛，夜间用灯光控制信号，现场大门处基槽坡道入口处，设置"不准鸣笛"的明显标志。

（4）采用低噪声、低震动的施工机械施工，减轻噪声扰民。严格按照施工阶段噪声限定值进行控制。

（5）对于搅拌机等有噪声的设备，对其加盖工作棚，使其封闭，以减少噪声，起重设备设置隔音罩等消音措施，控制施工噪声，并严禁在夜间使用。

2. 扬尘与大气污染控制措施

（1）施工现场材料存放区、加工区及大模板存放场地应平整坚实。砂石、水泥等材料仓库必须全封闭，运输和堆放也必须进行遮盖。

（2）土方施工阶段，配备洒水车，采取淋水降尘措施，必要时加盖防尘网布。

（3）土方车辆必须经过拍槽，清除槽帮黏土以后合拢铁盖，经过隔离路段后，方可上路，以防遗撒扬尘。场地出口设洗车设备，并设专人对所有出场地的车辆进行100%冲洗，严禁遗撒。

（4）运输土方或垃圾的渣土车必须符合北京市相关文件要求，且证件齐全、未过期。

（5）清扫道路和车辆，将现场出入口及路上遗撒的渣土和粉屑清除干净。

（6）施工现场主要道路应根据用途进行硬化处理，土方应集中堆放。裸露的场地和集中堆放的土方应采取覆盖、固化或绿化等措施。

（7）遇有四级以上大风天气不得进行土方回填、转运以及其他可能产生扬尘污染的施工。

（8）施工现场办公区和生活区的裸露场地应进行绿化、美化。

（9）施工现场应建立封闭式垃圾站，建筑物内施工垃圾的清运应采用密闭容器吊运，严禁凌空抛撒。

（10）严禁在施工现场焚烧处理施工废弃物。

3. 工地排水与污水处理方案

（1）废水或污水集中处理，经检验符合《污水综合排放标准》（GB 8978—1996）规定后，排放在当地环保部门同意的指定地址弃置。

（2）在工程施工准备阶段完成工地排水处理设施的建设，根据施工地区排水网的走向和过载能力，选择合适的排口位置和排放方式。

（3）燃油式机械、运输车辆以及动力设备在维修、保养过程中产生的废弃污水要集中回收，在进行无害处理后，排放到指定地点。

（4）施工现场搅拌机前台、混凝土输送泵及运输车辆清洗处设置沉淀池，废水不得直接排入市政污水管网，经二次沉淀后循环使用或用于洒水降尘。

（5）施工现场存放的油料和化学溶剂等物品应设有专门的库房，地面应做防渗漏处理。

（6）食堂设隔油池，食堂、盥洗室、淋浴间的下水管线设置过滤网，现场设置的临时厕所化粪池做抗渗处理。

4. 固体废弃物处理、处置方案

（1）制定泥浆和废渣的处理、处置方案，在工地内设置沉淀池，废泥浆和淤泥使用专门的车辆运输。

（2）剩余料具、包装及时回收清退，对可再利用的废弃物尽量回收利用。

（3）施工现场内无废弃混凝土和砂浆，运输道路和操作面落地料及时清扫。混凝土、砂浆倒运时应采取防撒落措施。

（4）施工中减少施工固体废弃物的产生。工程结束后，对施工中产生的固体废弃物全部清除。

（5）严禁垃圾乱倒、乱卸，施工现场设垃圾站，生活垃圾和建筑垃圾按规定分开集中收集，生活垃圾每班清扫、每日清运。

（6）选择对外环境影响小的出料口、运输路线和运输时间。

5. 城市生态控制措施

（1）在施工范围内对城市绿化严格按照法规执行。合理布置施工场地，生产、办公设施布置在征地红线以内，尽量不破坏原有的植被，保护自然环境。

（2）对施工中可能遇到的各种公共设施，制定可靠的防止损坏和移位的实施措施，向全体施工人员交底。

（3）施工场地采用硬式围挡，施工区的材料堆放、材料加工、出碴及出料口等场地均设置围挡封闭。施工现场以外的公用场地禁止堆放材料、工具、建筑垃圾等。

（4）工程竣工后搞好地面恢复，恢复原有植被，防止水土流失。保持城市原有环境风貌的完整和美观。

6. 光污染控制

（1）合理安排作业时间，尽量避免夜间施工。

（2）必要时的夜间施工，合理调整灯光照射方向，在保证现场施工作业面有足够光照的条件下，减少对周围居民生活的干扰。

（3）在高处进行电焊作业时采取遮挡措施，避免电弧光外泄。

7. 环境影响控制

（1）工程开工前，建设单位组织对施工场地所在地区的土壤环境现状进行调查，制定科学的保护或恢复措施，防止施工过程中造成土壤侵蚀、退化，减少施工活动对土壤环境的破坏和污染。

（2）涉及古树名木保护的，工程开工前，由建设单位提供政府主管部门批准的文件，未经批准，不得施工。

（3）施工中涉及古树名木确需迁移，按照古树名木移植的有关规定办理移植许可证和组织施工。对场地内无法移栽、必须原地保留的古树名木划定保护区域，严格履行园林部门批准的保护方案，采取有效保护措施。

（4）在施工过程中一旦发现文物，立即停止施工，保护现场并通报文物管理部门。因特殊情况不能避开的地上文物，积极履行经文物行政主管部门审核批准的原址保护方案。

（5）对于因施工而破坏的植被、造成的裸土，及时采取有效措施以避免土壤侵蚀、流失，如可采取覆盖砂石、种植速生草种等措施。

（6）施工结束后，被破坏的原有植被场地恢复或进行合理绿化。

第五章 广渠路东延道路工程第五标段

一、绿色施工管理目标及方针

1. 绿色施工方针、目标及依据

符合环境管理标准 GB/T 24001 的要求。遵循以人为本组织施工；利用人类关于环保的基本能力，建立有效运行的环境管理体系。做好工程周围公益、环保事业，给周围居民一个好的生活环境。贯彻以资源的高效利用为核心，以环保优先为原则的指导思想，追求高效、低耗、环保，统筹兼顾，实现经济、社会、环保（生态）综合效益最大化的绿色施工模式。该工程绿色施工方针及目标见表 7-5-1 和表 7-5-2。

绿色施工方针　　表 7-5-1

序号	环境方针	环境方针阐述
1	坚持人文精神	遵循以人为本组织施工；利用人类关于环保的基本能力，建立有效运行的环境管理体系
2	营造绿色建筑	施工过程具有节能、降耗、低污染的特征；材料和施工工艺具有环保型特征

绿色施工目标　　表 7-5-2

序号	环境目标	环境目标阐述
1	噪声	噪声排放达标，符合国家和北京市相关噪声排放规定，满足招标文件要求
2	粉尘	控制粉尘及气体排放量，不超得过法律、法规的限定数值及招标文件的要求
3	固体废弃物	减少固体施工现场废弃物的产生，尽可能合理回收可利用建筑垃圾和废弃材料
4	污水	施工区及施工现场生产、生活污水排放达标，符合《污水综合排放标准》规定
5	资源	控制水电、纸张、材料等资源消耗，建筑施工垃圾分类处理，尽量回收利用
6	综合目标	施工工地扬尘管理达到优秀等级

2. 环境保护培训

大力宣传"绿色施工"的教育力度，增强全员"绿色施工"的意识，提高全员综合素质，使每个施工者和管理者从自我做起，自觉爱护施工现场的一草一木，节约用水、用电、用纸，不乱扔废弃物，保持现场环境整洁，是实现"绿色施工"的基础。

由项目经理组织编制绿色施工作业指导书、环保教育计划，并进行培训，总部定期检查、考核培训效果，建立奖罚制度，责任到人。其中对可能产生重大环境影响的操作人员除通过作业指导书指导外，还要通过现场实地演习的方式考核，并做详细记录。

二、绿色施工措施

绿色施工拟采取的措施示意图见图 7-5-1。

（一）"四节"实施措施

1. 节能措施

（1）制订合理施工能耗指标，提高施工能源利用率。根据当地气候和自然资源条件，充分利用太阳能、地热等可再生能源。

（2）优先使用国家、行业推荐的节能、高效、环保的施工设备和机具。合理安排工序，提高各种机械的使用率和满载率，降低各种设备的单位耗能。优先考虑耗用电能或其他能耗较少的施工工艺。

（3）临时设施宜采用节能材料，墙体、屋面使用隔热性能好的材料，减少夏天空调、冬天取暖设备的使用时间及耗能。

（4）临时用电优先选用节能电线和节能灯具，照明设计以满足最低照度为原则，照度不应超过最低照度的 20%。合理配置采暖、空调、风扇数量，规定使用时间，实行分段分时使用，节约用电。

（5）施工现场分别设定生产、生活、办公和施工设备的用电控制指标，定期进行计量、核算、对比分析，并有预防与纠正措施。

2. 节材措施

（1）审核节材与材料资源利用的相关内容，降低材料损耗率；合理安排材料的采购、进场时间和批次，减少库存；应就地取材，装卸方法得当，防止损坏和遗撒；避免和减少二次搬运。

（2）推广钢筋专业化加工和配送，采用非木质的新材料或人造板材代替木质板材。

（3）墙体结构选用耐候性及耐久性良好的材料，施工确保密封性、防水性和保温隔热性，并减少材料浪费。

图 7-5-1 绿色施工措施图

（4）应选用耐用、维护与拆卸方便的周转材料和机具。模板应以节约自然资源为原则，推广采用外墙保温板替代混凝土施工模板的技术。

（5）现场办公和生活用房采用周转式活动房。现场围挡应最大限度地利用已有围墙，或采用装配式可重复使用围挡封闭。力争工地临房、临时围挡材料的可重复使用率达到70%。

3. 节水措施

（1）施工中采用先进的节水施工工艺。

（2）现场搅拌用水、养护用水应采取有效的节水措施，严禁无措施浇水养护混凝土。现场机具、设备、车辆冲洗用水必须设立循环用水装置。

（3）项目临时用水应使用节水型产品，对生活用水与工程用水确定用水定额指标，并分别计量管理。

（4）现场机具、设备、车辆冲洗、喷洒路面、绿化浇灌等用水，优先采用非传统水源，尽量不使用市政自来水。力争施工中非传统水源和循环水的再利用量大于30%。

（5）保护地下水环境。采用隔水性能好的边坡支护技术。在缺水地区或地下水位持续下降的地区，基坑降水尽可能少地抽取地下水；当基坑开挖抽水量大于50万 m^3 时，应进行地下水回灌，并避免地下水被污染。

4. 节地措施

（1）临时设施的占地面积应按用地指标所需的最低面积设计。要求平面布置合理、紧凑，在满足环境、职业健康与安全及文明施工要求的前提下尽可能减少废弃地和死角，临时设施占地面积有效利用率大于90%。

（2）应对深基坑施工方案进行优化，减少土方开挖和回填量，最大程度地减少对土地的扰动，保护周边自然生态环境。

（3）红线外临时占地应尽量使用荒地、废地，少占用农田和耕地。利用和保护施工用地范围内原有的绿色植被。

（4）施工总平面布置应做到科学、合理，充分利用原有建筑物、构筑物、道路、管线为施工服务。

（5）施工现场道路按照永久道路和临时道路相结合的原则布置。施工现场内形成环形通路，减少道路占用土地。

（二）环境保护措施

1. 扬尘等大气污染控制措施

施工单位严格执行《北京市大气污染防治条例》《北京市建设工程施工现场扬尘污染

防治现场检查标准实施细则》等相关规定，重点加强扬尘、烟尘控制，防止大气污染。

（1）现场主干道路和加工场地进行硬化，设专人负责每日洒水降尘和清扫，并在基坑周围道路设置自动喷雾降尘装置，保持道路清洁湿润，如图 7-5-2 所示。

图 7-5-2　洒水车及喷淋装置

（2）运输材料、垃圾和泥土等车辆，在驶出建设施工现场之前，做好冲洗、苫盖、清洁等工作，防止建筑垃圾、泥土散落，污染周边环境。

（3）不能外运的土方，采取集中堆放、压实、绿网覆盖等有效措施，减少泥土裸露时间和裸露面积，防止泥土粉尘污染；闲置 6 个月以上的现场空地，进行简单绿化处置，如图 7-5-3 所示。

（4）现场严禁加热、融化、焚烧有毒有害物质及其他易产生有毒气体的物质，如图 7-5-4 所示。

图 7-5-3　土堆场防扬措施　　　图 7-5-4　严禁现场焚烧

（5）采用商品混凝土和预拌砂浆，现场不设搅拌站，减少水泥、砂颗粒的扬尘。

（6）现场不使用有明显无组织排放尘埃的中小型粉碎、切割、锯刨等机械设备。

2. 固体废弃物控制措施

按照规定统计申报建筑垃圾装运计划、实施措施及装运处置方案，确定一名专管人员具体负责该工地建筑垃圾清运管理工作，并建立相应的管理台账备查。

（1）建筑垃圾分为可利用建筑垃圾和不可利用建筑垃圾，按现场平面布置图确定的建筑垃圾存放点分类集中封闭堆放（稀料类垃圾采用桶类容器存放）。

（2）所施工作业面上的垃圾采用管道垃圾道收集至首层垃圾房存放，并安排专人进行周期性清理，严禁凌空抛撒。

（3）加强对垃圾承运单位运输车辆的检查督促工作，杜绝外运垃圾"去向不明"，确保外运建筑垃圾的可追溯性。

①检查核实运输车辆是否符合以下条件：

a. 合同委托的运输单位和车辆号码；

b. 持有建筑垃圾处置核准文件；

c. 装运建筑垃圾车辆的密闭要求。

②督促车辆驾驶人员自觉做好车辆冲洗维护保养工作，保持车容车貌整洁完好。

③严禁车厢不密闭、车容不整洁、超载的车辆驶出工地。

（4）建筑垃圾清运管理人员须根据项目部安全文明施工相关管理办法及招标人、监理单位相关具体要求，合理安排垃圾分类、堆放、封闭、苫盖等日常工作，并做到当天垃圾当天清理。

3. 水处理及循环控制措施

（1）雨水管理：

①项目开工前，在做现场总平面规划时，设计现场雨水管网，并将其与市政雨水管网连接。

②设计现场污水管网时，确保不得与雨水管网连接。由项目安全管理员通知进入现场的所有单位，不得将非雨水类污水排入雨水管网。

（2）厕所污水。

施工现场设冲水厕所，厕所污水进入化粪池沉淀后，再排入现场污水管网；每天派专人将冲水式厕所垃圾清运到化粪池；项目安全管理员负责与当地环卫部门联络，定期对化粪池进行清理。

（3）冲洗污水。

现场各出入口设车辆冲洗设备，所有冲洗车辆产生的污水经二次沉淀后循环利用，不得直接排入市政污水管线，如图7-5-5所示。

4. 噪声污染控制措施

噪声污染主要防治措施如下：

图 7-5-5 车辆冲洗设备

（1）根据噪声敏感点和实际环境特点，采取降噪措施，如对噪声超标的通风口加消声器，优化通风口布局；采用低噪声变压器并对变电所采取适当屏蔽措施，降低主变压器和通风机产生的噪声、变电所产生的电磁场对周围环境产生的影响。

（2）综合管廊通风口和变电所合理利用地物地貌、绿化带等作为隔声屏障，其运营维护结合噪声衰减要求、周围土地利用现状与规划、景观要求、水土保持规划等进行。

（3）加强对地面噪声的监测，对环境噪声超标的综合地面设施提出噪声削减方案。

5. 光污染控制措施

（1）夜间施工现场照明灯加设灯罩，透光方向集中在施工范围，定向灯罩如图 7-5-6 所示。

（2）电气焊作业采取遮挡措施，避免电气焊光源外泄，焊接遮光示意如图 7-5-7 所示。

 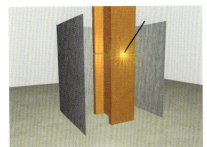

图 7-5-6 定向灯罩　　　　　图 7-5-7 焊接遮光示意

6. 环保监控

该工程安全管理部负责组织环保监测，必要时邀请当地环保部门到场进行噪声、水质、扬尘监测，并根据监测结果，确定是否需要采取更为严格的防控措施，确保现场污染排放始终控制在国家及北京市有关环保法规的允许范围内。

（1）扬尘监测。安全管理部在扬尘作业高峰时进行监测，采用 L170208 便携式微电脑粉尘仪监测。

（2）噪声监测详见表7-5-3。

噪声监测　　　　　　　　　　　　　　　表 7-5-3

序号	监测项目	监测内容
1	测试时间	结构、装修等主要施工阶段施工开始后3日内进行1次，施工正常进行后再进行一次，测量时间分为昼间及夜间两部分，夜间测量在22时以后进行，选在无雨、无雪和轻风时进行测试，当风级超过三级时，加防风罩，超过四级时停止测试
2	测试方法	测量应在噪声最大时进行，在同一测量点，连续测量5~7个数值，每次读数的间隔时间为5s，测量值为5~7个数的平均值
3	测量点	设在施工现场的边界线上，且距离噪声源最近地方
4	测试仪器	选用HS5920袖珍型噪声监测仪
5	监测记录	按附表要求由测试人填写记录
6	测试后处理	当测试结果高于规定指标时，则采取更严格的降噪措施

（3）水质监测。在施工期间，由安全管理部邀请当地环保部门来现场，在总排污口区取样进行化验，根据监测报告，确定是否需要采取更为严格的防控措施。

7. 垃圾分类及材料堆放

场区周边实行门前三包制度，现场设置专人负责场容清洁，每天清扫，洒水降尘。装运松散物料的车辆，要加以覆盖，确保运输不遗撒。施工现场易产生扬尘污染的作业区进行封闭作业，现场做到工完场清，建筑垃圾集中清运。

垃圾分类集中密闭堆放，塔楼各楼层垃圾采用移动式密封垃圾桶存放，每天通过垂直运输机械运至室外，严禁临空抛撒和随意放置，如图7-5-8所示。

图 7-5-8　垃圾分类

8. 场区保洁

根据现场总施工人员来配备文明施工员。每天派洒水车对便道洒水，防止扬尘，安排清扫车对施工区域内现有道路与便道交叉口处进行清扫，确保路面干净整洁。

运输建筑材料、垃圾和泥土等车辆，在驶出建设施工现场之前，做好冲洗、苫盖、清洁等工作，防止建筑垃圾、泥土散落，污染周边环境。

第八篇　成果篇

概 述

  一项工程，就是一个科研项目。参与广渠路东延道路项目的建设者们，勇于探索，大胆尝试，用成绩展示成果。

  广渠路东延道路工程项目，共获得30多项科技发明专利和20多个工程奖项。其中第一标段获得实用新型专利5项，第二标段获得实用新型专利15项。而这些专利、获奖名次和获奖证书都是建设者们用汗水、用智慧换来的荣誉。

第一章　广渠路东延道路工程第一标段

（1）已申请实用新型专利五项：

①一种道路施工用路面修补装置；

②一种综合管廊多功能施工操作平台；

③一种玻璃钢地下综合管廊金属支撑架；

④一种通风除尘式综合管廊；

⑤一种综合型管廊结构。

（2）"广渠路东延道路工程 1# 标段 BIM 技术综合应用"荣获 2019 年度北京市工程建设 BIM 成果证书，被评为综合应用成果Ⅲ类，如图 8-1-1 所示。

图 8-1-1　2019 年度北京市工程建设 BIM 成果证书

（3）为进一步提高现场质量以及新技术在该工程的应用，自开工以来项目共成立四个 QC 小组，参与了北京市市政工程行业协会举办的 QC 小组活动，并取得优异成绩，见表 8-1-1 和图 8-1-2。

获奖列表　　　　　　　　　　　　　　　表 8-1-1

小组名称	课题名称	奖　项
慕辰 QC 小组	提高钻孔灌注桩钢筋笼合格率	优秀奖
晓岸 QC 小组	提高墩柱与盖梁连接处的外观质量	二等奖
一方 QC 小组	提高闭合框架冬期混凝土养护质量	Ⅱ类成果
精匠 QC 小组	提高隧道预铺反粘式防水卷材拼接质量	Ⅰ类成果

图 8-1-2 获奖证书

第二章 广渠路东延道路工程第二标段

项目部始终坚持以科技创新推动质量管理，推动项目降本增效，创精品工程，项目进场之初积极组织开展科技策划，过程中聘请内外部专家论证工程重难点，经过不断修改和完善，形成了一系列的科技成果，如下：《BIM 技术在市政道路工程中的应用》获得 2019 年度天津市建设系统 BIM 单项应用一等奖；《提高夜间施工机械使用率》获得 2019 年度北京市市政工程建设 QC 小组优秀成果三等奖；《一种用于坑道施工的多功能升降架》《一种用于隧道施工的高压旋喷机》等 15 项新型技术获得实用新型专利。

（1）"一种用于隧道结构伸缩缝的伸缩装置"实用新型专利证书（图 8-2-1）。

（2）"一种用于基坑边缘安全防护装置"实用新型专利证书（图 8-2-2）。

图 8-2-1 "一种用于隧道结构伸缩缝的伸缩装置"实用新型专利证书

图 8-2-2 "一种用于基坑边缘安全防护装置"实用新型专利证书

（3）"一种钢筋弯曲装置"实用新型专利证书（图 8-2-3）。

（4）"一种钢筋笼起吊装置"实用新型专利证书（图 8-2-4）。

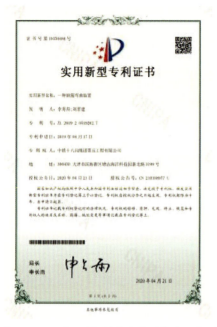

图 8-2-3 "一种钢筋弯曲装置"实用新型专利证书

图 8-2-4 "一种钢筋笼起吊装置"实用新型专利证书

（5）"一种环保型卧式水泥罐装置"实用新型专利证书（图 8-2-5）。

（6）"一种坑道用多功能护栏"实用新型专利证书（图 8-2-6）。

图 8-2-5 "一种环保型卧式水泥罐装置"实用新型专利证书

图 8-2-6 "一种坑道用多功能护栏"实用新型专利证书

(7)"一种桥梁顶升装置"实用新型专利证书(图8-2-7)。

(8)"一种桥梁施工用材料运输装置"实用新型专利证书(图8-2-8)。

图8-2-7 "一种桥梁顶升装置"实用新型专利证书

图8-2-8 "一种桥梁施工用材料运输装置"实用新型专利证书

(9)"一种钢筋笼起吊警示装置"实用新型专利证书(图8-2-9)。

(10)"一种桥廊施工用防护装置"实用新型专利证书(图8-2-10)。

图8-2-9 "一种钢筋笼起吊警示装置"实用新型专利证书

图8-2-10 "一种桥廊施工用防护装置"实用新型专利证书

（11）"一种混凝土输送装置"实用新型专利证书（图8-2-11）。

（12）"一种用于地下隧道施工的装载设备"实用新型专利证书（图8-2-12）。

图8-2-11　"一种混凝土输送装置"
实用新型专利证书

图8-2-12　"一种用于地下隧道施工的装载
设备"实用新型专利证书

（13）"一种用于坑道施工的多功能升降架"实用新型专利证书（图8-2-13）。

（14）"一种用于隧道施工的打眼机"实用新型专利证书（图8-2-14）。

图8-2-13　"一种用于坑道施工的多功能
升降架"实用新型专利证书

图8-2-14　"一种用于隧道施工的打眼机"
实用新型专利证书

（15）"一种用于隧道施工的高压旋喷机"实用新型专利证书（图8-2-15）。

图8-2-15　"一种用于隧道施工的高压旋喷机"实用新型专利证书

（16）程亚军的《提高夜间施工机械使用率》获2019年度北京市市政工程建设QC小组优秀成果三等奖（图8-2-16）。

（17）《BIM技术在市政道路工程中的应用》获得2019年度天津市建设系统BIM单项应用一等奖（图8-2-17）。

图8-2-16　程亚军的《提高夜间施工机械使用率》获2019年度北京市市政工程建设QC小组优秀成果三等奖

图8-2-17　《BIM技术在市政道路工程中的应用》获得2019年度天津市建设系统BIM专项成果一等奖

第三章 广渠路东延道路工程第三标段

一、获得五项实用新型专利

（1）"一种地下破障用尖劈结构"实用新型专利证书（图8-3-1）。

（2）"一种成槽机抓斗"实用新型专利证书（图8-3-2）。

图8-3-1　"一种地下破障用尖劈结构"实用新型专利证书

图8-3-2　"一种成槽机抓斗"实用新型专利证书

（3）"一种钢筋套筒的快速连接装置"实用新型专利证书（图8-3-3）。

（4）"一种基坑钢支撑法兰连接用操作平台"实用新型专利证书（图8-3-4）。

图8-3-3　"一种钢筋套筒的快速连接装置"实用新型专利证书

图8-3-4　"一种基坑钢支撑法兰连接用操作平台"实用新型专利证书

（5）"一种刮平式挖掘机铲斗"实用新型专利证书（图8-3-5）。

二、获奖情况

（1）《气举反循环地下连续墙成槽施工工艺》在首届"建安杯"全国工程质量安全短视频大赛获得三等奖（图8-3-6）。

图8-3-5 "一种刮平式挖掘机铲斗"
实用新型专利证书

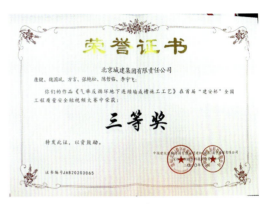

图8-3-6 荣誉证书

（2）《提高钢筋保护层厚度合格率》获得2020年北京市工程建设质量管理小组Ⅰ类成果（图8-3-7）。

（3）获得北京市2020年度市政基础设施公用、公路工程结构长城杯金质奖。

图8-3-7 《提高钢筋保护层厚度合格率》
获得2020年北京市工程建设
质量管理小组Ⅰ类成果

第四章 广渠路东延道路工程第四标段

2020年上半年在公联和集团公司的支持下，项目部开展了QC课题小组活动，QC成果"降低地下综合管廊工程结构施工缝处渗漏率"作为年度QC成果获得中国施工企业管理协会"工程建设优秀质量管理小组一等奖"（图8-4-1）、北京市政工程行业协会"2020年度北京市市政工程建设QC小组活动优秀成果一等奖"（图8-4-2）、中国施工企业管理协会"2020年度工程建设质量管理小组活动一等奖"（图8-4-3）。

广渠路项目部2020年申请了北京市"长城杯"，2020年6月16日，项目部通过了北京市长城杯第一次专家评审和验收，2020年11月12日进行了第二次检查，并顺利通过评审。

图 8-4-1 工程质量一等奖

图 8-4-2 天盾QC小组北京市一等奖

图 8-4-3 管理小组一等奖

第五章 广渠路东延道路工程第五标段

一、实用新型已授权专利 28 项

（1）一种基坑施工电动折叠式防尘降噪罩棚

（2）一种用于基坑施工的软式罩棚

（3）一种提高钢筋笼加工质量的支架

（4）一种用于三轴搅拌桩施工的可视化精准定位装置

（5）一种用于深基坑施工的钢支撑活络端

（6）一种智能混凝土振捣器的减震装置

（7）一种电动地连墙刷壁器

（8）一种用于电塔的钢管支撑杆结构

（9）一种敏感环境复杂地层深基坑施工用支架

（10）一种固定注浆管端口的装置

（11）一种快易检测混凝土维勃稠度装置

（12）一种试块制作自搅自流式装料机

（13）一种基坑施工电动折叠式防尘降噪罩棚

（14）一种简易混凝土覆膜机

（15）一种控制台后土沉降和吸收纵向变形的整体式桥台结构

（16）一种履带吊斜坡作业平台

（17）一种适用于工程测量放点的可喷墨式 RTK 移动站对中杆

（18）一种制备化学泥浆的工具

（19）一种集成基坑开挖罩护装置

（20）一种满堂架体整体挪移体系

（21）一种保证单侧支模外侧钢筋保护层厚度的装置

（22）一种可以防尘抑噪的移动切割装置

（23）一种桩基础施工平台

（24）一种可移动式照明围挡

（25）一种室内喷淋管固定支架

（26）一种斜向钢支撑用连接件

（27）一种格构式钢板桩导墙

（28）一种雨污水收集循环再利用装置

二、5号标段获奖情况

广渠路东延道路工程5号标段BIM技术荣获2019年度中国建筑协会三等奖（图8-5-1），2019年度、2020年度"北京市工程建设BIM成果"一等奖（图8-5-2、图8-5-3），荣获2020年度中施企协BIM大赛三等奖，获得BSI英标协会"BSI杰出合作企业"（图8-5-4），荣获"第三届优路杯优秀奖"（图8-5-5）。

图8-5-1　广渠路东延道路工程5号标段BIM技术荣获2019年度中国建筑协会三等奖

图8-5-2　广渠路东延道路工程5号标段BIM技术荣获2019年度"北京市工程建设BIM成果"一等奖

图8-5-3　广渠路东延道路工程5号标段BIM技术荣获2020年度"北京市工程建设BIM成果"一等奖

图 8-5-4　获得 BSI 英标协会"BSI 杰出合作企业"　　图 8-5-5　荣获"第三届优路杯优秀奖"

三、行业协会 QC 活动获奖情况

为进一步提高现场质量以及新技术在本工程的应用,自开工以来项目部成立各类 QC 小组,参与了北京市和河北省行业协会举办的 QC 小组活动,并取得优异成绩,见表 8-5-1 及图 8-5-6~图 8-5-21。

获奖列表　　表 8-5-1

小组名称	课题名称	奖项
广渠路创新 QC 小组	提高声测管一次合格率	二等奖
广渠路定海神针 QC 小组	提高超深地下连续墙锁口管起拔合格率	一等奖
广渠路排山倒海 QC 小组	提高地连墙成槽一次合格率	二等奖
广渠路奋进 QC 小组	提高地连墙混凝土施工质量	二等成果
广渠路排山倒海 QC 小组	提高地连墙成槽一次合格率	二等成果
广渠路常青树 QC 小组	提高复杂地质地下连续墙成槽合格率	特等奖
广渠路启航 QC 小组	提高超深地下连续墙接头管施工合格率	特等奖
广渠路凌凌漆 QC 小组	降低地连墙钢筋损耗率	二等奖
广渠路滴水不漏 QC 小组	提高降水井防水节点施工一次验收合格率	一等奖
广渠路一步到位 QC 小组	提高地连墙钢筋笼一次安装合格率	一等奖
广渠路大禹治水 QC 小组	提高降水井防水施工一次验收合格率	一等奖
广渠路大禹治水 QC 小组	提高降水井防水施工一次验收合格率	中施企协三等奖

图 8-5-6　"提高 45 米地下连续墙接头　　图 8-5-7　"提高降水井防水施工一次
锁口管起拔合格率"荣获一等奖　　　　　验收合格率"荣获三等奖

图 8-5-8 荣获 2019 年度河北省工程建设"优秀质量管理小组"

图 8-5-9 "提高超深地下连续墙锁口管起拔合格率"荣获一等奖

图 8-5-10 荣获 2019 年度河北省工程建设"优秀质量管理小组"

图 8-5-11 "提高超深地下连续墙接头管施工合格率"荣获特等成果

图 8-5-12 "提高复杂地质地下连续墙成槽合格率"荣获特等成果

图 8-5-13 "提高U槽侧墙平整度合格率"被评为优秀QC小组成果

图 8-5-14 "提高圆柱方梁节点一次验收合格率"被评为优秀 QC 小组成果

图 8-5-15 "提高声测管一次合格率"荣获二等奖

图 8-5-16 "提高地连墙成槽一次合格率"荣获二等奖

图 8-5-17 "降低地连墙钢筋损耗率"荣获二等奖

图 8-5-18 "提高地连墙混凝土施工质量"荣获二等奖

图 8-5-19 "提高降水井防水节点施工一次验收合格率"荣获一等奖

图 8-5-20 "提高地连墙钢筋笼一次安装合格率"荣获一等奖

图 8-5-21 "提高降水井防水施工一次验收合格率"获得一等奖

四、国际获奖情况

广渠路 5 号标段荣获国际安全奖（图 8-5-22）。

五、发表论文情况

（1）"Influence of Trough Excavation Study on Deformation of Deep Foundation Pit Support Structure in Water-rich Area"发表在《EES》。

（2）"大体积混凝土模板性能对温度应力影响特性研究"发表在《施工技术》。

（3）"深基坑围护结构横向位移监测和数值模拟分析"发表在《中外公路》。

图 8-5-22 广渠路 5 号标段荣获国际安全奖

（4）"市政道路施工水稳定层的施工要点控制"发表在《中国航班》。

（5）"市政道路施工方法与质量控制方法探析"发表在《建筑工程》。

（6）"浅谈气举反循环法清孔在地连墙施工中的应用"发表在《工程技术》。

（7）"型钢弯曲机加工参数精确计算方法"发表在《工程技术》。

（8）"水下混凝土超灌监测技术在广渠路东延道路工程的应用"发表在《工程技术》。

（9）"浅谈超厚砂层地区地下连续墙施工"发表在《防护工程》。

（10）"数字化测绘技术在工程测量中的应用研究"发表在中国科技期刊数据库工业 C。

（11）"路桥工程现场施工管理的难点与对应策略分析"发表在中国科技期刊数据库工业C。

（12）"桥梁工程基础灌注桩的施工应用解析"发表在中国科技期刊数据库工业C。

（13）"测绘技术在建筑工程中的综合应用"发表在中国科技期刊数据库工业C。

（14）"浅析市政道路工程测量放线"发表在中国科技期刊数据库工业C。

（15）"市政道路施工质量影响因素及控制方法研究"发表在中国科技期刊数据库工业C。

（16）"大体积混凝土的施工质量控制措施"发表在《工程技术》。

（17）"浅谈工程进度控制基本原理"发表在《防护工程》。

（18）"明挖地下隧道下穿河流施工技术"发表在中国科技期刊数据库工业C。

第九篇　人物篇

概 述

　　在这里，我们看到的是一个个普通的名字。而脑海中，却浮现出他们在工地上一个个忙碌的身影。没有他们，就没有这条通衢大道；没有他们，就没有这道亮丽美景。

　　许多人，在这里付出了体力；更多人，在这里奉献了智慧。体力是一种创造，智慧更是一种创造。所以，我们应该永远地记住这些名字。而各标段的专家和负责人，更是他们中的杰出代表。风霜雨雪只等闲，辛苦血泪肚里咽，让我们记录他们的事迹，倾听他们的心声，把他们的心血和汗水，载入历史的丰碑。

第一章 广渠路东延道路工程第一标段

一、参建人员

项目经理：张怀宾；项目书记：赵天鸿；项目总工：尹海明；总经济师：季明春

安全经理：刘保利；生产经理：肖警；副总工：刘川

设备物资管理部：耿艳华、张清波、李雪智、梁琦威、陶正新

工程管理部：马彦赟、丁伟楠、景亮亮、张玉来

综合办公室：王竞勃、孙海滨

技术质量管理部：刘春雪、刘淑坤、郭健桐、王凯松、姚凯、王培、王国潘、丁连营、李保江、王朔、李赫、史亮

安全生产管理部：张金峰、张旭、石永建、宋金蔚

合同预算管理部：王雪娇、孙旭、田佳星、张萌

财务部：王月

图 9-1-1 一标段全体成员热烈祝贺广渠路东延工程顺利交工

二、参建者感言

1. 项目经理张怀滨

合和共进、不断超越，是我们市政人对广渠路东延道路工程的施工精神，从小到钢筋连接、混凝土浇筑，大到闭合框架结构施工、预制箱梁吊装，无不体现市政人对施工质量、施工进度和施工安全的严格把关。项目部全体成员通过明确分工，合理安排施工步序，通过全力合作和共同奋进，顺利完成标段施工任务，实现质量、安全、进度和效益的平衡发展进步。

图 9-1-2　张怀滨

2. 项目总工程师尹海明

百年大计、质量第一。我们一直以对建设单位负责，以高度的主人翁精神和责任感进行广渠路东延建设。施工生产中，我们严格落实各项施工程序，完善各项技术措施，努力创建优质工程。

图 9-1-3　尹海明（右二）

第二章 广渠路东延道路工程第二标段

一、参建人员

项目经理：丁元利

项目书记：田彦龙

项目总工程师：陶红光

项目常务经理：张威力

项目高级顾问：李秀青、王建国

项目安全总监：温兆宁

项目副经理：张宜华、高月宾、朱恩星、张希睿、张华

项目副总工：刘开明、毛颖斌、方桂林、梁斌

项目合约、成本负责人：王小刚、张梦、朱明一、张鑫、周亚芳、黄发毓

项目物资、材料、设备负责人：刘君健、王祖哲、青鑫、丁若晨、张众贺、朱光宇、张维、侯松江、詹刚

图 9-2-1 二标段全体成员热烈庆祝广渠路东延道路项目正式通车

项目工程管理负责人：崔亮、鲁伟、韩炳炎、李鲁杰、陈俊肖、安仲辉、于涛、赵鑫、吴平安、祝超、王相返、卢杰

项目技术主管：庄江辉、杨自政

项目现场安全、内业资料负责人：庞伟、王松、王长寿、姚海峰

项目质检负责人：刘川、张华泽、杨松霖、郭浩然

项目测量负责人：张鹏、龚文强、徐慧龙、韩文鑫

项目试验负责人：熊向军、刘涛、刘雨濛、杨晨格、段良宝、郗澳杰、王化海

项目资料负责人：王芳芳、吴冉、王雅琳

项目拆迁负责人：王超

项目临电安全负责人：赵宏洋

项目扬尘治理负责人：宋宇轩

项目办公室主任：艾宁、贺海国、刘俊和

项目党建负责人：段涛、李晨霞

二、参建者感言

1. 项目经理丁元利

经过 3 年的风雨历程，终于见证到广渠路东延工程通车的辉煌时刻，这是我们整个项目共同努力的结果。施工过程中我们整个项目人员齐心协力、不怕苦、不怕累，用严谨的工作态度去面对施工过程中遇到的各种困难。我们不断求证、不断进取、不断推陈出新，从来没有退缩过。最终我们见证了伟大首都的变化，同时为能

图 9-2-2　丁元利

参与首都建设感到自豪，为国家发展能出一份力感到无比光荣。感谢广渠路东延建设项目，也感谢我们的团队和领导。

2. 项目总工程师陶红光

该标段包含整个广渠路项目重要节点之一"地铁八通线桩基托换"，同时对 5 个墩位既有轨道交通桥梁基础进行托换，并且单墩单侧最大顶力 2610t，桩基托换施工过程中地铁不停运、不限速，桥梁变形控制要求极高，国内首例，我们的技术团队多

次优化方案，经过多次专家论证和现场指导，最终安全顺利保质保量完成了桩基托换节点工程；一标段位于全线最长的路口铺盖施工段（约400m长），京津公路与通朝大街斜交路口，只能夜间施工，白天恢复交通，铺盖体系、土方开挖、隧道主体结构等工序施工难度非常大，我们的技术团队优化方案、优化交通组织，顺利完

图 9-2-3　陶红光

成了施工任务，各工序质量均一次验收合格。面对重要节点、困难节点，我们精心组织、克服困难逐一攻克，为整个项目建设顺利完成奠定了基础。广渠路东延项目记住了每一位参建者，感谢我们的技术团队，我也为能参加建设广渠路东延道路工程感到骄傲和自豪。

第三章　广渠路东延道路工程第三标段

一、参建人员

项目经理：康健

项目书记：姚文斌

项目总工程师：魏国斌

项目总经济师：王卫京

项目安全总监：李泽

项目副经理：康伟华、王枫林、周长泉

项目副总工：王学波、郑玉鹏

项目合约、成本负责人：王静、乔建新、王霞、杨波

项目物资、材料、设备负责人：孙新超、杨勇、郭洪泽、吕家瑞、李肖、史杰、马军士、王东亚、朱先悟

图 9-3-1　广渠路东延道路工程第三标段建设者合影

项目工程管理负责人：葛书健、徐龙、崔大良、冯曦、刘庆贺、张富新、张久乐、于永军、杨洪、高启、门满红、刘向丰

项目技术主管：方言、韩伟、张伟

项目现场安全、内业资料负责人：吴松哲、李建强、许红刚、李绍明、李野轩、张勇

项目质检负责人：李宇飞、汪彪、王勇勇、李天海、贾东祺、张艳松、陈哲临、何天宇、张禄、杨竞珲、刘宗亮

项目测量负责人：武振捷、孙凤江、干建功、高兴皓、周健、武一波、李亚鹏

项目试验负责人：谢宝珠、仁赵国、王双华、郝战役、陈松君

项目资料负责人：李瑞锋、杨俏梅、姚壮

项目外联负责人：李洪斌

项目办公室主任：张向洁、赖厚华、郭芳芳

项目办公室科员：薛强、齐文龙

二、参建者感言

1. 项目经理康健

项目部在隧道18个月的有效施工时间中，通过全体人员的共同努力，先后克服了场地狭小、地下管线错综复杂且改移难度大、道路和涵道导改影响因素多等困难，战胜严寒酷暑、新冠肺炎疫情等不利环境因素，主动研判形势、不等不靠、主动出击，通过联系产权单位协商解决办法为地连墙施工创造工作面，采用气举反循

图9-3-2 康健

环的地连墙施工工艺解决无法改移的管线部位施工。集思广益提出颠覆性意见，采取暗涵改移的方式，赶在雨季来临前完成施工，用暗涵原地复建的施工方法克服玉带河暗涵处施工死结。在人车流量大的十字路口采取盖挖顺做法的工艺，保证交通不断流的情况下加紧施工。在具备通车条件前的关键节点、60年一遇的-19℃寒流中，依然发扬"白加黑"的苦干实干精神，加班加点抢赶工期进度，大家在不断地发现问题解决问题、遇到困难克服困难当中，以忘我的精神境界，不舍昼夜、刻苦攻坚，终于换

来了工程的如期完成，三标项目部充分展现了城建人"敢打硬仗、能打胜仗"的铁军精神。能够参与到伟大首都的建设中，我感到无比的自豪与骄傲。

2. 项目总工程师魏国斌

三标段包含整个广渠路项目重要节点之一"玉带河暗涵改移"，需要将原先暗涵内的水导流到临时导水涵内再拆除旧涵，待主体结构施工完毕后再导流回新建涵内。主要施工难点在于不断流的情况下实行导水，为保证施工无塌方、无涌水、无中毒、无高坠、无触电、无地表下沉等安全事故，我们的技术团队多次优化施工方案，并请集团专家现场指导，经过近两个月的不懈努力终于顺利完成了玉带河暗涵改移；标段其他重点在于两处路口盖挖和三处外挂附属用房，运河西大街城市主干路早晚车流量大、附近居民小区距离近，在不影响交通和居民出行的情况下进行施工进一步加大了困难程度。隧道通车以后整个团队研究后续的施工方案和施工部署，从人力、物力还有资金方面给予极大的投入，才能够在工期时间内把外挂结构圆满完成。感谢我们的团队，广渠路东延道路工程能够顺利完工离不开项目部每一位员工的辛勤付出和努力，我为他们感到骄傲。

图 9-3-3　魏国斌

第四章　广渠路东延道路工程第四标段

一、参建人员

图 9-4-1　广渠路东延道路工程第四标段建设者合影

二、参建者感言

1. 项目经理张颖辉

在广渠路东延项目建设中，我们以"精、严、细、实、好、快"的工作作风完成项目建设目标，以"弘扬工匠精神，铸就千年丰碑"的决心努力为通州区打造城市副中心最美景观大道、核心快速通道。我们集团公司项目团队能够参与北京市城市副中心建设，为北京市的发展建设贡献自己的力量感到骄傲。我们一直秉承

图 9-4-2　张颖辉

"安全第一、质量为本"的方针,以把该工程建成我集团公司的又一项形象工程、优质工程为目标。作为广渠路东延04标段项目负责人,感谢集团公司领导和项目团队的支持!

2. 项目总工程师张照太

广渠路04标段施工条件非常复杂,基坑上方的管线众多,施工风险极大,项目部技术团队精心组织方案,采取改变施工顺序,改进抓斗的尺寸、形状,调整钢筋笼拼接方式以及墙体逆作法完成基坑围护结构的施工,制定专项的悬吊保护措施,确保土方开挖和结构顺利施工。同时04标段隧道和管廊的闭合框架结构施工下穿通三铁路通东机场专用线,是全标段唯一的涉铁项目,项目部和设计技术团队精心组织钢梁的设计和施工,确保钢梁加工、安装的精密性,运行过程中基础及钢梁的变形可控,列车运营安全。

图 9-4-3　张照太

经过一年多的奋战,道路顺利通车运行,离不开建设单位的信任和集团、公司的大力支持,同时感谢所有参与工程建设的监理、设计单位,感谢所有参与该工程建设的员工以及他们的家属,感谢你们的智慧和辛勤的付出!

第五章 广渠路东延道路工程第五标段

一、参建人员

公司副总：刘达

项目经理：温倞淳

项目执行经理兼项目书记：乔四海

项目副书记：张勇

项目高级顾问：亓祥成

项目商务经理：郭超

项目技术负责人：李雷鸣、王宁

项目安全总监：景永兴

项目生产经理：杨帆

项目技术工程师：时晓晨、王文杰、晁自如、张宾、杨桂祥、王鹏

图 9-5-1 广渠路东延道路工程第五标段建设者合影

项目商务部：孙耀广、孙文静、刘晨晨、冀程、章明宇、董鹏飞

项目物资部：程方方、侯国民、赵梁齐、宋申平、康桐、赵兵、王海平

项目工程部：张福多、赵利民、黄佳彬、郝建飞、周培洲、边士显、钮晓光、刘波、马洪强、周游、孙亚飞、翟帅、李鹏、陈禹行、胡光朝

项目安全部：王鹏、祖钊、蔡龙玉、张建文、刘旋飞

项目质量部：王继民、杨佳春、李兆伟、范岑、刘理想、王延泽、孙铭浩

项目测量部：李肖宁、马猛、刘澍远、张国秀、石磊、李新克

项目试验部：张玉存、张海涛、侯国富

项目资料负责人：刘朝霞

项目临电安全负责人：陈海江

项目办公室主任：郭发文

项目会计：刘晓云

二、参建者感言

1. 华北公司副总经理刘达

本标段承建难度极高的穿河隧道施工，是北京首个大规模明挖方式下穿河道的项目，项目需要下穿200米宽的京杭大运河，基坑开挖深度达到了26米，隧道现场地质条件十分复杂，为富水厚砂环境，地下50厘米以下即为富水砂层，砂层透水性极高，面临着"开挖即泛水"的难题，施工难度极大，安全风险极高。项目创造性采用了

图9-5-2 刘达

分期围堰法施工保障了河道不断流。为保证穿河隧道后期防止河水渗透，与中建科技攻克难题，真正实现了"皮肤式"防水。作为广渠路东延道路参建者，我们攻克了一道又一道技术难题，为道路顺利通行，贡献了自己的智慧与才干，在此我要感谢对于参建的所有人，感谢你们的付出！

2. 项目执行经理乔四海

本标段承建道路按地面、地下两套系统设置，涵盖地面道路、地下道路、综合管廊、三层复合城市干道。最美景观大道的地下是难度极高的穿河隧道施工，是北京首

个大规模明挖方式下穿河道的项目，项目需要下穿200m宽的京杭大运河，基坑开挖深度达到了26m，隧道现场地质条件十分复杂，为富水厚砂环境，地下50cm以下即为富水砂层，砂层透水性极高，面临着"开挖即泛水"的难题，施工难度极大，安全风险极高。项目创造性采用了分期围堰法施工：利用两个非汛期、分两期

图9-5-3 乔四海

围堰，不仅保障了河道不断流，并且从根源上避免对河道造成污染。为保证穿河隧道后期防止河水渗透，与中建科技攻克难题，真正实现了"皮肤式"防水。作为广渠路东延道路参建者，我们攻克了一道又一道技术难题，为道路顺利通行，贡献了自己的智慧与才干，在此我要感谢参建的所有人，感谢你们的付出！

第六章　广渠路东延道路工程监理二标

一、参建人员

公司技术负责人：赵斌

总监：孙钢

总监理工程师代表：肖志辉

主任工程师：孟连义

合约工程师：王芳珍

计量工程师：郭淑晔

安全工程师：李茂川、曹伟光

材料试验工程师：张洁龙、何清玉

测量工程师：杨孟霖、周玉河

图 9-6-1　广渠路东延道路工程监理二标段部分同志合影

隧道工程师：刘建明、田永贤、宋建华、代军顺、张志明

土建结构监理工程师：李国庆、佟刚、代军奇、胡鹰

道路工程师：高宝玉、韩立君、姜秋利

机电安装工程师：周庆安、谭勇、王卫东、李长生

管线工程师：郑海春、张学松

环境工程师：付仁彪

资料管理工程师：刘继华、孙秀玲

驻地监理工程师：朱高明、韩永胜

监理员：刘成龙、马星浩、赵殿东、徐斌

见证员：吴国辉 杨怀博

二、参建者感言

监理2标总监孙钢

广渠路东延运通隧道是通往副中心的主要干道，全长7.6km，其间下穿八通线桩基托换是2号标段实施的亮点工程，其单个桥墩托换最大顶力20680kN，堪称全国首例。作为该项目的总监理工程师，我感到无比荣幸，同时也深深体会到极大的责任和辛苦。托换工程自2018年5月1日首棵试验桩的实施至2019年8月31日

图 9-6-2　孙钢

托换结束。期间，我用自己的实际行动践行着"信守合同、严格监理、监帮结合、热情服务"的宗旨，充分发挥监理技术力量，积极协助施工单位深刻的研究、精细化的部署，逐项攻克：桥墩偏心受压，受力平衡难度大；托换施工期间不限速、不停运，地铁正常运行；托换桥桩88m长，地质条件差，成桩难度大，距离地铁近，吊装平稳度、精确度要求高；地上、地下两套顶升系统要求同步错时进行，协调难度大；地铁轨道变形控制标准高，体系转换难度大等种种技术难题，使整个托换过程在保证地铁正常运营的情况下顺利实施。

地下隧道工程的实施，对于地下水的处理、交通的疏导、铺盖体系空心板的安装及板下材料的倒运、深基坑土方开挖及支护、大型模板的组拼、结构排架的安拆、大

体积混凝土的浇筑等是实施的难点，在这些关键部位实施前，我们将严格履行监理合同，认真审核图纸并与施工单位共同研究实施过程极易出现的技术问题，并制定相应的对策。对于每一关键环节的实施，我都会亲临现场全程监督作业，发现问题第一时间指出并敦促立即改正。同时，在施工过程中，对于安全质量方面从未放松警惕，严格履行监理职责，做好材料进场检验关，加强施工过程的巡视、旁站、检查力度，使工程在保质保量的情况下顺利实施，见证了参建者共同塑造的完美杰作！为副中心的建设增添辉煌业绩！

第十篇　党建文化篇

概 述

  在企业发展过程中，党建工作决定着企业的核心竞争力，也是企业文化建设的核心。为此，在广渠路东延道路工程建设中，建设单位和施工单位，一直把党建工作贯穿工程建设的始终。因为党建工作做得好，所以才能凝心聚力谋发展，一门心思保质量，圆满完成了各项建设任务。

  在广渠路东延道路工程的施工期间，全党正在开展"不忘初心、牢记使命"的主题教育活动。施工单位抓住这个契机，开展了一系列相关活动。他们制作了党旗、党员先锋队旗帜、青年突击队旗帜，将入党誓词、党员的权力和义务、支部书记职责等全部上墙。增强使命感，明确归属感，提升幸福感，打造出一种积极向上的奋进氛围。接续奋斗、砥砺前行，书写出不忘初心、牢记使命的新篇章。

第一章　参建单位党建文化

一、广渠路东延道路工程第一标段

广渠路东延第一标段项目党支部党建及党风廉政建设工作依据北京市政路桥建设集团有限公司、北京市政建设集团有限责任公司和市政集团第一工程处党建及党风廉政建设的有关规定和要求，主要围绕党建工作、纪检监察工作、民主管理工作、落实"八项规定"及"四风"整治工作、建章建制工作、团青与群众工作七个方面开展，全面落实市政集团第一工程处党建及党风廉政建设工作领导小组要求的各项工作。

图 10-1-1　预备党员选举

图 10-1-2 开展"不忘初心 牢记使命"主题教育活动

图 10-1-3 庆祝建党 98 周年,在项目工地现场举行重温入党誓词宣誓仪式

二、广渠路东延道路工程第二标段

广渠路东延道路工程第二标段项目党支部坚持竭诚服务员工，项目部建立了党员活动室，制作了党旗、党员先锋队旗帜、青年突击队旗帜，将入党誓词、党员的权力和义务、支部书记职责等全部上墙，党务公开栏及时公开通知和信息。为了让员工感受到家的温暖，增强归属感，提升幸福感，项目部定期为员工举办生日聚会、根据节日特色组织各项活动、扩展运动会以及共建等活动，共同营造温暖团结的氛围，确保党建文化正确的发展方向。

图 10-1-4 不忘初心牢记使命，传承铁道兵精神砥砺前行活动

图 10-1-5 广渠路东延项目部党员先锋队授旗仪式

图 10-1-6　第一党支部开展"畅谈新生活，奋进新时代"主题党日活动

图 10-1-7　第一党支部开展"弘扬爱国精神，践行初心使命"主题党日活动

二、广渠路东延道路工程第二标段

图 10-1-8　项目部党支部党史学习教育活动

图 10-1-9　参观焦庄户地道战遗址纪念馆

图 10-1-10　参观中国铁道博物馆

四、广渠路东延道路工程第四标段

图 10-1-11　青年突击队

图 10-1-12　建惠民工程,向祖国 70 周年献礼

五、广渠路东延道路工程第五标段

图 10-1-13　党员大会

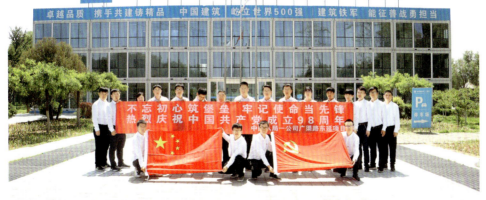

图 10-1-14　党群活动

六、广渠路东延道路工程监理二标

图 10-1-15　2018 年 7 月 1 日西柏坡党员活动

图 10-1-6　2020 秋季党员活动

第二章 参建单位文化建设

一、广渠路东延道路工程第一标段

图 10-2-1 向职工发放慰问品

图 10-2-2 丰富职工业余生活，举办台球比赛

二、广渠路东延道路工程第二标段

图 10-2-3　广渠路东延道路工程第二标段开展导师带徒活动

图 10-2-4　广渠路东延道路工程第二标段举办新生及家长见面交流会

图 10-2-5 广渠路东延道路工程第二标段开展班组文化建设

三、广渠路东延道路工程第三标段

图 10-2-6 城建集团土木部文化周文艺汇演

图 10-2-7　夏季为工人送清凉，发放劳保用品

图 10-2-8　春节给职工发放慰问品

四、广渠路东延道路工程第四标段

广渠路东延 04 标段项目党支部自成立以来始终以党建引领，全面加强项目党支部的基础建设，以党建带队建，以党建促生产为出发点，提升党员素质、强化责任落实、发挥先锋引领。项目党支部严格落实"三会一课"制度，深入开展针对性及特殊性谈心谈话、罗列"四风"清单压实基层的全面从严治党工作；建党员责任区，以党员模范带头作用攻坚克难；设接诉即办专员、24 小时热线、上门走访等服务，当时落实周边 5000 多户居民的安全信访维稳问题；开展"党建先锋+"项目生产运营；运用导师带徒加强项目人才队伍培养。

图 10-2-9　导师带徒

图 10-2-10　换届选举大会

图 10-2-11　与施工周边联建

图 10-2-12　项目五一团建

五、广渠路东延道路工程第五标段

图 10-2-13　五四青年活动

图 10-2-14　丰富的业余生活

图 10-2-15　华北公司慰问广渠路项目员工

大 事 记

2016年7月18日，市规划国土委工程办召开会议研究广渠路东延相关问题，会议明确该工程建设单位为：北京市公联公路联络线有限责任公司。

2016年7月26日，市规划国土委基础一处召开广渠路东延方案审查会议，市规划国土委及各相关委办局听取了该工程设计方案，基本同意方案设计内容。同时提出道路横断面布置需结合城市设计内容进行深化，道路绿化工作由区园林局负责。

2016年8月2日，市规划国土委召开会议研究副中心综合交通规划及广渠路东延设计方案，会议明确广渠路东延最外侧公交车道为BRT车辆及普通公交车共用的公交走廊，非BRT专用车道，以避免市政道路空间浪费，提高道路综合利用效率。

2016年12月21日，市规划国土委组织召开广渠路东延（怡乐西路—东六环路）道路工程设计方案专家评审会，专家意见指出明挖法方案施工具有较明显的优势，可在此基础上开展下一步工作。

2016年12月30日，北京市市政工程设计研究总院有限公司中标广渠路东延（怡乐西路—东六环路）道路工程设计。

2017年1月，市规划国土委将广渠路东延（怡乐西路—通柴东路）道路工程方案设计上报市政府。

2017年2月24日，该项目获得北京市规划国土委关于设计方案的批复。

2017年6月1日，公联公司组织召开广渠路东延（怡乐西路—东六环路）道路工程地下工程方案设计专家咨询会，专家意见指出明挖法施工优势明显、合理可行，推荐采用综合管廊与地下道路共构的结构形式。

2018年1月5日，市规划国土委周楠森主任主持召开了广渠路东延（怡乐西路—东六环路）管廊工程方案会，交通委、发改委、热办、热力集团、规划院等单位参会，会议明确不考虑热力管线进入干线管廊，管廊方案征集各管线单位意见后，市规划国土委上报市政府。

国家交通重大工程档案·北京篇

——北京轨道交通大兴国际机场线工程

《国家交通重大工程档案》编辑部 编著

人民交通出版社股份有限公司

北京

《国家交通重大工程档案·北京篇——北京轨道交通大兴国际机场线工程》编委会组成名单

总 策 划：张燕友　　郝伟亚　　丁树奎

策　　划：陈代华　　裴宏伟　　李　军　　高治双　　李卫华
　　　　　　潘秀明　　韩志伟　　陈　曦　　于　增　　宋自强

主　　任：陈　曦

副 主 任：刘天正　　卢桂菊　　王道敏　　贾敬东

主任委员：金　奕

委　　员：

祝　琨　　李宏安　　任雪峰　　崔海涛　　杨俊玲　　孙长军　　武润利　　吴精义　　鲁玉桐　　徐　凌
路宗存　　程贵锋　　康悦颖　　李　祥　　王广银　　贺宝志　　汪子美　　陈南凤　　王朝阳　　何孝贵
张春旺　　曲　钢　　王宏生　　王承刚　　杨　横　　田　宇　　阿拉法特·穆塔力甫　　姜传治

主要撰稿人：

赵惊华　　李志佳　　李　祥　　张　昊　　张　赛　　王　帅　　朱胜利　　张　兵　　李　琦　　赵　鹏
宋继伟　　司风光　　赵永康　　支海虹　　李　伟　　刘建辉　　徐　娜　　胡　鸿　　闫　峥　　蔡　爽
李　鹏　　孙继营　　韩星玉　　邢艺华　　张　强　　刘　敏　　杨　峰　　王　亮　　姜传治　　谢彤彤

参 编 人 员： （以姓氏笔画为序）

丁方兴	丰 磊	王东旭	王传仁	王 进	王苏里	王利波	王英侠	王珊珊	王 栋
王俊超	王 亮	王晓婵	王 涛	王海燕	王渊博	王 超	王 颖	王慧斌	孔德昕
石 熠	叶志田	史 辰	史小诗	史 可	白殿涛	冯利园	邢丹芳	邢兆泳	吕文龙
朱厚喜	仵占海	刘 力	刘双全	刘世珣	刘永旗	刘 成	刘 刚	刘 阳	刘 志
刘宏涛	刘 武	刘建伟	刘玲玉	刘晓波	刘培龙	刘雪斌	刘 璟	米 元	许景昭
阮 巍	孙 琦	苏建利	苏 靖	杜 薇	李一波	李长安	李文军	李文颢	李亚铁
李 伟	李向娟	李芸霞	李克飞	李岩丽	李佳宁	李金峰	李洪波	李振东	李晓刚
李爱民	李彬伟	李 猛	李 辉	李 斌	李道全	李磊磊	杨卉菊	杨 松	杨艳艳
杨爱超	杨浩获	杨斌斌	杨福永	肖辰斐	肖晓琳	吴云飞	吴荣燕	吴 彬	吴棒棒
吴 雷	吴新民	邱诚翔	邹 俊	宋月光	宋佩佩	张东风	张付宾	张 永	张 帆
张 伟	张 兴	张连杰	张良焊	张金伟	张 宝	张艳兵	张晓宇	张 翀	张琳琳
张 博	张 瑜	张鹏雄	张新泉	张潇允	陈万成	陈 明	欧纯旭	罗 程	周 菁
周慧茹	郑 军	郑如新	房 明	孟红志	赵玉儒	赵正文	赵 安	赵军涛	赵 芫
赵金祥	查晨阳	段振飞	侯丽妍	姜延丹	姜 潇	姜 磊	姚海洋	贺晓彤	秦晓光
袁喜伟	桂程昊	贾庆箭	夏天山	夏瑞萌	皋金龙	高洪吉	高 超	高嘉慧	郭蕊莲
唐 汐	涂聃娜	黄龙灿	黄 赫	曹 凤	曹向静	曹学农	龚潇雨	康克农	董振生
韩学良	韩悌斌	舒雨生	曾亚奴	楼建军	赖华举	解春旭	褚海容	鲜力岩	缪嘉杰
樊春雷	樊雅丽	鞠 昕	鞠 璐	魏文龙					

《国家交通重大工程档案》
编纂说明

改革开放特别是党的十八大以来,我国综合交通事业发展突飞猛进、成就举世瞩目,已成为门类齐全、设施发达、设备先进、基数庞大、网络完备的交通大国,一大批交通重大工程建设项目不仅在中国乃至于世界交通发展史上都书写了辉煌、创造了奇迹。

为全面系统地记录我国综合交通重大工程建设发展历程和现状,客观展示我国交通重大工程建设取得的巨大成就,深刻诠释"交通强国"的发展理念,生动反映我国交通建设者继往开来、砥砺奋进,朝着"交通强国"宏伟蓝图,朝着中华民族伟大复兴的中国梦,踏石留印,一路前行,经国家发展和改革委员会基础产业司(现为基础设施发展司,下同)批准,由《中国交通年鉴》社编纂《国家交通重大工程档案》(以下简称《重大工程档案》)。

《重大工程档案》分为综合卷和系列卷,系列卷由铁路卷、公路卷、水路卷、民航卷、管道运输卷、城市交通卷、企业卷、地方交通卷等组成。采取纪实性大型资料工具书形式,以文字、图片、数据表格、效果图等方式,简要、系统、直观、立体地呈现我国交通重大工程建设取得的巨大成果。

《重大工程档案》记述对象从1978年改革开放开始,以国家综合交通"五年规划"为主线,甄选各建设时期具有重大社会效益、经济效益和具有代表性、标志性及科技创新性的重大交通工程项目为入选对象,重点以"十二五规划"接转项目和"十三五规划"在建、竣工的重大工程项目为主。编纂内容主要包括项目基本情况、审批依据、建设意义、投资主体、工程进度、新技术应用和项目评估等内容。

《重大工程档案》全套丛书彩色印刷,图文并茂,设计装帧精美,由国家级出版社公开出版发行。同时,呈送党中央、国务院、全国人大、全国政协领导和相关机构及国家有关部、委、局、署。

《重大工程档案》主要发行对象为各省区市发展改革委、交通部门及相关建设单位等。编纂《重大工程档案》对于建立综合、权威的国家交通重大工程数据库,为政府决策机构提供翔实的参考数据并存史资政,宣传推广我国综合交通行业取得的重大成就和科技成果,具有重要的历史和现实意义。

《重大工程档案》指导单位为国家发展和改革委员会基础产业司,组织单位为《中国交通年鉴》社《国家交通重大工程档案》编委会,编纂单位为《中国交通年鉴》社《国家交通重大工程档案》编辑部。

编纂《重大工程档案》得到了国家有关部委、中央国有大型企业、省区市有关厅局委及交通重大工程建设指挥部、项目部和项目管理单位、建设单位、设计单位、施工单位、监理单位等有关领导、专家、学者、交通建设者的大力支持和帮助,在此一并感谢!

《国家交通重大工程档案》编委会

2021年9月

卷 首 语

在北京的母亲河永定河畔，在京津冀都市圈的地理中心，是北京之"凤"——北京大兴国际机场（以下简称"大兴机场"）。"凤凰于飞，翙翙其羽"，北京轨道交通大兴国际机场线（以下简称"大兴机场线"），就是北京之凤的"翙翙之羽"。现在，这引来百鸟朝凤的羽翼，正以其翙翙强音，与北京之凤一起，同时呈祥于北京，并且惊喜了中国，惊艳了世界！

首都机场在北京之北，象征龙，大兴机场在北京之南，象征凤。一座城市，两大国际航空枢纽港。这一恢宏的布局，不仅使北京进入全球"双枢纽"国际大都市之列，给城市注入了新的生命力。大兴机场还将以世界级航空枢纽机场的强劲驱动力，推进京津冀一体化国家战略的实施，而大兴机场线在其中发挥了重要作用。

大兴机场线是北京市轨道交通"十三五"规划中的一条骨干线路，是落实北京城市总规划，促进京津冀协同发展的重要组成部分，也是大兴机场"五纵两横"配套交通工程中快速、直达、高品质的公共交通服务专线，是大兴机场"五纵两横"交通网规模的初显，为"新国门"提供了强有力的交通支撑，并将加速京津冀地区的经济融合、文化发展和社会进步。

大兴机场线工程的前期规划研究工作开始于2010年，设计工作开始于2015年，工程建设开始于2016年底，用36个月时间完成全线土建建设、机电设备系统安装、动车调试、运营筹备等工作。于新中国成立70周年之际的2019年9月26日正式通车，与大兴机场同步运营。

按照初步设计，大兴机场线将分担大兴机场22%的航空客流。"白鲸号"列车最快速度达160km/h，是迄今为止全球最快的城市轨道交通线，从草桥到大兴机场只需19min；车辆品质充分对标航空，座椅尺寸和间距超过复兴号高铁动车组同等标准；该线引入并践行"城市航站楼"理念，在草桥站即可实现值机和行李托运等功能；还拥有充分的运力保障、方便的购票方式、优化的换乘环境，在服务中采用云存储技术、闸机增加了人脸识别功能，AFC系统、3t无机房乘客电梯、车站和车载乘客无线上网系统、TTS文字合成语音功能……可为乘客提供城轨交通领域最具人性化的配套服务。

大兴机场线线路全长41.36km，其中地下线和U形槽线路23.65km，地面和高架线路17.71km，一期共设3座车站（其中换乘车站1座）、1个车辆段和1个停车场。在大兴机场线规划设计、投资融资、工程管理、建设施工、运营筹备的全过程中，创造了一个又一个工程建设史上的奇迹。

该线是北京市第一条从投资、建设到运营全周期采用政府和社会资本合作(PPP)模式完成的城市轨道交通线路。总投资318.6亿元，一期工程总投资278.2亿元，其中社会化引资150亿元，由9家企业和8家银行提供股权融资和债务融资，这是城市轨道交通领域首次成功采用PPP模式。

该线首次尝试设计了"路轨共构、五线共廊"的交通模式，地下是集纳了燃气、电力、供水、通信等的综合管廊，地面是市政道路团河路，中间是轨道交通大兴机场线，最上方是新机场高速公路。

该线采用轨道技术新标准，采用世界最高等级、具有完全自主知识产权的全自动驾驶系统，牵引供电制式采用AC25kV带回流线的直接供电方式，8.8m直径的盾构推进，毫米级的施工精度控制，在建设施工过程中，建设者们对新技术、新材料、新工艺的创新和应用，大小成果不胜枚举。

我们向建设者致敬！

他们践行习近平总书记"北京要继续大力发展轨道交通，构建综合、绿色、安全、智能的立体化现代化城市交通系统，始终保持国际最先进水平，打造现代化国际大都市"的指示，以大兴机场线这一新时代的杰作，树起了"北京市轨道交通建设新里程碑"，树立了城市快轨建设的新高度、新格局、新标杆！

他们不忘初心，牢记使命，注重环境保护，严格工程管理，把大兴机场线工程，做成了绿色工程、典范工程。联合体成员集中了轨道交通建设行业经验丰富、成绩卓越的一流的建设、施工、管理和运营企业，他们充分发挥各自的优长，使大兴机场线建设提升了轨道交通的中国技术、中国装备、中国标准。

他们把问题做成课题，把难点变成亮点，创造性地把科学与美学、历史与文化、古典与现代巧妙地融会在一起，如把"一带一路"镶嵌在沿线各车站之中，让乘客一进"新国门"就能感受到中国传统文化的魅力，感受到新时代的丝路花雨等，轨道全线精彩迭出，工程建设亮点纷呈，展现了中国力量、中国胸襟、中国智慧！

为创造历史的人们记录历史，让历史告诉未来。本书根据《国家交通重大工程档案》的编纂规范，在各篇章中，分门别类地对大兴机场线一期工程进行了全面、系统、准确的记述，力求体现史料性、工具性和权威性，从而为大兴机场线的建设记下客观真实的一笔，为祖国的交通建设写下浓墨重彩的篇章，也为所有建设者留下拼搏奋进的记忆。

《国家交通重大工程档案·北京篇——北京轨道交通大兴国际机场线工程》编辑部

2020年12月 北京

专家点评
——北京市重大项目建设指挥部办公室

中国城市轨道交通的里程碑

这是中国城市轨道交通的新速度

大兴机场线是我市轨道交通"十三五"规划中的一条骨干线路,是落实北京城市总体规划的重要组成部分,是大兴机场"五纵两横"配套交通工程中快速、直达、大运量的公共交通服务专线、快线,最高速度可达160km/h,从草桥到大兴机场运行时间仅需19min,可实现从大兴机场"半小时"到达中心城的目标,是迄今为止国内城市轨道交通第一速度。

最高速度达160km/h,这是迄今为止中国最快的城市轨道交通线。这一速度的实现,催生了大量的创新与突破,我以为至少在以下几个方面具有重大意义。

一是系统制式选型突破了常规地铁设计标准。比如:在轨道方面,引进、吸收高铁及城际铁路的成熟先进技术,确定科学合理、技术经济水平高的轨道技术方案;在车辆方面,区别于传统的城市轨道交通车型,选取了基于CRH6平台的改性动车组;在供电方面,选取AC25kV的供电系统作为牵引动力系统;在通信系统方面,区别于传统轨道交通的WLAN技术,统一建设基于LTE技术承载多业务传输平台等等,大兴机场线不仅提档升级了北京市域轨道交通技术标准,催生市域轨道交通设计规范,对整个行业也具有引领其技术发展方向的重要意义。

二是全自动驾驶系统达到当前世界一流水平。大兴机场线是国内首条采用世界最高等级、具有完全自主知识产权的全自动驾驶系统,不仅可以实现无人驾驶,还可实现列车自动唤醒、自检、运行、休眠等全过程自控,免除人工烦琐的日常检查、清洗作业,列车能够精准控制停车时间。这个系统是基于现代计算机、通信、控制和系统集成等技术实现列车运行全过程自动化的新一代城市轨道交通系统,是系统自动化程度的最高等级。全自动运行系统是形象地衡量城市轨道交通系统可靠性、安全性、可用性、可维护性先进水平的标尺,把城市轨道交通自动化技术水平推上了一个新的高度。

三是将地铁车站建设为综合交通枢纽。大兴机场线为车站配置了各种综合交通接驳设施。将车站与城市综合交通体系融合在一起,这体现了"建地铁就是建城市"的理念。

这是中国城市轨道交通建设的新高度

大兴机场线"建设完成是一流的，未来5年也是先进的，未来发展是不落后的"。

主要体现在工程建设上的创新与突破。"160km最快时速"，促使在设计、建造、设备等方面都采用了大量新技术和新标准，"三线四层共廊共构""大直径盾构长距离掘进""最高安全等级全自动无人驾驶"，等等，都创造了中国轨道交通建设领域之"最"，是城市轨道交通建设新的里程碑项目。

另外还体现在投融资模式上推陈出新，实现"真正意义上的PPP"。这是北京第一条全周期社会资本参与投资的PPP轨道交通建设项目。通过引入社会资本，有效解决了土建与设备、建设与运营的衔接问题，形成多元化、可持续的资金投入机制，使政府的当期财政支出减少，企业投资轨道交通的积极性大幅提升，投资风险有效减小。

这是城市轨道交通服务品质的新标杆

大兴机场线的"服务对标航空"，兼具"一站式值机""场站一体化无缝衔接""三站紧扣'一带一路'的海陆空主题装修""穿过森林去机场"等多重建造特色。

一是车辆。首次采用基于城际平台的市域车型，首次采用载客车厢+行李车厢设置的"7+1"形式，座椅尺寸和间距超过复兴号高铁动车组二等座和一等座要求。在列车两个座椅中间，专门设置了USB充电接口，乘客可以用来给手机等电子设备充电；每节车厢都有专门的行李架，合理利用车辆内部空间并保证行李安全,为乘客提供舒适便捷的乘坐体验。

二是车站。不仅三座车站都是交通枢纽,车站装饰也充分体现了服务品质。车站装饰以"一带一路"为主题,弘扬中国传统文化。大兴机场线的三座车站以中国传统文化为背景,采用现代最新科技依次展示:古代陆上丝绸之路、海上丝绸之路、现代的空中丝绸之路以及未来科技发展(丽泽站)的丝绸之路。

三是引入航空值机、行李托运系统,推动空轨多式联运。大兴机场线作为航空专线,对标国际先进经验,引入城市航站楼理念,实现值机和行李托运功能,让机场回归城市。为契合首都发展定位,践行可持续理念、满足航空功能的需要,提升大兴机场线服务品质、解决携带大件行李的旅客乘坐轨道交通出行不便,提供全过程服务吸引大兴机场线客流。

四是多种票制,改善乘客出行体验。大兴机场线推出了包括普通单程票、空轨联运票、商务车厢票、区间定期电子计次票等多样化票种。票价方面普通单程票20km(含)以内10元,20～30km(含)25元,30km以上35元。商务单程票票价不超过普通单程票的2倍,运营初期采用全程单一票价50元。空轨联运票从大兴机场到港、离港或是中转的乘客,可通过航空公司官方渠道购买机票的同时,优惠购买大兴机场线单程票。一个航段一名乘客仅限购买一张。票价为大兴机场线单程票价(含商务票)的80%。

目录 CONTENTS

第一篇　关怀关注篇 1

 第一章　领导关怀 2
 第二章　媒体关注 5
 第三章　舆情评价 8

第二篇　概述篇 11

 第一章　项目概述 12
 第二章　建设意义 14
  一、大兴机场线是大兴机场的"生命线" 14
  二、大兴机场线使大兴机场保持竞争优势 14
  三、大兴机场线改善大兴机场地理劣势 15
  四、大兴机场线缓解大兴机场外部综合交通压力 15
  五、大兴机场线能充分满足航空乘客的交通需求 16
 第三章　建设亮点 17
  亮点一　中国最快的城市轨道交通 17
  亮点二　突破常规地铁设计标准的系统制式选型 18
  亮点三　催生市域轨道交通设计规范 19
  亮点四　城市轨道交通服务水平新标杆 19
  亮点五　国内首条按照全自动化标准建设线路 20
  亮点六　将地铁车站建设为综合交通枢纽 22
  亮点七　车站装饰弘扬中国传统文化 23
  亮点八　世界领先的地下区间刚性接触网 24

  亮点九 毫米级的施工精度控制 25

  亮点十 CPⅢ轨道基础控制网 27

  亮点十一 综合检测技术确保平稳运行 28

  亮点十二 共走廊建设提升土地资源综合利用效能 29

  亮点十三 多种票制 30

  亮点十四 创造北京市轨道交通PPP项目的"三个首次" 30

  亮点十五 以行车指挥为核心的综合监控系统 31

  亮点十六 引入城市航站楼 31

  亮点十七 信号等设备系统独立第三方安全评估 32

 第四章 参建单位 33

第三篇 项目管理篇 39

 第一章 投标联合体与投标管理 40

  一、项目联合体的形成 40

  二、联合体成员在投标阶段的分工 40

  三、联合体的投标与中标 41

  四、中标后及进入项目特许期联合体成员的分工 42

 第二章 高层会、股东会、董事会、监事会 44

 第三章 项目公司的组建及其运作 47

  一、北京城市铁建项目公司的组建 47

  二、北京城市铁建的运作 48

 第四章 项目工程全过程管理 53

  一、工程重要节点 53

  二、重点管理内容 54

  三、市交委监督管理 77

 第五章 建设过程管理 78

  一、设立工程建设指挥部 78

  二、工程立项 79

  三、流程管理 83

  四、勘察管理 83

五、拆迁管理 83

六、设计管理 85

七、施工进度管理 86

八、设备集成管理 87

九、成本管理 92

十、安全管理 95

十一、质量管理 96

十二、风险管理 99

十三、环保管理 101

十四、建设监督管理 101

第四篇 投资融资篇 107

第一章 投融资模式 108
一、大兴机场线 PPP 模式 108

二、融资结构 110

三、项目回报机制 112

四、多元化投资体系的构成 113

第二章 投资任务与投资方式 116
一、项目公司在融资方面应当履行的责任 116

二、项目公司投资任务及方式 116

第三章 项目融资招投标 119
一、资本金出资联合体情况 119

二、银团招标情况 120

第四章 融资进程 122

第五章 资金管理 124
一、项目公司整体层面 124

二、项目资本金资金管理层面 125

三、项目债务融资资金管理层面 125

第六章 意义与影响 127
一、投资拉动效应显著，助推区域发展 127

二、银团结构设计合理，实现多方共赢 ... 127
　　三、巩固银企合作关系，为国家重大项目提供金融服务 ... 127
　　四、助力实体经济，进一步提高了银行金融品牌与市场声誉 ... 128
　　五、银团成员行较多，项目资金管理模式有保障 ... 128
　　六、社会化引资创新模式，实现国内以往基础设施建设的超越 ... 128

第五篇　前期规划篇 ... 131

第一章　规划概述 ... 132
第二章　规划背景与原则 ... 134
　　一、规划背景 ... 134
　　二、项目功能 ... 135
　　三、项目特点 ... 135
第三章　客流预测 ... 136
　　一、机场客流 ... 136
　　二、预测方法 ... 136
　　三、预测结果 ... 137
　　四、规划结论与建议 ... 141
第四章　沿线现状及规划情况 ... 143
　　一、大兴机场外部综合交通规划 ... 143
　　二、大兴机场总体规划 ... 143

第六篇　综合设计篇 ... 149

第一章　设计概述 ... 150
　　一、主要设计原则 ... 150
　　二、主要技术标准 ... 151
第二章　轨道线路设计 ... 154
　　一、与技术特征相关的创新点 ... 154
　　二、与服务品质相关的创新点 ... 158
第三章　车站设计 ... 160

二、大兴机场站 ··· 160

　　　二、大兴新城站 ··· 163

　　　三、草桥站 ··· 167

　第四章　磁各庄车辆段设计 ··· 172

　　　一、规划背景 ··· 172

　　　二、设计创新 ··· 174

第七篇　综合利用篇 ··· 177

　第一章　综合利用的必要性及重要意义 ·· 178

　　　一、落实 TOD（以公共交通为导向的发展模式）发展理念，实现轨道交通
　　　　　与城市功能有机融合 ··· 178

　　　二、落实 ABO 模式，降低轨道交通资金筹措压力 ························ 179

　第二章　场站一体化的规划研究 ··· 180

　　　一、场站综合利用研究 ··· 180

　　　二、磁各庄车辆基地综合利用 ·· 181

　　　三、大兴新城站点一体化 ·· 188

　第三章　场站一体化主要做法及实施亮点 ·· 194

　　　一、场站一体化主要做法 ·· 194

　　　二、场站一体化实施亮点 ·· 195

　第四章　场站一体化的工作展望 ··· 198

　　　一、全面落实 TOD 发展理念 ·· 198

　　　二、完善一体化协调推进机制 ·· 198

　　　三、明确一体化实施主体 ·· 198

　　　四、分类统筹场站一体化开发指标 ·· 198

　　　五、创新土地供应方式 ·· 199

　　　六、创新多维度激励机制 ·· 199

　　　七、推动车辆基地单独办理征地 ·· 199

第八篇　土建施工篇 ··· 201

第一章	土建01标段明挖段及降压所	202
一、	标段概况及标段特点	202
二、	施工重难点	203
三、	施工技术	204
第二章	土建02标段高架桥区间（非共构段）	205
一、	标段概况及标段特点	205
二、	施工重难点	206
三、	施工技术	207
第三章	土建03标段高架桥区间（共构段）	208
一、	标段概况及标段特点	208
二、	施工重难点	210
三、	施工技术	211
第四章	土建04标段盾构段	213
一、	标段概况及标段特点	213
二、	施工重难点	214
三、	施工技术	215
第五章	土建05标段大兴新城站（曾用名：磁各庄站）	216
一、	标段概况及标段特点	216
二、	施工重难点	217
三、	施工技术	218
第六章	土建06标段盾构段	220
一、	标段概况及标段特点	220
二、	施工重难点	222
三、	施工技术	222
第七章	土建07标段盾构段	224
一、	标段概况及标段特点	224
二、	施工重难点	225
三、	施工技术	226
第八章	土建08标段盾构段	228
一、	标段概况及标段特点	228
二、	施工重难点	228

三、施工技术...230

第九章 土建09标段磁各庄车辆段.............................231
　　一、工程概况及标段特点...................................231
　　二、施工重难点...233
　　三、施工技术...233

第十章 大兴机场站...235
　　一、工程概况及标段特点...................................235
　　二、施工重难点...236
　　三、施工技术...238

第十一章 草桥站...239
　　一、工程概况及标段特点...................................239
　　二、施工重难点...241
　　三、施工技术...241

第十二章 土建监理单位.....................................245
　　一、第一总监办——中咨管理...............................245
　　二、第二总监办——北京双圆...............................246
　　三、第三总监办——北京逸群...............................246
　　四、第四总监办——四川铁科...............................247

第九篇 设备安装篇..............................249

第一章 车辆工程...250
　　一、时间节点...250
　　二、技术要点...251
　　三、工程亮点...253

第二章 轨道工程...255
　　一、时间节点...255
　　二、技术要点...255
　　三、工程亮点...257

第三章 供电系统安装工程...................................260
　　一、时间节点...260

  二、技术要点 262
  三、工程亮点 263

第四章　消防工程 265
  一、时间节点 265
  二、技术要点 265
  三、工程亮点 266

第五章　信号系统安装工程 267
  一、时间节点 267
  二、技术要点 267
  三、工程亮点 268

第六章　通信系统安装工程 270
  一、时间节点 270
  二、技术要点 270
  三、工程亮点 271

第七章　自动售检票（AFC）系统安装工程 273
  一、时间节点 273
  二、技术要点 274
  三、工程亮点 274

第八章　站台门工程 276
  一、时间节点 276
  二、技术要点 276
  三、工程亮点 277

第九章　电（扶）梯工程 278
  一、时间节点 278
  二、技术特点 278
  三、工程亮点 278

第十章　人防工程 280
  一、时间节点 280
  二、技术特点 280
  三、工程亮点 281

第十一章　车站及区间机电设备安装工程 282

一、时间节点 ... 282
　　二、技术要点 ... 282
　　三、工程亮点 ... 284

第十二章　车辆段工艺设备安装工程 ... 287
　　一、时间节点 ... 287
　　二、技术要点 ... 287
　　三、工程亮点 ... 288

第十三章　综合信息管理系统 ... 290
　　一、乘客信息系统 ... 290
　　二、智能化导向系统 ... 293
　　三、门禁系统 ... 298
　　四、安检设备 ... 300

第十篇　运营服务篇 ... 303

第一章　运营概述 ... 304

第二章　大兴机场线服务亮点 ... 305
　　一、加强轨道运力保障 ... 305
　　二、便捷购票进站服务 ... 305
　　三、优化换乘接驳环境 ... 306
　　四、提供人性化配套服务 ... 306
　　五、提升列车服务品质 ... 307
　　六、有序推进运营筹备 ... 307

第三章　制定大兴机场线运营筹备方案 ... 309
　　一、制定运营筹备策略 ... 309
　　二、制定筹备工作议事规则 ... 309
　　三、确定运营管理模式 ... 310
　　四、做好运营筹备宣传工作 ... 311

第四章　建立安全与应急管理模式 ... 312
　　一、建立安全管理体系，满足开通运营条件 ... 312
　　二、创新工作模式，提升安检管理水平 ... 312

第五章 人力资源的准备 ... 314
一、人员招聘及配置 ... 314
二、业务培训与取证上岗 ... 314

第六章 规章制度的编制 ... 316
一、编制运营规章制度 ... 316
二、编制作业指导书 ... 316
三、编制公司预案 ... 317

第七章 运营物资的准备 ... 318
一、生产类的手册和表单准备 ... 318
二、标识类、安全类物资准备 ... 318
三、家具／办公用品准备 ... 318
四、备品备件准备 ... 319

第八章 应急预案的演练 ... 320
一、编制应急预案 ... 320
二、应急预案的演练 ... 320

第九章 对标航空服务标准的细化 ... 321
一、提升经营目标 ... 321
二、提升运营服务 ... 321
三、提升设备设施保障质量 ... 324
四、提升信息化建设水平 ... 325
五、提升 RAMS 管理水平 ... 326
六、车辆基地智能管控系统建设 ... 326
七、机电设备控制及维护平台 ... 327

第十章 轨道运营公司的进驻与临管 ... 329

第十一章 大兴机场线的空载试运行 ... 331
一、设备设施动静态综合检测 ... 331
二、系统综合联调 ... 331
三、联合保障措施 ... 332
四、空载试运行 ... 332

第十二章 初期运营前的安全评估 ... 333
一、评估过程 ... 333

二、发现问题 ... 334
　　三、问题项的整改 ... 334
　　四、评估评审完成 ... 334

第十三章　初期运营的可喜局面 ... 335
　　一、四编组投入正线，实现与八编组列车混行运营 ... 335
　　二、根据客流情况对列车运行计划进行四八编组动态调整 ... 336
　　三、为乘客提供清晰丰富的乘车信息 ... 337
　　四、大兴机场线运营状况良好 ... 338
　　五、疫情防控工作措施到位 ... 338

第十一篇　科技创新篇 ... 341

第一章　土建工程 ... 342
　　一、盾构段 ... 342
　　二、高架桥 ... 348
　　三、车辆段 ... 354
　　四、绿色建造 ... 359

第二章　设备安装工程 ... 365
　　一、车辆 ... 365
　　二、轨道 ... 367
　　三、供电 ... 371
　　四、信号 ... 377
　　五、通信 ... 381
　　六、车站及区间机电设备 ... 382
　　七、车辆段工艺设备 ... 386

第三章　课题展示 ... 390
　　一、安全增强型列车控制网络 ... 390
　　二、时速160km/h快速轨道交通架空刚性接触网关键技术 ... 391
　　三、轨道交通车站通风空调系统智能化控制关键技术 ... 393
　　四、基于大数据的智能化车辆基地管控系统关键技术 ... 394

第四章　团队荣誉 ... 396

一、新技术应用（10 大项 50 子项） 400
二、专利 401
三、科学技术奖（1 项） 405
四、工法（5 项） 406
五、QC 成果（22 项） 406
六、科研课题鉴定（6 项） 408
七、标准目录（7 项） 408
八、软件著作权（3 项） 409
九、著作（3 部） 409
十、论文（73 篇） 409
十一、城市铁建公司内部论文汇编（11 篇） 412

第五章 奖项荣誉 413
一、优质工程（16 项） 413
二、安全文明施工样板工地（1 项） 414
三、绿色施工示范工程（3 项） 414
四、BIM 示范工程（3 项） 414

第十二篇 环境保护篇 417

第一章 路线规划的环保选择 418
第二章 地下区间轨道的综合减振 419
一、正线轨道减振措施 419
二、车辆段轨道减振技术措施 420
第三章 高架区间的声屏障处置 422
第四章 地表水环境保护措施 424
一、工程建设对地表水的影响分析 424
二、施工期污水处置措施 424
三、河流水质保护措施 425
第五章 地下水环境保护措施 426
一、施工期 426
二、运营期 427

  第六章 大气污染源治理措施 428
    一、风亭异味处理措施 428
    二、风亭排放粉尘控制措施 428
    三、喷漆库漆雾和有机废气治理方案 429
  第七章 固体废物排放量及处置措施 430
    一、生活垃圾 430
    二、金属屑 430
    三、污水处理厂污泥 431
    四、废蓄电池 431
    五、废油及油泥 431

第十三篇 党建引领篇 433

      党建强企业兴 434

第十四篇 文化宣传篇 445

  第一章 企业文化 446
  第二章 行业交流 456

附录 464

  一、大事记 464
  二、参建团队展示 470

编后记 509

第一篇 CHAPTER 1
关怀关注篇

2019年9月25日上午，北京大兴国际机场投运仪式在北京举行。中共中央总书记、国家主席、中央军委主席习近平出席仪式，宣布机场正式投运并巡览航站楼。习近平总书记强调，**城市轨道交通是现代大城市交通的发展方向。发展轨道交通是解决大城市病的有效途径，也是建设绿色城市、智能城市的有效途径。北京要继续大力发展轨道交通，构建综合、绿色、安全、智能的立体化现代化城市交通系统，始终保持国际最先进水平，打造现代化国际大都市。**随后，习近平总书记乘坐轨道列车前往北京大兴国际机场，在途中详细询问轨道列车的设计制造和票价、行李托运、同其他交通线路衔接等情况。

第一章 领导关怀

◆ 2019年8月31日，十三届全国政协副主席、国家发展和改革委员会主任、党组书记何立峰调研草桥站

◆ 2019年9月17日，交通运输部部长李小鹏（中）调研大兴机场线草桥站

◆ 2020年9月11日，京投公司党委书记、董事长张燕友一行调研大兴国际机场线

◆ 2020年9月3日，京投公司党委副书记、总经理郝伟亚一行调研大兴国际机场线运营情况

◆ 2019年8月2日，市人大代表、市政协委员调研大兴机场线运营筹备工作

第二章 媒体关注

国家交通重大工程档案·北京篇
——北京轨道交通大兴国际机场线工程

"11月13日上午10时,随着最后一轴盖梁浇筑完成,北京市政路桥新机场轨道线路轨共构段主体结构顺利完工,标志着新机场轨道线施工'最难段'打通"。

第三章 舆情评价

 西安赵建强
昨天 15:31 来自 Google Pixel 4 XL

再次体验北京大兴机场线，超级喜欢这个1车的位置，无敌视野，一路望着延伸的轨道，二十分钟感觉瞬间即逝……

北京·北京大兴国际机场

转发　　6　　7

HHHHHcl百分之36点5
8-1 来自 iPhone 11

北京的大兴机场线可真优秀 这地铁堪比复兴号

北京
8-1 转赞人数超过10
转发　　4　　15

 返回　　微博正文

HarveyHe
9-12 23:02 来自 iPhone 11 Pro

＋关注

北京地铁🚇大兴机场线，有点香港机场快线的感觉了，因为执行不同的票价体系在草桥站需要站外换乘，经过换乘通道来到大兴机场线的大厅，在这里就可以直接完成办票值机。

大兴机场线和深圳机场地铁一样设置了两个舱位，票价普通舱35元，商务舱50元，其实在现在的客流情况下普通舱和商务舱似乎没有太大差别。

走进车厢，内饰配色很养眼，座位也很舒适，最关键的是大兴机场线的运行速度很快，从起点坐到终点的时间似乎和首都机场线没有区别。

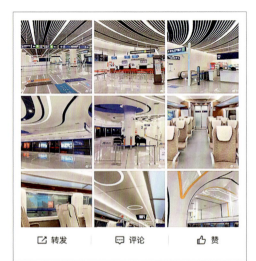

转发　　评论　　赞

北京地铁大兴机场线草桥站
一条伪装成地铁的市域轨道交通线路。因为草桥站兼顾城市航站楼的功能，所以站厅超大，还有配套的停车场、出租车站。乘客可以像香港机场快线一样在草桥站办理值机。信息屏加入了车厢拥挤度和列车长度的显示，未来还预留了不同编组混跑的模式。

#夜莺公交场站# #北京地铁#

▲ 这个厕所设计很有意思，是从机场出来乘坐机场线站台里的厕所，很有"东方味道"。国际友人们一下飞机，到了这里，就能感觉到中式文化。厕所男女标识，小编见过N多种，但采用中式服装的还是第一回看到。但机场抵达口的厕所是什么样，还不知道，毕竟咱还没机会在大兴机场降落过。（来自：视界趣观）

第二篇 CHAPTER 2
概述篇

  一些优良的建筑物会永久地屹立于一个城市的"顶端",并沉淀为一个城市的精神气质、时代形象和文化传统。大兴机场线,不仅是一项位于时代前沿的轨道交通工程,也是一座大气磅礴且气质不凡的城市建筑物,更是向世界展示中国交通发展成就的亮丽名片,必将以其独特的审美取向、人本内涵、科学精神和文化价值载入北京乃至中国的城市轨道交通发展史。

  大兴机场线建设工程,前期研究工作开始于2010年,设计工作开始于2015年,工程建设开始于2016年底,用了36个月的时间完成全线土建工程、机电设备系统安装、动车调试等工作,于2019年9月26日正式通车,与大兴机场同步运营。

  大兴机场线无疑是"北京市轨道交通建设新的里程碑"。在工程规划设计、投资融资、建设施工和运营筹备的全过程中,挑战备至,亮点纷呈。

  本篇简要记述大兴机场线的建设全景,并综合归纳工程的16大亮点,从各个方面展现出该项工程让世界瞩目的光彩,树立了中国城市轨道交通建设的新标杆,将引领世界城市轨道建设发展的方向。

第一章 项目概述

大兴机场线是大兴机场外围综合交通体系的重要组成之一,是服务于大兴机场航空客流的专用线路。

从时间维度看,它能实现大兴机场与北京市市中心城区半个小时的快速轨道联系;从空间维度看,它位于北京市西部城区,为金融街、中关村等区域服务;从服务维度看,它提供对标航空服务的高品质公共交通服务。

大兴机场线践行"让机场回归城市"的理念,通过快速的轨道联系改变航空乘客的空间距离感,在城市内部设置具有值机和行李托运功能的城市航站楼,将大兴机场的航站楼功能引入城市。

该线线路呈南北走向,是大兴机场"五纵两横"综合交通体系中"C"位。西侧为京开高速公路和京雄城际北京段,东侧为大兴机场高速公路和京台高速公路。五条纵向线路共同完成北京市中心城与大兴机场的联络功能。在大兴机场北侧,由机场北线高速公路和城际铁路联络线构成综合交通体系中的"两横"。通过机场北线高速公路将三条高速公路联系在一起,使高速公路体系互为备用。大兴机场线与京雄城际铁路线承担着大兴机场轨道交通的接驳任务。

大兴机场线是北京市城市轨道交通线网体系的重要组成部分,通过它可以将大兴机场的乘客快速疏散到中心城的轨道交通网络中去,服务于北京市中心城。京雄城际铁路北京段是北京对外的干线铁路,通过它可以将大兴机场与国家铁路网联系在一起,为周边150~400km的城市提供轨道交通服务。城际铁路联络线将通州副中心、廊坊地区与大兴机场紧密联系在一起。

大兴机场线路工程全长41.36km。线路南起大兴机场线大兴机场站,北至中心城草桥站,全线共设3座车站,全部为地下站,三座车站均为换乘枢纽站。新建磁各庄车辆段一座,北磁主变电所、磁草主变电所两座。未来线路向南北延伸,近期向北延伸至丽泽商务区站,远期向南延伸至南航站楼站,建设大兴机场北停车场一座。大兴机场线位于北京南部三环以外区域,是线网中连接中心城与大兴机场的轨道交通线路。其定位为快速、直达、高品质的轨道交通专线。线路途经大兴、丰台两个行政区。

一期工程南起大兴机场站,北至草桥站,两侧均预留延伸条件。线路全长41.36km,其中地下线和U形槽23.65km，高架和路基段17.71km。一期运营长度39.84km，两端土建预留工程长1.52km。

一期共设三座车站，平均站间距19km。大兴机场站位于大兴机场北航站楼综合交通中心地下二层，大兴新城站位于大兴团河地区双河北路与黄村大街之间，为地下二层车站，草桥站位于镇国寺北街北侧绿地，为地下二层车站，草桥站至中心城区（金融街）只需9min。

线路设一座车辆段，位于大兴区团河地区海北路北侧、东环路西侧地块，占地30.1hm²，接轨于大兴新城站。线路在新航城地区规划预留停车场一座，占地12hm²，接轨于路基段。

线路设两座牵引变电所，分别位于高架区间K19处和地下区间K39处，每座牵引所占地6000m²。

大兴机场线是北京市第一条将土建工程纳入社会化引资范围的轨道交通PPP项目，引资规模约为150亿元。项目总投资分为A和B两个部分。A部分为政府投资，由北京市基础设施投资有限公司（以下简称"京投公司"）的全资项目子公司北京轨道交通大兴机场线投资有限责任公司负责投资，B部分通过引入社会资本投资。

大兴机场线是国内第一条按照全自动化标准建设的线路，不仅可实现无人驾驶，还可实现列车自动唤醒、自检、运行、休眠等全过程控制。线路使用车辆名为"白鲸号"，白鲸号动车由中国中车青岛四方机车车辆股份公司研制。线路采用A型车8节编组，编组形式为"6+1+1"，其中6节普通车厢，1节VIP车厢，1节行李车厢。全线平均运行速度为160km/h。

大兴机场线首次尝试设计了三线共构、四线共位、五线共走廊的交通模式，地下是集纳燃气、电力、供水、通信的综合管廊，地面是市政道路团河路，中间是轨道交通大兴机场线，最上方是新机场高速公路。

大兴机场线一期的开通运营，使大兴机场"五纵两横"交通网规模初显，为"新国门"提供强有力的交通支撑。初期分担大兴机场的19%的客运量，远期与其他快线系统预期分担大兴机场40%的客运量，其中大兴机场线分担22%。

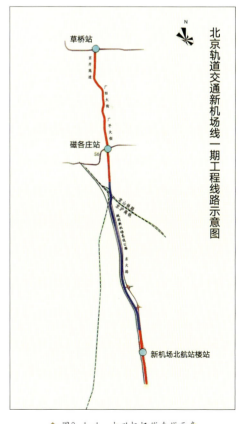

● 图2-1-1 大兴机场线全线示意

第二章 建设意义

大兴机场线定位为连接北京中心城和大兴机场的快速轨道交通专线。通过快速、直达、高品质的公共交通服务，提高大兴机场外部交通服务水平；通过"半小时"到达航空主客源地的时间目标，缩短大兴机场与中心城之间的时间距离；通过设置城市航站楼，将机场服务前置；从而提高大兴机场在"一市两场"竞争环境中的生命力，保证其成功运作。

一、大兴机场线是大兴机场的"生命线"

首都机场和大兴机场均定位为"大型国际航空枢纽"，两个机场同等重要，两个机场相对独立运行，互相竞争。

在大兴机场建设初期，大兴机场需从首都机场分配功能，客流需要一段时间的成长培育期。在大兴机场的客流培育期，大兴机场与中心城联系的交通方式是否快捷、高效，直接影响着大兴机场对乘客的吸引力，是大兴机场建成后能否迅速培育客流达到预期规模的关键。

大兴机场度过客流培育期，进入到功能稳定独立运行阶段时，大兴机场线为大兴机场提供安全、舒适、高速、准时的客运服务，满足市区航空乘客出行需求，能够有效加强对中心城航空客流的吸引，是大兴机场保证持续稳定客源的重要手段。

二、大兴机场线使大兴机场保持竞争优势

大兴机场承载着满足北京地区航空运输量不断增长的长远需求使命，将与首都机场分工协作，全面覆盖京津冀地区航空市场。

大兴机场地处京津冀地理中心，建成后将会覆盖整个京津冀地区，并辐射中国北方大部分区域。但是周边的正定机场、天津滨海机场均有完善的公路、铁路等交通体系支撑。首都机场更是集所有资源优势于一身。

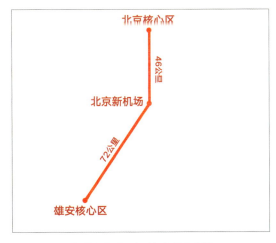
◆ 图2-2-1 大兴机场线示意图

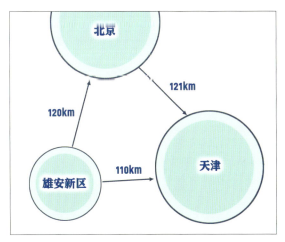
◆ 图2-2-2 大兴机场线周边环境示意图

为保证大兴机场在京津冀地区机场群的竞争中保持领先优势，必须构建含城市轨道交通在内的综合交通体系，以保证其在众多机场竞争中脱颖而出，与首都机场共同分担首都航空市场运输压力，服务于京津冀地区航空运输需求。

三、大兴机场线改善大兴机场地理劣势

由于大兴机场与中心城的距离达到了50km，是首都机场与中心城距离的2倍，为了克服大兴机场地理位置距离城市中心区较远、乘客出行时间较长这一劣势，提高大兴机场的竞争力和吸引力，有必要建设快速轨道交通系统，缩短中心城到大兴机场之间的旅行时间，通过快速公共交通手段，改善大兴机场的地理劣势。

该线最高运行速度达到160km/h，从大兴机场站到草桥站41km距离的实际运行时间仅19min，低于首都机场线的21.6km，22min的运行时间，达到了地理距离不产生时间劣势的目标。

四、大兴机场线缓解大兴机场外部综合交通压力

首都机场交通现状调查显示，截至2015年底，到、离北京首都机场的交通方式中，选择轨道交通方式出行比例很小，仅占14%。当前首都机场出租车和小汽车占出行比例较高，分别占到了37%和28%，这种增长随着人口和航空出行量的增加，有限的道路资源将难以维系这种持续增长的需求。

大兴机场为避免首都机场面临的困境，提出"构建以大容量公共交通为主导的可持续发展模式，建立多交通方式整合协调并具有强大区域辐射能力的陆侧综合交通体系"这一总体战略目标，到大兴机场建成远景年（年旅客吞吐量1亿人次），轨道交通的出行比例将达到约40%（根据大兴机场外部综合交通规划提出），小汽车和出租车的合计出行比例要控制在50%以内。

为了响应"公交优先"理念，发展以公共交通方式为主导的综合交通体系，扩大公共交通辐射范围，增加公共交通在航空旅客出行当中的比例，大兴机场线的建设势在必行，通过提供高效的公共交通服务，建立完善的机场综合交通网络系统。

五、大兴机场线能充分满足航空乘客的交通需求

对首都机场航空乘客的调查显示，航空乘客具有明显的时间价值高，服务标准要求高，价格因素不敏感等特征。该线设置为专线，为航空乘客提供快速、直达服务，从航站楼至草桥站仅需19min，19号线开通后，到达金融街仅需28min。与航空乘客对时间要求高的特征完全吻合。

建设过程中，服务标准对标航空，包括提高车站候车区空间设计标准，改善垂直提升设施等乘客服务设施，提高座椅乘坐舒适度及座椅间距，改善车站卫生服务设施，提高车厢环境标准，提供行李托运服务。将航站楼服务通过车站、车厢延伸至整个机场线的全程。对传统轨道交通的服务标准进行了较大幅度的提升，以期达到大兴机场线是大兴机场服务的延伸的效果，将大兴机场的高品质服务延伸至中心城区，提高大兴机场对航空乘客的直接吸引力。

第三章 建设亮点

亮点一 中国最快的城市轨道交通

大兴机场线是大兴机场外围综合交通体系的重要组成部分。是大兴机场与中心城联系的公共交通主动脉。大兴机场线的顶层目标是大兴机场至长安街一线半个小时通达。

由于大兴机场线一期工程终点为草桥站，需接力换乘19号线到达长安街一线。草桥站换乘时间按3min计时，19号线从草桥运行至长安街一线（金融街站）约6min，考虑等候时间，大兴机场至草桥站运行时间必须控制在20min之内才能实现半个小时通达的时间目标。项目论证中，从线路条件、系统制式、建设成本、建设周期等方面全面对比了120km/h、140km/h、160km/h等3个最高运行速度建设方案，最终确定大兴机场线的最高运行速度为160km/h。

这一速度使大兴机场线成为中国最快的城市轨道交通线。

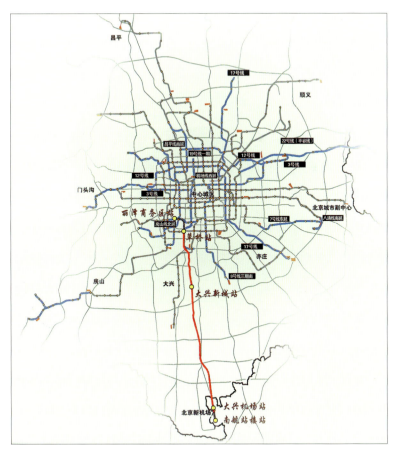

◆ 图2-3-1 大兴机场线地理位置示意图

◆ 图2-3-2 大兴机场线列车

亮点二 突破常规地铁设计标准的系统制式选型

在大兴机场线160km/h的最高运行速度需求条件下，项目组编制完成了《大兴机场线供电和车辆选型专题报告》，对大兴机场线的系统制式选型进行了创新。

车辆方面，区别于传统城市轨道交通A型车、B型车的车辆选型，选取了基于CRH6平台的改性动车组作为大兴机场线的车辆。

轨道系统方面，引进、吸收高铁及城际铁路的成熟先进技术，确定科学合理、技术经济水平高的轨道技术方案，切实保障旅客舒适度和行车平稳性。

供电系统方面，区别于传统轨道交通的DC1500V、DC750V的供电系统方案，选取AC25kV的供电系统作为大兴机场的牵引动力系统。

信号系统方面，采用基于通信技术的列车自动控制（CBTC）技术，与全自动运行相关的系统协作、联动实现GoA4级全自动运行功能。

通信系统方面，区别于传统轨道交通的WLAN技术，统一建设基于LTE技术承载多业务传输平台，应对160km/h的高速要求。

盾构设备选型方面，区别于传统地铁的6.4m直径盾构，选取了8.8m直径盾构。

资源共享方面，考虑建设北京市域轨道交通网络资源，打造北京市域快线系统。

大兴机场线在系统制式选型突破了传统地铁设计规范，对北京市域轨道交通技术标准具有行业引领示范作用。

亮点二　催生市域轨道交通设计规范

大兴机场线工程设计开始于2015年7月，彼时，中国城市轨道交通的最高运行速度是由上海16号线保持的120km/h，后续又新建了青岛蓝色硅谷线、南京句容城际等多条线路，最高速度也是120km/h。行业内广泛采用的《地铁设计规范》规定的最高速度为100km/h。大兴机场线最高速度确定为160km/h后，缺少了相关的设计规范。

为满足大兴机场线的建设需要，编制了《北京大兴机场线设计暂行规定》，暂行规定吸收了城际铁路规范关于速度标准的要求和地铁设计规范关于公交化运行的要求，形成了大兴机场线自己的设计和建设标准体系。为了保证暂行规定的可靠性，召开了专家评审会，邀请40多位国内轨道交通各个专业的专家对暂行规定进行了系统评审。最终《北京大兴机场线设计暂行规定》成为大兴机场线的设计依据和建设标准。

大兴机场线2016年全面启动建设，2019年通车。在项目建设验证的基础上，以《北京大兴机场线设计暂行规定》为蓝本，中国土木工程学会发布《市域快速轨道交通设计规范》(T/CCES 2-2017)，中国铁道学会发布《市域铁路设计规范》(T/CRS C0101-2017)。将《北京大兴机场线设计暂行规定》转化为设计规范，推动了高速城市轨道交通标准体系的建立。

亮点四　城市轨道交通服务水平新标杆

大兴机场线建设过程中，提出全面对标航空的设计理念，按照"建设完成是一流的，未来5年也是先进的，未来发展是不落后的"建设目标，以乘客出行需求为基础，将"对标航空"细分

◆ 图2-3-3　大兴机场线列车车厢内部组图

◆ 图2-3-4 大兴机场线列车4节编组列车组图

成7大项，17个专题研究，77种落实方案。从车站环境、车站设施、车厢乘用环境、行车组织4个方面，全面提升大兴机场线的服务水平。

车站环境方面，加宽了与10号线换乘通道的宽度，并在换乘通道中设置自动步道。加高了站台站厅层高度，改善乘客的宽高比感受；加宽了站台宽度，草桥站、大兴新城站站台宽度均达到了16m。加大柱间距，草桥站、大兴新城站均为16m单柱车站。草桥站引入自然光照明，设置迎宾出入口，将安检设置于各个入口处，在站内营造一个无遮挡的乘客空间。

车站设施方面，设置便于航空旅客携带行李通过的宽体安检机、宽体轧机，轧机预置人脸识别功能，车站设置大运量垂直提升系统的3t大电梯。车站设置多部大运量扶梯。改善车站照明系统，根据季节、时刻变化车站灯光。车站提供航空信息显示及行李托运系统。

车厢乘用环境方面，车辆采用"6+1+1"编组形式，6节普通车厢，1节商务车厢，1节行李车厢。减少座椅数量，普通车厢采用"2+2"座椅布置，商务车厢为"2+1"座椅布置，加大座椅间距，设置大件行李储运空间，设置行李架。在列车两个座椅中间，都专门设置了USB充电接口，供乘客给手机等电子设备充电。每扇车门处设置有一个灭火器，保证消防安全。商务车厢座椅可旋转，并提供阅读照明及空调调节功能。

行车组织方面，大兴机场线为提高运营服务标准，将两列8节编组列车拆解为4列4节编组列车。将原来行车间隔由12min缩短至8min，降低了旅客等候时间，提高了服务水平。

亮点五　国内首条按照全自动化标准建设线路

大兴机场线采用了世界最高等级，具有完全自主知识产权的全自动驾驶系统，全自动运行系统（Full Automatic Operation，简称FAO）是基于现代计算机、通信、控制和系统集成等技术实现列车运行全过程自动化的新一代城市轨道交通系统，是系统自动化最高程度等级。全自动运行系统是衡量城市轨道交通系统可靠性、安全性、可用性、可维护性先进水平的标尺，系统具备的不需要配置驾驶员，列车可完全自动运行，是城市轨道交通技术的发展方向。其目的不是为了减少驾驶员/乘务员，而是为了进一步增强城市轨道交通系统装备的功能和效率。

全自动运行系统不仅可以实现无人驾驶，还可实现列车自动唤醒、自检、运行、休眠等全过程自控。全自动运行系统还可免除人工繁琐的日常检查、清洗作业，列车能够精准控制停车时间，解决了列车正线运行人力投入大、效率、效益低的问题。

全自动运行系统还能进一步提升城市轨道交通运行系统的安全与效率，可进一步提高系统可靠性、安全性、可用性、可维护性，提升系统应急处置水平，降低劳动强度。

◆ 图2-3-5　大兴机场线列车驾驶室

亮点六　将地铁车站建设为综合交通枢纽

大兴机场线共设大兴机场站、大兴新城站、草桥站等三座车站，三座车站及未来北延后的丽泽商务区站均为换乘站。结合大兴机场线车站少，站间距大的特点，为扩大每座车站的覆盖范围，三座车站均按照综合交通枢纽的标准进行建设，不仅每座车站均为多线换乘站，而且为车站配置了各种综合交通接驳设施。将车站与城市综合交通体系融合在一起，落实建地铁就是建城市的设计理念，通过多种手段，扩大大兴机场线的覆盖范围。

大兴机场站位于大兴机场航站楼地下二层，着力打造京雄城际、R4线、预留轨道线、城际铁路联络线等5条轨道交通线路的无缝衔接换乘，5条线并行穿越大兴机场航站楼，与大兴机场综合交通中心融为一体。实现了高铁、地铁、航空及其他各种交通方式的深度融合。

大兴新城站打造与S6线换乘的绿色阳光车站，车站附属预留了与周边地块开发的衔接条件，车站主体预留与规划S6线通厅换乘的条件。车站与周边一体化开发深度融合，设置下沉广场引入自然风、自然光；在地下形成步行街区网络；地上二层设置步行道及自行车道。

草桥站与在建地铁19号线通厅换乘，与既有地铁10号线通道换乘。为实现周边多种方式的便捷衔接，车站配建了地下网约车、出租车地下接驳停车场，车站配建接驳道路和跨河桥系统，打造车站周边交通的微循环系统，车站顶部预留公园绿地与一体化开发条件，形成城市功能和景观

◆ 图2-3-6　大兴机场线大兴机场站俯视效果图

的微中心。不仅实现了地铁车站的功能，而且优化了周边的交通环境。

未来，规划中的丽泽商务区站与在建的14号线、16号线及规划中的11号线、丽泽与金融街连接线形成5线换乘站。同时，在丽泽商务区站设置城市航站楼，方便航空旅客办理值机、行李托运等一站式服务。

磁各庄车辆段预留上盖进行一体化开发条件，与片区发展轴线和新凤河景观带紧密结合，规划配置居住、办公、交通、养老、社交、教育、休闲等功能。

亮点七　车站装饰弘扬中国传统文化

大兴机场线的三座车站装修方案以"一带一路"为主题，以中国传统文化为背景，采用现代最新科技展示手段，古代陆上丝绸之路、海上丝绸之路、现代的空中丝绸之路以及未来科技发展(丽泽站)的丝绸之路依次呈现。

▲ 图2-3-7　大兴机场线草桥站

▲ 图2-3-8　大兴机场线大兴新城站

▲ 图2-3-9　大兴机场线大兴机场站

▲ 图2-3-10　大兴机场线大兴机场站站台

其中，大兴机场站以"空中丝绸之路"为主题，以行云流水的飘带向不同方向发散引导客流，营造与大兴机场换乘厅统一的空间效果，架起新时代的"空中丝路"。大兴新城站以"海上丝绸之路"为主题，以船和水波纹为设计元素，运用抽象的表现方式，结合灯光对空间进行塑造，营造出现代、简洁、灵动的地铁空间。草桥站以"陆上丝绸之路"为主题，将草桥站厅设置成为有"路"有"花"的美丽花园，在客流流线上布置鲜花造型，用装饰线引导乘客换乘；将"路"进行了连贯性设计，配以灯光引导，既满足功能又不失美感。寓意开放的北京拥抱多彩的世界，充分体现出北京国际交往中心的城市定位与城市魅力。

亮点八　世界领先的地下区间刚性接触网

大兴机场线设计最高速度160km/h，是目前国内城市轨道交通中运行速度最高的线路。在设计过程中对隧道区段采用架空柔性接触网，还是架空刚性接触网进行了充分的方案对比研究：采用柔性接触网方案，需在接触网关节等处局部扩挖出较大的隧道空间来安装接触网下锚设施，才能保证满足电气间隙和限界要求，共需设置下锚洞76处，同时还要面对临时占地大和影响工期等

◆ 图2-3-11　大兴机场线刚性接触网

困难。架空刚性接触网具有结构简单、检修维护工作量小、无断线风险、安装空间紧凑等优点，可节约工程投资约3.3亿元，最终选用刚性网方案。

尽管刚性接触网是城市轨道交通领域一种应用广泛的接触网悬挂方案。在大兴机场线建设之前，在城市轨道交通领域，其多用于速度80km/h线路，没有更高速度的应用经验。在国铁领域，仅用于部分新建长大隧道以及既有线隧道电气化改造工程中，但线路运行速度也在140km/h。在国外，电气化铁路有速度为160km/h及以上的应用经验，比如瑞士国铁kerenzer berg隧道，运行速度160km/h；奥地利国铁sitten berg隧道，运行速度200km/h，但国外线路的运行长度均较短，基本都在2km

左右。大兴机场线地下区间长度为12km，行车密度高达15对/h，在这么长的区段，这样频次的运行线路上，采用刚性接触网悬挂方案，世界范围内领先。

为保证刚性接触网方案的顺利实施，从设计方面搭建速度为160km/h刚性接触网弓网动态耦合仿真平台，开展弓网动态仿真计算并确定系统技术方案；在施工方面开展施工不平顺技术研究，制定相应的工艺工法和施工作业指导书；在产品选型方面，刚性接触网的关键部件选用进口部件，进一步提高产品制造精度，并研究制定了关键零部件的检测方案和检测标准；在工程实施环节，引入了施工安装督导服务，在施工安装和调整过程中对技术和工艺进行全过程监督和指导；在工程验收环节，聘请第三方检测机构对接触网实体工程进行综合测试。

亮点九　毫米级的施工精度控制

大兴机场线速度高达160km/h，施工精度达到了"毫米级"，这一精度一方面是建设者精益求精、匠心制造的结晶，也是中国技术力量的自信和实力。

◆ 图2-3-12　大兴机场线现场测量

轨道的5个"2mm"

大兴机场线的轨道安装精度由轨距、轨向、高低、水平（不包含超高值）及扭曲（包含超高顺坡率）5个参数控制的容许偏差均控制在2mm以内（其中轨距为±2mm）。为了保证轨道平顺性达到5个"2mm"标准，大兴机场线参照高速铁路及城际铁路的标准及方法进行了轨道精调。无砟轨道精调作业基于轨道精密测验，制定精细调整方案，模拟计算轨道几何调整量；最后通过更换扣件零部件或线形优化，使轨道状态达到设计及验收标准。5个"2mm"轨道静态平顺度，打造了全国地铁第一速度。

刚性接触网的"1mm"

刚性接触网的汇流排安装质量直接影响到接触线的平顺度，技术人员将改进后可以控制升降的安装架加装在平板车上，作为操作平台，作业人员站在改装后的汇流排安装操作平台和作业车上自带的操作平台，通过调整汇流排调整器两端同时安装汇流排，有效地将汇流排对接缝控制到1mm以内。为了实现这一精度，开工前组织作业人员在为大兴机场线1:1打造的刚性接触网系统试验基地，施工环境、产品零部件规格、安装结构都一一模拟重现，通过亲手操练，与设计及督导的当面交流沟通，让每一位工人对刚性接触网调整的每一步操作了然于心，开工后利用高精度激光接触网测量仪，组织技术人员采用"三步调整法"，实现了将普通悬挂点导线高度误差保证在2mm以内，将锚段关节处悬挂点两导线高度差控制在1mm以内。

地铁10号线的控制上浮2mm

草桥站站前区间洞桩法（PBA）暗挖段上跨既有M10号线盾构区，下穿镇国寺北街双向四车道沥青道路及多条市政管线。区间距既有M10号线盾构区间结构外皮仅0.37m，为有效控制区间施工造成既有10号线上浮，设计方案在区间结构底部设置400mm管幕，单根管幕长38.5m。保证了10号线盾构区间隆起量不大于2mm。

200mm间隙内三线四桥精准转体

大兴机场线于京沪铁路里程K39+943上跨既有京沪铁路，下穿京沪高铁，这个位置空中有京沪高铁，地面有京沪铁路，西有老的京九线，在这样一个狭小的空间要实现大兴机场线一幅桥、大兴机场高速两幅桥、团河路一幅桥的"三线四桥的同时转体"。四座桥梁之间最小缝隙仅有"200mm"。施工过程通过精确控制，完美利用了200mm的间隙，使转体桥梁各行其道，按照各自的轨迹和节奏到达了指定位置。

穿越燃气调压站的10mm

大兴机场线在草桥站至丽泽站区间，需下穿一处燃气调压站。工程采用洞外支护、洞内超前深孔注浆、多导洞开挖二重保障，多措并举，确保燃气调压站的安全。洞外支护采用28根长度35m的Φ108mm超前管棚均匀分布于燃气调压站基础以下5.5m，距离隧道拱顶5m，将之"托起"，同时切断地应力损失路径，避免土体沉降传递至基础；开挖前超前注浆加固周边土体，改良上部土体松散特性；区间采用CRD工法，四导洞开挖，减小开挖断面尺寸，初支早封闭成环。多重保护措施对风险工程起到了决定性的控制效果，最终阀门接口间错动量控制在3mmm以内，燃气调压站周边地面沉降控制在-5mm ~ +5mm范围之内，沉降控制远小于常规带压管线10mm的要求，确保建设阶段燃气调压站正常运营，避免了建设对人民生活生产的影响。

亮点十　CPⅢ轨道基础控制网

轨道基础控制网以其相邻点极高的相对精度，对提高轨道的平顺性起到重要作用，并为城市轨道交通中应用先进的轨道几何状态测量仪进行轨道精确调整和精密检测提供了基础和依据，解决了既有传统铺轨方法中的诸多问题，使轨道的初始平顺性大大提高，并带动轨道的整体技术质量水平提升，为运营后长期的平顺状态和减少维修工作量打下了坚实的基础。

相比既有城市轨道交通测量技术体系，轨道基础控制网采用了更合理的分级布设方式，保证了各阶段控制精度的统一性与整体性。而既有城市轨道交通测量技术体系是按照工序分阶段建立控制基准，精度指标会逐步下降，缺乏整体性。CPⅢ轨道测量技术避免了多个测量环节导致测量误差的积累，同时利用轨道基础控制网的高精度与稳定强的特点，可以精确地保证轨道的设计位置、线路参数及行车的限界要求。

◆ 图2-3-13　大兴机场线现场轨检仪测试现场

基于轨道基础控制网的长轨精调，能够对轨道进行更加精细化的调整，弥补前期工序的累计误差等各种因素对轨道平顺性造成的影响，对轨道平顺性有很大提高，从而降低列车运行过程中的振动和噪声，提高乘客乘坐的舒适度、延长设备的使用寿命，降低养护费用。轨道基础控制网实现了一网多用的目的，主要为调线调坡、轨道的铺设与运营维护服务，同时还为施工放样、建设期间变形监测以及运营后的结构变形监测服务。

在线路精调阶段，采用基于CPⅢ控制网的轨检仪测试精调技术，综合考虑了施工过程中形成的短波不平顺和高架段因梁体挠度引起的中长波不平顺的影响，将轨道不平顺的控制波长提高到70m范围，并采用轨道几何尺寸静动态检测相结合的方法来验证轨道精调的质量及其对列车运行的影响。在管理措施上，引入专业的第三方精测精调队伍，增加检测精调设备和专业技术人员的投入，从而使精调作业得到了优质高效的推动，为列车平稳运行和设备高速调试创造了有利条件。在线路验收环节，采用高速轨检车，对轨道进行了全面、高精度的检测和复查，确保了轨道的高平顺性。

亮点十一　综合检测技术确保平稳运行

城市轨道交通列车安全、平稳行驶，不仅需要轨道、车辆、供电、通信、信号、桥梁、隧道、路基等诸多设备设施系统施工精度的保证，还需要它们相互之间保持着准确、良好的匹配状态。

大兴机场线在完成传统轨道交通线路综合性调试的既定工作内容基础上，消化吸收高铁"黄医生"动态综合检测技术，在国内城市轨道交通首次采用动态综合检测技术为工程"体检、诊断"，指导工程整改。

动态综合检测技术相较传统的综合性调试优势在于，动态综合检测内容齐全，包括轨道、路基、桥梁、电力牵引供电、车地无线传输、信号、综合接地、振动、噪声和电磁环境等与行车紧密相关的专业，基本涵盖了全部与行车相关的系统；另外，通过在运营电客车上加装检测设备进行等速检测所获得的动态检测数据，可以对各系统的动态性能及实际工作状态、系统间的匹配关系进行更为客观、全面、科学的"把脉、诊断、开药方"，指导工程进行针对性的整改和优化提升，从而实现对线路整体运行安全性与舒适性的把控。

为避免因设备设施性能状态不明确产生的安全风险，大兴机场线采用逐级提速试验的方式，即从80km/h速度等级起逐级提速，在各个速度等级下对车辆运行平稳性和安全性、弓网受流质量和平顺性等进行逐一确认，在每个速度等级完成后，通过动态检测数据分析当前速度等级的车辆运行状态,指导施工缺陷整改,逐步提速至设计最高时速。在完成逐级提速后,针对全线开展了各个专业的动态检测工作,在经历了测试—整改—复测—验收各个环节后,大兴机场线全线在开通运营时达到了系统最优匹配,各项检测数据也对证明线路整体达到安全开通运营条件,提供了强有力的证据。有了动态综合检测"医生"的保驾护航,大兴机场线最终实现了安全、平稳、高质量开通运营。

亮点十二　共走廊建设提升土地资源综合利用效能

北京市基础设施投资有限公司(以下简称"京投公司")充分发挥在交通、市政、城市开发等多领域投资、建设和管理协同的优势,从规划环节即做好顶层设计,打破不同领域间"各自为战"的传统项目运作模式,全力打造城市基础设施大动脉整体解决方案,形成了大兴机场线、大兴机场高速公路、团河路的"三线共构",与地下综合管廊"四线共位",与京雄城际线"五线共走廊"的综合配套布局,在北京乃至全国均属首创。一方面,通过走廊集中布置的形式,节约建设用地近600亩,在节省投资的同时实现了城市资源的集约利用,在保证功能的同时提升了城市景观水平。另一方面,多个重大项目同步统筹实施,避免了因分步实施带来的"拉链工程"情况,消除了先建项目对后建项目的制约与影响,此种创新也对工程协调及建设管理水平提出了更高要求。

服务大兴机场的城市基础设施大动脉,提供了从交通到市政的全方位、高水平配套保障,对京津冀协同发展、打造国家发展新的动力源、助力地区发展具有重大意义。

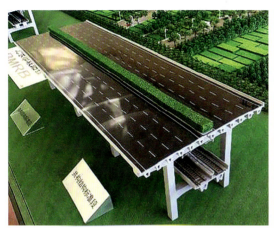

◆ 图2-3-14　大兴机场线局部模型

◆ 图2-3-15　"四线共位"综合配套示意图

亮点十三　　多种票制

大兴机场线推出了包括普通单程票、空轨联运票、商务车厢票、区间定期电子计次票等多样化票种。票价方面普通单程票20km（含）以内10元，20～30km（含）25元，30km以上35元。商务单程票票价不超过普通单程票的2倍，运营初期采用全程单一票价50元。空轨联运票从大兴机场到港、离港或是中转的乘客，可通过航空公司官方渠道购买机票的同时，优惠购买大兴机场线单程票。一个航段一名乘客仅限购买一张。票价为大兴机场线单程票价(含商务票)的80%。区间定期电子计次票，发行特定区间定期电子计次票。

◆ 图2-3-16　大兴机场线票制票价征求意见

大兴机场线票制票价工作，充分考虑了各方需求，为满足不同人群的出行需求，提供了差异化的票制票价。

亮点十四　　创造北京市轨道交通PPP项目的"三个首次"

大兴机场线在引资模式方面做了"三个首次"的尝试，一是首次尝试通过公开招标方式选定社会投资人，通过高水平的PPP实施方案设计，吸引多家在建设运营领域都具有较强实力的社会投资人参加，形成激烈竞争格局，标志着北京市轨道交通市场化水平不断提高；二是首次将土建工程纳入社会资本引资范围，项目整体引入社会资本150亿元，由其组建项目公司并负责部分土建工程、全部设备的投资建设及未来30年全线的运营管理、更新改造及追加投资，特许公司通过票款收入、非票务收入及政府可行性缺口补助收回投资并获得合理收益，特许经营期结束后将全部资产无偿移交给政府方。此种模式大大缓解了政府当期投资压力，同时通过对投标联合体运营经验的严格把关，避免了重建设轻运营情况的发生。三是首次采用车公里服务费的可行性缺口补助模式。北京市以往轨道交通PPP项目一贯采用影子票价补贴方式，对可行性研究报告的客流预测准确度要求较高。与传统市区线相比，大兴机场线受机场航班安排、乘客出行习惯、沿线及站点周边城市开发进度等外部因素影响较大，较难对客流进行准确预测。但走行车公里的弹性较小，可预测性较强，采用车公里服务费模式可有效降低风险溢价和谈判难度。

亮点十五　以行车指挥为核心的综合监控系统

以行车指挥为核心的综合监控（TIAS）系统是将信号的列车自动监控系统（ATS）与综合监控系统集成，可以实现系统的各级监控管理功能。该方案在国外及北京地铁6号线已有成功实施的先例，可实现对轨道交通中信号、综合监控、车辆、乘客服务的全面监控，可实现系统间快速联动和非正常情况的应急反应。采用ATS与综合监控集成的方案，建立统一的行车综合自动化平台，构建TIAS系统，更有利于运营管理。

TIAS系统通过建立统一的数据库、应用软件及人机界面平台，将各专业间的数据融合，减少了命令至执行的中间环节，高效实现对轨道交通信号、供电、机电、车辆、站台门、乘客服务等设备的全面监控，实现系统间快速联动和非正常情况下的应急处置，为用户后期扩展联动功能和决策支持提供技术支撑。其特点是统一的软硬件平台、统一的网络平台、统一的运营指挥、综合的系统维护、全面的系统监控。

TIAS系统可提升整个轨道交通设备系统的整体运营性能，提供新的功能和手段，可以及时地为调度等运营人员提供多专业、全面的行车、设备信息，实现系统间快速联动和反应，可进一步为轨道交通安全、高效运营提供技术支撑。

亮点十六　引入城市航站楼

大兴机场线作为航空专线，对标国际先进经验，引入城市航站楼理念，实现值机和行李托运功能，让机场回归城市。为契合首都发展定位，践行可持续理念、满足航空功能的需要，提升大兴机场线服务品质、解决携带大件行李的旅客乘坐轨道交通出行不便，提供全过程服务吸引大兴机场线客流，公司与首都机场集团公司北京大兴机场管理中心通力合作，完成了草桥站行李值机托运系统工作。

大兴机场线积极探索空轨联运新模式，乘客可以通过各航空公司官方渠道或手机客户端购票，享受票价八折优惠以及各航空公司推出的优惠产品。乘客凭购票生成的二维码就可以直接扫码进

◆ 图2-3-17　大兴机场线行李值机托运系统

站。大兴机场线已经与首批入驻的国航、东航、南航、中联航、首都航空、河北航空、厦门航空等航空公司签订空轨联运协议。卓有成效地推动了空轨联运体系的建设。

亮点十七 信号等设备系统独立第三方安全评估

莱茵技术（上海）有限公司承担北京轨道交通大兴机场线信号等设备系统独立第三方安全评估工作。评估的设备系统包括车辆、信号（含综合监控）、站台门、轨道、接触网、长期演进（LTE）项目车地承载系统。

评估方对大兴机场线信号等设备系统的建设项目进行全生命周期的安全评估工作。安全评估活动包括文件检查、审计和测试见证。安全评估活动覆盖需求、设计、安装及调试各阶段，涵盖工程设计、实施、质量管理、安全管理、验证与确认等活动。共评估审核600个文档，完成了47次审计，发布了43个证书。通过上述评估工作，评估方认为信号等设备系统的安全风险已经降低到可以接受的程度，可以投入载客运营，于2019年9月8日发布了允许投入载客运营的安全授权。

第四章 参建单位

产权单位

北京市基础设施投资有限公司

北京城市铁建轨道交通投资发展有限公司

建管单位

北京市轨道交通建设管理有限公司

监管单位

北京城市快轨建设管理有限公司

运营单位

北京市轨道交通运营管理有限公司

PPP咨询单位

财务顾问：北京大岳咨询有限公司

法律顾问：北京君合律师事务所

招标代理：北京逸群工程咨询有限公司

设计单位

设计01标全线总体总包设计：北京城建设计发展集团股份有限公司

设计02标大兴机场站土建设计：北京建筑设计研究院有限公司

设计02标机场段区间土建设计：中铁第六勘察设计院集团有限公司

设计03标永兴河~大兴新城区间土建设计：中铁工程设计咨询集团有限公司

设计04标大兴新站~新发地区间土建设计：中铁第五勘察设计院集团有限公司

设计06标新发地~草桥站土建设计：北京城建设计发展集团股份有限公司

设计07标草桥站后折返线土建设计：天津市市政工程设计研究院

设计11标磁各庄车辆段设计：北京市轨道交通设计研究院有限公司

设计12标段全线轨道及声屏障系统设计：中铁工程设计咨询集团有限公司

设计13标段全线供电系统设计：中铁第六勘察设计院集团有限公司

设计14标全线机电设备系统设计：北京城建设计发展集团股份有限公司

设计15标全线通信信号系统设计：北京全路通信信号研究设计院集团有限公司

磁各庄车站及全线区间地面附属建筑物及一体化设计：北京城建设计发展集团股份有限公司

全线相关民航专业系统（含信息系统）设计：中国电子工程设计院有限公司

装修01标全线装修概念设计、草桥站工点设计：深圳广田集团股份有限公司

装修02标大兴机场、大兴新城工点设计：深圳市利德行投资建设顾问有限公司

勘察单位

勘察01标：北京市地质工程勘察院

勘察02标：北京市地质工程勘察院

勘察03标：北京市勘察设计研究院有限公司

勘察04标：中航勘察设计研究院有限公司

勘察06标：北京航天勘察设计研究院有限公司

工程测量标：北京城建勘测设计研究院有限责任公司

监理单位

第一总监办：中咨工程建设监理公司

第二总监办：北京双圆工程咨询监理有限公司

第三总监办：北京逸群工程咨询有限公司

第四总监办：四川铁科建设监理有限公司

车辆总监办：北京城市轨道交通咨询有限公司

轨道安装工程总监办：铁科院(北京)工程咨询有限公司

供电及综合监控总监办：中铁华铁工程设计集团有限公司

信号等安装工程综合监理项目部：铁科院(北京)工程咨询有限公司

机电安装总监办：天津路安工程咨询有限公司

全线人防监理单位：上海天佑工程咨询有限公司

指挥部

北京城建集团指挥部

北京市政路桥指挥部

中铁建指挥部

施工单位

土建施工01标：北京城建集团有限责任公司

土建施工02标：北京城建集团有限责任公司

土建施工03标：北京市政路桥股份有限公司

土建施工04标：北京市政路桥股份有限公司

土建施工05标：北京市政建设集团有限责任公司

土建施工06标：北京城建集团有限责任公司

土建施工07标：中铁十四局集团有限公司

土建施工08标：中铁十二局集团有限公司

土建施工09标：北京城建集团有限责任公司

草桥站土建施工单位：中铁二十三局集团有限公司

试验检测单位

见证试验01标、02标：北京市政路桥锐诚科技有限公司

见证试验03标：北京市建设工程质量第三检测所有限责任公司

地基基础检测01标：北京中勘国检工程技术有限公司

地基基础检测02标：北京铁五院工程试验检测有限公司

地基基础检测03标：北京市建设工程质量第三检测所有限责任公司

主体结构检测01标：北京建业通工程检测技术有限公司

主体结构检测02标：北京环安工程检测有限责任公司

主体结构检测03标：中冶建筑研究总院有限公司

磁各庄车辆段钢结构工程检测：北京环安工程检测有限责任公司

北航楼站及临时停车场质量检测：北京市建设工程质量第三检测所有限责任公司

第三方监测单位：北京城建勘测设计研究院有限责任公司

安全风险咨询单位：中国矿业大学(北京)

轨道施工单位

轨道施工01标：中铁十二局集团有限公司

轨道施工02标：中铁十四局集团有限公司

轨道施工03标：北京城建集团有限责任公司

设备及安装单位

通号项目：中铁十四局集团有限公司

民航弱电项目：中铁十四局集团电气化工程有限公司

全线供电及综合监控设备安装：中铁十二局集团有限公司

北航楼站机电安装01标：北京城建集团有限责任公司

磁各庄站及全线站台门机电安装02标：北京市政集团有限公司

草桥站及区间机电安装03标：中铁十四局集团有限公司

全线FAS气灭安装：北京城建安装集团有限公司

自动扶梯采购及安装：迅达(中国)电梯有限公司

垂直电梯采购及安装：通力电梯有限公司

全线人防EPC：中铁第五勘察设计院集团

设备(含材料)集成采购项目：北京市轨道交通运营管理有限公司

车辆供应商：中车青岛四方机车车辆股份有限公司

车辆工艺设备01标：唐山百川智能机器股份有限公司

车辆工艺设备02标：中铁华铁工程设计集团有限公司

卧龙电气集团北京华泰变压器有限公司(35kV变压器及接地装置电阻)

北京和利时系统工程有限公司

河北远东通信系统工程有限公司

交控科技股份有限公司

天津凯发电气有限公司(接触网设备)

四川汉舟电气股份有限公司(400V开关柜)

云南变压器电气股份有限公司(110kV油浸式斯科特牵引变压器)

上海西门子高压开关有限公司(126kVGIS组合电器)

AC40.5kV和AC27.5kVGIS开关柜：西门子中压开关技术(无锡)有限公司

动车调试项目：中铁电气化局集团第一工程有限公司

信号等设备系统独立安全评估(含RAM)项目：莱茵技术(上海)有限公司

动态综合检测项目：中国铁道科学研究院集团有限公司

保险公司

中国平安财产保险股份有限公司

中国人民财产保险股份有限公司

中国太平洋财产保险股份有限公司

中国人寿财产保险股份有限公司

中国大地财产保险股份有限公司

太平财产保险股份有限公司

华泰保险经纪有限公司

融资机构

银团01标：

北京银行股份有限公司太阳宫支行

中国工商银行股份有限公司北京翠微路支行

中国建设银行股份有限公司北京安华支行

华夏银行股份有限公司北京北沙滩支行

银团02标：

中国农业银行股份有限公司北京宣武支行

国家开发银行北京市分行

平安银行股份有限公司北京分行

招商银行股份有限公司北京分行

第三篇 CHAPTER 3
项目管理篇

新的建设标准，新的投资模式，必然产生新的管理方式。大兴机场线一期工程，作为北京轨道交通首个将土建工程纳入社会化引资范围的PPP项目，首个采用公开招标方式选择社会投资人的项目，从项目筹备初期，就面临着管理方式、机制、模式的挑战。

新的投资模式充分发挥了联合体各家成员单位的特长，将投融资能力、建设管理能力、施工能力、运营管理能力整合在一起，极大地提高了工程建设效率与运营管理水平。在由北京市轨道交通建设管理有限公司（以下简称"北京轨道公司"）、北京城建集团有限责任公司（以下简称"北京城建集团"）、北京市政路桥股份有限公司（以下简称"北京市政路桥"）和中国铁建股份有限公司（以下简称"中国铁建"）等四家企业以及它们所属的四家企业组成的"联合体"中标该PPP项目之后，与政府方代表企业共同出资，组建了项目公司北京城市铁建轨道交通投资发展有限公司（以下简称"北京城市铁建"），形成了"以项目公司为管理主体、各股东企业分工协作"的管理模式。

北京城市铁建及时构建了公司管理体系和管理机构，全面融合和充分发挥股东企业的优势，倒推建设时间节点，严密掌控建设进程；各方精诚团结，形成合力，对该线的工程建设和运营筹备实施了卓有成效的管理。

本篇谨对项目管理的全过程进行记述。

第一章 投标联合体与投标管理

一、项目联合体的形成

2015年10月16日,北京轨道公司、北京城建集团、北京市政路桥签署了三方战略合作协议,发挥各方优势,组建投标联合体,参与大兴机场轨道交通线社会化引资项目投标。

2016年3月,在大兴机场线项目联合体工作会上,北京轨道公司、北京城建集团、北京市政路桥等三家企业根据招标工作的实际需要,决定将中国铁建纳入联合体,共同参与投标工作。

上述四家目的相同、互不统属的企业组成投标联合体之后,根据工作需要,又将与这四家企业具有管理关系的另四家企业召入联合体工作体系,这四家公司是:

北京市轨道交通运营管理有限公司(以下简称"北京轨道运营公司"),是北京轨道公司所属子公司;

北京市政建设集团有限公司(以下简称"北京市政建设集团"),其与北京市政路桥公司是北京市政建设的左右手;

中铁十二局集团有限公司(以下简称"中铁十二局")、中铁十四局集团有限公司(简称"中铁十四局"),二者均是中国铁建所属子公司。

由此,形成了由八家企业(俗称"四大家、八小家")共同组成的投标联合体。

二、联合体成员在投标阶段的分工

2016年4月,联合体成员企业组织人员在北京市政集团(三虎桥6号)集中办公。联合体成员按职能分设六个工作组:总体商务组、财务融资组、建设管理组、运营管理组、法律风控组和后勤保障组,各组分工协作开展投标准备工作。

联合体成员在投标阶段的分工如下:

(1)北京轨道公司和北京轨道运营公司作为联合体的牵头方,负责联合体内部投标工作的总体牵头、组织、协调，对外代表联合体办理与投标相关的事务；负责"建设部分"投标文件编写工作的总体组织和统筹，具体负责"建设部分"中"项目建设管理方案及措施"投标文件和"运营部分"投标文件的编写；负责总体商务组、融资组中与本单位相关的内容的文件准备及编写，参与法务风控组工作。

（2）北京城建集团负责总体商务组工作，制订投标工作总体计划、各专项计划并督促落实，牵头组织投标商务材料、文件的准备及编写；负责融资组工作，牵头制订投融资方案。

（3）北京市政路桥和北京市政建设集团负责法务风控工作和行政后勤工作；负责投标文件"建设部分"中施工组织方案文件的编写；负责总体商务组中与本单位相关的内容的文件准备及编写；参与融资组相关工作。

（4）中国铁建和中铁十二局、中铁十四局负责投标文件"建设部分"中施工组织方案文件的编写；负责总体商务组中与本单位相关的内容的文件准备及编写；参与融资组相关工作。

联合体投标商务组根据当时掌握的招标文件进行相关业绩的统计工作，对招标文件的评分情况提出了修改建议，并形成了书面材料；技术方案组分专业请大兴机场线设计单位进行设计交底，听取各建设方案及预算报价的编制情况。财务融资组根据现有招标文件提出了多套股比分配方案，确定了按最终招标文件要求得分最优的原方案的选择。

◆ 图 3-1-1 方案讨论会现场

◆ 图 3-1-2 商务组和技术方案组工作现场

三、联合体的投标与中标

大兴机场线社会化引资项目实施方案经北京市政府批准后，决定该项目采用PPP方式实施。2016年8月11日，北京市交通委员会（以下简称"市交委"）作为招标人发布了新机场轨道线社会化引资项目招标公告。新机场轨道线社会化引资项目实施方案已由北京市政府批准。根据市政府批准文件，该项目采用政府和社会资本合作方式实施，市交委为实施机构，京投公司为该项目政府出资人代表。该项目已具备招标条件，市交委作为招标人，北京逸群工程咨询有限公司为招标代理人，采用公开招标方式选择该项目的社会投资人。

在一个多月紧张的投标工作中，联合体四方有序分工，充分发挥各自优势，相继完成了施工组织方案、建设管理方案、运营管理方案、项目公司组建方案和最终的投标报价文件。2016年9月22日深夜，轨道公司陈曦副总经理带队，联合体各方投标主要负责人一行冒雨赶往北京市建设工程发包承包交易中心良乡评标区，9月23日上午向招标人正式递交投标文件。

2016年11月11日，轨道公司收到招标人市交委下发的新机场轨道线社会化引资项目中标通知书，联合体四方作为社会投资人将负责新机场轨道线B部分的投资、建设，特许经营期内新机场轨道线全线的运营管理、维护维修、更新改造和追加投资。

四、中标后及进入项目特许期联合体成员的分工

（一）北京轨道公司及北京轨道运营公司

北京轨道公司作为联合体的牵头方，代表联合体与市政府进行项目协议的最终谈判；负责统筹组织项目公司的组建工作，负责按约定的股比向项目公司注入资本金，向项目公司派出高管人员；在项目公司委托的工作范围内，负责项目建设期的建设管理工作；负责项目公司在特许经营期内的运营管理和公司日常经营管理工作。

（二）北京城建集团

在联合体牵头方的组织下，参与联合体与市政府进行项目协议的最终谈判；参与项目公司的组建工作，负责按约定的股比向项目公司注入资本金，向项目公司派出高管人员；负责项目建设期的相关施工建设工作；在项目公司特许经营期内，按法人治理结构的要求，参与公司治理。

（三）北京市政路桥和北京市政建设集团

在联合体牵头方的组织下，参与联合体与市政府进行项目协议的最终谈判；参与项目公司

的组建工作，负责按约定的股比向项目公司注入资本金，向项目公司派出高管人员；负责项目建设期的相关施工建设工作；在项目公司特许经营期内，按法人治理结构的要求，参与公司治理。

（四）中国铁建和中铁十二局、中铁十四局

在联合体牵头方的组织下，参与联合体与市政府进行项目协议的最终谈判；参与项目公司的组建工作，负责按约定的股比向项目公司注入资本金，向项目公司派出高管人员；负责项目建设期的相关施工建设工作；在项目公司特许经营期内，按法人治理结构的要求，参与公司治理。

第二章 高层会、股东会、董事会、监事会

● 高层会

2016年11月30日，北京城市铁建召开新机场线联合体第一次高层会议。

2017年3月13日，北京城市铁建召开新机场线联合体第二次高层会议。

2017年5月17日，北京城市铁建召开新机场线联合体第三次高层会议。

2017年11月6日，北京城市铁建召开新机场线联合体第四次高层会议。

2018年6月20日，北京城市铁建召开新机场线联合体第五次高层会议。

◆ 图3-2-1　2016年12月9日，公司召开大兴机场线特许公司股东会

◆ 图3-2-2 2021年1月29日，召开联合体第六次高层工作会

● 股东会

2016年12月09日，北京城市铁建召开2016年第一次股东会，决议审议通过《关于成立北京城市铁建轨道交通投资发展有限公司的议案》《关于北京城市铁建轨道交通投资发展有限公司股东协议的议案》《关于北京城市铁建轨道交通投资发展有限公司章程的议案》《关于选举公司董事的议案》《关于选举公司监事的议案》《关于公司注册筹备情况及相关授权的议案》《关于在公司正式成立之前委托北京市轨道交通建设管理有限公司现行招标的议案》七项议案。

2017年2月21日，北京城市铁建召开2017年第一次股东会议（书信）。

2017年5月17日，北京城市铁建召开2017年第二次股东会议（书信）。

2017年6月16日，北京城市铁建召开2017年第三次股东会议。

2018年3月21日，北京城市铁建召开2018年第一次股东会议。

2018年7月26日，北京城市铁建召开2018年第二次股东会议。

2019年1月31日，北京城市铁建召开2019年第一次、第二次股东会议。

2019年7月11日，北京城市铁建召开2019年第三次、第四次股东会议。

2020年3月31日，北京城市铁建召开2020年第一次、第二次股东会议（视频）。

2020年9月28日，北京城市铁建召开2020年第三次、第四次股东会议（书信）。

● 董事会

2016年12月9日,北京城市铁建召开第一届董事会第一次会议,会议审议通过《关于选举公司董事长、副董事长的议案》《关于聘任公司总经理的议案》《关于聘任公司财务负责人的议案》三项议案。

2017年2月21日,北京城市铁建召开第一届董事会第二次会议。

2017年5月17日,北京城市铁建召开第一届董事会第三次会议。

2017年6月16日,北京城市铁建召开第一届董事会第四次会议。

2017年8月21日,北京城市铁建召开第一届董事会第五次会议,会议审议通过《关于授权陈曦先生代替潘秀明先生行使公司法定代表人、董事(副董事长)及总经理相关职权的议案》。

2018年3月16日,北京城市铁建召开第一届董事会第六次会议,会议审议通过《关于变更公司总经理和法定代表人的议案》《关于聘任公司副总经理的议案》两项议案。

2018年7月26日,北京城市铁建召开第一届董事会第七次会议,会议审议通过《关于选举公司副董事长的议案》。

2019年1月31日,北京城市铁建召开第一届董事会第八次会议。

2019年7月11日,北京城市铁建召开第一届董事会第九次会议。

2020年3月31日,北京城市铁建召开第二届董事会第一次会议(视频)。

2020年9月28日,北京城市铁建召开第二届董事会第二次会议(书信)。

● 监事会

2016年12月9日,北京城市铁建召开第一届监事会第一次会议,会议审议通过《关于选举公司监事会主席的议案》。

2018年7月26日,北京城市铁建召开第一届监事会第二次会议。

2019年1月31日,北京城市铁建召开第一届监事会第三次会议。

2019年7月11日,北京城市铁建召开第一届监事会第四次会议。

2020年3月31日,北京城市铁建召开第二届监事会第一次会议(视频)。

2020年9月28日,北京城市铁建召开第二届监事会第二次会议(书信)。

第三章 项目公司的组建及其运作

一、北京城市铁建项目公司的组建

联合体中标大兴机场线社会化引资项目之后，即组建项目公司。从联合体北京城建集团名称中取"城"，北京市政路桥取"市"，中国铁建取"铁"，轨道建设公司取"建"，组成"城市铁建"。项目公司定名为：北京城市铁建轨道交通投资发展有限公司（以下简称"北京城市铁建"），于2017年在丰台区正式注册成立。

北京城市铁建是由联合体八家成员企业与政府出资人代表北京市基础设施投资有限公司共同出资成立的股份制合资公司（俗称"8+1"），注册资本60亿元。

项目特许期分为建设期和特许经营期，建设期约35个月，特许经营期期限为30年。根据北京市交通委代表市政府与项目公司北京城市铁建签订的《新机场轨道线社会化引资项目特许协议》，北京城市铁建拥有大兴机场线30年特许经营权。

北京城市铁建在《新机场轨道线社会化引资项目特许协议》法律框架下，立足于协议履约主体、业主责任融资主体、公共服务统筹平台以及股东收益协作平台四大职能定位，根据北京市政府对大兴机场线建设及运营提出的各项要求，充分发挥各股东单位在资金、人才、管理、技术、业绩、资质及行业影响力等方面的优势，借助各自在轨道交通投融资、建设管理、施工承包、客运服务等方面的丰富经验，按计划优质高效完成大兴机场线一期工程建设任务。

◆ 图3-3-1 拟定项目公司名称现场

二、北京城市铁建的运作

（一）项目公司董事会

项目公司北京城市铁建的董事会由7名董事组成。其中：

由政府出资人代表的北京市基础设施投资有限公司和联合体四大家(北京城建集团、北京市政路桥、中国铁建公司、北京轨道公司)共5家单位，各推荐董事人选1名，经法定程序选举产生。

◆ 图3-3-2　公司及股东logo组成

在项目公司成立后，按法定程序提名并经职工代表大会选举产生职工董事1名，该职工董事人选应经北京轨道运营公司认可；

最后1名董事由北京城建、北京市政路桥、中国铁建协商轮换推荐，第一届董事会的该名董事由北京城建推荐，经法定程序选举产生。

董事每届任期三年，任期届满，可连选连任。

董事会设董事长1人，由政府出资人代表京投公司推荐；副董事长1人，由北京轨道公司推荐；董事长、副董事长由董事会选举产生。

实行和完善"双向进入、交叉任职"的领导体制，符合条件的公司党组织领导班子成员可以通过法定程序进入董事会。

北京城市铁建第一届董事会表决通过44项议案和1项报告，其中包含公司经营工作计划、投资计划、经营管理指标、财务预算方案及大兴机场线一期委托运营协议等多项议案及报告。保障公司各项重大事项决策的顺利表决；公司正常有序有规则的进行经营。

（二）项目公司管理层

北京城市铁建实行董事会领导下的总经理负责制。

城市铁建公司合影留念

◆ 图3-3-3　城市铁建公司成立初期合影

总经理下设财务总监1名、总工程师1名、副总经理3名、总经理助理2名。其中副总经理分别来自北京城建集团、北京市政路桥、中国铁建、北京轨道公司与京投公司；总经理助理2名，协助总经理分管公司人力资源、法务和合约管理工作。

公司管理依据《中华人民共和国公司法》《北京城建集团公司章程》的相关规定，经公司董事会第七次会议审议通过的《北京城市铁建轨道交通投资发展有限公司董事会工作规则（暂行）》和总经理办公会议事规则（试行）等。

北京城市铁建联合体高层会由联合体成员北京轨道公司、北京城建集团、北京市政路桥、中国铁建四方共同组织召开。建设期共召开联合体高层会5次，先后讨论决策了项目工程管理模式、工程任务划分、股比调整及公司注册、公司初期机构设置建议方案、公司人员薪酬福利标准建议方案、土建工程合同签订建议方案、公司注融资初步建议方案、大兴机场线设备系统任务划分及组织方式建议方案、大兴机场线B部分建设管理委托协议建议方案、大兴机场线运营组织建议方案、公司财务报表合并建议方案、设立劳动竞赛奖金、联合试运转工作委托单位、投标保函费用处理等事宜。

（三）项目公司股东分工

根据联合体协议约定，北京轨道公司负责建设期建设管理工作，北京城建集团、北京市政路桥、北京市政建设集团、中国铁建等单位负责总包施工；北京轨道运营公司和北京轨道公司负责运营管理。建设期结束后，线路交由北京轨道运营公司负责运维。

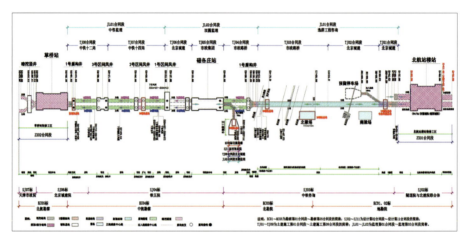

◆ 图3-3-4　联合体分工

（四）项目公司组织机构

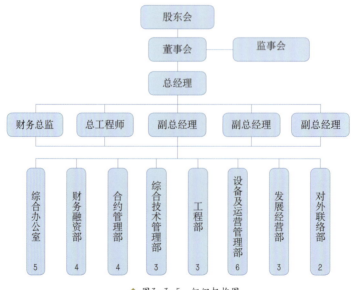

◆ 图3-3-5　组织机构图

据投标文件，联合体成员企业拟投入项目公司的主要领导及中层管理人员共计23人，实际到位员工总数28人。

项目公司实行董事会领导下的总经理负责制，总经理下设财务总监1名、总工程师1名、副总经理3名、总经理助理1名、副总经济师1名，分管8个职能部门，内部管理机构设置如下：

项目公司岗位设置为：高级管理人员6名，总经理助理1名（兼部门经理），副总经济师1名（兼部门经理），部门经理6名，员工14名，预留编制8名，编制职数共计36名。

（五）项目公司管理办法

建设期内，公司制定了系统的规章制度和管理办法，正式发布45项管理制度，分为党建工作和经营管理工作两大部分，其中经营管理工作中包括法人治理结构、综合管理、人事管理、财务管理、合约管理、工程管理、技术管理等方面，并于2018年6月颁布了《北京城市铁建轨道交通投资发展有限公司部门职责(试行)》，公司各部门按照《部门职责(试行)》的要求，履行相应职责。

◆ 图3-3-6 城市铁建公司揭牌仪式

◆ 图3-3-7 城市铁建公司揭牌仪式合影

第四章 项目工程过程管理

根据《新机场轨道线社会化引资项目特许协议》，由政府出资人代表、建设监督管理公司与项目公司签订《建设监管三方协议》，并根据该协议的条款和条件实施项目建设全过程的监督管理工作。

市交委指定京投公司作为政府出资人代表，履行建设期相关监督、检查、管理职责。

京投公司作为政府出资代表，负责特许协议的履约管理。快轨公司（北京城市快轨建设管理有限公司）作为建设监督管理单位对项目公司承担的项目设计、安全、质量、进度、环保、建设资金、监理、设备材料采购及安装、工程中间验收、预验收、全线试运行、竣工验收等全部项目建设工作进行监督管理。

项目公司接受并配合建设监督管理公司的监督管理。项目公司委托具有地铁项目全过程建设管理能力和经验的北京市轨道交通建设管理有限公司对北京轨道交通大兴机场线一期B部分全过程建设管理，包括但不限于以下事项：施工图设计、工程招标、施工前期准备、工程实施、工程验收、工程结算、工程移交等管理事项。项目公司委托北京轨道交通运营管理有限公司对大兴机场线实施运营维护等管理事项。

一、工程重要节点

大兴机场线一期工程B部分历时三载，在北京市政府和各委办局的指导下，各参建单位团结一致、锐意进取、攻坚克难，经过1004个日夜奋战，圆满完成建设任务、如期开通运营。重要工程节点如下：

2016年12月26日，项目开工建设。

2017年9月15日，盾构区间8.8m大盾构下井首发仪式。

2017年11月6日，高架区间架设第一片梁。

2018年2月24日，全线第一个盾构区间贯通。

2018年6月29日，磁各庄车站主体结构封顶。

2018年10月16日，共构段预制梁架设完成。

2018年10月20日，共走廊段预制梁架设完成。

2018年12月2日，地上段主体贯通。

2019年3月7日，盾构区间全部贯通。

2019年4月25日，全线实现贯通。

2019年5月23日，通长轨。

2019年6月5日，通电。

2019年6月7日，全线联锁系统开通；

2019年6月9日，全线传输系统、无线系统开通；

2019年6月13日，全线项目工程验收。

2019年6月15日，全线进入空载试运行。

2019年9月9日，全线项目竣工验收。

2019年9月26日，载客试运营。

二、重点管理内容

根据《新机场轨道线社会化引资项目特许协议》组建项目公司，社会资本方充分发挥各自优势，项目公司委托具有地铁项目全过程建设管理能力和经验的北京轨道公司对北京轨道交通大兴机场线一期B部分全过程实施建设管理，包括但不限于以下事项：施工图设计、工程招标、施工前期准备、工程实施、工程验收、工程结算、工程移交等管理事项。

项目公司虽然将建设管理工作进行了委托，但在特许协议约定及法律意义的层面，项目公司仍然是安全质量第一管理责任单位，切实履行了安全质量管理主体责任，同时对建设进度及时掌握跟踪。项目公司重点对安全质量和进度进行统筹管理。

（一）安全质量管理

1. 管理制度

项目公司为了履行安全质量主体责任，围绕特许协议履约和委托建设管理合同，制定了《安全质量管理办法》《生产安全事故应急救援预案》《生产安全事故报告和调查处理制度》等，并依照相关制度开展工作，确保安全质量管理工作落到实处。

2．安全质量信息

为了全面掌握工程建设过程中安全质量管理信息，项目公司要求建设管理方和监理单位每月报送安全质量简报，及时掌握安全质量情况。

3．参加专题会议

项目公司参加建设管理方安全质量管理部门每月召开的安全质量例会，全面了解实际问题，并针对重点问题提出工作要求。

4．安全质量检查

项目公司积极配合大兴机场线建设指挥部开展各项安全质量管理工作，同时依托其做好全过程管控，通过一系列的安全质量检查、专家培训、观摩、履约考核等措施强化安全质量管控，有效预防和正确处理可能发生的安全质量问题，顺利完成各项安全质量管理目标。

（二）进度管理

1．节点计划

项目公司围绕工程建设目标，以服务工程建设为指导思想，紧跟大兴机场线建设指挥部下发的不同施工阶段的一级节点计划，密切关注重要节点实现情况，同时参加大兴机场线建设指挥部调度例会，掌握制约工程进展因素，通过监管月报、建设简报、函件、会议等形式及时将工程进展及迫切需要解决的问题报告给政府相关部门和各股东方，以加快促进相关问题的解决，同时积极配合大兴机场线建设指挥部推进土建剩余重要节点目标实现。

2．劳动竞赛

为了充分调动各参建单位的积极性，大力弘扬劳动精神、工匠精神，奖励先进、鼓舞士气，安全、优质、按期完成全部工程建设任务，项目公司充分发挥PPP项目优势，果断决策，在工程建设冲刺年和决胜年相继开展第一阶、第二阶、第三阶段劳动竞赛活动，把开展劳动竞赛、推动工程建设与促进参建单位建设热情、共享发展成果、构建和谐劳动关系统一起来，增强各参建单位主体责任感、获得感，同时创建一流工程建设管理团队，进一步打造"国门第一线"精品工程。

（三）设备管理

设备管理方面，重点负责组织、协调建设管理单位主责履约的项目管理合同中设备相关工程的履约管理；负责建设过程中设备管理工作，参与设计文件的评审、提出优化方案，提出关键设备的运营需求，参与关键设备的合同谈判、设计联络、监造和厂验，参与测试联调，会同受托方组织试运行；负责监督技术标准、设备配置及选型应与轨道交通线网实现资源共享及特许经营合同的要求，力求制式标准统一，有效避免资源和投资的浪费；负责与A部分协调，组织相关单位完成系统调试、动车调试、空载试运行、试运营综合评审工作；参与建设单位组织的竣工验收及竣工备案等工作。

（四）运营筹备管理

运营筹划方面，重点负责在项目建设期即按照《特许协议》中关于运营技术标准的要求和实际运营的需求着手运营业务的筹备，包括组织机构、人员储备、管理制度、操作规范和业务流程等内容的编制和设计；负责组织对运营委托的实施方式和范围做前瞻性的分析研究。

（五）变更管理

根据《新机场轨道线社会化引资项目特许协议》《新机场轨道线社会化引资项目变更管理办法》及《北京轨道交通大兴机场线一期工程B部分委托建设管理合同》等有关规定，北京城市铁建为加强投资控制，严格工程变更洽商管理，加强集体领导和决策，编制了《北京市轨道交通大兴机场线一期工程B部分变更洽商管理办法》(城市铁建技字〔2019〕3号)，明确了变更洽商的分类、办理程序、分工及费用处理。

1．重大变更工作程序

（1）收到轨道公司大兴机场线建设指挥部报送的重大变更申报资料后，综合技术管理部（设备及运营管理部）签署审查意见。

（2）工程部签署审查意见。

（3）合约管理部签署审查意见。

（4）公司各相关领导签署审查意见。

（5）公司主管领导审批《重大变更审批表》。

（6）综合技术管理部将工程重大变更报送市政府或市政府指定机构。

（7）综合技术管理部将工程重大变更报有关政府主管部门的批准或备案。

2．一般变更工作程序

（1）收到轨道公司大兴机场线建设指挥部报送的一般变更申报资料后，综合技术管理部（设备及运营管理部）签署审查意见。

（2）工程部签署审查意见。

（3）合约管理部签署审查意见。

（4）公司各相关领导签署审查意见。

（5）公司主管领导审批《一般变更审批表》。

（6）综合技术管理部将工程一般变更报有关政府主管部门的批准或备案。

（六）设计管理

该项目设计原全部由招标方负责管理，初步设计已经完成并经建设行政主管部门批复，施工图阶段设计也已经招标完成。后根据项目公司与政府方签订的特许协议，施工图阶段设计管理和支付工作移交给项目公司，同时接受甲方的监督。勘察设计总承包方在施工图勘察设计阶段接受项目公司的管理。针对该项目的施工图设计管理内容，项目公司建立施工图设计管理体系，按照"事前策划、过程控制、考核评价"的原则，切实做好该项目的施工图实际管理工作。

项目公司在施工图设计管理过程中，确保施工图设计按已完成的初步设计所确定的方案和标准进行，不损害、限制、削弱和减少工程的功能、寿命或降低技术、安全或环境保护标准；提出的优化设计、深化设计及其他变更经甲方批准后实施；服从甲方在施工图设计过程中做出的该项目各部分的接口协调，配合协助甲方、设计单位做好图纸审核、接口协调等工作；按工程精度计划完成该项目的施工图设计。

（七）提升服务管理

1．广告设施施工管理

根据项目公司非票务资源开发部署，广告设施安装工程由项目公司直接负责投资与施工管理，结合大兴机场线工程总体施工进度和广告灯箱类型与分布特点，项目公司职能部门制定了详细广告设施安装实施方案，并及时完成施工监理招标，确保监理业务随广告设施安装工程建设同步开展，充分发挥监理职能作用。

项目公司职能部门统筹施工计划，专人专站管理，深入现场及时协调解决土建、装修、动照、弱电等专业相关问题，对难点问题全过程跟踪解决，通过每周专题调度会、外部单位协调会等措施将节点目标落到实处，按计划完成了相关工作。

会场一　　　　　　　　　　　　　　　　　　　会场二

◆ 图3-4-1　2019年8月11日大兴机场线广告设施验收会

2．咨询筹划服务工作

从2018年开始，项目公司结合大兴机场线规划、建设、运营几个阶段的需求特点，从"客群、功能、文化、商业"方面综合相关资源，进行研究筹划。以世界级思维、国际级视野、全球级广度，搭建起中国文化的承载平台，以打造行业典范和树立品牌形象为目标，让大兴机场线成为中国工程的典范作品，成为中国轨道交通的良好展示平台。

◆ **客户群体需求方面**

大兴机场线作为国门新一线，其客流需求研究一方面体现了各站点需求特征，做到针对性服务，提升大兴机场线服务质量，提高效率，满足便民需求；另一方面通过对客流需求的研究，充分展现北京的城市价值，树立城市品牌形象。

（1）大兴机场线客流了解分析，是做好策划咨询工作的基础。

通过对北京城市地位分析、大兴机场衔接情况对比高铁机场客群需求特征的分析，总结出未来乘坐大兴机场线的客流需求特征，以此为依据给出草桥站、大兴新城站、大兴机场站功能配置的需求建议。

人群构成：中青年人群精英。

乘车行为：便捷、准时、高效。

广告关注：广告关注度高，广告态度积极。

消费能力：具有较强消费力，乐于消费餐饮类，定价偏高是主要诉求。

（2）将乘客需求进行分类总结，通过配备相关设施设备予以满足。

基本需求：快速购票、快速安检、快速进站、快速换乘、快速出站、充电服务、WiFi供应、问询服务、导向系统、餐饮购物等商业配套、洗手间、空调设备、照明设备、垃圾桶。

特殊需求：VIP购票、VIP安检、VIP通道、VIP站台、VIP车厢、弱势群体（老人、孕妇、婴幼儿）通道、残疾人无障碍设施、盲文盲道、急救设备。

其他需求：城市宣传展示需求、广告需求、文化体验需求、艺术展示需求、母婴室需求、接驳服务需求。

（3）针对草桥站、大兴新城站、大兴机场站分别满足不同的乘客需求。

草桥站定位为A++级站点，其客流主要为国内外政务人群、来办事谈生意的商务人群、来北京游玩的旅游人群，以及在草桥站周边居住和在草桥站换乘地铁10号线、11号线、19号线的职场白领人群。建议其服务需求以基本需求和特殊需求为主，其他需求服务为辅的综合性服务。

大兴新城站为普通站点，其客流主要为站点周边的白领人群以及少量的商务人群、旅游人群。建议其服务需求以基本服务需求为主。

大兴机场站定位为S级站点，其客流主要为国内外政务客流、商务客流、旅游人群，以及少量的白领人群。建议其服务需求包含基本需求、特殊需求和其他需求三大板块。

客流主要需求分为大众化需求和个性化需求。大众化需求与国内乘客需求基本相同，主要以快速进出站、快速购票、充电服务、WiFi供应等需求为主；个性化需求主要包括问询翻译、兑换货币、地图导示、定制化服务等需求。

◆ **功能服务方面**

从多角度全方面研究各类设施提升措施，为乘客打造国际化、标准化、服务性一流的乘车体验。

（1）优化大兴机场线进出站整体流程。

大兴机场线优化进出站流程的研究范围主要包括对购票方式、安检方式以及进出闸机方式的研究。通过对购票方式、安检方式以及进出闸机方式的研究分析，找出进出站流程的可优化点，给出大兴机场线优化进出站流程的建议。

购票方式上：国内传统模式购票方式为自助购票、人工售票形式，购票效率低，通行速度慢。手机购票形式方便快捷、节约资源，有效解决排队等候时间长和站厅拥挤的问题，购票效率高，建议大兴机场线购票形式以手机购票获取二维码快速扫码进站为主。

安检方式上：目前，传统安检在客流高峰期无法满足客群快速出行的需求，建议在大兴机场线草桥站和北航站楼站设置人工智能安检门，提供快速安检通道，以满足乘客快速安全进站的需求。

进出闸机方式上：目前人脸识别技术、指纹技术、身份证、护照识别技术尚不够成熟完善，建议大兴机场线前期以二维码进出闸机为主流进出方式，以传统卡进出闸机及近距离无线通信（NFC）钱包进出闸机为辅助进出方式。后期随着人脸识别技术、指纹技术、护照识别等技术的不断完善成熟，再考虑引进其相关进出闸机方式。

（2）优化导向信息系统规划。

导向系统的本质是解决用户的寻路需求，传达的主要内容是空间信息。航站楼的导向系统和地铁机场线导向系统分属两个不同行业，它们需要遵循各自的国家规范及地方标准。分析用户的客流走向，及其他的各种导向需求。这样才能让两个导向系统更好的衔接，相互引导、相互统一，为用户提供准确的导向服务。

①建筑空间命名唯一性。统一建筑命名，保证航站楼及轨道交通的信息引导的一致性；②地铁范围的导向，根据建筑楼层的高度分析，站厅层采用吊挂式导向为主要的导向形式，站台层采用落地式导向为主要的导向形式，版面高度与航空导向保持一致，高为380mm。地铁导向载体形式与航站楼的导向载体形式保持一致；③航站楼范围的导向，从行李提取处开始设置地铁导向信息，沿客流行进路线、垂直电梯处等相关位置设置地铁导向信息。同时地铁导向信息与航站楼导向相结合；④在合适的位置设置动态导向、自助查询机及移动客户端导向信息，弥补静态导向的不足，满足不同的导向需求。为乘客提供航班动态信息、地铁发车时间动态信息及运营发布的即时信息等。

（3）优化车站服务设施。

大兴机场线是连通机场与北京主城区的功能线，研究大兴机场线对标航空功能需求，提升车站服务设施水平，为乘客提供最人性化的服务。

通过对大兴机场线乘客对车站服务设施需求的分析，包含垃圾桶、座椅、盲文、充电装置、无线通信、通信、人工智能机器人服务、行李托运、急救、时区地图、母婴室、更衣室、卫生间等，调研航空服务设施、地铁服务设施，总结出适用于机场线的服务设施，提出了大兴机场线在车站服务设施的设置方案，提升到一流的航空服务标准。

（4）优化车站照明环境。

优化照明环境，提升车站环境，为乘客提供最舒适的环境是线路照明环境提升的需要。

在北京市地标的基础上（站厅150Lx，站台100Lx）进行适当提升，并结合能效等综合考虑建议：

站厅照度值200～250 Lx，明亮度比值约80～90 Lx，舒适度处于明亮。

站台照度值150～200 Lx，明亮度比值约70～80 Lx，舒适度处于较明亮。

照明灯具。建议在避免炫光的基础上，以条灯和筒灯的组合形式营造光环境，局部采用漫反射。

应急照明。建议根据北京地铁标准设计应急照明。

光环境。建议根据不同的空间需求，如会合点的特性营造不同的光环境。

（5）优化VIP全程服务。

大兴机场线的客流特征决定了必须为VIP提供更尊贵的服务。

通过分析大兴机场线VIP客流流线，根据国内外机场VIP室调研，结合北航站楼VIP区的地铁空间环境提出VIP区方案。

VIP闸机。在南站厅设置VIP闸机，考虑将来设置服务人员。

VIP软隔离。南站厅考虑与普通乘客区进行隔离，设置临时软隔离区，以示意两个区域的不同。

VIP卫生间。在离港站台设置男女卫生间，方便VIP乘客的使用。

VIP站外延伸服务。考虑行李代送服务，将VIP的行李运到指定地点。

◆ **商业开发方面**

（1）广告资源开发。

媒体广告资源是地铁站内资源的最主要收益，以政策法规为准则导向，对标航空广告、高铁广告，结合航站楼站空间结构较开阔、客流规模大档次高、站点广告经济价值较高的特点，找准乘客停留时间较长的区域，根据乘客目光聚焦的舒适位置，协助规划设置了国内首屈一指的激光大投影、大型定制化LED屏，高品质地传播了中国的形象，传播了北京的文化，实现了较好的社会效应、经济效应。

（2）商业资源开发。

大兴机场线地铁空间商业资源有限，商业价值高，大兴机场线商业资源的开发一方面可以提升大兴机场线服务质量，满足出行便民需求；另一方面商业资源的开发可以充分发挥各业态价值效应，实现商业价值最大化，增加地铁收益。

通过空间与客流分析，结合站点规划原则思路，规划设置了各类科技感、集成式的自助售货类设备，规划了供乘客休息、供朋友见面的会合点，预留了一系列的无人零售接口，满足远期商业消费需求。

3．空轨联运

2019年9月19日上午，大兴机场城市航站楼草桥站空轨联运产品发布会顺利召开。标志着空轨联运产品正式上线，同时，草桥站城市航站楼已具备启用条件，将与大兴机场同期启动运营，未来市民乘坐飞机将更加高效、便捷。民航局运输司副司长廉秀勤，北京市交通委轨道运营处副处长刘元常，首都机场集团总法律师顾问、工会主席马正，北京轨道公司副总经理、北京轨道运营公司总经理韩志伟分别致辞，对空轨联运产品的发布和草桥站城市航站楼功能的实现表示祝贺，各方将精诚合作，共同推进北京市轨道交通与航空枢纽陆侧交通系统的有效衔接，为乘客提供更加人性化、多元化的航旅服务。

◆ 图3-4-2 大兴机场线空轨联运产品前期沟通会

◆ 图3-4-3 大兴机场线空轨联运产品发布会

随着空轨联运产品的发布，乘客可以通过各航空公司官方渠道或手机客户端购票，享受票价八折优惠以及各航空公司推出的优惠产品。乘客凭购票生成的二维码就可以直接扫码进站。此外，乘客可以在城市航站楼草桥站办理值机、行李托运，极大提升了出行效率。

在此过程中，北京城市铁建、大兴机场、各家航空公司经过多次商谈，最终确定了空轨联运产品的合作模式，分别与首批入驻的国航、东航、南航、中联航、首都航空、河北航空、厦门航空等航空公司签订共轨联运协议，同时配合北京市轨道指挥中心及北京轨道运营公司完成相关业务规则研究及接入工作。

◆ 图3-4-4 感谢信

4．行李托运系统的演变

项目定位为机场专线，主要目标为航空旅客提供高品质的轨道交通接驳服务，目前，大兴机场线列车采用8节编组，除6节普通车厢与1节商务车厢外，还配置了1节行李车厢。

但鉴于后期站位调整等一系列原因，草桥站城市航站楼遭到取消，为充分发挥已购置列车能力，提升服务品质对标航空标准，公司集思广益开展研究探索，最终在各方的配合下实现了航空旅客的行李托运功能。

公司首先与顺丰、京东等社会知名物流公司进行接触洽商，探讨合作推行航空旅客"行李代运送"服务的可能。此设想中，在一定范围内旅客可提前在家、公司、酒店等出发地下单，由快递员上门收取其行李并负责运送至草桥站，与线路运营单位进行交接，后通过行李车厢运送至大兴机场，反向同理。如此一来旅客可最终直接在机场提取行李，避免了携带大件行李乘坐轨道交通的不便。本方案整合了我国现阶段电子商务与物流配送迅猛发展的资源优势，吸引越来越多远距离大负重的航空旅客乘坐轨道交通进行绿色出行。

由于后期大兴机场管理中心在开通轨道交通值机与行李托运功能的观点上与公司不谋而合并给予配合支持，轨道与机场双方展开密切合作，最终在草桥站设立开通了城市航站楼，实现了乘坐轨道交通的航空旅客可提前在草桥站办理值机和行李托运业务的目标。在丽泽商务区相关设备设施投运前，利用现有条件有效推进了现代化空轨联运体系的建设。

在行李托运系统的设计中，需要研制一款能够在过程中集中装载旅客行李的运输工具。公司通过招标程序与天津双麟机械新技术有限公司进行合作，针对各相关环节开展行李小车的研究。小车在草桥站装载托运行李，经列车运送至大兴机场站，再由人工推送至机场值机柜台。公司综合考虑行李小车的各方面需求，不遗漏每个细节。此外，涉及的其他配套设备设施也需一并设计改

效果图

实景

◆ 图3-4-5　大兴机场线草桥站城市航站楼效果图及实景

造，如行李车厢固定装置、上下车渡板等。行李小车在整个行李托运系统中扮演了至关重要的角色，公司在研制过程中更是下大力气，反复与各方联络多次试验把关，确保了系统安全平稳的运行。

◆ 图3-4-6　行李小车

5．4编组及8编组列车混跑

大兴机场线行车组织采用4编组及8编组列车混跑的形式，在保证乘客优质服务及乘车体验的基础上，满足线路节能减排的要求，能够在同样的发车间隔的前提下，达到节省能源，减低运营成本的目的。

制定4/8编组混跑的行车组织方案，可有效提升运能利用率和乘客服务水平。大兴机场线客运组织方案的制定对标航空客流，为进一步提升运能利用率以及服务品质，提高线路客流吸引能力，大兴机场线采用4/8辆混合编组运营，在不改变行车间隔的同时，减少了不必要的列车能耗及空载率。

6+1+1 编组混跑，提供多样化服务

4/8 编组混跑，应对不同时段客流

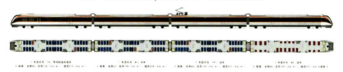

◆ 图3-4-7　大兴机场线4/8编组列车行车组织示意图

通过分析大兴机场线客流特征，制定各时段客流与运能相匹配的4/8编组列车行车组织方案，既合理均衡了客流低峰时段的列车满载率，降低了大兴机场线的运营成本，又缩短了最小行车间隔，减少了乘客等待时间，保证了较高的乘客服务水平。在保证运能满足最大断面客流量的基础上节约了运营成本。

6. 列车设计对标复兴号

为了保证大兴机场线列车具有良好的可靠性性能表现，使乘客享受安全、快捷、舒适的旅行，得到安全、准时、满意的服务，提升大兴机场线的运能效率和服务品质，北京轨道公司、北京城市铁建以及北京轨道运营公司深入参与列车设计，与中车青岛四方股份公司技术团队一同以对标航空、高铁为原则，反复研究论证，不断提升车辆美工方案、功能设计和车辆可靠性水平。

2018年7月3～4日，北京轨道公司总经理丁树奎带队，与北京城市铁建、北京轨道运营公司高层领导参观模型车，并提出车辆的配色、内饰、座椅、驾驶室对标等参考"复兴号"进行设计的建议，以及取消驾驶室侧门、取消客室门伸缩踏板、客室座椅配置升级等：

一是，普通车厢座椅采用2+2布置、商务车厢采用2+1布置，座椅尺寸和间距超过"复兴号"高铁动车组二等座和一等座要求，设置差异化行李架、LED隐藏光源、环形装饰灯带、USB充电口等提升乘坐环境；二是，设置专用行李车厢，配合城市航站楼实现城市值机服务；同时，鉴于大兴机场线采用公交化运营模式，不对号入座，车体强度载荷按照9人/m^2的要求（高铁一般不允许站席，特殊情况下不超2人/m^2），在最大载荷情况下轴重仍然不超17t，车门设置2对双开电动塞拉门，车门尺寸1400mm（高铁为900mm），乘客区走廊宽度达到700mm（高铁为530mm），满足乘客快速上下车的需要，超员一半乘客上下仅需29s。

7. 百米激光大投影

伴随科学技术不断发展，各种新型技术逐渐普及，信息技术的发展使数字媒体技术在各行各业得到极为广泛的应用，为了使新型数字媒体技术在城市地铁公共空间得到更好应用，结合大兴机场线线路特点、乘客的多样化和差异化需求，北京城市铁建通过前期大量的市场调研和咨询分析，以专业报告为指导，计划在大兴机场线设置超大面积的激光投影平台，增加大兴机场线非票务资源收益的同时，通过整体激光投影带来的视觉冲击，为乘客带来更好的视觉体验和感受。

结合城市中心理论、初期客流、市级商圈和区域租金等大兴机场线车站等级评分标准，对站点的商业开发等级进行评定，决定利用大兴机场站的站点商业价值，设置与众不同、标杆式的新

◆ 图3-4-8 大兴机场线百米激光投影

型媒体资源。通过充分调研和反复论证最优化的广告设置方案，并在传统媒体形式的基础上寻找突破，对市面新型的广告媒体形式进行大量调研，经过多次会议研讨和论证，在大兴机场站离港站台候车区上方设置120m通长广告媒体，采用激光投影，形成巨大的视觉冲击和震撼的动态视觉效果，展现优质的广告效果，形成独有的线路特色。

8．对标航空满足功能需求

大兴机场线作为新国门第一线，定位服务于北京新机场航空客流的专用线路，预期日客运量达到33.8万人次，列车车厢满载率高。在建设过程中不仅将各项新技术运用在地铁线路的实施中，同时对标航空，将大兴机场线的设施与服务提升到更高的水平，成为引领轨道交通行业新的标杆。

为全面对标航空功能，提高大兴机场线服务水平，项目公司开展了大兴机场线旅客行为需求的分析、乘客对运营的可靠性、准时性需求、乘客信息获取需求、乘客乘坐便捷性需求、乘客乘车环境舒适性需求、乘客消费心理、文化鉴赏心理需求、高端乘客VIP服务需求等6个需求层次的研究，并开展了17项专题的研究，对接功能需求77种。

在具体实施中通过对车站整体装修风格的补充、车站卫生间标准的提高、车站服务设施标准的提高、车辆四八套跑压缩服务间隔、车内环境提升优化、商务车厢全程管理服务、多样化票种及联运产品、无线WiFi及机器人服务、设置旅客行李辅助运送系统、全面提升通信系统、AFC系统、PIS系统、导向标识系统、乘客信息系统等系统的设计水平，人员服务升级、VIP服务细分、服务装备升级、环境水平提升等全面对标航空服务。

大兴机场线通过全面对标航空服务力求培育大兴机场线独特乘客群，扩展和延伸潜在乘客流，改变乘客出行习惯，打造出入首都的亮丽名片，提高轨道交通影响力和出行占比。

9．票制票价

大兴机场线定位于轨道交通客运专线，为航空旅客提供快速、直达服务。一期工程北起草桥站，向南经大兴新城站后，到达大兴机场站，全长41.36km，2019年9月底开通运营。二期工程从草桥站向北延伸至丽泽商务区站，全长3.5km，预计2021年底开通运营。全线共设丽泽商务区、草桥、大兴新城和大兴机场4座车站。为航空旅客提供快速、直达的服务，其定价水平与线网中普通线路有所不同。

该次票制票价方案，推出了空轨联运票、商务车厢票、区间定期电子计次票等多样化票种，从工作程序上，先是由最初的政府组织听证、企业遵照执行调整为政府制定试行票价，企业征求公众意见后发布实施，后又调整为政府制定定价机制，企业制定具体票价，征求社会意见后发布实施。相关工作自2019年1月份启动，根据市发展改革委、市交通委、市财政局发布的《北京市轨道交通机场专线价格定价机制》（以下简称"定价机制"），结合社会各方意见建议，历时数月，经多轮研究，方最终确定。

（1）票价方案。

①普通单程票

20km（含）以内10元，20~30km（含）25元，30km以上35元。

②商务单程票

提供更高标准服务及乘车体验的商务车厢，票价不超过普通单程票的2倍，运营初期采用全程单一票价50元。

③空轨联运票

从大兴机场到港、离港或是中转的乘客，可通过航空公司官方渠道购买机票的同时，优惠购买大兴机场线单程票。一个航段一名乘客仅限购买一张。票价为大兴机场线单程票价（含商务票）的80%。

④区间定期电子计次票

为方便沿线居民、机场员工通勤出行，根据社会各方意见，发行特定区间定期电子计次票。

草桥站~大兴机场站区段发行三个档次的区间定期电子计次票，具体为：45次票550元、30次票470元、20次票385元。

草桥站~大兴新城站区段发行两个档次的区间定期电子计次票，具体为：45次票360元、20次票180元。

区间定期电子计次票仅限在北京市轨道交通大兴机场线乘坐普通车厢使用，如区间定期电子计次票乘车超过规定区段、次数或电子计次票过期时，视为无效票，按实际里程票价进行计费。在使用有效期内，限本人限次使用。

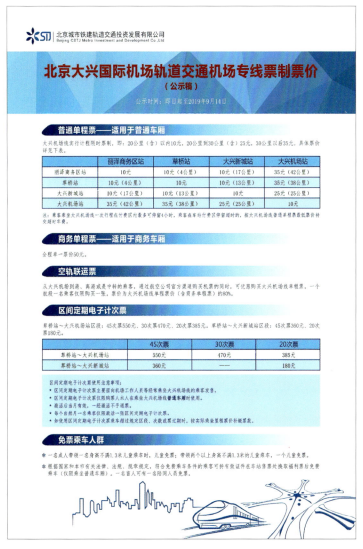

◆ 图3-4-9 票制票价公示稿

（2）完成票制票价方案研究，推出多样化票种。

北京城市铁建组织北京市交通发展研究中心，完成了大兴机场线票制票价的基础性研究工作，一是完成了线路票制票价方案，多样化票种方案，为方案最终确定，提供了智力支持。二是完成了票制票价方案安全风险评估及相关应急预案，为票制票价方案面向社会推出提供了有力保障。

该次大兴机场线票制票价工作，充分考虑了各方需求，为满足不同人群的出行需求，推出了普通单程票、商务单程票；为加强与航空公司的联系，首次推出了空轨联运票；为解决机场工作人员的出行需求，首次推出了区间通勤计次票。

（3）配套软件开发，多样化票种如期上线。

为配合大兴机场线票制票价方案项目落地，在落实相关线下实体票票种的同时，北京城市铁建配合市指挥中心，组织如意行软件开发公司同步研究商务单程票、空轨联运票、区间定期电子计次票等多样化票种的软件开发工作，相关工作随线路开通如期上线。

特别是空轨联运票，经多方共同努力，其进站方式，由最初的通过网络取票机取票，调整为乘客可直接通过航空公司官方APP刷闸机进站，用户体验更加良好，乘客出行更加便捷，受到各方一致好评。

（4）配合市政府有关部门完成定价机制及征求意见工作。

一是配合北京市发展和改革委员会（以下简称"市发改委"）、市交委完成北京市轨道交通机场专线定价机制的研究工作；二是配合完成了票制票价方案、定价机制向北京市人大、北京市政协的征求意见工作；三是配合完成了大兴机场线定价机制的新闻发布工作。

大兴机场线票制票价方案项目定制通过各方政府职能部门及各个相关单位历经一年时间，完成票制票价定制工作。以下为主要大事件：

2018年7月19日，项目公司召开大兴机场线票制票价工作专题会。

2018年9月11日，在市交委召开新机场陆侧交通票制票价及高速公路通行政策项目座谈会。

2018年10月11日，公司召开大兴机场线票制票价方案专题会。

2018年10月19日，北京市轨道交通指挥中心主任战明辉主持召开会议，研究大兴机场线一期及北延工程概况、一期初设专篇评审意见执行情况、北延可研专篇分组评审意见执行情况；大兴机场线行李系统、票制票价、商务车厢方案。

2018年11月4日，公司召开大兴机场线票制票价方案研究专题会。

2018年11月8日，公司召开大兴机场线票制票价方案研究专题会。

2018年11月9日，在市交委召开会议，研究讨论大兴机场线票制票价方案。

2018年12月6日，在市交委召开大兴机场线票制票价方案及风险分析座谈会。

2019年2月12日，在市交委召开轨道交通大兴机场线票制票价方案研讨会。

2019年2月21日，在市交委召开轨道交通大兴机场线票制票价方案研讨会。

2019年2月26日，公司召开大兴机场线票制票价方案研究会议。

2019年4月2日,在市交委召开会议,协调推进大兴国际机场轨道线票制票价方案制定。

2019年4月23日,在市发改委召开大兴机场线票制票价方案讨论会。

2019年5月17日,在京投公司听取专家对大兴机场轨道交通专线票制票价方案意见建议。

2019年5月21日,在市交委召开大兴机场轨道线票制票价方案会。

北京城市铁建为做好线路票制票价社会稳定风险评估有关工作,根据市委市政府《北京市建立重大事项社会稳定风险评估机制的实施办法(试行)》(京办发〔2010〕24号)以及市交委《北京市交通行业重大事项社会稳定风险评估管理办法(试行)》(京交安全发〔2011〕101号)文件精神,按照《关于研究大兴机场线票制票价方案的会议纪要》(第238号)有关要求,组织北京市交通发展研究院于2019年5月底完成《大兴机场线票制票价社会稳定风险评估报告》。并请市交委依程序组织开展相关专家评审工作。

2019年6月4日,在市交委召开大兴机场轨道线票制票价社会稳定风险评估研究报告专家评审会。专家一致同意通过评审。评审结论认为:分析报告技术路线合理,调查数据翔实,对风险点的识别基本完整,风险估计较为客观,防范措施基本可行,风险等级为一般等级风险。

2019年6月11日,公司召开2019年第十次经理办公会、大兴机场线票制票价公开征求意见研究会。

◆ 图3-4-10 大兴机场线票制票价前期沟通会

2019年7月2日，公司召开大兴机场线票制票价方案研究会。

2019年7月25日，在市交委召开会议，研究大兴机场线票制票价公示期间宣传事宜。

2019年7月29日，在市交委召开专题会，研究部署8月份大兴机场线票制票价现场会有关事宜。

2019年8月15日，大兴机场线票制票价方案向社会公示。

2019年8月15日，在市交委召开会议，研究大兴机场线票制票价社会稳定风险相关工作。

（5）完成票制票价公示，社会舆情总体平稳有序。

根据北京市轨道交通机场专线定价机制的工作要求，北京城市铁建向社会媒体公开发布大兴机场线具体票制票价方案，并通过公司官方微博向全社会进行为期30天公示。公示期间，社会舆情总体平稳有序，未发生重大舆情。

新闻解读

媒体采访

◆ 图3-4-11 轨道交通机场专线定价机制新闻解读会及会后媒体采访

10．开展货运增值服务研究

机场专用线与城市轨道交通常规线路的明显区别之一就是比之后者，它有显著的运能。如何合理规划利用这部分能力，实现运营主体的业务多元化，在规划及实践层面均缺乏充分地研究。北京城市铁建委托北京交通大学中国综合交通研究中心以大兴机场线建设为背景，从首都社会与经济运行的需求出发，结合大兴机场线未来的经营管理，探讨在不改变大兴机场线既有客运服务功能、不降低运行安全性水平的条件下，合理利用大兴机场线的运输能力、服务首都货运与物流功能、提升国有资产利用效率的方法。研究的目标是寻求降低货物运输的能耗与排放、减少相关道路交通拥挤的大兴机场线建设与运行组织方案，为首都的可持续发展贡献力量。

该课题的主要工作及要点如下：

（1）相关规划及政策法规利好分析。

轨道交通在货物运输方面具有节能减排、速度快、时间可靠性高等优势。对于一些运输能力富余或需求分布严重不均衡的线路，开展货运增值服务将有利于增加运营主体的收益，同时缓解道路运输带来的拥堵和尾气污染等问题。

◆ 图3-4-12 四大物流基地与大兴机场的位置图

①从地区发展相关政策法规来看，北京市保留高端物流业态，大兴机场线运送的高附加值产品，符合北京未来物流发展定位；政策鼓励物流行业集约化发展，机场线货运服务符合集约化发展的理念；大兴南物流基地作为四大规划物流中心之一，为机场货运服务提供了良好的需求基础；②从航空货运相关政策法规来看，北京市航空货运业发展前景好，未来新机场货运需求量大，为大兴机场线货运提供了基础。政策鼓励大力发展航空物流，支持航空公司与铁路、公路、水运、物流商开展各种形式的合作，运营卡车航班，实施多式联运；③从节能减排相关政策法规来看，开展绿色货运，强调引导和鼓励城市货运配送组织模式的创新，推动完善夜间配送管理制度，引导商贸流通企业、货运配送企业协同开展夜间配送。

（2）既有轨道交通客运线路用于货运的案例。

分析了日本地铁货运、北越快线送货列车以及京沪高铁极速达三个实例的具体运输形式、运输流程、装卸作业和设备水平，提供了客运专用列车的客货混运作业的三种运营实际方案。

东京地铁货运　　　　　　　北越快线货运　　　　　　　京沪高铁货运

◆ 图3-4-13　国内外既有轨道交通货运案例

①货运作业区选址是客货混运作业能否实施的关键因素，对于货运需求较高、装卸时间较长的货运业务，建议参考日本地铁货运中以车辆基地或检修厂为货物集散中心，进行相关货运作业；②针对作业流程，对于货运需求较为零散化、装卸时间较短的货运业务，建议参考北越快线"送货列车"作业流程，采取"运装分离"方案；③装卸作业时间及方式是影响客货混运作业效率的关键，在既有客货混运案例中，均是人工借助小型装卸设备将提前装入小型集装箱的货物运送至客运站台进行的，但这样严重限制了货物的运量，并会对正常客运造成影响。

(3) 货运品类及作业流程。

由于大兴机场与首都机场同属一城，因此以首都机场货物品类及作业流程为主要参考。

①从中国东方航空股份有限公司北京分公司的货运量上来说，2017年进港货物7万~8万t，出港货物4万t左右，进港货物约为出港货物的2倍；②目前货运品类主要有以下几种：电子类产品(运量占比60%左右)、快销品(运量占比30%左右)、快件等，大部分为轻泡货物；③目前航空货物按照装卸方式不同可分为集装器货物和散货货物两种。这两种货物在运输、装卸流程以及作业时间上均存在不同。

(4) 货运服务的综合效益分析。

主要包括减少道路货运量，缓解拥堵，降低能耗及碳排放。

(5) 大兴机场线两端货运连接方式与列车流线方案。

初步规划两端节点为北航站楼附近的新航城货场和丽泽商务区附近的丽泽货场。

①由于新航城规划建设已经开始，大部分地块都有明确用途不可挪作他用。新航城货场的设置有两个方案：在原规划大兴机场线停车场处建设货场；在新航城货运区(临近综保区围网处)建设货场；②丽泽商务区用地紧张，密布的地下管线限制了货运出口的布置，故暂时考虑设置货场

于丽泽西北处的规划绿地处；③基于大兴机场线实际客运组织方式，设定三种不同的货运组织模式：客货混运、客货混跑和夜间行车。

客货混运方案是指利用大兴机场线列车的7+1编组中的行李车厢进行货物运输的方案。

客货混跑方案是指在白天运营时段(5:00—23:00)内在旅客列车之间插入货物专列。

夜间行车方案是指利用夜间客运业务停运的时间段内，除去用于线路检修维护的天窗时间外的剩余时间开行货运列车的方案。

(6) 货运服务的运输组织方案及可行性分析。

由于客货混运方案采用既有客运列车中的行李车，重点对客货混跑及夜间行车两个方案的可行性进行研究。

①客货混跑方案是在白天客车运行的时段内间隔开行货运列车，所以货车运行会在一定程度上影响客车运行。在运营初期，建议采用120km/h以上速度的列车，对客运影响程度较小；在近期采用速度120km/h以上的列车，平均3.5个小时发一对货车，可将客运的影响控制在全天总调整时分不超过30min；考虑到远期运营，采用速度为160km/h的货车较为合适。②夜间行车方案设置。根据夜间设置的维修天窗不同假设两个夜间行车方案：方案一将夜间天窗设为24:00–03:30，天窗时长为3.5个小时；方案二将夜间天窗设为01:00–04:30，天窗时长为3.5个小时。结合线路实际情况，可采用电话闭塞和固定自动闭塞两种信号系统方案。

(7) 货物运输对技术装备系统的要求。

客货混编方案下，货运使用车辆为大兴机场线的市域车型，不需新增要求。客货混跑方案中对货车的要求较高，已有的货车无法满足大兴机场线线路条件，需要研发新型货车。夜间行车方案中，已有车型主要在限界与轴重两方面不满足，需研制新车型；信号系统方面，可采用电话闭塞或固定闭塞系统。

◆ 图3-4-14　方案汇报会

◆ 图3-4-15 专家评审会

11．开行爱国专列

为庆祝新中国成立70周年，加强与知名企事业单位的品牌合作，北京城市铁建组织北京轨道运营公司等单位联合《人民日报》充分利用线路资源，将大兴机场线成功植入到《人民日报》国庆献礼作品《复兴大道70号》中，推出"我爱你中国"主题列车，在国庆期间供市民乘坐体验，并将《复兴大道70号》中祖国重大历史时刻，以公益广告的形式在车站展示，相关话题迅速登上微博热搜，取得了社会的广泛关注。

外部图

内部图

◆ 图3-4-16 爱国专列列车

三、市交委监督管理

2019年2月27日，市交委专题研究，就贯彻落实《城市轨道交通初期运营前安全评估管理暂行办法》《城市轨道交通初期运营前安全评估技术规范 第1部分：地铁和轻轨》进行动员部署。强调标准规范是做强轨道交通网，实现城市轨道交通安全高可靠、运营高效率、环境高品质、服务高质量的技术要求。

项目公司认真筹划和组织，与北京轨道运营公司、北京轨道公司签订《北京轨道交通大兴机场线一期工程联合试运转及相关服务协议》，首次由运营单位作为联合试运转工作主体，从工程准备、核心系统设备实施、运营筹备着手，结合大兴机场线市域列车及相关设备设施的技术特点，准备、开展动车调试线路管理、运营公司进驻、临管及试运行全自动运行核心系统综合联调管理、设备设施动静态综合检测等试运转相关工作。

大兴机场线作为全国第一条实施《城市轨道交通初期运营前安全评估管理暂行办法》的线路，积极配合第三方安全评估机构及25位专家组成的专家组开展安全评估工作，经过针对系统功能核验情况、系统联动测试情况、运营准备工作情况等方面进行评估，最终顺利通过，具备开通初期运营条件。

市交委的检查、监督、管理，进一步规范轨道交通初期运营前安全评估工作，有效提升了城市轨道交通安全管理水平。

第五章 建设过程管理

一、设立工程建设指挥部

受项目公司委托，北京轨道公司负责建设期建设管理工作。为加强对大兴机场线工程建设的组织领导、统一指挥和综合调度，确保大兴机场线一期工程按期通车目标的实现，经研究决定，成立大兴机场线领导小组及大兴机场线工程建设指挥部，采用"公司总部全面负责"建设管理模式，下设指挥部办公室、规划设计总部、计划调度总部、前期工作协调总部、设备管理总部、安全质量监察总部、安全监控中心、合同管理总部、财务总部、运营管理总部、总工程师办公室及第三项目管理中心，充分发挥

◆ 图3-5-1 轨道公司大兴机场线投标交底暨建设管理工作启动会

公司总部各相关部门作用，对项目实行横向到边纵向到底的建设管理。

工程建设指挥部职责分工如下：

指挥部办公室负责工程建设指挥部筹备、组织、指挥调度等日常管理，土建工程组织、协调、建设手续办理等工作；

计划调度总部负责线路总体筹划、计划编制、计划统计及重难点事项专项调度等工作；

规划设计总部负责勘察设计、协调、设计变更、行政手续办理等工作；

前期工作总部负责征占地、管线改移、外管线工程组织等工作；

设备管理总部负责设备专业工程组织、协调、系统验收等工作；

安全质量监察总部负责安全、文明施工及工程验收等管理工作；

安全监控中心负责风险管控工作；

合同管理总部负责招标、投资控制、合同管理、计量支付、变更洽商等工作；

财务总部负责财务管理工作；

运营管理总部负责运营需求的协调、线路开通试运营的相关组织及线路移交工作；

总工程师办公室负责科研项目管理工作；

第三项目管理中心负责草桥站及两端区间土建工程组织、协调、建设手续办理等工作。

机构设置如下。

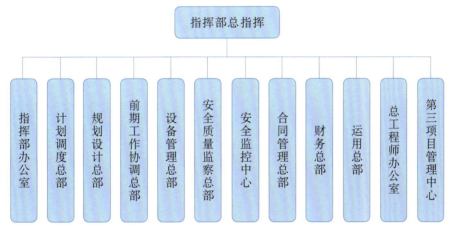

◆ 图3-5-2 大兴机场线指挥部组织机构图

二、工程立项

京投公司积极与行政主管部门沟通协调，通过申报，依法取得了可研批复、初步设计批复等方面工作。

2015年5月19日，北京市规划委员会《轨道交通大兴机场线规划方案的批复》。

2015年9月30日，北京市规划委员会《建设项目选址意见书》。

2015年12月14日，北京市水务局《大兴机场线水影响批复》。

2015年12月15日，北京市环境保护局《大兴机场线工程环境影响报告书批复》。

2015年12月31日，北京市发展和改革委员会《关于北京市轨道交通大兴机场线一期工程可行性研究报告的批复》。

2016年9月28日，北京市规划和国土资源管理委员会《关于北京轨道交通大兴机场线一期工程初步设计的批复》。

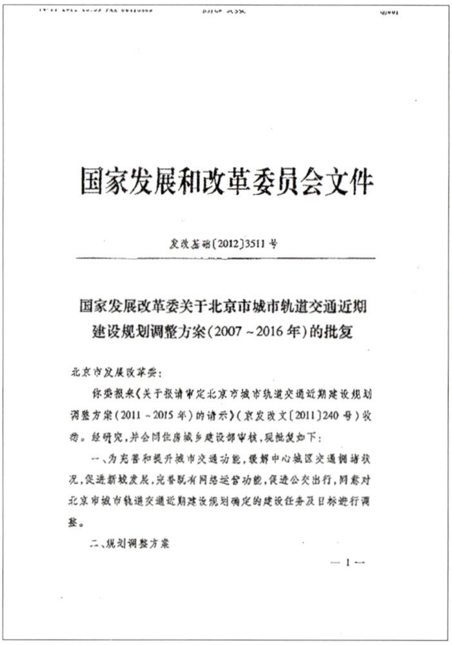

国家发展和改革委员会文件

发改基础〔2012〕3511号

国家发展改革委关于北京市城市轨道交通近期建设规划调整方案（2007～2016年）的批复

北京市发展改革委：

你委报来《关于报请审定北京市城市轨道交通近期建设规划调整方案（2011～2015年）的请示》（京发改文〔2011〕240号）收悉。经研究，并会同住房城乡建设部审核，现批复如下：

一、为完善和提升城市交通功能，缓解中心城区交通拥堵状况，促进新城发展，完善既有网络运营功能，促进公交出行，同意对北京市城市轨道交通近期建设规划确定的建设任务及目标进行调整。

二、规划调整方案

— 1 —

（一）

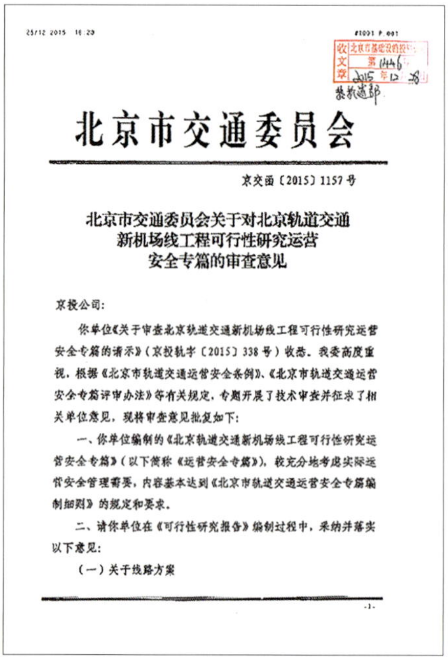

25/12 2015 16:20 #1001 P.001

收文章 北京市基础设施投资公司 第1446号 2015年12月28日

基轨道部

北京市交通委员会

京交函〔2015〕1157号

北京市交通委员会关于对北京轨道交通新机场线工程可行性研究运营安全专篇的审查意见

京投公司：

你单位《关于审查北京轨道交通新机场线工程可行性研究运营安全专篇的请示》（京投轨字〔2015〕338号）收悉。我委高度重视，根据《北京市轨道交通运营安全条例》、《北京市轨道交通运营安全专篇评审办法》等有关规定，专题开展了技术审查并征求了相关单位意见，现将审查意见批复如下：

一、你单位编制的《北京轨道交通新机场线工程可行性研究运营安全专篇》（以下简称《运营安全专篇》），较充分地考虑实际运营安全管理需要，内容基本达到《北京市轨道交通运营安全专篇编制细则》的规定和要求。

二、请你单位在《可行性研究报告》编制过程中，采纳并落实以下意见：

（一）关于线路方案

-1-

（二）

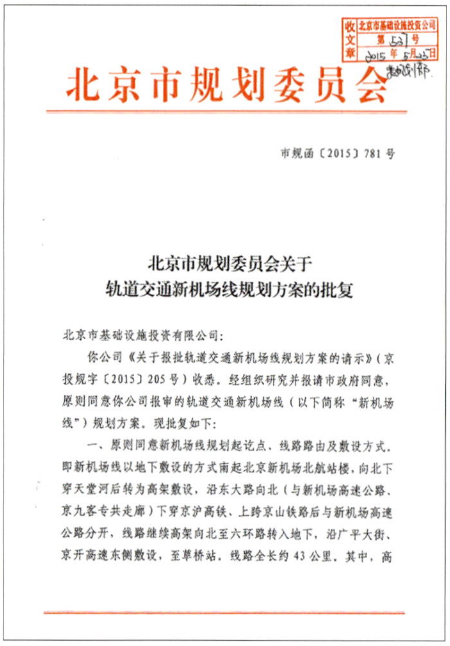

收文章 北京市基础设施投资公司 第523号 2015年5月25日

基轨道部

北京市规划委员会

市规函〔2015〕781号

北京市规划委员会关于轨道交通新机场线规划方案的批复

北京市基础设施投资有限公司：

你公司《关于报批轨道交通新机场线规划方案的请示》（京投规字〔2015〕205号）收悉。经组织研究并报请市政府同意，原则同意你公司报审的轨道交通新机场线（以下简称“新机场线”）规划方案。现批复如下：

一、原则同意新机场线规划起讫点、线路路由及敷设方式。即新机场线以地下敷设的方式南起北京新机场北航站楼，向北下穿天堂河后转为高架敷设，沿东大路向北（与新机场高速公路、京九客专共走廊）下穿京沪高铁、上跨京山铁路后与新机场高速公路分开，线路继续高架向北至六环路转入地下，沿广平大街、京开高速东侧敷设，至草桥站。线路全长约43公里，其中，高

（三）

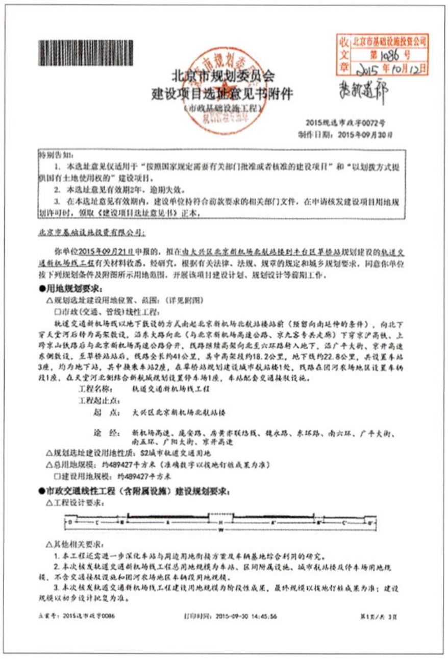

收文章 北京市基础设施投资公司 第1086号 2015年10月12日

基轨道部

北京市规划委员会
建设项目选址意见书附件
（市政基础设施工程）

2015规选市政字0072号
制作日期：2015年09月30日

特别告知：
1. 本选址意见仅适用于“按照国家规定需要有关部门批准或者核准的建设项目”和“以划拨方式提供国有土地使用权的”建设项目。
2. 本选址意见有效期2年，逾期失效。
3. 在本选址意见有效期内，建设单位持符合前款要求的相关部门文件，在申请核发建设项目用地规划许可时，领取《建设项目选址意见书》正本。

北京市基础设施投资有限公司：

你单位2015年09月21日申报的，拟在由大兴区北京新机场北航站楼到丰台区草桥站规划建设的轨道交通新机场线工程有关材料收悉，经研究，根据有关法律、法规、规章的规定和城乡规划要求，同意你单位按下列规划条件及附图所示用地范围，开展该项目建设计划、规划设计等前期工作。

●用地规划要求：
△规划选址建设用地位置、范围：（详见附图）
□市政（交通、管线）线性工程：
轨道交通新机场线以地下敷设的方式南起北京新机场北航站楼站前（预留向南延伸的条件），向北下穿天堂河后转为高架敷设，沿东大路向北（与北京新机场高速公路、京九客专共走廊）下穿京沪高铁、上跨京山铁路后与北京新机场高速公路分开，线路继续高架向北至六环路转入地下，沿广平大街、京开高速东侧敷设，至草桥站站后，线路全长约41公里，其中高架线约18.2公里，地下线约22.8公里，共设置车站3座，均为地下站，其中换乘车站2座，在草桥站规划建设城市航站楼1处，线路在团河农场地区设置车辆段1座，在天堂河北侧结合新航城规划设置停车场1座，车站配套交通接驳设施。
工程名称：轨道交通新机场线工程
工程起止点：
起　点：大兴区北京新机场北航站楼
途　经：新机场高速、庞安路、房黄亦联络线、魏永路、东环路、南六环、广平大街、南五环、广阳大街、京开高速
△规划选址建设用地性质：S2城市轨道交通用地
△总用地规模：约489427平方米（准确数字以拨地钉桩成果为准）
□建设用地规模：约489427平方米

●市政交通线性工程（含附属设施）建设规划要求：
△工程设计要求：

△其他相关要求：
1. 本工程还需进一步深化车站与周边用地衔接方案及车辆基地综合利用的研究。
2. 本次核发轨道交通新机场线工程总用地规模为车站、区间附属设施、城市航站楼及停车场用地规模，不含交通接驳设施和团河农场地区车辆段用地规模。
3. 本次核发轨道交通新机场线工程建设用地规模为阶段性成果，最终规模以拨地钉桩成果为准；建设规模以初步设计批复为准。

立案号：2015选市政字0086　打印时间：2015-09-30 14:45:56　第1页/共3页

（四）

◆ 图　3—5—3

(五)

北京市水务局

京水评审〔2015〕178号

北京市水务局
关于轨道交通新机场线工程
水影响评价报告书的批复

北京市基础设施投资有限公司：

你单位报送的《北京轨道交通新机场线工程水影响评价报告书》及有关材料收悉。经审查，批复如下：

一、拟建新机场线工程南起新机场北航站楼，北至草桥站，设三站，途径大兴、丰台两区，全长39.05公里。主要水影响因素如下：

·工程生活用水取自城市自来水，年取水量9.99万立方米；车

(六)

北京市环境保护局

京环审〔2015〕460号

北京市环境保护局关于北京轨道交通
新机场线工程环境影响报告书的批复

北京市基础设施投资有限公司：

你单位报送的《北京轨道交通新机场线工程环境影响报告书》（项目编号：评审A2015-0467）及有关材料收悉。经审查，批复如下：

一、该工程位于北京市丰台区、大兴区，南起新机场北航站楼，部分路段与机场高速公路共构建设，下穿京沪高铁，上跨京山铁路，至六环路转入地下，沿京开高速公路东侧至终点草桥段。工程全长约39公里，其中高架和地面段的18.2公里，总投资约281.7亿元。在落实报告书和本批复提出的各项污染防治措施后，从环境保护角度分析，同意该项目建设。

— 1 —

(七)

北京市发展和改革委员会文件

京发改〔审〕〔2015〕77号

北京市发展和改革委员会
关于北京市轨道交通新机场线一期
工程可行性研究报告的批复

北京市基础设施投资有限公司：

你公司《关于审批〈北京轨道交通新机场线一期工程可行性研究报告〉的请示》（京投轨字〔2015〕608号）和《关于北京轨道交通新机场线一期工程招标方案核准的请示》（京投轨字〔2015〕609号）收悉。为增强对北京新机场航空客流服务水平，根据《国家发展改革委关于北京市城市轨道交通近期建设规划调

— 1 —

(八)

北京市规划和国土资源管理委员会

市规划国土函〔2016〕566号

北京市规划和国土资源管理委员会关于
北京轨道交通新机场线一期工程
初步设计的批复

北京轨道交通新机场线投资有限责任公司：

你公司《关于审批北京轨道交通新机场线一期工程（新机场北航站楼－草桥）初步设计（含概算）的请示》（轨新机场线办字〔2016〕2号）收悉。经组织相关部门及评审单位多次审查，并报请市政府同意，原则同意北京城建设计发展集团股份有限公司等单位编制的北京轨道交通新机场线一期工程初步设计文件。现批复如下：

一、原则同意新机场线一期工程建设规模

新机场线一期位于北京南部三环以外区域，是线网中连接中心城与新机场的轨道交通线路。线路南起新机场本期用地界南侧，北至中心城草桥站后折返线，两侧均预留延伸条件。线路全

图 3-5-3

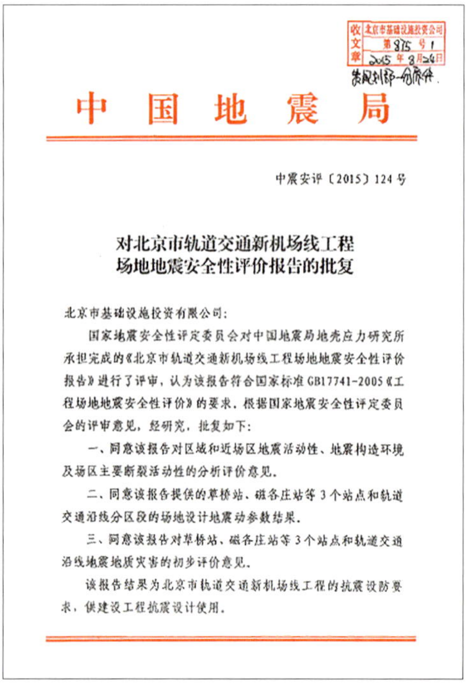

中国地震局

中震安评〔2015〕124 号

对北京市轨道交通新机场线工程
场地地震安全性评价报告的批复

北京市基础设施投资有限公司：

国家地震安全性评定委员会对中国地震局地壳应力研究所承担完成的《北京市轨道交通新机场线工程场地地震安全性评价报告》进行了评审，认为该报告符合国家标准 GB17741-2005《工程场地地震安全性评价》的要求，根据国家地震安全性评定委员会的评审意见，经研究，批复如下：

一、同意该报告对区域和近场区地震活动性、地震构造环境及场区主要断裂活动性的分析评价意见。

二、同意该报告提供的草桥站、磁各庄站等 3 个站点和轨道交通沿线分区段的场地设计地震动参数结果。

三、同意该报告对草桥站、磁各庄站等 3 个站点和轨道交通沿线地震地质灾害的初步评价意见。

该报告结果为北京市轨道交通新机场线工程的抗震设防要求，供建设工程抗震设计使用。

（九）

北京市南水北调工程建设委员会办公室

京调办函〔2015〕285 号

市南水北调办关于审查轨道交通新机场线工程
下穿南水北调南干渠方案设计报告
及安全影响评价报告的复函

北京市基础设施投资有限公司：

你公司《关于审查轨道交通新机场线工程下穿南水北调南干渠方案设计报告及安全影响评价报告的函》（京投规函〔2015〕337 号）收悉。8 月 17 日，我办组织专家和相关单位，对随文报送的轨道交通新机场线工程下穿南水北调南干渠方案设计报告和安全影响评价报告进行了审查，审查意见如下：

一、原则同意轨道交通新机场线工程在南水北调南干渠（桩号 15+013）处采用下穿方式穿越南水北调南干渠方案；基本同意本阶段安全影响评价报告的结论、建议和要求。

二、下阶段，依据专家意见（附件 1）和本阶段安全影响评价报告的建议及要求，并按照特级风险等级，编制轨道交通新机场线工程下穿南水北调南干渠专题的初步设计报告和安全影响评价报告，报告中应重点明确和细化以下内容：

（一）轨道交通新机场线工程穿越南水北调南干渠段对南水北调南干渠工程的保护范围及保护措施；

（二）轨道交通新机场线工程下穿南水北调南干渠段的减震

（十）

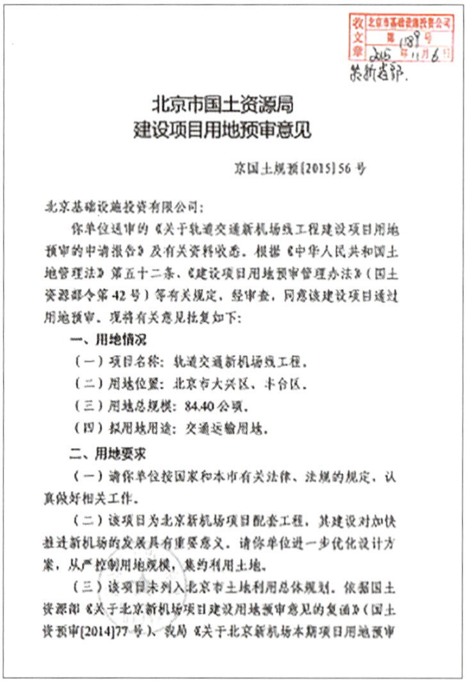

北京市国土资源局
建设项目用地预审意见

京国土规预[2015]56 号

北京基础设施投资有限公司：

你单位送审的《关于轨道交通新机场线工程建设项目用地预审的申请报告》及有关资料收悉。根据《中华人民共和国土地管理法》第五十二条、《建设项目用地预审管理办法》（国土资源部令第 42 号）等有关规定，经审查，同意该建设项目通过用地预审。现将有关意见批复如下：

一、用地情况

（一）项目名称：轨道交通新机场线工程。

（二）用地位置：北京市大兴区、丰台区。

（三）用地总规模：84.40 公顷。

（四）拟用地用途：交通运输用地。

二、用地要求

（一）请你单位按国家和本市有关法律、法规的规定，认真做好相关工作。

（二）该项目为北京新机场项目配套工程，其建设对加快推进新机场的发展具有重要意义。请你单位进一步优化设计方案，从严控制用地规模，集约利用土地。

（三）该项目未列入北京市土地利用总体规划。依据国土资源部《关于北京新机场项目建设用地预审意见的复函》（国土资预审[2014]77 号）、我局《关于北京新机场本期项目用地预审

（十一）

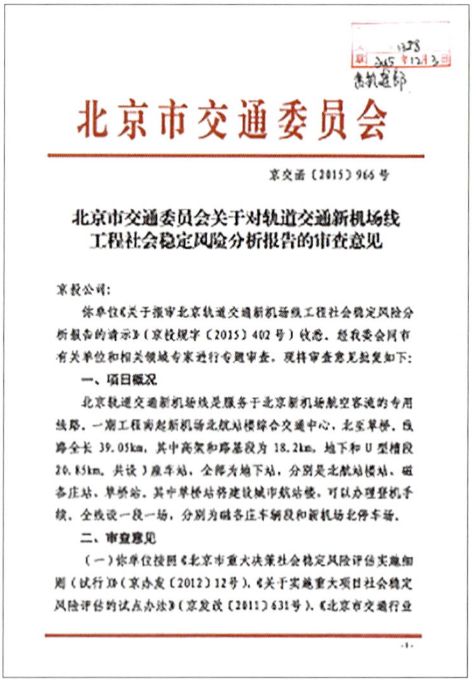

北京市交通委员会

京交函〔2015〕966 号

北京市交通委员会关于对轨道交通新机场线
工程社会稳定风险分析报告的审查意见

京投公司：

你单位《关于报审北京轨道交通新机场线工程社会稳定风险分析报告的请示》（京投规字〔2015〕402 号）收悉。经我委会同市有关单位和相关领域专家进行专题审查，现将审查意见批复如下：

一、项目概况

北京轨道交通新机场线是服务于北京新机场航空客流的专用线路。一期工程南起新机场北航站楼综合交通中心，北至草桥。线路全长 39.05km，其中高架和路基段为 18.2km，地下和 U 型槽段 20.85km。共设 3 座车站，全部为地下站，分别是北航站楼站、磁各庄站、草桥站。其中草桥站将建设城市航站楼，可以办理登机手续。全线设一段一场，分别为磁各庄车辆段和新机场北停车场。

二、审查意见

（一）你单位按照《北京市重大决策社会稳定风险评估实施细则（试行）》（京办发〔2012〕12号），《关于实施重大项目社会稳定风险评估的试点办法》（京发改〔2011〕631号），《北京市交通行业

·1·

（十二）

◆ 图3—5—3　批复文件组图

三、流程管理

建设单位积极推进项目前期工作，高效完成了建设工程规划许可证、质量监督备案等一系列建设工程手续，保证了工程建设项目依法合规，手续齐全，为工程建设及各项验收工作的开展奠定了坚实的基础。

四、勘察管理

为了确保大兴机场线工程地质勘察、建(构)筑物与管线调查成果质量，准确查明各类工程地质条件及环境条件，给设计提供可靠的岩土工程参数和物理力学指标，采取了如下的勘察管理措施：

一是勘察工作开展前对勘察单位进行工作启动条件核查。检查、监督勘察单位的管理机构、质量保证体系和技术管理体系、各项质量与技术管理制度、勘察大纲编制、勘察设备及人员配备、勘察和调查手段及方法的选取等。

二是在勘察工作开展过程中严格执行例会制度。通过例会，及时掌握现场进度情况及遇到的问题，协调、督促勘察单位按计划完成任务。

三是积极协调勘察单位进场问题。协调用地权属单位及建(构)筑物与管线权属单位提供勘察、调查条件。

四是勘察成果及时报审查机构进行审查。按照勘察成果的报审制度，委托审查机构对勘察单位提交的成果进行审查并出具审查意见，严格控制勘察成果质量。

五、拆迁管理

（一）总体情况

2016年8月10日，京投公司组织召开大兴机场线调度会，首次提出由快轨公司承担大兴机场线A部分建设管理工作。彼时，大兴机场线刚进入社会化引资项目招标阶段，轨道公司作为潜在投标人之一

◆ 图3-5-4　快轨公司张春旺总经理助理参加重大办协调会

未继续建设工作，为保证工程建设不断档，议定由快轨公司承担A部分建设管理。随后，快轨公司推进了前期征地拆迁工作，2018年2月前期工作基本接近尾声。

（二）现场实施简况

（1）2016年11月1日，开始着手办理拆迁许可证，过程中与北京市基础设施投资有限公司、北京市基础设施土地整理储备有限公司积极沟通；12月9日向北京市大兴区住房和城乡建设委员会提供拆迁许可证办理所需的资料。2017年2月13日完成拆迁许可证办理网上资料申报。

（2）2016年11月11日，在北京市大兴区轨道交通重点道路工程建设指挥部办公室、北京市大兴区住房和城乡建设委员会的组织协调下，与北京京投交通发展有限公司、京张城际铁路有限公司联合张贴高架段拆迁范围的暂停事项公告。

（3）2016年12月1日，开始三线现场放线清登，截至12月16日，基本完成大兴区庞各庄镇、魏善庄镇、礼贤镇（除祁各庄外）放线清登工作；7月17日礼贤镇组织开展祁各庄村域的放线清登。2017年2月21日上午黄村镇组织召开放线清登启动会；2月23日至2月26日，黄村镇王桂路至魏善庄段放线清登；3月23日黄村镇组织前大营村放线清登；3月27日黄村镇组织前大营村华威家具厂放线清登；3月29日黄村镇组织前大营村影视基地放线清登工作；3月31日黄村镇组织后大营放线清登；5月9日黄村镇组织剩余场地首次现场清登；8月25日黄村镇再次组织开展黄村镇域的剩余放线清登工作。

2017年1月22日，北京市大兴区观音寺街道组织磁各庄车辆段、车站及站前盾构井放线清登。

（4）2016年12月26日，举行大兴机场线开工仪式，实现了西红门镇2号区间风井、黄村镇1号盾构井及礼贤镇路基段三块场地进地。

（5）2017年2月28日和3月1日，北京市大兴区轨道交通重点道路工程建设指挥部办公室组织召开京霸铁路、新机场高速公路、大兴机场线三线沿线各属地拆迁细则专题会，明确了沿线拆迁细则。

（6）2017年5月中旬，三线共走廊段启动拆迁工作。在拆迁实施过程中，区交指办多次组织会议研究拆迁中的具体问题，推动拆迁工作。

（7）截至2018年2月8日，共构共走廊段除经中公司、桃花园北院和礼花厂水塔外，其余地上物拆迁已完成。

（8）2018年1月23日，原北京市规划和国土资源管理委员会（北京市规划和自然资源委员会）张奇处长组织召开大兴机场线征地专题会，传达原北京市规划和国土资源管理委员会（北京市规划和自然资源委员会）对大兴机场线征地模式的意见。原北京市规划和国土资源管理委员会（北京市规划和自然资源委员会）轨道交通规划管理处、法制处、北京市土地整理储备中心、北京市规划和自然资源委员会大兴分局达成一致，同意采用工程模式开展征地工作，下一步将与市重大办、市发改委、大兴区政府等单位沟通同意后行文报请市政府批示。2018年4月16日，隋振江副市长支持召开会议，明确大兴机场线一期按照轨道交通建设工程开展征地工作，不再采用土储模式征地。

（9）2018年7月3日，快轨公司与大兴机场线路公司正式签订协议，明确由快轨公司按照轨道交通建设工程模式负责推进大兴机场线一期工程大兴行政区域内征地工作。结合市属轨道交通线路征地工作难度的现状，快轨公司不等不靠，充分发挥敢干敢闯的奋斗精神，与各相关单位协同推进，先后完成大兴机场高速公路项目用地红线划分、钉桩范围重合调整等工作，在2019年7月25日陆续获得了13份《建设工程规划用地测量成果报告书》，全面推进指界确权工作。大兴段征地工作涉及5镇1街道，共16个村和9家国有企事业单位，征地总面积约74hm^2，其中涉及耕地约42hm^2。经过积极努力，2019年9月即已完成除国防大学外的全部产权人指界确权工作。

（10）2020年6月，协调北京市规划和自然资源委员会大兴分局同意编制勘测定界报告。2020年7月20日，取得《土地勘测定界技术报告书》。8月13日，获得大兴区段全部《土地权属审查告知书》。8月18日，协调北京市规划和自然资源委员会大兴分局完成各村域集体土地和耕地面积情况调查，为办理集体土地补偿安置和国有农用地转用工作提供了基础数据支撑。

六、设计管理

为了保证大兴机场线的设计工作满足工程的需要，按时提供高质量的图纸，及时为施工现场提供设计服务，采取了如下设计管理措施：

一是设计工作开展前对设计单位进行工作启动条件核查。检查设计单位的管理机构、质量保证体系和技术管理体系、各项质量与技术管理制度、设计人员配备及工作条件情况。

二是制订严密的设计文件交付计划并严格执行。每周检查计划的执行情况并及时解决存在的问题。

三是开展集中设计工作。在工程开工需要施工图纸最紧迫的半年时间里组织各专业设计人员在建设单位集中设计，加快专业配合，及时提供图纸。

四是通过指挥部周调度例会协调、决策设计问题。设计主管与设计单位建立高效的协调、沟通机制，及时掌握设计中存在的问题和需决策的事项，通过指挥部总指挥主持的周调度例会解决和决策，大大提高了工作效率。

五是执行施工图会审制度。在施工图正式送审之前组织建设管理方、设计方、施工方、监理方提前进行预审，及早发现存在的问题。

六是严格执行施工图审查制度。建设单位委托第三方施工图审核单位对施工图设计进行审查后报行业主管部门审批。

七是及时组织工程参建方进行设计交底。在各单项工程开工前组织设计交底会，并及时解决存在的问题写入交底记录。

八是加强设计代表的现场服务工作。及时组织现场问题协调会，贴合现场实际解决问题，对提高设计质量和促进施工现场进度起到了积极作用。

◆ 图3-5-5 大兴机场线磁各庄车辆段一体化设计

◆ 图3-5-6 大兴机场线首次尝试设计轨道与高速公路共构共廊的交通模式

七、施工进度管理

北京轨道公司根据工期、征拆环境和多专业交叉施工的实际情况，从全局出发，科学组织、精心部署，通过编制线路一级、二级、三级节点计划及20余项专项节点计划，明确工程各阶段目标，并通过组织全线开展"2018年大兴机场线一期工程劳动竞赛"及"大兴机场线一期工程第二、三阶段劳动竞赛"活动，以竞赛形式激发各参建单位员工积极性，深挖参建单位施工潜力，全体参建单位发扬"工匠精神"，全力攻坚重难点工程，关键控制性工程相继实现突破。

北京轨道公司每月开展一次对参建单位的履约评价，以评价的方式及时发现工程推进薄弱环节，及时帮助解决相应矛盾问题，督促施工单位调整资源配置，促进项目建设管理在高水准状态下运行。

针对施工现场情况千变万化，且影响施工进度控制因素众多特点，北京轨道公司按照"以铺轨促工程推进、以验收促功能完善"为原则，对工程进行动态筹划，及时发现问题、及时解决问题，并通过及时增加临时停车场及铺轨基地，科学、有效、合理节约工程工期。大兴机场线工程指挥部每周召开工程建设调度会，由轨道公司计划调度总部通报线路一级节点计划及各项专项计划执行情况，并对下阶段即将到期工程节点进行提示，分析形势，有针对性地部署工作。

◆ 图3-5-7 大兴机场线"大干100天"动员大会

工程建设阶段，在解决外部制约条件的同时，轨道公司重点关注指挥部各成员单位年度工作目标。根据项目年度计划目标，对各成员单位年度计划目标进行细化、量化，明确部门内部任务目标、完成时间及责任人，采用"奖励激励"机制，激发员工积极性，促进项目工程推进。同时进度控制是一个持续跟进、持续检查及持续调整的过程，大兴机场线一期工程借助计算机成熟的项目计划管理软件进行计划管理，利用互联网技术和互联网＋模式，以实现节点计划事前提醒及滞后报警的提示，进一步提高节点计划对工程的指导性。利于各方方便快捷地获取进度管理信息，高效、可控地完成大兴机场线工程建设的计划管理工作，取得事半功倍的效果，有力保证工程有序推进。

八、设备集成管理

大兴机场线作为国内第一条速度为160km/h等级区域快线，采用我国自主知识产权的新一代全自动运行系统，可实现GOA2至GOA4自动化等级的平滑过渡，从草桥站仅19min抵达机场，远期行车间隔可达4.5min，满足大流量航空客运需求，具有更高效、快捷、便利的乘车体验。

新一代全自动运行系统，基于现代计算机、通信、控制和系统集成等技术，由供电、车辆、信号、通信、自动售检票、站台门、电扶梯、综合监控等20多个设备系统深度集成、联控联动，实现面向列车指挥调度、乘坐体验、环境监控及故障、防灾应急处置等运用场景的全自动运行，改变了传统的由驾驶员、调度员、车站值班人员共同参与的运营组织模式，消除人为因素导致的故障，提高运营安全、行车效率，进一步降低运营成本。

采用全自动运行系统的新机场线，遵循设备工程大集成管理理念，由轨道公司设备总部牵头组织，联合专业大学和一流企业，共同开展全产业链开放式系统性技术研究，以满足运用为最终目标，以全生命周期一致性顶层设计为统领，沿着"需求、技术、安全、产业、运用"五统一的路线实施。

◆ 图3-5-8 实施"五统一"

凭借完备高效的集成管理组织机构，设备总部作为机场线设备系统建设的主管部门，集中统筹机场线设备系统的技术研究和项目管理，下设六个二级部门分别对通信、车辆、供电、综合监控、轨道、机电、信号等设备系统进行专业化归口管理，从可研、初步设计到招标、设联、系统设计，到生产制造、安装调试、联调联试，再到验收、试运行、试运营，全程介入设备工程实施阶段的建设管理。

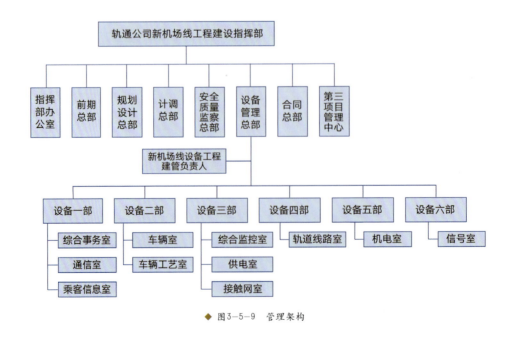

◆ 图3-5-9 管理架构

在设计联络阶段，设备总部统一组织各专业参建单位，深入分析机场线的全自动运行顶层需求，编制"全自动运行场景和运营规则"，形成全自动运营场景41类，其中正常运行场景18类，故障及防灾应急场景23类，大小场景300余项。

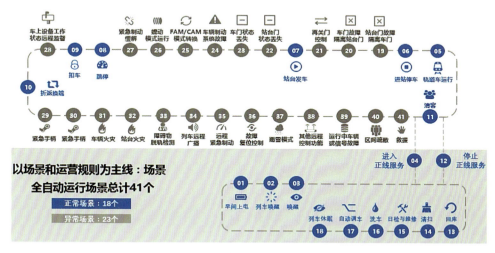

◆ 图3-5-10 全面运行场景和运营规则

从运用场景切入，深挖底层技术，展开系统设计，研制适用于全自动运行的车辆系统、基于CBTC移动闭塞技术的信号系统、LTE-M车地无线综合承载通信系统以及综合自动化监控系统。

依托全自动运行系统实验室，开展全自动标准产品选型和接口适配，搭建最小系统，仿真模拟全自动运行应用场景，完成各子系统功能验证及联动测试，总结形成现场测试、调试大纲，有力支撑动车调试、联调联试。

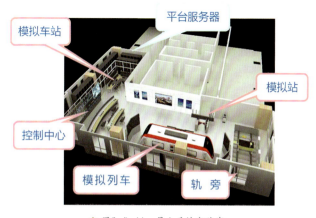

◆ 图3-5-11 最小系统实验室

在现场情况复杂多变、工期紧张的态势下，设备总部始终坚持既定的开通目标，一是采取分段动调方式，不断调和施工与动车调试的矛盾，在保证按计划完成施工的情况下，争取更多的动调时间。二是紧随车站、区间单体的土建装修工程进程，集中突击机电设备相关专业工程，实现照明、水通、风通及火宅报警监控等基本功能，达成运营接管条件。三是严格按照验收流程和规范，提前做好验收规划，强化与政府各主管部门的沟通，结合日常工程质量管理，及时整改，做到一次性通过设备工程各项验收。

多专业协同，以设备总部为统领分别展开行车相关的动车调试和车站环境相关的综合联调，最终将两种联调成果进行整合，全面实现全自动运行场景。

动车调试是以动调管理服务商为抓手，对正线和车场轨行区进行封闭管理，配套做好动调期间的车辆管理、行车组织、施工调度、安全管理及应急救援保障。以信号系统集成服务商作为技术总牵头，从列车自动控制系统的调试入手，检测验证车辆、联锁、通信、站台屏蔽门、综合监控等各子系统之间相互支承适配、联控联动情况，最终达成列车运行自动化和列调指挥的自动化。

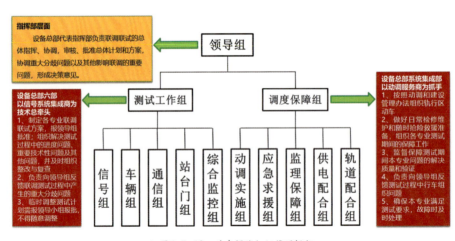

◆ 图3-5-12 动车调试组织管理框架

车站环境相关的综合联调，是以消防检测和消防验收为契机，通过验证火灾监测报警系统、门禁系统、防排烟系统、消防水系统、应急电源和照明系统、电梯、闸机等站内设备的联动情况，同时反向检验车站设备功能和安装质量，进一步满足运营管理及故障、防灾等应急响应的需要。此外，还将在首个供冷季展开大空调系统调试，对空调水循环系统、冷水机组、空调机组及环境监控系统等子系统进行联调联控，提升夏季乘车环境的舒适度。

建设期间通过引入安全评估服务商，以其RAMS方法论为指导，在系统设计、软件开发、生产制造、安装、调试、运营等使用周期中的关键环节，对系统的安全、可用水平做出评估，有效识别系统风险和人为风险，通过授权或声明的方式，明确安全、效率平衡要点，为集成管理的各项决策提供理论依据和经验参考。

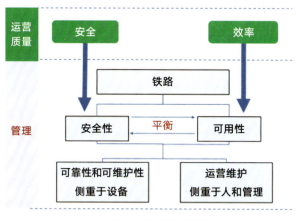

◆ 图3-5-13 安全评估系统

为保证大兴机场线160km/h高速行车的平稳可控，引入动态综合检测服务商，对线路结构、轮轨、弓网、无线通信、电磁干扰等动态条件下的性能进行检测。动调期间，结合动态数据，有针对性指导轨道、接触网精调以及无线通信和接地性能质量整改，并向安全评估输出更为直观的数据和报告，助力安全性分析及判断，有力保障了至极速176km/h的逐级提速试验，各项系统联调及验收工作的安全有序推进。

◆ 图3-5-14 大兴机场线动态综合检测

大兴机场线设备工程的建设，采用大集成管理模式，从设备进场到完成安装，再到试运行、安全评估、初期运营，各项工程任务均得以安全、连续、有序推进，设备工程整体用时不到一年，具有较高的建设水平和管理效能，这不仅符合了机场线建设所提出的更高的设备集成度、自动化水平、安全性能和服务品质要求，还将在轨道交通技术装备不断的升级迭代中发挥作用，持续引领行业发展。

九、成本管理

（一）投资界面

大兴机场线工程由政府投资的A部分与社会化引资的B部分共同组成。A、B两部分工程同步建设，在工程建设管理中，须根据工程界面确定投资属性，为后期的投资核算与结算管理做好基础工作。

（二）管理办法

根据大兴机场线工期紧、界面多、资金来源不同等特点进行了修改完善，在公司原有管理办法的基础上，编制了《北京轨道交通大兴机场线一期工程费计量支付管理细则》《北京轨道交通大兴机场线一期工程监理费计量支付管理细则》《北京轨道交通大兴机场线一期工程建设其他费支付管理细则》等投资控制管理办法，以优化工作流转环节，最大限度满足施工所需资金，保障了各项投资控制目标的实现。

（三）合同订立

1．发包方式

轨道公司依据法律法规，根据A、B两部分工程特点制订了不同的发包方案。

（1）A部分工程主要采用公开招标的方式选择实施单位，竞争性更强，择优率更高；对单项投资在招标限额以下的项目采用竞争性谈判方式选择实施单位并合理定价。

（2）B部分工程根据任务特点及各股东单位的资质能力采用了股东单位直接承包、公开招标、竞争性谈判三种发包方式。

对土建工程、设备各专业系统的实施采取了股东单位直接承包方式。

对人防工程、车辆、工程保险、工程监理、材料与结构检测、监控量测、甲供材料供应等对工程实施有重要影响的项目采取公开招标的方式。通过制定合理的评标方案，择优选择中标单位。

对于施工图纸强审、临时占地补偿、交通导改等招标限额以下且实施单位选择受控的项目，采取直接委托或竞争性谈判方式选择。

2. 合同价格类型

大兴机场线合同依据工程特点采用了以下三种价格类型，使项目的投资得到了最优化控制。

（1）固定总价＋变更的合同类型。

对B部分股东单位分配任务的合同采用固定总价＋变更的价格形式。根据大兴机场线PPP项目的投标所报建设成本下浮一定比例，确定各合同段的签约合同价格。另外，依据特许经营合同，采用变更费用适当开口的方式，降低承包人因方案重大变化、需求调整等带来的成本风险。并按照整体建设成本封顶的原则把控变更费用的调整幅度，控制合同投资。

（2）固定总价合同类型。

工程监理、工程保险、环保验收、工程测量、监控量测等工程任务明确的项目，采用固定总价的合同类型。项目公司与承包人对工程量以及价格共担风险。合同结算方式比较简单，也利于控制投资。

（3）固定单价合同类型。

A部分工程以及B部分的人防工程、车辆、材料与结构检测、甲供材料供应类合同，其费用受工程数量变化的影响大，采用固定单价。施工过程中以实际工程量进行计价、结算。

3. 合同签订方式

（1）A部分合同由发包人与承包人两方签订。建设管理单位完成工程量与费用的审核工作，并受项目业主委托完成工程资金支付。

（2）B部分合同由项目公司、发包人、承包人三方签订。轨道公司利用专业化的合同管理经验，制定资金计划与计量支付管理的相关办法，精准计量并上报资金计划，降低项目公司的融资成本。项目公司依据建设管理方提供的审核资料，直接向承包人支付资金，减少资金流转环节，降低了部分资金成本。

4. 合同履约管理

（1）资金计划。

在公司现有的《资金计划管理办法》的基础上完善大兴机场线资金计划的报送方式、时间和审批权限以及调整规定。设置专业部门负责资金计划管理工作，健全工作台账，统计、分析每月资金计划完成情况，并向项目公司汇报。

根据工期目标和节点进度计划，分阶段编制资金使用计划，避免不必要的资金浪费，使现有资金充分发挥作用，降低建设成本。

（2）计量支付管理。

大兴机场线除草桥站（A部分）外，工程施工（采购）合同大部分为总价合同。合同签订时，根据PPP项目的投标清单对总价合同进行细化，在合同履约阶段，按照工程形象进度进行计量。

（3）工程变更的计价。

施工过程中发生的重大变更，依据《大兴机场线变更洽商管理办法》进行立项审批，并结合合同条款，制定大兴机场线《变更费用结算方案》。对于初步设计方案发生重大变化的变更则报经大兴机场线四方高层会审议，通过后列入工程计价，最大限度地保证施工过程资金需要。

（4）履约考评管理。

为加强合同履约管理，结合大兴机场线特色，制定了《大兴机场线土建施工履约考评管理办法》与《大兴机场线土建监理履约考评管理办法》。在合同管理专业层面，履约考评的重点内容是分包管理与农民工工资管理。

（5）竣工结算。

大兴机场线的竣工结算包含A、B两部分，其中A部分后续将提交业主单位京投公司进行审计；B部分提交业主单位城市铁建项目公司进行审计。结算工作以合同为结算管理单元，依据大兴机场线工程建设指挥部各部门相关职责、公司竣工结算管理办法及大兴机场线合同结算费用调整方案，合同管理总部牵头组织合同履约管理部门开展结算工作，统一竣工结算报审表、审核表格式，汇总各履约部门的结算情况并与投资控制目标进行对比，对比、分析B部分在概算、投标、合同签订与结算阶段造价指标变化情况，为以后的投资管理工作提供经验数据。

5．信息化管理

利用已有的合同与投资控制管理平台及大兴机场线合同、支付与结算等各项管理制度和工作流程，构建了适用于该项目的合同与投资管理系统。

具体以合同为基本管理单元，在工程采购、合同签订与履约、资金计划、计量支付和竣工结算等全过程合同与投资管理工作中，设置全方位的管控环节和审批流程，提高轨道公司内部各部门、监理单位、承包商（供货商）、设计人的协同工作效率；实现合法、合规、合约、高效、可控的合同与投资管理工作目标。

6. 资产管理工作

大兴机场线A部分资产须向京投公司移交，B部分资产向项目公司移交。公司制订了资产移交工作计划，并专门成立了资产管理工作领导小组与工作小组，各履约部门、参建单位配备专业的技术人员、经济人员在规定的时间内完成该项目的资产清册、现场贴码与三方核验工作。

十、安全管理

大兴机场线开工建设以来，轨道公司安全质量监察总部根据"安全第一、预防为主、综合治理"管理方针，在"总部直管"的管理模式下，以"安全绿色管理来于巡查，源于规范"的管理理念，把责任、投入、培训、管理、应急救援"五位一体"作为这一理念的四梁八柱，以"狠抓责任落实"和"夯实管理基础"为重点，通过优化安全管理体系，充分发挥了PPP项目参建各方的优势力量。

自项目施工单位进场开工，指挥部办公室安全管理人员，积极探索PPP模式下安全管理方式。依据轨道公司安全质量管理文件要求，确立了"杜绝较大及以上级别生产安全事故，杜绝亡人事故，杜绝结构坍塌，杜绝影响周边建(构)筑物结构稳定事故，杜绝责任事故，全力压减一般生产安全事故"的安全管理目标。

根据管理特点，理思路，从源头抓施工一线安全管理软硬件建设，开展了"一个优化"(优化管理体系)、"两项机制"(工作联络机制、观摩交流机制)、"三个提高"(提高安全管理标准、提高安全意识、提高落实力度)、"四个加强"(加强履约管理、加强隐患排查治理、加强应急管理、加强文明施工管理)、"五个推进"(推进编制安全控制要点、推进特保期安全保障、推进防汛准备工作、推进扬尘治理、推进巡查人员装备标准化)等重点工作。

◆ 图3-5-15 大型工程安全技术风险控制要点培训

◆ 图3-5-16 体验式安全教育

指挥部每年年初督促施工标段制定安全管理控制目标，监理施工管理定人定责；督促监理施工坚持每天早班教育和夜间安全巡查工作，根据工程推进风险大的施工工序和作业现场派专人盯控；抓实安全质量例会，由监理暴露近期所管项目安全隐患，促进施工项目安全管理；冬雨季组织季节性专项检查；推动一线隐患积极上平台及隐患分级销项；高峰施工期指挥部不定期的夜查等安全措施，从上到下，点面齐抓共管，夯实了整条线的安全管理，全面落实建设方安全管理责任。

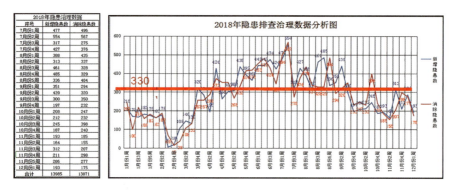

◆ 图3-5-17　施工高峰期隐患排查治理数据分析图

大兴机场线建设期的安全管理取得了一定成效，基本实现了"五杜绝一减少"的管控目标，安全生产形势总体稳定，工程建设安全自始至终处于受控状态。

十一、质量管理

质量管控坚持以"质量第一，百年大计"为管理方针，以"一件事、一群人、一起干、一条心、一定赢"为指导思想，以"定量为主、定性定量相结合"为管理原则，以数理统计分析方法调整质量管控方向为管理思路。严把过程质量管控，铸就大兴机场线精品工程。

（一）质量管理开好头

严格按照相关规定，办理工程质量监督手续，及时组织参建单位接受政府部门的工程质量监督交底。

按照《北京市建设工程质量终身责任承

◆ 图3-5-18　北京市重大工程建设指挥部交底会

诺制实施办法》相关要求，施工单位和监理单位明确项目负责人，签署了法人授权书，并对建设工程质量终身责任作出书面承诺，对该建设工程在设计使用年限内的工程质量承担相应终身责任。

◆ 图3-5-19 法定代表人授权书　　◆ 图3-5-20 《建设工程质量终身责任承诺书》

组建不同群体的QQ群、微信群等方式，形成施工单位、监理单位和建设单位共同监管的态势，起到了从上到下，相互监督，多线到底的管理作用。

针对每个工点及时组织对接会，确保每个新开、新进的单位和主要负责人和相关单位及时建立对接关系；通过试验检测台账及时跟踪掌握试验检测状态，对于异常情况及时给予指令并密切关注。

（二）质量管控重在过程

1．质量例会制度

邀请专家参与质量例会，通过各参建单位各项数据参数的对比寻找质量控制差异，分析质量控制波动，应用统计学研究样本数据的分布规律，推断生产过程质量的总体状况。

2．质量评比

组织全线开展各种质量评比活动，并制定相应评比方案，从施工人员的熟练程度、结构外观、过程控制、规范作业等方面制定录入考核内容，每次活动结果，张贴施工标段显著位置，通过活动全面提升了各标段的质量管理。

3．质量培训

聘请专家对关键技术进行质量培训，为高质量施工打基础，强化一线施工人员的过程指导。

◆ 图3-5-21　商品混凝土质量控制培训会

4．巡视巡察

加强对参建单位巡视巡查管理，依据标准，提高要求，重实效，促落实，多管齐下，严把质量关。坚持对现场的高频检查制度，结合工程进展和季节性施工特点组织专项检查、全方位的合同履约综合检查，从实体到内业，从制度到人员，多角度多层次控制现场质量。

5．严格抽查、严控质量源头

对参建的混凝土搅拌站和管片厂等采取"四不、两直"的方式开展抽检，严控质量源头。

（三）质量难点专项治理

涉及影响到施工质量难题和质量控制突出问题，重点盯控，挂号督办。

对高架桥段的支座及垫石安装过程和安装质量管理持续进行专项检查，结合主体结构检测单位和试验检测单位的数据反馈，发现了个别垫石偏位问题、支座纵向位移超限问题和冬季施工的垫石强度不足等问题，召开四方专题会，从设计的受力计算，施工方法等进行问题

◆ 图3-5-22　高架桥区间质量专题会

总结，消除了质量隐患。

对大体积混凝土出现表面裂缝的情况，组织各参建单位并邀请专家开展大体积混凝土裂缝专项治理，从多方面进行原因分析，有必要的时候通过裂缝检测和切开断面等实体检查，分析出产生裂缝的原因，并讨论确定治理方案，治理后经检测确认满足规范和设计要求。专项治理完成后向在施的各监理单位和施工单位进行情况通报，在后期的管理中加强施工管理和检查力度，通过各单位的共同努力，有效地减少了超标的裂缝出现，保证了主体结构质量。

（四）竣工验收把好最后关口

通过建立台账销号制度、联合预检制和多方沟通协调管理，有效地保证了大兴机场线单位工程验收和竣工验收的顺利通过。

大兴机场线的质量管理，在各方参建单位的努力配合下，通过树立质量观念，从原材料到施工再到检测数据的定量管理，从一般缺陷督促整改到严重问题督办跟踪，从落实到再检查封闭管理，实施全线质量管理，确保了质量的可靠性。

◆ 图3-5-23 竣工验收

十二、风险管理

围绕"五杜绝、一减少"的安全管理目标，以安全风险技术管理体系为轴，紧密依托信息化平台，充分发挥第三方监测单位及安全风险咨询单位的抓手作用，综合统筹体系培训、监测巡视、预警处置、专家指导、技术交流等环节，构建各司其职、各就其位、各负其责、高效运转的体系化管理模式。

（一）建立安全风险技术管理体系

风险管理采用由公司层及现场层构成的两级扁平化管理模式，轨道公司安全监控中心负责归口管理，沿用安全风险监控、盾构施工实时管理及视频监控三大风险管理系统，通过多轮次、多样化的全覆盖培训，统筹第三方监测及安全风险咨询单位的优势资源，同施工、监理及设计单位一道依据安全风险技术管理体系开展风险管控工作。

（二）坚持多层级会商制度

构建工作调度会、安全质量月度例会、风险管控例会等多层级会商机制，实现工程现场风险点的逐级筛查和各管理层级之间风险信息的畅通，并通过会商机制分析问题、解决问题。

（三）规范监测及巡视工作

严格按照安全风险管理体系规定的点位、频次、周期开展监测及现场巡视，规范工作开展，保证监测及巡视作为风险管理"眼睛"作用的发挥。

（四）强化预消警管理

明确监测预警、巡视预警、综合预警的发布主体单位，针对不同类型、级别的风险预警制订相应响应及处置流程，要求各参建单位在规定时限内完成消警工作，逾期未交圈即进行违约处罚。

（五）充分利用专家资源

不断筛查存在较高风险的工点，组织相关单位编制专家巡视计划、专题汇报材料，邀请业内专家现场会诊，从客观、公正的角度给出针对性意见，形成专家巡视报告并跟踪专家意见落实情况，通过外部专家进一步把控高风险工点。

（六）积极应用新技术

全面推行即时监测技术，大幅提高工作效率和质量，规避人为篡改数据的可能，同时首次在国内轨道交通建设领域应用盾构机出土量实时监测技术，实现对出土量这一关键参数的实时把控。

大兴机场线各家参建单位围绕安全风险技术管理体系各司其职，体系高效运转，20345项监测预警、328项巡视预警、19次专家巡视见证了410个风险工程的顺利通过。

十三、环保管理

设计从源头保护生态环境，便利周边居民，实现建设与生态环境、社会环境和谐发展。通过优化线路走向，节约利用土地资源。大兴机场线三座车站设计建设紧扣"一带一路"时代发展主题，突出文化。大兴机场线全线振动、噪声现状监测均达标，项目采取的环保措施可靠有效。

施工单位北京城建集团、北京市政路桥、中铁十二局、中铁十四局、中铁二十三局全面落实国家、北京市各项环保要求。为防治扬尘污染，施工现场四周设置防尘隔离围挡，施工场地硬化，定期向地面洒水，每天安排专人清扫工地和道路，保持工地和所有场地道路的清洁；砂石料、渣土封闭堆存；工地出入口设置洗车槽及冲洗台，车辆出场前均进行冲洗，保证车辆干净整洁。

施工单位通过规范管理、文明施工，减少扬尘对周围环境的污染，树立了企业形象，实现了建设与城市形象相协调。

施工围挡

道路清扫

渣土仓全封闭

洗车池

◆ 图3-5-24 环保管理

十四、建设监督管理

该项目与北京地铁4号线、14号线、16号线的PPP模式有较大不同，首次将土建工程纳入B

部分引资范围，使得该项目对社会投资人的要求较高，加上项目工期紧、标准高，尤其需要高水平的建设管理能力和经验，为保证项目的实施，大兴机场线PPP模式引入了建设监督管理方，意图确保在潜在中标人能力和经验不足的情况，通过加强建设期的监督管理，保障工程建设工作，顺利实现竣工通车，对北京市的轨道交通建设模式进行了创新和尝试。

（一）工作回顾

总体来说，建设监督管理的主要工作是在项目建设期内，由政府出资人代表委托建设监督管理单位北京城市快轨建设管理有限公司(以下简称快轨公司)对项目公司按照《特许协议》承担的设计、施工、监理直至竣工验收等全部项目建设工作进行监督管理。

2017年3月1日，在初步明确监管单位后，快轨公司组织公司职能部门召开了第一次监管工作筹备会，对监管的工作内容、监管深度和监管方法进行了讨论。此后，快轨公司多次专题讨论和研究，逐步形成了《新机场轨道线社会化引资项目建设监督管理办法（讨论稿）》。在讨论稿的基础上，快轨公司多次与政府出资人代表、项目公司讨论、修订监管办法，并于8月30日将办法提交市重大办备案。

2017年5月10日，快轨公司收到政府出资人代表转发的《市重大项目办关于确定北京轨道交通大兴机场线社会化引资项目建设监督管理单位的函》，正式明确了监管身份。8月18日，正式签订《建设监管三方协议》。8月底正式出具了第一期监管工作报告。

（二）监管总体情况

为更好履行监管职责，在项目公司成立后，快轨公司通过认真研究特许协议和监管三方协议条款，与项目公司进行了多次沟通和研讨，对大兴机场线B部分的建设管理模式和监管工作开展方式基本达成一致意见，主要包括以下方面：

1．监管机构

快轨公司成立项目监管工作部，搭建监管工作部组织架构。监管工作部由监管单位公司领导负责，公司各部门抽调专业人员具体负责。

2．监管工作方式

整体监管工作采用资料审查和现场检查相结合，对建设工作的不同方面采取定期检查、不定期抽查、过程参与等多种方式开展监管。

在监管工作开展前，由项目公司编制各类管理制度文件报监管单位备案，快轨公司结合项目公司对工程的管理方式有针对性地进行监管。

在建设过程中，由项目公司按月报送当月工程建设有关资料和数据，快轨公司收到这些文件后，根据情况和不同建设内容对工程建设过程进行检查，在特定阶段和特殊保障时期，由双方联合开展现场检查，对于重大问题和重要事项以书面方式督促推进。

3．监管重点工作

组织机构方面：项目公司和监理单位的组织机构及其人员情况。

设计工作方面：设计进度、设计管理有效性、重大设计变更、与项目临时占地相关的方案，书面认可设计服务费的支付。

工程进度方面：工程进度有关制度和文件的制定和执行情况。

安全质量方面：工程质量目标的完成情况、各项工程实施方案、保障措施、整改措施的制定和执行情况。

建设资金方面：分两个层次进行。第一个层次：对项目公司的资金进行监管，主要包括资金到位、融资、建设资金使用等情况。第二个层次：项目公司对施工总承包单位及专业分包单位进行资金监管。

验收和试运行：随过程参与B部分建设工程的单位工程验收、项目工程验收、竣工验收。监检试运行期各阶段和主要任务完成情况。

对监理单位的监管：监理单位的人员到位情况、相关规程规范及监理大纲的执行情况。

4．监管主要形式

在监管过程中，监管单位到项目公司办公地点进行合署办公，及时了解项目公司运转及工程建设进展情况，并与项目公司召开工作沟通会议。

协调解决施工过程中发现的建设投资问题，根据现场实际情况对建设单位因现场实施遇到问题而发生的建设投资变更进行监管。

及时有效获取施工图纸，实时了解工程进度，监督项目公司人员履职情况。

监督各项工程实施方案及保障措施、整改措施的制定、执行情况。

监督试运行各项基本条件及保障措施等法定手续是否完善、齐全。

针对工程实施过程中的工期延误，及时发出监管指令，检查建设单位采取的赶工措施是否有效，是否产生不应发生的费用。

为确保施工进度满足合同要求，定期参加建设单位组织的调度工作会，了解工程实施情况和存在问题，及时与建设单位沟通施工过程中遇到的新问题及变更。

经过2年多的时间，在参建各方的共同努力下，项目公司按《特许协议》的约定完成了B部分项目设施的建设。2019年9月26日，大兴机场线正式载客试运营，标志着B部分工程由建设期顺利转入到运营期，按特许协议及三方监管协议的约定，建设期监管工作圆满完成。从2017年8月至2019年9月，快轨公司按照监管三方协议的要求，按期编制、上报共计26期月度监管工作报告。

第四篇 CHAPTER 4
投资融资篇

　　大兴机场线在投融资模式创新方面做了积极尝试，采用了"项目融资＋PPP融资"的综合模式，有力落实项目资金保障，降低融资成本，提高项目管理水平。其中，项目融资部分由京投公司使用授权经营服务费及配套融资方式解决。引入社会资本工作实现了北京市轨道交通PPP项目的"三个首次"，首次将土建工程纳入社会化引资范围，首次采用公开招标方式招选社会投资人，首次采用车公里服务费作为标的。该项目的成功运作不仅是北京市轨道交通投资建设的重大创新，也为全国基础设施建设提供了成功典范。

　　项目总投资278.2亿元，引入社会资本150亿元。社会化引资之中，股权融资占60亿元，债务融资90亿元。参与社会资本股权融资的9家企业，9家企业形成的资本金出资联合体组建项目公司北京城市铁建轨道交通投资发展有限公司（简称"北京城市铁建"），再以项目公司为主体实施债务融资；提供社会资本债务融资的有8家银行。

　　本篇主要对大兴机场线工程项目的投融资方案、方法、过程、进程的管理与实施进行记述。

第一章 投融资模式

大兴机场线一期工程线路全长41.36km，分为A、B两部分，A部分由京投公司负责投资，主要包括大兴机场线前期工程、站前广场、草桥站和北航站楼站相关工程。B部分引用社会资本投资，主要包括大兴机场线前期专项工程、磁各庄站及两侧区间、车辆段土建工程，草桥站、磁各庄站、车辆段二次结构及装修工程、大兴机场线北航站楼站装修工程和设备设施等工程项目。

大兴机场线项目资金需求量大、融资时间长、时效性要求比较高，A部分投资的资金主要通过授权经营服务费及银行长期贷款等方式筹集，B部分投资通过引入的社会资本解决。

一、大兴机场线PPP模式

（一）PPP项目的特点

PPP项目融资主要在公共设施、公用事业、基础设施等领域进行广泛运用，跟传统的政府采购以提供公共设施建设不同，PPP项目融资建立在PPP项目的基础之上，是在政府和社会资本合作项目的引导下开展的。基本特点：

（1）期限长：PPP项目期限通常在10～30年，稳定的融资期限匹配对于项目在全生命周期的有序开展非常有利，因此PPP项目所需的融资期限通常比较长。

（2）低成本：PPP项目都是经过财政承受能力论证与物有所值论证通过的，主要为公共事业提供服务，因为非暴利但有适当的利润空间，因此必须寻求合适的低成本融资。

（3）还款稳定：PPP项目融资的还款来源是项目自身所能产生的现金流。PPP项目产生现金流主要三种方式：政府付费、可行性缺口补助、使用者付费，不管是哪种方式，在政府与社会资本合作的基础上，还款来源都是比较稳定的。

大兴机场线社会引资项目以项目公司作为融资主体，优先采用国内商业银行或政策性银行提供的长期贷款方式筹措期限长、成本低、资金供应稳定的负债性资金。

（二）大兴机场线PPP模式

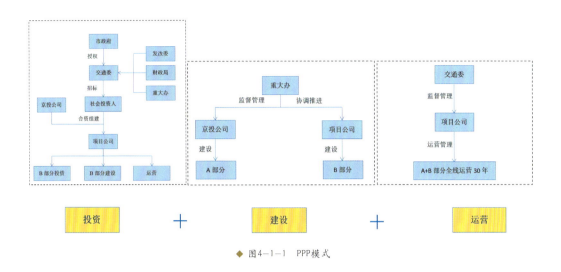

◆ 图4-1-1　PPP模式

由北京市政府授权市交委作为社会化引资的实施机关，通过公开招标的方式选择社会投资人，参与大兴机场线的投资、建设、运营工作。由中标的社会投资人与作为政府出资代表的京投公司合资成立项目公司，由项目公司与市交委签署特许协议，获得全线30年的特许经营权，并与大兴机场线公司签订A部分资产的租赁协议。项目公司负责B部分的投资、建设及全线运营管理、更新改造和追加投资，以及授权范围内的非票务经营，并通过票款收入、非票款收入和可行性缺口补助收回投资并获得合理投资收益。特许经营期结束时，项目公司将B部分项目设施完好、无偿地移交给新机场线公司或市政府指定部门，将A部分项目设施完好归还给新机场线公司。

（三）大兴机场线投资主体

1．北京轨道交通新机场线投资有限责任公司

大兴机场线项目A部分融资由京投公司全资项目子公司北京轨道交通新机场线投资有限责任公司负责投资，项目资本金主要来源于授权经营服务费及专项建设基金，融资资金主要来自银行长期贷款。

2．北京城市铁建轨道交通投资发展有限公司

大兴机场线项目B部分融资由北京城市铁建轨道交通投资发展有限公司负责投资，估算的建

设投资为 1,499,444.43 万元，项目的投资主体包括政府方和 9 家社会资本方，债务融资主体包括 8 家银行单位。

项目的资金来源主要有两部分，一部分为股权融资，一部分为债务融资。其中：

股权融得资本金部分，由京投公司、北京市轨道交通建设管理有限公司等 9 家企业出资，此部分融得资金占总投资比例 40%，为 599,777.77 万元。

债务融得资金部分，采用银团贷款融资方式，且在银团中设立两个标段，由北京银行股份有限公司太阳宫支行和中国农业银行股份有限公司北京宣武支行作为牵头行，此部分融得资金占总投资比例为 60%，即 899,666.66 万元。

二、融资结构

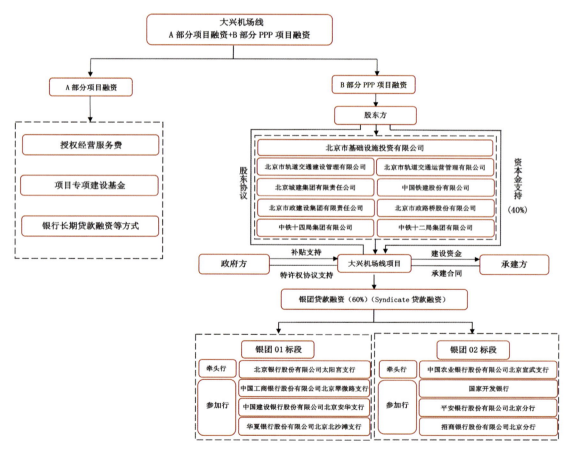

◆ 图 4-1-2　大兴机场线项目的投融资基本框架图

根据政府方和项目公司方达成的协议,决定授予项目公司负责融资、建设、运营北京市轨道交通大兴机场线33年(建设期3年,运营期30年)的建设与特许经营权。

项目公司负责大兴机场线工程B部分的全额融资,保证大兴机场线建设按工期完成。部分股东方同时也是项目的部分承建方,双方通过股东协议和承建合同约束双方的责任与义务。

1. 股权融资

股东权益资金部分,政府出资人代表京投公司出资11,995.56万元,占项目公司2%股权;社会投资人出资587,782.22万元,占项目公司98%股权,参见表4-1-1该项目资本金全部设定为注册资本(注册资本为599,777.77万元),项目公司注册资本金在建设期内根据建设进度全部到位。

由于国家工商登记已实行注册资本认缴制,遵循降低项目综合资金成本、提高资金利用效率等原则,除首期认缴出资外,其余实缴出资由项目公司根据批准的资金到位计划、资金使用计划,采取按季通知认缴方式,由股东方分期出资。

表4-1-1 股东认缴出资表　　　　　单位:万元

股东名称	出资比例	认缴出资额
北京市基础设施投资有限公司	2%	11,995.56
北京市轨道交通建设管理有限公司	16%	95,964.43
北京市轨道交通运营管理有限公司	1%	5,997.78
北京城建集团有限责任公司	27%	161,940.00
北京市政路桥股份有限公司	25%	149,944.44
北京市政建设集团有限责任公司	2%	11,995.56
中国铁建股份有限公司	26.8%	160,740.44
中铁十二局集团有限公司	0.1%	599.78
中铁十四局集团有限公司	0.1%	599.78
合计	100%	599,777.77

2. 债务融资

债务融得资金部分,大兴机场线采用银团贷款融资方式,且在银团中设立两个标段。其中:由北京银行股份有限公司太阳宫支行作为牵头行的01标段银团为大兴机场线项目提供50亿元贷款;由中国农业银行股份有限公司北京宣武支行作为牵头行的02标段银团为项目提供40亿元的贷款,项目债务融得资金占总投资比例的60%,即899,666.66万元。

大兴机场线项目以项目公司作为融资主体，组建专业化的融资团队，借助国家重点项目的先天优势，充分利用各股东的企业品牌、信誉及财务资源优势，及时、高效完成项目债务性资金筹集。

三、项目回报机制

（一）项目回报机制

大兴机场线项目的回报机制是基于车公里服务费计算可行性缺口补助的补贴模式。车公里补贴模式指以车公里服务费及协议车公里数作为基础指标所构建的项目财务模式，包括项目票务收入及非客运服务收益的抵减、政府定价和调价，以及相关风险处置的各种机制安排的总和。

车公里补贴模式的核心机制是依托列车运营里程（车公里）指标，从政府购买服务角度构建补贴机制，体现了政府与社会资本人"风险共担、利益共享"的合作机制，突出政府对项目公司提供服务数量和服务水平的要求。

（二）项目收入情况

收入是项目公司收回成本并获得合理回报的最重要现金流来源。该项目属于准经营性PPP项目，其特点是具有部分经营性收入（票务收入），但票务收入不足以覆盖项目公司成本及合理回报，需政府以可行性缺口补助的方式给予补贴。同时，政府鼓励项目公司多渠道拓展非票服务。因此，该项目运营期的收入由三部分构成：可行性缺口补助、票务收入、非票务净收益。

（三）项目整体收益情况控制

项目公司为履行好"股东收益协作平台"主体的职能定位，为项目投融资计划、重大变更、重要经营项目盈亏等工作提供客观决策依据，全过程开展项目投资收益分析测算工作。

通过建立项目投资收益实时测算工作机制，依据《建设项目经济评价方法与参数》及国家现行财务制度，结合《特许协议》及相关文件，构建了基础财务模型，对常规经济运行定期进行测算。

大兴机场线转入初期运营后，项目公司根据运营行车公里数、客运量、票款收入、平均票价等分析项目收入情况，通过敏感性分析预判对公司收益的影响程度，从而判断项目公司对各项风险的承受能力，进行风险提示。及时了解重大变更费用、各项成本费用变化等情况，并通过各项挖潜措施积极化解项目风险。

四、多元化投资体系的构成

（一）大兴机场线投资背景

我国PPP项目融资环境受政策及市场影响较大，国家加大对我国PPP项目的规范化整治，金融机构参与PPP项目融资更加谨慎，要求更加严格。

大兴机场线融资期间（2017-2019年），国内经济环境方面，实施稳健中性的货币政策，加强金融市场监管。债券市场，2017年经历了由牛转熊的深度调整，将在全新的金融监管框架下稳步运行，回归金融服务实体的本源。国外经济政策方面，2018年-2019年9月31日，美联储7次加息，连续抬高利率，直接造成全球流动性收紧。中美贸易摩擦不断升级影响金融货币市场的稳定。

（二）投资体系优势

在目前国内外的经济形势下，大兴机场线PPP项目的优势就更加突出。

其一，股东优势

该项目股东成员从总部层面与国内主要的商业银行、政策性银行已建立了广泛、长期的战略合作关系，一般均为核心优质客户。在投标阶段，股东各单位的合作银行就对该项目投标积极响应，并为其投资该项目出具了贷款意向书，承诺可向联合体依法组建的项目公司提供贷款，贷款总额合计不低于360亿元人民币，相关银行及金额参见表4-1-2所示。

表4-1-2　银行贷款意向金额汇总　　　　　　　　　　单位：亿元

序号	银行名称	申请单位	人民币金额
1	中国建设银行股份有限公司北京市分行	城建集团	不少于120亿元
2	中国建设银行股份有限公司北京市分行	中国铁建	不少于120亿元
3	北京银行股份有限公司北京分行	市政路桥	不少于120亿元
	合计		不少于360亿元

此外，根据股东成员基于行业地位、行业周期、经营业绩，以及稳定、持续性的财务表现，并拥有行业内较高的信用等级，银行可以为项目资金提供丰富的、多渠道的融资方式。

其二，项目自身优势

（1）大兴机场定位为大型国际航空枢纽、国家发展新的动力源、支撑雄安新区建设的京津冀区域综合交通枢纽，将在2021年和2025年分别实现旅客吞吐量4500万人次、7200万人次的建设投运目标；将与首都机场形成协调发展、适度竞争、具有国际一流竞争力的"双枢纽"机场格局，推动京津冀机场建设成为世界级机场群。大兴机场线与大兴机场同步规划，同步建设，同步投入使用。大兴机场线的客流量能得到有效的保证，大兴机场线未来预期的现金流量将会十分可观，在贷款融资时可以以这部分未来的"应收款项"向银行"质押"，换来金融机构的借款。

（2）即便大兴机场线项目未来的收入不足以满足项目成本需求，政府所提供的补助是由政府在以后年度财政预算付款，且这笔支出是经批准纳入财政预算支出，以地方政府信用为担保，对于金融机构来说较为有保证，金融机构更愿意发放资金。

（3）大兴机场线的补助的形式为车公里补贴模式。该模式以列车运营里程为基础指标，即"跑多少次车"计算补贴。该补贴模式关注项目公司为政府提供的轨道交通公共服务的数量，以项目公司提供的服务量为计算基础，构建政府与项目公司的补贴关系。在车公里补贴模式中，固定发车间隔条件下，由于轨道交通列车实际载客数量具有较大弹性范围，在一个大客流变化范围内，列车公里量仍保持稳定，该计价模式可有效化解客流预测风险的影响，项目公司的收益率可以保持相对稳定。

其三，银团贷款优势

PPP项目投资规模大——动辄数十亿元，甚至上百亿元，巨大的投资体量对于资金的需求量极大、融资期限较长，适合采用银团贷款又称为辛迪加（syndicate）贷款，即由两家或两家以上银行基于相同贷款条件，依据同一贷款协议，按约定时间和比例，通过代理行向借款人提供的本外币贷款或其他授信业务。银团贷款具有以下优势：

（1）银团贷款具有金额大、期限长、分散信贷风险等优点，因此银行业普遍认同通过银团贷款的形势为PPP提供资金支持。

（2）因为风险有所分散，银团贷款相比较单个银行贷款而言，往往更容易争取到更优惠的贷款利率。

◆ 图4-1-3　银团01标贷款协议签约仪式

◆ 图4-1-4　银团02标贷款协议签约仪式

第二章 投资任务与投资方式

一、项目公司在融资方面应当履行的责任

项目公司为特许期内的设计和B部分的建设、运营、维护、更新、改造的所有约定的工作范围的实施内容提供资金,资金来源的方式包括但不限于自有资金、银行贷款等方式。项目公司为上述特许期内工作内容资金的获得承担全部责任。

项目公司承担在融资方面的责任在特许期内分为建设期与运营期,同时在特许期内对资金的运作承担直接管理责任,主要包括以下几个方面:

联合体中标,将与京投公司组建项目公司,按照各自股权比例以自有资金现金注资形式向项目公司注资,除资本金外的其余资金由项目公司债务融资解决。项目公司将分别对此两部分资金进行合理筹制,以满足项目建设资金投入计划和资金需求,并最大限度地降低资金成本。

项目初期,联合体以自有资金作为项目资本金,保证项目如期开工建设。同时,将以项目公司作为融资主体,组建专业化的融资团队,充分利用联合体成员的品牌、信誉及财务资源优势,与意向贷款银行的总、分行进行直接对接,及时高效完成项目债务资金筹集。

在项目投入运营后,联合体在特许期内对应设备更新改造与追加。对应追加投资时,优先使用项目公司盈余资金,不足部分采用银行贷款的方式。所有追加投资的资金来源与初始投资结构相同,即股东自有资金与银行长期借款相结合。

该项目资金将采取"单独管理、规范运作、专款专用、独立核算"的管理原则。为保障该项目顺利实施,有效控制项目资金的使用,联合体将和招标人、贷款银行共同签署专用账户资金监管协议,为该项目设立专用资金账户,并建立严格的资金管理制度和流程进行资金监管,确保资金专款专用。

二、项目公司投资任务及方式

总体来讲,在该项目建设期间,联合体各股东需向项目公司注入资本金,保证项目资本金比

例满足项目投资计划的要求，项目公司应确保项目公司资本金比例符合适用法律和政府批准文件的要求。在大兴机场线运营期间，为保障运营能力，满足运营需求，项目公司需相关设备、资产进行更新改造及车辆的追加投资。

资本金出资联合体组建的项目公司将根据B部分项目设施投资、建设、运营、维护、更新、改造的需要编制资金筹措及使用年度方案。

（一）建设期投资任务、方式

1．投资时间

根据项目的招标文件、特许经营协议、股东协议、项目建设计划、项目公司设立计划，确定首次认缴出资的时间为2016年第四季度。京投公司出资11,995.56万元，占项目公司2%股权。联合体认缴出资合计587,782.22万元，占项目公司股比98%。项目公司资本金应当在建设期内根据建设进度全部到位，表4-2-1是项目公司资本金出资额度列表。

由于国家工商登记已实行注册资本认缴制，遵循降低项目综合资金成本、提高资金利用效率等原则，除首期认缴出资外，其余实缴出资将由项目公司根据经批准的资金到位计划、资金使用计划，采取按季度通知认缴方式，由项目公司股东方分期出资到位。

表4-2-1 项目公司资本金出资额度　　　　　　　　　　单位：万元

企 业 名 称	股 权 比 例	资本金出资额
北京市基础设施投资有限公司	2%	11,995.56
北京城建集团有限责任公司	27%	161,940.00
北京市政路桥股份有限公司	25%	149,944.44
北京市政建设集团有限责任公司	2%	11,995.56
中国铁建股份有限公司	26.80%	160,740.44
中铁十二局集团有限公司	0.10%	599.78
中铁十四局集团有限公司	0.10%	599.78
北京市轨道交通建设管理有限公司	16%	95,964.43
北京市轨道交通运营管理有限公司	1%	5,997.78
合计	100%	599,777.77

2. 出资方式及数额

联合体各方由北京市轨道交通建设管理有限公司、北京市轨道交通运营管理有限公司、北京城建集团有限责任公司、北京市政路桥股份有限公司、北京市政建设集团有限责任公司、中国铁建股份有限公司、中铁十二局集团有限公司、中铁十四局集团有限公司以企业的自有资金作为资本金的出资来源。项目公司自有资金599,777.77万元，其中联合体出资587,782.22万元，占股98%；政府方出资代表出资11,995.56万元，占股2%。各方出资总数额如下：

联合体各股东于2016年起开始向项目公司注入资本金，保证项目资本金比例满足项目资金到位和使用计划的要求，联合体各股东自2016年起持续向项目公司注入资本金，直至各股东实缴资本金满足各方需出资额度为止。

（二）运营期投资任务、方式

结合项目运营管理的更新改造及追加投资方案，在运营期间内，项目公司将对项目运营情况进行相应的评估，并及时安排资产更新和追加投资，保证项目达到相应的服务要求和标准，以确保可以提供持续、稳定、安全和优质的服务。

该项目在运营期现金流情况良好，因此，该项目考虑不需要在运营期进行股东追加投资，在特许经营期内，项目公司更新改造及追加投资的资金来源主要是项目公司自身的盈余资金，依靠自身的造血功能满足更新改造及追加投资的资金需求。

由于运营期暂不需要股东追加投资以及债务融资，因此暂不考虑资本金出资联合体各家在运营期内的出资数额和比例。若未来项目公司资金缺口较大，届时根据资金缺口及项目公司实际情况，确定通过债务资金或者债务资金与资本金同比例弥补资金缺口，各家出资比例匹配联合体各方项目公司注册资本金比例。

第三章 项目融资招投标

一、资本金出资联合体情况

（一）联合体财务情况

联合体2013—2015年末按出资比例计算后加权平均净资产达到296.56亿元，远高于招标文件评分满分的160亿元要求。虽然联合体成员之间的净资产规模存在一定的差距，但是依据该项目联合体协议，联合体成员之间承担连带出资义务。因此，由于中国铁建、城建集团、市政路桥等较大型工程企业的参与，联合体的整体综合出资能力远高于该项目的出资要求。

联合体成员中，北京城建集团、市政路桥、市政集团、中国铁建、中铁十二局、中铁十四局均为大型施工企业，资产负债率在80%以上，属建筑行业特性所决定；轨道公司及其子公司轨道运营公司，资产负债率为60%以下；联合体加权平均资产负债率77.34%，低于投标基准评分85%约8个百分点。由于联合体成员总体的营业规模较大，8个百分点所包含的债务融资空间很大，可以满足该项目债务融资的需求。

（二）联合体经验及能力情况

联合体具有丰富的基础设施建设、管理、运营及投融资经验，参与过多个BOT、PPP重大项目的投融资或建设施工，特别是在轨道交通PPP项目的投融资、建设管理、设计施工等领域积累了丰富的经验，完成过多例轨道交通投融资项目。因此，联合体对该行业投融资模式非常擅长，对项目建设过程成本的预测、管控能力积累了丰富的实操经验。各成员自身在资产规模、运营状况、财务结构、信用等级、自有资金、融资渠道等各方面也有很大的优势。联合体依靠其丰富的投融资经验和业绩以及较强的投融资实力，可为轨道交通大兴机场线项目的实施提供可靠、良好的保障。

二、银团招标情况

由于大兴机场线是国家重点项目,又是北京首个采用大PPP模式建设运营的轨道交通项目,吸引了十余家银行表示希望提供贷款服务,为体现公平、公正、公开的原则,项目公司于2017年6月聘请了国信招标集团股份有限公司代理,采用公开招标的方式从10家报名银行中选择了8家银行组成两个银团为项目公司提供90亿元贷款服务,国信招标公司曾多次为北京市基础设施投资有限公司提供轨道交通建设工程贷款银行招标代理,拥有招标业务的最高资质,可以为项目公司提供专业化服务。

◆ 图4-3-1 大兴机场线贷款银行招标项目开标大会

(一)贷款协议谈判

大兴机场线"特许协议"约定,项目融资文件需要由政府出资人代表同意之后方可签署,为了保证贷款协议的顺利谈判并签署,项目公司聘请了长期为政府出资人代表的、为北京市基础设施投资有限公司提供法律支持的北京市环球律师事务所,协助城市铁建与中标银行进行签约前谈判,提出法律意见与建议,审查、修订贷款合同及其他相关协议,对该项目融资过程涉及的法律问题提供法律咨询服务,经过谈判,与各银行达成以下共识:

（1）贷款方式：采用公开招标的方式选择8家银行组成两个银团。

（2）贷款合同必须符合特许协议中对融资文件的要求。

（3）不依靠股东方提供担保，建设期采用纯信用方式，运营期采购收益权质押方式贷款。

◆ 图4-3-2　大兴机场线贷款银行招标项目开标大会

（4）宽限期：提款期、宽限期均为三年，宽限期内只付利息不偿还本金。

（5）利率要求：按照大兴机场线项目的投标文件，要求各家银行承诺贷款利率不高于同期银行基准利率(五年以上4.91%/年)下浮10%。

（6）牵头行垫付义务：牵头行承担40%贷款额度，参贷行各承担20%贷款额度，放款期内银团成员行出资不足时应由牵头行承担垫付义务。

（7）任一贷款人连续两次、累计三次未按约定的预定提款日发放贷款资金即为违约，牵头行有权对违约贷款人的承贷额进行调整。

（8）借款人有权提前还款。

（二）融资成本

2017年7月招标结果公示结束，经过谈判，2017年9月6日项目公司与银行签订银团贷款协议，利率为五年期基准利率(4.91%/年)下浮10%。

按照当时金融市场的发展趋势，市场利率持续走高，2018年春节后市场平均提款利率已经由基准利率上浮10%~20%，已经无法按照合同约定利率提款，公司借助国家重点项目的先天优势，以及未来运营期多种银企合作模式作为谈判筹码，先后以下浮5%、2%、基准利率进行提款，截至2019年9月，大兴机场线初期运营平均提款利率为4.66%，远低于当时市场平均提款利率，同时，项目公司严格按照资金计划控制提款进度，在保证了工程建设资金需求的同时有效地控制了融资成本，最终资本化的贷款利息比投标时期下降超过50%。

第四章 融资进程

该项目的融资进程分为概念化阶段和计划实施管理阶段。概念化阶段是联合体在投标时作出经济可行性研究的初步融资和商业计划；计划实施管理阶段包含融资计划、实施和管理的主要工作，详见图4-4-1。

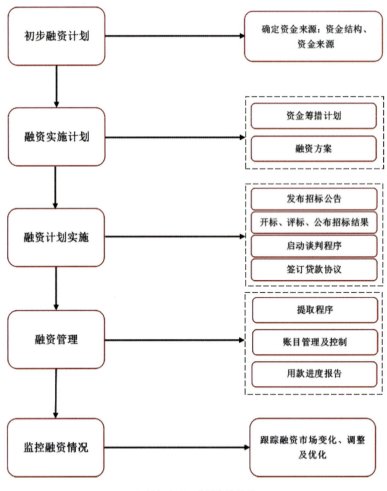

◆ 图4-4-1 计划实施管理

融资在计划的过程中与财务分析密切结合，但不能用财务分析人员替代融资计划、实施和管理人员。融资与财务不完全相同，要求融资人员对融资来源、融资产品、融资市场等有相当的了解，通过合理分析和组合等，拓宽融资渠道、降低融资成本。

项目公司特聘请国信招标集团股份有限公司代理，采用公开招标的方式选择了8家银行组成两个银团为项目公司提供贷款服务：

◆ 图4-4-2　贷款协议签约仪式

银团一贷款金额50亿元，牵头行为北京银行，承贷40%，参加行为工商银行、建设银行、华夏银行，各承贷20%。

银团二贷款金额40亿元，牵头行中国农业银行，承贷40%，参加行国家开发银行、平安银行、招商银行，各承贷20%。

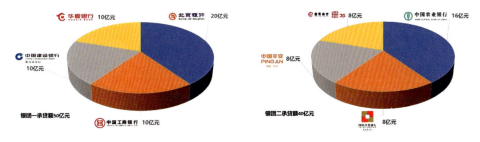

◆ 图4-4-3　银团承贷额图

有关贷款详情见表4-4-1。

◆ 表4-4-1　贷款详细情况

借款人	项目公司
放贷人	国内商业银行
贷款类别	建设期：信用贷款 运营期：特许经营权质押贷款
贷款金额	90亿元
贷款期限	20年
贷款币种	人民币
利率	每一个利率确定日当日的基准利率下浮10%
提款期	合同生效之日起3年
宽限期	首笔贷款资金的提款日起至第3年该日的期间
贷款偿还方式	从2020年开始按约定日期和本金偿还，从首次提款开始按季度支付利息
提前还款	允许提前还款

第五章 资金管理

一、项目公司整体层面

（一）财务核算管理

项目公司按照相关会计准则及会计制度、投资协议以及项目公司《公司章程》等规定要求，结合项目公司具体情况，建立完善大兴机场线项目公司的财务核算制度，确保财务核算的合法、合规性，及时、准确、完整地反映项目的资金收支、成本费用等状况，确保项目资金的科学、规范使用。

（二）建立项目公司资金管理制度

项目公司建立资金管理制度，以统筹考虑制定资金收支计划，合理安排资金使用。

建设期内，项目公司加强资金调配，对项目资金进行计划管理，严格按照投融资计划和施工进度综合统筹协调，确保项目公司资金足额、准时到位。项目公司每月依据施工合同按照工程进度开展资金预测，并根据实际情况及时进行调整。

运营期，项目公司根据特许经营协议及时计算收取各年度政府支付的可行性缺口补助费用，并结合资金来源，对运营管理成本进行预算控制；根据与银行签订的融资还款计划、合理调配资金，确保及时还款；根据项目公司更新改造计划，提前制定更新改造资金融资方案，落实追加投资的资金来源。

（三）建立资金审批制度，健全资金审批程序

项目公司建立资金支付和使用的审批制度，健全资金审批手续。所有工程建设资金支付应依据经监理确认的计量支付单，履行资金审批程序后进行拨付。对无有效合同、无合法凭证、无合

规手续的款项不予支持。对于大宗材料采购、固定资产采购等款项的支付，严格按照合同约定，履行相关的资金支付手续。

二、项目资本金资金管理层面

资本金出资联合体采取如下措施，保障该项目的资本金出资足额、及时到位，并保证项目资本金合规、合法使用。

机构及人员保障。联合体建立内部各成员之间的联络、协商机制，为该项目资本金筹集设立专门的融资领导小组、工作小组，由联合体各成员企业分别安排各自的对口业务部门，安排专门人员负责落实该项目资本金的筹集、出资工作。

企业投资预算保障。联合体各成员企业在中标后，除及时认缴项目公司首期出资额度外，还将在建设期的各个年度，将该项目的资本金出资计划列入或增加其相应年度的投资预算，纳入企业全面预算管理，按照规定程序进行内部审批。

方案实施保障。在每个具体的出资年度，依据年度投资预算，结合出资时间点联合体各成员企业的具体情况，由联合体成员在上述所列各种可以实现的资金来源中，择优选择满足需求的资金，充分保障该项目的资本金出资。

合法性保障。严格执行公司法、国家建设项目资本金出资的有关规定等，以及招标文件、投资协议、公司章程等约定，对投入的项目资本金做到不抽逃、不以债务融资方式支付利息，不挤占项目建设资金，并按照规定接受政府或其委托单位的监督管理。

三、项目债务融资资金管理层面

项目公司及时将债务性融资列入筹资预算。联合体中标后，联合体各成员按照企业全面预算管理要求，把该项目其余建设资金纳入各年度项目公司的筹资预算。当建设期内各年度实际资金需求发生变化时，及时按照内部管理程序对筹资预算进行滚动调整。

加强机构、制度、人员配备等机制保障。联合体中标后，为该项目配备经验丰富的融资团队负责人，设置项目融资工作领导小组，建立融资工作管理及考核机制，确保融资工作满足项目建设进度要求。

制定全面、完备的债务融资方案。联合体由牵头人组织专业融资团队，以及长期合作的金融机构,共同制定针对该项目的最优化的债务融资方案,利用项目公司为大兴机场线项目融资之目的,将其在特许经营协议和其他项目协议项下的权利和利益及项目公司拥有的资产(包括动产、不动产和无形财产、项目公司的收入或收益权、及其对其银行账户的权利)之上设置抵押、质押或以其他方式设置担保权益,为该项目债务融资提供增信条件。

联合体及时启动与意向性贷款行的项目融资洽谈工作。联合体与有长期业务合作关系的几家大型商业银行,如建设银行、北京银行、中邮储、平安保险等银行和金融机构对接,进行项目融资工作,在中标后,由项目公司融资专业团队及时完成项目融资申报资料的准备,执行好项目融资综合方案,稳步推进该项目债务融资。

构建良好的银企关系,接受银行监管。联合体以及项目公司安排专人负责与贷款银行的沟通,定期、不定期的向贷款银行通报项目进展情况、资金使用情况,让银行及时了解项目公司的财务信息和经营状况。同时,主动接受银行的监管,发挥银行在政策咨询、信息传递、资信评估等方面的优势,通过银行的参与,使项目公司的决策和运营更科学、严谨、准确。

项目公司及时与银行谈判,确定贷款金额、贷款时间等,签署贷款合同,确保项目贷款与资本金的配套到位。

第六章 意义与影响

一、投资拉动效应显著，助推区域发展

大兴机场线项目是北京市重点PPP项目，项目对接了区域内配套基础设施建设需求，并带动相关基建查勘、设计、原材料供应及施工建设等产业的发展。工程沿线的经济活力增强，项目对区域经济发展的促进作用在建设期已经显现。

二、银团结构设计合理，实现多方共赢

在项目融资的前期介入及合同谈判阶段，北京银行和中国农业银行就会同银团成员行，深入研判项目风险，研究项目运营模式，针对项目存在的困难提出了创新性的解决方案，形成了以"建设期以信用为担保，运营期以特许经营合同为质押"为依托的系统风险控制方案。同时在贷款额度、贷款期限及还款计划安排等方面充分保证了融资条件与项目特许经营协议之间的匹配。上述方案既能够有效降低企业的财务及担保成本，又能够保障银团各成员行的信贷资金安全，获得了银团各方的认可。

由于社会资本方具有较强的成本控制意识，两家牵头行积极发挥作为牵头行的专业能力及组织协调优势，对项目的综合成本及收益进行反复测算，代表银团就定价向客户提供了多种可行方案。

三、巩固银企合作关系，为国家重大项目提供金融服务

银团筹组的成功建立在银企间大量深入沟通协调之上，牵头行细化融资人阶段性融资需求，为其量身定制融资方案，有利于银企对等合作关系的建立和银企间良性互动与发展。增加项目的结算规模，带动其他业务拓展，使双方的合作领域得到了进一步拓展与加强。

项目公司拥有大兴机场线30年运营权，参与该项目投标的银行都是大兴机场线的战略合作伙伴，可为国内、国际乘客提供优质的金融服务。

四、助力实体经济，进一步提高了银行金融品牌与市场声誉

银团贷款全体成员行集中行内优势资源支持银团贷款发放，严格按照项目公司资金需求提供信贷支持，满足企业资金需求。这有助于各家银行特色投行金融品牌与市场声誉进一步提升，充分体现了金融机构积极服务实体经济、大力支持首都建设作出的贡献。

五、银团成员行较多，项目资金管理模式有保障

银团在组建过程中，考虑到近年来市场整体资金规模趋紧的因素，为了确保项目资金供应，该项目在组建银团的过程中，尽可能多地邀请了银行作为参加银行，最终银团牵头行和参加行数多达8家，也为项目在后续提款过程中保障了资金安全，为项目资金管理提供了一层额外的资金保障。

六、社会化引资创新模式，实现国内以往基础设施建设的超越

大兴机场线的股权融资模式采用了社会资本方联合体出资的方式。项目初期对各社会资本方进行了财务状况的资格审查，有效保障了各方的投融资能力，提高了大兴机场线项目股权融资的稳定性。

运用PPP模式，为我国基础设施建设提供了多元化融资渠道。作为承建方的各方股东公司降低了大兴机场线个别市场未来变化的不确定性，有效分散政府对基础设施建设资金投入的风险。

政府与社会资本方的相互合作、优势互补，为推动促进经济发展，以及实现市场资源合理配置起到了决定性作用，提高了大兴机场线的公共服务及产品供给能力。

第五篇 CHAPTER 5
前期规划篇

首都机场位于北京之北,象征龙;大兴机场位于北京之南,象征凤。规划者以科学的思维、诗意的构想,把大兴机场布局在北京的母亲河永定河畔、京津冀都市圈的地理中心。大兴机场的建成,使北京龙凤呈祥,进入拥有"双枢纽"航空港的国际大都市之列。

"凤凰于飞,翙翙其羽",北京轨道交通大兴机场线,就是大兴机场的"翙翙之羽"。要让北京之凤高高飞翔,百鸟闻声相随,就必须给她以强健的翅膀。大兴机场线就是凤凰之翅。

大兴机场线的规划工作,与大兴机场的规划同步开始于2010年,规划者结合京津冀一体化国家战略,根据大兴机场的"国际航空枢纽港"定位,根据大兴机场及其综合交通体系的整体规划,根据与首都机场的定位,通过深入细致的客流预测等一系列的分析研究,终使大兴机场线孕育成型。

规划者高屋建瓴地为大兴机场线确定了建设基调:快速、直达、高品质。大兴机场线的规划围绕这个命题,得以创造性地展开。

第一章 规划概述

大兴机场线工程南起大兴机场北航站楼，北至草桥站，规划全长约为43km。其中，高架段约为18.2km，地下段约为24.8km。全线设置大兴机场站、大兴新城站、草桥站，共3座车站，全部为地下站，平均站间距19km，均为换乘站。草桥站规划建设城市航站楼1处，新建磁各庄车辆段及新机场北停车场各1座。

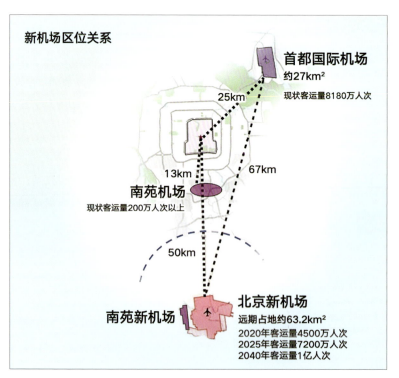

◆ 图5-1-1 北京大兴国际机场和首都国际机场的位置关系图

大兴机场线南起大兴机场北航站楼（远期随机场扩建延伸至南航站楼），在机场内设大兴机场站，出机场范围后与新机场高速公路、京霸城际线共走廊高架敷设，上跨场前联络线、东南部过境通道、庞安路、房黄亦联络线、西青路、魏永路后在京九铁路过京沪京山铁路节点东侧下穿京沪高铁、上跨京山铁路。之后沿规划东环路向北敷设,至规划海鑫北路南侧入地。下穿南六环、海北路,至兴亦路与广平大街交口南侧设大兴新城站与规划S6线换乘。之后沿广平大街敷设至南五环,利用五环两侧绿地转向规划广阳大街,沿广阳大街向北敷设,穿越海子公园后转向京开高速公路,沿京开东侧绿带向北敷设至线路终点玉泉营桥东南侧绿地设草桥站与既有M10号线、规划M19号线、M11号线换乘。

大兴机场线规划推荐初、近、远期采用D型车8辆编组(含1辆行李车),车辆最高速度高架地面段暂定为140km/h,地下段为120km/h。

第二章 规划背景与原则

一、规划背景

根据北京新机场规划设想，新机场（后正式命名为北京大兴国际机场）与首都机场同样定位于大型国际枢纽，两个机场独立运行。

北京市把大兴机场的建设作为进一步优化城市产业和空间布局的历史性机遇，把大兴机场临空经济区的发展作为首都及区域未来发展的重要战略支撑。包括：

统筹新机场周边京冀两地产业发展与城镇建设，科学规划城市与产业布局，构建能够容纳较大规模人口、产业和功能的空间新载体；

完善包括居住、购物、休闲、社会事业等方面的城市服务功能，构筑首都城南新型城镇体系；

依托两个机场及周边功能设施，构建以两大临空经济区为龙头，以顺义、通州、亦庄、大兴与房山为核心节点，引领带动周边津冀地区经济互动发展的首都临空经济带；

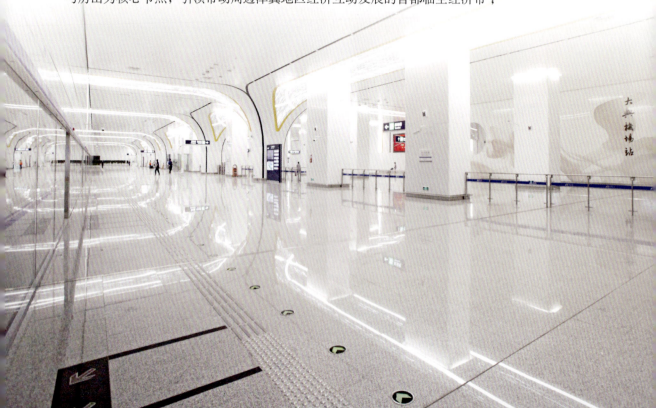

大力发展空港服务、航空航天、物流快递、高新科技、会议会展、文化旅游、商务服务和高端制造等产业，构建临空产业集群；

建立合作共建、资源共享机制，促进环首都城市群与北京新城的产业对接和功能衔接，加强两大临空经济区与天津、河北物流及保税功能区的合作，进一步整合空港、海港、铁路、公路物流业；

对河北省主动输送、协助其吸引绿色产业项目和技术；推进仓储物流、航空食品、生态农业和出口加工等产业向首都周边转移，为城市发展腾出空间。

大兴机场线的建设，作为北京市新机场的配套工程，应有效提升新机场的服务质量和标准，成为北京作为"世界城市"的新的形象名片；实现大兴机场旅客在中心城区和大兴机场之间快速和高质量的出行。

二、项目功能

（1）从吸引客流角度看，大兴机场线应进入中心城，直达航空主客源地。

（2）从大兴机场服务的区位优势看，大兴机场线位于城市西部，提升新机场对中心城乘客的吸引力。

（3）从与其他交通方式竞争的时效性角度看，大兴机场线应体现高速、准时的特点，实现从中心城到新机场"半小时"到达。

（4）从扩大客流吸引范围角度看，大兴机场线应充分利用轨道交通网的通达性，加强与轨网的紧密联系。

三、项目特点

大兴机场线为首都新机场航空客流提供快速直达的公共交通服务，通过城市航站楼扩大新机场服务范围，从而提高新机场的生命力和影响力。其应该具备以下特点：

（1）快速。从中心城至新机场半小时。

（2）直达。线路延伸至中心城，通过城市航站楼为航空主客源地提供直达性服务。

（3）集约。通道集约，与M19号线共用通道，共用维修资源，有效利用线路富余能力。

第三章 客流预测

北京交通发展研究中心受京投公司委托，完成了大兴机场线客流预测，内容分为大兴机场交通需求分析、新航城需求分析、轨道交通线路客流调查与客流预测等三个部分。

一、机场客流

根据大兴机场航站区规划设计条件，机场终端运量按年吞吐量1亿旅客量规划控制，该期建设目标年2025年，年旅客吞吐量7200万人次，年飞机起降62万架次。一次建设四条跑道及飞行区站坪等配套设施；本阶段建设70万㎡航站楼，预留20万㎡卫星厅（最终90万㎡航站楼对应7200万人次）；配套航站楼建设8万㎡综合交通中心、25万㎡停车楼、13万㎡综合服务楼；该期规划用地面积2700hm²。远期建设南航站楼对应1亿人次。

二、预测方法

大兴机场线客流预测的研究范围为北京市域，并综合考虑《北京市空间结构调整发展战略》和《北京城市总体规划（2004—2020）》，结合《北京市快速轨道交通建设规划》以及北京市公共交通发展建设和北京市机动车增长等因素。

大兴机场线预计2019年开通，客流预测年限三期分别选为初期2022年、近期2029年、远期2044年。

大兴机场线客流预测采用整体研究和具体预测相结合的方法，具体研究步骤如下：

首先收集城市规划、经济、人口、就业以及土地利用等基础资料，组织实施交通调查，建立出行产生、吸引模型，依据出行分布模型，预测出全方式出行、吸引量。

根据城市交通发展战略、政策、措施以及区域发展，调整全方式出行OD矩阵，计算高峰小时系数，得到全方式以及公交全日及高峰小时OD。

通过目标年轨道网、道路网和公交网，建立方式划分和路网分配的联合模型，结合目标年公交全日及高峰小时OD，最终预测出大兴机场线各站全日、各小时乘降量和断面流量及其他预测结果。

三、预测结果

（一）客流预测总体指标

大兴机场线预测客流总体指标情况见表5-3-1。

◆ 表5-3-1 大兴机场线客流预测总体指标情况表

客流指标			初期	近期		远期	
			2022年	2029年	变化幅度%	2044年	变化幅度%
全日		客流量（万人次）	3.13	6.77	1.16	8.91	1.85
		线路长度（km）	38.48	38.48	0.00	43.30	0.13
		客流强度（万人次/km）	0.08	0.18	1.16	0.21	1.53
		平均运距（km）	37.98	37.98	0.00	39.89	0.05
		换乘量（换入+换出）（万人次）	2.50	5.34	1.14	6.35	1.52
		换乘量占比(%)	80	79	-1	71	-9
高峰小时		客流量（万人次）	0.34	0.74	1.16	0.97	1.85
		高峰系数(百分比)	11	11	0.00	11	0.00
	由北向南	最大断面（万人次/h）	0.14	0.30	1.16	0.39	1.85
		最大断面区间	磁各庄站至北航站楼站				
	由南向北	最大断面（万人次/h）	0.20	0.44	1.16	0.58	1.85
		最大断面区间	北航站楼站至磁各庄站				

（二）客流时段分布特征

大兴机场线客流主要由大兴机场航班班次安排及航班起降决定，参考现状首都机场机场快轨高峰小时客流状况：双向流量的高峰小时出现在17:00～18:00之间。分析其原因，一是机场线交通通常与常规轨道交通不同，不存在明显的早晚高峰，市区进入机场方向通常由10:00～19:00均为高峰时段；机场进入市区方向客流受航班班次安排影响，高峰时段出现在15:00～18:00，同时为免受城市晚高峰影响，部分旅客由其他交通方式转为轨道交通出行，使得机场线高峰时段出现在17:00～18:00之间。

大兴机场线高峰小时系数取值11%，主要原因还是与机场航班的安排有关。在我们的分析中，机场航班，尤其是出发航班的分布在不同的测算时间点是相同的。

基于新机场客流分布以及大兴机场线可能的运营时段（5:00～23:00）基础数据分析，在假设未来年基本航班班次与客流产生点基本不变的情景下，我们得到了大兴机场线远期客流分时段比例图。

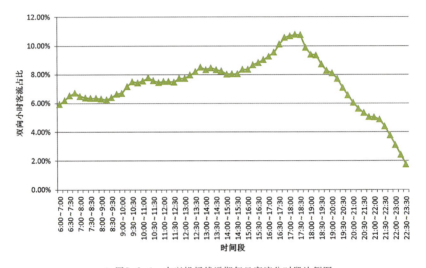

◆ 图5-3-1　大兴机场线远期年日客流分时段比例图

（三）站点集散量

轨道线路站点乘降量与站点的区位条件、交通功能，以及与其他交通方式的衔接程度紧密相关。客流预测初期大兴机场线全线乘降量最大的是北航站楼站，日乘降量初期为6.26万人次，高峰每小时乘降量为0.68万人次，远期乘降量最大的是草桥站，日乘降量为8.39万人次，高峰每小时乘降量为0.91万人次。

（四）断面客流量

由于大兴机场线的特殊性，其流量的最高断面始终在磁各庄站和大兴机场北航站楼站之间。远期高峰小时最大断面出现在南向北方向北航站楼站和磁各庄站之间，高峰小时最大断面流量为0.58万人次/h。

（五）换乘量分析

换乘站是轨道交通线网骨架的支撑点，是提供乘客在轨道交通线路间与其他交通方式进行换乘的主要场所。大兴机场线的换乘站有2个，初期在草桥站与M10、M19换乘（远期增加M11换乘），在磁各庄站与S6换乘。

由于大兴机场线不进入中心城，在各预测年，大兴机场线的换乘量占总乘降量的比例均较高。远期全日换乘客流量（换入＋换出）占全日客流量比例为71%，如表5-3-2所示。

◆ 表5-3-2 大兴机场线远期换乘客流汇总表

客流指标				远景
全日	客流量（万人次）			8.91
	换乘量（换入+换出）（万人次）			6.35
	换乘量占客流量的比例（%）			71.27
	由南向北	客流量（万人次）		3.57
		换乘量（万人次）		2.54
		换出	换出量（万人次）	2.54
			占客流量比例（%）	71.15
		换入	换入量（万人次）	0
			占客流量比例	0
	由北向南	客流量（万人次）		5.34
		换乘量（万人次）		3.81
		换出	换出量（万人次）	0
			占客流量比例	0
		换入	换入量（万人次）	3.81
			占客流量比例（%）	71.35
高峰时段	客流量（万人次）			0.97
	换乘量（换入+换出万人次）			0.74
	换乘量占客流量的比例（%）			76.29
	由南向北	客流量（人次）		5824
		换乘量（人次）		4143
		换出	换出量（人次）	4143
			占客流量比例（%）	70.80
		换入	换入量（人次）	0
			占客流量比例	0

续上表

客流指标				远景
高峰时段	由北向南	客流量（人次）		3890
		换乘量（人次）		2795
		换出	换出量（人次）	0
			占客流量比例	0
		换入	换入量（人次）	2795
			占客流量比例（%）	71.85

（六）客流敏感性因素分析

客流预测是在一系列的前提条件和假设条件下做出的，前提条件和假设条件的变化均会对客流产生一定的影响(有时候这种影响可能是巨大的)，如城市人口规模控制；城市规划特别是轨道沿线土地利用性质、开发强度和速度的调整；轨道网络调整；城市交通建设力度；城市机动车发展政策；轨道交通的票价；常规公交的服务水平；常规公交和轨道交通的衔接和竞争等。

对于普通轨道线而言，其客流预测涉及的影响因素较多，并可分为公交系统外部因素和公交系统内部因素，具体如下：

公交系统外部主要影响因素：

（1）轨道交通沿线土地利用性质及开发强度和速度。

（2）城市交通发展政策，特别是机动车发展政策。

（3）城市轨道交通建设进程。

（4）城市人口规模，特别是沿线人口规模和分布。

（5）沿线就业规模和分布。

公交系统内部主要影响因素：

（1）轨道交通票价。

（2）轨道服务水平。

（3）常规公交的衔接和接驳。

（4）远景年轨道网规划实现情况。

虽然轨道交通客流预测涉及的客流风险因素较多，但对于大兴机场线来说，由于其专线的特殊性，其客流的主要影响因素会有所区别，主要应包括以下几点：

（1）与新机场有关的远景年轨道网规划实现情况。

(2) 大兴机场线的服务水平。

(3) 大兴机场线的票价。

(4) 大兴机场线城市航站楼的服务，包括航空服务和接驳服务。

因此，本章节的大兴机场线客流敏感性分析将针对以上四项因素进行初步的分析，并在此基础上提出如何吸引机场乘客使用大兴机场线的建议。

（七）机场客流波动对机场线客流预测的影响

通过对首都机场机场快轨运行数据分析可以发现：机场线客流整体变化趋势为波动中上升。机场线客流波动主要受节假日及天气状况影响，受节假日影响客流波动显著，"五一"、"十一"等重大假期期间机场线客流产生大幅上升波动。机场线日客流量到目前预测时为止最大值：5.39万人次（2012年12月31日）。2012年12月14日北京大雪，机场线客流明显提高。考虑机场客流波动情况，建议设计时考虑机场线客流波动影响。

根据结果分析可知，受天气及节假日等因素影响，机场线客流波动十分剧烈，全年单日最高客流甚至超过日均客流的2倍。综合考虑机场线运能及机场线的服务水平，建议设计单位采用1.3以上的波动系数，即至少能够满足全年95%的客流需求。

四、规划结论与建议

从大兴机场线客流敏感性分析的结果来看，决定和影响轨道专线客流的关键因素还是整个系统所能提供的服务，包括可换乘性、速度、城市航站楼的值机服务，以及与此相关的费用问题。可以从分析结果得到以下的结论：

(1) 高速和快捷的轨道专线是保证客流量的根本因素。为了保证速度，轨道专线的站点不能过多，因此就需要在所规划设计的站点实现方便的换乘，尤其是与高客源区域之间的方便交通，如不超过两次的轨道换乘。

(2) 多条轨道线直接服务于新机场是有效提高公交承担率的重要方法。为了实现轨道系统承担44%的机场客流的目标，规划中的R4、S6和京九客专、廊涿城际线有必要全部实现。

(3) 城市航站楼的值机功能和班车接驳对大兴机场线的客流起到重要的吸引作用，但成功的值机服务需要有吸引力的值机时间与多航空公司服务保证值机服务水平，建议借鉴香港的成功经验。

同时考虑在站点及其周边土地一体化开发方面有所创新，努力将大兴机场线的城市航站楼做成国内首例成功的工程。

（4）大兴机场线的票价对客流的影响幅度相对较小。我们可以通过更为精细化的票价体系来调整各条轨道线路的客流吸引，比如多人的票价优惠、往返的票价折扣、接驳公交费用的折扣等措施，来保持大兴机场线相对小汽车和出租车在旅程时间和费用方面的优势。

（5）机场线客流整体变化趋势为波动中上升。机场线客流波动主要受节假日及天气状况影响，受节假日影响客流波动显著，机场线客流波动十分剧烈，全年单日最高客流甚至超过日均客流的2倍。综合考虑机场线运能及机场线的服务水平，建议设计单位考虑大兴机场线客流波动影响。

第四章 沿线现状及规划情况

大兴机场位于北京与廊坊交界处,距市中心直线距离50km。大兴机场线南起新机场北航站楼站,经大兴、丰台两区到达中心城草桥。线路整体位于北京南部三环以外平原地带,沿线用地多以农田、绿格为主,建设用地较少。

一、大兴机场外部综合交通规划

《新机场综合交通规划》《京津冀城际铁路网规划》规划有六条轨道线路接入新机场。其中三条城市轨道线路,分别为大兴机场线、R4线、预留线;三条城际铁路,分别为S6(机场联络线)、京霸城际线、廊涿城际线。六条线路均接入新机场北航站楼综合交通中心地下二层,大兴机场线、R4线、廊涿城际线预留远期穿越航站区在南航站楼设站的条件。其中大兴机场线、京霸城际线、廊涿城际线为该期实施项目,R4线,S6线、预留线为远期项目。

二、大兴机场总体规划

根据新机场航站区总体规划方案和北航站楼建筑设计方案,五条轨道线路下穿改线后天堂河进入机场航站区,沿机场中轴100m宽绿化带进入北航站楼综合交通中心地下二层设站。京霸城际线位于中轴线西侧,大兴机场线、R4线、预留线、廊涿城际线、S6线依次在中轴线东侧布置。根据航站楼有关消防规定,轨道站台止于幕墙边,不进航站楼。

(一)天堂河~京沪高铁段现状及规划情况

大兴机场线在该段采用高架敷设方式。根据新机场外部综合交通规划,大兴机场线与大兴机场高速公路、京霸城际在京沪高铁~新机场段采用共走廊方式敷设,集约利用通道资源,减少对沿线土地的切割。

该段线路位于大兴区六环以外范围，属于城市的绿色空间地带。沿线土地以耕地、村镇建设用地、公共绿地为主。规划建设用地主要有空港新城、新媒体产业基地、魏善庄镇区、京沪高铁安置房等。沿线村庄主要有紫各庄、小马坊、西段家务、东段家务、王庄、加禄垡、王家场、龙头、西白疃、东白疃、西沙窝、大狼垡、孙场、魏庄、半壁店、岳家务、陈各庄、三顺庄、西枣林、东枣林、兴隆庄、前大营、后大营、桂村、李村、霍村等。线路在该段以高架区间形式通过，线位的选择应尽量避开建设用地和村镇用地，减小对沿线居民的影响。

该段线位位于六环外，区域内高速公路、河流、铁路、高压线纵横交错，对线位的选择影响大。区域内东西向规划有两条高速公路、分别是场前联络线、东南部过境通道；五条一级路，分别是庞安路、房黄亦联络线、西青路、魏永路、魏善庄北路。南北向规划有一条高速公路，为新机场高速公路；三条一级路，分别为团河路、魏石路、南中轴路。现状有三条铁路，分别为京山铁路、京沪高铁、京九铁路；规划有京霸城际线、S6线、廊涿城际线。东西向主要有三路高压走廊，两路电压等级为110kV，一路为500kV。相交河流主要有改线后天堂河、小龙河、大龙河。

区域内道路、铁路、河流、高压线梳理见表5-4-1。

◆ 表5-4-1　区域内道路、铁路、河流、高压线梳理表

	电 压 等 级	高压塔号
高压线	110kV	青牵—梨支034
	110kV	50022源安二线0578
	110kV	50021源安一线0581
	110kV	不知名
	110kV	不知名
	110kV	不知名
	500kV	不知名
	500kV	不知名
	110kV	不知名
河流	河流名称	相对关系
	天堂河	下穿
	小龙河	上跨
铁路	铁路名称	相对关系
	京沪高铁	下穿
	京山铁路	上跨

续上表

相交道路	公路名称	相对关系
	场前联络线	上跨
	东南部过境通道	上跨
	房黄亦联络线	上跨
	庞安路	上跨
	魏永路	上跨

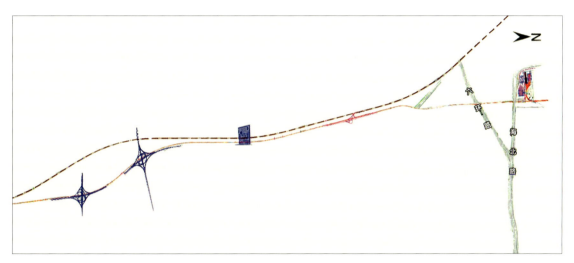

◆ 图5-4-1 天堂河~磁各庄段线路示意图

（二）京沪高铁至海子公园段现状及规划概况

该段线路走行于大兴东片区、京开高速公路东侧。线路在该段沿广平大街、广阳大街敷设。广平大街规划红线宽度40m，在五环路~科苑路段实现规划；广阳大街规划红线宽度60m，尚未实现规划。区域内用地主要以居住、产业为主，兼有部分特殊用地和教育用地。

区域内现状有团河苑、首座御园、新安里、新居里、宏福苑、同华园、林枫家园等居住小区；公安大学团河校区、北大软件学院、供销学校、商贸学校等大学校区；星光产业园等产业用地；北京市监狱、武警第八支队等特殊用地。

区域内已开展和规划的大型建设项目有：西红门镇试点拆迁改造、新媒体产业基地、三场（天堂河农场、南疆、团河）一基地（武警基地）改造、武警干部配属保障房规划、劳教局保障房、大学校区（公安大学、警官大学、民政部学校、北京大学软件学院）、政法2014工程等。

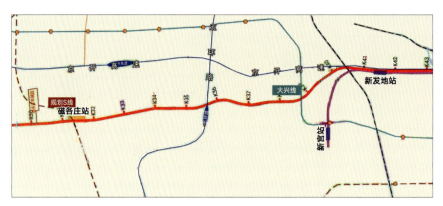

◆ 图5-4-2 京沪高铁至海子公园段线路示意图

（三）海子公园至草桥段现状及规划概况

大兴机场线在该段与M19并入同一走廊敷设，两线沿京开高速公路东侧绿带共走廊敷设至玉泉营桥东南侧绿地设草桥站。京开高速公路东侧规划为绿地，现状有新发地国际水产交易中心、潘北昊盛汽车检测场、新发地旧车市场、北京环卫集团运营公司等建筑。

草桥站位于玉泉营桥东南侧绿地中，现状主要有10号线、马草河、草桥大队回迁房、加油站等。马草河沿地块西北角流过、10号线从南北两侧地块中间横穿。北侧地块现状为玉泉营高尔夫练习场，地块东侧有草桥大队回迁房。南侧地块现状为公共绿地。周边有玫瑰园小区、加油站、草桥实业公司等建筑。

◆ 图5-4-3 草桥站周边环境图

第六篇 CHAPTER 6
综合设计篇

　　人类社会的进步，总是跟随着梦想的引领。当我们拥有了恢宏的蓝图，就需要把蓝图的恢宏变成现实的完美。大兴机场线的设计者，用他们的智慧和奋斗，铺就了把梦想变成现实、把蓝图变成事实的通途。从而又引领我们张开梦想的翅膀，去构建梦想，实现梦想。

　　大兴机场线的设计开始于2015年，设计者综合运用规划方案、勘测数据和工程技术条件等设计依据，科学地、创造性地完成了大兴机场线轨道全线及三站一段一场的全部设计。设计速度为160km/h，为当今世界城市轨道交通的最高速度，基于这一速度的解决方案，没有多少可资借鉴，需要大面积的创新，由此形成了一系列的中国方案、中国标准：快线建设标准体系催生市域轨道交通设计规范；刚性接触网全套技术方案，世界领先；系统制式选型突破常规地铁设计标准，引领行业技术发展方向；"路轨共构、五线共廊"……设计亮点频出，创新不胜枚举。

　　本篇根据设计亮点对全线和三个车站的设计进行描述展示。

第一章 设计概述

一、主要设计原则

（1）线路的平面坐标应采用北京地方坐标系统，高程应采用北京地方高程系统，与铁路等其他工程的衔接应进行联测转换。

（2）线路应依据北京市轨道交通线网规划、建设规划及其在线网中的功能定位和客流特征，确定线路走向，拟定车站位置和相交线路换乘关系，稳定线路起讫点、接轨点和换乘节点，明确线路性质、运量等级和速度目标。

（3）线路选线应根据城市规划、地形、道路、地下管线、敏感建筑、文物保护、环境景观、工

程地质及水文地质条件、施工方法与交通疏解等条件综合确定，并应注意减少振动及噪声对沿线环境的影响，减少房屋拆迁、管线改移，注意节约用地。

（4）线路走向和站点位置选择应以支持城市总体规划实施，满足出行需求，保障运营效益为基本原则，与城市客流走廊及主要客流集散点的空间分布相吻合。

（5）根据城市现状和远期发展规划要求，在不违背上条原则情况下，因地制宜确定线路的路由及敷设方式，以达到降低投资，方便使用的目的。

（6）位于待建区的线路和车站，宜结合周边地区开发，实施一体化设计，进行同步规划、同步建设或预留土建接口条件。

（7）车站宜与城市用地规划相结合，线路起、终点在中心城外围的车站应预留公交、小汽车等城市交通接驳配套用地，方便多种交通方式的接驳换乘。

（8）线路纵断面设计要充分考虑沿线现状及规划的铁路、河流、立交桥、管线及大型建筑物桩基础等因素的影响，合理确定线路埋深和敷设方式，在有条件的地下区间设置动力坡。

二、主要技术标准

（一）平面技术标准

（1）正线采用右侧行车制。

（2）正线数目：双线。

（3）设计最高速度：160km/h。

（4）车辆选型采用市域车 8辆编组，站台有效长度为186m。

（5）最小曲线半径：

正线：设计最高速度160km/h，一般情况为800m；困难情况为300m；

辅助线：一般情况300m，困难情况250m。

（6）车站线路一般应设在直线上，需设在曲线上时，其半径不小于1500m。

（7）正线上圆曲线与直线间应以缓和曲线连接，缓和曲线应根据曲线半径、设计速度等因素选用。该线缓和曲线长度参照《城际铁路设计规范》(TB10623-2014)执行。

（8）直线地段区间线路的线间距：

①两条单线隧道，采用盾构或矿山法施工时，其两线中心间距，宜保证隧道结构净距不小于

隧道外轮廓净距；②采用双线矩形隧道的线间距，无中隔墙时中间设置疏散平台，间距为4.2m；有中隔墙时按照限界布置要求设计；③存车线与正线间距无中墙时不小于4.0m，特殊地段除外。

（9）一般地段的道岔渡线区宜采用如下线间距：

①单渡线的线间距不小于4.2m；②交叉渡线的线间距为5.0m；③在特殊地段，应予另行研究。

（10）对于具有行车折返功能的道岔，采用12号曲尖轨单开道岔；一般功能道岔采用9号曲尖轨单开道岔，车场线采用7号道岔。

（11）正线上道岔与缓和曲线间的直线段长度一般条件下不小于$0.4V$（m；V为设计速度，以km/h计）；困难条件下设计速度160km/h及以下时直线段长度不应小于25m。

（12）辅助线最小圆曲线和夹直线长度不宜小于50m，困难条件下不应小于25m。

（13）折返线的有效长度，尽端式为256m（不含车挡长度）；贯通式为：234m。（不包括车挡长度）。

（二）纵断面技术标准

（1）区间正线的最大坡度不宜大于20‰，困难条件下经技术经济比选后不应大于30‰。

（2）地下线区间隧道和路堑地段的正线最小坡度不宜小于3‰，但困难地段在确保排水的条件下，可采用小于3‰的坡度；在与停车线（折返线）并行于同一隧道地段时，其最小坡度可用到2‰。地面和高架桥上正线最小坡度在采取了排水措施后不受限制。

（3）地下车站站台计算长度段线路坡度宜采用2‰，在困难条件下，可设在不大于3‰的坡道上。

（4）地面和高架桥上的车站站台计算长度段线路宜设在平坡道上，在困难地段可设在不大于3‰的坡道上。

（5）道岔宜设在不大于5‰的坡道上，困难地段可设在不大于10‰的坡道上。

（6）折返线和停车线应布置在面向车挡或区间的下坡道上，隧道内的坡度为2‰，地面和高架桥上的折返线、停车线其坡度不宜大于1.5‰。

（7）正线最小坡段长度应按下式计算确定，并取为50m的整数倍，且一般条件下不应小于400m，困难条件下不应小于200m。

（8）设计速度160km/h及以上的正线线路，当相邻坡段的坡度代数差等于或大于1‰时，应采用圆曲线形的竖曲线连接；设计速度160km/h以下的正线线路，当相邻坡段的坡度差大于或等于3‰时，应采用圆曲线形竖曲线连接。最小竖曲线半径应符合有关的规定，且最小竖曲线长度不应小于25m。

(9) 竖曲线(或变坡点)起终点与平面曲线起终点间的最小距离不宜小于20m。竖曲线(或)变坡点与竖曲线、缓和曲线、道岔均不得重叠设置。

(10) 当盾构区间下穿通航河道时，河底至结构顶板的覆土厚度不小于5m，还需考虑河床冲刷因素；从桩基旁通过时，结构外皮与桩基净距一般不小于3m，困难情况下通过工程措施可以减少。

(11) 高架桥跨越铁路及横向道路时桥下最小净高：

电气化干线铁路：7.0m

非电气化干线铁路：6.0m

高速公路：5.5m

一、二级公路，城市主干路：5m

一般城市道路：4.5m

第二章 轨道线路设计

大兴机场线定位于专线,从规划开始,专线定位贯彻整个项目设计与建设的始终。

大兴机场线共设"三站、一段、一场"。

三座车站,平均站间距19km。北航站楼站位于新机场北航站楼综合交通中心地下二层,与规划R4线、京霸城际线、廊涿城际线、规划S6线换乘。磁各庄站位于大兴团河地区兴亦路与广平大街交口南侧,为地下二层车站,与规划S6线换乘。草桥站位于镇国寺北街南侧绿地,为地下一层车站,与M10、M19、M11换乘。

一段为磁各庄车辆段。磁各庄车辆段位于大兴区海北路北侧、东环路西侧地块,占地27hm^2,接轨于磁各庄站。

一场是大兴机场北停车场。大兴机场北停车场选址于新航城,占地12hm^2,接轨于区间路基段。

大兴机场线整体方案构思是按照由目标指导技术手段,技术手段服务于目标的思路进行的。其设计亮点,在技术特征和服务功能两个方面得以体现。

一、与技术特征相关的创新点

(一) 创造城市轨道交通领域的最高运行速度

速度目标值是线路设计的核心指标,也是系统制式选型的主要依据。合理确定最高速度对整个工程至关重要。设计者从时间目标、站间距、线路平面条件等方面,从顶层需求和工程特点角度,对速度目标值提出合理需求,为系统制式选择提供依据。

根据速度目标需求,大兴机场线最高速度应高于140km/h,供电系统方案采用AC25kV,接触网安装方式采用柔性架空接触网,车辆采用CRH6F改型市域车。鉴于140km/h和160km/h两个车速条件下控制土建规模的隧道断面仅受接触网安装高度控制,因此全线建设按照160km/h标准进行,并最终将基于CRH6F改型R的市域车作为D车推荐方案。

通过系统制式选择研究，大兴机场线国内首次采用电力变配电集中供电与交流27.5kV牵引供电相结合方案，电力变配电系统采用110/35kV集中供电，牵引供电采用交流27.5kV供电，通过电力变配电所与牵引变电所合建实现变电所集约化布置，共享110kV外电源，在国内首次采用地铁和国铁供电方式相结合的供电方案。该方案既减少了外电源数量和变电所占地面积，也提高了电力变配电系统的供电能力。

（二）制定刚性接触网全套技术方案

为适应大兴机场线地下段内径7.6m盾构净空尺寸，以及架空刚性接触网系统在安全可靠性、运营维护等方面的优势，在本工程地下线路创新采用速度为160km/h高速度等级架空刚性接触网受流方式。

在世界范围内，刚性接触在160km/h速度为下，虽有应用先例，比如瑞士国铁kerenzer berg隧道，运行速度160km/h，隧道长度约4km；奥地利国铁sitten berg隧道，运行速度200km/h，隧道长度约1km。但其应用长度短，列车频次低。大兴机场线项目应用长度达到15km，列车频次需满足远期15对/h的频率。因此该线的刚性接触网应用成功，为世界领先。刚性接触网的应用成功，为我国高难度隧道建设提供了断面优化的可能，应用前景广阔。

为保证刚性接触网的应用成功，项目组做了大量的技术储备。搭建和开发了速度为160km/h高速刚性接触网弓网仿真平台。建立不同型号受电弓、不同跨距、不同平面布置方式等多组合仿真计算模型，通过弓网耦合仿真计算获得最佳的弓网匹配性能组合方案，确定刚性接触网总体技术方案和系统技术参数，并对受电弓选型提供建议。

制定速度为160km/h架空刚性接触网的全套技术方案，基于理论研究和动态仿真平台计算，并借鉴有关工程实施经验，制定了速度为160km/h架空刚性接触网技术方案。

（三）构建速度为160km/h接触网服役状态检测监测平台和综合数据分析中心

以同平台等速检测为目标，以电客车为平台开展了接触网服役状态综合检测装置小型化、分散化的应用研究，基于1C,3C和4C系统构建了速度为160km/h接触网服役状态综合检测平台和综合数据分析中心，实现了接触网弓网受流关键参数的实时监测和故障报警数据的实时回传，通过智能化手段建立了接触网运行状态数据的自动化检测和数据分析。

（四）北京轨道交通工程首次采用直径8.8m盾构

大兴机场线工程中，草桥站～磁各庄站区间存在12km长的大区间，拟选用盾构法施工。调研国内地铁和城际铁路建设，目前尚未出现采用AC25kV供电制式，160km/h下如此长距离的盾构区间。盾构选型针对单线盾构和双线盾构进行比选，其影响因素主要有接触网下锚段处理、工期、造价、衔接段处理等因素。

通过从工期、造价两方面，对单洞单线方案与单洞双线方案的综合比选。

在工期上，通过调研，单洞双线盾构制造周期较单洞单线盾构制造周期长5个月左右。若采用单洞单线方案，则下锚洞可在盾构机进场前与盾构井同期施作，不对工期造成影响。若采用单洞双线方案，由于盾构直径的增加导致区间入水深度和穿越卵石层距离增加，对掘进速度造成较大影响。同时，单洞双线方案还需在盾构施工后完成轨下二次结构与中隔墙的施作。综合分析，单洞单线方案平均比单洞单线方案工期长8.5个月左右。

在造价上，由盾构选型引起的造价差异主要有三个部分，分别是盾构机本身的造价，工程造价和盾构井等附属结构造价。根据调研测算，单洞双线盾构比单洞单线盾构成本增加7.5亿～9亿元。单洞双线比单洞单线工程全线盾构造价增加4亿元。对于附属结构，由于单洞双线隧道埋深加大引起盾构井、明挖过渡段等工程量增加，经测算，投资增加3.3亿元。综合以上分析可知，单洞双线方案较单洞单线方案造价增加16亿～19亿元。

综上，从工期可控和造价经济角度，该线盾构区间采用外径8.8m的单洞单线盾构。

（五）60kg/m钢轨12号单开道岔填补国内该系列道岔产品空白

大兴机场线轨道系统吸纳高速铁路、城际铁路先进、成熟技术及工艺，实现了速度为160km/h城市轨道交通60kg/m钢轨12号单开道岔的应用。

首次在城市轨道交通道岔领域采用60AT2尖轨，设置轨底坡或轨顶坡，提高了列车经过岔区时的平稳性和旅客的乘座舒适度；首次将镶嵌翼轨式合金钢组合辙叉应用于城市轨道交通道岔，提高辙叉使用寿命，延长更换周期，减小养护维修量；道岔不同区域采用不同刚度的板下弹性垫层，首次实现了城市轨道交通道岔岔区的刚度均匀化及整体低刚度，有效降低了岔区的振动噪声；首次在速度为160km/h城际铁路采用大间隙限位器结构，以尽量减小限位器的受力，使限位器只在尖轨有较大的伸缩位移时才起作用。

该道岔在速度为160km/h城市轨道交通地下车站使用，配套设计了5.3m、6.7m间距交叉渡线，相比常规单渡线布置形式，车站咽喉区长度至少缩短150m，地下主体结构工程投资节省约5000万元，满足了大兴机场线工程建设的急需，填补了国内该系列道岔产品的空白。

（六）新型预制轨道板整体道床和无砟轨道体现城轨设计新特点

大兴机场线在沉降危险性大的区域采用了预制板式整体道床，研发了用于城市轨道交通速度为160km/h的新型预制轨道板，新型预制轨道板整体道床的最大调整量可达70mm，当下部基础发生不均匀沉降时，可通过填充快速修复砂浆来实现预制轨道板的抬高，该方案可在1~2个夜间维修作业点完成，不影响线路在白天的正常运营，提供了运营期间地基沉降时轨道结构的可维修性，解决了运营期间整体道床难以维修及调整的难题。

大兴机场线的高架地段全部采用双块式无砟轨道。结合城市轨道交通高架线纵向承轨台轨道的设计理念，将无砟轨道的底座层取消，改为通过桥面植筋将单层道床板固定于桥梁之上，无砟轨道结构高度仅为650mm，二期恒载降低为25kN/m，减少了施工工序，缩短了施工工期，降低了造价，更加符合城市轨道交通的建设特点。

（七）创新市域快线车辆检修标准，填补行业空白

大兴机场线按照"机场专线、160km/h最高速度、GOA4全自动驾驶运行、对标航空"等高标准建设，而车辆基地是轨道交通运营保障的关键。

最高速度160km/h的城市轨道车辆，车辆年平均走行30万km，是地铁车辆的三倍，其检修需求已经突破地铁设计规范，没有成熟的经验值得借鉴，城际铁路有相应速度的标准规范，但运营及线路条件差异很大。参考城际铁路设计规范，结合机场线的运营特点，研究车辆运营维保方案。在设计方案中，提出40万~60万km转向架专项修的概念，通过总体方案、初步设计各阶段的专家审查，以及在国内核心期刊发表《轨道交通区域快线车辆检修修程研究》的相关论文，最终应用到工程建设中。

二、与服务品质相关的创新点

服务功能是目标,技术特征是手段,从服务功能角度,其作为机场专线,大兴机场线在以下几个方面都对服务品质构成提升。

(一)旅客乘坐舒适性

乘客舒适度角度,车站空间是一个很重要的方向。在车站层面,首先提高了车站的设计标准。加大侧站台宽度,加高站台站厅层高等措施营造舒适的空间环境。设计标准控制站厅层高宜不小于6m,站台层高应不小于6.75m,侧站台宽度岛式站宜不小于4m,侧式站宜不小于6m,站厅、站台公共区最小净高应不小于3.6m。

通过降低计算客流密度,提高旅客候车舒适度。车站空间人流密度取值:$2m^2/$人。

通过增加大容量垂直电梯的设置消除乘客带大件行李乘坐轨道交通的不便。同时针对航空客流特征,在站内设置行李推车、候车座椅等服务设施提供人性化服务。

在列车层面,车内布置采用全坐席、并且应充分考虑行李放置需求。车厢应有良好的气密性,隔音降噪;列车在运行过程中应保持平稳,使旅客在列车高速运行的条件下感觉舒适。

(二)与普通轨道交通换乘便捷性

机场专线通过其车站与其他线路的换乘实现与中心城轨网的紧密衔接,从而收集通过轨网换乘而来的客流。根据首都机场线运营的现况调研,目前首都机场线70%的客流为通过轨网换乘而来。根据大兴机场线客流意愿性问卷调查结果,在选择什么样的交通方式去乘坐机场专线的问题上,有41.8%的受访者选择了使用其他轨道线接驳,换乘意愿占绝对比例。根据客流预测结果,在各预测年,大兴机场线的换乘量占总乘降量的比例均较高。远期全日换乘客流量(换入+换出)占全日客流量比例为71%。这意味着做好轨道专线与普线的换乘对于提高轨道专线的吸引力是非常重要的因素。

(三)车站交通可达性

就大兴机场线而言,为了追求较高的时间目标,必然不能设置过多的站点。因此,扩大机场线车站的吸引范围极为重要。大兴机场线车站与普通地铁车站最大的不同在于车站吸引半径的不同导致的交通接驳方式的差异。大兴机场线各站客流的交通接驳方式组成与普通地铁站的不同在于，机场线车站的主要接驳方式为小汽车和私家车，占比50%以上，公交车与大巴车次之，占比20%～40%，步行和机动车占极小的比例。而普通地铁站的接驳方式则主要由步行和公交构成。

因此，车站从选址到设计均应将交通接驳需求放在重要的地位加以考虑。具体来讲，站址外部需要有良好的道路交通系统方便地面交通的进出，车站周边需要有一定的空间设置必要的交通接驳设施。

（四）附加航空功能

城市航站楼是衍生于大兴机场线、依托轨道车站的航空服务设施。通过设置城市航站楼，航空乘客可在市区提前办理值机、行李托运等航空服务。在机场选址普遍离市区越来越远的趋势下，通过"机场线＋城市航站楼"的模式将部分航空功能前置至市区。增强大兴机场线的航空属性，对于机场线服务品质的提升与机场客流吸引能力的增加都是具有积极意义的。

第三章 车站设计

一、大兴机场站

大兴机场线大兴机场站是大兴国际机场综合交通换乘中心的一部分。

大兴国际机场综合交通换乘中心内部轨道线路由西到东依次为京雄铁路、大兴机场线、R4线、预留轨道交通线、廊涿城际，其中地铁线路为大兴机场线、R4线、预留线。5条线并列设置，其车站与新机场北航站楼综合交通中心一体化设计，使高铁站，地铁站与航站楼三站场合一，并通过竖向交通实现人流的"零距离"衔接。

大兴机场线大兴机场站位于大兴国际机场航站楼下，车站位于航站楼中轴线上，横跨南北，长度比拟机场航站楼，800m车站长度，站台总宽度62.4m，车站与航站楼中央换乘大厅"零距离"交通接驳。

（一）"800m"车站，无缝接驳

大兴机场站位于机场航站楼的地下一层和地下二层，方案充分利用线路条件，全面分析客流方向和需求，综合考虑交通关系和空间结构形式，将轨道站台与航站楼主体结合设计，地铁楼扶梯直接

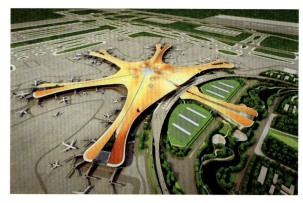

◆ 图6-3-1 大兴机场俯视效果图

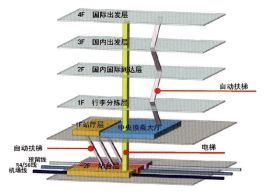

◆ 图6-3-2 大兴机场线剖面图

接入航站楼综合换乘大厅，使乘坐轨道交通到港和出港乘客无需经过长距离水平通道换乘，通过竖向交通设施方便实现地铁与机场的"零距离"交通接驳，大大提升地铁服务水平，提高运营效率。

（二）"9.2m"站台层，层高空间大，极限高度站厅层——综合管廊

大兴机场站位于机场航站楼的地下一层和地下二层，地下二层为站台层，层高9.2m，大柱跨，高层高，这种空间对于乘客所在的公共区域而言，体验感无疑是愉悦的，舒适的，同时也为整个公共区的精装方案提供了更多的可能性。在城市轨道交通中，这样高大的站台空间也是屈指可数的。但在营造舒适的乘客体验环境的同时，如何利用站台层设备区大空间成为挑战。

站厅层位于航站楼的地下一层，受制于航站楼层高控制，站厅层层高只有5.5m，留给设备的管线空间相对局促。同时站厅层主要功能为乘客公共区，可利用的设备区面积较普通车站要小的多。

站台设备区层高过高，站厅管线空间局促，设备区面积过小，综合几点考虑。在站台层设备区范围内，设置夹层。北侧夹层主要为综合管廊空间、设备及管理用房区；南侧设置一层夹层楼板，结构板上主要为风道。这样的设计策略不仅解决了大空间下结构的合理性，也缓解了设备管线安装高度局促的情况。

（三）"零距离"综合换乘

大兴机场线大兴机场站是大兴机场交通枢纽综合体的一部分，作为国内目前第一座轨道交通与航站楼共构设计的车站，所有轨道线路接入综合交通中心地下二层设站。

大兴机场线机场之间的换乘：

大兴机场站是地下二层侧式车站，进出站分流设计，地下一层分为南北两个站厅，地下二层站台层分为到港站台和离港站台。乘坐大兴机场线到达航站楼的乘客，通过到港站台的三组垂直交通可到达航站楼地下一层综合换乘中心，汇入机场总流线。换乘中心南侧设置值机大厅和上行至航站楼各层的垂直交通。到达机场的旅客可由地下一层的南北两个站厅，通过三组垂直交通到达离港站台层，乘坐大兴机场线返回市里。进出站流线完全分开，避免人流交叉。

大兴机场线高铁之间的换乘：

航站楼下设置三条城市轨道交通及两条城际高铁，京雄铁路和廊涿城际线。在京津冀一体化的大战略前提下，为服务北京周边的城市人群方便快捷高效的到达北京市城区，大兴机场线与两

 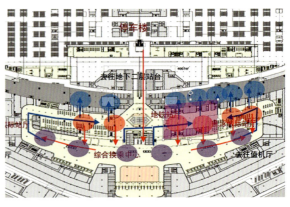

◆ 图6-3-3　换乘站内部图　　　　　　　　◆ 图6-3-4　停车楼示意图

条高铁线之间，也可通过航站楼下综合换乘中心实现零距离换乘。

大兴机场线预留线之间的换乘：

城市轨道交通除大兴机场线外，在航站楼内预留了R4线及预留线两条远期线路的土建规模及疏散条件。

R4线及预留线为地下二层侧式车站，与大兴机场线通过台—厅—台的换乘方式，实现地铁三条线之间的远期换乘。

（四）"共构设计"综合枢纽

车站与航站楼一体化结合共构并同期实施。为了实现便捷换乘，新机场航站楼与地铁及高铁采用穿越式，大兴机场线穿越北航站楼至新机场南航站楼站（预留），与航站楼一体化设计并同期实施。

大兴机场航站楼和停车楼下B2层是高铁车站及地铁车站，同时高铁和地铁轨道需要从航站楼和停车楼的地下穿过，地铁、高铁站台与新机场北航站楼一体化设计，实现真正的三站场合一（铁路站、地铁站、航站楼）。

◆ 图6-3-5　停车楼示意图

由于B1层建筑功能的多样性，造成地上与地下极难找到一条对上的结构缝，故整个交通中心地下没有设结构缝，只通过结构后浇带及施工后浇带解决结构地下超长问题。

（五）对标航空行李系统

作为大兴机场的重要组成部分，车站在设计标准制定初期，本着对标航空的设计原则，从建筑空间、交通核运量、设备系统、无障碍系统等多方面对标航空。

站台公共区的高大空间，远高于换乘站标准的侧站台宽度，均比普通地铁站有较大的提升，营造舒适，开敞，高品质的候车环境。

考虑到航空旅客的特殊需求，优化服务设施设置，提高便捷性和舒适度。采用多数组、大载重的观光电梯，适当降低楼、扶梯的配置数量，提高服务的舒适度。车站到港站台设置3组上行扶梯和4部2t垂直电梯；离港站台设置三组楼扶梯及3部3吨的大运量电梯，此标准远远高于普通换乘站。

每侧站台结合公共卫生间，设置母婴室和家庭卫生间，除无障碍卫生间外，每个卫生间内部仍设置一个无障碍厕位，设置满足老年人使用的厕位，并设置安全抓杆。

大兴机场线首次采用7+1的车辆编组形式，设置一节行李车厢，将航站楼的行李托运模式，成功实现。车站设置独立的行李系统，与航站楼行李系统对接，大大提升了乘坐轨道交通出行航站楼乘客的出行效率。

（六）VIP设置流线设计

考虑到航空旅客的多样性，为方便商务人士、社会知名人士等有更高需求的旅客，参照航空两舱的管理模式，车站设置了VIP通道、电梯及候车休息区，提供较为安静、相对私密的候车环境。同时在线路运营初期，行李系统还未实施，还提供了相应的增值服务，行李待运送。对标航空的两舱需求。

二、大兴新城站

（一）规划背景

大兴机场线大兴新城站位于清源东路与广平大街（规划）交叉东南侧，与规划S6线换乘，出站

规划图一　　　　　　　　　　　规划图二

◆ 图6-3-6　大兴新城站周边地块规划图

口永久征地面积约5150m²，临时征地面积约51722m²，所处用地均为待建地块，整体规划为大兴东部新区的地标性城市综合体。因此大兴新城站出站口一体化设计以远期一体化综合开发的规划设计为前提，深度解读规划思路的同时也充分考虑了现状条件，最终得出近远期兼顾的设计方案——C口作为永久性建筑进行设计，近期为站点标志性构筑物，远期则融入规划城市绿轴景观；A、B出口则相对简化处理，远期纳入地面建筑及下沉商业广场进行二次设计。

地铁出入口设计包含地面建筑和地面景观两个部分。

地铁站棚是地面建筑的核心构筑物，地面景观多围绕站棚展开。站棚设计需要兼顾实用性与美观性，综合材料、比例、结构、信息导向等因素，更应考虑容纳除出入站之外的城市功能，创造美观、实用的都市构筑物。早期建成的地铁站存在的问题主要在于缺乏空间和风格的连续性，即地上空间没有有效地形成系统，降低了地铁站域地下空间在城市中的作用，同时站点建筑与建筑风格不统一，协调性较差。另外，其他的地面附属设施，如安全疏散口及冷却塔等，应尽量与城市绿地结合设计进行消隐设计，也可考虑用艺术化立面或附加功能的处理将其赋予其他城市功能。

地面景观指地铁永久用地红线范围内的绿化环境设计，设计的目的是使地铁出入口融入都市的绿化空间，设计条件与地段面积息息相关，以100m²为分界点，不同尺度的空间可承载不同的景观功能。目前的出站口地面景观存在的主要问题包括两点：一为空间规划不合理，即忽略了地铁与街道、广场以及建筑之间的关联，导致了对城市空间体验的连续性和艺术性缺失，街区的可识别性和场所感欠缺；二为缺乏服务设施地铁站作为关联的都市空间紧密地连接着市民的日常生活和出行活动，这就要求地铁站点空间设计在满足基本交通使用的前提下，综合考虑城市功能的融入，成为城市生活的重要服务设施。

（二）设计理念

大兴机场线大兴新城站的地面一体化设计以地块整体规划为设计原则，以回应地铁客流及周边社区诉求为设计目标，以空间整合、远近兼顾为设计策略。将地铁出站口建筑作为设计核心，协同地面附属设施，整体打造美观与功能兼备的一体化站前景观，容纳现有需求的同时创造性地附加更多城市功能，提升大兴东部新城团河组团城市公共空间品质，建设景观、文化、艺术、商业、交通一体化设计的车站。

该车站公共区采用单柱结构，负一层站厅层结构净高达8m，装饰后空间效果明显。对标航空服务标准，提高服务水平，公共区卫生间设置母婴室；车站公共区设置4部3t提升能力垂直观光电梯，传统地铁设置1部1t提升能力的垂直电梯，相比传统地铁设计标准及服务水平大大提高。为解决16m宽岛式站台单柱车站抗震问题，采用抗震性能良好的塑性钢管混凝土柱。如此宽的单柱车站在北京地区属于首次。

（三）地铁及社区需求分析

地铁四周地块为武警大院及代建用地，短期内缺乏服务乘客的零售配套，出站口地面设计应置入便捷餐饮、休憩空间、出租车等候区等配套服务，同时由于周边规划以回迁社区为主，存在大量潜在通勤人口，出站口应保证非机动车的停车面积。

◆ 图6-3-7 大兴新城站站台效果图

◆ 图6-3-8 大兴新城站实景图站厅效果图

◆ 图6-3-9 大兴新城站实景图

◆ 图6-3-10 大兴新城站夜景图

（四）设计方案

1．一体化设计主题：镜映

设计采用"镜映"的方式来应对场地未来的变迁——通过C口上方风雨亭的抛光不锈钢面映射场地由农田建设成为地标性综合体的过程，如同一张展示地区发展的动态海报，随着时间推移变换着内容。而镜面亭现代有力的造型亦增强了磁各庄站作为大兴机场线站点的识别度。

2．地面亭建筑设计

C口地面亭建筑面积140m^2，采用4.9m高1.5m宽的通长透明玻璃幕墙为立面，并用玻璃肋作为支撑结构，天花吊顶材料与室外的反光不锈钢屋面保持一致，从而保证了地面亭室内外通透的视觉效果，也易与未来建设的规划绿轴相融合。覆盖地面亭的镜面不锈钢屋顶投影面积1244m^2，在扩展了出站口的服务空间的同时也将2号安全出口整合在檐下。设计利用2号安全出口侧墙，加建了一个建筑面积约30m^2的胶囊式咖啡厅，引入便捷餐饮服务。市民可在咖啡厅内的享用简餐，或在亭下半室外空间的长凳上闲坐休憩。

3．出站口景观设计

在景观设计中，C口前广场的花园休息区结合镜面亭的立柱设计了大小错落的三角形种植池，在设计语言上与不锈钢亭的平面形态形成呼应，同时也可接收从水落管排出的雨水。种植池边缘设计为宽1m、高45cm的长条坐凳，为前进出站乘客、周边休闲活动的市民，以及前来接站的人群提供了休憩和等候的场所，增加了出站口功能的复合性，使出站空间不再是乘客记忆的盲区，而成为承载旅客记忆和街区故事的场所。

4. 附属设施设计

冷却塔及1号安全出口位于地面亭的南侧，其立面设计主要从两方面考虑，首先是在确保设备基本功能需求的前提下，达到其建筑立面美观悦目，整体建筑采用绿色仿植被效果的穿孔板作为表皮，外面用流线感造型的木格栅围合，整体材料更加贴近自然，有效对其建筑体量进行消隐；其次，在围合的木格栅之间，迎合其弧形造型镶嵌不同色彩的短灯带，在夜间可呈现灯光变换，丰富夜景效果的同时也达到了更好的指引效果。

5. 风亭设计

四组风亭位于地铁出口南侧的十字路口处，位置于景观绿化内，均为有盖低风井，高度为1.6m，为了将其很好的消隐于绿化内，风井立面采用折叠的通风百叶包围，材料为木纹格栅，在不影响侧面出风的情况下，外侧种上爬藤，更好地将其遮挡。

◆ 图6-3-11 风亭

三、草桥站

（一）规划背景

大兴机场线草桥站工程是整个大兴机场地铁线路中的重要节点之一，是万目关注的"窗口"工程。该工程具有地表环境复杂，施工内容、工法多样，项目组织、协调难度大，项目实施困难、风险大等特点，是否能科学有效的组织项目实施、精细化施工直接关系项目的成败。

（二）设计重点、难点

该项目施工工期紧，任务重，项目建设过程中设计方案多次调整，为现场实施造成了很大困难。为此项目成立以项目总工为首的技术方案攻关小组，通过有效组织设计图纸会审、BIM翻模、技术例会，技术方案专家论证会等查找分析设计图纸中存在的设计偏差，及时建立工作联系单，提

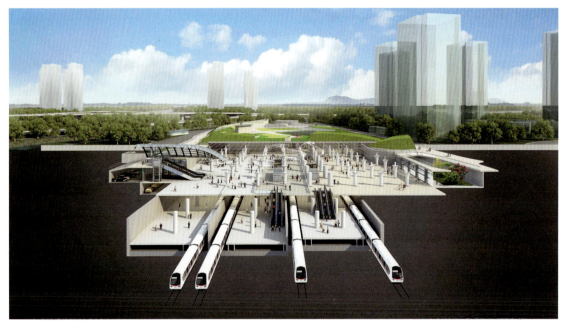

◆ 图6-3-12 草桥站规划图

出自己的设计施工方案优化建议，强化与设计单位的沟通协同，解决项目施工问题如下：

为确保相邻标段盾构区间施工完工后盾构机顺利吊出，项目施工起点部位盾构接收井顶板预留吊装口。按照原有设计要求，吊装口需待盾构机吊出后在盾构接收井内部重新满堂搭设盘扣式支架，采用整体现浇板进行封堵，严重影响项目工期进度。考虑到盾构区间贯通后，与兄弟单位隧道铺轨施工存在工作交叉，盾构接收井内短期很难腾出现浇封堵顶板洞口支架搭设空间。为确保项目工期，项目优化设计施工方案，提出场外预制盖板，吊运现场拼装封堵洞口的方案。

草桥站换乘通道分离段原设计采用CD法施工，在现场实际施工过程中，由于CD法施工开挖面过高，施工风险大，且开挖土方需从上至下翻倒，严重影响施工进度。为此将原CD法调整为CRD法施工，确保了隧道暗挖正常有序进行。

除此之外，还有草桥站10号安全口基坑开挖施工优化钢支撑；草桥站基坑东侧与下沉广场交界处优化围护桩；折返线暗挖穿越燃气调压站及其周边管线，增设超前导管竖井等。

（三）设计效果

草桥站的装修设计以"丝路花海"立意，"花"成为草桥站的设计灵魂。为了融合草桥站的地域特色与交通功能,在站厅层付费区设置了花瓣造型柱,连接流线型吊顶,区分了付费区与非付费区。

花瓣造型柱是站厅层的亮点,也是重难点之一。从前期的方案设计到后期的施工图设计、材料生产、加工、安装等各个阶段,"花瓣柱"一直是项目的工作重心。花瓣造型柱采用的是非常规双曲板材安装,同时,花瓣双曲板上要精准定位每个圆形镂空位置的直径大小,达到灯光渐变的效果。

花瓣元素演变。

草桥站在空间设计一体化上,将照明设计与装修设计的融合、创新,引用了自然光与人工照明相结合的方式。站厅层主出入口及天窗的设计,白天引入自然光线,辅助站内空间照明,夜晚开启边缘暗藏灯光与蔚蓝色的夜空烘托站厅气氛,既节能环保又体现了"天圆地方"的设计思想。

草桥站在照明设计上,将点、线、面光源融入"丝路花海"中:

"点",站台层点缀在波浪形镂空铝板中的明装筒灯作为站台层主要照明之一,均匀地布置在流动的波浪形铝板之间,打破了顶面铝板本身全封闭的沉闷感,又达到了站台层整体照度要求。

"线",贯穿站厅层与站台层流线型LED条形灯带作为草桥站主要灯光照明,均匀布置在整个站厅和站台层,光照均匀、稳定,同时将"路"进行了连贯性设计,配以灯光的引导性,既满足功能,又不失美感。

"面",站厅层付费区盛开的花朵,采用铝板渐变开孔的工艺,暗藏彩色可控制洗墙灯,既补

◆ 图6-3-13 花瓣造型智能灯具

◆ 图6-3-14 草桥站空间设计一体化示意图

◆ 图6-3-15 草桥站智能调控灯具

充灯光照明，也突出了"花海"主题，活跃了空间氛围。站台层柱子上部彩色的LED灯带，既是点缀灯光照明，也为整个空间增加一些灵动的韵律。出发站台蓝色的灯光，示意蓝天白云以及愉快的空中旅行；到达站台中国红灯光，提示旅客"这里是北京，欢迎来到中国"，让中外旅客感受到北京的人情味。

草桥站付费区内花瓣造型暗藏彩色智能调控灯具，可选七种不同灯光颜色，自动、手动变换模式可随意切换，可以根据季节不同、重大节日气氛、日常气氛烘托等后期运营需求调整灯光模式。既作为站厅的补充照明，增加灯光气氛，同时寓意绚丽跳动的花朵盛开，传扬花乡"草桥"的地域风貌。

草桥站装修部分建设单位采用设计、施工、材料一体化统一管理模式，为装修功能、质量、工期等目标的实现提供了强有力的保障。

◆ 图6-3-16 草桥站外观图

◆ 图6-3-17 草桥站外部夜景图

第四章 磁各庄车辆段设计

一、规划背景

大兴机场线线路设一座车辆段，位于大兴区团河地区海北路北侧、团河南路南侧、东环路西侧地块，占地30.3 hm²，接轨于磁各庄站。

磁各庄车辆段线网定位为架修段，负责全线初、近、远期车辆的停放、日常维护、定期检修工作。该区域是国内第一个预留一体化开发条件的市域快线车辆基地。磁各庄车辆段建设规模远期预留20个停车列检列位，车辆段及预留工程总建设规模约37.4万 m²。

大兴机场线按照"机场专线、160 km/h最高速度、GOA4全自动驾驶运行、对标航空"等高标准建设，而车辆基地是轨道交通运营保障的关键。

◆ 图6-4-1 磁各庄车辆段效果图

车辆段基地的运用库、联合检修库、咽喉区、工程车库、内燃车库、洗车库、材料棚、试车设备室、出入段线等站场内建筑全部在一体化预留工程板地下方。

◆ 图6-4-2 磁各庄车辆段功能布局图

运用库、联合检修库（以下称"大库"）上部预留开发住宅、咽喉区上部预留开发创意办公，首层开发平台总建筑面积 22.5万 m²；大库区域首层及咽喉区局部设置有一体化结构转换夹层（包含小汽车库、设备夹层等综合服务功能）；其余部分开发平台上部为 0.8～1.5m 覆土。

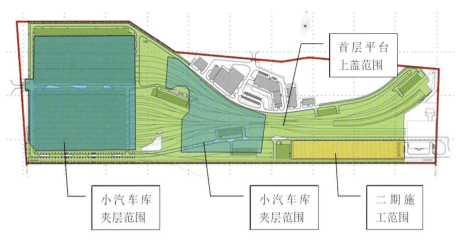

◆ 图6-4-3 磁各庄车辆段上盖开发范围

二、设计创新

（一）车辆检修标准创新

大兴机场线采用具备GOA4等级的全自动驾驶能力、160km/h最高速度、4/8两种编组形式的市域D型车，该车型在城市轨道交通领域应用较少，没有既定的检修修程和成熟的检修经验可以参考借鉴，因此制定合理的检修修程成为车辆基地工艺设计的必备先决条件。

结合该工程所采用车辆的特点和运用条件，经过细致深刻的调研，该工程采用的市域D型车与现行国铁城际（高速）铁路采用的CRH2，CRH6型车型较为贴近，各系统关键部件选型较为贴近，但是该线工程及运用条件与国铁城际（高速）铁路运营及线路条件差异很大，不能够照搬该车型的检修修程修制。因此参考城际铁路设计规范，结合该工程的运营特点，研究车辆运营维保方案。在设计方案中，我们提出以列检、月检、40万kmA级架修、120万km B级架修和240万km厂修的日常维护及定期检修修程策略。

（二）智能化管理体系创新

大兴机场线的GOA4全自动驾驶的应用对车辆正线及车辆段运维提出更高的要求，"人的需求由设备所代替"是城市轨道交通GOA4全自动运营的终极目标。大兴机场线不仅提出智能巡检、在线检测、车辆状态监控等运维保障措施，还提出智能生产管理的新理念，依托北京市科委《基于大数据的智能化车辆基地管控系统关键技术研究与应用》课题的不断深入研究，逐步落实车辆运维智能化检修体系，并以物联网和大数据等技术对设备状态参数进行分析提炼，促进车辆状态的评估和提高维修精益化水平。同时，采用车辆、机电等设备的智能化检修作业，通过管理模式和维修模型的研究探索，从"计划修"逐步向"状态修"提升。

（三）站场线路设计创新

站场线路设计创新也是磁各庄车辆段土建设计的亮点之一。大兴机场线车辆采用CRH6标准平台，最高速度160km/h，但是车辆技术参数大多采用A型车标准，转向架定距采用15700mm。初步设计，专家审查意见希望大兴机场线与规划的S6线检修资源共享，而S6线在规划设计阶段采用CRH6A型车，转向架定距17500mm。另外，一体化开发的减振降噪对车辆基地有更高的要求。

地铁A型车辆站场线路标准采用7号道岔，岔后曲线150m；CRH6A车辆就需要满足《城际铁路设计规范》的要求。受规划用地条件限制，经过多方案必选，在条件允许的情况下，最终项目组选择站场9号道岔，岔后曲线200m的方案。经过一年的站场运营，车辆运行状态良好，轮对无剥磨现象，行走40万km尚未进行车辆轮对镟修工作。且在后期减振降噪测试，其测试结果较好地满足了一体化开发要求，作为首条区域快线车辆基地，对今后区域快线车辆基地一体化开发工程建设有着示范的意义。

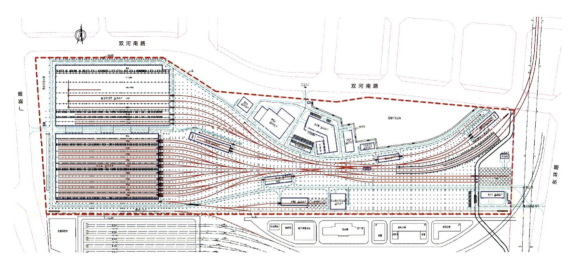

◆ 图6-4-4　磁各庄车辆段功能布局图

（四）一体化板地结构优化

磁各庄车辆段是国内第一个市域快线车辆基地，一体化概念方案咽喉区西侧预留市政道路，且咽喉区的业态方案尚未稳定。因此结构预留工程既要满足一体化需求，又要满足工期建设需要。结构设计在联合检修库、咽喉区采用钢管柱+钢梁+钢筋混凝土桁架楼承板结构形式。

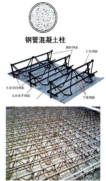

◆ 图6-4-5　咽喉区结构特点

第七篇 CHAPTER 7
综合利用篇

认真贯彻落实好中央和北京关于轨道交通站城融合发展的部署要求，践行习近平新时代中国特色社会主义思想，保障北京"三件大事"顺利推进，坚守以人民为中心的根本立场，紧扣新时代社会主要矛盾变化，顺应广大市民对工作生活便利性、宜居性、多样性的新期待。大兴机场线场站一体化工作坚持以"高质量发展"为主线，以轨道交通为依托，创新机制，优化路径，通过打造优质场站一体化项目提升城市功能和空间环境，提升轨道交通服务水平，落实TOD发展理念，提升资源经营能力，为市民谋便捷、为城市谋发展、为轨道谋效益。

第一章 综合利用的必要性及重要意义

一、落实TOD（以公共交通为导向的发展模式）发展理念，实现轨道交通与城市功能有机融合

（一）实现车辆基地综合利用，打造城市活力中心

大兴机场线磁各庄车辆基地主要功能是轨道交通车辆的夜间停放及期间维修，具有占地面积大、功能单一、建筑密度和容积率低等特点。随着北京市轨道交通的快速发展和运营里程数的迅猛增长，需要建设的车辆基地的数量也必将越来越多。在北京城市建设用地日趋稀缺与匮乏的情况下，车辆基地用地如果还单纯用作市政设施建设而不进行综合利用，必然造成城市土地资源的极大浪费。同时，由于车辆基地自身工艺要求和建筑体量的原因，巨大的厂房式建筑及铁路股道不但阻断了城市区域交通布局规划，其产生的噪声及振动也不同程度地破坏了紧邻车辆基地周边区域的环境品质。因此，结合大兴机场线磁各庄车辆基地所处区域产业定位和功能需求，对其进行一体化综合利用，复合利用轨道交通建设用地，在磁各庄车辆基地上部空间进行结构转换和综合利用，可促进轨道交通大兴机场线与城市功能的有机融合，提升城市土地的经济效益和利用效率，缓解轨道交通资金筹措压力，提升区域环境品质，是构建资源节约型社会和促进城市可持续发展的必然选择。

（二）落实站城融合发展理念，构建微型生活圈

早期的城市轨道交通规划并未与沿线区域发展做好一体化规划设计，城市轨道交通站点与周边用地缺乏必要的衔接，导致轨道交通站点功能较为单一、城市空间资源浪费及功能弱化，轨道交通站点周边土地利用率不高，城市轨道交通仅向市民提供了单纯的运输功能，很难满足人们对住宅、商业、娱乐、休闲等城市活动的多样性需求。亟须构建高品质的站点TOD规划实施体系，

以轨道交通引领城市发展为导向，实现轨道交通与周边用地相互融合，提升周边土地的单位使用强度和产出效率，实现建设用地集约减量，建设指标高效使用，提升区域交通、土地、投资效益等综合价值。

二、落实ABO模式，降低轨道交通资金筹措压力

目前北京市轨道交通存量建设任务及三期建设规划所需资金体量仍然巨大，亟须在财政资金紧张的情况下，创新投融资模式，确保北京市轨道交通可持续健康发展。通过大兴机场线场站一体化综合开发，可拓宽轨道交通建设筹资渠道，实现轨道交通外部效益内部化，合理分摊轨道交通建设成本，实现土地综合开发收益反哺轨道交通建设，缓解市、区政府财政压力，促进轨道交通健康可持续发展。

第二章 场站一体化的规划研究

一、场站综合利用研究

大兴机场线磁各庄车辆基地及大兴新城站位于北京南部居中，京开高速公路以东，南六环以北，大兴新城的东部边缘，距离大兴新城核心区约3km，团河农场组团的0305街区，大兴机场线与规划S6线、规划17号线南延交汇于此。

《北京城市总体规划（2016-2035）》对大兴区的明确定位为：面向京津冀的协同发展示范区，具有全球影响力的科技创新引领区，首都国际交往门户区，城乡发展深化改革先行区。根据大兴分区规划，0305街区的规划功能定位是：以轨道交通保障及居住功能为主。

结合新总规对大兴区的定位及项目周边现状，京投公司组织设计单位开展了0305街区的城市设计和场站区域的概念方案研究。方案构建了"一心、两轴、多组团"的空间结构，聚合商务办公、综合服务、文化娱乐、酒店餐饮、市民休闲等功能，集中体现站点一体化地区"城市客厅和国门形象"的特征。

◆ 图7-2-1 北京市区位示意图

◆ 图7-2-2 大兴新城区位图

二、磁各庄车辆基地综合利用

（一）规划条件

（1）车辆段用地规模：约30.3hm²。

（2）综合开发利用用地性质为：交通设施范围内的住宅、商务及托幼。

（3）建筑高度：不高于60m（北侧局部80m）。

（二）概念方案

大兴机场线磁各庄车辆基地是承担大兴机场线车辆停放及车辆检修功能的重要基础设施，会同规划S6线车辆基地选址于大兴区0305片区。车辆基地综合利用项目规划配置居住、办公、交通、养老、社交、教育、休闲等功能，与片区发展轴线和新凤河景观带紧密结合，打造站城一体化的活力社区和区域南部城市景观节点。

磁各庄车辆基地综合利用立足大兴新城的功能定位及团河地区的战略地位，以轨道交通建设和中心城优质资源疏解为契机，统筹考虑轨道与城市的有机融合。在保障轨道交通基础设施建设的同时，充分考虑团河地区承接中心城功能疏解、人口转移、优质教育医疗疏解的区域功能，结合其临空经济功能和重要交通节点优势，优化并提升了该区域城市功能服务水平、道路交通便捷性、配套服务完善性及环境品质，实现了对交通设施用地的高效利用。

◆ 图7-2-3 车辆基地综合利用总平面图

车辆段立体分层，功能复合，功能分区统筹考虑。

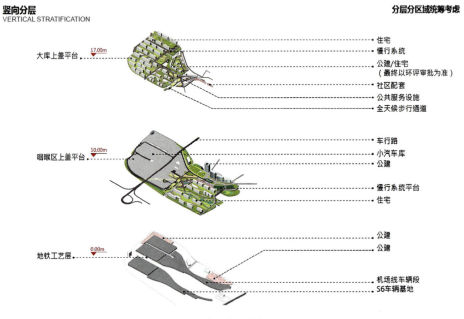

◆ 图7-2-4 车辆基地综合利用剖面图

多元的业态分布：合理功能布局，谋求职住平衡。居住小区和创意办公区为盖上主要物业类别，占据景观环境较佳位置。轨道衔接落地区集中布置了公建与商业。

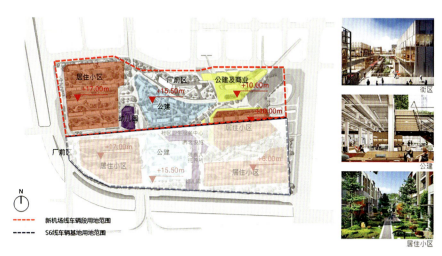

◆ 图7-2-5 车辆基地公共服务设施

完善的配套设施：服务设施与公共空间节点相结合，同时服务于盖上和区域范围。车辆基地设置了完备的公共服务设施：如幼儿园、卫生服务中心、养老机构等，这些公共服务设施不仅服务盖上，也服务于区域；配套服务设施围绕重要的公共空间节点布置，便于盖上和区域内的人群使用。

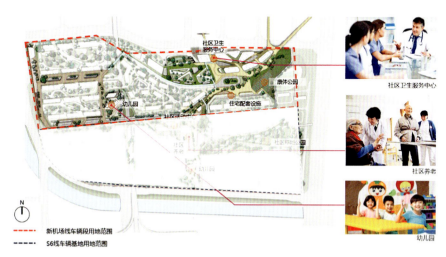

◆ 图7-2-6 车辆基地公共服务设施

通过合理组织绿地、广场、建筑界面、景观小品、公共服务设施等空间要素，形成丰富多样、尺度宜人、环境优美，充满生机和活力的景观系统。

◆ 图7-2-7 车辆基地综合景观

美化侧壁立面,提升城市形象。

◆ 图7-2-8 车辆基地综合景观

滨水景观处理:通过退台式设计,柔化道路界面,打造丰富的亲水空间。

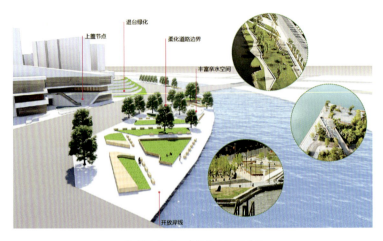

◆ 图7-2-9 车辆基地滨水景观

交通组织：磁各庄车辆基地盖上区域设计人性化的立体交通系统，充分考虑车辆基地范围内外道路网的衔接，并做好车辆段周边的交通组织。设置多处人行出入口，通过核心筒、坡道、内部道路等多种方式实现步行系统连续性。充分考虑车辆基地范围内外的步行和自行车系统的连续性，确保内部道路微循环顺畅，同时设计适合步行和自行车交通的道路横断面及纵断面，强调人性化设计理念。充分考虑消防车、货车道的组织，在车辆基地地面层、夹层、上盖层均有消防车及货车道的组织。

车行系统：通道顺畅的交通组织。

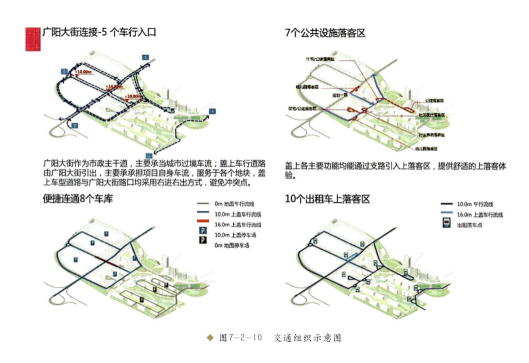

◆ 图7-2-10 交通组织示意图

慢行系统：与区域公共平台的一体衔接，连桥提供自行车道和步行道，连接轨道站点。

自行车与共享单车：由于上盖有高差，自行车道将会通过大部分坡度控制在不超过3%的坡道连接。同时规划设有共享单车的推荐停放区，让单车有序停泊，避免发生随处停放问题。连桥提供自行车道，更方便连接轨道站点，提倡市民使用公共交通出行。

步行：磁各庄车辆基地与大兴新城站距离约700m，是合适的步行距离。规划跨地块的行人连桥，平行接入，为行人提供便利和舒适的走廊。

◆ 图7-2-11 磁各庄车辆基地与大兴新城站示意图

步行流线串联景观空间。

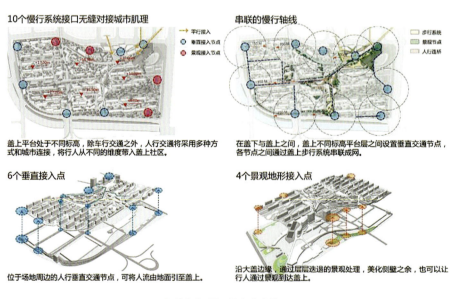

◆ 图7-2-12 综合示意图

多级上盖节点，将行人从不同维度带入上盖社区。

◆ 图7-2-13 消防流线示意图一

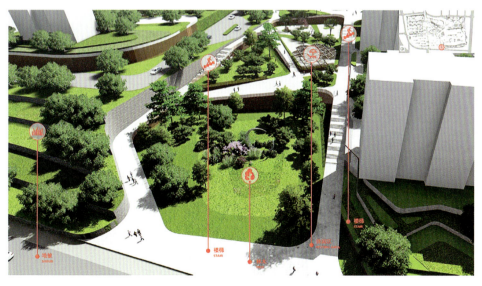

◆ 图7-2-14 消防流线示意图二

消防流线设计：根据消防性能化报告进行消防设计，在盖上与盖下均设置了独立的环形消防车道；盖上设置3个消防出入口与市政路衔接，消防车道设计荷载满足40t消防车通行及作业要求。

图7-2-15 消防流线示意图三

三、大兴新城站点一体化

（一）规划条件

大兴新城站是大兴机场线进入北京市区内的首站，计划与规划S6线换乘。站点位于广平大街东侧，站厅主体位于规划C地块内。大兴机场线及S6线轨道正线下穿C、D、E、G、H地块。

（1）一体化范围：以规划路中线为界，规划范围33.2hm²。

（2）用地性质：

A、B、F地块——综合性商业金融用地(B4)

D、C、G地块——其他类多功能用地(F3)

E地块——环卫设施(密闭式垃圾回收站)

图7-2-16 大兴机场线大兴新城站规划图

图7-2-17 大兴机场线大兴新城站规划效果图

（二）设计理念

交通驱动：综合多元的交通方式，打造第二机场与市中心动脉上的发展极核。

服务先行：先行考虑的设施布局，通过商、教、医、养等多元设施的先行布局，构建品质服务高地。

产业引导：积极全面的产业导入，拒绝传统的睡城布局，营造职住平衡的城市单元。

生态优化：内外统筹的生态优化，在积极联通区域的基础上构建完整的区内生态格局。

围绕轨道交通枢纽，实现商务办公、主题商业、文化娱乐、公共服务等功能的多远混合，促进轨道微中心与综合服务中心的耦合。商业功能和交通枢纽高度融合与集中，文化、商务、办公、科技、公园较为分散，形成中央核心商业办公、周边酒店、办公、文化多组团的功能布局。

（三）一体化方案

车站主体进入用地，实现轨道与用地、景观、交通建筑的无缝融合，立体高效的土地利用模式，充分挖掘地下空间潜力。提高地铁服务水平：地铁出入口片区化设置，机场线、S6线、M19地铁站点为城市公共配套服务，实现站城一体化。

◆ 图7-2-18 大兴机场线大兴新城站车站一体化总平面图

◆ 图7-2-19 大兴机场线大兴新城站车站一体化立体图

地下空间、地面以及空中连廊互相联系，形成地上地下一体化的空间结构。

◆ 图7-2-20 大兴机场线大兴新城站车站一体化示意图

在大兴机场线大兴新城站建设期间已做好与S6线衔接的预留工程，现状设有3个出入口，未来换乘站本体将设5个出入口，同时与两侧商业预留衔接条件。

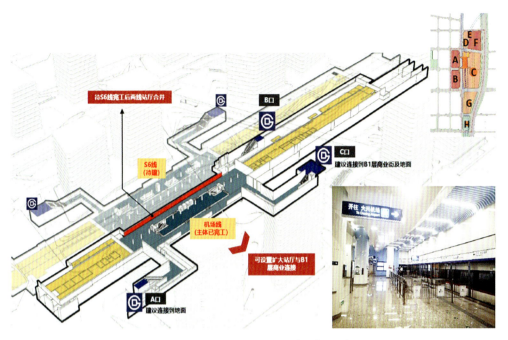

◆ 图7-2-21 大兴机场线大兴新城站车站示意图

机场线具备向西设置扩大站厅与AB地块B1层商业衔接的条件，S6线具备向东设置扩大站厅，与C地块B1衔接。

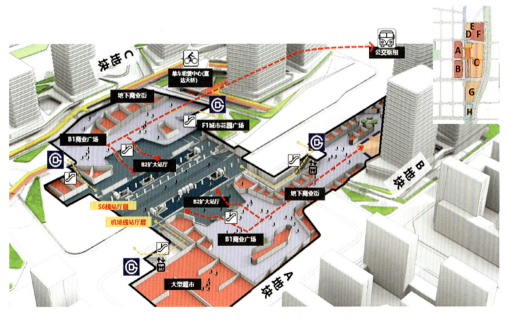

◆ 图7-2-22 大兴机场线大兴新城站周边示意图

地下体系：一体化核心区跨广平大街打造整体、连续、复合的地下空间。

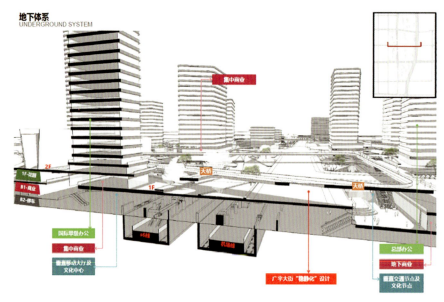

◆ 图7-2-23 大兴机场线大兴新城站地下体系示意图

地面体系：将一体化核心区设置为慢行优先区，对道路进行交通稳静化设计，全面人车分流，多方位保证过街安全舒适，优化步行空间体验。

◆ 图7-2-24 大兴机场线大兴新城站地面体系示意图

空中体系：快慢结合的双系统连桥体系，拓展轨道交通的服务半径，提供绿色、安全、快慢相宜回家路。

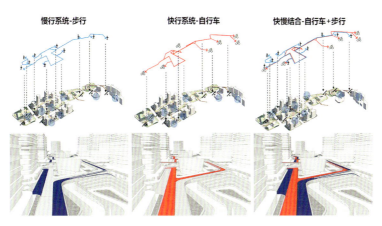

◆ 图7-2-25　大兴机场线大兴新城站空中体系示意图

公共空间：采用标志性屋顶，导入自然光与空气，拉近地下空间与地面的距离。出入口与下沉广场及开敞公园一体结合，既是地铁出入口，又是地面标志性景观。

◆ 图7-2-26　大兴机场线大兴新城站公共空间示意图

第三章 场站一体化主要做法及实施亮点

一、场站一体化主要做法

（一）磁各庄车辆基地综合利用

在满足轨道交通车辆基地工艺和运营安全的前提下，京投公司结合区域发展规划、产业定位和功能需求，通过复合利用轨道交通建设用地，在磁各庄车辆基地上部空间进行结构转换，"再造"一块建设用地，在该块再造土地上进行二级物业开发，实现磁各庄车辆基地用地在空间上的立体分层开发与综合利用，从而赋予车辆基地用地"二次生命"。磁各庄车辆基地综合利用创新性地实现了在现有建设用地上空"造"出的"新"用地，不另外占据用地，节约了用地，盘活了存量用地。

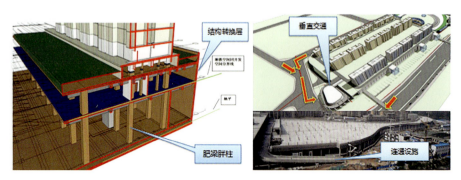

◆ 图7-3-1 磁各庄车辆基地综合利用示意图

（二）大兴新城站点一体化

京投公司依托轨道交通站点，通过一体化方式整合其所处经营性用地内的地上、地下空间，整体开展一体化规划设计和预留预埋工程建设，实现轨道交通等基础设施工程与周边住宅、商业办公等经营性设施的有机高效融合，推动职住平衡，打造区域活力中心，实现土地综合开发收益反哺轨道工程建设，进一步降低了财政资金压力。

第七篇 | 综合利用篇

◆ 图7-3-2 大兴机场线大兴新城站点一体化示意图

二、场站一体化实施亮点

（一）创新综合开发模式

一是统一主体身份。为加快推进大兴机场线磁各庄车辆基地综合利用，促进轨道交通与城市功能有机融合，2016年，随着磁各庄车辆基地选址的稳定，同期深入开展综合利用规划研究，探索实施路径，不断推动轨道交通场站一体化工作有序开展，京投公司积极配合北京市规划和自然资源委（以下简称"市规划自然资源委"）、市发展改革委等政府部门完善工作机制，创新实施路径。2017年8月22日，北京市隋振江副市长主持召开专题会议，结合车辆基地综合利用项目前期成功的探索实践和近期成熟的模式研究，明确由京投公司作为实施主体，对磁各庄车辆基地进行综合利用。

◆ 图7-3-3 会议纪要

二是创新一体化实施内容。在磁各庄车辆基地综合利用过程中,为确保一体化规划设计和二级接续实施条件,创新采用了全新的"一级半"开发模式,不仅局限于传统的征地、拆迁一级开发工作。在满足磁各庄车辆基地工艺和运营安全的前提下,结合城市区域规划,编制综合利用规划方案和市政基础设施规划,根据市规划自然资源委批复的二级建设方案有关荷载要求,对磁各庄车辆基地实施"肥梁胖柱"、综合服务设备结构转换夹层、盖上盖下连通设施(坡道及垂直交通)等预留结构工程,以及综合管线、道路等连通车辆基地与外部街区的市政配套设施建设,最终达到供地条件。大兴机场线磁各庄车辆基地"一级半"的开发模式打破了传统意义上土地一级开发仅为"征地拆迁＋市政建设"的基本内容。在一级开发的前期阶段对项目的规划条件进行深入设计和研究,实施过程中从地下到空中甚至到地块外部的各种预留工程设施或条件都落实到位。

三是创新项目审批机制。结合磁各庄车辆基地综合利用工作实际,为确保综合利用内容在项目立项、规划设计、成本审计直至土地入市等各环节审批程序依法合规,保障综合利用项目按期完成入市交易,京投公司配合市发展改革委完善项目审批程序,创新优化项目审批机制,将综合利用前期规划设计和相关工程内容纳入轨道交通立项及初步设计范畴。明确了因磁各庄车辆基地综合利用增加的规划设计、征地拆迁及工程建设等相关费用在轨道交通工程立项中予以暂估暂列,待初步设计方案批复后,由市发展改革委组织相关单位分类纳入轨道交通建设、车辆基地综合利用一体化开发成本。

四是创新投资分摊机制。为确保综合利用部分与轨道交通部分合理分摊项目成本,综合考虑轨道交通公益性属性及二级竞得人合理收益,创新形成了可行的投资分摊机制。综合利用相关预留工程完工后,由市审计局监督指导京投公司开展审计工作,并确认审计情况;市发展改革委依据京投公司出具的审计报告和市审计局确认情况,明确轨道交通场站分摊成本;市规划自然资源委依据市发展改革委意见,组织土地入市相关工作。

五是创新安全质量监督程序。为确保车辆基地综合利用工程验收合法合规,京投公司协调北京市建设工程安全质量监督总站,明确了轨道交通综合利用预留工程可随轨道交通线路同步进行五方验收,可在竣工验收报告中明确综合利用验收内容及验收结论的工作程序,确保综合利用预留工程验收合规性和合法性,推动车辆基地综合利用项目按期实现入市交易。

六是创新土地供应机制。综合考虑磁各庄车辆基地综合利用项目的双重用地属性,创新提出了立体分层供地的土地供应方式,通过立体分层钉桩,合理划分开发用地与轨道交通用地范围,以小汽车库底板防水层作为立体分层界面,以上为开发用地,采取招拍挂方式供地,以下为轨道交通用地,采取划拨方式供地。落地区为开发用地,采取招拍挂方式供地。拟将结构预留阶段难以实施的融合性设计理念及轨道交通运营安全等相关要求,纳入土地招拍挂文件,由二级竞得人接续落实一体化相关事宜。

七是创新权籍登记制度。创新研究了分类权籍登记方式,拟在磁各庄车辆基地项目实施完成后,轨道交通用地部分由京投公司接续办理权籍审查及不动产登记证,开发部分由二级建设单位办理上盖区域及落地区不动产登记证。

(二)打造"会呼吸的车库"

磁各庄车辆基地为隐逸车辆基地综合利用对区域总体生态网络的冲击,前置了栽植设计流程,通过景观结构优化,预留保障措施,开创性地在车辆基地综合利用中引入大型乔木栽植指标和栽植坑统筹设计,在景观设计中引入海绵城市理念,减缓上盖区径流,建立雨水管理系统,构建可持续的生态景观基地。同时,在传统封闭式盖上小汽车库的基础上,结合盖上社区集中景观布局,局部将车库顶部打开,通过人行步道、景观退台等设计手法,将车库和盖上空间自然衔接,形成层次丰富,特色鲜明的盖上景观体系,打造了"会呼吸的车库",强化了人文体验和环境品质。

◆ 图7-3-4 磁各庄车辆基地景观结构示意图

(三)实现综合收益反哺轨道建设

通过对磁各庄车辆基地实施综合利用,可拓宽轨道交通建设筹资渠道,合理分摊轨道交通建设成本,实现综合开发收益反哺轨道交通建设,缓解市、区政府财政压力,促进轨道交通健康可持续发展。

第四章 场站一体化的工作展望

一、全面落实TOD发展理念

树立"建轨道就是建城市"的发展理念,将轨道交通建设与城市规划建设融为一体,构建以场站为中心、功能高度复合的综合体,提升城市活力。对于既有线一体化改造,通过站点一体化改造来完善城市配套服务设施,强化站点与城市的空间联络,提升交通接驳效率,改善城市公共空间品质。对于新建城市轨道交通项目,要以有利于推动TOD项目布局和落地为指引,强化用地资源、建设指标向轨道交通站点周边集聚,在轨道交通沿线场站的核心圈层,合理布局功能,提高开发强度,方便交通接驳,提升出行体验,改善城市形态。

二、完善一体化协调推进机制

建议市级层面成立由主管副市长挂帅,主管副秘书长牵头,相关职能部门参与的协调推进制度,确保轨道交通与沿线土地资源同步规划、同步设计、同步审批、同步施工。

三、明确一体化实施主体

建议参照车辆基地综合利用模式,授权京投公司作为站点一体化实施主体,按照"整体规划、统筹资源、同步实施"的原则开展工作,确保地下空间、慢行系统等基础设施及一体化预留预埋工程随轨道工程同步建设,一次成型。

四、分类统筹场站一体化开发指标

建议对于轨道交通车辆基地综合开发的建设指标,由市级层面通过机动指标统筹解决;对于站点及周边用地一体化开发的建设指标，通过规划管控的刚性约束和相关奖励机制，引导区级指标向轨道交通站点周边集中配置。

五、创新土地供应方式

建议参照上海模式及本市城际铁路土地综合开发用地政策，对于轨道交通场站综合开发用地（场站用地红线范围）按协议方式出让给京投公司，产生的综合开发收益封闭用于支持本市轨道交通建设。同时，对于综合交通枢纽型一体化开发项目中的可经营性公共空间，按协议出让方式由建设运营主体自持经营，相关收益定向平衡运营需求使用。

六、创新多维度激励机制

对于属地政府积极腾挪开发指标向场站及周边用地配置的，可降低拆建比例，并定量增加区域专项引导等补助资金。对于在轨道交通场站一体化开发中，自愿增设慢行系统或城市景观等公共服务空间且达到改善目标的，可适当奖励部分容积率，奖励上限原则不超过原基准容积率的10%。

七、推动车辆基地单独办理征地

为确保车辆基地综合利用工程尽快实现入市交易，严格落实《关于加强轨道交通场站与周边用地一体化规划建设的意见》（京政办发〔2018〕43号），推动落实场站一体化综合利用的车辆基地可作为单体先行办理征地手续。

第八篇 CHAPTER 8
土建施工篇

　　大兴机场线线路全长41.4km，途经丰台、大兴两区。全线共设草桥站、磁各庄站和新机场北航站楼站3座车站，磁各庄1座车辆段以及1个停车场。工程从2016年11月11日中标，12月26日宣布施工进场，2017年3月份实质性开工，到2019年9月随北京大兴国际机场同步开通，总建设工期36个月。

　　项目公司按工程时间节点，严格掌控施工进度；轨道公司作为PPP联合体总牵头方，采取"公司总部直管项目"的新型管理模式；施工单位运用新技术、新材料、新工艺解决了施工过程中出现的各种各样的问题，把难点变成亮点……

　　8.8m直径的盾构推进、毫米级的施工精度控制、"路轨共构、五线共廊"……大兴机场线的土建工程，不仅是参加工程建设的施工企业的大会战，更是一场高科技的大比拼、大应用、大展现、大创新。

　　本篇对全线土建工程分标段进行记述。

第一章 土建01标段明挖段及降压所

一、标段概况及标段特点

该标段起讫桩号分别为K6+757.136—K9+334.800，全长2.578km（不包含预留线工程）。

该标段施工总里程4.929km，包括三个区间和一个单体建筑，分别为：大兴机场线、R4预留线、出入场线预留线及K7区间降压所。合同段南端起点为大兴机场线与R4预留线共构段，大兴机场线与R4预留线分离后通过U形槽与路基段连接；出入场线在大兴机场线路基段北端两侧共构，逐渐进入地下后左右线同时下穿大礼路，连接预留停车场。K7区间降压所，位于主线里程K7+294.400处，大兴机场线闭合框架正上方，地上一层，地下一层，为现浇混凝土框架结构，采用梁筏基础和柱下独立基础。

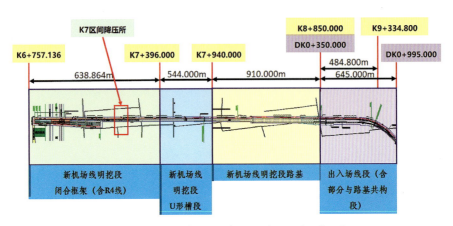

◆ 图8-1-1 大兴机场线土建施工01合同段施工平面图

1. 建设工期紧、标准高

大兴机场线是北京新机场重要的配套工程，是新机场与主城区的主要交通联系方式。新机场建设过程中的安全文明施工标准、施工质量标准、节点要求等均十分关键。同时土建01标区间作为大兴机场线样板段，必须按期移交铺轨，保证列车顺利进场试运行。

2．明挖基坑的土方开挖与支护安全

大兴机场线土建01标主要施工工法均为明挖法，基坑开挖是该工程的重点。编制确实可靠、具有针对性的专项施工方案，合理地组织土方机械施工是安全施工的核心内容。

3．承重支撑体系

大兴机场线土建01标明挖段闭合框架结构，主体结构顶板厚度0.7～1.0m，集中线荷载均大于20kn/m以上。因此选用牢固可靠的模架体系是该工程的重点，本期区间施工全部采用盘扣支撑架，并做成BIM施工模拟演示用于方案、技术交底。

二、施工重难点

1．风险管控

大兴机场线土建01标明挖区间设计风险等级均为一级，其中穿越永兴河段及新机场高速段，风险等级为特级，做好明挖基坑的监测是该工程的重点。通过监测围护结构各项位移量、周边土体变化等内容，确保在施基坑安全无风险。

2．围护结构体量大

大兴机场线土建01标明挖区间全长2.6km，主要以围护结构+钢支撑的形式进行支护，受前期进地影响，工作无法全部展开。若按常规桩基础施工，工期节点无法保障，且架设的钢支撑数量繁多，严重影响主体结构施工进度。

3．为次干一路预留后期穿越条件

该标段在施工过程中，受外部规划影响，临时增加一条次干一路从下方穿越。接到通知时，已完成所在区域的全部围护结构施工，如何破除已完成的围护桩、CFG桩，并为次干一路实施预留条件，是本期工程的难点。

4．穿越永兴河的施工组织及结构变更

该标段位于新机场红线外跨越永兴河段，长度140m，同时涉及三家施工单位主体结构跨越永兴河。在前期协调与多方单位共同商议下，实施了永兴河导改施工，围堰筑岛施工，目的就是

确保能在主汛期来临之前完成该区段的全部施工内容,确保雨水不会倒灌大兴机场线,流至新机场,造成不可估量的损失。

5. 路基段施工难度大

路基施工填筑时间正值雨季,且受到建设工期的影响,需在同年交付铺轨使用,面临填料自然下沉与雨水沉降的双重影响,除加强控制沉降观测外,路基区间的建设标准也由地铁规范升为高速铁路建设规范,投入使用了EVD与K30加强路基填料的试验技术。

三、施工技术

主要施工工法均为明挖法。明挖区间全长2.6km,基坑出土方法采用"分层台阶接力法"施工,支护主要以围护结构+钢支撑的形式进行,承重支撑体系为明挖段闭合框架结构,主体结构顶板厚度0.7~1.0m,集中线荷载均大于20kn/m以上。施工全部采用盘扣支撑架,增强架体的整体刚度和整体承载力,并做成BIM施工模拟演示。

第二章 土建02标段高架桥区间(非共构段)

一、标段概况及标段特点

该标段为高架桥区间(非共构段),起点桩号K9+334,终点桩号K16+216,全长6882m。该段高架桥区间桥面宽度11.4m,上部结构为双线简支梁,以预制箱梁为主,单片梁最大方量为101m,梁体最大重量为265t,共410片预制梁。另有4处为现浇箱梁。

下部结构采用花瓶实心墩柱,墩柱下接矩形承台,承台下设置桩基。

◆ 图8-2-1 大兴机场线土建施工02合同段施工平面图

◆ 图8-2-2 高架非共构段标准横断面图及效果图

1．线路长，架梁过程易出现断点

施工段落内有多条高压线及通信线路，拆改难度大，周期长，极其可能成为架梁的断点。同时本段高架区间有4处跨路现浇箱梁，属于本段线路节点桥，现浇箱梁的施工进度也将影响到架梁的连续性。

2．三线并行且同期建设，相互影响施工

与大兴机场线一期工程线路紧邻且同期建设的有新机场高速公路、京霸铁路等线路，开工后势必存在大量的相互影响区、交叉区，如协调不好，势必影响施工及存在安全隐患。

3．线路长、桥面窄，制约后期架梁速度

轨道交通高架桥桥面预制梁运输及架桥机架设施工方法主要采用单辆双车头运梁车在桥面单向运输到位后架桥机进行架设。该标段高架全长6882m，桥面宽度11.4m，桥面运梁仅能保证一台运梁车行驶。梁场及架梁提梁点设置在南段，随着架梁往北推进，架梁点与提梁点距离会越来越远，运梁时间也随之变长，即架桥机等待喂梁的时间变长，大大降低了架梁速度，将难以保证工期顺利实现。

二、施工重难点

1．预制梁质量及支座安装质量控制

大兴机场线作为"国门第一轨道线"，社会关注度高，施工质量也要求高。特别是混凝土外观质量，该段高架上部结构以预制梁为主，预制梁的生产质量尤其重要。支座作为桥梁的重要构件，安装质量直接影响到后期运营车辆的安全，运行后如出现问题，更换难度大、成本高。因此支座安装施工必须引起高度重视才能确保应用质量。支座施工是个很精细的良心活，需由经验丰富的专业施工人员进行各工序的安装，从预埋板安装、支座安装到预制梁、锚栓孔清理、预制梁架设就位、支座灌浆、模板拆除及清理、支座喷编号、安装围板等进行过程把关。且作业空间受限，需每一工序的精心施工方能确保质量。

2．高空作业安全管控

该标段全线均为高架，在墩柱施工、支座施工、预制梁安装等项目施工时存在大量的高空作业，因此保证高空作业安全有序的进行，是该工程安全管控重难点。

三、施工技术

（一）轨道交通高架桥面错车运梁平台技术措施

因桥面只能保证一台运梁车通行，随着预制梁往北架设，桥面运梁距离越远，运梁一来一回时间长，导致预制梁架设速度越来越慢，无法满足现场工期要求。前期架梁每天能完成4片，后期随着运梁距离的变长，每天仅能完成2片。

为了缩短运梁时间，提高架桥机使用效率、加快架梁速度，该项目部经过方案比选，制定了桥面运梁错车平台方案，即在线路中部附近设置一处桥面运梁错车平台，在桥面放置两台运梁车运梁，以加快预制梁的运输。利用错车循环交替进行、形成运梁车的不间断施工，这样加快了运梁速度，提高架桥机效率，从而确保每日架设4片梁，保证了总体工期顺利按目标完成。

根据运梁车尺寸、重量，结合现场实际情况，错车平台采用盘扣式钢管支架搭设，支架上主次龙骨采用H型钢，型钢上满铺钢板，钢板上焊接螺纹钢筋防滑。为保证施工安全，参照危大工程模板支架要求，对错车平台支架进行专家论证。

（二）高压线下桩基施工技术措施

该标段S7#轴及S114—S117轴上方分别有35kV、220kV高压线，影响着下部结构的施工。因高压线改移手续烦琐、周期长，具体改移时间不确定，为了确保总体工期目标的顺利实现，需在改移前，采取安全可靠的技术措施，优化施工方案，完成桩基施工，减少线路改移后施工任务量。

因高度不足，无法采用旋挖钻机成孔，经过现场考察及方案的比选讨论，最后采用5.5m高反循环钻机成孔的施工工艺，钢筋笼分成6m短节，现场采用直螺纹连接，采用吊车分节吊装、连接入孔。

为确保在高压线下施工安全，施工前，在施工区附近采用松木搭设安全警示柱，两根警示柱之间在顶部拉上警戒带，顶面距高压线不小于最小安全距离。施工过程以警示柱顶面及警戒带作为参照，施工机械设备严禁超过警戒带。

第三章 土建03标段高架桥区间（共构段）

一、标段概况及标段特点

大兴机场线一期工程土建施工03合同段是高架桥区间，起点桩号K16+216，终点桩号K25+537.79（K24+692.5—K24+925.57段为08标转体），全长9.088km，包含共构段7.891km，非共构段1.197km，共计共构桥墩244轴，门式桥墩10轴（钢筋混凝土盖梁7片、钢盖梁3片），花瓶式桥墩28轴，独柱墩1轴，桥台1座。含牵引变电站1座，通信基站1座，区间降压所1座。

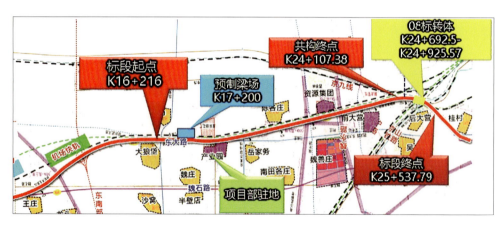

◆ 图8-3-1 大兴机场线土建施工03合同段施工平面图

结构新颖，北京市首例路轨共构结构

"路轨共构"即新机场高速公路与新机场轨道共廊建设，机场公路线位于高架桥的顶层，机场轨道线位于中层，地面为预留的规划团河路，形成三层立体交通走廊，有效地减少了土地资源，提高空间利用率。高架共构结构整体形式为"开"字形，标准段桥墩形式见图8-3-2。轨道线采用接触网供电方式，所需净空更大，桥墩高度更高。路轨道共构承载结构在城市集群化发展、有限土地资源限制条件下的应用前景广泛。

◆ 图8-3-2 高架桥共构段

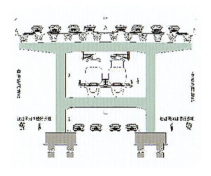

◆ 图8-3-3 高架共构结构图

◆ 图8-3-4 高架共构效果图

◆ 图8-3-5 高架共构现场图

二、施工重难点

1．工程量大、不确定因素多、工期紧张

该标段包括里程较长，涉及工程量较大，同时受雨季、冬季及相关因素的制约，施工工期十分紧张。

2．区间结构较为新颖，可借鉴施工资料空缺，施工难度较大

K16+216～K24+107.38区间为高架共构结构，竖向横梁两道且均涉及预应力工程，上盖梁结构净空22m以上，自重500t以上，单侧悬挑约8m，结合目前实际情况，常规施工方案不能满足生产需求，而此种结构特点较为新颖，可借鉴施工案例极少。

◆ 图8-3-6 履带吊、常规架桥机、定制架桥机架梁

3．共构段结构空间狭小

由于该工程为路轨共构形式，其中给轨道箱梁架设作业空间极小，不满足常规架桥机作业空间，给项目部带来新的挑战。

4．大龙河跨河段工序复杂

跨大龙河段结构为钢盖梁加钢箱梁形式，钢门架长32m，高2.43m，宽3.78m，并且含2个支腿6m。钢箱梁更是长达29.1m，因场地不具备现场加工条件，钢门架及钢盖梁须在工厂加工完毕，再由公路运输到施工现场进行拼接。因此30多m跨度的钢门架及钢梁在运输上是个难题。

三、施工技术

该标段沿线下穿550kV高压线路2条、220kV高压线路4条。升塔改移时间较长，易出现工期节点。而共构段需为机场高速提供施工条件，需在2018年9月30日前完成共构桥墩，前期进地进度严重滞后，高架区间于2017年8月2日实现实时性开工(完成灌注第一颗桩基)。跨越二级及乡村道路共11条，河流1条。容易出现工程节点。且区间结构较为新颖，可借鉴施工资料空缺，增加了施工难度。

1．采用履带吊、常规架桥机以及路轨共构专用架桥机三种架梁方式相结合的方法

为了能在规定期限为上部公路提供作业面，采用履带吊、常规架桥机以及路轨共构专用架桥机三种架梁方式相结合的方法。部分区间采用了先施工上盖梁再架设轨道梁。

常规的架桥机难以满足有限空间架梁的技术要求，为按时完成工期任务，针对以上难题项目

部采取如下措施：

中横梁顶到上盖梁底净距为10.5m，宽度为17m。因架桥机在共构空间内施工，高度和宽度受到极大限制，常规架桥机不能满足施工需求。针对该工况，项目部与厂家合作，专门设计了JQS33m-300t步履式双导梁低矮型架桥机，本桥机将走行轮箱与天车横梁进行了特殊设计，去除了平移座和旋转座，天车横梁端部截面向上收低，轮箱铰座安装在横梁内部，直接通过销轴连接走行轮箱和天车横梁，使轮箱底面到天车横梁上部轨道距离尽可能降低，达到架桥机"变矮"的目的，满足该次施工需要。

2．标准化钢筋加工厂的应用

标段K16+216-K21+700段承台、墩柱、中衡梁和上盖梁钢筋以及部分桩基钢筋笼在标准化结构钢筋加工场生产，预制梁钢筋加工、绑扎在预制梁场完成。采用成套自动化钢筋加工设备，经过合理的工艺流程，运送到施工现场，并且利用二维码实现了钢筋加工厂的信息化生产管理，这样既节省了现场临设费，也减少了钢筋加工损耗，节材节地，绿色环保，有利于高新技术的推广应用和安全文明工地的创建。

第四章 土建04标段盾构段

一、标段概况及标段特点

北京市轨道交通线机场线一期工程土建施工04合同段是高架路基转入地下至大兴新城站前段，起点桩号K25+537.79，终点桩号K29+781.103，全长4243.313m。

该标段区间位于大兴区黄村镇，起点为黄村镇王立庄村，终点为大兴新城站南端，自南往北依次为202.2m路基段、427.5mU形槽、331.9m始发明挖段、1座地下区间变电所、2783.5m盾构区段、498.9m站前接收明挖段、506.3m出入段等七部分，其中含5个暗挖联络通道。

◆ 图8-4-1 大兴机场线北航站楼站（不含）～磁各庄站（不含）（K25～K29）区间平面位置图

1．区间隧道地层水文地质复杂、穿越风险源多对盾构快速掘进综合施工技术要求较高

地质勘察报告显示，区间隧道主要穿越粉质黏土③1层、细砂、粉砂④3层、圆砾、卵石⑤层，隧道覆土厚约为12～27m。其中2、3、5号联络通道兼泵站（右K37+500)结构开挖底面位于地下水位以下，其余结构开挖底面均位于地下水水位以上。盾构接收井段底板位于承压水层，提前采用专业降水辅助基坑开挖。

盾构区间隧道自南往北穿越的主要风险源有：329航空煤油双管线、1000高压燃气管、南六环、广顺桥涵洞及桥桩、军委电台、长距离民房片区、黄马路、新风河等一二级风险源约20处。风险源沉降控制要求高，一旦发生被穿越建(构)物结构变形超限、管线断裂、路面塌陷、交通中断、河床渗漏等事故，安全危害大，社会影响大。结合监控量测，优化掘进参数，通过洞内外技术措施，严格控制沉降，确保安全、平稳穿越。

2．区间隧道为地上地下结合段，拆迁量大、工期紧、工法较多，要求施工组织高效、专业化程度较高

根据施工合同及图纸，该标段正线隧道为地上与地下结合段，自南往北依次为路基段、U形槽、明挖段、盾构段、区间变电所、站前接收段、车辆段出入支线叠落正线隧道，涉及明挖法、暗挖法、盾构法等不同土建施工工法，而且不同施工部位前期拆改移工作量大，完成工期又要求几乎同时，根据这些特点公司成立指挥部和3个土建施工工区，不同分公司均挑选各自经验最丰富的人才组成专业项目团队，确保科学筹划，精准施策，按期完成施工内容。

二、施工重难点

1．盾构区间隧道定为全线地下样板段，需要首段铺轨试车，要求盾构施工工序衔接、掘进施工快速高效

大兴机场线盾构管片外径8800mm，该标段盾构单线长2783.55m，为节省建设工期，盾构掘进施工组织管理、盾构选型、设计制造工期、始发场地移交时间、附属结构完成时间等因素成为制约盾构隧道移交铺轨工期的关键环节。盾构选型及合理的施工组织与统筹协调是保证工期的重点。

2．盾构接收井施工基坑变形监测、施工安全风险控制

盾构接收井作为盾构段顺利进行的前提保证，其能否如期完成，直接影响着整个标段的顺利进行。盾构接收井底板埋深24.1m，结构宽度34.3m，保证基坑安全成为盾构接收井结构施工的第一难点。本段基坑支护形式采用围护桩＋内支撑形式，由于结构宽度大，基坑中间设置一排临时立柱桩，不仅施工难度增大，而且给结构施工带来巨大不利影响。盾构接收井结构施工时间正值冬季，因此结构混凝土养护工作又是一项难点。

3．路基段雨季施工

路基段作为整个北段铺轨基地，其能否如期完成，直接影响着整个标段的顺利进行，该标段路基段、U形槽段，由于结构形式多样化，分部分项工程较多，投入施工队伍也相应增多，给项目管理带来一定难度。路基段、U形槽段及明挖段均在曲线段上施工，断面尺寸不一致，给测量、钢筋下料、外防水等工序造成不利影响。路基填筑施工、U形槽段及明挖段基坑开挖施工均正值雨季，给路基的填筑，U形槽段及明挖段基坑的边坡安全和土方运输带来一定的不利影响。U形槽段及明挖段基坑深度为0～15m，基坑土质为粉砂土，对基坑周边防护为该工程重点及难点。路基段的土方填筑和U形槽段及明挖段土方回填量较大，路基雨季填筑，U形槽段及明挖段回填土质量较难控制，是工程质量控制重点。

4．粉细砂承压水地层联络通道施工

该标段盾构区间共包括5座联络通道，2个兼泵房。其中2号联络通道及泵房处于六环路南侧，上方为φ1000高压燃气管，南六环及高压燃气都为一级环境风险源。所处地层为粉土⑥2层，细砂－中砂⑥3层，全断面承压水；3号、5号联络通道水文地质条件略好于2号联络通道施工条件。在工期、施工场地及施工工艺受限的条件下，为保证安全、质量与进度，联络通道的止水与施工是该工程的难点。

5．施工节点混凝土及防水质量控制

U形槽明挖渐变段、盾构后浇环梁、联络通道与管片接缝洞门加强梁等节点部位以及施工缝、变形缝等防水质量控制是结构施工质量控制难点。

三、施工技术

大兴机场线8.8m盾构快速掘进装备及施工关键技术研究

根据该标段地勘报告盾构穿越主要地层为细砂－中砂层3，黏土1，粉质黏土层和粉土层2等，公司挑选技术经验最丰富人才成立盾构团队，与盾构厂家对盾构及配套设备等进行相关参数设计及施工过程中优化改造，同时对盾构施工关键工序和施工掘进参数进行模型数据定量化研究，形成一整套8.8m盾构快速掘进综合施工关键技术研究报告，获得13项国家专利且相关课题已通过鉴定验收。

第五章 土建05标段大兴新城站（曾用名：磁各庄站）

一、标段概况及标段特点

磁各庄站大兴机场线与城际联络线S6线的换乘车站，是大兴机场线一期工程唯一一座中间站。建设地点位于大兴区现状团河路与沐新路交叉口西南侧，南五环清源路与规划广平大街交口南侧约500m处的规划双河北路和黄村西大街之间，沿规划广平大街呈南北向设置。S6线磁各庄站与大兴机场线平行敷设，两站通过换乘通道换乘。

磁各庄站开工日期：2016年11月26日，竣工日期：2019年9月14日，工期：1022日历天。

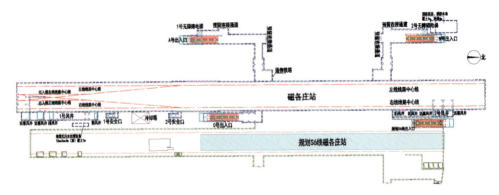

◆ 图8-5-1 大兴机场线磁各庄站平面位置图

◆ 图8-5-2 磁各庄站位置图

1. 工程规模大、结构种类多、工法多样、工期紧张

工程规模大。该合同段工程为磁各庄站主体结构、3座出入口、2座安全口、2座风亭、1座冷却塔、1座消防泵房。车站主体结构长425.5m，宽26m，高17.54～19.64m，基坑深度20.8～21.63m，为超长车站。

工法多样。车站施工土方开挖采用明挖法+围护桩和网喷施工+降水施工等工法。车站公共区覆土厚度1.7～3.89m，埋深较浅，通过在公共区底板下设抗拔桩，确保抗浮安全，抗拔桩施工质量控制要求严格，而且还涉及钢支撑和钢围檩安装；附属结构支护形式有围护桩还有放坡开挖+土钉墙支护。

主体整体施工历经雨期和冬期施工，以及两会、国庆、过年等，施工速度大大降低。在以上如此困难的情况下，磁各庄站调整施工战略，加大人力、物力投入，比约定工期提前2个月完成了主体结构的建设任务。

2. 车站设计标准高、管理更加严格、检查多

大兴机场线被称为"国门第一轨道线"，是首都首次采用PPP模式建设运行线路，磁各庄车站作为PPP项目唯一车站，规模大，工期紧，要求严，社会关注度高，对现场施工组织管理提出新的挑战。而且大兴机场线引进高速运行（160km/h）、无人驾驶等先进技术，对车站结构轴线定位、结构尺寸控制及后期装修、设备安装要求严格。同时，施工管理标准、绿色文明施工管理标准都要求高。

在进入结构及后期抢工的高峰期，大家最忙的时候两班倒，要保证资料与现场同步，还要应对各方的一系列检查、验收等工作。尤其是环保和绿色施工检查更加严格，现场在每天高强度施工的同时，要时刻保持整体的整齐与整洁。

二、施工重难点

1. 工程所处环境存在改移障碍物，需要尽快施工临时道路，保证顺利完成改移工作，尽早投入施工

工程开工时通过现场调查，基坑周围地下无管线，但现场存在影响施工障碍物需要改移，例如信号塔、树木、电线杆以及大量的垃圾土，而且车站建设位置较为偏僻，周边无较为宽敞的主干道和联通到场区的便利道路。因此，为了尽快改移障碍物、外运渣土实现早日开工，且能够保证后期车站正常施工、材料正常运输，需要修建临时路与主干道连通，尽快完成主干道的施工才能保证后续工作的顺利开展。

2. 主体基坑尽快成形是保证整体工期的重点

基坑形成的进度控制措施是该项目整体进度控制的重中之重。主体基坑开挖处于雨期施工期间，结构施工历经冬期和雨期施工，然而雨期施工和冬期施工都会对施工进度产生较大影响，尤其进入冬施不利于混凝土浇筑的控制和养护。因此，需要在进入冬施前尽可能多地进行结构施工才能保证主体结构能够按期完成。调整战略，保证基坑开挖与主体结构形成连续施工，大大加快施工进度。

为了能够按期完成施工节点任务，实现总体施工计划，项目部加大物力投入，过年期间不停工，增加人员工资、租赁大巴接送施工队人员换班回家过年，克服了最艰难的阶段，尽可能多地完成施工任务，确保年后结构施工任务节点的实现。

三、施工技术

磁各庄站为普通的明开挖车站，车站施工技术纯熟。但是在施工过程中为了按期完成施工任务且保证相邻工程还能保证同步施工，项目部通过技术方案的讨论、调整与实践，克服了困难实现了相互不影响且提前两个月完成了主体结构的施工节点。

1. 优化施工方案，同步施工，互不影响，提前完成主体结构

磁各庄站北侧是盾构始发井，南侧是明开区间，都是处于相同的紧迫工期中。南侧明开区间与磁各庄车站结构只是有一道围护桩相隔，两家只能一家一家施工。

为保证按期开始盾构施工任务，按照设计要求：由于不同施工单位间的施工组织及工期原因，车站大里程端单层明挖区间及盾构始发井围护结构及主体先施工，接口处车站后施工。车站利用明挖区间围护桩及冠梁，后期从洞内分段凿除两结构之间的围护桩，实现两结构之间的连接。区间施工期间，接口处距离区间2H（H为区间基坑设计深度）范围内车站土体不得开挖。

因此，为了保证磁各庄站主体结构能够按期完成，在与设计等各方商讨下，决定取消南侧磁各庄站与明挖区间之间的围护桩，这样两家交接位置结构能形成流水同步施工，相互之间不影响施工进度。北侧开挖时由北侧区间桩位置的基坑底向南侧留出43.26m范围，按照自稳要求自然放坡方式暂时进行留置土方。暂不开挖范围顶部平面按照厂区重载车辆道路进行临时路施工，放坡面采用网喷护坡，做法同冠梁开挖支护形式。待北侧盾构区间施工完成并回填后再开挖此部分预留土方。这样既保证北侧盾构区间施工，暂时调整磁各庄主体结构施工顺序，也能保证磁各庄站主体结构尽可能多的施工，保证后期结构顺利提前2个月完成节点工期任务。

2．攻克主体结构施工工期紧张的难题

车站长度达到425.5m，工期紧，因此施工过程中将车站主体划分为16仓，每仓28m。分为三个施工队组队同时流水进行施工。由于基坑北侧7、8位置为基坑开挖预留土方，因此结构施工先进行图8-5-3中1施工，然后是2，然后是3，然后是4，然后是5、6，最后7、8收尾。待主体施工完成后统一进行附属结构施工。

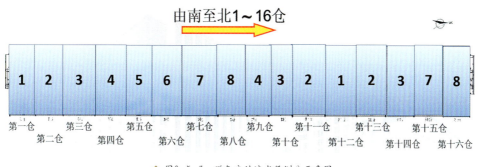

◆ 图8-5-3 磁各庄站流水段划分示意图

为了保证整体主体结构施工节点计划的完成，基坑分三个区域开挖，开挖出一仓验收一仓，然后紧随着进行防水和结构施工。队伍准备了4家，有3家进行结构施工，1家配合进行准备以及倒班。

在结构开始施工的时候，基坑还没有全部挖完，为了保证施工节点任务能够顺利完成，只能边挖边干，挖出一仓开始干一仓，让结构施工催土方作业，土方作业催网喷支护和钢支撑、网喷支护催钢筋加工和项目材料到场等形成一个有相互关联的链条，这样能够有效带动现场生产任务，让大家都处于一种高度紧张和重视的施工环境中，谁也不敢懈怠，谁也不敢不努力去做好自己本职工作。

开挖后期，工作面越来越多，三家结构队伍同时开始进场施工，按照施工队伍水平和能力，由南至北按4仓6仓6仓分给三家队伍去干，进入2018年3月中旬，每家结构队伍已经到120人，到了4月、5月份每家队伍基本到了200人，钢筋加工、安装人员一直居高不下，模板木工、架子工人员需求也是后来追上，而混凝土浇筑每一家都很频繁，大约4～5天都会有浇筑任务，但是总体是由三家共同作业，作业频率不同，基本2～3天都会有浇筑任务，最繁忙的时候一周5天，每天都有浇筑任务，因此会要求物资设备科提前和混凝土供应商联系好，提前准备好供应车辆，同时备用混凝土搅拌站随时待命。

第六章 土建06标段盾构段

一、标段概况及标段特点

土建06标为大兴新城站(不含)～草桥站(不含)区间(K30～K33)工程,位于北京市大兴区观音寺街道、新媒体管委会。工程起于团河路南大兴新城站北盾构始发井,南北走向,终于黄亦路与广平大街路口以北1号区间风井。

该标段全长2959.35m,主要工程内容包括：盾构始发井(正线长130.05m),盾构区间隧道(正线长2813.3m),1号区间风井(正线长16m),4座联络通道(其中3号联络通道兼泵房)。

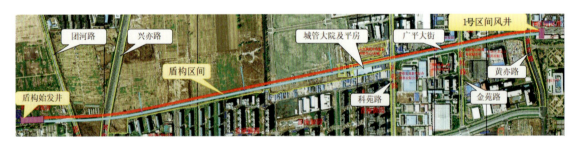

◆ 图8-6-1 大兴机场线大兴新城站(不含)～草桥站(不含)区间(K30～K33)平面位置图

1. 长距离全断面含水密集卵砾石地层市域快轨8.8m盾构连续掘进穿越风险群

区间隧道全长约2.8km,隧道断面范围内主要为粉细砂、卵砾石地层,卵砾石密集,基本呈全断面连续分布,因北京地区地下水位回升,层间潜水～承压水(四)位于隧道底板以上至拱腰。区间连续下穿7处一级环境风险和众多二级、三级环境风险。

2. 联络通道与盾构隧道同期施工

由于洞通和铺轨工期要求,区间4个联络通道须与盾构隧道同步施工,于隧道洞通时同期完工,整体移交铺轨。

3．暗挖风道内4台盾构出洞接收与侧移施工

1号区间风井暗挖风道同时为相邻两个区间左、右线共4台盾构提供出洞接收条件，并完成风道内依次侧移至线外两侧盾构接收井预留吊出孔拆解吊出。

◆ 图8-6-2　盾构首发仪式现场图

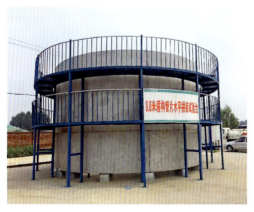

（一）

（二）

◆ 图8-6-3　8.8m盾构组图

◆ 图8-6-4 施工现场图

二、施工重难点

1．最大单跨平顶直墙暗挖风道管幕棚盖法施工

1号区间风井暗挖风道为地下二层单跨平顶直墙结构，结构初支开挖总宽度20m，二衬结构宽16m，净空宽度14m，采用"管幕棚盖法"施工，管幕直径480mm，边桩采用富水卵砾石地层机械成孔。

2．联络通道兼泵房冻结法施工

3号联络通道兼泵房为本区间线路最低点，拱顶位于粉细砂层，结构位于卵砾石⑤、卵砾石⑦层，实际地下水位高出联络通道拱顶1.5m，采用冻结法施工，为北京大兴机场线首个冻结法施工的联络通道。

三、施工技术

（一）长距离全断面密集卵砾石地层（隧顶砂层）盾构连续掘进穿越风险群施工

区间隧道长2813m，卵砾石地层（卵砾石⑤层为主，局部卵砾石⑦层）2327m，其中1970m隧顶位于砂层（隧顶连续粉细砂层／粉细砂与卵砾石界面），层间潜水－承压水（四）位于隧道下半断面。为典型的长距离复杂地层盾构连续掘进。

区间连续300m下穿平房区（全断面密集卵砾石地层下穿环卫城管大院平房），连续830m平行下穿广平大街及管线（双向四车道，污水、雨水、上水、电力、热力等），连续380m平行下穿新建广和大街及管线；正穿道路5条（区属主干路3条、次干路2条），正穿水渠（团河界沟，常年带水，汛期泄洪）。共计穿越一级风险7个，二级风险35个，三级风险27个。为典型的长距离复杂地层盾构连续穿越风险群工程。

单一风险在同一区段共同存在，风险叠加，风险等级提高，施工难度增大。提高掘进技术，稳定掘进参数，降低刀具磨损，避免刀盘卡困，减少被动停机，防止地面沉陷和管线开裂，保证环境安全，安全高效地完成长距离全断面密集卵砾石地层（隧顶砂层）盾构连续掘进穿越风险群施工是技术难点。

（二）"管幕棚盖法"暗挖风道施工

暗挖风道工期紧张，是全线洞通的节点工程。暗挖风道开挖宽度20m，双层单跨平顶直墙结构，净宽14m，采用"管幕棚盖法"施工，为北京地区最大单跨"管幕棚盖法"暗挖风道。复杂地层与环境条件下单跨平顶直墙"管幕棚盖法"暗挖风道施工是技术管控的难点。

（三）暗挖风道内盾构曲线洞门磨桩出洞与侧移接收

1号区间风井暗挖风道兼做盾构接收横通道，左右线盾构在暗挖风道地下二层磨削玻璃纤维筋洞桩出洞后，主机与车架系统分离，采用"预埋式钢板带＋可拆式反力座＋液压顶进"的方式将主机分别侧移至两侧接收井后解体吊出。

暗挖风道内盾构曲线洞门磨桩出洞，隧道内拆解螺旋输送机与车架系统并返程吊出，主机暗挖风道内侧移，工序转换快、作业难度大、安全风险高，是技术管控难点。

（四）富水卵砾石地层联络通道兼泵房冻结法施工

3号联络通道兼泵房采用冻结法施工，冻结孔布置设计、卵砾石层冻结孔施工、冻结壁形成与检测，融沉控制等是技术管控难点。

第七章 土建07标段盾构段

一、标段概况及标段特点

大兴机场线一期工程土建07标段自磁各庄站~草桥站区间的1#区间风井（不含）~ 3#区间风井(不含)(含区间牵引变电所)，起讫桩号为K33+214.599 ~ K39+522.440，线路长度6.32km。

该标段主要包括：1#区间风井（不含）~ 2号南向盾构始发井盾构区段 (2121.1m)、2号南向盾构始发井(130.9m)、2号南向盾构始发井~ 2#区间风井暗挖区段(91m)、2#区间风井(130m)、2#区间风井~ 3#区间风井（不含）盾构区段 (3847.44m)、9个联络通道(含3个泵房)、区间牵引变电所等工程内容。

◆ 图8-7-1 大兴机场线土建施工07合同段施工平面图

1．工程地质水文条件复杂

地质勘察报告显示，区间隧道主要穿越粉质黏土、粉细砂、卵石5层、卵石7层，隧道覆土厚约为12 ~ 27m。其中3号联络通道兼泵站（右K37+500)结构开挖底面位于地下水位以下，其余结构开挖底面均位于地下水水位以上。

2．穿越风险源繁多

盾构区间沿线下穿地铁大兴线U形槽、南水北调干渠特级风险工程；穿越13座220kV高压塔基础等共37处一级风险源；下穿多处民房、汉龙物流中心等房屋65处，穿越面积约30000m²；穿越风险源共计104处。

3．施工组织复杂、工程筹划能力要求高

该工程是北京市第一次采用PPP模式建设运营的轨道交通项目且大直径土压平衡盾构机在无水卵石地层中一次性穿越3.8km以上均属北京首例。

该工程盾构区间施工组织复杂：磁～草区间盾构机均须待风井主体明挖结构施工完成后，自明挖结构预留吊装口下井组装，调试完成后始发，直至施工到接收井后分解、吊出。

 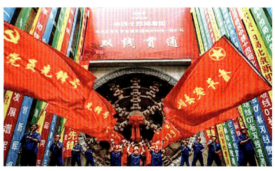

（一） （二）

◆ 图8-7-2 施工现场图

二、施工重难点

1．协调各工序衔接、转换

该合同段包括一风井一盾构始发井三区间，管理跨度较大；工程施工涵盖明挖法、暗挖法、盾构法等多种施工工法。工程实施过程中各工序、步序、工法之间平行、衔接、转换界面多。

2．基坑变形、安全风险及质量控制

施工中保证二级基坑变形在允许范围内并确保周边管线、建筑、道路等的安全和正常使用是工程施工控制的重点。

3．实现监控量测信息化施工、过程控制

监控量测工作能否及时、准确反映监测物的变化，指导施工参数及方案的调整，是施工控制的重要环节。

4．减少施工对周边环境的影响

施工期内，尽量减少场地占用、排污、噪声、夜间灯光照明等施工干扰对周边环境的影响是重中之重。

5．盾构始发、掘进及到达施工

盾构始发和到达涉及盾构机的进洞和出洞，可能会引起突水、涌砂等事故，另外盾构掘进方向的控制也至关重要。

6．联络通道施工

由于联络通道从盾构隧道向通道转换的施工会破坏既有的受力平衡，容易导致安全事故的发生。

7．控制结构混凝土及防水施工质量

风井主体明挖与暗挖接口、主体与附属接口、暗挖段顶纵梁与拱部衬砌防水接头等部位，结构施作时间间隔较长，先做结构预留的防水甩茬保护，在工程实际中因现场环境及后续破除等施工、保护困难，故须加强质量控制。

三、施工技术

1．采用冻结法施做盾构区间联络通道

因3号联络通道兼泵房入水深度为3m，采用"隧道内冻结加固，矿山法开挖"，即用人工制冷方法使联络通道外围的土层降温冻结，形成一个封闭的冻土帷幕结构，泵房采用实体冻结，然后在冻土帷幕中用矿山法施工。

根据冻结帷幕设计及联络通道的结构，冻结孔按上仰、水平、下俯三种角度布置在联络通道的四周。

为了保证联络通道开挖时的安全，采用在两条隧道分别布孔的方案，即在两条隧道共同打设

◆ 图8-7-3　现场冻结施工

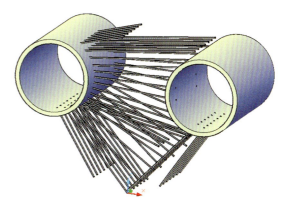
◆ 图8-7-4　冻结模拟数据模型

冻结孔、测温孔及卸压孔，并在隧道底部打设两排冻结孔，将联络通道及泵房封闭，这样泵房内挖不到冻结管，确保了冻土的强度及安全。

冻结孔共布置冻结孔69个，其中左线14排，右线2排，造孔工程量583.204m。测温孔、泄压孔共布置测温孔8个，造孔工程量26m；卸压孔4个，造孔工程量8m，右线铺设冷冻排管，排管长度128m。

冻结工期为45天，将地下水过水通道全部封闭，冻结壁厚度2m，冻土帷幕平均温度-10℃。

2．应用装配式检修井定点检修刀盘

项目部采用装配式盾构检修井避免了传统锚喷构筑对环境的污染，提高了施工效率及绿色施工水平；解决了大直径土压平衡盾构机长距离穿越无水卵石地层检修换刀难题，兼顾了安全和效率。装配式结构由腰梁、波纹板及钢支撑组成，腰梁及钢支撑作为受力构件，承受周边土体的侧向荷载。波纹板作为挡土及传力构件，将土体的侧向荷载传递到腰梁及钢支撑上。

第八章 土建08标段盾构段

一、标段概况及标段特点

大兴机场线一期工程土建08标段自磁各庄站~草桥站区间的3号区间风井（含）~草桥站前接收井，起讫桩号为K39+522.440~K42+723.342，线路长度3.2km。

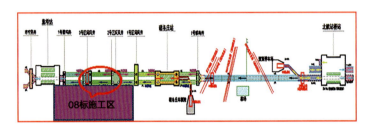

◆ 图8-8-1 大兴机场线土建施工08合同段施工平面图

该标段主要包括：3号区间风井（129m）、3号区间风井（不含）~草桥站前接收井（3064m）、5个联络通道等工程内容。

1．工程地质水文条件复杂

地质勘察报告显示，区间隧道主要穿越粉质黏土、粉细砂、卵石7层、卵石8层，隧道覆土厚约为9~27m。

2．施工组织复杂、工程筹划能力要求高

该工程盾构区间施工组织复杂：磁~草区间盾构机均须待风井主体明挖结构施工完成后，自明挖结构预留吊装口下井组装，调试完成后始发，直至施工到接收井后分解、吊出。

二、施工重难点

1．协调各工序衔接、转换

该合同段包括一风井一区间，管理跨度较大；工程施工涵盖明挖法、暗挖法、盾构法等多种施工工法。工程实施过程中各工序、步序、工法之间平行、衔接、转换界面多。

2．基坑变形、安全风险及质量控制

施工中保证二级基坑变形在允许范围内并确保周边管线、建筑、道路等的安全和正常使用是工程施工控制的重点。

3．实现监控量测信息化施工、过程控制

监控量测工作能否及时、准确反映监测物的变化，指导施工参数及方案的调整，是施工控制的重要环节。

4．减少施工对周边环境的影响

施工期内，尽量减少场地占用、排污、噪声、夜间灯光照明等施工干扰对周边环境的影响是重中之重。

5．该标段风险众多

该标段风险众多，共35处，其中特级风险源1处，一级风险源9处，二级风险源19处，三级风险源6处，主要风险源有再生水管6#的顶坑、穿越丰双大李铁路、潘家庙雨水泵站、新发地北桥、京开辅路1286m管线区、三座人行天桥、500m的马家楼立交桥桥区、再生水管和污水管、220kV高压塔、新建热力管沟。

6．检修井工期严峻

检修井工期严峻。整个盾构区间有一半以上的里程位于风险源下面，众多穿越工程需与权属单位多次沟通谈判，办理相关手续，前期工作量大、任务重，对工期目标有一定的制约风险，前期工作的滞后20天，造成盾构检修井施工时间缩小，致使检修井工期严峻。

7. 管片直径大，出渣困难

管片直径大，出渣困难。该工程中，施工场地狭小且不规则，难以紧凑布置，且大直径盾构隧道管片设计为外径8.8m，内径7.9m，环宽1.6m，厚度0.45m，分8块。管片分块多体积大占用地面场地较大，管片直径大，每环出渣量为小直径盾构出渣量3倍（106实方，小直径每环36实方），渣坑容量要求大；单线每天最高可掘进15环，土方洞内运输是制约盾构掘进速度的主要原因。

8. 盾构始发、掘进及到达施工

盾构始发和到达涉及盾构机的进洞和出洞，可能会引起突水、涌砂等事故，另外盾构掘进方向的控制也至关重要。

9. 联络通道施工

由于联络通道从盾构隧道向通道转换的施工会破坏既有的受力平衡，容易导致安全事故的发生。

三、施工技术

1. 采用冻结法施做盾构区间联络通道

因3号、4号联络通道兼泵房入水深度为3～4m，采用"隧道内冻结加固，矿山法开挖"，即用人工制冷方法使联络通道外围的土层降温冻结，形成一个封闭的冻土帷幕结构，泵房采用实体冻结，然后在冻土帷幕中用矿山法施工。

根据冻结帷幕设计及联络通道的结构，冻结孔按上仰、水平、下俯三种角度布置在联络通道的四周。

为了保证联络通道开挖时的安全，采用在两条隧道分别布孔的方案，即在两条隧道共同打设冻结孔、测温孔及卸压孔、并在隧道底部打设两排冻结孔，将联络通道封闭，确保了冻土的强度及安全。

2. 应用装配式检修井定点检修刀盘

项目部采用装配式盾构检修井避免了传统锚喷构筑对环境的污染，提高了施工效率及绿色施工水平；解决了大直径土压平衡盾构机长距离穿越无水卵石地层检修换刀难题，兼顾了安全和效率。装配式结构由腰梁、波纹板及钢支撑组成，腰梁及钢支撑作为受力构件，承受周边土体的侧向荷载。波纹板作为挡土及传力构件，将土体的侧向荷载传递到腰梁及钢支撑上。

第九章 土建09标段磁各庄车辆段

一、工程概况及标段特点

新机场轨道线社会化引资项目设置一座车辆段，一座预留停车场，其中车辆段位于大兴区团河地区海北路北侧、东环路西侧磁各庄地块，用地规模为30.3万m²，总建筑面积302951.08m²，其中盖下车辆段105241m²，二级开发配套小汽车库40918m²，咽喉区顶盖开发134000m²。最高建筑高度23.75m，最高层数6层。

合同工期：计划开工日期为2016年11月1日，全线通车试运营日期为2019年9月20日，总工期为1053日历天，35个月。实际工程：2018年1月10日至2019年11月18日竣工验收，总工期为677日历天，22～23个月。工期节约35.7%。

磁各庄车辆段定位为本线的架修车辆段，承担本线车辆的架修（A级和B级）修程，负责全线配属列车的架修、部分配属列车的月检、临修任务。本车辆段除了满足车辆维修、检修功能之外，还兼顾车辆停放和日常管理、保养、运用、清洗、列车救援、材料供应，以及运营管理人员办公、住宿、培训等功能。

车辆段内包括24个子单位工程，有运用库、联合检修库、小汽车库预留工程、咽喉区、工程

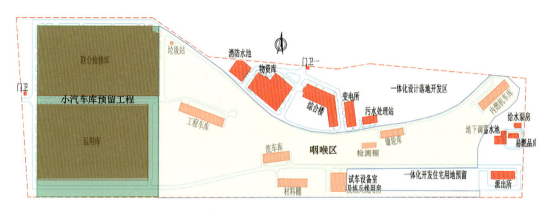

◆ 图8-9-1 大兴机场线站总平面图

车库、检测棚、材料棚、内燃机车库、试车线设备室及练兵用房、洗车库、镞轮库、综合楼、派出所、物资库、变电所、给水泵房、污水处理站、易燃品库、消防水池、垃圾站、门卫、雨水调蓄池、综合管沟、室外工程。

（一）工期紧、任务重

车辆段在满足车辆日常维护及检修功能的基础上，利用车辆基地上部及空余空间采用一体化开发建设。由于上盖开发造成下方车辆段的桩基增大增多，结构体量增大，增加钢结构和预应力等抗震抗裂措施等，因此车辆段施工的工程量较大，对变形缝、防水层施工和预留预埋提出了较高的要求。

（二）单体数量多，结构形式多样，工艺工法较多

车辆段24个建筑单体中有2个型钢混凝土框架结构，14个框架结构，附属一个门式钢架结构；另外，车辆段3个单体有地下结构，其余均为地上结构，运用库和联合检修库上部有一层汽车库及高层住宅楼开发工程，两个大库顶板设置无黏结预应力，并在二层汽车库顶采用隔振技术，因此本车辆段结构形式多样，工艺工法较多。

（三）专业多，设备多，功能设置复杂，施工标准较高

磁各庄车辆段不仅承担本线车辆的架修（A级和B级）修程，负责全线配属列车的停车列检、月检、架修、临修任务，还兼顾车辆停放和日常管理、保养、运用、清洗、列车救援、材料供应，以及运营管理人员办公、住宿、培训及上盖一体化开发等功能。另外大兴机场线采用全自动驾驶GOA4运行，车辆段内划分为自动控制区域和非自动控制区域。停车列检库进行分区保护，各分区分别设置门禁及安全保护系统，停车列检库的库门采用远程自动控制，车辆进出大门自动开启、关闭。因此，对车辆段供电、信号、通信、综合监控设备安装调试及土建设施的施工提出较高的要求。

鉴于以上三个特点，给该车辆段的施工管理带来较大的挑战，尤其是在专业管理上要以专业施工协调配合和界面划分、接口管理为重难点。另外，在安全文明和质量管理方面也带来一定的困难，尤其是在环保扬尘控制、临水临电布置、安全和消防管理以及材料运输等方面的管理难度较大。

二、施工重难点

征地拆迁是该标段的重要难点

车辆段自2017年10月开始移交第一块用地,至2018年9月15日移交最后一块用地,历时近一年时间。车辆段南侧通信光缆2017年11月完成改移,并实现了该部分的围挡临时封闭。车辆段占地范围内32个通信塔,产权单位为北京通信服务公司,自2018年1月至2018年8月,陆续完成拆除;两个家具厂及卫成区小院,自2017年12月至2018年5月,陆续完成拆除。

针对大面积、分块拆迁组织施工和多作业面多专业的复杂施工局面造成的高难度施工管理,施工单位一方面要增强自身的管理水平,选配优秀的管理人员,建立有效地管理体系;另一方面也要选择管理水平较高的劳务作业队,提高整体参施队伍的管理能力和应变能力。

针对单体多、专业多,结构形式复杂等特点,车辆段实行分区分重点区别对待,时间上考虑季节因素影响,空间上考虑立体交叉施工。结构施工以2个大库和开发上盖为重点,提前深化和加工型钢结构,确保形成流水施工。装修和设备安装以设备用房为重点,确保试车线动调目标。

三、施工技术

(1)采用"后合拢段施工技术",很好地解决了温度应力及焊接应力在施工中对结构的不利影响,为整体大面积钢结构分区分段施工提供了借鉴。

(2)采用"车辆段综合测控技术",很好地解决了该工程整体形状不规则,同时钢柱布置受地铁轨道线影响布置无轴线可寻不便于施工精准点位的技术难点,为同类车辆段测控精准点位提供了借鉴。

(3)采用"钢结构深化设计与现场施工协调控制技术",很好地解决了该工程钢柱钢梁规格繁多,劲性钢构与土建结构交叉作业比较频繁,尤其是梁柱节点处钢筋复杂交叉的技术难点,为同类型规格多样的钢结构工程提供了借鉴。

(4)采用"劲性结构钢柱与超大体积混凝土基础同期浇筑技术",很好地解决了该工程超大体积筏板一次浇筑且钢骨柱精确定位及施工过程稳定的技术难点,为同类工程超大体积混凝土基础与劲性钢构同期施工提供了借鉴。

(5)采用"钢结构与钢筋连接技术",很好地解决了该工程体量大、型钢柱、型钢梁分布广、劲性结构梁柱钢筋密集、节点钢筋连接复杂的技术难点，为同类型车辆段工程钢结构与钢筋连接施工提供了借鉴。

（6）采用"超长结构大体积混凝土裂缝控制技术"，很好地解决了该工程体量大且构件超长超厚的大体积混凝土裂缝控制技术难点，为同类型车辆段大体积混凝土施工提供了借鉴。

第十章 大兴机场站

一、工程概况及标段特点

大兴机场站是大兴机场线一期工程线路的南起第一座车站,是与R4线、预留线、京霸城际线、廊涿城际线的换乘车站。

大兴机场站为地下明挖双层侧式站台车站,大兴机场站站台长度186m,有效站台长158.34m。车站标准段801.2m×117m,车站底板埋深约为20.75m。

大兴机场站主要施工内容包括车站轨顶风道、站台板、设备夹层板、站台层设备用房的砌筑及装修工程,站台层和站厅层公共区域的精装修工程。

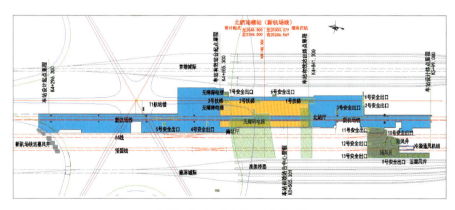

◆ 图8-10-1 大兴机场站总平面图

大兴机场站与航站楼主体结构一体化建设

大兴机场线大兴机场站位于机场北航航站楼地下一层和地下二层,结构板顶标高为-15.85m,设备夹层结构板顶标高为-10.1m,站台层位于地下一层,结构板顶标高为-6.6m,结构形式为框架结构,与航站楼主体结构一体化建设。

大兴机场站无独立出入口,与大兴机场航站楼接驳出入口共18个。其中到港站台公共区自动扶梯6部、无障碍电梯4部、疏散楼梯3处、设备区疏散楼梯3处;离港站台公共区电扶梯3部、无障碍直梯2部、VIP电直梯1部、设备区疏散楼梯2处。楼梯、扶梯、无障碍直梯、疏散楼梯均到达航站楼B1站厅层。

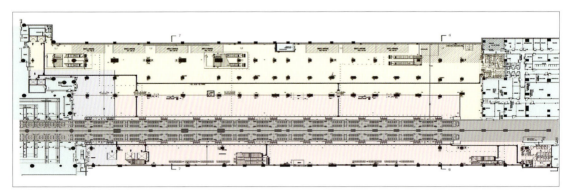

◆ 图8-10-2　大兴机场站站台平面图

二、施工重难点

1．无独立运输通道

大兴机场站位于大兴机场航站楼主体结构内，且位于地下一、地下二层，无独立的地铁出入口。外部主体结构为机场航站楼代建，地铁内部结构、二次结构和装饰装修，在工期上与航站楼工程平行、同步。车站两端为大兴机场线的区间工程，端部无施工机械、设备出入口。综合以上两种因素，车站的施工大宗材料、机械设备和施工车辆运送通道的矛盾问题始终伴随着施工现场。

◆ 图8-10-3　轨道交通大兴机场线一期工程北航站楼站场地移交会

2. 双曲异形面板密拼

大兴机场线车站站台、站厅公共区艺术造型柱的装修风格与机场航站楼凤凰展翅的造型相呼应，采用流线型的曲线线条烘托动感、舒展的氛围。正是这种新时代"空中丝路"效果的核心与亮点，形成了以烤瓷铝板为主要材料进行造型加工和施工安装的难点。

3. 不锈钢盲道

北京地铁大兴机场站作为国门第一站，其公共区地面盲道设计区别于其他普通车站，车站地面整体采用25mm厚花岗岩石材，盲道如果采用一般板材或采用打磨石材，适用性无法满足整体效果。但是不锈钢盲道的最大的缺点是在长期、频繁和重度运营条件下容易脱落，因此增加了维修维护成本。所以不锈钢盲道施工是该工程的重难点。

4. LED智能照明

大兴机场线凭借其"高速全自动运行""互联互通""航空轨道一体化"等设计亮点备受关注。同时，其照明解决方案也是北京大兴机场线的一大亮点。

全线采用欧普照明高性能LED产品，包括筒射灯、调光调色线型灯、定制扭曲双曲灯、LED

◆ 图8-10-4 LED智能照明灯带

支架、LED洗墙灯、LED硬灯带等产品系列，在整个照明解决方案中，定制灯具占灯具使用总量的70%。本车站照明的亮点实现了下列目的：

满足个性化、舒适的照明需求；

实现二次节能，节省照明用电及维护成本；

实现更便捷的照明控制和管理。

三、施工技术

车站装修微晶玻璃应用

位于大兴机场站站台层的文化艺术墙，充分利用了车站扶梯三角用房的两侧的展示空间，通过微晶玻璃新技术展现中国传统文化魅力，装修点缀效果辉煌而大气、典雅而靓丽。

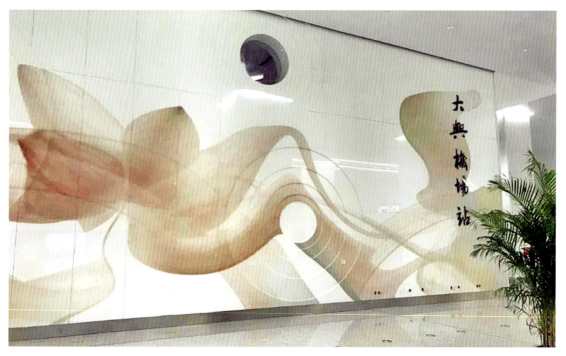

◆ 图8-10-5 站台微晶玻璃文化艺术墙

第十一章 草桥站

一、工程概况及标段特点

线路全长1207m，包括一站两区间：草桥站站前区间、草桥站、草桥站后折返线区间。

草桥站站前区间为大兴机场线大兴新城站～草桥站区间的一部分，均为地下段，总长约259m。本区间线路以位于镇国寺北街以南、京开高速公路以东的盾构接收井为起点，一路向北沿草桥村绿地敷设，依次下穿养老院西楼两层建筑、镇国寺北街、上跨既有M10号线盾构区间，到达草桥站。本区间线路结构自南向北依次为明挖段（盾构井）、CRD法暗挖段、明挖段（含区间风井）、PBA法暗挖段（上跨既有M10号线）。

草桥站为大兴机场线与M19号线的合建车站，设置一岛（M19）一侧（大兴机场线）站台，其中大兴机场线为"四柱五跨"侧式站台车站，M19号线为"双柱三跨"岛式站台车站。车站主体结构为地下两层，地下一层为站厅层，地下二层为站台层。车站总长约316m，总宽66.3m，总建筑面积66253m²，共设置4个出入口、2个预留口、10个安全口、5组风亭及1座冷却塔。

车站与既有M10号线草桥站采用双通道单向换乘，换乘通道左、右线长度分别为170m、

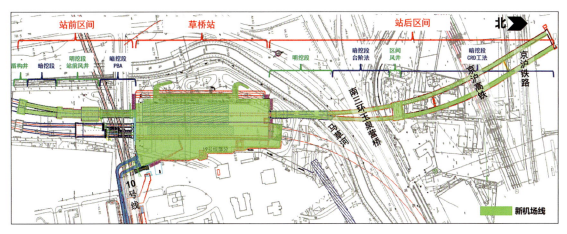

◆ 图8-11-1 大兴机场线草桥站平面图

232m，换乘通道总建筑面积3214m²，中部设置直出地面安全出口1个，并配置独立的新、排风井。

车站地下接驳区位于草桥站西侧，与大兴机场线通过E出入口相连。地下接驳区功能为社会车停车和出租车接驳，共设置2个出入口、4个楼梯疏散口及3组出地面风井。车站地下接驳区为地下"单层＋两层双跨箱型"框架结构，总建筑面积11000m²（含二期联络通道3200m²）。

车站外部新建5条接驳道路。其中1、2、5号路为街坊路（2号路上设钢箱拱桥1座），3号路为景观步道，4号路为接驳地下车库出入口内部路。

草桥站后折返线区间左线全长约647m，右线全长约661m。线路出草桥站后先后下穿马草河、南三环玉泉营桥，到达三环路北侧现状绿地后设置区间风机房，然后继续向北依次下穿婚纱摄影城、燃气调压站、京沪高铁高架桥、古文化广场1～2层建筑及京沪铁路地面线等，最终到达项目终点，其也是大兴机场线一期工程设计终点。

区间正线草桥站至马草河段采用明挖法施工，为钢筋混凝土箱型框架结构，其余区段采用矿山法施工，为马蹄形断面；区间风机房为地下"两柱三跨"钢筋混凝土框架结构，地面有新风井、排风井、活塞风井组成的地上一层风亭组，并设有疏散楼梯口。项目施工期间，区间风机房兼作暗挖区间施工竖井，采用明挖法施工；项目终点设置竖井横通道，施工期间作为正线暗挖区间的施工通道，一期工程运营阶段兼做迂回风道，预留二期接驳条件。

1．项目周边环境复杂多样

该标段线路由南向北敷设多次穿越特一、二级环境风险源。草桥站站前区间下穿草桥村养老院、镇国寺北街，上跨既有M10号线盾构区间；草桥站换乘通道下穿镇国寺北街，上跨既有M10号线盾构区间，暗挖临近既有M10号线草桥站及草桥欣园四区9号楼地下结构；草桥站后折返线区间下穿马草河、南三环西路玉泉营桥、婚纱摄影城、燃气调压站、京沪高铁、古文化广场、京沪铁路等建(构)筑物。除此之外，线路还多次穿越地下市政管线。

2．项目施工内容、工法多样

该项目施工内容主要包括：场地临建、盾构接收井、区间风井、施工竖井、明挖区间结构、车站结构与装修、站前广场与道路、钢桥以及多种断面形式的区间暗挖隧道等，项目施工涉及10余种工法，其中暗挖法包括CRD法、CRD法＋双层初期支护、CD法、台阶法＋临时仰拱、PBA法；明挖法包括围护桩＋钢支撑、土钉墙、锚索、悬壁桩、双排桩、倒挂井壁等多种支护体系。

3．环境保护、文明施工要求高

该项目地处北京市丰台区草桥村，临近学校和居民区，且项目实施期间，北京市政府有关部门正联合开展《北京市打赢蓝天保卫战三年行动计划》，上级主管单位对项目施工期间的环境保护、文明施工等综合管理和指标控制要求严格。

二、施工重难点

1．项目工期紧

该项目合同计划开工日期2016年7月1日，实际开工日期为2017年7月14日，受进场延迟一年影响，项目工期被严重压缩，再加上项目施工过程中受各种因素制约，尤其是受前期工作推进困难影响，项目整体施工进度严重滞后，且在2019年项目临时新增前道路、跨河桥工程，导致项目工期异常紧张。为实现2019年9月25日大兴机场线全线通车这一目标工期，给项目进度管理工作带来了巨大的挑战。

2．作业面多、管理分散

为满足项目工期要求，该项目施工在同一时间节点上同时进行施工的作业面多，且作业工点遍及项目施工现场各区间地块内。项目下属劳务作业队多，同一工点各劳务作业队交叉作业普遍存在，现场施工组织管理分散，项目管理难度大。

3．前期专项工作内容多，协调实施难度大

该标段前期工作包括征地拆迁、市政管线迁改、占掘路施工、穿越既有线、河流、建筑物、南三环、京沪高铁、京沪铁路等，涵盖了市政工程涉及的所有前期工作，工作量大，综合协调单位多，如：地方村政府、北京铁路局、交管局、路政局、轨道运营、河道管理所、排水集团等。

三、施工技术

（一）管幕法

管幕法是在管棚法的基础上发展起来的一种新型暗挖法超前支护施工技术。管棚法主要是以

拱部、顶部支护为主体，而管幕法则是在顶部支护的基础上又增加了两侧的支护或者底部支撑。

管幕法的施工原理是以单管顶进为基础，利用顶管设备顶进钢管，相邻各单管之间依靠锁扣（一般为T形锁扣）在钢管侧面相连形成管排，并通过在管内填充水泥砂浆提高钢管的刚度及整体性，在管外锁口空隙处注入止水剂达到止水要求。全部管排施工完成后，形成管幕。

管幕是由多根刚性钢管连接形成的临时挡土结构，它可以设计成各种形状，例如半圆形、圆形、门字形、口字形等。它具有较好的刚度和整体性，可以有效减少隧道暗挖施工对邻近土体的扰动，减少周围土体的变形，降低施工自身与环境安全风险。

在该标段项目施工过程中，大兴机场线草桥站站前区间暗挖上跨既有M10号线、草桥站站后折返线区间暗挖下穿京沪铁路施工均采用了管幕法加强支护的措施，分别用于控制既有M10号线盾构区间上浮和京沪铁路线地表沉降，有效降低了暗挖施工对既有M10号线盾构区间结构和京沪铁路的影响，确保了既有线路的运营安全。

（二）"二衬钢筋绑扎台车"换撑

"二衬钢筋绑扎台车"换撑，是该项目技术创新团队为加快CRD法暗挖隧道二次衬砌施工进度所研究出的一种辅助隧道临时支撑拆除施工的创新技术。

结合项目施工安全风险实际情况，大兴机场线CRD法暗挖隧道二次衬砌施工时，隧道暗挖支护临时支撑一次性拆除长度不得超过8m。受此影响，采用传统以"隔段跳拆"临时支撑、支架法施工隧道二次衬砌的方式不仅将很大程度上提高项目施工管理难度，导致现场施工作业不能有效组织流水段，出现工人窝工现象，同时还会增加大量的材料倒运工作，严重影响隧道二次衬砌施工进度。

为加快CRD法暗挖隧道二次衬砌施工进度，项目技术创新团队对传统"二衬钢筋绑扎台车"的结构造型进行了设计优化，通过在其顶部及两边侧翼位置纵向间隔1.5m增设型钢杆件和液压千斤顶设备，使台车具备了较好的承载功能。随着CRD法暗挖隧道临时支撑拆除作业向前推进，及时跟进改进后的"二衬钢筋绑扎台车"，顶升液压千斤顶，以此来接替隧道原有水平、竖向格栅拆除后的临时支撑任务，实现换撑。

利用"二衬钢筋绑扎台车"进行换撑，在确保隧道施工安全的情况下，隧道暗挖支护临时支撑一次性拆除长度可由8m增加至24m，使整个隧道二次衬砌施工作业面全面展开，实现隧道结构二次衬砌台车法连续流水作业。

（三）暗挖PBA工法

PBA工法即"洞桩法"。其原理就是将明挖框架结构施工方法与暗挖法有机结合起来，充分发挥各自优势，在顶盖的保护下逐层向下开挖土体，施工二次衬砌，最终形成由初期支护+二次衬砌组合而成的永久承载体系。

PBA工法其核心思想在于设法形成由侧壁支撑结构和拱部初期支护组成的整体支护体系，代替传统的预支护和初期支护结构，以保证在进行洞室主体部分开挖时具有足够的安全度，并有效的控制地层沉降。该工法具有以下优点：

（1）桩、梁、拱、柱先期形成，首先形成了主受力的空间框架体系，后面的开挖都是在顶盖的保护下进行，支护转换单一，不但安全，而且可有效减小洞身开挖对地面沉降的影响。

（2）PBA工法施工灵活，暗挖施工基本不受结构层数和跨数的影响，底部承载结构可根据地层条件选择做成底纵梁或桩基。

（3）小导洞施工技术成熟、安全可靠，由于各导洞间具有一定距离，故可同步进行导洞施工，施工干扰小，且各导洞内的柱、纵梁也可同时作业。

（4）扣拱后内部一般无须进行地层加固等辅助措施，施工空间开阔，可采用机械开挖，作业效率高，整体施工速度快，精度高。

该项目草桥站站前区间暗挖隧道上跨既有M10号线盾构区间，下穿镇国寺北街及多条市政管线，隧道开挖断面大，顶板覆土较浅，为有效减小暗挖施工对地面沉降的影响，该区段隧道暗挖采用了PBA工法。

（四）双层初期支护

双层初期支护即是在隧道暗挖时，通过先后施工两层格栅（钢）拱架用于支护隧道洞体周边围岩，以达到控制围岩变形及地表沉降的一种强支护方式。

该项目草桥站站后折返线区间暗挖下穿京沪铁路施工安全风险大，为确保京沪铁路安全运营，项目施工在采取铁路加固与打设管幕等措施基础上，也同时采取了双层初期支护强化对隧道围岩的加固措施。具体施工过程如下：

首先按照设计要求采用CRD法开挖隧道，先期施工隧道外层初期支护，待外层初期支护闭合成环并与开挖掌子面留出一定安全作业距离后，凿除外层初期支护中隔板格栅间部分混凝土，穿过内层初期支护钢筋格栅,施作内层初支,待隧道洞身沉降和收敛满足稳定条件后,拆除外层初期支护中隔壁和中隔板,及时施作隧道防水及结构衬砌。

第十二章 土建监理单位

大兴机场线全部建设工程的监理工作,由四家监理公司组成四个总监办实施。

一、第一总监办——中咨管理

中咨工程管理咨询有限公司(原中咨工程建设监理有限公司)成立于1989年,是中国国际工程咨询有限公司的核心骨干企业,注册资金1亿元,是国内从事工程管理类业务最早、规模最大、行业最广、业绩最多的企业。中咨管理具有工程咨询甲级资信、工程监理综合资质以及设备、公路工程、地质灾害防治工程、人民防空工程等多项专业监理甲级资质,被列入政府采购招标代理机构和中央投资项目招标代理机构名单。

截至目前,公司已完成的项目中,荣获中国建筑业最高奖"鲁班奖"48项;"土木工程詹天佑奖"10项;"国家优质工程奖"46项;"国家钢结构金奖"17项;全国建筑装饰工程奖6项;中国电力优质工程奖3项,省部级优质工程400多项,多次被评为"全国建设监理先进单位""用户满意企业"和"服务质量信得过单位",信用等级被评为最高等级AAA级企业。

中咨工程管理咨询有限公司北京轨道交通大兴机场线一期工程土建第一总监办(以下简称"土建01总监办")所监理施工标段为土建07标段、08标段,范围为大兴新城站~草桥站区间的1#风井~草桥站前盾构接收井区段,全长9.735km,共包含风井2座,牵引变电所1座,联络通道14座、盾构区间(9149m)和暗挖区间(91m)。

施工工期:项目自2017年1月15日进场开工,到2019年6月6日最后一个单位工程验收,共历时30个月。

接到大兴机场线建设任务后,公司高度重视,在充分分析认识大兴机场线建设特殊重要性和项目特点重难点后,迅速组织相关建设经验丰富、年富力强的监理团队投入现场。项目于2017年1月份进场开工,到2019年6月6日土建单位工程验收完成,历时30个月,先后投入监理人员32名,在项目总监理工程师王俊超的带领下,在北京城市铁建轨道交通投资发展有限公司的支持下,在北京市轨道交通建设管理有限公司的统一领导下，全体监理人员凝心聚力、探索创新、不断攻坚克险，项目得以高标准、按时、安全地圆满完成，为大兴机场线建设贡献了中咨管理的力量。

二、第二总监办——北京双圆

北京双圆工程咨询监理有限公司成立于1987年，是1988年全国首批工程建设监理试点单位之一，并首批荣获全国甲级监理资质。公司通过了GB/T19001、GB/T24001、GB/T28001管理体系认证。公司拥有中华人民共和国住房和城乡建设部批准的房屋建筑工程、机电安装工程、市政公用工程、化工石油工程监理甲级资质及公路工程监理乙级资质，是国际咨询师联合会(FIDIC)会员单位，同时具备信息系统监理资质，工程咨询甲级、工程造价咨询甲级、工程招标代理甲级资质。

公司是北京市高级人民法院司法鉴定单位、北京仲裁委员会造价鉴定单位、北京市住房和城乡建设委员会施工合同纠纷协调鉴定单位、北京市住房和城乡建设委员会工程项目管理推荐单位、北京市发改委造价咨询推荐单位、北京市发改委住房保障中心招标代理单位，拥有中华人民共和国财政部政府采购招标代理甲级资质。

北京双圆工程咨询监理有限公司北京轨道交通大兴机场线一期工程土建第二总监办（以下简称"土建02总监办"）监理范围为土建04、05、06、09标4个标段，监理里程：K25+740～K33+165.954 包括一个明挖车站、一个车辆段、一个停车场、两个盾构区间。

施工工期：项目自2016年12月26日进场开工，到2019年11月18日最后一个单位工程验收，共历时35个月。

三、第三总监办——北京逸群

北京逸群工程咨询有限公司成立于1999年，是一家以"工程咨询、建设监理、设计开发"为主业的智力密集型企业，具有住房和城乡建设部建设工程监理甲级资质、建设工程招标代理甲级资质、公路乙级设计资质；交通运输部公路工程监理甲级资质（含特殊独立大桥、隧道专项）、公路工程试验检测乙级资质；财政部政府采购招标代理甲级资格；国家发改委工程咨询甲级（公路）资质、工程咨询丙级(城市轨道交通)资质、中央投资项目招标代理机构乙级资格；民防监理乙级资质；是质量、环境和职业健康安全管理体系认证单位以及北京市高新技术企业。

在轨道工程监理方面，承接了北京地铁十号线、四号线、昌平线、十四号线、十五号线、六号线二期、燕房线、八号线、三号线等轨道交通建设工程。

北京逸群工程咨询有限公司北京轨道交通大兴机场线一期工程土建第三总监办承担大兴机场站（北航站楼站）装饰装修（建筑面积49017m²）及18.780km区间（K6+757.136～K25+537.79，占比45.35%）所监理土建施工标段1、2、3标和9标北航站楼装修工程，工程包含区间地下线（与R4线共构）和U形槽1.183km、路基段1.395km、出入场线1.849km、高架区间16.203km（包含7.928km与新机场高速共构段）。

施工工期：项目自2017年5月26日进场开工，到2019年5月28日最后一个单位工程验收，共历时24个月。

四、第四总监办——四川铁科

中铁科研院所属四川铁科建设监理有限公司（以下简称"四川铁科"），作为"开路先锋"中国中铁旗下中铁科研院的全资子公司，是国内最早从事工程监理的专业化公司之一，公司成立于20世纪90年代初，具备铁路、市政、公路、房建甲级监理资质，同时还具备交通运输部公路工程甲级监理资质，在长大隧道、深大基坑、特大桥梁、高速公路等工程施工监理方面，项目团队经验丰富，业绩突出。监理的项目获得FEDIC杰出项目奖、国家优质工程金奖、国家优质工程银奖、中国土木工程詹天佑奖、中国建设工程鲁班奖、百项经典精品工程奖等各类奖项百余项。

四川铁科在近30年工程监理历程中，始终秉承严格监理、热情服务的理念，参建了众多重大和高艰重难险的城市轨道、铁路及市政工程项目，为新中国交通运输事业做出了卓越贡献。地铁工程是四川铁科的主营业务，参建的地铁工程多次获得各级大奖，其中青岛地铁3号线获得第十五届詹天佑奖。

四川铁科自2010年进入北京地区，先后监理了北京地铁14号线、19号线及京沈高铁、京雄高铁等项目工程。参与首都地铁建设近十年来，风雨兼程、殚精竭虑、诚信履约，为北京地铁建设献出了应有的力量。

四川铁科承担监理的草桥站及站前、站后工程，共包含1站2区间，即草桥站、新发地站～草桥站区间、草桥站后折返线区间，总投资额近8亿元。监理1个施工标段。

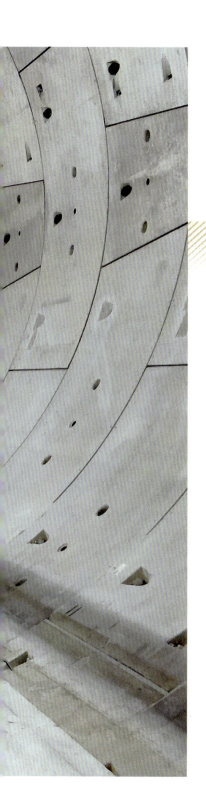

第九篇 CHAPTER 9
设备安装篇

坚持以我为主，自主创新，整合全球，吸收和运用人类一切文明成果，这种开放的姿态，体现了大国襟怀和时代精神，是造就大兴机场线成为迄今为止世界上最快城轨的底气。

大兴机场线的设备工程，以最高运行速度160km/h为核心，车辆、轨道、供电、受电、通信、信号、AFC系统、导向系统、乘客信息系统、采光、通风……这一切设备的设计、研制、安装与应用，都需要更上层楼，并由此产生了许多革命性的技术创新。

创建轨道技术新标准，创造世界最高等级、具有完全自主知识产权的全自动驾驶系统，采用AC25kV牵引供电制式，对标航空、最人性化的服务软硬件……科技创新树立了城市快轨建设的新理念、新高度、新格局、新标杆。

本篇对大兴机场线设备工程的软、硬件系统的施工安装进程、技术要点、特点、难点及工程亮点做史料性的记述。

第一章 车辆工程

一、时间节点

大兴机场线电客车辆项目由中车青岛四方机车车辆股份公司研制。

2019年1月16日,首列8编组JC002列车辆到达大兴机场线路基段停车场。

2018年7月3日－4日,北京交通委、轨道公司、运营公司、城市铁建公司及青岛四方公司,召开北京大兴机场线模型车现场(青岛四方)车辆方案高层研究会。

2019年7月10日,JC008抵京,投入初期运营的全部8列8编组列车全部到位。

2019年7月17日,JC001开始车辆正线型式试验;8月19日,完成车辆所有型式试验;9月5日,完成8列八编组(JC001～JC008)完成车辆竣工验收;9月11日－12日,完成试运营前安全评估会专家评审。

▶ 图9-1-1 北京大兴机场线模型车现场(青岛四方)车辆方案高层研究会备忘录

▶ 图9-1-2 2018年7月3日北京大兴机场线模型车现场调研(青岛四方)车辆方案高层研究会

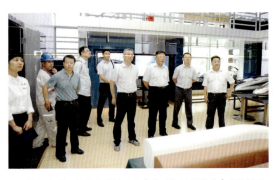

▶ 图9-1-3 2018年7月4日北京大兴机场线模型车现场调研

◆ 图9-1-4 列车进场调试

二、技术要点

（一）迄今最快的市域D型车

大兴机场线车辆首次采用基于城际平台的市域车型，最高速度为可达160km/h，是国内迄今速度最快的城市地铁。

列车品质充分对标航空，首次采用载客车厢+行李车厢设置的"6+1+1"形式，载客车厢6个为普通车厢+1个商务车厢，+1个行李车厢，座椅尺寸和间距超过"复兴号"高铁动车组二等座和一等座要求，为乘客提供舒适便捷的驾乘体验。

大兴机场线电客车辆初期规模为8列8编组（4动4拖）和4列4编组（2动2拖），共80辆。设计采用BS6853和EN45545最高等级防火标准，采用铝合金车体、AC25kV供电制式，具备蓄电池牵引功能的市域D型车区域快车。

（二）全自动驾驶技术

大兴机场线车辆采用先进的全自动驾驶技术，满足城轨GOA4自动化等级，采用以太网控车，搭载弓网、轮轨、走行部综合在线检测装置。列车可自动唤醒、自检、休眠，实现正线、车辆段全自动运行，设置障碍物与脱轨检测装置，实现列车故障报警上传功能，各子系统均有冗余，进一步提升了车辆可靠性与可维护性。

（三）车辆设备技术创新

车辆主要技术参数基于新一代城际市域动车组和"复兴号"高铁平台，对标航空，结合该工程特点进行相应优化。车辆主要技术创新：

采用目前国内城市轨道交通车辆运行速度最高等级的车辆，最高速度为160km/h；

采用AC25kV供电方式，保证车辆高速运行的能力；

车头采用国际领先的流线型设计，配置造型车前灯，体现北京的特点；

内饰整体色调对标复兴号；

主光源采用LED照明，辅助光源配环形灯带，保证车厢照明亮度；

在行李架下设置光带，补充行李架下的光源；

◆ 图9-1-5 车厢整体内饰

采用隐形空调送风口，防止送风直接吹乘客，提高舒适度；

座椅靠背均采用可更换设计，便于维护；

行李架考虑航空行李箱的需要；

行李架采用通透设计，满足行李安全需要；

大件行李架位置充足，满足车厢旅客需要；

车门显示屏采用大屏幕显示，可以调整站点显示、增加文字信息内容；

车厢设残疾人座椅放置区；

车厢内预留WIFI。

考虑到大兴机场线高架桥段的阳光照射，车窗设置了伸缩式窗帘。

车头端驾驶室采用通透式设计，司机室与客室隔断按照初期设半高透明隔断，后续取消的方式设计，提升视野通透感，满足运营初后期有无人值守的不同需求。

商务车厢设计：考虑到机场长距离航空旅客的需求，设置了商务车厢，采用航空标准。

三、工程亮点

（一）技术平台成熟，适应大兴机场快速连接北京的需要

大兴机场线列车技术依托成熟的CRH6F技术平台，与高铁2型车为同一技术平台，是针对城市轨道交通运营需求进行优化后的动车组，其技术平台可以适应160km/h乃至更高的最高运行速度需求。列车动态密封指数不低于6s，适应地下隧道高速运行乘坐舒适度的需要。

（二）列车运行灵活，适应深入城市中心的需要

车体尺寸相对较短，列车定距由高铁的17500mm缩短为15700mm，通过最小曲线半径能力为150m，可适应城市轨道交通运营相对灵活的需要。

（三）列车乘坐环境和服务设施优化，适应机场商务客流高服务品质的需要

普通车厢座椅采用2+2布置、商务车厢采用2+1布置，座椅尺寸和间距超过"复兴号"高铁动

车组二等座和一等座要求，设置差异化行李架、LED 隐藏光源、环形装饰灯带、USB 充电口等提升乘坐环境；另设置专用行李车厢，配合城市航站楼实现城市值机服务。

（四）车体尺寸和强度优化，适应城轨公交化运营需要

大兴机场线采用公交化运营模式，不对号入座，车体强度载荷按照9人/m^2的要求（高铁一般不允许站席，特殊情况下不超2人/m^2），在最大载荷情况下轴重仍然不超17t，车门设置2对双开电动塞拉门，车门尺寸1400mm（高铁为900mm），乘客区走廊宽度达到700mm（高铁为530mm），满足乘客快速上下车的需要，超员一半乘客上下仅需29s。

（五）车辆自动化水平高，适应全自动驾驶的需要

大兴机场线车辆采用先进的全自动驾驶技术，满足城轨GOA4自动化等级，采用以太网控车，搭载弓网、轮轨、走行部综合在线检测装置。列车可自动唤醒、自检、休眠，实现正线、车辆段全自动运行，设置障碍物与脱轨检测装置，实现列车故障报警上传功能，各子系统均有冗余，进一步提升了车辆可靠性与可维护性。

（六）列车受电弓与刚性接触网的配合，为未来积累了经验

大兴机场线列车还是国内首条采用160km/h速度等级受电弓与刚性接触网配合的线路，供电专业与电客车辆专业在方案确认之前都做了大量的调研工作，方案确定之后还进行了电脑模拟计算，计算结果满足使用要求后，两个专业又进行了充分的交流，将各自的验证结果进行了对比分析。车辆在实际运营中表现良好，这为以后高速列车受电弓与刚性接触网的配合提供了参考，并积累了大量的设计及建设经验。

第二章 轨道工程

一、时间节点

大兴机场线的轨道铺设工程于。

2018年6月16日拉开现场施工帷幕。

2019年5月16日实现了全线短轨通。

2019年5月23日全线长轨通。

2019年9月6日正线轨道安装工程通过竣工验收。

二、技术要点

轨道系统是行车的基础,与列车的安全、快速、平稳运行息息相关。北京大兴机场线对标航空标准,采用速度达160km/h的市域动车组运营,对轨道系统的设计、铺设质量要求达到了新的高度。

(一)轨道技术新标准,保证了轨道的铺设精度和质量

大兴机场线超越了传统城市轨道交通的速度范畴,需对轨道系统进行设计升级,积极引进、吸收高铁及城际铁路的成熟先进技术,轨道采用了"城际+地铁"相结合的技术新标准。

轨枕铺设根数:确定为1680根/km,与北京既有地铁标准一致。

曲线超高及欠超高的设置:最大超高值确定为150mm。同时,为充分保证旅客乘坐的舒适性,未被平衡超高允许值(欠超高)仍按照地铁规范取值,取为61mm。

轨道铺设静态平顺度验收标准:参照《城际铁路设计规范》执行,正线无砟轨道的轨距、轨向、高低、水平(不包含超高值)及扭曲(包含超高顺坡率)的容许偏差均控制在2mm以内,充分保证了轨道的铺设精度和质量。

（二）轨道铺设工程，对先进成熟技术进行了优化创新

建设方充分借鉴了国内高铁和城际铁路先进技术及工艺，结合大兴机场线工程实际，将板式无砟轨道、双块式无砟轨道、隔离式减振垫浮置板轨道、中心水沟框架式轨道、桁架式混凝土长岔枕、合金钢组合辙叉道岔等先进、成熟技术消化吸收并优化创新后在该工程中实施。

后期铺轨作业最高峰时共10个作业面同时施工，投入50余台铺轨设备和1300多劳务人员施工作业，连续创造冬施期间200多名施工人员在施工一线作业，单日最高完成铺轨654m及1组单开道岔浇筑，合计701m的冬施纪录和双块式道床日浇筑量达1074m北京地铁道床浇筑、铺轨及作业人员纪录。

盾构区间通过采用新型自适应轮胎式铺轨机、自适应轮胎式混凝土搅拌车等设备，减少人工投入的同时，提高了设备转场的便利性，极大提高了施工效率，本套新型铺轨设备投入使用后，平均每天完成了163m双块式无砟道床连续施工的好成绩，在国内同类型轨道交通施工中遥遥领先。

（一）

（二）

◆ 图9-2-1　盾构区间采用新型自适应轮胎式铺轨机

（三）制定和实施冬季施工方案，提高了铺轨作业效率

大兴机场线高架段约20km的线路道床混凝土浇筑及部分焊轨作业需进行冬季施工作业。为保证道床质量，首先在铺轨基地进行冬季施工试验，通过搭设暖棚、电加热升温，以及棉被和土工布多层覆盖等保温保湿措施，并辅以养护温度观测和道床强度检测，对工艺不断加以改进，取得成功后，形成最终的科学的施工方案。

部分焊轨作业处于冬季，较低的气温很容易造成焊头的伤损。为提升焊轨质量，大兴机场线在严格进行焊轨型式试验和周期性生产检验的基础上，抛弃以往采用氧乙炔火焰正火的焊后接头热处理工序，首次通过人工操作中频电加热正火设备对焊头进行正火，这种全自动设备加热更均匀、快速，透热性能良好，在加热过程中没有火焰，可以更准确地通过红外设备读取焊接处测量温度，方便精准地控制正火温度，低碳环保，不仅降低了施工安全风险，减少了人为的失误率，更有效提高了焊接接头质量。

（四）实行三级探伤检验制度，保证了焊头质量

由施工单位、运营单位和监理单位共同成立焊头质量控制组，首先由施工单位对现场焊头逐个进行自检，自检合格的由运营单位逐个二次复检，对于存在争议和未达轻伤的焊头，由监理单位委托第三方进行检验判定，并出具处理建议和检验报告，通过一系列的控制保障措施，大兴机场线全线6286个闪光焊头全部达标。

三、工程亮点

（一）特殊地段轨道创新方案

1．沉降地段的新型轨道板

大兴机场线南段路基段及U形结构地段位于地质沉降危险性大的区域，为应对日后调整，设计了新型预应力轨道板。该轨道板采用新型限位结构，限位凸台与轨道板预制在一起，提高了限位结构的耐久性与可靠性，适用性强，可满足不同地段铺设要求；同时，该轨道板具有较大的调整量，相比于普通双块式无砟轨道可调高10cm，特别适用于差异沉降地段铺设使用，可维修性好。

2．首次在内置式泵房地段采用预制板式整体道床

大兴机场线有6处联络通道需要采用内置泵房技术，针对性设计了内置式泵房地段用预制板式整体道床结构。采用框架式轨道板，既方便水泵的安装和管线的布设，又大大提高了轨道结构的整体性和耐久性；在集水坑四周设置不锈钢防水钢槽，大大提高了防水处理效果。该技术在能保证大兴机场线顺利开通的前提下，降低了施工风险和工程投资。

3. 适合城市轨道交通的高架段双块式整体道床结构

大兴机场线的高架段采用双块式整体道床。为适应城市轨道交通高架线桥梁墩台刚度较小、承载能力较弱的特点，将国铁"道床层"+"底座层"的双层结构体系优化为只有道床层的单层结构体系。优化后的轨道结构高度仅为600mm，简化了轨道结构，降低了桥梁二期恒载，更加符合城市轨道交通特点。

（二）新型道岔设计，为列车高速平稳过岔保驾护航

1. 正线速度为160km/h，60kg/m钢轨12号道岔

道岔是制约列车运行速度的关键设备，为满足大兴机场线行车需要，设计了正线通过速度为160km/h的新型12号道岔。该道岔首次在岔区全范围内设置了轨底坡或轨顶坡，同时实现了交叉渡线的刚度均匀化及整体低刚度，提高了列车经过岔区时的平稳性和旅客的乘坐舒适度。

2. 车场线速度为100km/h，50kg/m钢轨9号道岔

研发了车场线用速度为100km/h，50kg/m钢轨9号道岔，该道岔采用弹性可弯式尖轨，彻底解决了采用传统活接头式尖轨9号道岔容易产生病害且难以整治的难题，填补了国内该领域的空白。

（三）新型库内高等级扣件，源头上解决车辆段上盖开发振动噪声问题

大兴机场线磁各庄车辆段日后要进行上盖物业开发，为解决车辆段引起的上盖物业室内振动及噪声超限问题，设计了库内线轨道专用高等级减振扣件，可有效降低列车进出库时的振动，为该工程后续上盖物业开发提供有利条件。

（四）引进自适应轮胎式铺轨机、自适应轮胎式混凝土搅拌车等设备，提高施工效率

大兴机场线轨道施工针对CRTS Ⅲ型板式道床施工中轨道车无法运行的难题，率先将自变形轮轨式混凝土罐车和轮胎式铺轨机引入现场施工，用于大兴机场线CRTS Ⅲ型板式道床施工，使

底座板施工和铺轨施工可以同时进行,提高工效60%。轮胎式铺轨设备克服了轮轨式铺轨设备走行固定的弊端,不需再安装临时用走行轨,减少了资源投入,保护了盾构管片,缩短了板式道床铺轨工期。同时新设备还自带电瓶,在洞内紧急停电时,可以继续工作5h,将外部环境制约降至最低。

(五)首次引入第三方专业队伍进行轨道精调

大兴机场线轨道施工针对在综合动态测试期间平稳性超标的问题,首次引入了第三方专业的轨道精调队伍,通过使用绝对和惯性测量相结合的高精度轨道小车对线路进行快速、全面的测量,再经过全自动化的精调软件结合以往的轨道几何形位的精测数据,自动拟合出实际的最佳线形并出具最终的精调方案,最后使用精度更高的精调扣件根据精调方案对轨枕进行逐根调整,在不到一个月的时间内让轨道几何形位和线形恢复到最佳状态,让运营动车组快速达速、并一次性通过综合动态测试。

◆ 图9-2-2 铺轨施工全过程中均采用CPⅢ精测网对施工精度进行控制

第三章 供电系统安装工程

北京大兴机场线一期工程供电系统主要包括35kV环网电缆工程、变电所工程、变电所综合自动化工程、接触网工程、车站、区间和车辆段UPS电源整合系统。

系统采用35kV双环网集中供电方式,全线共设置两座110kV电力主变电所,13座降压变电所。其中两座电力主变电所分别与牵引变电所合建。全线新建2座牵引变电所,1处分区所,车辆段设置一处开闭所为场段供电。车辆段开闭所从北磁牵引变电所引入两回专用供电线。牵引供电制式采用AC25kV带回流线的直接供电方式,地面线采用架空式简单链形悬挂,地下线采用架空式刚性接触网方案。

一、时间节点

2018年5月18日,供电系统开始进场施工。

2018年6月15日,北航站楼变电所第一组35kV开关柜安装完成。

◆ 图9-3-1 大兴机场线临时停车场接触网试送电

2018年7月19日，接触网第一杆组立完成。

2018年12月7日，路基段停车场开始接触网放线。

2019年1月17日，大兴机场线北磁牵引站总配外电源顺利实现发电。

2019年1月20日，停车场接触网送电完成。

2019年3月14日，大兴机场线样板段(K3+961－K10+000，含北航站楼站)接触网送电完成。

为满足样板段动车调试用电需求，采用了样板段临时供电过渡方案，将电缆临时敷设在高架桥中间，并用线槽防护，将电源从北磁变电所送到样板段各变电所，待条件具备后再恢复正常供电。

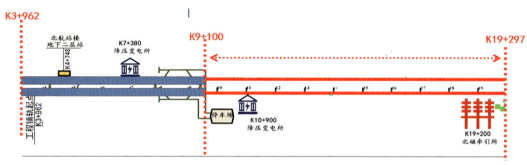

◆ 图9-3-2　样板段临时过渡方案示意图

2019年6月5日，大兴机场线全线400V电通。

2019年6月10日，完成了全线供电及综合监控工程预验收工作。

◆ 图9-3-3　大兴机场线试运营（初期运营）前安全评估会

2019年6月12日，大兴机场线全线接触网送电完成。

2019年6月15日，大兴机场线开始试运行。

2019年9月6日，顺利通过单位工程竣工验收。

2019年9月11日至12日，对大兴机场线一期工程项目进行了为期两天的试运营（初期运营）评估评审检查，供电系统及综合监控系统顺利通过专家组的试运营评估评审检查。

2019年11月3日，顺利完成了磁各庄车辆段接触网送电工作。

二、技术要点

（一）列车运行速度高，接触网安装精度要求高

车辆最高运行速度160km/h，牵引供电制式采用AC25kV带回流线的直接供电方式，地面线采用架空式简单链形悬挂，地下线采用架空式刚性接触网方案。刚性接触网施工精度要求非常高，导高误差需控制在5mm以内，拉出值误差需控制在±10mm以内，挑战性非常大。

刚性接触网

110kV组合电器

◆ 图9-3-4 刚性接触网及110kV组合电器

（二）电压等级高，设备先进、技术含量高

牵引变电所与电力变配电系统和电力主变电所合建，共用两回110kV进线电源，110kV采用室内GIS组合电器；降压变电所35kV系统采用双环网接线方式，中压环网系统采用40.5kVGIS

开关柜；牵引供电制式采用AC25kV带回流线的直接供电方式，设备先进，技术含量高，安装试验调试难度大。

（三）施工干扰多、施工配合及协调工作要求高

供电工程及综合监控系统设备与各专业在施工配合过程中牵扯的工作面广、且涉及单位多。在施工安装阶段，与土建、轨道、装修、机电、通信、FAS、BAS等众多单位均需配合。在综合监控系统的调试过程中，牵扯的单位和专业也比较多，与各设备安装单位及供货商都有接口，均需投入大量的协调工作。

三、工程亮点

大兴机场线电力变配电系统采用110/35kV集中供电方案，变电所与牵引变电所合建，共用了110kV电源，实现了外电源的共享，不仅节省外电源引入投资，而且提高了全线电力变配电系统的电能质量；大兴机场线采用AC25kV牵引供电制式与国铁相同，但在专业划分、故障工况下的运行方式、运营维护习惯等方面与国铁也有着较大的差异。因此在建设管理过程中并没有照抄照搬国铁经验，而是紧密结合轨道交通区域快线的运营需求、管理习惯，着重关注管理设计接口管理、细化运行方式、明确运营维护注意要点，集国铁与地铁两家之长，打造精品工程。

（一）采用35kV动力照明集中供电与27.5kV牵引供电相结合供电方式

结合大兴机场线轨道交通市域铁路功能定位以及地理位置分布特点，为确保大兴机场线沿线动力照明和机车用电需求，大兴机场线供电系统采用35kV集中供电与27.5kV牵引供电相结合供电方式，是国内首次采用地铁和大铁供电方式相结合的线路。

（二）国内首次示范应用速度为160km/h高速度等级架空刚性接触网

根据该工程设计目标速度160km/h、地下线路长的特点，以及架空刚性接触网系统在安全可靠性、运营维护等方面的优势，从工程技术创新、简化线路运营维护等方面综合考虑，确定在该项目

地下区段开展了速度为160km/h高速刚性接触网示范应用，具有非常重要的技术经济和社会效益：

（1）开展速度为160km/h架空刚性接触网技术的系统研究，为高速架空刚性接触网技术的工程应用提供理论和技术支持。

（2）从设计、施工安装和验收检测等方面，建立速度为160km/h架空刚性接触网技术标准体系。

（3）实现速度为160km/h架空刚性接触网部分核心零部件的国产化，形成速度为160km/h架空刚性接触网产品体系，增强我国轨道交通相关企业的市场竞争力。

（4）积累和掌握速度为160km/h架空刚性接触网的运行和维护经验，为后期类似项目提供技术支撑。

（5）创新和完善国内轨道交通快线牵引供电系统技术体系，推动我国城市轨道交通行业技术发展。

目前，按照国家对轨道交通建设的规划，市域（市郊）铁路将是我国除高速铁路和城市轨道交通发展之后的另一个重要发展方向。市域（市郊）铁路的总规划里程约为3000km。在主城区范围内，由于建设规划的需要，采用长大隧道线路将是主要选择方案，因此北京大兴机场线刚性接触网的应用对于市域(市郊)铁路的建设具有明显的技术示范和促进作用。

第四章 消防工程

一、时间节点

2018年8月至2019年9月完成车站及区间管槽、线缆敷设。

2018年10月至2019年9月完成车站FAS主机、各类探测器件等设备的安装。

2019年6月至2019年7月底完成全线设备单机调试。

2019年7月至2019年8月完成单系统调试。

2019年8月至2019年9月完成联调。

2019年9月23日完成单位工程验收及消防验收。

二、技术要点

北京轨道交通FAS系统具有系统专业性强、系统功能及可靠性要求高的特点。FAS系统区间设备有消防报警设备(手报、消报、消防电话)、感温电缆(电缆、解码器和终端盒、供电设备、模块)、疏散标识集中控制系统(疏散灯具、供电设备)等设备。

大兴机场线超长区间,回路带载能力和供电复杂,存在着消防单个回路不超过3.5km最多带载30个模块、直流供电衰减较大等问题,以北航站楼为例,隧道约3.9km,模块数量为184(上下行区间各92),为了简化系统并方便运营维护,优化了FAS系统组网方案、疏散标识集中控制系统回路配置方案,同时重点详细研究区间设备供电。

(一)优化FAS系统组网方案

FAS系统供电采用车站联动电源直接供电,均为DC24V,供电回路所带设备数量有限,压降较大,于是在车站设备房间增设1套UPS,联络通道处设置电源箱(放置变压器并取消电池),可兼

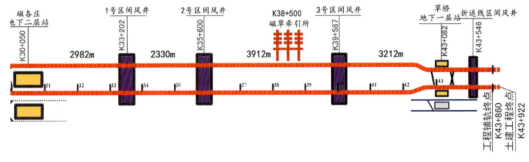

◆ 图9-4-1 FAS系统方案优化

顾上下行区间模块箱的供电,为了保证区间IP等级,将电源箱放置在模块箱中。

(二)采用多回路接力供电方案

疏散标识集中控制系统供电距离较远,故采用多回路接力供电方案,单条供电回路带满为127盏灯,最大供电距离为500m。单条回路带载能力为63500。采用五条回路,距离分别为800m、1290m、1670m、1980m、2260m;分别带载79盏、49盏、38盏、31盏、28盏灯,灯距均为10m,带载能力为63200、63210、63460、61380、63280。

三、工程亮点

(一)优化了模块箱成套工艺

采用传统箱体加箱芯的模块箱成套工艺,采用统一尺寸的输入输出模块,每个盘芯最多可配置6个复合型输入输出模块(每个输入输出模块为4个DI和2个DO),最多为24个DI和12个DO。

(二)地毯式的消防验收,无死角的安全保障

消防系统设计是否合理、联动是否有效,均涉及人们的生命财产安全,因此消防验收是城市轨道交通试运营需满足的安全评估条件之一,其流程复杂,涉及专业众多,组织协调涉及面广,是难度最大的专项验收之一。

第五章 信号系统安装工程

一、时间节点

大兴机场线信号工程于：

2018年6月，签发开工令。

2019年3月16日，开展样板段动车调试。

2019年6月15日，全线动车调试。

2019年9月底，全面实现开通试运营。

二、技术要点

（一）采用基于专用1.8G频段LTE综合承载技术

大兴机场线最高运行速度为160km/h，传统WLAN方式车地无线通信方式不适用，该工程采用基于专用1.8G频段LTE综合承载技术，承载信号车地无线通信数据。

在区间施工中，由于特殊原因电缆支架无法安装，施工单位采用在管片上利用管片自有孔洞插入钢筋的方式，作为电缆临时悬挂点，与铺轨单位合理交叉作业、协调作业时间，通过这种方式，使信号光电缆在无正式电缆支架的情况下，顺利贯通。

（二）全周期、多班组、24小时设备安装调试

2018年12月，设备供货商安排车载调试工程师开始到青岛四方厂进行首列车信号设备安装督导，首列车设备安装调试共分三个阶段：①车内信号线缆铺设及配线；②车下信号设备安装指导；③列车信号设备首件定标；车内信号线缆铺设及配线过程中因信号设备线缆较复杂，加

上因配线图纸错误导致现场施工人员出现错误配线的情况，现场调试工程师按照原理图发现错误后及时指出并通知车辆设计进行图纸整改并下放车间进行问题整改，配线问题被第一时间发现并解决。

大兴机场线因工期紧急，在设备供货单位全周期多班组进行24小时安装调试，样板段3月19日开始动车至8月6日全线具备试运行条件共146天，其中信号专业动车65天，24小时调试共130个调试点，在紧迫的时间内完成了全线单车、多车、多车跑图调试任务。动车调试时间短，多专业动车需求集中，信号专业与各专业紧密配合，组织LTE无线测试、车辆动力学试验、线路提速试验等多专业同时测试，在计划时间内安全、有效地保障了多专业动车需求。线路设计速度高，列车运行速度160km/h为地铁信号系统首次使用，在线路、车辆专业克服困难具备全线按线路设计速度运行后，信号提前准备，具备条件后在极短的时间内完成了控制高速列车性能参数测试、ATP/ATO高速控车运行，实现全线ATP/ATO控制列车160km/h高速运行。

（三）现场条件复杂、技术难度大

大兴机场线新增路基段停车场一座、列车调整为四八编组列车混跑，同时相比常规地铁线路新增ATP过分相、风井、间隙探测等新功能，在有限的时间内，与设计、车辆等各专业厂家共同讨论制定实施方案，具备四八编组混跑，间隙探测、禁止撒沙等功能，保障了路基段停车场、ATP过分相、风井功能投入试运行运营使用。

三、工程亮点

大兴机场线是一条采用25kV交流牵引供电、最高运行速度160km/h、站间距20km左右、采用全自动运行技术（FAO）的市域快线。与传统地铁线路相比，新列车车型、互联互通、新技术应用、多专业接口、多种新需求，信号系统的技术与施工调试具有先进性。

（一）采用CBTC制式，国内首创

大兴机场线信号系统采用的CBTC制式和全自动运行技术（FAO）为首次技术突破。解决了高速下列车控制系统的技术难点、提升了FAO技术水平，验证了采用CBTC制式及FAO技术的全

自动运行系统在市域快轨领域的可行性、适应性和可扩展性，有效提升了市域快轨线路列车运行的技术水平和运营管理水平。该工程的应用为国内首创。

（二）新技术、新需求的应用和实现

大兴机场线为国内首条互联互通的全自动运行系统线路，取消站台发车计时器设备，实现发车计时器信息上车，直接在车载HMI上显示列车发车倒计时相关信息。通过车地、地地通信方式与接口兼容技术，实现不同厂家不同车载设备与地面设备的互联互通，可实现共线和跨线运行的运营需求。互联互通有利于共享资源，缓解换乘压力，提升运能和运营服务水平。互联互通的全自动运行系统将成为今后的发展方向。

第六章 通信系统安装工程

大兴机场线通信系统包括传输系统、车地综合通信系统、公务电话系统、专用电话系统、无线通信系统、视频监视系统、广播系统、时钟系统、通信电源及接地系统、会议电视系统。

一、时间节点

大兴机场线通信专业始终围绕"保开通,保功能实现"的目标,提前贯通了正线至小营控制中心的光缆路由,有力保障了动调调试以及为期3个月的联合试运行的顺利开展。

2019年6月9日,实现了全线传输和无线开通。

2019年6月15日,全线专用通信系统开始试运行。

2019年9月2日,全线专业通信工程竣工验收。

二、技术要点

(1)车地综合通信系统需选择能够在列车运行速度160km/h,提供可靠的并满足性能要求的LTE技术组建,并在长大区间设置RRU设备,实现对CBTC列车控制、列车紧急文本下发、列车运行状态监测、列车视频监视、乘客信息视频信息业务的综合承载,满足列车全自动运行要求。并采用漏缆、定向天线等抗干扰保护措施。

车地综合通信系统设置在轨旁的RRU站点多达60多处,通信系统需考虑供电臂拉远距离的限制问题,通过增设区间节点及三相供电方式解决。由于列车运行速度达到160km/h,两个RRU的射频的切换时间只有1~2s,需要保证切换成功率、保障传输带宽、降低丢包率,施工采用逐段、不同车速跑车路测,晚间跑车,白天修改数据并制定RF方案。

(2)在工程实施期间,为保证小营控制中心功能的调试,须最迟在2019年5月中旬拉通正线与小营中心的通信功能,但电缆路径受换乘通道贯通工期影响,势必旁通路径接通光电缆,保证中心功能按计划实现。

（3）建设方组织施工、设计、监理单位到草桥施工现场进行勘察，制定了大兴机场线至小营控制中心光缆路由的临时方案，光缆由大兴机场线草桥站风井引出沿围墙敷设，通过10号线草桥站风井进入草桥站，与既有光环网连接，与小营控制中心实现贯通。

（一）

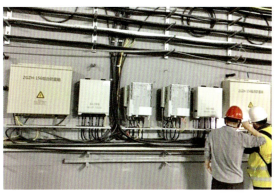
（二）

◆ 图9-6-1 查看现场通信设备安装

三、工程亮点

大兴机场线服务于大兴国际机场、可满足全自动驾驶、运行速度高达160km/h，有别于常规的地铁线路。我们在前期设计和招标过程中充分考虑大兴机场线的各种应用场景，对系统建设方案充分调研比对，采用前沿技术，尽可能提升大兴机场线的通信服务水平。

通信专业子系统众多，接近20个系统。建设方对每个子系统方案甚至其细节设计充分把关，力求做到更好。这里主要介绍几种先进技术，希望其可以为后续轨道交通建设提供参考。

（一）采用LTE-M技术实现车地无线通信

大兴机场线选择LTE-M技术实现车地无线通信。利用LTE-M一张网络（A网+B网）综合承载通信（含PIS）、信号（含综合监控）、车辆、轨道、供电等专业的十多项数据业务。

利用LTE-M实现IPH功能，用全新和简洁的方式首次实现了TCC、OCC与乘客之间的紧急呼叫和对车广播功能，简化了通信专业与相关专业之间的接口关系，有利推进一体化综合调度的实施。

IPH系统是基于LTE-M无线综合承载系统而开发的新功能，是第一次在城市轨道交通应用，为列车全自动驾驶增添了一个乘客对讲的可靠、必要功能，同时满足了路网指挥中心对列车乘客广播的新功能的要求。

LTE-M 系统具有 B-TrunC 宽带集群调度功能。全线设置可视无线对讲，补充了专用无线调度功能，当有紧急情况发生时，可将其作为应急备用通信工具，可视化辅助解决现场紧急情况。

LTE-M 系统日后可以通过升级，方便实现 eMTC 物联网功能。

LTE-M 车地综合通信系统是第一次应用于高速城市轨道交通线路（160km/h），通过此线路的应用，充分论证了 LTE-M 系统对于城市轨道交通技术更新的重要意义。

（二）采用云存储技术作为视频监视系统的存储方案

以往线路大多采用 IPSAN 技术作为视频存储方案。而大兴机场线采用时下前沿存储技术——云存储纠删码方案。大兴机场线成为北京第一条采用视频云存储纠删码方案的轨道交通线路，目前系统运行可靠、稳定。为下一阶段云存储、云计算的大量应用打下了坚实的基础。

（三）视频监视系统具备人脸识别能力

大兴机场线视频监视系统具备人脸识别能力，大兴机场线是北京首条在建设期便考虑视频人脸识别的轨道交通线路。人脸识别是基于视频处理、计算机视觉等技术，经过图像预处理、背景建模、前景检测提取人脸特征、形成结构化数据，经过碰撞识别等智能化算法处理过程，实现人脸检测、特征提取、人脸对比等功能。

第七章 自动售检票（AFC）系统安装工程

一、时间节点

（1）该工程于2018年6月13日开工，2018年9月2日，北京大兴机场站正式开始地槽施工，9月3日，建设方组织监理、设计各家单位与北京大兴机场站进行地槽安装首件定标，该次首件定标对地槽安装的位置、标高等进行了检查，同时检查了地槽连接的牢固性、气密性以及接地连通性，均符合设计要求，后续施工按此标准进行施工。

（2）2019年1月20日，完成大兴机场站地槽安装；5月2日，完成大兴机场线所有地槽安装。

（3）2019年3月15日，在监理的监督下对线缆进行检测；4月2日，北京大兴机场站开始进行线缆敷设；5月17日，大兴机场站线缆敷设完成；6月2日，完成大兴机场线所有线缆敷设，并对线缆进行了绝缘测试，测试结果均满足要求。

（4）2019年6月13日，大兴机场站设备进场；6月14日，在厂家的指导下，开始进行了大兴机场站的设备安装；6月20日，再次对已经接线完成的设备进行线缆绝缘测试，测试结果满足要求；6月25日，大兴机场站台设备正式上电；6月30日，大兴机场站所有设备安装完成。

（5）2019年7月1日，大兴新城站设备进场；7月7日，大兴新城站所有设备安装完成；7月13日，在经过线缆测试完成后正式上电。

（6）2019年7月5日，草桥站设备进场，因现场不具备安装条件，于7月15日开始进行草桥站设备安装；7月18日草桥站所有设备安装完成，在经过绝缘测试合格后于8月2日设备正式上电。

（7）大兴机场线自动售检票系统于2018年9月完成设备供货合同签订，并于2018年10月完成设计联络及技术规格书的确认工作，设备样机于2018年12月初通过验收，并于2019年3月底通过路网的样机检测工作；大兴机场线自动售检票系统终端设备于2019年3月启动批量生产工作，并于2019年6月初完成生产到货，2019年7月完成首站设备安装并开始进行扩大范围测试；2019年8月完成正线车站全部设备的安装调试工作，并于2019年8月底通过路网扩大范围测试。

大兴机场线于2019年9月26日开通，AFC设备运行稳定，各项功能正常。

二、技术要点

大兴机场线作为快速、直达、高品质的轨道交通专线，该线采用非接触式IC卡AFC系统，非付费区换乘方案，并采用计程限时票制作为基础票制，结合大兴机场线线路客运服务特点，设置普通单程票、商务单程票和区间定期电子计次票，实现封闭式的票务管理。

大兴机场线AFC系统满足北京市轨道交通清算管理中心(ACC)的统一要求，实现一卡通和轨道交通一票通；接入多线共用线路中心(MLC)系统(燕房线临时LC)，实现轨道交通AFC清算管理中心ACC、多线共用线路中心MLC（燕房线临时LC）、车站等三级管理；通过MLC（燕房线临时LC)接入北京市轨道交通清算管理中心(ACC)系统进行清分清算。

三、工程亮点

（一）非接触式IC卡自动售检票系统

大兴机场线采用非接触式IC卡自动售检票系统，实现封闭式的票务管理，满足网络化运营的要求。实现城市交通一卡通和轨道交通一票通（含二维码车票等互联网票务），以计程制为基本票制，以计时制为辅助票制，实现轨道交通自动售检票清算管理中心、线路中心、车站三级管理。

（二）采用人脸识别过闸技术

大兴机场线为北京首条将人脸识别技术应用到乘客刷卡通行的地铁线路，设备在满足人脸功能的同时外观简洁、美观，人脸验证通过率达到99%以上。同时大兴机场线的人脸识别技术通过算法优化，增加了乘客在面部佩戴口罩情况下的验证算法。使得乘客在佩戴口罩过闸时无需摘下口罩也能进行验证，验证通过率达到了90%以上。

◆ 图9-7-1 人脸识别过闸

（三）预留语音购票设备安装位置

考虑到目前国内技术的发展趋势，为进一步提高乘客乘车体验，给乘客提供更加便利的购票模式，在大兴机场线全线的自动售票机预留了语音购票模块的安装空间与接口，目前语音购票软件正在开发中。通过语音购票软件系统乘客可在自动售票机前报出所要到达的站点名称及所需车票数量，系统就能通过模糊查询自动匹配车票，乘客在提示下进行购票，减少了乘客在售票显示屏上查询的时间，缩短乘客购票流程。

（四）采用标准化接口及软件技术

大兴机场线自动售检票系统采用了北京轨道交通指挥中心开发的标准化售检票软件。该软件应用在北京地铁自动售检票系统上，可通过多线路共用中心系统自动下发对全线设备软件进行升级。软件覆盖多种模块接口，覆盖通过北京路网检测的所有模块，为日后设备升级维修带来了极大的便利性。

第八章 站台门工程

站台门系统作为现代化轨道交通工程的重要设施,设置在站台边缘,将列车与车站站台候车区隔离,是防止乘客有意或无意进入轨行区而发生危险的安全保障设施。该工程所有车站均采用全高封闭型站台门系统,每侧设置14道标准乘客使用滑动门,同时,结合大兴机场线线路客运服务特点,在大兴机场站对应区域设置行李车用滑动门,每侧站台设置4道,配合行李系统和信号系统的控制进行相应开关门。

该工程站台门系统取得了SIL2安全认证证书,并通过了大兴机场线一期工程安全评估。

一、时间节点

2018年6月12日,站台门系统完成样机验收。

2019年2月20日,施工单位开始进场安装。

2019年5月14日,完成首站站台门系统现场5000次疲劳试验。

2019年6月6日,完成站台门系统预验收。

2019年9月4日,完成站台门系统竣工验收。

二、技术要点

站台门系统主要由门体结构、门机系统、电源系统与控制系统四个部分组成。站台门系统应具有信号系统自动控制、站台端头就地控制盘(PSL)控制、车站控制室综合后备盘(IBP)紧急控制、滑动门就地控制盒(LCB)模式开关控制和滑动门手动控制等五种方式,对应系统级、站台级和手动操作三级控制模式。

大兴机场线工程采用4/8编组混跑和全自动运行模式,通过与信号联动运行实现不同编组进、出站,且可以与列车实现对位隔离功能。

三、工程亮点

（一）设置站台门行李托运系统

大兴机场线北航站楼站台门系统结合航站楼特点设置行李区站台门，乘客可实现无行李状态乘车，极大地提高了乘车环境的舒适性。行李区站台门是与信号系统、行李托运系统进行接口配合的一套全新系统，在全国尚属首例。根据其功能需求，在行李车厢处设置行李用滑动门，做到分区布置，行李区滑动门采用不锈钢门体结构，达到既满足功能需求，又极大节约成本的目的。

（二）打造站台门智媒显示平台

大兴机场线站台门系统突破了作为一个安全保护系统固有模式，融合了传统的多媒体系统，改变了信息载体的表现形式和传递方式，把站台门系统打造成了一个站台门智媒显示平台。

站台门系统与PIS系统完美融合，对门体进行了精心设计，不仅满足PIS系统大屏幕的参数需求，达到功能与美观兼备的要求，同时使候车乘客更加人性化地获取候车信息，使候车环境更加舒适美观。

站台门固定门与投影媒体完美融合，对门体玻璃与调光玻璃进行了完美替换，可零距离地展示最具创意的画面效果，满足透明可视化的运营安全要求，也实现了地铁媒体的跨代升级，无缝对接主流数字媒体，实现全自动化控制，无人值守，并最终实现公共资源的有效利用，提升公共资源的自我造血能力。

（一）

（二）

◆ 图9-8-1 站台门组图

第九章 电（扶）梯工程

一、时间节点

2018年7月3日开始到货。

2018年8月10日开始安装。

2019年6月27日调试完成。

2019年8月10日重载测试完成。

2019年8月20日监督检验完成。

二、技术特点

电（扶）梯系统为城市轨道交通提供安全、舒适、方便的运输服务，可以提高车站的集散效率，提高乘客进出站的舒适度，保证轨道交通的通畅。大兴机场线在车站站台至站厅及出入口均设置适用于公共交通型重型自动扶梯。

电（扶）梯系统在轨道交通车站担负着巨大的客流承载运输任务，对保障客流组织通行起到关键作用，特别是大客流换乘车站，电（扶）梯系统的安全运行至关重要。大兴机场线电（扶）梯系统的选型，严格按照国家标准、北京市地方标准及最终用户使用意见进行采购，主要部件全部采用全球知名品牌，有效的保证整体质量，并且对于梯级、梯级链等主要部件技术参数进行加强配置，进一步确保乘客使用安全。

三、工程亮点

为给航空旅客提供便利，大兴机场线技术标准对标航空，全线配备3吨大容量电梯，全部为全透明观光电梯，整体效果明朗、简约，且两台或多台并排布置，与车站装修方案遥相呼应，美观大方,增加车站通透性,提升车站景观效果。

每台电梯至少可容纳约14名带一大一小行李的乘客搭乘,一次可运送6台行李推车,有效地提高了各类乘客的输送能力,减少乘客的等待时间,提高了通行的环境品质和服务水平。电梯开门方式采用四扇中分式,开门宽度达到1800mm,轿厢尺寸2350mm(宽)×2250mm(深),减少乘客进出电梯的拥挤状况,缩短了乘客进出电梯的时间,方便手推行李车及手拉行李箱等大型设备的进出,增强了乘客使用舒适性和便利性。

◆ 图9-9-1 室外型自动扶梯及观光电梯

◆ 图9-9-2 三吨载重的观光电梯

◆ 图9-9-3 草桥站出入口电梯与自动扶梯配置

第十章 人防工程

一、时间节点

2018年3月人防工程开工。

2018年6月1日完成首樘人防门验收。

2019年8月5日完成全线设防车站及区间人防工程预验收。

2019年9月3日完成全线设防车站及区间人防工程专项验收。

2019年9月4日取得北京市人民防空办公室开具的《关于地铁大兴机场线人防工程竣工验收质量监督意见》。

二、技术特点

大兴机场线人防工程共包含车站出入口、天窗、疏散通道、清洁式通风道、隔绝式风道、区间、换乘通道七大类人防防护设备，防护设备的设防等级、抗力级别满足北京市人防办设防批复要求，防护设备密闭性能满足《人民防空工程防护设备产品质量检验与施工验收标准》，同时所有防护设备均取得国家人民防空办公室组织鉴定的鉴定证书。

该工程设有两套人防集中信号显示系统，满足结构简单、使用寿命长、易维护的要求，并且可根据各个站的应用规模提供强大的扩展能力，操作界面简单明晰、易操作，功能强。该系统实时监视人防门启闭状态，异常状态进行报警，同时人防集中显示信号接入车站的BAS系统，通过ISCS接口上传至路网指挥中心。

（一） （二）

◆ 图9-10-1 天窗及大面积连通口防护

三、工程亮点

（一）针对天窗及大面积连通口的特殊防护

大兴机场线草桥站出于空间使用便利、环境改善目的，要求地铁站厅层与周围地下空间大量连通，且需要站厅层顶部设置采光窗，实现地铁和周围地下空间无缝对接和自然采光，这就加大了该工程的设防难度。在天窗及大面积连通口这些区域，该工程采用滑轨式垂直封堵板、滑轨式水平封堵板的防护方式，满足了工程的防护要求。并且这些防护设备可以就近存放，使用上操作简便，在不依靠任何大中型起重吊运设备的前提下，能够在规定时限内完成工程的转换工作，达到平战结合的目的。

（二）集中信号显示系统的创新设计

在大兴机场线的设计中，以技术先进、持久耐用、安全可靠为原则，充分汲取已建各线的经验和教训，积极进行创新和优化，设计中，根据业内行业标准以及行业发展方向，摒弃了旧线琴台式的非标准台体，改为业内主流的标准PLC控制柜，本设计更利于加工生产、施工运输、现场安装、系统操作和检修维护，不仅完全满足系统功能需求，而且系统技术指标均较既有线系统有较大幅度提升。该工程在北京地铁人防建设中首次采用光缆传输，解决了三个区间风道超远距离的传输问题。在运营安全保障方面，该工程集中信号显示系统在不开启显示台电源的情况下，也可对区间人防门的异常状态进行报警。运营单位发现报警信息后立即打开显示台查看、定位，及时处理解决安全隐患，避免行车安全事故的发生。

第十一章 车站及区间机电设备安装工程

一、时间节点

大兴机场线一期工程机电设备安装工程自2018年7月3日开工，2019年9月23日全部完成验收。有力支撑了2019年9月26日的开通运营。

(1) 北航站楼站2018年8月3日正式投入施工，大兴机场站及区间机电设备系统于2019年6月5日完成单位工程验收。

(2) 磁各庄站2018年9月25日正式投入施工，大兴新城站及区间机电设备系统于2019年8月29日完成全部验收。

(3) 草桥站2018年11月12日正式投入施工，草桥站及区间机电设备系统于2019年6月10日完成机场线部分的单位工程验收，9月5日完成19号线结构范围的站厅的单位工程验收。

(4) 火灾自动报警系统(FAS)项目自2018年9月大兴机场站进场施工到2019年9月草桥站消防验收通过。

二、技术要点

由于大兴机场线工期紧迫且通风空调专业风管体量大、管线密集工序复杂，除了要合理优化空间布局，还要面对与各专业交叉施工的问题，施工时要随时调整作业计划，将作业单元细化到小时。在施工过程中针对难点采取对策为：

（一）针对地铁车站机电设备安装牵涉专业多，相互协调配合多，使用综合支吊架系统的区域多的问题，采取了如下对策

(1) 在部门牵头下，组织设计、监理及各专业施工单位参加综合管线布置的协调会。共同确

定各机电专业分包之间的各类管线的位置和标高，运用BIM技术，把各类管线分层在建筑平面图上进行平衡，叠加后再分析有无矛盾之处，修正直至完善。

（2）由施工单位进行综合支吊架系统的二次深化，负责与其他设备专业承包商进行设计联络，优化深化综合支吊架系统，配合设计院做好综合支吊架系统的二次设计工作，做好综合支吊架系统和BIM的融合。

（3）采取首段定标、样板引路的质量管理模式。在站台层西北侧设备管理用房6-7/G13-G15轴走廊机电管线密集部位设置机电专业样板段，通过实施样板施工段，规范各工序施工工艺和验收标准，使项目部管理人员和施工人员更加熟练的掌握各工序施工标准及验收规范，发现各工序常出现的质量通病，并制定有效的预防措施，在大面积施工时减少或杜绝类似的质量通病。

（二）现场存在大量设备材料进场及存放问题，采取如下对策

（1）甲供设备材料：积极组织施工单位与集成供货商进行沟通，将所有的甲供设备生产周期，设备到货后的进场方式等细节在设计联络会阶段进行提前的透明化，从而确保施工单位明确订货周期，方便安排设备的现场储存，在避免出现现场大量存储设备带来的设备损毁弊端的同时，确保了设备有序进场，满足工期目标的实现。

（2）乙供设备材料：组织施工单位编制乙供设备材料采购计划，对有特殊乙供设备材料进行需求分析、市场调查，提前向厂家订货。如镀锌层厚度≥80μm的镀锌钢管、镀锌层重量≥275g/m²的镀锌钢板、水处理设备等都需要提前向厂家订货。

（三）针对地铁施工区域施工场地紧张，且整个地铁施工区域，尤其是区间隧道内存在很多积水的问题，采取如下对策

（1）组织施工单位将需要穿过电缆沟的电缆集中在最短的几天内敷设完成，几乎将所有的施工人员都集中起来敷设电缆，将积水对工期的影响降到了最小。

（2）空气潮湿会导致环控柜在调试过程中，出现无法满足送电条件的情况。设备安装方组织调试人员每天对配电柜用吹干机将配电柜周围环境吹干，以达到送电条件；在调试过后，马上将上级电源切断，防止跳闸甚至"放炮"发生。

控制台　　　　　　　　　　　　　　　　　设备

◆ 图9-11-1　车站机电设备

三、工程亮点

（一）排水泵站内置式泵房设计优势明显

地铁区间排水泵站设于区间低点，主要用于排除区间消防、冲洗及结构渗漏水，总排水能力按消防时的排水量和结构渗漏水量之和确定。

传统区间排水方式一般结合联络通道设置排水泵站，通道下方设废水池，水池深度距离通道地面3.5m左右，距离轨顶2.5m左右，平面3.00×3.00（m）左右。通过在区间正线轨行区内设置排水泵站的方案，可以取消了盾构区间联络通道下集水坑，在盾构区间道床内设废水集水坑和潜水泵，是应对结构专业的开挖风险采取的非常规排水方案。

内置式泵房设计能够满足地铁设计规范中给排水和消防的相关要求，同时满足隧道结构、轨道、供电等专业的标准要求，并存在以下优势：

（1）土建风险降低，常规冷冻施工存在施工风险大、后期沉降变形大等问题，内置式泵房均可避免。

（2）减少投资，土建费用可大幅降低。

（3）缩短工期，施工总工期包含在铺轨工期内。

（4）废水泵房与联络通道可脱离设计。联络通道的位置选择更灵活，为线路专业设计预留更大的灵活性；能够为联络通道施工创造更好的施工场地；能够避免冷冻法施工产生的冻胀融沉降对泵房结构的不利影响。

（二）草桥站加装全自动射流灭火装置系统

全自动跟踪定位射流灭火装置系统将红外传感技术、信号处理技术、通信控制技术、计算机技术和机械传动技术有机地结合在一起，能全天候自动监测保护范围内的火灾。一旦发生火灾，灭火装置立即启动，对火源进行水平方向和垂直方向的智能扫描，确定火源的两个方位后，中央控制器发出指令，发出火警信号，同时启动水泵、打开阀门，灭火装置对准火源进行射水灭火，火源扑灭后，中央控制器再发出指令停止射水。全自动跟踪定位射流灭火装置系统的射水形式为柱状射水，射程远，保护范围广，灭火能力非常强大。

根据消防性能化意见，草桥站加装全自动射流灭火装置系统，以满足高大空间的灭火需求。

（三）采用集成吊顶综合承载体系施工工艺

集成吊顶综合承载体系，也称"大桁架"。主要由成品槽钢、固定锚栓等组成，采用金属锚栓将吊臂与原有混凝土结构可靠连接，底座与土建结构预留钢板焊接固定。将照明电缆及其他软管等管线，用线卡将其固定在吊臂上，沿吊臂方向伸到槽钢底部进行敷设安装，整齐划一，隐蔽性高。避免了目前国内地铁机电安装施工管线支架独立安装所造成的公共区吊顶上空的"蜘蛛网式吊杆森林"现象。

大兴机场线草桥站与19号线公共区部分区域采用集成吊顶综合承载体系施工工艺，此工艺优点如下：

（1）合理规划空间，将更大空间留给乘客。

（2）加快施工进度：检测管线碰撞，避免二次施工集成安装，简化吊杆数量优化安装流程。

（3）检修方便管线合理排布，预留足够检修空间大大提高检修效率。

（4）降低成本。

在草桥站施工过程中，通过"大桁架"施工方式，减少了施工过程中管线拆改量，保证了检修空间，运营人员可直接对管线和设备进行维护保养；同时结合BIM设计，使地铁公共区管线支吊架打孔数量至少75%，保证了结构专业的完整性并且减少了与装修专业的接口，更有利于推进风管的工厂预制化生产，缩短了装修专业安装公共区吊顶的施工工期。

通过使用'大桁架'技术，优化了施工中的管线综合排列，提高管线安装高度，能将净空提高了1m左右，使乘客有了更广阔的空间感受，而且便于后期运营维护，为地铁同类施工积累了经验。

（四）车站公共区空调设计标准高，通风环境好

大兴机场线的规划定位为提高服务品质，从通风空调系统的室内设计参数上，将大兴机场线空调温湿度、空气质量等标准相应提高。另外由于北航站楼站设置了航空服务功能，站厅、站台空调设计标准都采用了航站楼大厅标准，即夏季空气室内计算温度为26℃。另外，车站公共区还设置了冬季采暖功能。

1．优化了公共区的空气质量并方便运营管理

公共区的通风空调系统设置了空气净化装置，包括粗效过滤装置及电子空气净化装置，增加车站内乘客的舒适性。空气净化装置具有自动除尘及自清洁功能，可通过采集过滤器前后的压差信号或通过预设定的时间点表进行空气净化装置的自清洁工作，减少运营维护量、便于运维管理。

2．在草桥站及磁各庄站采用了通风空调群控系统（也称"风水联动系统"）

通风空调群控系统根据设于车站内各处的温湿度传感器、二氧化碳传感器数据，完成车站冷负荷最低化的运算，以及通风空调系统运行能耗最低化的运行方案，并制定相应的设备控制策略，使车站公共区在达到设计环境温度目标值的前提下，车站通风空调系统综合能耗值达到最低值。可以方便运营管理、达到节能的目的。

3．排热风机采用智能诊断系统

"风机智能诊断系统"根据安装于车站内排热风机上的温度传感器、振动传感器及压力传感器采集的数据，实现两个主要功能：实时监控风机的运行工况、设备运行隐患，具有自动巡检、维修保养提醒、阈值报警、预警故障及故障原因分析等功能；实时监控风机运行功效，提高风机的运行效率。智能诊断系统是实现地铁环境控制的重要保证，对地铁安全运营起重要的保障作用。

第十二章 车辆段工艺设备安装工程

所有车辆工艺专业设备安装在磁各庄车辆段内，主要是为大兴机场线车辆提供检修所需要的车辆通用设备和车辆非标设备。设备包括三层作业平台、洗车机、地埋式架车机、不落轮镟床、数控车轮车床、转向架静载试验台、动车组动态称重设备、移动式车轴探伤设备、动平衡试验台（含去重装置）、自动化立体库等。

一、时间节点

大兴机场线一期工程车辆工艺设备专业于2017年11月开始招标，2018年3月签订合同，同年完成大部分设计联络会工作，2019年10月完成全部设备出厂验收工作，2019年12月完成安装调试工作，2019年12月24日完成预验收，2020年1月10日完成竣工验收工作。

二、技术要点

根据该工程的特点，并结合以往类似工程施工的经验，采取平面分区、立体分层，注重重点设备施工的同时兼顾其他作业，主次结合的施工总体原则进行该工程作业。

安装施工总体程序根据总进度控制计划制定，原则上先对重点设备、施工周期较长的设备安排施工，然后再进行其他设备的安装。

运用库六座三层作业平台（长度180m）、洗车库的洗车机、检测棚的受电弓在线检测设备、轮对在线监测设备等的安装进度，对车辆段整体项目工程进度影响较大。为确保工程能按期完成，施工项目部多次召开攻关研讨会议，层层推进落实。

三、工程亮点

大兴机场线按照"机场专线、160km/h最高速度、GOA4全自动驾驶运行、对标航空"等高标准建设,而车辆基地是轨道交通运营保障的关键。车辆工艺专业在落实高标准建设的同时,技术上勇于创新,其先进性体现于以下几个方面:

(一)全新的车辆检修修程

随着城市区域化发展,对城市轨道交通提出更高的要求,最高速度160km/h的城市轨道车辆,车辆年平均走行30万km,是地铁车辆的三倍,其检修需求已经突破地铁设计规范,没有成熟的经验值得借鉴。

在这样的背景下,首次确定了国内高速度等级市域快速轨道交通车辆检修修程。并在国内核心期刊发表《轨道交通区域快线车辆检修修程研究》相关论文,为同类工程建设提供了参考。

(二)新技术、新设备的应用

1.智能管控系统的应用

大兴机场线的GOA4全自动驾驶的应用对车辆正线及车辆段运维提出更高的要求,"人的需求由设备所代替"是城市轨道交通GOA4全自动运营的终极目标。车辆段进行了智能管控系统设计,该系统包括综合管理平台、车辆检修智能管理、检修设备管理、检修安全管控四大模块。不仅提出智能巡检、在线检测、车辆状态监控等运维保障措施,还提出智能生产管理的理念,并以大数据的收集为基础对设备状态参数进行提炼分析。同时,还采用车辆、机电等设备的智能化检修作业,逐步摸索车辆运维智能化检修体系。

2.全自动库门和全自动洗车机的应用

大兴机场线的GOA4全自动驾驶的应用对车辆的运用自动化水平和效率提出更高的要求,大兴机场线采用全自动库门方式,在车辆出库过程中,库门按照信号系统要求自动开闭,提高了车辆出行效率,节约能源。同样,洗车机可以实现本地、远程的全自动洗车。

(一)   (二)

◆ 图9-12-1 全自动洗车

3．移动式轮对探伤系统和空心轴在线探伤系统的应用

结合本线车辆轮对单位时间内运行里程较长的特点，为保障走行部关键部件状态良好，防止因车轮故障发生影响行车安全的问题，采用移动式轮对探伤系统和空心轴超声波探伤系统，在车辆不架车、不分解的状态下实现对轮对车轮和空心轴的超声波探伤，降低了车辆维护所需修时，提高车辆利用率，保障运营安全。

4．轮对、受电弓、车底在线检测系统的应用

大兴机场线运营速度高，车辆的运行状态发生较大的变化，与传统地铁相比将加速受电弓、轮对等关键零部件的磨损速度；传统的依靠人员对车辆状态的监测效率及质量已无法满足要求，因此采用轮对、受电弓、车底在线检测系统，以更加安全、高效、准确地检测车辆关键部位的状态情况。

◆ 图9-12-2 轮对在线检测

第十三章 综合信息管理系统

一、乘客信息系统

大兴机场线乘客信息系统,在传统乘客信息系统的基础上加以创新和技术革新,以满足城市轨道交通乘客信息系统的原则和使用要求。

乘客信息系统能够实现一键截屏、界面清晰简捷等综合性功能,主备冗余、集中告警等辅助性功能使系统能够实现安全冗余,进一步提高乘客信息系统的稳定性、安全性和创新性;乘客信息系统在大兴机场线中的先进技术有以下几个方面。

(一)乘客信息客流密度方案的创新

大兴机场线PIS系统增加了乘客车厢客流密度提示功能,利用车载CCTV系统智能分析及列车载重信息进行客流密度分析,并通过站台PIS系统LCD屏显示即将来车的车厢客流密度提示,为乘客提供乘车参考,方便其选择车厢乘坐。

密度数据的来源来自两方面:

1. 来源1:基于车载摄像机实时画面的智能分析

通过运动图像背景差分算法对车载摄像机的实时画面进行分析,并结合同车厢的不同布局摄像头的交叉容错分析,获取客室指定采样区域的客流密度。

2. 来源2:TCMS系统的空载率信号

列车TCMS系统对每节客室的实际承载重量有实时监控,通过PIS系统与TCMS的接口PIS系统能够获得每节客室的空载率信号。

通过车载摄像机的实时画面和TCMS的空载率信号可以综合分析出每节客室的人员密度,并且车载可以将每节客室的人员密度上报至地面系统，通过地面系统的显示终端将人员密度显示出来。如图9-13-1、图9-13-2为密度显示版式。

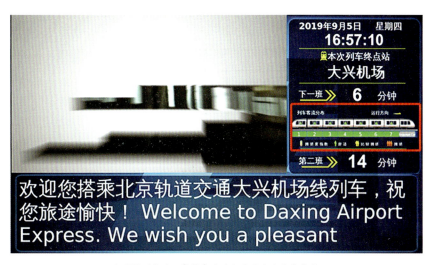

◆ 图9-13-1 常规车站站台显示客流密度版式

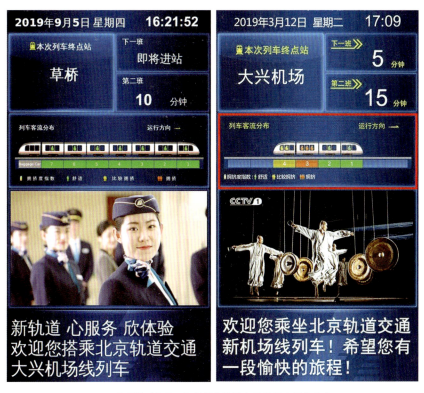

◆ 图9-13-2 北航楼车站站台显示客流密度版式

（二）站台门整合75寸显示屏的创新

大兴机场线大兴机场站PIS与安全门相结合开创国内先例，采用独特的箱体和特制的屏体结合现场和使用情况，创新出75寸屏体的竖屏整合屏。

PIS系统站台LCD屏与屏蔽门深度结合采用75寸竖屏显示系统功能信息，整合PIS（乘客信息系统）显示终端站台门从建设智慧车站的角度，在提升乘客查看显示终端舒适度、提高车站一体化整合度和降低工程建造运营维护成本等方面进行了设计上的优化。保证每个车门一个信息屏，方便为乘客提供资讯信息提升整体服务水平。

◆ 图9-13-3　75寸整合屏显示版式及安装

（三）四八编组的创新

◆ 图9-13-4　站厅票价牌4/8编组版式

大兴机场线PIS系统可显示列车4/8编组到站信息，根据大兴机场线4/8编组混跑情况，在站台及票亭上方PIS系统LCD屏显示4/8编组到站信息，引导乘客出行。大兴机场线目前阶段开行8编组列车，在乘客信息系统的编组信息区域显示三个班次的往返列车信息。并同时显示下一班车的客流密度信息，位置在站厅售票处，分为吊挂和落地显示。

◆ 图9-13-5 站厅票价牌4/8编组版式

二、智能化导向系统

大兴机场线智能化导向系统，在硬件和软件两个层面都有重要创新。

（一）硬件层面

大兴机场线智能化导向系统，在硬件上进行了物理整合，针对传统导向标识，对相近位置的PIS显示屏进行了物理上的整合，不单是设备放置的位置进行了整合设计，而且对于后期的运维也做了充分的设计和考虑。能保证站厅PIS屏、AFC显示屏、传统导向与电子导向无缝结合与过渡，在体现了大兴机场线的设计实例及呈现美观度的同时，也保障了信息传递的集中度，更避免了乘客获取信息的离散化、碎片化的问题，更好地服务旅客，更优地提供保障能力。

智能导向系统创新如下：

1．整合设计

将与导向位置相近的PIS系统LCD、LED显示屏及时钟系统等的显示终端进行了多专业深度整合，使站厅、站台布局更加简洁、信息更加集中。

站外入口位置，门匾导向牌体与PIS系统LED显示屏进行整合；

站厅出口位置，出站导向牌体与PIS系统LED显示屏和紧急疏散整合；

站厅站台扶梯处，常规静态导向牌体与动态扶梯联动导向牌体整合；

票价导向牌体与四八编组和票务信息LCD显示屏整合；

综合资讯导向牌体与PIS系统LCD显示屏整合；

落地综合资讯导向牌体与时钟系统终端设备整合设计。

◆ 图9-13-6 导向整合设计

2．吊挂电子导向升级

根据点位与流线的需要并结合设计＋运维对站内流线管理控制和多维信息传递的需要，进行了电子化智能化的电子导向设计，首次实现电子动态导向网络化管理。

在大兴机场线中，吊挂电子导向首次采用LCD电子牌体，大兴机场线对标国际先进公共交通相关领域，依托迅猛发展的多媒体网络技术，通过对列车智慧乘客服务信息系统开展研究，根据列车实时运行状态和乘客服务需求，更好地开发利用车厢车门上方终端媒介LCD动态地图界面，将车站乘客服务信息前置至车厢内。当列车达到不同的设定触发条件时，其LCD动态地图将会与内部广播系统联动，帮助乘客提前获取目的车站换乘、出入口、车站结构、卫生间及无障碍设施等所需信息，为乘客后续出行增添便利。车厢LCD动态地图通过提供生动立体、简洁明了的综合性引导服务信息，有效提升了大兴机场线的智能服务水平。相比较传统LED屏的显示

◆ 图9-13-7 吊挂电子导向

具有以下三方面优势：

（1）版面信息更换方便、快捷。电子导向系统的版面信息，通过工作站上的信息发布系统软件将版面素材信息发布到导向LCD显示屏上，当导向牌体的版面需要更新或更换时，只需将新的素材信息上传至工作站，在工作站上编辑好发布至LCD电子屏上既可更新、更换版面信息。发布系统并且可以单独更换或批量更换LCD导向牌体的版面信息，非常快捷方便。

（2）LCD屏质量强韧。关于电子导向的LCD显示屏及周边传输设备，所有元器件均为工业级，所以产品性能更加稳定，并且功耗低，使用寿命更长。

（3）LCD显示效果。电子导向的LCD显示屏，屏体显示分辨率为1920×1080，版面素材显示更加清晰、细腻，导向版面效果非常好。

3．牌体形式创新设计

（1）造型创新：

大兴机场线一期导向系统布置原则在遵循相关国标及北京地方设计标准的前提下，对牌体形式进行创新设计，增加"航空"设计元素，以此增强乘客目的地的归属感。

大兴机场线全线三座车站都超出标准地铁车站的高度，为适应大空间效果，综合全线三座车站统一考虑，吊挂牌体尺寸合理化调整，尺寸由既有线版面300mm高尺寸调整到400mm高尺寸，版面进行等比加大；在大兴机场站和大兴新城站高的装修空间里，取消吊杆吊件，与其他设备采用整合支架安装形式，独立的导向点位采用侧挑安装方式，优化安装形式，提高了辨识度并与装

◆ 图9-13-8 车厢LCD动态地图位置

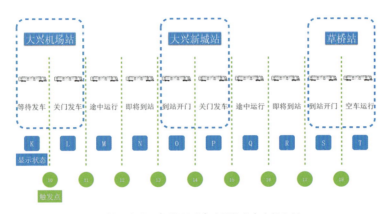

◆ 图9-13-9 车厢LCD动态地图触发点分析示例

◆ 图9-13-10 车厢LCD动态地图显示示例1

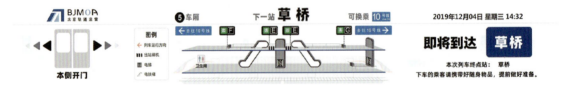

◆ 图9-13-11 车厢LCD动态地图显示示例2

◆ 图9-13-12 导向系统图

◆ 图9-13-13 主流牌体外观设计概念及应用

修整体空间高度相协调，使空间更加简洁、干净。

（2）工艺升级。吊挂导向牌体工艺材料升级：主要材料包括铝材、铝型材、乳白PC板、3M贴膜等。相比既有线铝板镂空常规工艺做法提升为乳白PC板表面粘贴3M膜，既美观轻便，又能保证牌体平整，拼缝均匀。资讯牌体由多个单元组成，每个单元可单独开启并隐藏合页，使更换画面及维护更加便捷。

（二）软件层面

导向标识系统在北京全网中首次引入网络化管理理念。对导向系统电子牌体进行网络化、智能化和动态化设计，采用网络化的集中管理，实现电子牌体播放内容的统一制作、网络发布，以及播放终端设备的统一管理与维护。

机场线智能化导向系统，在软件的创新层面，针对导向标识软件管理与空间及位置高度相关的特点，改变原有的树形目录为平面图式管理菜单，能高效、准确、快速地对电子导向媒体进行监管及操作。采用版面信息统一网络发布取代先前的逐块牌体手工发布，同时加入设备网管及控制等功能。提高了导向系统展示信息的时效性，降低运维的难度和人员流动的上手成本，在提高管理效率、提升信息服务水平的同时也降低了运营成本。

导向标识系统网络化新增主要功能如下：

（1）远程信息发布功能。可通过工作站对电子导向终端版面进行发布替换。版面内容支持文本信息及图片信息的显示，并且支持各种信息混合编排。

（2）编辑及预览功能。可通过工作站对电子导向终端版面信息进行可视化的编辑，并在工作站上对发布效果进行预览。

（3）用户权限管理功能。系统具备分级权限管理功能。权限设置体现在操作系统及应用系统的安全管理中。系统的操作员均拥有自己唯一的操作员ID、操作密码。

（4）监控及报警功能。电子导向终端设备在系统的监控下运行，车站设备可向车站操作员工作站发送其运行模式、设备状态、报警等信息。车站工作站可依据车站设备所处的模式、状态、报警及故障的等级相应发出报警声并以不同颜色显示。

（5）版式及参数管理。系统预置常用版式模板，并可通过工作站对版式模板进行编辑。

（6）设备控制。系统能对电子导向终端及相关设备进行控制，实现相应设备的远程唤醒、关机及重启等功能。支持定时唤醒及待机，避免大量设备同时启动给系统供电带来瞬时冲击，以及在非运营时间使终端设备待机，以实现节能环保要求。

（7）日志信息管理功能。系统应具备日志记录、日志解析、日志检索等功能，应能查看用户操作、信息发布、软硬件运行情况等日志记录，并检索各种日志内容。

（8）单机发布功能。可通过各类移动存储介质对电子导向终端设备版面信息进行更换，当终端设备检测到移动存储介质接入时，可自动运行并拷贝发布内容到终端播控设备中进行播放。

大兴机场线在传统导向的基础上进行创新与技术改革，实现了导向系统电子牌体的网络化功能，简化了版面信息的更换流程，缩短了更换版面的所需时间，提升了乘客获取导向信息的时效性，降低了运营成本，提高了管理效率，使得技术的提升得到了进一步肯定。

三、门禁系统

（一）时间节点

1．工程施工阶段

门禁系统施工人员自2018年10月进入现场，对车站设备区机房二次砌筑的墙洞预留及套管预埋进行了勘察,较好地保证了后续的工程实施。

管线施工部分:自2018年8月至2019年8月完成车站及区间门禁管槽、线缆敷设。

设备安装部分:自2018年10月至2019年8月完成车站门禁主控制器、门禁就地控制器、读卡器、电磁锁、开门按钮、紧急开门按钮等设备的安装。

2．系统调试

该项目设备单机调试于2019年1月开始,全线设备单机调试在2019年9月初基本完成。单系统调试于2019年5月开始,至2019年9月基本完成。联调于2019年8月开始,至2019年9月底基本结束。

(二)技术要点

(1) 门禁系统总体上采用两级管理、三级控制的分布式网络结构。各车站、车辆段组成门禁车站级系统,对本区域的门禁进行管理和监控;在车辆段中心级设置的中央门禁系统,对各车站级门禁系统进行二级管理。

(2) 车站级门禁系统均设有车站级管理工作站,作为各车站和车辆段的管理工作站。车站级主控制器能够完成对本站门禁系统的管理、控制等功能;保证各车站级不依赖于外部通信环境和服务环境,可脱离中央服务器网络,自成一体,安全可靠地独立运行。

(3) 各车站级门禁系统,通过通信系统提供的网络(支持TCP/IP协议)与中央服务器联网,建立基于IP网络的双向数据通道。中央服务器的数据库涵盖各站点的门禁管理数据与事件数据,并可完成数据查看、修改、报表制作。

(4) 各车站级门禁系统的门禁控制器具有脱机功能,能独立运行,存储资料。门禁就地控制器(接口模板)与读卡器直接连接,直接采集并处理读取的卡片信息,门禁控制器具有数据保护功能。

(5) 中央级管理工作站的授权用户能查看和控制各车站级门禁子系统,中央服务器的数据库具有完整的各车站级系统的数据,构成一套分布式、网络化的门禁控制管理系统。控制中心的综合监控工作站上可以显示门禁系统的工作状态,门禁系统向综合监控系统提供满足要求的数据信息。

(6) 门禁设备安装需求。由于门禁磁力锁采用500kg拉力的电磁锁,现场存在防火门尺寸问题,给门禁系统磁力锁预留的安装位置不满足安装需求、门禁系统磁力锁安装位置与闭门器安位置存在冲突等问题，为避免发生此类问题，门禁系统磁力锁安装位置安装需求提前确定。门禁磁力锁安装防火门需求尺寸：56mm，并能满足500kg磁力锁的安装条件。

（三）工程亮点

门禁系统防技术开启功能：由于目前现有的门禁系统中，使用的门禁卡绝大多数属于只读卡。由于卡片被破解、复制等情况随时有可能发生，对现有门禁系统安全产生了严重影响。针对门禁系统在使用过程中存在卡片被破解、复制等情况，为了提高地铁运营的安全性，满足相关规范"防技术开启"的要求，门禁系统增加了门禁密管系统及密管设备。

四、安检设备

（一）时间节点

2019年4月12日，安检设备进场。
2019年8月27日，安检设备通过预验收。
2019年9月6日，安检设备通过竣工验收。

（二）技术特点

大兴机场线工程安检系统包含安检设备和安检信息化。大兴机场线工程安检设备遵照北京市轨道交通安检系统相关标准以及公交总队、运营单位的要求和规定进行技术选型，安检设备采取了智能安检区，综合应用了双源双视角X射线成像、视频采集监控、禁带品智能识别等先进安检技术，大大提高了安检工作效率，改善安检工作质量，有效防范爆炸物与武器、易燃易腐蚀物品等各类危险违禁品。主要由双源双视角可调速通道式X射线安全检查设备、禁带品智能识别机、台式液体检查仪、便携式液体检查仪、便携式炸药探测器、手持金属物探测器、防爆毯、防爆球、金属检测门以及相关附属设施组成。

大兴机场线安检信息化项目在磁各庄车辆段建设了安检信息化指挥中心，实现对全线安检区的视频监控、安检人员考勤、安检工作的视频检查、客流信息、过包信息、查获违禁品信息的实时采集，实现对禁限带品及突发事件的警企联动处理。通过接入CCTV系统、门禁系统和车辆段周界防护系统，实现重点区域视频巡检、门禁出入信息、门禁入侵报警和周界防护告警等一体化管理。

（三）工程亮点

大兴机场线是唯一满足二级等保要求的安检信息化项目，新增等保二级设备配置，包括防火墙、入侵检测设备、日志审计系统、病毒防护系统；

系统设置网管系统，可在小营控制中心远程对系统进行维护和管理；

新增遗留物品管理、疲劳监测抓拍、资料库管理、物资管理等多项实用功能，基本实现安检设备及安检信息化系统的无纸化办公；

新增8台平板电脑用于车站安检班长使用APP进行信息管理；

丰富了手机APP管理功能，可实现视频调看。

第十篇 CHAPTER 10
运营服务篇

大兴机场线实现了现代科技与人文理念的高度融合，是城市轨道交通领域一本最为人性化的人文主义杰作。运营筹备工作以塑造"新国门第一线"形象为目标，利用建设者与运营者为母子公司的先天性优势，从建设期就开始践行"以人为本"理念，把人性化的配套服务卓越地贯穿于每一个细节。

大兴机场线经过36个月的工程建设，于2019年9月26日开通，与北京大兴国际机场同步运营。根据联合体协议，运营筹备工作，由项目公司委托轨道运营公司实施。

轨道运营公司的运营筹备工作早在建设期间即已展开。运营公司精准制定运营筹备方案，及时建设安全与应急管理体系，在各个层面开展应急演练，一次性通过安全评估，提前做好人力资源、运营物资、管理制度等各方面的准备，着力提升服务品质，圆满完成运营筹备工作任务。

本篇谨对大兴机场线的服务特点、亮点及运营筹备方式与过程进行记述。

第一章 运营概述

北京大兴机场线是一条联系北京中心城区与大兴国际机场的轨道交通专线,是大兴机场陆侧集疏运系统的重要组成部分,也是北京城市轨道交通体系的一部分。该线主要服务于大兴机场的航空乘客。

该线线路穿越大兴和丰台两区,全长41.36km,一期铺轨长度为39.84km(线路两端土建预留工程共1.52km),共设3座车站,南起分别为:大兴机场站、大兴新城站和草桥站。一期建设一座车辆段,位于大兴区团河地区海北路北侧、东环路西侧,接轨于大兴新城站。线路在新航城地区规划预留一个停车场,接轨于路基段。

该线车辆制式为市域D型车,供电制式采用AC25kV架空接触网。初期配备车辆为8编列车8列、4编列车4列。8编列车定员为910人/列(3人/m^2),4编列车定员这503人/列(3人/m^2)。

该线开通初期,预测日均客运量约为3.13万人次。

该线行车间隔,系统设计间隔最短为4min,初期最小行车间隔8min30s。

列车最高运行速度160km/h,平均运行速度为110km/h,单程约20min,全周转时间约60min。线路两端的大兴机场站和草桥站均采取站后折返方式,折返能力均为216s;正线设计追踪间隔不大于100s(CBTC模式下);线路最终通过能力不小于15对/h。试运行期间磁各庄车辆段尚不能使用,需暂用路基段停车场收发列车。

第二章 大兴机场线服务亮点

轨道运营公司从加强运力保障、便捷购票进站服务、优化换乘接驳环境、提供人性化配套服务、提升列车服务品质等5大方面，着力提高大兴机场线运营服务水平，提升旅客出行体验。

一、加强轨道运力保障

根据预测，大兴机场线日均客运量3.13万人次。轨道运营公司通过深入分析航空客流特点，科学编制线路运营方案。计划大兴机场线全天运行时间不少于16.5小时，运力达19.8万人次/天（坐席约7.78万人次/天），确保运力充足。实际运营期间，将视航班夜间到港情况，适当调整并延长运营时间、缩短发车间隔。为应对极端天气、航空管制等导致的机场旅客滞留突发情况，将及时启动应急预案，充分保障机场旅客出行需求。

二、便捷购票进站服务

大兴机场线的购票方式可分为：车站现场购票和非现场购票两大类。

（一）车站现场购票

乘客可通过车站自动售票机、网络取票机自助购买大兴机场线普通单程票或商务单程票，也可选择在车站售票处购买一卡通普通储值卡和北京互通卡，并为卡片充值。乘客也可选择通过车站设置的自动售票机、网络取票机自助办理充值。车站现场购票、充值业务同时支持现金和非现金(微信、支付宝)支付方式。

（二）非车站现场购票

乘客可使用亿通行APP在线购买大兴机场线普通单程票、商务单程票，通过车站网络取票机现场取票，也可使用亿通行APP在线购买大兴机场线电子计次票。

在大兴国际机场到港／离港／中转的乘客，可通过航空公司官方渠道选择购买空轨联运产品，使用产品中提供的地铁乘车二维码直接刷闸乘车。

大兴机场线同时支持手机一卡通(手机须具有NFC相关功能)的使用。

三、优化换乘接驳环境

运营初期开通草桥、大兴新城、大兴机场3座车站。

其中，草桥站可换乘地铁10号线，未来可换乘19号线；周边公交有381、夜22、通勤快车等12条线；车站地面与城市绿地深度融合，环境良好；设有约1100个非机动车停车位，小汽车接驳区约50个车位，出租车蓄车区约26个车位。大兴新城站周边有957、369、专23、兴16、兴25、兴47、兴48等多条公交线路。大兴机场站可与已经开通的京雄城际线实现换乘，另外还有6条机场巴士线路通往市区，6条省际客运线通往河北、天津，除此之外，还有京雄城际线、出租、小汽车等多种接驳方式。

按照规划，大兴机场线二期工程将延伸至丽泽商务区，未来可换乘多条轨道线路，将极大方便市内航空旅客出行。

四、提供人性化配套服务

以人为本，从乘客实际需求出发，大兴机场线提供更加人性化的配套服务设施。3座车站设直梯26部，全部设有母婴关爱室。车站备有翻译机，支持中文与英、日、韩、法、西班牙等34种语言的语音翻译及中文方言识别功能。卫生间参照航站楼标准，设有广播、增香机、儿童低矮洗手池等。

站台风格彰显中华传统文化，设计风格以"一带一路"为主题。草桥、大兴新城、大兴机场3站和后期开通的丽泽商务区站风格分别对应陆上丝绸之路、海上丝绸之路、空中丝绸之路、未来科技发展的丝绸之路，给乘客出行带来丰富的观感体验。

此外,大兴机场站首次尝试站台门与 PIS 屏结合的方案;草桥站首次采用了多媒体站台门系统,通过设置在轨行区的投影仪将图像投影到在站台门固定门上,利用站台门进行媒体宣传,提高了站台门的利用率,同时美化了站台。

五、提升列车服务品质

列车全自动运行系统可实现自动唤醒、自检、运行、休眠等全过程控制,能够精准控制停车时间。全自动运行系统免除了人工烦琐的日常检查、清洗作业,能够精准控制停车时间。大兴机场线车辆首次采用基于城际平台的市域车型,设计时速可达160km/h(动车组用车,列车坐席每列357人;以3人/m^2为标准,每列定员910人,较既有地铁更加宽敞);全程运行时间19min,快速到达中心城。

开通时列车为8节编组,采用载客车厢+行李车厢"7+1"形式。载客车厢分为普通车厢、商务车厢。在草桥站可提前办理行李托运等简易值机服务,为乘客出行提供更多选择。

车厢服务更加精细化。普通车厢采用"2+2"座椅布置;商务车厢采用"2+1"座椅布置,间距达到1.25m,座椅面前还设有小桌板、USB充电接口,配有独立可调控的出风口和独立阅读灯。另外,设置了车厢内侧顶行李架、门区大件行李架等,行李存放实用便捷。采用多层次光源系统,车内LED显示器可清晰显示车辆目的地。竭力为乘客提供宽敞明亮、温馨舒适的乘车环境。

此外,首次在轨道交通行业视频监视系统中采用云存储技术。首次采用3t无机房乘客电梯,电扶梯设有故障预警系统。全线闸机增加了人脸识别设备及功能,AFC 系统可将 VIP 客流与普通客流进行了区分,保证为 VIP 乘客提供专用的售检票设备;同时增加核准机,满足 VIP 票价的票务处理。

支持在线扩展车站和车载乘客无线上网系统可为乘客提供上网服务;广播控制终端首次实现 TTS 文字合成语音功能,可直接使用防灾广播盒、操作终端输入需要转换为语音播放的文字,通过广播系统软件进行语音合成。

六、有序推进运营筹备

人员方面:运营服务岗位人员突破1000人,并对标航空标准,按计划开展了培训工作,涉及专业知识、形体、沟通、语言等各个方面。

规章制度方面:完成运营服务、设备设施管理等规章制度601项,为大兴机场线安全平稳运营提供有力保障。

  应急保障方面：完善了应急管理体系，包括现场应急组织、预警发布及响应、应急信息通报、现场处置等；制定了综合应急预案1项，专项应急预案34项，现场处置方案116项，随现场情况逐步开展演练及验证。

第三章 制定大兴机场线运营筹备方案

大兴机场线于2019年下半年开通试运营,北京轨道交通运营管理有限公司作为该项目的运营商,以2019年9月20日,作为该线试运营筹备完成控制目标时点,并于2018年4月3日,召开大兴机场线筹备工作启动会,2018年4月10日编制完成运营筹备工作方案。

一、制定运营筹备策略

在建设阶段充分发挥"建运一体"的优势,全力推进项目的运营筹备工作。轨道运营公司制定了"全体动员,协调配合,全局统筹,主动推进"的筹备策略。

◆ 图10-3-1 运营公司大兴机场线运营筹备工作启动会

◆ 图10-3-2 列车出站

二、制定筹备工作议事规则

按计划组织召开筹备工作调度例会,检查运营筹备工作进展情况,协调各类工作事项,解决各类问题和突发情况;并对即将开展的工作及时提醒相关专项组,对计划完成时间即将到期的工作事项进行通报预警;通过筹备工作调度例会,指挥部与各专项组每周"对对表、吹吹哨",使运营筹备工作在指挥部的统一领导下步调一致,以保障各项工作得以切实落实与推进。同时,根据工作进展情况，调整筹备工作调度例会频次；适时组织召开大兴机场线筹备专题会，协调解决运营筹备工作中遇到的各类专项问题，有效地推进了大兴机场线运营筹备工作的开展。

通过对会议议定事项的全过程追踪，确保各项议定事项得到有效落实。

三、确定运营管理模式

（一）调度指挥模式

北京轨道交通大兴机场线控制中心设于小营北路轨道交通指挥中心内，实行24小时轮班制，采用控制中心—车站、司机、车辆段DCC的两级管理模式。

（二）乘务制式

开通初期，采取单司机值乘模式，正线关键车站、高峰时间段配置保障人员，待车辆设备、信号设备的稳定性、可靠性达到要求后，逐步撤除保障人员。正线和车辆段各设置一个派班室。车辆段派班室作为乘务信息收发的中心。

（三）车站管理模式

运营初、近期有三座车站，且站与站间距较大，相互独立性强，前期采用车站独立管理模式，实行站长负责制，负责管理车站内的所有行车和客运工作。设备设施实行集中监控，将环境监控、视频监控、自动售检票、广播、屏蔽门等系统集中设置在车站综控室，由综控值班员统一监控。

（四）票务制式

实行自动售检票，实施区别于路网普通线路的独立票制票价政策。除售票、充值、补票、查询等传统票务业务外，线上购票线下取票、二维码刷闸等互联网业务也将随开通同步开展。该项目与路网既有线路实行有障碍换乘。

（五）设备维护维修管理模式

组建专业化团队承担设备设施维修维护工作，采用"故障修和计划修相结合、巡检一体化"的管理模式。根据各专业设备设施维修市场化供应情况，及相关法律法规要求，拟定：车辆、供电、接触网、站台门、线路、通信、自动售检票、暖通空调、给排水等设备设施自主维修；信号及综合监控、电梯、FAS等系统设备以及部分涉及厂家核心技术保密限制的维护工作采用外委维修。

四、做好运营筹备宣传工作

工作简报是反映情况的灵活形式，其突出的特点就是：简明、及时、新颖。工作简报作为一种了解情况、沟通信息的有效手段，一是能使领导及时了解、掌握运营筹备工作的最新情况，作出指示与指导工作；二是沟通信息、交流经验，便于相互学习、相互借鉴，取长补短，共同提高；三是通报有关情况，推广先进经验，布置当前工作。轨道运营公司在大兴机场线运营筹备工作中，充分发挥工作简报的特点，由专人负责及时收集各专项组的运营筹备工作信息，并对收集的信息即刻进行筛选、分类、编辑；同时按照大兴机场线运营筹备工作需要，及时调整工作简报信息的收集与刊发周期，做好运营筹备宣传工作。截至2019年11月底，大兴机场线运营筹备工作简报共计刊发12期。

2018年6月1日，刊发了轨道运营公司大兴机场线运营筹备工作指挥部第一期工作简报。

◆ 图10-3-3 轨道运营公司大兴机场线运营筹备工作指挥部第一期工作简报

第四章 建立安全与应急管理模式

一、建立安全管理体系，满足开通运营条件

（1）根据轨道运营公司"0114"的安全管理体系，搭建大兴机场线安全生产规章制度体系、安全生产责任网络，为各项安全活动建立完备、统一的管理标准，确保各级管理人员能够按照一致、标准的方法和行动来管理安全。利用安委会、月度安全例会、周生产会等部署安全生产任务、研究安全生产事项，协调解决安全生产问题；督促公司党委、领导班子成员认真落实安全生产"一岗双责"制度，抓好有关安全生产决策部署的贯彻落实。

（2）根据"安全第一，预防为主，综合治理"的安全生产方针和安全生产法规要求，编制《北京市轨道运营管理有限公司安全生产责任制》。按照"一岗双责""党政同责""管生产必须管安全"的原则确定了各岗位安全职责，并逐级逐层签订《安全生产责任书》。

（3）按照安全管理14项核心要素管理内涵，形成轨道运营公司安全管理制度框架。深入落实《安全管理手册》《消防安全管理规定》等36份公司级安全管理制度要求。

（4）根据公司《安质环培训管理规定》要求，严格落实安全教育培训和持证上岗制度，开展各层级、各岗位、多形式的安全管理培训和安全教育活动，推进安全管理人员队伍建设，搭建大兴机场线基层安全员队伍。

（5）根据公司《反恐怖防范工作管理规定（试行）》《治安保卫管理规定》等12项反恐防范与安全保卫管理制度，全面开展反恐怖与安全保卫培训、宣传工作。组织开展多层次、多形式的反恐怖与安全保卫培训及宣传活动。

二、创新工作模式，提升安检管理水平

（1）建立安检日通报制度。将每日现场检查和非现场检查中发现的各类问题进行汇总，形成安检每日情况通报，在当日运营结束后发安检公司，使安检公司更为全面地了解到当日各安检点

的各类问题，并对每项问题进行跟进、整改，于第二天24时前反馈整改情况，形成了工作闭环。

（2）建立安检周、月、专题会商机制。每周、每月召集安检公司召开安检工作会议，对上一阶段安检工作进行总结，通报监督检查问题，部署下一阶段安检工作；重要时期、重点工作召开专项会议，对保障工作进行专题部署。各次会议结束后，形成会议纪要，监督安检公司进行落实。

（3）实行安检"一岗一交接"。通过规范安检点各岗位换岗过程中的交接流程及交接内容，提高安检工作形象，减少了因交接班导致的责任性投诉。

（4）建立应急支援机制。从各安检中队中抽调20名精干人员、1辆通勤大巴车专门组织了一支后备机动力量，在休班期间担负应急支援任务，遇到紧急情况，30min内赶到现场增援，遇重大活动或重大节假日期间增加至100人，随时进行支援。

（5）成立安检督查队伍。抽调专人每日对各个安检点开展督查、检查工作，主要内容包括安检点岗位职责、岗位形象、服务用语、安检设备、安检点卫生及安检用房管理情况等。

（6）采取技术手段，提升反恐防范与安全保卫效率。一方面是通过门禁系统，按照各区域风险等级，设置不同等级门禁权限，严格把控重点区域人员进出，保障线路运营安全。另一方面是充分利用CCTV视频系统，24小时全天候、全方位对各站安检、安保工作进行远程监管，发现可疑人、可疑情况第一时间采取措施，排除隐患。

（7）消防安全管理架构体系初步建成。按照"谁主管，谁负责"的原则，加大消防宣传力度，全面提高员工的消防安全意识，使消防安全工作落到实处，各项消防安全管理工作得到稳步推进，消防安全管理架构体系初步建成。

（8）明确大兴机场线各级消防安全管理机构及消防安全责任区划分，组织各部门签订消防安全责任书、逐级落实消防安全责任制，明确各岗位消防安全职责，确定各班组、部门、重点岗位的消防安全责任人、消防安全管理人、专兼职消防管理人员，保证公司消防工作层层有人抓、有人管、有人落实。

第五章 人力资源的准备

一、人员招聘及配置

轨道运营公司以组织架构为依据实施定岗定编，并进行人员招聘，确保人员及时到岗。大兴机场线人员招聘公告于2019年4月23日正式发出，人员招聘工作正式启动。持续开展包括运营板块（含站务、乘务、控制中心等部门）和设备设施板块（含车辆、土建线路、供电机电、通信信号等部门）等一线人员招聘工作。在现有组织结构体系下，不断丰富职能管理的人员力量，大兴机场线开通前按计划完成岗位招聘工作，为按时开通提供了人员保障。

二、业务培训与取证上岗

为进一步做好城市轨道交通试运行筹备工作，确保大兴机场线顺利进入试运行阶段，稳步提高运营服务水平、运营安全和效率，特别是培养适应于全自动运行环境下合规称职员工，满足北京地铁发展战略和专业人才发展需要，凭借轨道运营公司科学完善的培训架构、全自动运行国家试验平台和实训基地、专业系统的师资梯队、配套的培训管理机制、全员分级分层的贯穿员工职业生涯始终的全自动运行背景下的培训课程体系、涵盖公司各层次、各阶段、各专业人员的培训工作稳步有序推进。

在大兴机场线运营准备中，轨道运营公司坚持"所有工作培训先行，集中培训与班组日常培训相结合，随师学习与员工自学相结合，理论学习与实操学习相结合，实行安全教育培训与持证上岗相结合"的原则，以保证培训质量和学习效果。培训部结合公司年度培训规划，组织一线员工完成了各专业、各岗位的理论和实操培训，旨在确保参与新线试运行的员工具备上岗资格。

通过确定人员培训方案，制定培训大纲，统计确认需要获取外部证书的岗位及人员数量并在试运行前完成上岗证发放、统计备案。培训结束时满足各岗位上岗要求。

◆ 图10-5-1 运营公司一线员工培训会

1. 制定培训方案

首先完成培训方案模板编制工作并下发各专业进行完善，2018年8月培训部与各专业对培训方案进行确定，9月将确定过的方案汇总并上报。

2. 完成上岗取证

依据大兴机场线架构，结合外部证书清单和获取外部证书的岗位清单及人员数量。制定大兴机场线培训大纲，完成大兴机场线课程开发工作，包括安全资格课程、内部理论课程、实操课程等。同时依据外部取证人员数量及证书种类清单，并结合外部取证培训机构的培训时间，开展大兴机场线外部取证工作。大兴机场线试运行前完成上岗证发放工作并统计备案。

由于大兴机场线列车"白鲸号"使用的是以CRH6F型城际动车组及A型地铁技术平台为基础的市域快轨列车，采用额定电压为25kV的接触网供电，为了使列车司机能够掌握此种列车的驾驶技能，2019年1月起，轨道运营公司乘务部将列车司机分三批送往中国高铁司机的摇篮——武汉高速铁路职业技能训练段，向行业前辈学习铁路工匠精神，以一技之善建功轨道运营，武汉学成归来后，乘务部又派遣骨干员工参与环铁调试，掌握第一手技术及经验。

第六章 规章制度的编制

轨道运营公司对现有文件体系进行了完善,将规章制度分为通用文件、燕房线文件、大兴机场线文件。通用文件适用于公司运营的各条线路,燕房线文件仅适用于燕房线,大兴机场线文件仅适用于大兴机场线。在文件编号上予以区分。

在建立大兴机场线规章制度体系之初,按照大兴机场线的实际业务需求制订了大兴机场线规章制度编制计划,以满足大兴机场线的运行需求。轨道运营公司各相关部门已经按照计划完成了规章制度的编制,并按照公司规章制度发布流程"文件立项、文件征求意见、文件标准化/合法性审查、标准化委员会审议、总经理办公会审批、办公室发布"于大兴机场线试运行前完成发布。

文本编制涉及运营管理、设备管理、安全管理等方面,需在试运行前完成编制、审核、发布工作。

一、编制运营规章制度

运营组织部门完成相关文件的梳理,明确文件内容的分类,建立大兴机场线相关文件时间表,明确文本规章发布时间,倒推文件发布时间节点,2018年年底完成规章制度的初稿编写,2019年6月大兴机场线试运行前完成规章制度全部发布。

二、编制作业指导书

设备设施保障组组织各专业对大兴机场线文件进行梳理,初步建立大兴机场线文件清单。各部室成立专门的编制小组按照大兴机场线维修模式完善部室管理规章制度,并结合大兴机场线设计资料和设备特点,安排现场经验丰富的工程师编制有标准、有针对性、可操作的作业指导书。设备设施保障组组织内部评审,对大兴机场线文件进行初步审核后,按照公司文件控制程序发布。

三、编制公司预案

根据大兴机场线人员配置、设备环境、运营要求,按照分工组织各级预案的梳理工作。研讨修订,完成相关不适用内容的修订(新增),形成初稿。后续进行演练验证,对修订(新增)的预案进行桌面及实操验证,并留存验证结果。结合验证结果,对初稿进行再次修订,形成终稿,于2018年年底前按照公司预案管理规定发布。

大兴机场线文件共计601份,其中行车管理类9份,如《大兴机场线电力系统调度管理规定》《大兴机场线防灾系统调度管理规定》等;服务管理类7个,维护维修类89份,如《大兴机场线车辆部电动客车维修管理办法》《大兴机场线土建维修室桥梁专项维保管理办法》等;操作办法类496份,如《大兴机场线车辆段起重机操作作业指导书》《大兴机场线单开道岔质量验收检查作业指导书》《大兴机场线列车清客作业指导书》《大兴机场线站台门故障处理作业指导书》等。

其他管理类文件,如行政管理类、人力管理类、财务管理类,安全管理类,一部分运营管理类文件属于通用文件。

第七章 运营物资的准备

新线筹备开通，物资先行，根据大兴机场线开通前关键节点，坚持以"服务生产，保障运营"为中心，科学谋划，主动作为，扎实工作，全面提高工作质量和效率，力求发挥好服务保障作用。

物资准备方面根据物资使用时间和功能不同，轨道运营公司按照不同计划进行准备。生产类的各种手册和表单需要在筹备期、综合联调期间发放到位。各类标志标识、安全装备、防护用品、防汛/防雪设备、家具/办公用品以及专用工具等物资需要在开通前陆续到位，为运营使用提供保障。

一、生产类的手册和表单准备

试运行前完成生产类印刷服务的招采工作，需求部门后续根据自身需求时间将筹备期、综合联调期间的各类手册与表单印刷并发放到位。

二、标识类、安全类物资准备

试运营前完成标志标识项目招采工作，需求部门根据自身需求合理安排项目执行进度，保证各类标志标识及时到位。分标段、分批次完成安全装备、防护用品、防汛/防雪设备、专用工具招采工作。物资部、合约部按照轨道运营公司相关采购管理规定实施采购、发放。

三、家具/办公用品准备

大兴机场线开通前，分标段、分批次完成家具/办公用品招采工作，物资部、合约部按照轨道公司相关采购管理规定实施采购、发放。

四、备品备件准备

根据大兴机场线设备特点及合同内容全面梳理工器具及备品备件型号、参数及数量。结合各系统特点及运营期维修策略，对合同内的备品备件进行合理调整，形成需求文件。最后按照相关程序，提请相关合同变更。

定期与供货商跟进备品备件到货进展，确保关键备品备件到货时间。完成备品备件到货验收工作后进行备品备件入库并建立备品备件台账。

第八章 应急预案的演练

为检验应急预案管理体系的有效性和科学性,并提升应急队伍人员的应急处置能力,快速、高效、有序处理突发事件,提高应急处置能力,针对大兴机场线现场实际情况编制大兴机场线演练计划,充分运用现场演练、桌面演练等形式开展应急演练。

一、编制应急预案

轨道运营公司将应急预案分为设备设施故障类、与设备有关的运营突发事件类、客运组织及疏散类、火灾类、自然灾害类、公共治安、防恐类及其他现场处置相关应急预案。组织公司各部门编制34项专项应急预案,为各类运营突发事件制订了具体的处置程序和作业流程。

二、应急预案的演练

运营演练分为桌面推演和现场演练两部分。

桌面演练根据各运营场景确定演练脚本,识别可能出现的紧急情况,并编制现场处置方案内容以及演练项目。按计划时间节点完成桌面演练,论证各部门规章预案编写的准确度和员工对规章的掌握情况及各应急场景下的应急处置流程。收集图纸资料,并进行现场踏勘,掌握现场实际情况。

根据桌面演练和现场情况,编制现场演练计划与演练脚本,并组织开展现场演练,形成演练报告,同时对应急预案的可行性、可操作性进行回顾。现场演练通过开展人员、设备及其他资源的实战性演练,以检验相互协调的应急响应能力。

按《应急管理手册》要求,在试运行期间,各项应急演练分级分批次按计划持续开展。已对"正常运营;降级运营;信号系统;故障处理;车站故障;供电系统故障;AFC系统;灾害事故应急演练;车辆段测试;其他"等10类型应急事件,按不同的故障及场景完成了74项部门级演练和1项公司级演练。

第九章 对标航空服务标准的细化

按照北京市交通委员会《关于做好全面向航空标准看齐建设轨道交通运营保障体系工作的通知》（京交函〔2016〕860号）的要求，2018年轨道运营公司结合自身的特点，在大兴机场线运营筹备工作中高度重视，学习航空先进技术和管理理念，与现行工作密切结合，组织专家及技术团队，积极推进各项对标航空工作的研究与落实。在此基础上，2019年公司通过统筹协调，组织运营准备组、设备设施保障组、资源开发组及培训部，汇总、总结了2018年对标航空工作落实情况，形成了大兴机场线运营筹备对标航空成果文件——《大兴机场线对标航空实施报告》。

该报告从运营目标提升、运营服务提升和设备设施保障提升三个方面进行了总结分析：在运营目标方面，对大兴机场线公司内控运营指标进行了初步明确；在运营服务方面，确定旨在打造国门第一线高水平、高标准服务形象，提供具有国际航空特色的轨道交通客运服务，提升运营服务品质；在设备实施保障方面，结合公司发展规划，从设计方案提升、维修规程体系建设、维修资源整合、信息化建设、RAMS管理等维度，有效提升公司在大兴机场线运营中的维修服务质量，从而降低故障率、提高系统运营可靠性，全面向航空标准看齐，为建立新时代"国门第一线"提供有力保障。

一、提升经营目标

提升大兴机场线内控运营指标，针对影响大兴机场线安全运营及服务质量的重点设备的可靠性进行评估，并在既有线指标的基础上进行提升，作为大兴机场现运营过程中设备的保障目标。

二、提升运营服务

（一）人员服务升级

人员基本条件提高。在既有标准的基础上细化了人员基本条件、素质以及语言方面的要求，作为招聘及内部调配依据。

人员服务形象优化。大兴机场线员工工服在既有工服设计基础上，根据对标航空理念与员工实际工作需求，细节不断完善。

人员对标航空专项培训。为使一线员工面向乘客的服务向航空标准看齐，树立品牌和行业标杆，公司针对大兴机场线筹备工作的开展，结合公司实际运营质量管理的需求，组织"对标航空"专项培训，由航空服务老师授课，覆盖一线全员。

从2019年1月起，轨道运营公司站务部提前抽取专业骨干力量前往阎村东车辆段进行机场线培训课件制作工作，将大兴机场线培训工作前置，通过半个多月的时间制作了专线培训课件20余个，为人员培训工作创造了坚实的后盾。在骨干力量的细心教导下，大兴机场线通过5批次的业务提升课程，使全员的业务知识得到了充分的提升，为大兴机场线的顺利开通奠定了有力保障。

2020年注定是不平凡的一年，1月份武汉疫情的大爆发使全民进入了抗击病毒的大军。北京市大小企业陆续停工停产、全国口罩、消毒液等消毒用品供应紧张。疫情暴发时，人们难免惊慌、恐惧、焦虑和担忧。大兴机场线站务人员一直秉承着充满信心、敢于胜利的积极乐观精神坚守在一线，毫无动摇。面对信息未知的乘客，始终用心提供每一份服务。热线上流转的一个个表扬和挂满锦旗的墙面均表达了乘客对于运营服务的肯定。"抗疫精神"是中华民族精神的剪影，它可歌可泣、可圈可点，也无坚不摧、无往不胜。一线人员也因此次疫情变得更加团结而充满力量。

● 图10-9-1 大兴机场线培训工作

● 图10-9-2 大兴机场线站务人员抗击疫情培训

（二）服务装备升级

按照"解放双手"理念，方便一线员工为乘客服务，定制了一线作业多功能配包，配置翻译机、视频记录仪，还在特殊场合配置了服务机器人。

（三）VIP服务细分

服务岗位设置精细化。针对VIP乘客提供全程服务、配合4/8编组混跑缩短运营间隔的方案等情况，站务人员岗位设置相比既有线更加精细化，更具特色，提升企业辨识度。站务部针对VIP服务标准、流程，进行了服务加强培训。

（四）环境水平提升

大兴机场线车站保洁从人员、物料、设备等方面，较既有线路提出了更为严格、明确的要求，提高保洁清洁标准及人员素质。

（五）服务合作拓展

1．乘客界面外语内容规范化

与中国翻译协会成员单位开展翻译服务项目专业合作，为轨道交通线路车站导向标识、广播词以及对外宣传册等进行英、日、法、德、韩文等语种翻译（笔译）。合作内容包括但不限于日常通告、提示类短句、单条广播词、宣传手册、规章条例、服务活动主题、安全警示标识、导向指引、设备操作指引等。

2．开展大兴机场线乘客服务质量提升专项咨询项目

与专业服务咨询与设计团队开展大兴机场线乘客服务质量提升项目，通过深层次、结构化掌握机场线运营乘客服务需求，在现有服务软硬件的支撑下，有针对性地优化服务产品并推广使用，且在运营一定时期后对服务产品效果进行验证及修正完善。

在"新轨道、心服务、欣体验"的服务理念，大兴机场线"对标航空"的运营服务要求下，不断提高大兴机场线乘客服务水平。

3．在北京地铁路网中首次设置AED

大兴机场线在北京地铁路网中首次设置AED设备，并对站务人员进行培训。遇到突发情况时，这些AED设备都会放置在有工作人员值守的区域旁，市民首先要迅速拨打急救电话，然后立即通

知地铁的工作人员,由他们启动相应的急救程序。

◆ 图10-9-3 大兴机场线设置AED设备

三、提升设备设施保障质量

(一)维修规程体系建设

轨道运营公司制定大兴机场线设备维修规程,结合大兴机场线长大区间的特点,基于"预防为主,预防与整治相结合"的理念和预防性维修和修复性维修的维修策略。维修规程明确了阶段性修程、突出维修过程把控、强化维修质量,做到设备设施全覆盖、无盲点,修程、工艺、标准精细化等要求。

同时,各专业每年根据自身维修特点和系统类别,梳理各项维修内容。对于不满足上述要求的,进行整改完善并适当调整维修周期或维修项目。使公司的维修规程持续满足运营需求,具备完整性、合规性和适用性。

(二)维修资源整合

通过"三统一"(各专业维修计划统一制定、维修设备及车辆统一调配、维修人员统一组织),使各专业形成一体化联合作业小组,从而实现台账资源共享、设备信息共享、天窗资源(作业区段)共享、交通资源共享、应急资源共享、视频监控共享、科技成果共享,达到提高维修效率、加强应急响应、降低交叉作业带来的安全风险的目的。

按照约3km/段的原则,将区间从K6+000~K42+000共36km的区间划分为11个作业区段。同时梳理信号、通信、供电、机电、土建、线路六个专业的区间维修内容,按照"统一协调、统一调度"的原则，实行"资源共享、专业强化、集中管理"的综合维修模式，分别将11个区间段的作业进行整合，通过区间接入点统一进入维修。11个区间段内未设置区间接入点的采用乘坐轨道工程车的方法进入区间维修。

（三）人员应急技能提升

以航空维修服务标准为基础，结合大兴机场线车、轨、电三大系统，在"国门第一线"北京市轨道交通重要战略意义的背景下，加大轨道交通大兴机场线职业标准、培训标准、人员技能鉴定标准的开发，有针对性地对员工进行各专业典型故障处置技能培训，使员工熟练掌握设备操作控制、故障分析方法，提升员工故障排除及应急处置能力。通过理论和实操考核，确定员工初、中、高三种技能等级。同时，按照各专业设备操作专业性和影响程度，合理分配各级维修人员，有针对性地布置工作任务，提高维修效率和质量。

（四）应急响应保障

结合大兴机场线长大区间、列车速度快、设备设施配置等特点，从采用新设备、新工艺和在重点时期、重点部位，通过人员以及物资的配置两方面，来提升日常运营设备可靠性和应急救援水平。

（五）日常运营设备保障

大兴机场线设备系统规模大、复杂程度高，为确保"国门第一线"开通后安全稳定运行，公司通过可靠的设备监控技术，在设备发生故障前，及时预报设备的异常状况，采取相应的措施，从而最大程度避免或降低设备故障所造成的影响。

四、提升信息化建设水平

为保证公司各类维修制度有效落实，设备系统始终保持良好的工作状态和运行质量，公司以设备管理为核心业务，以管理及维修人员为主要服务对象，建立了贯穿运营公司、中心、工区三级的设备运维综合管理系统(DMS)。

设备运维综合管理系统主要完成了计划修与故障修两个主线业务流程。大兴机场线在原有的系统功能基础上，通过完善的设备故障分析系统，以及各设备状态的大数据分析实现风险分析、故障预警、改善措施，最终从故障修转为以状态为主的状态修，从而提升设备的可靠性和故障维修效率。

五、提升RAMS管理水平

根据航空公司系统保障的工作要求，结合建设特点、系统特点，建立风险控制管理体系。各专业分别从建设期、运营期两个阶段入手，对人员安全（维修人员、使用人员、乘客）、设备安全稳定运行两方面进行风险源辨识，提出相应管控措施。通过风险识别工作的开展，梳理出建设期风险源75项，管控措施109项；运营期风险源75项，管控措施137项。同时，在后续的运营工作中，根据运营需求及标准的不断提升，各专业持续更新改进风险管控措施，每年定期对风险管控措施进行有效性辨识，保证措施的有效性和适用性，从而达到全程闭环控制。

大兴机场线运营筹备对标航空成果文件，为今后公司其他新线运营筹备的对标航空工作打下了良好的工作基础，同时该成果文件也可应用在今后既有线的改造工作之中，不断提升既有线的服务水平。

六、车辆基地智能管控系统建设

为优化生产组织，规范作业管理，提高作业效率，轨道运营公司组织建设了大兴机场线车辆基地智能管控系统，向智能化运维的方向不断努力，重点功能包括：

（1）可视化管控。可视化管控功能通过数据共享，使用二维图像直观展现车务禁区内电动客车、接触网、库门状态信息，方便DCC人员掌握现场情况，进而进行有效的生产组织。

◆ 图10-9-4　大兴机场线车辆基地智能管控系统

（2）故障管理。采用图形化看板界面，针对电动客车运行过程中以及检修过程中发现的故障隐患，实现上报、派工、转派等功能，系统中包含详细的流程记录，并且能够监测工单状态。可以对故障进行统计查询。

◆ 图10-9-5　大兴机场线车辆基地智能管控系统

（3）在线监控。磁各庄车辆段在线检测设备，由轮对、受电弓、车底在线检测系统三部分组成。主体布置在咽喉区检测棚，对回库电动客车轮对、受电弓状态进行检测，对车底进行设备信息照相采集识别。

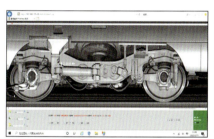

◆ 图10-9-6　大兴机场线车辆基地智能管控系统

七、机电设备控制及维护平台

通过构建一种地铁车站机电设备控制及维护智能参数化分析系统平台，实现机电设备"人、机、环、管"多条件智能控制与运行，以实现众多机电设备统一平台、趋势分析、故障诊断和预警、状态维修、优化控制运行策略，以及模块化集成与可扩展需求。

地铁机电设备数据采集与终端应用技术，结合物联网技术理念，创建完备灵活且具备信息安全保护能力的数据传输网络。根据设备的工况不同自学习动态阈值,基于实时数据感知的设备运行状态趋势分析,实现隐性故障的智能诊断和预警。

◆ 图10-9-7 总体框架、监控界面、故障分析

第十章 轨道运营公司的进驻与临管

由于大兴机场线采用PPP模式，业主单位、建设单位、运营单位均为股东方。建设单位与运营单位为母子公司关系。这种关系，不仅有利于把运营及乘务需求贯彻建设过程始终，而且有利于运营公司提前介入管理，因此，大兴机场线运营方的进驻与临管，也是运营筹备工作的一种创新。

当大兴机场线建设具备一定条件后（子单位或单位工程验收出具结果），运营公司按照运营筹备方案的节点要求，组织相应的专业人员进驻现场，对"调度指挥权""属地管理权""设备设施使用权"实行接管，即完成"三权移交"，进行临管。

运营单位的各专业人员通过进驻与临管，一是可熟悉现场环境，掌握系统设备的功能及分布，为试运营做好前期的准备工作；二是参与本专业或配合相关的测试与调试工作，便于发现问题、便于做好配合与协调工作、便于解决问题；三是根据运营筹备方案确定的各阶段应具备的基本条件和基本功能要求，进行现场确认，为各阶段的研判提供依据。

2019年6月6日，轨道运营公司组织召开了大兴机场线临管工作启动会，对大兴机场线成立联合调度小组、临管期间相关施工证件办理流程进行了宣贯，并对《大兴机场线临时施工管理办法》进行了解读，并针对临管各项工作提出具体要求：一是请各单位认真学习《大兴机场线临时施工管理办法》，并严格执行相关规定；二是请各单位合理利用临管期间施工时间，对现场存在问题进行全面整改，确保大兴机场线高质量开通；三是要求公司各相关部门及联合调度小组尽职尽责、积极主动，全力推进大兴机场线的临管各项工作，确保大兴机场线运营筹备与初期运营平稳过渡、顺利开通。临管启动会的召开，标志着大兴机场线即将进入公司临管阶段，将开启运营筹备新的篇章，是大兴机场线运营筹备工作新的里程碑，为大兴机场线全面临管及试运行各项工作开展奠定了坚实基础。

实际上，正因为建设单位与运营单位是母子公司关系，临管工作在正式启动之前即已开始。

2019年3月25日设备设施人员开始进驻临时停车场(路基段停车场)，4月29日站务人员进驻北航站楼站，5月6日站务人员开始进驻磁各庄站，5月13日站务人员开始进驻草桥站，实现了5月进驻全部车站的目标。

2019年6月10日开始对大兴机场线路基段停车场进行临管,轨道建设公司、轨道运营公司双方共同对临管区域进行检查确认,并签署了《大兴机场线路基段停车场临管移交确认单》,7月19日开始对大兴机场站及K7降压变电所、K10降压变电所进行临管,7月20日开始对草桥站及K19牵引变电所、K23降压变电所进行临管;7月21日对大兴新城站及K16通信基站进行临管。

2019年7月24日控制中心开始运转,7月30日对1、2、3号风井及K26降压变电所(区间风井)进行临管;至此实现了2019年8月10日,轨道运营公司对大兴机场线实行全面临管的目标。

临管现场

集体合影

◆ 图10-10-1　大兴机场线实行全面临管

第十一章 大兴机场线的空载试运行

一、设备设施动静态综合检测

静态检测是指测试不运行的部分,即检查和审核。检查确认设备设施是否按设计安装完成且质量合格,相关系统设备是否已安装并调试完毕。

动态检测是指使用和运行,即检查运行结果与预期结果的差异;检查确认设备设施是否按设计实现相应的功能。

设备设施的动静态综合检测是为了更好的发现、查找单体设备设施存在的问题,以便进行整改与完善;通过设备设施的动静态综合检测,为下一阶段工作奠定基础。

二、系统综合联调

城市轨道交通综合联调在实施过程中分为准备阶段、实施阶段、完善阶段。

系统联合调试准备阶段的主要工作内容包括:建立综合联调的组织机构,制定综合联调的工作大纲,编制综合联调的实施方案,确认综合联调的前提条件以及召开启动大会宣贯大纲、方案等。

系统联合调试实施阶段的主要工作内容包括:车辆与相关系统联调,供电与相关系统联调,综合监控与车站机电设施设备联调,消防系统联调,通信与相关系统联调,信号与相关系统联调,自动售检票与关联系统联调。

系统联合调试完善阶段的主要工作内容包括:对综合联调过程发现的问题进行整改与复查;编制综合联调评估报告;配合试运营基本条件进行评审,并根据专家意见进一步完善综合联调工作。

系统联合调试是为了实现轨道交通整体系统的最佳匹配;验证各子系统的可靠性,判断其是否达到设计功能;检验城市轨道交通运营体系的完备性;检验城市轨道交通运行、维护、抢修体制(包括规章制度、应急预案等)是否切实可行、满足城市轨道交通运营需要;检验系统的运输能力、服务品质是否达到设计要求;验证工程施工质量是否符合验收标准,验证系统功能是否满足设计要求,以及完善运营需求。

三、联合保障措施

轨道运营公司组织运营、建设、施工等单位,本着通力合作、各负其责,将初期运营保障、技术支持工作落实到实处的原则,就初期运营设备系统联合保障事宜共同编制了《大兴机场线初期运营设备系统联合保障协议》,并于2019年9月2日正式签订生效。

轨道运营公司将自开通之日起至10月8日定为特保期,要求相关部门及承包商做好开通期间的保驾护航,并全力保障开通试运营期间大兴机场线的安全、可靠、稳定运营。

四、空载试运行

空载试运行是轨道交通新线在冷热滑试验成功后,具备行车的基本条件,由建设单位会同运营单位组织的不载客列车运行活动,是大兴机场线在开通试运营前最后一个重要试验阶段。

运营单位与建设单位按照实际运营要求,对车辆及供电、机电、通信、信号、线路等系统设备进行反复的使用、验证;统计、汇总、分析相关空载试运行情况及试运行指标,并对出现的问题进行调整完善,确保投入试运营后的安全。

通过空载试运行,运营单位可对设备设施、人员及相关规章制度进行有效验证;对指挥系统之间、生产调度与班组之间、人员与设备之间进行全面检验,对发现的问题及时处置和解决。

第十二章 初期运营前的安全评估

2019年6月5日，第三方评估单位——北京市轨道交通指挥中心启动对大兴机场线初期运营前安全评估工作。安全评估分为资料审查和现场检查。

一、评估过程

2019年8月28、29、30日，轨道交通指挥中心完成了对大兴机场线初期运营安全评估资料审查及现场检查。

（1）轨道交通指挥中心（简称"轨指中心"）听取轨道运营公司对大兴机场线运营筹备情况及影响开通试运营的主要问题情况汇报。

（2）开展对运营公司组织架构、岗位与人员、运营管理、应急管理等方面的材料审核工作。按照轨道交通指挥中心提出的轨道交通初期运营前安全评估方案要求，组织相关部门对照资料清单及时提供了相应的文档资料（5大类、84项需提报的资料梳理出973份应核查的材料清单），配合建设单位完成建设方需提供资料的工作。

（3）开展对大兴机场线初期运营安全评估运营筹备情况

◆ 图10-12-1　大兴机场线初期运营前安全评估会

安全评估现场一

安全评估现场二

◆ 图10-12-2　大兴机场线初期运营前安全评估

现场检查工作。2019年8月26日，轨指中心印发《2019年大兴机场线初期运营前安全评估材料审核及现场检查工作方案》的通知，8月28日—9月2日轨指中心组织评审专家开展大兴机场线初期运营前的现场检查工作。

二、发现问题

轨指中心在对大兴机场线初期运营安全评估检查中，共发现问题项106项，其中：

资料核查问题共计33项，其中规章制度类14项、应急预案类12项、培训及取证类7项；现场检查问题73项，其中规章制度类14项，应急预案类6项、施工遗留类28项，运营安全类25项。

三、问题项的整改

资料核查发现的问题项，规章制度类已按要求进行修订，应急预案类根据现场情况进行验证修订，人员培训及取证类已满足运营需求。

现场检查发现的问题项，规章及预案类已结合现场情况进行验证修订，施工遗留类及运营安全类问题各专业逐一制定了整改计划，并已全部完成整改工作。

初期运营前安全评估涉及系统测试项共计34项，截至2019年9月10日，34项系统核验测试工作已全部完成，经专家评审，所有测试合法合规、过程严谨，测试结果符合《城市轨道交通初期运营前安全评估技术规范》的相关规定。

四、评估评审完成

大兴机场线试运营（初期运营）前安全评估评审工作于9月11日、12日进行。评估工作分为：运营／安全／安检组、车辆／信号／屏蔽门组、土建／线路组、通信／自动售检票组、供电／机电／综合监控组5个小组，经过专家评审，专家组一致认为：

轨道交通大兴机场线按照法律法规要求，完成了设备设施综合调试、列车按图空载试运行、各项政府专项验收及运营筹备等工作，达到了预期目的，具备了开通试运营（初期运营）条件。

2019年9月26日，北京轨道交通大兴机场线开通试运营。

第十三章 初期运营的可喜局面

一、四编组投入正线，实现与八编组列车混行运营

2020年9月24日，大兴机场线四编组列车上线试跑，9月26日四编组列车正式载客，实现了与八编组列车混行运营的目标，成为北京市目前唯一一条实现四编组与八编组列车混跑载客的轨道交通线路。

◆ 图10-13-1　四编组与八编组列车混跑载客

二、根据客流情况对列车运行计划进行四八编组动态调整

大兴机场线四编组列车采用三节普通车厢加一节商务车厢的形式运营,在保证运力的前提下,合理有效减少低峰时段能耗,通过优化行车组织的方式达到节能减排的目标。四编组列车上线后,大兴机场线可用运营车辆数量增加,北京城市铁建将协同轨道运营公司根据客流情况对列车运行计划进行动态调整,为日后缩短行车间隔,进一步提升服务水平提供了条件。

◆ 图10-13-2 站台门设置组图

三、为乘客提供清晰丰富的乘车信息

大兴机场线四编组列车上线运营后,车站为乘客提供了清晰的信息引导,在站台门及地面处均设有不同编组列车的方位提示标志,乘客可根据这些引导标志直接找到所对应的乘车位置。此外,站台门设置的PIS显示屏也为乘客提供了清晰的列车编组数、车厢拥挤度等相关信息;同时,站台广播、乘客手册等服务也针对不同列车编组为乘客提供了清晰丰富的乘车信息。

◆ 图10-13-3 PIS信息显示屏

四、大兴机场线运营状况良好

自开通至 2021 年 5 月 20 日，大兴机场线整体运营稳定，各项运营指标表现良好，累计客运总量为 10,989,289 人次。最高日客运量 50,737 人次，发生在 2021 年 5 月 1 日。近一个月大兴机场线日均客运量达到 37,178 人次，占机场进出港旅客量的 31.3%。大兴机场线累计计划开行列车 144,032 列次，累计实际开行 143,999 列次，平均兑现率为 99.98%，平均正点率为 99.99%。各月百分制考核均达到优秀水平。

大兴机场线自 2021 年 4 月 2 日开始每周五、周日延长上行末班车时间至 23:00。延长运营时段日均乘客量达到 469 人次，线路延长运营试行表现良好。自 5 月 1 日起，大兴机场线实行常态化延长上行末班车时间至 23:00。

五、疫情防控工作措施到位

2020 年 1 月 22 日，公司成立疫情防控领导小组，在党政班子的统一领导下，建立综合协调、信息通报、运营保障、物资资金等相关工作组，全面启动轨道运营公司疫情防控工作。全年动态关注疫情情况，及时制定并发布各类疫情防控工作方案，严格落实各项疫情防控措施，常态化消毒、通风、测温、佩戴口罩上岗，及时调整车站及车辆段防护等控制措施。同时，根据市政府及交通委统一部署，分区域分批次有序开展人员核酸检测、环境监测、疫苗接种等各项工作。

截至目前，公司未发生因疫情原因而产生的影响运营事件。

第十一篇 CHAPTER 11
科技创新篇

科学技术是第一生产力。创新是一个民族进步的灵魂,是国家文明发展的不竭动力。大兴机场线不仅是一条速度为最高的城市轨道交通线路,也是一条引领城轨建设发展方向的线路,还可以说,这就是一条科技创新之路。

在大兴机场线的建设中,从工程设计到建设施工,从环境保护到人文关怀,把问题当挑战,变难点为亮点,大量运用新技术、新材料、新工艺,几乎每一个标段都有科技攻关,都有创新成果,为该线成为真正的"新国门第一线"注入了"新"的内涵,铸就了"第一"的品质。

由于科技创新亮点在本书《概述篇》中已经做了集中与综合展示,本篇谨对土建和设备工程中的科技创新,做确切的记述。

第一章 土建工程

一、盾构段

1. 8.8m盾构机刀盘刀具优化设计技术

应用部位：土建04标，中铁装备447号盾构机刀盘

应用效果：中铁447号刀盘采用立体切削的设计理念，全盘配置撕裂刀与切刀，刀具数量充足，且为多层分层设计，这种设计可有效延长换刀距离。另外刀盘配置的撕裂刀为矩形大合金刀具，可用磨损量大，刀盘配置的12把保径刀同样为矩形大合金设计，使刀盘有较强的保径能力。中铁447号刀盘使用效果良好，在盾构完成掘进时，刀具的磨损量都在正常范围以内。

◆ 图11-1-1 中铁装备447号盾构机始发及接收

2. 刮刀磨损检测新技术应用

应用部位：土建04标，中体装备447号刀盘刮刀、撕裂刀

应用效果：在刀盘刮刀、撕裂刀内部安装传感器，可实时检测刀具磨损值，检测量程为40mm。刀盘内部的信号转换模块采集信号，通过导电滑环连接到盾体内的信号变送模块，最终将磨损值转化为4~20ma，通过PLC进行采集，在上位机界面进行显示。施工时可以根据刀具的磨损情况动态地调整掘进参数，提高施工效率。

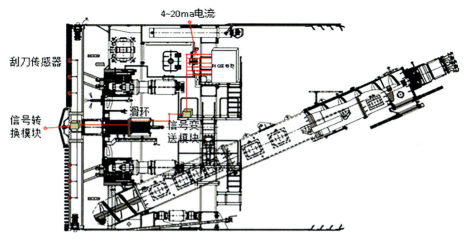

◆ 图11-1-2 中铁447号盾构机刮刀磨损检测设计方案

3. 装配式检修井

应用部位：土建07、08标

应用效果：项目部采用装配式盾构检修井避免了传统锚喷构筑对环境的污染，提高了施工效率及绿色施工水平；解决了大直径土压平衡盾构机长距离穿越无水卵石地层检修换刀难题，兼顾了安全和效率。装配式结构由腰梁、波纹板及钢支撑组成，腰梁及钢支撑作为受力构件，承受周边土体的侧向荷载。波纹板作为挡土及传力构件，将土体的侧向荷载传递到腰梁及钢支撑上。

装配式检修井具有以下优势：

（1）在工程技术方面，盾构检修井常用的喷锚施工方式存在着诸多不可控因素，如喷混质量依赖于工人的工艺水平，混凝土强度增长时间受配比及周围环境影响较大；装配式检修井的施工技术可控，竖井支护过程仅需进行预制构件安装，且为螺栓连接，对工人的施工专业性要求较低。

（2）在施工安全方面，装配式检修井随挖随护，封闭支护时间短，降低了风险系数，同时支护结构采用工厂化制作，材料尺寸等加工精度高，支护结构全部回收，不会给盾构刀盘带来伤害。

(3) 在施工工期方面，传统式检修井每榀（50cm）施工时间约6～7h，装配式检修井每榀施工时间约3.5～4h，明显加快了施工进度。

(4) 在工程成本方面，装配式检修井施工减少了机械设备租赁费用及人工费用。同时传统式检修井的施工材料为一次性损耗，装配式检修井的施工材料回收后可以多次重复利用，极大地节约了工程成本。

(5) 在环境影响方面，装配式检修井对场地面积需求小，施工过程中无扬尘，钢结构拆除后可重复利用，不会产生建筑垃圾，检修结束后可进行原位原状土恢复。

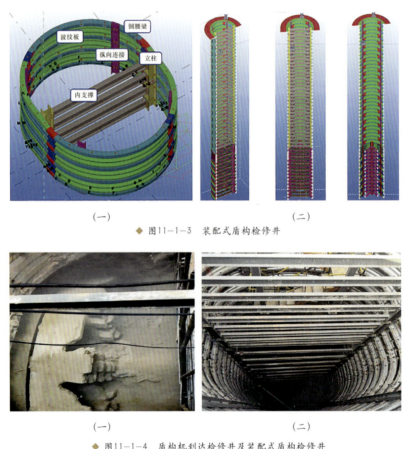

(一) （二）
◆ 图11-1-3 装配式盾构检修井

(一) （二）
◆ 图11-1-4 盾构机到达检修井及装配式盾构检修井

4．装配式预留口平行施工技术

应用部位：土建08标

应用效果：开发出《一种大盾构施工预留洞无支撑快速封堵结构及方法》实用新型专利，专利号：

201921383032.9。解决了传统现浇法工期长和支撑复杂等难题,实现了盾构吊出后立即封堵和及时提供铺轨。

施工效果:

◆ 图11-1-5 盾构施工口装配式封堵

(1)预制封堵板与预留洞暗梁U形钢上下均焊接牢固,预制封堵板上预埋竖向接茬钢筋,并铺设双层钢筋与预留洞预留接驳器连接。不仅保证整体受力,确保防水质量,而且实现浇筑混凝土层后立即回填土恢复交通。

(2)该工艺预制封板厚度较薄,确保吊装方便。不仅不需要支架和模板就能完成预留洞封堵,杜绝与铺轨、机电安装施工干扰,而且缩短建设工期。

(3)施工灵活、工序简化。不仅确保高空施工安全,而且大大降低了施工成本。

5.采用连续皮带机出渣

应用部位:土建07标

应用效果:盾构区间采用在北京地铁施工领域首次应用的连续皮带机渣土运输系统代替传统的有轨运输、垂直提升的模式,具有故障率低、运输效率高、运输能力大等优势,消除了传统运输模式对盾构施工进度的制约；大幅度降低了洞内调度和垂直运输操作人员的工作强度，保证运输吊装作业安全；同时，配备专业的维保班组，负责皮带机日常维保工作。经测算，比传统有轨运输提高效率30%以上。

◆ 图11-1-6　连续皮带机优势

（一）

（二）

◆ 图11-1-7　连续皮带储带库及连续皮带台车尾部布置

◆ 图11-1-8　移动布料皮带机转渣

◆ 图11-1-9　连续皮带机施工现场

6. 连续皮带机称重

应用部位：土建07标

应用效果：与中国矿业大学合作，开发了盾构机和连续皮带双称重系统，实现对出土量连续称重偏差控制在1%以内的精度，有效控制土体超排；盾尾间隙连续测量系统，实现对盾尾间隙高精度、可视化的连续监测保证了盾构姿态的稳定。

◆ 图11-1-10　盾构施工实施管理系统及连续皮带称重系统

7. 冻结法施工联络通道

应用部位：土建06、07、08标

应用效果：冻结法是在不稳定含水地层中修建地下工程时，借助人工制冷手段暂时加固地层和隔断地下水的一种特殊施工方法，是一种新型环保工法，对周围环境无污染，无异物进入土壤，噪声小，冻结结束后，冻土融化，不影响周围地下结构。

大兴机场线06标3号联络通道兼泵房基本位于承压水下，且顶部为粉细砂层，因此采用冻结法加固，这样可确保土体加固效果，从而为联络通道开挖提供一个安全可靠的环境。

◆ 图11-1-11　冻结站　　　　　　　◆ 图11-1-12　联络通道开挖

由于采用冻结法加固，土体具有较高的强度，因此现场可采用机械开挖，从而加快了联络通道开挖的速度。同时冻结法的应用，也响应了北京市关于不降水、少降水的要求，达到了绿色、环保、节水的目的。

8．暗挖风道内盾构侧移接收

应用部位：土建06、07标

应用效果：盾构侧移接收是在盾构接收上基座后，利用提前加工好的底座将盾构侧移至旁侧明挖吊装竖井内，然后将盾构解体吊装的方法。

大兴机场线06标施工的1号区间风井为相邻两标段4台盾构提供侧移接收条件，盾构需先进入暗挖风道后分别侧移至东、西两侧接收井，再完成拆解吊装作业。

针对暗挖风道内盾构侧移接收工况和工期要求，设计加工了快速拆装式盾构侧移装置，采用栓接式钢板滑枕＋反力座的液压顶进方法，提高了侧移速度和可靠性，避免了采用以往焊割作业的环境污染，改善了作业环境。

◆ 图11-1-13　暗挖风道内盾构出洞接收

◆ 图11-1-14　暗挖风道内盾构侧移

二、高架桥

1．三线四桥同时转体

应用部位：土建08标

应用效果：京沪（京山）铁路现状为双线电气化客货共线铁路，最高运行时速可达200km/h。根据中长期铁路网规划，既有京沪铁路规划为双层集装箱运输通路。

大兴机场线于京沪铁路里程K39+943上跨既有京沪铁路，跨越点位于既有京九铁路上跨京沪铁路东侧约67m处，既有京九铁路上跨既有京沪铁路桥跨布置为32m简支梁，桥下净高为6.85m。既有京沪铁路现状为3线，两线为既有京沪铁路，一线为既有京津三线。跨越处京沪铁路为土质路基结构，高出地面约0.5m。铁路两侧设有防护栅栏，间距约为21.0m，外侧地下有电缆、光缆等管线设施。

大兴机场线于京沪高铁里程K24+089处下穿京沪高铁，夹角为62°，穿越处京沪高铁前后均为32.7m跨简支梁布置，地面设有防护栅栏，宽度约17m。桥面宽度约12m，墩高约19m。

大兴机场线上跨京沪铁路后约100m后，在京沪铁路的南侧下穿京沪高铁。在本线东侧约50m、87m、114m处，自西向东分别是规划团河路、新机场高速公路（分为左、右幅路两座桥）上跨京沪铁路，下穿京沪高铁。在东西方向114m的宽度上，布置四座桥，相当紧凑。

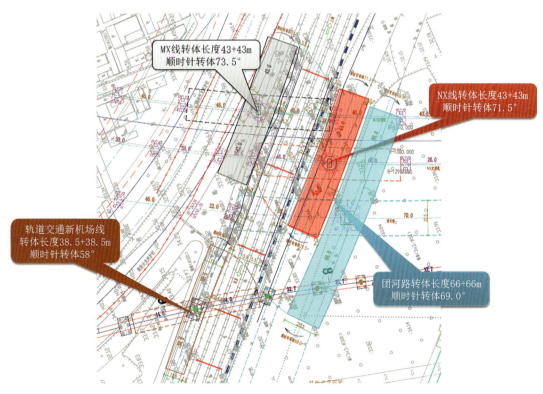

◆ 图11-1-15 三线四桥转体平面示意图

经过充分的技术论证和准备，并报请铁路主管部门同意，最终确定给转体的时间为90min。正式转体之前进行了试转和初转，并对设备、设施进行再次确认和检查，2018年12月2日凌晨0：30，三线四桥正式启动转体施工。转体开始后，按照事先设定好的转体速度进行作业，组织专业队伍严密监控,根据监控情况适时调整。转体过程平稳、安全、有序,经过90min的紧张施工,终于在指定时间内完成了转体作业,四桥成功上跨京沪铁路,三线实现贯通。四座桥梁转体总重超10000t,"天窗点"内同步转体,为国内首次,开创了有限空间集群式转体的先河,为类似项目的实施积累了经验。

(一)

(二)

◆ 图11-1-16 三线四桥转体施工过程

◆ 图11-1-17 三线四桥转体现场

2. 钢与混凝土组合结构应用技术

应用部位:土建03标钢混结合梁

应用效果:在节点桥(跨越既有道路)的位置采用钢混结合梁,有效地降低了梁体自重,提高了耐久性及抗震性,节约成本,承载力相同时,比非组合梁节约钢材达15%~25%。

◆ 图11-1-18 钢箱梁吊装　　　　◆ 图11-1-19 钢混结合梁混凝土板施工

◆ 图11-1-20 钢混结合梁

3．共构段狭小空间定制架桥机架梁

应用部位：土建03标

应用效果：采用履带吊、常规架桥机以及路轨共构专用架桥机三种架梁方式相结合的方法。为了能在规定期限为上部公路提供作业面，部分区间采用了先施工上盖梁再架设轨道梁的施工方案。

◆ 图11-1-21 履带吊图　　　◆ 图11-1-22 常规架桥机图　　　◆ 图11-1-23 定制架桥机架梁

常规的架桥机难以满足有限空间架梁的技术要求,为按时完成工期任务,针对以上难题该项目采取如下措施:

中横梁顶到上盖梁底净距为10.5m,宽度为17m。因架桥机在共构空间内施工,高度和宽度受到极大限制,常规架桥机不能满足施工需求。针对该工况,项目部与厂家合作,专门设计了JQS33m-300t步履式双导梁低矮型架桥机,本桥机将走行轮箱与天车横梁进行了特殊设计,去除了平移座和旋转座,天车横梁端部截面向上收低,轮箱铰座安装在横梁内部,直接通过销轴连接走行轮箱和天车横梁,使轮箱底面到天车横梁上部轨道距离尽可能降低,达到架桥机"变矮"的目的,满足该次施工需要。

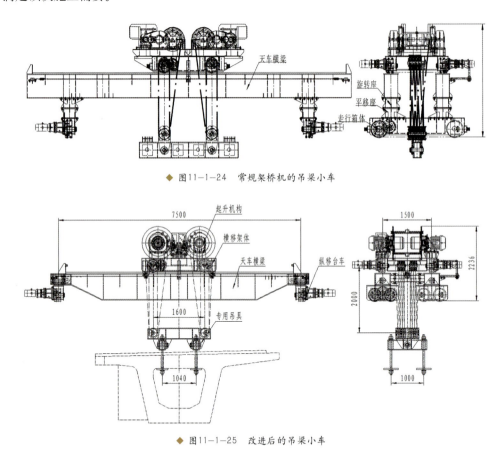

◆ 图11-1-24 常规架桥机的吊梁小车

◆ 图11-1-25 改进后的吊梁小车

为研究本架桥机在落梁过程是否是安全稳定的,该项目部采用Midas Civil 2015建立有限元模型,对有限空间内施工全过程力学行为进行研究分析,采用传感器+高精度三维激光扫描仪+全站仪多种方式结合进行变监测,得出架梁施工过程中各部位的形变位移均在计算数据范围内,此架桥机有可靠的安全性及较高的安装精度。

(一)

(二)

◆ 图11-1-26 激光位移传感器现场布设情况

4. "顶推+平移"施工工艺

应用部位：草桥站跨马草河桥

应用效果：受河道、周边场地及吊装环境影响，该项目草桥站站前广场道路结构跨马草河钢箱拱桥采用"顶推+平移"法施工，具体做法是：

首先施工钢箱拱桥永久桥台和临时墩，同时在沿桥梁临时墩轴线方向的马草河东岸设置预制场，施工连接梁、滑道及安装千斤顶等施力装置，然后分两阶段拼装钢桥梁段，安装钢导梁和钢绞线束，分三步将钢箱拱桥逐段纵向顶推至预定设计位置，最后拆除钢导梁、滑道及动力等装置，安装横移千斤顶及横移临时设施，整体横移钢桥至成桥位置，并完成落梁。

"顶推+平移"法施工桥梁具有不需要支架和大型机械、工程质量容易控制、占用场地少、不受季节影响等诸多优势，很好地

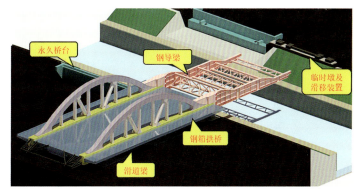
示意图

实景图

◆ 图11-1-27 平移示意图及实景图

解决了施工现场所受到的环境限制。同时,在桥梁顶进和平移过程中,采用数字化顶进工艺,并通过加强监控测量和及时纠偏工作,可有效保证顶进的准确性及可控性,避免钢结构变形,确保成桥质量。

三、车辆段

1. 后合拢段施工技术

该工程整体面积非常大,在咽喉区33轴和34轴间设置了后合拢段,以抵消温度应力对结构的不利影响。考虑温度作用,屋面温差考虑升温26℃、降温28℃,室内温差考虑升温15℃、降温15℃,钢结构合拢温度为10~15℃。为保证后合拢段施工可满足设计及规范要求,采取了如下措施:

(1) 整体施工计划编制时结合当地气象局及当地历史温度变化情况进行调整,保证在气温适宜的时间段进行结构合拢焊接,根据现场施工及气温实际情况,合拢时间定在2019年5月12日晚上10:00至13日上午7:00,为保证在规定的时间内达到整体合拢条件该项目整合全部资源,安排110名优秀焊工(白班70名,夜班40名),70台焊机同时作业,完成了全部焊接接头作业,保质保量准时的完成了合拢前提条件;

(2) 提前挑选70名优秀焊工(10名为备用人员),焊接前一天统一休息保证焊接过程中能持续工作;

(3) 为保证在合拢时间段内完成焊机,现场采购了便于加快焊接速度的药芯焊丝,焊机前一天统一检查;

(4) 合拢过程中气温表在焊接区域,每隔1小时进行观察记录,保证合拢温度在施工图要求范围内。

(一)

(二)

◆ 图11-1-28 现场施工温度测量

2. 车辆段综合测控技术

钢柱布置受地铁轨道线影响,钢柱布置无轴线可寻,为保证钢柱准确安装,现场钢柱锚栓全部采用全站仪进行测绘放点,在承台浇筑完混凝土后立即进行锚栓位置复测,对存在偏差的及时进行调整,若锚栓无法调整则立即协同工厂进行钢柱柱底板的修改,以保证钢柱安装的准确性。以下为具体措施。

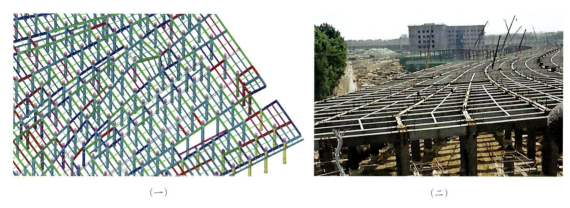

◆ 图11-1-29 钢柱布置图

措施一:控制网复测。

按照《城市轨道交通工程测量规范》(GB50308—2008)及《北京轨道交通建设工程测量管理办法》的要求,平面控制网复测不允许使用GPS静态进行复测,应使用该规范上精密导线测量方法进行复测。水准测量一般应按《城市轨道交通工程测量规范》(GB 50308—2008)中的二等水准要求进行复测,而非《国家一、二等水准测量规范》(GB/T 12897—2006)中的二等水准标准。个别交桩单位会要求按《城市轨道交通工程测量规范》(GB50308—2008)中的一等水准标准复测。

措施二:平面控制网复测。

精密导线复测人员在测量岗位的应持证上岗,观测人员应熟悉仪器操作相关技术规程及测量方法。记录人员应具有扎实的专业知识,熟悉规范的各项指标限差,对有问题的观测数据,应及时告知观测人员进行补测或重测。后视人员应经过培训,并达到要求后方可参与作业。后视人员应时刻保持通讯畅通,注意观察仪器的状态,有问题应及时报告。

按照《城市轨道交通工程测量规范》(GB 50308—2008)要求,精密导线测量需配备Ⅱ级及以上的全站仪。观测前,全站仪必须在有效的检定期内,且应检验全站仪及后视设备功能是否正常。

有些交桩单位为保证导线起算数据的可靠性,要求测前应进行已知点校核并布设成附合导线形式。按照规范要求,测站水平角测量使用左、右角法。当有三个及三个以上方向时,应采用方向观测法。

外业数据采集完,按照规范要求,精密导线平差应进行严密平差。数据处理完成后应与交桩数据进行比对,检查平面差值是否达到要求。

措施三:高程控制网复测。

目前进行二等水准测量,一般采用每公里往返测高差中数偶然中误差为0.3mm/km的电子水准仪。测量仪器及配套设备均要在有效的检定期内。

为保证起算点的准确性,交桩单位会要求水准控制网复测路线布设成附合水准路线。按照规范要求需进行往返测,往测与返测路线应相同。否则,会造成测段间往、返测段长度差距较大,平差时按测段长度定权会对平差结果造成影响。

按照规范要求,二等水准平差需进行严密平差。平差时定权方式应根据测区情况来确定,如果测区属于山区或者地势起伏较大,应按测站数定权;如果测区比较平坦,应该使用测段长度来定权。数据处理各项指标合格后,应与交桩结果的高程进行对比,判定是否满足要求。

措施四:控制点加密点测量。

加密点测量主要是为场区内日常施工测量服务的,其准确性直接关系到车辆段建、构筑物位置的准确性。

通过以上的几种测量配套施工技术,对该项目涉及的多种测量种类进行复核及复测保证了项目在初期的定位、检测等方面的准确性和可靠性。

3.钢结构深化设计与现场施工协调控制技术

该项目钢结构工程,零件繁杂,拼接及安装施工难度大。在钢结构施工过程中全程应用BIM技术,解决劲性钢结构土建结构施工穿插作业的难题,优化异形梁与已完成相邻建筑结构的交叉影响,合理调配材料,优化工序安排。

采用钢结构深化设计对所有钢构件及零部件进行深化设计,BIM模拟碰撞试验,提前预估安装节点问题,在实际施工中加快了施工进度减少了下料浪费及现场调整。

钢构件与土建钢筋及机电管线碰撞检查:结构模型在Tekla Structures软件建立完成后,导入到Revit软件中再转到Navisworks软件中进行碰撞试验检测。

劲性钢结构与土建结构交叉碰撞检查:经过碰撞检测后生成碰撞报告后发现,钢构件与机电管线及土建钢筋碰撞点364个,在钢构安装方案中,本工程钢柱数量为2775根,其中1073根为劲性钢骨柱。其中226根劲性柱与钢筋布置有冲突,钢筋无法避开钢柱,若在钢柱上焊接连接板连接则主筋间距会增大，容易降低混凝土梁的承载力，影响到结构梁的整体受力安全，因此基于受力安全性考虑，与设计进行沟通与协商，通过调整钢筋直径减少钢筋数量来避免此类问题。调整以后，钢筋与钢柱冲突位置均可以采用设置钢筋连接板的形式进行连接，且可以满足钢筋布置的规范要求，提前预估安装节点问题，在实际施工中加快了施工进度，减少了下料浪费及现场调整，取得了良好的经济效益。

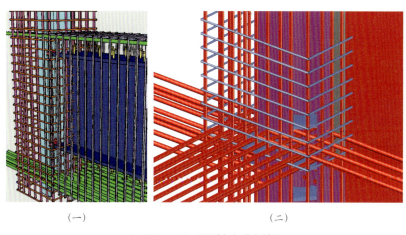

(一)　　　　　　　　　　　(二)

◆ 图11-1-30　BIM模拟钢筋大样图

4．劲性结构钢柱与超大体积混凝土基础同期浇筑技术

该研究主要依托北京市轨道交通大兴机场线一期工程磁各庄车辆段工程体量大工期紧的特点，解决钢构与混凝土结构交叉施工复杂且施工周期紧的情况下，劲性钢柱与超大体积筏板或承台在保证安全的前提下一次浇筑成型的施工难题。

各向同性可调节柱脚支架技术是在满足结构自身稳定的前提下，同时能克服筏板垫层及承台垫层上桩头不平整的现实问题，用于支撑、固定钢骨柱提前安装的支架技术。柱脚支架由顶部热轧H型钢焊接成的正六边形加6根角钢支腿及支腿加强板组成，6根支腿中三根支腿由2段组成通过长圆孔来达到可调整支腿长度的目的，当柱脚支架遇到承台或筏板垫层的截桩头时，可调节支架角度将可调节高度的支腿置于截桩头位置，通过支腿高度调节保证柱脚支架顶面标高及水平，然后将支腿通过螺栓紧固。支架调整完成后将支架与桩头钢筋采用角钢进行拉结，保证支架的稳定。柱脚支架稳固完成后，将定位锚栓通过锚栓支架（两根H型钢）将锚栓定位好后直接与支架顶正六边形承托焊接。然后即可在支架上安装、校正钢骨柱，钢骨柱安装完成后筏板或承台钢筋进行绑扎。绑扎完成后对钢骨柱进行二次校正，校正完成后报验，最后即可到达钢骨柱与筏板或承台混凝土一次浇筑的目的。

5. 钢结构与钢筋连接技术

该工程为大型综合体，异形结构多、跨度大，型钢柱、型钢梁分布广。劲性结构梁柱钢筋密集，局部梁面筋多达四层，节点钢筋连接复杂。针对复杂型钢梁柱节点，规范要求梁钢筋与型钢梁柱的连接采用连接板或套筒连接，若单独使用套筒或连接板的单一连接方式，遇到多层梁钢筋同时与型钢梁柱连接时，现场操作面间隙狭窄，施工难度大、钢筋连接质量难以保证。

为了提高现场可操作性，降低施工工艺难度，减少钢筋搭接接头数量，降低成本，节约工期。针对大悦城项目实际情况，经过设计院多次复核后，最后决定复杂型钢梁柱节点钢筋采用"钢筋与钢结构综合连接技术"。即在普通套筒连接和连接板连接的基础上根据现场实际情况，在满足国家规范及相关技术规程的要求下，针对不同的节点，提出具体的钢筋与钢结构连接方式。有效地避免了单一的套筒或连接板的连接方式的局限性。

"钢筋与钢结构综合连接技术"在充分利用了传统套筒连接和连接板连接的优点的基础上，避免了只采用套筒或连接板连接的单一连接方式导致现场施工操作面狭窄，施工难度大，钢筋连接质量难以保证等缺点。结合现场实际施工工艺和工人操作习惯，根据各个节点的钢筋排布情况，有针对性地提出"套筒与连接板相结合""腹板穿孔""梁加腋""增加传力板"等多种连接方式相结合的综合连接技术。

6. 超长结构大体积混凝土裂缝控制技术

该工程基础筏板长度约为235m，厚度为2.4m，浇筑体量约为15000m³。针对如此大体量且超长超厚的大体积混凝土的施工背景下，如何保证结构混凝土的成型质量大体积混凝土的裂缝控制，并保证施工过程中的稳定，形成一套技术上可行，经济上合理、工期满足要求的施工技术，对于指导类似工况下地铁车辆段施工是十分必要的。

超长大体积混凝土施工过程中，混凝土的裂缝问题是第一大隐患，规范控制混凝土的出入模温度及相关养护措施，但该项目的结构体型超长仅采取以上措施恐难以完全保证施工质量。本课题采用：

（1）在筏板深度范围内中部加设一层$\phi 12@300$双向钢筋网片，通过加设这层钢筋网片对整体的混凝土收缩应力进行抵抗作用。

（2）同时在超长筏板的长向方向以30m为界限设置膨胀加强带，配合间隔80m设置的宽度为100mm的整体变形缝，协同补偿超长混凝土结构的收缩裂缝问题。

四、绿色建造

1．建筑用成型钢筋制品加工与配送技术

应用部位：高架主体结构

应用效果：由于该工程建设了标准化钢筋加工厂，采用成套自动化钢筋加工设备，经过合理的工艺流程，运送到施工现场，并且利用二维码实现了钢筋加工厂的信息化生产管理，这样既节省了现场临设费，也减少了钢筋加工损耗，节材节地，绿色环保，有利于高新技术的推广应用和安全文明工地的创建。

◆ 图11-1-31　标准化钢筋加工厂

◆ 图11-1-32　立式智能钢筋机器人

2．基于BIM的现场施工管理信息技术

应用部位：施工现场布置、施工方案优化、可视化安全技术交底

应用效果：应用BIM技术对不同工区的施工现场的布置进行筹划，实现场地不同施工阶段利用率提高；对盾构施工过程中各个吊装关键环节、管片渣土垂直运输进行精准交底，大大降低长距离盾构掘进施工风险与隐患发生。

运用BIM技术对施工现场的布置进行预先模拟，优化现场布置效果、提升场地利用率；对主体基坑开挖方案进行优化，提升了施工组织效率、降低了施工安全风险；对机电安装进行碰撞分析，及时发现并消除设计缺陷，优化施工设计布局、指导施工组织步序和协调，提升机电设备安全施工效率和质量。

由新机场一期工程土建施工01标制作的施工演示动画、信息化指导施工BIM视频荣获北京市建设BIM单项应用成果一等奖。

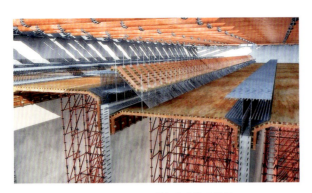

◆ 图11-1-33　模架体系演示视频

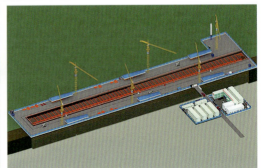

◆ 图11-1-34　施工现场平面布置

3．智能化管理

应用部位：各土建标段现场管理

应用效果：项目部引用VR技术进行体验式教育，模拟灭火器、高空坠落、临边防护等，让项目部管理人员和现场工人身临其境地去体验安全施工的重要性，时时刻刻注意安全、加强安全意识，而且学会一旦出现安全事故如何去处理。VR体验式教育让大家从感官上去接触和学习，不再像试卷和文字那般枯燥、无所触动。

（一） （二）

◆ 图11-1-35　VR体验式教育

扬尘在线和气温环境检测的应用，是响应绿色环保施工的一种重要监测手段，时时刻刻监测施工环境、产生的噪声是否超标，及时调整生产节奏，避免产生扰民和不必要的处罚造成停工整改。

◆ 图11-1-36　扬尘、噪声在线监测

二维码应用：通过二维码应用，对现场标识、人员与设备，实现信息化管理。对原材、半成品质量检验状态、安全防护设施进行信息化管控。通过二维码技术应用，对管片加工制造、安全帽、现场材料存放等实现信息化管理。

◆ 图11-1-37 二维码应用

4．绿色示范工程

应用部位：土建05标

应用效果：为响应国家生态文明建设战略部署，运用海绵城市建设理念，着力建设北京市首个海绵工地。磁各庄车站施工占地42000m²，其中生活区、办公区占地面积6000m²。针对施工降水、雨水、生活污水，打造具备"渗、蓄、滞、净、用、排"等功能的运行处理体系，减轻防汛压力、提升景观效果，实现区域低影响、生活污水零排放，从而达到节约水资源，提升现场绿色施工与工程质量。除海绵工地核心功能外，还加大节能环保的创新应用，包括预制排水沟、装配式休息亭、移动式配电箱、太阳能路灯、扬尘噪声在线监测、电焊烟尘净化器、可再生砌砖等诸多方面。其中，可再生砌砖已申报专利。

项目部打造的首个多功能海绵工地，产生了良好的社会影响和示范效应：

（1）大兴机场线指挥部组织全线各标段开展特色管理观摩与经验交流。

（2）属地政府主管部门组织辖区重点工程来现场观摩学习。

（3）全国交通产业新技术应用联席会议选定参观交流项目。

（4）"2018城市轨道交通基础设施绿色建造与智能运维高峰论坛"主题平台杂志《RT》(2018.6第140期)重点宣传推介的绿色建造创新项目。

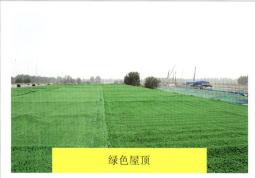
绿色屋顶

高位花坛

透水铺装

植草沟

调蓄鱼塘

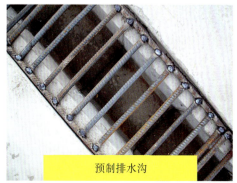
预制排水沟

污水净化器

焊烟净化器

◆ 图11-1-38

第二章 设备安装工程

一、车辆

（一）新技术应用

1. 采用以太网构建列车网络控制系统，提高了列车的控制性能及简化了列车的维护检修

（1）传输速率高(100Mbit/s)，支持多种物理介质和拓扑结构；便于各子系统数据传输和收集。

（2）良好的开放性和兼容性，适应性强。

（3）集成能力强，布线简单，维护方便。

（4）便于实现网络的智能化。

采用GOA4全自动驾驶技术，避免人为操作失误，提升运营效率，降低能耗。

◆ 图11-2-1 列车驾驶室

配备障碍物检测装置，当检测到障碍物时，对列车施加紧急制动，防止碰撞。

2. 集成化车辆设备设施

全列设置普通车厢、商务车厢、行李车厢、集成综合检测车厢。一是可满足商旅人士不同出行需求，提升服务品质；二是专设行李车，可完成市内值机，实现人与行李提前分离，提升便利性；三是可实现车辆弓网、轮轨实时监测，动态了解网、线状态及对车辆的影响，提升运营安全性。

◆ 图11-2-2　普通车厢椅　　　　　　　　◆ 图11-2-3　商务车厢

车体采用3300mm宽车体，宽松座椅间距，长大明亮窗户。宽敞明亮的内饰效果。

（一）　　　　　　　　　　　　　　（二）

◆ 图11-2-4　4C弓网监测设备

3. 采用成熟的技术标准

采用成熟可靠的城际高速转向架；采用满足EN15527标准要求的耐撞击车体结构；采用EN45545、BS6853等最高标准的防火设计材料及设计结构；采用故障导向安全的设计。

4. 车辆性能提升

整车气密性能好；降低车辆隧道运行时车内压力波动，提升旅客的乘坐舒适性。

新风量充足；人均新风量12立方米／人／小时。

照度自动可调；采用亮度可自动调节的车内照明系统，根据环境变化进行自动调整，保证照明的同时，降低对乘客的影响。

运行平稳性高；通过系统匹配、悬挂参数优化，获得优良的车辆动力学性能。

◆ 图11-2-5 列车运行

车内噪声低；充分利用高速动车组、城际动车组在减振降噪方面的技术创新成果，从减振结构、振动模态控制、隔振材料、控制簧下重量控制轮轨噪声等方面采取措施，最大限度降低车内噪声，提升乘坐舒适度。

列车运行能耗低；通过轻量化设计、低气动阻力设计两方面着手，有效降低列车运行阻力，降低运用能耗。

节能环保；通过采用轻量化设计、低阻力设计降低列车运行能耗；采用高效的电制动，实现能量有效反馈电网，降低闸片磨耗；采用高效的变频空调技术，实现多级调节，设有低温等离子空气净化装置，净化客室内空气。

二、轨道

（一）新技术应用

1．减振技术应用

大兴机场线车辆段轨道工程为减少运营产生的振动及噪声对周围环境及后期上盖开发物业的影响，根据不同的轨道结构形式及减振降噪要求，采用了相应的减振降噪措施。大兴机场线轨道1标施工的北航站楼内使用的是板式轨道结构形式，为了减少对航站楼的影响，在K4+650-K4+850里程处的道床采用了板式减振道床，使用胶黏剂将减振垫固定在道床地板上，然后减振垫上铺设钢筋网片，粗铺和精调轨道板后，进行自密实混凝土的灌注。

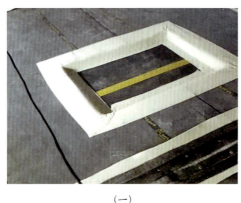 

(一) (二)

◆ 图11-2-6 轨道板式减振道床

2．轨道工程智慧云平台系统

智慧云平台是一款专业的轨道工程施工轨行区安全管理及监控软件，其系统以平台方式设计，是集人员定位、监控安防于一体的综合数据采集分析系统。它让工程施工的每个角落都"暴露"在"云监控"之下，使管理者和轨道施工现场建立了通畅的信息化通道，让管理者无论身在何处，在接入网络的情况下，通过个人手机或电脑，可实时掌握现场工程的所有情况，确保了施工现场管理不协调、安全隐患频出等突出问题都实现了"智慧解决"。

十四局依托智慧云平台提供的贯穿项目整个生命周期的全方位、动态跟踪管理系统，根据企业实际管理需求进行灵活的组合搭配和功能扩展，构建科学的项目进度管理体系、项目安全管理体系、项目保障管理体系等，通过合理配置先进的机械设备，保障重难点工程施工安全质量，精心组织、合理规划、在极其有限的工期内零事故、高质量地完成施工任务，为相似类型的工程施工提供可以借鉴的经验。

◆ 图11-2-7 城轨工程智慧云平台　　　　◆ 图11-2-8 城轨工程智慧云平台视频监控屏

（二）新设备应用

1．板式道床散铺龙门吊的应用

地下段空间狭小，尤其临近站台门的一侧，考察三个厂家现有的龙门吊都不能在航站楼内使用，轮式龙门吊无行走空间，并且宽度超过现场的施工使用空间，让龙门吊厂家技术人员来现场，结合现场的实际情况对他们的龙门吊进行改装，改变龙门吊的宽度，使用轨道式的行走方式，满足了航站楼内轨道板的运输及铺装工作。

◆ 图11-2-9　板式道床散铺龙门吊

2．新型轮胎式铺轨机

施工单位率先引进的新型轮胎式铺轨机和传统的铺轨方案相比具有以下优势：

（1）节省了走行轨安拆工序和时间，既保护了盾构管片，又缩短了板式道床铺轨工期。

（2）减少了钢支墩、走行轨等工装的投入和占用，经济效益显著。

（3）自带液压及顶升装置，可以根据洞内工况灵活快速改变高度、跨度和轮胎角度。

◆ 图11-2-10　新型轮胎式铺轨机

（4）自带电瓶，在洞内紧急停电后，仍可继续工作5h，将外部环境制约降至最低。

3．自变形轮轨式混凝土施工车

自变形轮轨式混凝土施工车的投入使用，极大地提升了自密实混凝土浇筑施工的功效，减少了混凝土倒运用时。项目技术人员通过对工装的进一步优化，实现了自密实混凝土从罐车到三型板浇筑接料口的连续搅拌和一次性倒运，提高功效的同时最大程度保障了自密实混凝土的性能稳定。

◆ 图11-2-11　自变形轮轨式混凝土施工车

（三）新工艺应用

1. 地下线高铁改良版CRTSⅢ型轨道板施工工艺

为了环保减振降噪需要，在北京地铁新机场地下线轨道范围内11处总长4.6km的人口密集地段设计采用高铁CRTSⅢ型轨道板整体道床，这在国内时速160km地下线铁路施工中尚无先例。鉴于地下线特殊的施工环境，CRTSⅢ型轨道板高铁施工工艺无法适用于地下线铁路施工，中铁十四局率先将自适应轮胎式铺轨机、自适应轮胎式混凝土搅拌车等无轨化施工设备引入地下线高铁改良版CRTSⅢ型轨道板整体道床施工中，效果显著，在保障施工安全和质量的前提下，高铁改良版CRTSⅢ型轨道板施工功效可达到日铺设36块／天。

2. 库内线减振

（1）钢轨接头减振

接头振动是库内线振动的主要来源，铺设无缝线路消除钢轨接头可以有效减轻振动影响。车辆段库内线采取钢轨闪光对焊消除接头，部分区域采用冻结接头进行线路无缝化处理。

（2）双层非线性减振扣件（库内用）

磁各庄车辆段库内采用双层非线性减振扣件（库内用），扣件采用上锁式双层非线性减振扣件成熟的结构形式，技术安全可靠，多重弹性层形成串联结构，获得较低的垂向刚度，进而达到较高的减振效果。双层非线性减振扣件（库内用）弹性锁紧结构采用工厂预组装，提高了产品运输的现场安装效率。

▶ 图11-2-12 钢轨闪光焊接技术

▶ 图11-2-13 双层非线性减振扣件（库内用）

3. 库外线减振措施

（1）隔离式减震垫

车辆段库外碎石道床采取下设减振垫的

方式进行减振降噪。先在基础垫层上S型涂刷专用黏接剂,然后将裁切后的减振垫铺设到垫层上,黏接牢固,然后将焊接条用专用热熔设备焊接在拼接缝处。

(2) 钢轨阻尼材料

约束阻尼降噪技术是在钢轨的轨腰和下部粘贴约束阻尼,阻尼降噪装置核心部件要与钢轨轨腰完全贴合,以增大钢轨振动的衰减率,从而减小钢轨的振动,达到降噪的目的。车辆段小半径曲线地段铺设阻尼钢轨。

磁各庄车辆段轨道工程通过采取线路无缝化、铺设减振垫、安装阻尼材料的综合减振降噪措施,顺利通过了环评验收,取得了良好的减振降噪效果。

◆ 图11-2-14 碎石道床减振垫铺设

◆ 图11-2-15 铺设阻尼钢轨

三、供电

(一)新材料应用

1. 旋转底座

相比其他传统的旋转底座,北京大兴机场线使用的旋转底座具有强度高,重量轻,防腐蚀;结构优化,可水平、竖直方向调节水平腕臂,方便精调导高和拉出值,缩短50%施工调整工时和难度;在竖直平面内可调整水平腕臂相对于轨平面的角度,更便捷地实现外轨超高和吊柱安装误差所造成的安装精度要求;U形抱箍内侧压有条纹,增大摩擦,防松动的优点。

◆ 图11-2-16 旋转底座

2. 定位线夹

北京大兴机场线使用的定位线夹所选材料为挤压铝合金和不锈钢,相比传统地铁使用的定位线夹具有裁量强度高,重量轻,防腐蚀,强度高;通过定位线夹实现40mm导高值任意调节的优点。

◆ 图11-2-17 定位线夹

3. 水平腕臂

传统的垂直悬吊方式适合速度等级低的刚性接触网,北京大兴机场线速度等级高采用的是吊柱+水平腕臂的形式,北京大兴机场线采用的水平腕臂具有强度高,重量轻,防腐蚀;结构简单,便于安装,节约空间,便于调节拉出值;抗弯性能好、抗拉强度高的优点。

◆ 图11-2-18 水平腕臂

（二）新设备应用

1．110kV组合电器应用

北京大兴机场线为地铁供电系统中首次采用110kV组合电器。该设备占地面积小，采用整模块运输，元件全部密封不受环境干扰，安装方便。此外该设备还具备优越的开断性能，断路器灭弧能力强。组合电器整体运行损耗少，噪声低。

◆ 图11-2-19　110kV组合电器

2．高精度面激光接触网测量仪应用

北京大兴机场线是全国首条160km/h刚性接触网线路，为确保测量精度，满足设计要求，施工过程中，采用面激光接触网测量仪。

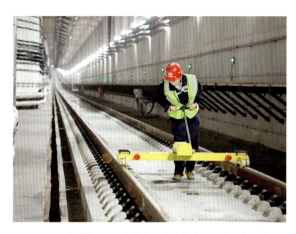

◆ 图11-2-20　现场高精度面激光接触网测量仪使用图

（三）新工艺应用

1．小张力放线施工工艺

北京大兴机场线160km/h地铁接触线采用铜银合金接触线（截面为120mm²），该接触线硬度非常高，接触线架设过程接触线平顺度的控制困难。施工单位利用小张力放线车，架设过程中加1~2kN的额定张力进行导线架设，解决使用传统放线方法接触线架设过程中形成的硬弯对接触线平顺度的影响问题。

◆ 图11-2-21 小张力放线图

2．整锚段贯通式刚柔过渡安装施工工艺

传统刚性悬挂出现的硬点和电弧现象对受电弓和接触网设备造成的危害非常大，不仅加速受电弓和导线磨损更换速度，还会因为电弧灼烧汇流排等设备导致设备故障甚至行车事故，刚性悬挂出现硬点和电弧典型现象主要集中在刚柔过渡处。技术人员研究采用整锚段贯通式刚柔过渡，受电弓从刚性接触网到柔性接触网滑过接触同一根接触线，无须再增设锚段关节，解决了现有轨道交通架空刚性接触网刚柔过渡施工存在平顺度较差，燃弧率较大的难题，确保受电弓在高速通过刚柔过渡时能够平顺过渡。

◆ 图11-2-22 整锚段贯通式刚柔过渡

◆ 图11-2-23 电缆放线架

3. 多功能环网电缆放线架

施工过程中开发了一种大型多功能电缆放线架，克服了电缆盘尺寸大、质量重为电缆敷设带来的难度。解决了人工放线只能单盘敷设，敷设过程中易损伤电缆、施工进度慢、所需人数多、施工周期长，费时费力等问题。

4. 刚性接触网连接底座

由于地铁盾构隧道内孔洞、连接缝多，为确保跨距比满足设计要求，吊柱的限界满足列车运行时的动态包络值，施工单位自制接触网连接底座，有效避开了隧道孔洞及连接缝。

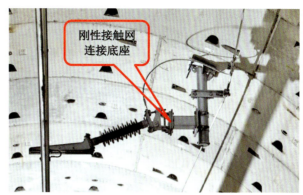

◆ 图11-2-24 刚性接触网连接底座

5. 钢轨模拟装置

在道床已浇筑完成、轨道未敷设的情况下，使用钢轨模拟装置，提前完成刚性接触网汇流排安装及调整。

6. 无轨测量技术

速度160km/h刚性接触网系统，接触网设计允许测量定位精度误差≤10mm，测量精度要求极高；大兴机场线工期紧张，传统地铁无轨测量精度无法满足，施工单位研究提出了一套高精度

◆ 图11-2-25 钢轨模拟装置

◆ 图11-2-26 现场无轨测量

无轨测量技术,通过改进定位点偏移计算方法,将坐标校核误差控制在2mm以内,有效将测量定位精度控制在10mm以内,比传统的无轨测量提高40mm。

(四)新技术应用

1. 刚性接触网汇流排架设施工技术应用

速度160km/h刚性接触网系统,为保证汇流排接头处受力状态,提出了接头与悬挂点的间距控制要求,为保证接头对接精度,避免现场切割,开发了汇流排长度布置计算软件,采用计算机手段对汇流排长度布置进行预设和自动排布,提高了汇流排安装的准确性,全线减少了220处汇流排接头,提高了安装进度,节约汇流排120根。

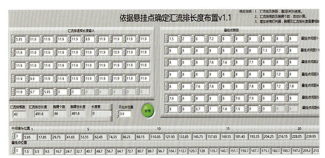

◆ 图11-2-27 汇流排长度布置计算图

◆ 图11-2-28 汇流排安装整体效果图

2. "点调+整锚段"系统调整技术应用

开发"点调+整锚段"系统调整方法,先利用点激光接触网测量仪,对单个悬挂点进行调整,再利用面激光接触网测量仪,对整锚段悬挂点的数据进行对比分析,实现将普通悬挂点导线高度误差保证在2mm以内,将锚段关节处悬挂点两导线高度差控制在1mm以内,确保速度为160km/h的弓网受流连续可靠。

◆ 图11-2-29 大兴新城站调整完整体效果图

四、信号

（一）新材料应用

为响应北京大兴机场线环保施工、品质工程建设需求，考虑到施工质量、施工工期等问题，采用了这种新型装配式铝合金型材来作为通号电缆间爬架的建设材料。有效地缩短了施工工期，保障了施工建设质量，顺利地解决了这一问题。

该铝合金型材是以加入合金元素及运用热处理等方法来强化铝，添加一定元素形成的合金在保持纯铝质轻等优点的同时还能具有较高的强度。

装配式铝合金型材技术特点：

（1）强度高，组装后的铝合金电缆爬架牢固，不会因无法承受电缆重量而弯折。

（2）结构重量轻，三米一根，方便施工现场运输，且易于切割加工。

（3）绝缘性能好不导电且抗腐蚀性能好，在制作的时候需要进行阳极氧化处理，就是在铝合金型材表面生成一层无色氧化膜。这层膜就是铝合金型材不导电的原因。这层氧化膜除了阻止铝合金型材导电之外，还有抗腐蚀的能力，外观美观且不易腐蚀。

（4）易于通号电缆间爬架设计，其爬架连接处由配件组合固定，无须焊接，较为环保。

◆ 图11-2-30　铝合金型材样式

◆ 图11-2-31　北京大兴机场站通号电缆间电缆爬架

该装配式铝合金型材易于加工组装，且在狭小的通号电缆间制作出的爬架足够预留10～15m的电缆余量。在北京轨道交通大兴机场线大兴机场站设备区通号电缆间首次应用，并取得良好示范效果，新城站、草桥站、车辆段及路基段停车场电缆爬架制作也一并使用该种铝合金型材。

（二）新工艺应用

1. 室内电缆成端施工工艺

信号电缆室内成端在安装和使用过程中工序烦琐，故障点高，且在工艺美观方面施工难度大，耗时、耗力。防雷分线柜作为室内外电缆的分水岭，而室外大量电缆从通号电缆间引入到防雷分线柜时需要做电缆成端处理，这是一个细活也是一个技术活，要求剥线不能伤及电缆内的芯线，操作难度大，且室内电缆槽的宽度有限，根据现场实际情况，故采用这种相互交错，层次感鲜明的施工工艺来处理电缆成端，无论是从外观上还是整体上都感觉很整洁、美观。

◆ 图11-2-32 室内电缆成端

2. 室内线槽线缆敷设施工工艺

室内线缆错综复杂，大小型号不一，室内线缆分为地线、电源线、控制线缆，电源线及地线敷设在电源槽道内由机柜正面引入，控制线缆敷设在控制线槽中由机柜背面引入，槽道内线缆敷设施工要统一规划，减少线缆交叉，避免电源线与控制线相互交错，如有交叉，采用十字交叉的方式敷设，横平竖直，高低错落有致。

◆ 图11-2-33 室内槽道线缆敷设工艺展示图

3. 接口柜侧面绑扎、绑把施工工艺

接口柜作为组合柜与联锁机柜之间的纽带，通过计算机联锁技术控制组合柜内的继电器联锁动作，从而控制轨旁设备动作，控制驱动和采集继电器动作的线缆繁多，需要对线缆进行统一整理、绑扎、绑把。

图11-2-34 接口柜侧面线缆绑扎、绑把工艺

图11-2-35 组合柜侧面线缆绑扎、绑把工艺

4. 室外箱盒配线施工工艺

室外电缆从室内到轨旁设备终端，电缆需要进入各种箱盒作为转接口进行分线，再从箱盒进入到轨旁设备终端。对室外箱盒配线工艺要求高，要求箱盒内部走线排列整齐有序，一旦出现故障，能快速查找并维修。

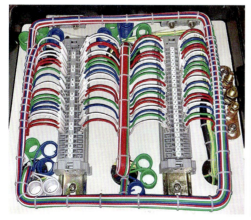

图11-2-36 施工过程中的箱盒配线图

图11-2-37 光电缆敷设

5．室外光电缆敷设施工工艺

大兴机场线正线室外光电缆敷设主要分外路基段、高架段、地下区间隧道段、U型槽，在地下区间，光电缆采用在区间通号托架上敷设的方式，信号光电缆在由下至上第1～4层；在路基段和高架段，光电缆采用在地面、桥面的弱电电缆槽内敷设的方式；在U型槽内，光电缆采用在区间通号托架上的弱电金属电缆槽内敷设的方式。敷设施工时要避免电缆交叉或光缆交叉，无论是从左到右，从上至下，光电缆敷设要平缓敷设，整齐有序。

（三）新技术应用

北京轨道交通地铁大兴机场线是一条全自动无人驾驶地铁线路，采用FAO(Fully Automatic Operation)全自动运行，国产自主化城轨信号领军企业交控科技股份有限公司为其提供技术解决方案。对比北京其他地铁信号运行系统，投入不少新技术应用，主要体现在：

1．最高时速达160km/h 最快的全自动运行地铁

大兴机场线北起草桥站，中间设磁各庄站，南达新机场北航站楼站，全长39.8km，全程预计19min，线路信号系统为全自动运行系统，列车最高时速可达到160km/h，堪称目前最快全自动运行地铁。

2．信号系统与行李传送系统协同工作

除了速度快，大兴机场线的信号系统也更加智能，草桥站具备值机功能，前往新机场的旅客可直接在草桥站站内办理托运行李，换区登机牌等相关登机手续。全自动运行信号系统将与行李传送系统配合，当行李集装箱传送完毕后，可根据行李传送系统的结束信号和发车时刻，自动控制列车关门和发车。

3．唤醒、自检、出段、运行、折返、清客、洗车、回库、休眠等全过程自动控制

大兴机场线采用的由交控科技提供的全自动运行系统，是基于现代计算机、通信、控制和系统集成等技术实现列车运行全过程自动化的新一代城市轨道交通系统。全自动系统可实现列车上电、自检、段内行驶、正线区间行驶、车站停车及启动、清客、列车回段、休眠断电、洗车等全过程自动控制。

五、通信

（一）AFC地槽采用的密闭抱箍连接螺帽

地铁车站(尤其地下站)对AFC地槽的防水要求较高，因此地槽连接处抱箍的紧密型连接非常重要，在螺栓与螺帽连接压紧时，发生共同转动（简称"轴转"），经过项目部技术试验多次试验，将螺帽由原先的六棱角形改为四边形。在施工时，地槽抱箍上下贴合时，方形螺帽和螺栓连接拧紧，四边形螺帽贴着抱箍壁的两个棱角，因此做拧紧动作时不会发生"轴转"现象，使得地槽气密性良好，达到检验要求。

◆ 图11-2-38　AFC地槽及抱箍

◆ 图11-2-39　AFC四角形抱箍螺帽

◆ 图11-2-40　AFC抱箍螺帽螺栓试验

（二）自制轨道定位划线车、脚手架

在隧道施工时，因轨道、地形等原因施工难度相对较大，经项目部技术人员与劳务分包施工人员协同探索，化不利为有利，使用普遍安全材料，自制轨道定位划线车、脚手架，大大提高施工效率，减少人工，节约成本，并获得国家实用新型专利。

◆ 图11-2-41　自制轨道定位划线车

◆ 图11-2-42　自制脚手架

(三)漏缆监测系统

为了确保地铁通信网络运行和行车的安全，必须有先进的监测系统对地铁通信泄漏电缆及天馈线进行实时监测，为地铁通信网络优化、运行维护提供数据，使地铁通信网络满足专用调度通信、列车控制系统等特殊要求，以保证地铁通信安全畅通和行车安全的要求。为此北京轨道交通大兴机场线一期工程高架段首次采用漏缆检测技术，对漏泄电缆及所接的接头、跳线、调相头、避雷器、直流阻隔器、馈缆、天线等整个漏缆链路每个位置的回波损耗和驻波值进行在线监测。在漏缆的单端进行故障定位监测，实现系统网管对漏缆故障信息进行分析，并在监控中心显示故障程度和故障发生的具体位置，为故障定位和故障的检修提供了准确的依据，保证了北京轨道交通大兴机场线列车运行的稳定性。

◆ 图11-2-43　漏缆监测

六、车站及区间机电设备

(一)新设备应用

采用新型区间防护设备

针对大兴机场线特殊车型，采用了新型区间防护设备"π形刚性接触网授电D型列车地铁区间隔断门"。该设备为区间单扇防护密闭隔断门，其门扇为平板式钢结构，门扇、门框采用拼装结构，分拆运输，现场拼装，便于施工及安全管理。门扇左、右两侧设有承受反向力的闭锁梁，设备关闭时，闭锁梁完全插入闭锁座中，能够很好地承担反向力，由于两侧闭锁梁的作用，门框上的胶条也能均匀压缩，保证了周边胶条有效的密封。当区间隔断门门扇开启到位后，为防止地铁车辆运行时，发生活塞风作用将门吸转的情况，在门扇下方远离铰页的一端，设置了安全锁定装置。安全锁定装置不但可以将门牢固可靠地固定在开门到位的位置，同时还起到千斤顶支承门扇的作用，防止门扇长期处于悬吊状态，铰页处于不利的受力状态。

（二）新技术应用

1．电气火灾监控系统采用全线组网方式

电气火灾监控系统包含全部车站以及区间单体的电气火灾监控系统，通过通信专业在区间敷设的光纤实现了全线组网，可在大兴机场线任意一个车站，通过现场设置的复式工作站查看全线电气火灾监控的数据、报警信息等。本系统可以远程监控区间单体的设备状态，有效地降低了后期运营单位的巡视难度，实现了减员增效的目的。

2．蓄电池监控系统

地铁内发生电气火灾，有很大一部分是由于蓄电池的维护不到位而产生的。大兴机场线应急电源柜（EPS），站台门的驱动电源和控制电源均采用了铅酸免维护胶体蓄电池，胶体电池因其采用凝胶状电解质而非稀硫酸作为介质，理论上不会产生热失控等容易引起火灾的问题，但是为了提高安全性，大兴机场线的蓄电池组均配置了蓄电池监控系统。蓄电池监控为了应对蓄电池可能会发生热失控从而造成火灾的情况，大兴机场线的应急电源柜（EPS）及站台门后备电源柜的蓄电池均设置了蓄电池监控系统。本系统能够监测单节电池电阻、单节电池温度、单节电池电流、单节电池电压、电池组电压和电池组电流，提前预知蓄电池的故障情况，可有效预防蓄电池火灾的发生。

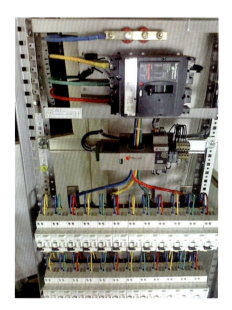

◆ 图11-2-44　应急电源柜（EPS）

同时，大兴机场线蓄电池监控系统，实现了站内系统联网，通过光纤实现四个配电室的监控系统数据整合，并设置了一台系统主机，系统主机预留了接口，可以将系统数据上传至上位系统（机电维修平台），实现蓄电池的状态监控和远程维护。

3．智能安检区

安检设备采用了智能安检区的设计理念，以禁带品智能识别机主机作为就地级工作站，将安检点双源双视角可调速X射线检查设备、视频采集监控、禁带品智能识别机、金属探测门等固定设备和爆炸物探测器等便携式设备通过交换机连接到智能识别机主机上，形成就地级局域网，构成

智能安检区。此设置极大提高了安检工作效率，改善安检工作质量，有效防范了爆炸物与武器、易燃易腐蚀物品等各类危险违禁品，利于安检信息化地实现。

◆ 图11-2-45　智能安检区

4．安检信息化

大兴机场线安检信息化项目集成了安检设备系统，且接入了视频监控（CCTV）、门禁系统（ACS）、时钟系统（CLK）和周界防护系统，实现了对车站、车辆段及区间单体的全面监控和防护。

5．EPS在线监控系统

该系统能够实时地监控车站EPS柜工作状态与相应数据，即监控监测EPS实时数据，并具有历史存储，状态报警查询等功能。其中在线监测系统主要监测正常/应急工作状态、输出电压、充电故障、输出故障、控制器故障及蓄电池内阻等，信息上传至BAS系统或在线监测系统，提高了EPS系统的可靠性。

6．站台门系统优化接口设计，提高系统的可靠性

大兴机场线采用全自动驾驶模式，对站台门系统提出了更加严格的功能和性能上的要求。站台门系统不仅需要具备与信号的联动功能，同时需增加单个站台门滑动门与车门的对位隔离功能，以满足列车全自动驾驶的运行要求，优化与信号之间的接口，从传统单一的硬线接口，新增通信接口，同时站台门系统采用标准的通讯协议，为下阶段的智能诊断系统预留了接口。

为保证车门与站台门之间的间隙安全，在本工程小限界条件下设置间隙探测装置，并优化其

◆ 图11-2-46 站台门系统

接口设计,实现间隙探测系统与信号系统的联锁,并将其状态信息上传至综合监控系统,达到监视其状态的功能需求,极大提高了系统的安全性,这在国内当属首创。

大兴机场线列车存在4/8灵活编组运行模式,站台门系统的对应操作模式均设置4编组、8编组的操作模式,极大地方便了运行操作,并首次实现站台门PSL、间隙探测操作盘与信号系统的操作盘整合布置方案,统一规划,方便运营。

7. 自动扶梯智能诊断系统

为提高自动扶梯的运行安全,加强对设备的检修和维护管理,本工程应用了自动扶梯智能诊断系统。该系统对自动扶梯主要机械部件的运行情况进行实时监测,实现自动扶梯主要机械部件

◆ 图11-2-47 自动扶梯智能诊断

◆ 图11-2-48 自动扶梯检修

的故障趋势预测和机械故障报警及智能诊断。

自动扶梯智能诊断系统针对自动扶梯运行部件种类多、运行速度各异、不同部位故障特征信号存在差异的特点，对扶梯的不同运行部位采用不同的振动采集设定，更加全面有效地采集相应部位的特征数据进行分析。

自动扶梯扶手带摩擦是个常见故障。扶手带温度升高是分析和判断扶手带是否出现摩擦的依据，但是由于天气原因，扶手带绝对温度变化在不同时间段差异较大。自动扶梯智能诊断系统采用了动态温度对比方式，即利用扶手带温度和环境温度的温差来判断扶手带是否出现摩擦，避免了环境因素造成的误判。

七、车辆段工艺设备

（一）新工艺

1. 起重机主梁腹板整体开平切割工艺

（一）　　　　　　　　　　　　　　（二）

◆ 图11-2-49　起重机主梁腹板切割

起重机主梁腹板是起重机重要的组成部件，腹板下料是起重机生产的重要环节，为了保证起重机的预拱度，腹板在下料切割时需要切割成带弧度的钢板以保证起重机的整机预拱度的要求。

之前起重机的腹板下料切割是采用定尺的钢板焊接拼接成要求长度后，采用切割小车逐段切割的工艺将腹板切割成所需要的弧度，钢板焊接拼接会产生焊接变形，直接影响了起重机腹板波浪度的精度的要求。而且焊接会产生焊接应力，影响了起重机的整体稳定性要求。采用切割小车切割腹板由于是逐段切割，所以腹板是趋近于要求的二次抛物线弧度，精度不高。

该次大兴机场线起重机项目的起重机腹板下料采用了整板开平和整体切割的新工艺。腹板整体开平是采用T44K型数控开卷、矫平、剪切生产线按照要求长度对腹板进行整体开卷、矫平、剪切，无需进行焊接接板，整个腹板为一整张钢板整体切割成型，增加起重机腹板的波浪度精度，减少了起重机的焊接应力，使得腹板更加平整、美观，从而增加了起重机的稳定性。腹板切割是采用Q11Y型数控火焰切割机，将腹板严格按照要求的四次抛物线的曲线进行编程切割，并且同时切割一根主梁上的两块腹板，腹板弧度曲线精度高，两块腹板的相对尺寸精度高，从而大大提高了起重机的加工精度，增加了起重机的稳定性与安全性。

（二）新技术应用

1．起重机大车轨道减振措施的应用

起重机轨道架设在库内立柱上部，起重机运行产生的振动通过牛腿、立柱及平台直接传到上方的建筑物内，引起振动进而诱发二次辐射噪声。研究显示，起重机在低速－启动和制动时对振动的影响不可忽略。

虽然起重机运行速度相对列车来说较慢，但由于起重机设备本身运作不平稳导致车轮和轨道间产生冲击与摩擦，产生大小方向随时间变化的作用力；且起重机横梁上的葫芦上吊有重物，增大了起重机的负重并产生横向的惯性力。因而起重机运行产生的振动影响不可忽略。

考虑到车辆段上盖将开发住宅建筑，起重机运行会振动影响上层建筑，产生振动超标的风险，因而仍需对起重机大车运行产生的振动进行积极的减振应对处理。

（1）起重机轨道采用减振型压轨器和下层复合橡胶垫板。

减振型的压轨器具有橡胶压舌和下层复合橡胶垫板结构，橡胶压舌和垫板能够减少噪声和振动，且增大钢轨和吊车梁之间的摩擦力，消除或减小轨道与吊车梁的间隙沿轨道全长不均的现象，改善压板螺栓受力的状况。

（2）起重机轨道全长进行钢轨无缝焊接。

采用轨道铝热无缝焊接技术进行轨道连接，减少轨道接缝产生的冲击振动，从而减小周期性冲击对于振动振幅的影响度。

钢轨铝热焊是利用铝和氧化铁在化学反应过程中释放的大量热量熔化金属，使金属之间形成

（一）　　　　　　　　　　（二）

◆ 图11-2-50　无缝焊接

熔接或堆焊。铝热化学反应是氧化还原反应，主要反应产物为液态铝热钢和氧化铝熔渣，铁元素被还原成具有高温的铝热钢水，铝被氧化成氧化铝熔渣。

钢轨铝热焊接就是将铝粉、氧化铁和其他合金添加物配制成的铝热焊剂放在特制的反应坩埚中，用高温火柴点燃引发铝热反应。在反应过程中，放出大量的热熔化合金属添加物，与反应合成的铁形成为钢液，由于其密度大沉于坩埚底部，反应生成的熔渣较轻而浮在上部，在很短时间内，高温的铝热钢水熔化坩埚底部的自熔塞，浇铸到与钢轨外形尺寸一致的砂型和局部预热待焊钢轨形成的封闭空腔中，同时铝热钢水本身又作为填充金属，与熔化的钢轨共同结晶、冷却，将2段钢轨焊成整体。

2．架车点为抬车孔的托臂及活动托头结构新技术

移动式架车机，用于北京轨道交通大兴机场线一期工程电动客车检修作业的架车承重举升设备。为了满足大兴机场线车辆的结构特点，需要采用抬车孔架车的技术方案，因此对移动式架车机进行了新型托头结构设计。

架车机主要由传动装置、机架、丝杠螺母、托架组件、托臂及活动托头组件、手动液压搬运装置组成。

移动式架车机的左右移动由手动液压搬运装置完成，托头的上升下降由丝杠螺母完成，托头的伸缩由托臂及活动托头组件完成。

（1）托臂及活动托头组件。

托头组件安装在托臂的前端，托头架车承载后将载荷通过托臂、夹板、滚轮作用在机架上。

托臂由传动系统、线性滑轨、板体等组成，可沿夹板水平电动移动，传动系统包括减速电机、齿轮、自锁丝杠及螺母，结构简洁、传动效率高、可任意位置保持锁定。托臂前后设置限位开关

◆ 图11-2-51 移动式架车机

和机械限位保证操作安全。

托头组件由托头、防撞保护胶垫、左右调整机构组成。托头采用与托臂浮动连接设计，并装有接触压力不小于30kg动作的检测装置，保证与车体接触可靠。为方便托头与抬车孔左右对位，托头设计为可调整结构，设有扳手调整接口，调整方式为手动调整。

根据架车点接口，架车机的托头进行相应设计，为前小后大的梯形，以方便进入，前端尺寸为118×126mm、末端尺寸为118×134mm、大约伸进孔内195mm。

（2）托头与抬车孔的对正操作。

架车机首先通过手动液压搬运装置与车辆架车点基本找正对位，然后由总控制台授权，点动控制架车机上单台控制箱的上升（或下降）、前进（或后退）按钮，并同时进行手动左右调整。

第三章 课题展示

一、安全增强型列车控制网络

通过对安全增强型列车控制网络的研究与应用，首次实现基于实时以太网的列车安全控制网络技术的工程化应用。通过搭建列车大数据传输的通道，以及实现从通信到处理再到输入/输出的全系统安全解决方案，进一步提升列车运营安全可靠性。通过以太网列车安全控制网络技术的应用，提升车辆网络的综合承载能力。通过该项目的实施应用，引导列车网络安全控制技术的发展方向，推动新一代列车安全控制网络在国内外的应用。

（1）针对安全增强型列车控制网络系统架构研究内容，根据IEC 61375标准，基于实时以太网，采用可靠、安全的网络系统产品构建列车控制网络系统，实现列车网络系统通过实时以太网接口与各系统进行数据交互，满足全自动驾驶列车的实时通信、高带宽的要求；同时列车网络系统采用以太网环网进行冗余，并预留MVB通信，提高了列车网络通信的可靠性与可用性；列车网络将列车控制网、维护网融合为一个网络。

（2）针对安全增强型列车控制网络安全硬件研究内容，CCU中央控制单元采用安全计算机架构、双冗余技术设计，提高列车控制单元安全性和可靠性，实现列车CCU安全控制；IO控制采用带诊断功能的IO输入输出安全架构，实现IO安全控制。安全输入采用内部1分4冗余采集，实时自检技术，提高IO采集准确性；安全输出采用基于安全继电器、输出冗余、自带供电切除控制功能实现网络安全输出控制功能。

（3）对于控制与实时安全通信技术研究，根据IEC 61375标准，列车以太网通讯采用实时以太网安全通信协议（TRDP-safety），实现数据通信传输安全校验、超时防护、序号检测等技术防护措施，提高列车控制和实时传输数据的安全传输。

（4）针对安全增强型列车控制网络系统与各系统接口需求及规范研究内容，基于实时以太网通讯，根据各个子系统的通信特点和所属设备进行分类，结合信号、牵引、制动、PIS等不同子系统的自身数据特征、安全等级与实时性要求，基于列车控制网络系统的运行、操作、维护环境等不同工况,提取列车控制信息、故障信息、状态信息等所传输数据的不同传输阶段的数据特征,建立列车网络控制系统的不同编组、智能化、实时性、误码率、安全性等要求的优化模型,形成满足全自动驾驶需求的列车网络控制系统的接口需求规范,提高安全增强型列车控制网络系统与各系统接口规范性和可靠性。

◆ 图11-3-1　安全认证证书

◆ 图11-3-2　《北京大兴机场线一期工程电动客车型式试验报告》

二、时速160km/h快速轨道交通架空刚性接触网关键技术

通过对时速160km/h快速轨道交通架空刚性接触网关键技术的研究与应用,研发出适应时速160km/h刚性接触网系统的弓网耦合动态仿真平台,完成时速160km/h刚性接触网系统设计方案,研制出配套关键零部件,掌握时速160km/h架空刚性接触网的平顺度安装工艺,实现北京大兴机场线隧道内接触网系统的顺利建造,满足弓网的可靠连续受流。通过搭建的刚性接触网服役状态检测、监测平台,及时掌握设备的运行状态。编制适用于时速160km/h的架空刚性接触网设计、施工和验收导则,在理论研究和工程建造技术上实现突破,保证列车160km/h的连续可靠受流,实现快速架空刚性接触网系统的体系创新,填补行业内此领域的空白。

(1)应用有限元技术搭建刚性悬挂接触网和受电弓的三维计算模型,重点开展刚性接触网的力学模型搭建、动力特性分析、受电弓的计算模型分析、受电弓和刚性悬挂接触网耦合动力学模型搭建,开发出满足快速架空刚性接触网系统建设需要的仿真平台。对实体模型和全参数化模型的计算结果进行比较分析,研究保证计算精度和兼顾计算效率的建模方法,指导了北京大兴机场线的系统方案设计和最终误差精度控制标准的确定。通过本平台完成计算数据与铁科院动态检测数据对比分析。

（2）通过对刚性接触网无轨测量、小张力放线条件下的平顺度控制、汇流排架设技术及160km/h刚性接触网高精度调整技术等一系列刚性接触网施工关键技术问题的攻关，掌握时速160km/h架空刚性接触网施工工法，保证了列车160km/h时速时的连续可靠受流。

（3）应用有限元模拟分析技术，模拟分析零部件在服役环境条件下的状态参数，对结构强度及薄弱部位进行重点分析，研究制定出时速160km/h架空刚性接触网配套关键零部件的机械、电气、结构、强度等各项性能参数和功能性能要求。通过优化制造工艺，运用挤压一体成型技术，研制出结构简单、能多维度调节、轻型化的时速160km/h架空刚性接触网腕臂悬挂装置，通过型式试验、上线挂网运行和弓网测试，达到了研制目标。

（4）首次将"PHM"（Prognostic and Health Management）及"BIM"运用于地铁接触网检测领域，建立基于大数据架构的刚性接触网数据中心，实现与各类检测装备、管理信息系统、小型数据中心的互通互联，建立刚性接触网服役状态的健康评价体系，实现刚性接触网缺陷趋势分析、零部件故障预测、维修剩余时间估算。

（5）成立专门技术攻坚团队，成功研制了适用于160km/h刚性接触网受流质量及接触线平顺度检测、监测的高速弓网检测装置，对接触网安装状态、燃弧率、硬点、弓网接触力等实施监测，首次解决了隧道内灯光不足接触网零部件成像不清晰、隧道外逆光无法拍摄等重大技术难题；同时解决了刚性接触网及柔性接触网零部件不能同步检测的技术问题。全部系统通过了铁科院中铁检验认证中心第三方试验检测，主要技术指标均满足任务书要求。安装于北京地铁大兴机场线JC008车运营电客车上的1C、3C、4C，经过静态调试、动态调试，于2019年9月27日正式服役，系统运行状态良好。

◆ 图11-3-3　检测报告　　　　　　　　◆ 图11-3-4　刚性接触网

三、轨道交通车站通风空调系统智能化控制关键技术

通过文献调研、现场实测等方式，对目前轨道交通通风空调系统控制技术进行了总结、分析、梳理。然后，从设备模型、负荷特性、车站能耗特性等多方面进行了研究总结。最终依托目前控制技术现状，在结合人工智能技术，搭建了基于人工智能算法的全变频自适应控制系统。该系统创新性及先进性的体现如下：

（1）为了实现全变频与人工智能控制落地，该项目提出了一种适用于全变频自适应控制系统的分级控制方法，其中：基础控制层由基础控制逻辑组成，该部分主要承担的是单体设备的基础控制，此部分以单体设备能耗最优、稳定控制为前提。优化控制层由人工智能优化控制组成，该部分通过对模型的学习、寻优，计算得出基础控制层控制所需的关键参数，此部分以系统能耗最优为控制目标。通过此种控制方式，既解决了目前行业中全系统进行寻优控制的问题点，如稳定性差、推广性差等。又将传统闭环反馈控制调节中的相关问题得以解决，如调节效果滞后、系统智能程度低、调节效果不节能等问题。

（2）基于前馈式、预测式的控制技术应用。为了解决目前地铁车站控制系统中的稳定性差、控制效果滞后问题，该项目引入了前馈式的控制方法。分级控制理念的提出也为本技术的应用与开展提供了基础。首先前馈预测算法属于优化控制层范畴，通过优化控制层中对设备模型、能耗模型、负荷模型的建立，最终可以提前预测车站负荷走势，这就为前馈的展开提供了负荷基础。举例说明：通过此技术，可以预测到下周一早晨9:00的负荷需求是700kW冷量，根据此数值，

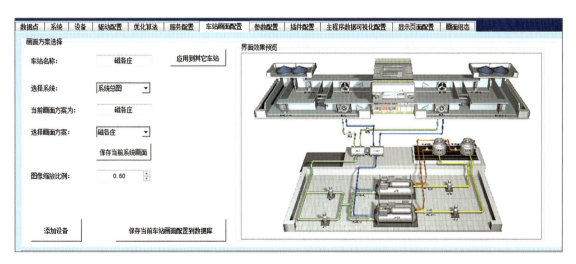

◆ 图11-3-5 软件画面配置界面

系统就可以提前计算风机运行频率应该输出到多少便可以满足9:00时的需求,在8:30时便将风机调整到计算频率,从而解决反馈调节带来的调节效果滞后等问题。

目前,通风空调系统还大多沿用地上公共建筑中的反馈调节控制方式,而此次提出的前馈控制方式更适合地铁车站的环境特点与负荷特点。

(3)通过人工智能算法,系统可根据运行数据,实现负荷模型、设备模型的实时优化。设备模型会随着时间的推移或车站的不同而展现出不一样的特性,如果采用一成不变的模型,则会对系统优化产生负面效果。基于此,该项目提出的人工智能算法,可以通过各站当前时刻的运行数据实现对模型的实时训练与校核。

(4)研发出了一套全变频自适应控制系统样机,从软件、硬件、系统结构上实现了该项目关键技术的落地。此样机平台可以用于人员培训、系统模拟测试、系统效果检验。

四、基于大数据的智能化车辆基地管控系统关键技术

研究的车辆基地智能管控系统在车辆基地综合数据采集及预处理技术、车辆健康状态评价技术、设备设施检测及故障预警技术、智能化车辆维修决策研发以及适用于轨道交通的专用物联网技术等方面在国内车辆基地智能管控领域具备了独特的技术创新及先进性。通过这些关键技术的研发及实施,支撑了车辆基地智能管控系统功能的完整性及准确性的落地。

(1)针对车辆基地智能管控的研究内容,国内首次使用多网融合的方式进行数据承载,综合采用有线网络、LTE网络、WLAN等无线网络、IOT窄带物联网传输手段,实现多源数据采集传输,对车辆运行信息、车辆检修状态信息、终端设备的监测数据和重要自动化设备的监测数据、计量数据、位置数据进行系统化采集和预处理。同时对多种网络的融合与防护方案进行探索研究,实现有线网络、无线网络、窄带物联网作为基于大数据智能化车辆基地管控系统的传输网络的融合,以及多种网络之间的安全防护措施,为系统的安全稳定提供支撑。

(2)针对车辆健康状态的研究,综合利用多源监测数据的支撑,依托车辆状态数据建立自动化采集的评价指标计算方案,从车辆可靠度、关键部件检测参数、缺陷隐患等多维度构成车辆健康评价技术,为制定检修计划排程和部件更换提供依据。

(3)针对设备设施检测及故障预警技术,探索研究窄带物联网技术对基地机电设备的各类传感器数据和计量仪表数据传输组网和数据通信技术,对车辆基地内重要机电设备(如风机、空调、水泵、电梯等)、重要通信设备(如摄像头、交换机)、重要自动化设备(如轨旁设备、车载设备等)

进行状态监测，对车辆基地各类能源的计量，及对生产环境的数据监测采集。

（4）基于现场实时状态数据建立智能化的车辆维修决策方案，通过用FMEAC的分析方法对数据进行分级分类，运用RCM分析法，确定设备维修策略、设备维修周期和设备维修内容。包含：维修策略决策、维修时机决策、设备维修项目决策三个部分。针对故障异常的现象和报警采用动态的FTA决策树方法，定位可能的故障原因和部位；按照零部件寿命周期预警提出需要更换检查的零部件清单，结合设备状态检测结果等，提出计划维修的检查项目和维修更换内容。

（5）针对研究适用于轨道交通的专用物联网技术，实时获取机电设备及其他重要设备的信息，为轨道交通大数据积累和分析、优化轨道交通设备维护策略、发展智能应用打下基础。轨道交通专用物联网系统应适应轨道交通线路和场站的电磁环境特性、适应轨道交通业务特点、选择合适的布网方式，满足高可靠、高可用的要求。

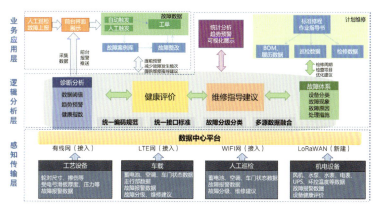

◆ 图11-3-6　总体实施方案

◆ 图11-3-7　车载走行部系统页面

第四章 团队荣誉

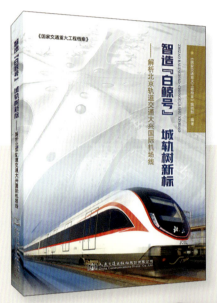

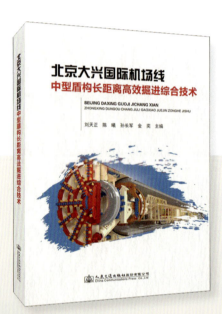

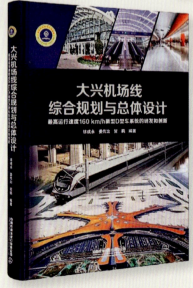

◆ 图11-4-1 红星奖

◆ 图11-4-2 获奖证书

◆ 图11-4-3 荣誉证书

◆ 图11-4-4 专业成果证书及长城杯工程金质奖证书

◆ 图11-4-5 优质工程证书及奖杯

一、新技术应用（10大项50子项）

表11-4-1　新技术应用表

序号	大项	子项	备注
1	地基基础和地下空间工程技术	1.2 长螺旋钻孔压灌桩技术	建筑业十项新技术应用
		1.4 混凝土桩复合地基技术	建筑业十项新技术应用
		1.6 装配式支护结构施工技术	建筑业十项新技术应用
		1.11 复杂盾构法施工技术	建筑业十项新技术应用
2	钢筋与混凝土技术	2.1 高耐久性混凝土技术	建筑业十项新技术应用
		2.2 高强高性能混凝土	建筑业十项新技术应用
		2.3 自密实混凝土技术	建筑业十项新技术应用
		2.5 混凝土裂缝控制技术	建筑业十项新技术应用
		2.7 高强钢筋应用技术	建筑业十项新技术应用
		2.8 高强钢筋直螺纹连接技术	建筑业十项新技术应用
		2.9 钢筋焊接网应用技术	建筑业十项新技术应用
		2.10 预应力技术	建筑业十项新技术应用
		2.11 建筑用成型钢筋制品加工与配送技术	建筑业十项新技术应用
3	模板脚手架技术	3.1 销键型脚手架及支撑架技术	建筑业十项新技术应用
		3.8 清水混凝土模板技术	建筑业十项新技术应用
4	装配式混凝土结构技术	4.7 预制预应力混凝土构件技术	建筑业十项新技术应用
		4.9 装配式混凝土结构建筑信息模型应用技术	建筑业十项新技术应用
		4.10 预制构件工厂化生产加工技术	建筑业十项新技术应用
5	钢结构技术	5.2 钢结构深化设计与物联网应用技术	建筑业十项新技术应用
		5.3 钢结构智能测量技术	建筑业十项新技术应用
		5.4 钢结构虚拟预拼装技术	建筑业十项新技术应用
		5.5 钢结构高效焊接技术	建筑业十项新技术应用
		5.8 钢与混凝土组合结构应用技术	建筑业十项新技术应用
6	机电安装工程技术	6.1 基于BIM的管线综合技术	建筑业十项新技术应用
		6.2 导线连接器应用技术	建筑业十项新技术应用
		6.3 可弯曲金属导管安装技术	建筑业十项新技术应用
		6.4 工业化成品支吊架技术	建筑业十项新技术应用
		6.5 机电管线及设备工厂化预制技术	建筑业十项新技术应用
		6.8 金属风管预制安装施工技术	建筑业十项新技术应用
		6.10 机电消声减振综合施工技术	建筑业十项新技术应用

续上表

序号	大项	子项	备注
7	绿色施工技术	7.1 封闭降水及水收集综合利用技术	建筑业十项新技术应用
		7.2 建筑垃圾减量化与资源化利用技术	建筑业十项新技术应用
		7.3 施工现场太阳能、空气能利用技术	建筑业十项新技术应用
		7.4 施工扬尘控制技术	建筑业十项新技术应用
		7.5 施工噪声控制技术	建筑业十项新技术应用
		7.6 绿色施工在线监测评价技术	建筑业十项新技术应用
		7.7 工具式定型化临时设施技术	建筑业十项新技术应用
8	防水技术与围护结构节能	8.1 防水卷材机械固定施工技术	建筑业十项新技术应用
		8.2 地下工程预铺反粘防水技术	建筑业十项新技术应用
		8.8 高效外墙自保温技术	建筑业十项新技术应用
		8.9 高性能门窗技术	建筑业十项新技术应用
9	抗震、加固与监测技术	9.1 消能减震技术	建筑业十项新技术应用
		9.2 建筑隔震技术	建筑业十项新技术应用
		9.6 深基坑工程监测技术	建筑业十项新技术应用
		9.7 大型复杂结构施工安全性监测技术	建筑业十项新技术应用
		9.9 受周边施工影响的建（构）筑物检测、监测技术	建筑业十项新技术应用
10	信息化技术	10.1 基于 BIM 的现场施工管理信息技术	建筑业十项新技术应用
		10.2 基于大数据的项目成本分析与控制信息技术	建筑业十项新技术应用
		10.5 基于移动互联网的项目动态管理信息技术	建筑业十项新技术应用
		10.7 基于物联网的劳务管理信息技术	建筑业十项新技术应用

二、专利

表11-4-2 专利表

序号	专利名称	类型	授权年度	专利权人	专利编号
1	一种地铁接触网无轨测量施工方法	发明型	2020	中铁十二局集团电气工程有限公司 中铁十二局集团有限公司	ZL 201811380012.6
2	一种时速160km快速轨道交通架空刚性接触网刚柔过渡施工方法	发明型	2020	中铁十二局集团电气工程有限公司 中铁十二局集团有限公司	ZL 201910568571.8

续上表

序号	专利名称	类型	授权年度	专利权人	专利编号
3	适用于上下叠落地铁区间的C型联络通道结构及施工方法	发明型	2020	张金伟，程科，陈翰，董长明，石斐，金永健，朱宝玲，邱术来，赵伟，江婕瑞，展慧，乔凤娇，廖建东，唐剑，彭艳	ZL 2018 1 0870914.1
4	大直径市域快轨隧道盾构机刀具的磨损监测点布置方法及磨损监测方法	发明型	2019	北京城建轨道交通建设工程有限公司	ZL 2018 1 1437105.8
5	一种安装横跨河道钢盖梁的施工方法	发明型	2020	北京市市政二建设工程有限责任公司	ZL 2018 1 1314207.0
6	M级支撑锚管	发明型	2020	中铁二十三局集团第六工程有限公司	ZL 2018 1 0704332.6
7	轨道交通高架桥面运梁车错车平台	实用新型	2019	北京城建道桥建设集团有限公司	ZL 2018 2 1903037.5
8	一种预制箱梁翼缘板边模防漏浆装置	实用新型	2019	北京城建道桥建设集团有限公司	ZL 2019 2 0163199.8
9	一种可调节钢绞线下料防护装置	实用新型	2019	北京城建道桥建设集团有限公司 北京城建轨道交通建设工程有限公司	ZL 2019 2 0163209.8
10	一种无立柱预制箱梁防雨防晒棚	实用新型	2019	北京城建道桥建设集团有限公司 北京城建轨道交通建设工程有限公司	ZL 2019 2 0163673.7
11	一种新型预制箱梁张拉防护平台	实用新型	2019	北京城建道桥建设集团有限公司 北京城建轨道交通建设工程有限公司	ZL 2019 2 0163655.9
12	一种新型预制梁防护及操作平台	实用新型	2018	北京市政路桥股份有限公司	ZL 2017 210505389.0
13	一种基于市政桥梁工程的桥梁底座伸缩装置	实用新型	2018	北京市政路桥股份有限公司	ZL 2018 211648204.0
14	一种用于共构架桥施工的低矮架桥机	实用新型	2019	北京市政路桥股份有限公司	ZL 2018 211648204.0
15	一种兼作墩柱模板及预应力支撑的两用装置	实用新型	2020	北京市政路桥股份有限公司	ZL 2019 10728018.6
16	一种空间层叠式的桥梁结构	实用新型	2020	北京市政路桥股份有限公司	ZL 2019 21211838X
17	建筑施工围墙用砖	实用新型	2018	北京市市政四建设工程有限责任公司	证书号第7502871号
18	一种用于联系测量的可拆卸式垂吊钢丝装置	实用新型	2019	北京市政建设集团有限责任公司	ZL 2018 2 1862946.9
19	一种地铁盾构隧道照明用灯线架	实用新型	2019	北京市政建设集团有限责任公司	ZL 2018 21862946.10
20	一种在地铁盾构隧道中用于运送管片的小车	实用新型	2019	北京市政建设集团有限责任公司	ZL 2018 2 2269633.9
21	一种地铁盾构隧道降坡轨枕	实用新型	2019	北京市政建设集团有限责任公司	ZL 2018 2 2248969.7
22	一种地铁基坑上下行人用梯笼	实用新型	2019	北京市政建设集团有限责任公司	ZL 2018 2 2242233.9

续上表

序号	专利名称	类型	授权年度	专利权人	专利编号
23	一种盛放泡沫桶的架子	实用新型	2019	北京市政建设集团有限责任公司	ZL 2018 2 2242116.2
24	一种悬挑式铁板挡水墙	实用新型	2019	北京市政建设集团有限责任公司	ZL 2018 2 1822570.9
25	一种节省施工面积的异型集土坑	实用新型	2019	北京市政建设集团有限责任公司	ZL 2018 2 2267677.8
26	一种输送浆液管路的清洗装置	实用新型	2019	北京市政建设集团有限责任公司	ZL 2018 2 2242220.1
27	一种隧道内挂管用管架	实用新型	2019	北京市政建设集团有限责任公司	ZL 2018 2 2267982.7
28	一种配合起重机在空中实现土斗翻转的翻土架	实用新型	2019	北京市政建设集团有限责任公司	ZL 2018 2 1918015.6
29	预拌喷射混凝土降尘一体系统	实用新型	2020	北京市政建设集团有限责任公司	ZL 2019 2 0347457.8
30	一种城市雨洪联合利用系统	实用新型	2018	北京市政建设集团有限责任公司	ZL 2017 2 0980490.5
31	一种盾构隧道管片支撑台车	实用新型	2019	中铁十四局集团有限公司 中国矿业大学（北京）	ZL 2018 2 2090089.1
32	一种盾构区间联络通道滚轮式混凝土运输自泵系统	实用新型	2020	中铁十二局集团第二工程有限公司 中铁十二局集团有限公司	ZL201921371741.5
33	一种盾构区间洞门环梁无支撑钢模组件	实用新型	2020	中铁十二局集团第二工程有限公司 中铁十二局集团有限公司	ZL201921372895.6
34	一种砂卵石层大盾构装配式四字型刀盘检修井结构	实用新型	2020	中铁十二局集团第二工程有限公司 中铁十二局集团有限公司	ZL201921371744.9
35	一种土压盾构掘进皮带折返连续出渣装置	实用新型	2020	中铁十二局集团第二工程有限公司 中铁十二局集团有限公司	ZL201921372885.2
36	注浆锚杆及支护装置	实用新型	2019	中铁十二局集团有限公司	ZL 2018 2 1597864.6
37	一种穿河的明挖区间支撑体系	实用新型	2020	中铁十二局集团有限公司	ZL 2019 2 0592618.X
38	一种深基坑支护结构	实用新型	2020	中铁十二局集团有限公司	ZL 2019 2 0596199.7
39	一种隧道内接触网无轨施工测量仪器	实用新型	2019	中铁十二局集团电气工程有限公司 中铁十二局集团有限公司	ZL201822031587.9
40	一种地铁刚性接触网新式汇流排作业车组	实用新型	2019	中铁十二局集团电气工程有限公司 中铁十二局集团有限公司	ZL201920577843.6
41	一种地铁刚性接触网无轨施工校核装置	实用新型	2019	中铁十二局集团电气工程有限公司 中铁十二局集团有限公司	ZL201920576907.0
42	一种汇流排安装用辅助测量工具	实用新型	2019	中铁十二局集团电气工程有限公司 中铁十二局集团有限公司	ZL201920973388.1
43	一种用于无钢轨整体道床段的运料车	实用新型	2019	中铁十二局集团电气工程有限公司 中铁十二局集团有限公司	ZL201920973375.4
44	一种新式电缆展放车	实用新型	2019	中铁十二局集团电气工程有限公司 中铁十二局集团有限公司	ZL201920974398.7

续上表

序号	专利名称	类型	授权年度	专利权人	专利编号
45	一种地铁专用防电缆刮伤半弧形保护装置	实用新型	2019	中铁十二局集团电气工程有限公司 中铁十二局集团有限公司	ZL201822029003.4
46	一种利用手电钻正反转挡位调节的通用型线缆牵引装置	实用新型	2019	中铁十二局集团电气工程有限公司 中铁十二局集团有限公司	ZL201821903219.2
47	一种多功能电缆放线装置	实用新型	2020	中铁十二局集团电气工程有限公司 中铁十二局集团有限公司	ZL201922077141.4
48	一种地铁供电施工用剥线器	实用新型	2020	中铁十二局集团电气工程有限公司 中铁十二局集团有限公司	ZL201922183114.5
49	电力施工用电缆放线架	实用新型	2020	中铁十二局集团电气工程有限公司 中铁十二局集团有限公司	ZL201921755035.0
50	电力通信检修用断线钳	实用新型	2020	中铁十二局集团电气工程有限公司 中铁十二局集团有限公司	ZL201921755034.6
51	一种地铁隧道新式侧壁作业梯车	实用新型	2020	中铁十二局集团电气工程有限公司 中铁十二局集团有限公司	ZL201920974399.1
52	新型管道靠背支架	实用新型	2020	北京市政建设集团有限责任公司 北京市市政四建设工程有限责任公司	ZL 2019 2 1774713.8
53	穿墙套管防火封堵机构及其穿墙套管	实用新型	2020	北京市政建设集团有限责任公司 北京市市政四建设工程有限责任公司	ZL 2019 2 1774715.7
54	法兰垫片自动化加工装置	实用新型	2020	北京市政建设集团有限责任公司 北京市市政四建设工程有限责任公司	ZL 2019 2 1781859.5
55	一种扁铁打孔装置	实用新型	2020	中铁十四局集团电气化工程有限公司	ZL201920409248.1
56	一种风机吊架	实用新型	2019	中铁十四局集团电气化工程有限公司	ZL201920409245.8
57	一种用于地铁隧道消防管道快速定位装置	实用新型	2019	中铁十四局集团电气化工程有限公司	ZL201920409247.7
58	一种新型轨排组合台座	实用新型	2019	中铁十四局集团第五工程有限公司	ZL201821037729.6
59	一种具有分散泄压功能的中埋式止水带	实用新型	2019	贺维国，张金伟，陈翰，李昂，董长明，范国刚，刘志广，朱世友，任玉瑾，廖建东，唐顺治，唐剑，郭俊强	ZL 2018 2 1253703.5
60	具有导向功能的硬切割咬合桩施工钻头	实用新型	2020	张金伟，杨斌斌，徐骞，王胜涛，张美琴，贺维国，孙俊利，姜华龙，营升，苏立勇，路清泉，付志成，韩涛，刘志广	ZL 2019 2 1632268.1
61	一种可快速安装及拆卸的叠落盾构模块化钢支撑加固结构	实用新型	2019	中铁第六勘察设计院集团有限公司	ZL 2019 2 0002072.8
62	一种适用于管线归集的地下盖板沟	实用新型	2020	张金伟，李昂，丁艺喆，程科，张美琴，徐斌，刘志广，侯慕轶，柏林，王胜涛，孙俊利，徐骞，付黎龙，李晓英	ZL 2019 2 1611682.4

续上表

序号	专利名称	类型	授权年度	专利权人	专利编号
63	一种具有重复支顶和锁紧功能的隧道中隔壁	实用新型	2020	张金伟，杨斌斌，徐骞，刘志广，李昂，张美琴，贺维国，李立，柏林，唐云沙，孙俊利，王胜涛，徐斌，李晓英，程科	ZL 2019 2 1594753.4
64	一种能够限制位移的轨道结构	实用新型	2017年	许正洪，李楠，张玉光，胡浩，李竹，方新涛，杨宝峰，魏周春，于鹏，张东风，董光辉，吴永红，王建双，刘道通，冉丹丹，张植，程保青，快延峰	ZL 2017 2 0783486.X
65	一种用于地铁内置式泵房的板式道床结构	实用新型	2019年	杨松，张东风，李楠，刘郑琦，叶军，王修叶，裴爱华，禹雷，马佳骏	ZL 2019 2 1269638.X
66	一种减振扣件系统	实用新型	2018年	孙井林，张用兵，曾飞，冉蕾，马佳骏，黄承，樊永欣，张文科，任树文，杨松，李强，魏军光，刘雪锋，刘玮	ZL 2018 2 1777836.2
67	盾构机刀盘、刀具磨损测量旋转尺、测量系统	实用新型	2019年	中国矿业大学（北京）北京城建轨道交通建设工程有限公司	ZL 2018 2 2237153.4
68	盾构开挖与土体沉降监测模拟试验平台	实用新型	2020年	中国矿业大学（北京）北京城建轨道交通建设工程有限公司	ZL 2019 2 2138032.9
69	盾构隧道地表沉降自动监测预警系统	实用新型	2019年	中国矿业大学（北京）北京城建轨道交通建设工程有限公司	ZL 2018 2 1977591.8
70	一种盾构隧道上覆土体沉降模拟试验平台	实用新型	2019年	中国矿业大学（北京）北京城建轨道交通建设工程有限公司	ZL 2018 2 2150984.8
71	一种盾构隧道走道板与侧护栏安全系统	实用新型	2020年	北京城建轨道交通建设工程有限公司 中国矿业大学（北京）	ZL 2019 2 2198116.1
72	一种双层土体沉降监测系统	实用新型	2019年	中国矿业大学（北京）北京城建轨道交通建设工程有限公司	ZL 2018 2 2085509.7

三、科学技术奖（1项）

表11-4-3 科学技术奖

序号	奖项名称	获奖等级	获奖年度	获奖单位	授奖单位
	时速160km快速轨道交通架空刚性接触网关键技术与应用	一等奖	2020（目前未获奖明年3月份获奖）	北京市轨道交通建设管理有限公司、天津中铁电气化设计研究院有限公司、北京市轨道交通运营管理有限公司、中铁十二局集团有限公司、天津凯发电气股份有限公司、成都唐源电气股份有限公司、中铁华铁工程设计集团有限公司、北京城市铁建轨道交通投资发展有限公司	中国电工技术学会

四、工法（5项）

表11-4-4　工法表

序号	工法名称	获奖等级	获奖年度	获奖单位	颁布单位
1	盾构进出洞口钢板挤压密闭施工工法	市级工法	2019	北京市政建设集团有限责任公司	北京市住房和城乡建设委员会
2	地铁均回流铜排低温钎焊施工工法	省级工法	2019	中铁十二局集团有限公司	山西省住房和城乡建设厅
3	地铁拱形顶镀锌钢板风管制作安装施工工法	省级工法	2019	中铁十二局集团有限公司	山西省住房和城乡建设厅
4	地铁综合监控整合线槽施工工法	中铁十二局	2018	中铁十二局集团有限公司	中铁十二局集团有限公司
5	集成吊顶综合承载体系工法	中铁十四局	2020	中铁十二局集团有限公司	中铁十二局集团有限公司

五、QC成果（22项）

表11-4-5　QC成果表

序号	QC成果名称	获奖等级	获奖年度	获奖单位	颁布单位
1	钢筋加工标准化及现场模块化加工	全国一等奖	2018	北京市政路桥股份有限公司	中国市政工程协会
2	预拌喷射混凝土降尘一体机的研制	全国二等奖	2019	北京市政建设集团有限责任公司	中国市政工程协会
3	提高钢柱灌注混凝土施工质量	全国二等奖	2018	北京城建轨道交通建设工程有限公司	中国施工企业管理协会
4	提高不规则钢结构安装质量一次合格率	全国二等奖	2018	北京城建轨道交通建设工程有限公司	中国施工企业管理协会
5	提高钢柱灌注混凝土施工质量	全国二等奖	2018	北京城建轨道交通建设工程有限公司	中国施工企业管理协会
6	降低10m高劲性钢混柱表面裂缝的发生率	全国三等奖	2019	北京城建轨道交通建设工程有限公司	全国市政工程协会
7	减小地铁深基坑大跨度无格构柱钢支撑挠度控制	全国优秀奖	2018	北京市市政四建设工程有限责任公司	中国市政工程协会
8	提高隧道初支格栅连接质量	优秀成果	2020	中铁二十三局集团第六工程有限公司 北京地铁亮剑QC小组	中国建筑业协会
9	降低10m高劲性钢混柱表面裂缝的发生率	北京市一等奖	2019	北京城建轨道交通建设工程有限公司	北京市政工程行业协会
10	提高混凝土灌注桩桩头凿除质量控制	北京市QC成果三等奖	2018	北京市政路桥股份有限公司	北京市政工程行业协会

续上表

序号	QC成果名称	获奖等级	获奖年度	获奖单位	颁布单位
11	控制预制梁张拉应力精度	北京市QC成果三等奖	2018	北京市政路桥股份有限公司	北京市政工程行业协会
12	提高预制梁外观质量	北京市三等奖	2018	北京市政路桥股份有限公司	北京市政工程行业协会
13	提高盾构管片拼装合格率	二等奖	2019	中铁十四局集团有限公司	山东省建设工会 山东省建设工程质量评估中心 山东省建筑业协会
14	新型水管靠背支架的研发	I类成果	2019	北京市市政四建设工程有限责任公司	北京市建筑业联合会
15	地铁核心机房机电装配式安装设计创新	I类成果	2019	北京市市政四建设工程有限责任公司	北京市建筑业联合会
16	新型风管法兰垫片标准化机具研制	I类成果	2019	北京市市政四建设工程有限责任公司	北京市建筑业联合会
17	创新通风套管组合式防火封堵施工方法	I类成果	2019	北京市市政四建设工程有限责任公司	北京市建筑业联合会
18	提高高架桥花瓶墩钢筋保护层一次性合格率	I类成果	2019	北京市政路桥股份有限公司	北京市建筑业联合会
19	创新暗挖结构内大T位盾构机高效侧移接收方法创新暗挖结构内大t位盾构机高效侧移接收方法	I类成果	2020	北京城建设计发展集团股份有限公司	北京市建筑业联合会
20	提高时速160km/h刚性接触网安装精度	二等奖	2019	中铁十二局集团电气化工程有限公司	中铁十二局集团有限公司
21	地铁限界检测车在地铁限界检测过程中的使用	二等奖	2019	中铁十四局北京大兴机场线项目	中铁十四局集团
22	降低浅埋暗挖法地铁隧道下穿重要建（构）筑物地表沉降值	优秀质量管理成果奖	2019	中铁二十三局集团第六工程有限公司北京地铁项目QC小组	中国铁建股份有限公司

六、科研课题鉴定（6项）

表11-4-6　科研课题鉴定

序号	课题名称	完成单位	鉴定单位	鉴定结论	鉴定时间
1	路轨共构建造关键技术研究	北京市政路桥股份有限公司 北京交通大学	北京市住房和城乡建设委员会	国际先进	2019年11月6日
2	北京地铁大兴机场线160km/h盾构装备及施工关键技术与振动影响规律研究（一期）	北京市政建设集团有限责任公司	北京市住房和城乡建设委员会	国际领先	2019年12月6日
3	时速160km快速轨道交通架空刚性接触网关键技术研究与应用	北京市轨道交通建设管理有限公司	中国电工技术学会 北京电工技术学会	国际领先	2020年8月8日
4	轨道交通车站通风空调系统智能化控制关键技术研究与应用	北京市轨道交通建设管理有限公司、清华大学、北京城建设计发展集团股份有限公司	北京市科学技术委员会	***	2020年6月
5	"时速160km快速轨道交通架空刚性接触网关键技术与应用"	中铁第六勘察设计院集团有限公司	***	国际领先	2020年8月8日
6	区域快线全自动驾驶车辆检修模式、在线检测设备应用和检修智能化设计研究	北京市轨道交通设计研究院有限公司	北京市轨道交通建设管理有限公司	国内领先	2020年11月5日

七、标准目录（7项）

表11-4-7　标准目录表

序号	标准名称	类别	组织单位	主编/参编	标准号	颁布日期
1	《地下铁道工程施工质量验收标注》	国家标准	中华人民共和国住房和城乡建设部	主编	GB/T 50299–2018	2018年7月10日
2	《地下铁道工程施工施工标准》	国家标准	中华人民共和国住房和城乡建设部	主编	GB/T 51310–2018	2018年7月10日
3	《地下铁道工程施工质量验收标注》	国家标准	中华人民共和国住房和城乡建设部	主编	GB/T 50299–2018	2018年7月10日
4	《地下铁道工程施工施工标准》	国家标准	中华人民共和国住房和城乡建设部	主编	GB/T 51310–2018	2018年7月10日
5	中铁第五勘察设计院集团有限公司通用参考图（8.8m外径盾构管片）图号：五通（结）001–2017	企业标准	中铁第五勘察设计院集团有限公司	主编	图号：五通（结）001–2017	43070

续上表

序号	标准名称	类别	组织单位	主编/参编	标准号	颁布日期
6	《轨道交通架空刚性接触网技术规范》	地方标准	北京市交通委员会	主编	BJJT/0043-2019	2019年11月11日
7	《市域快速轨道交通设计规范》	行业标准	中国土木工程协会	参编	T/CCES2-2017	2017年3月29日

八、软件著作权（3项）

表11-4-8　软件著作权表

序号	名称	类型	授权年度	著作权人	登记号
1	预制梁管理平台V1.0	计算机软件著作	2019年	北京市政路桥股份有限公司	2019SR0800984
2	大管棚地下结构施工沉降预测计算软件V1.0	计算机软件著作	2020年	肖毅；王峰；李小军；何继华；姜潇	2020SR0713376
3	多级圆台注浆锚管抗拔力计算软件著作V1.0	计算机软件著作	2020年	肖毅；李小军；何继华；方业飞；姜潇	2020SR1141451

九、著作（3部）

表11-4-9　著作

序号	名称	出版年份	作者	出版社
1	智造白鲸号，城轨树新标	2020	国家交通重大工程档案编辑部	人民交通出版社股份有限公司
2	北京大兴国际机场线中型盾构长距离高效掘进综合技术	2020	北京市轨道交通建设管理有限公司	人民交通出版社股份有限公司
3	大兴机场线综合规划与总体设计	2020	北京市城建设计发展集团股份有限公司	中国铁道出版社有限公司

十、论文（73篇）

表11-4-10　论文

序号	名称	刊号
1	基于BIM的绿施规划标准化设计应用研究[J]	中国标准化，2018(08)：38-39
2	BIM技术在新机场项目施工中的应用[J]	交通世界，2018(20)：101-103
3	基于BIM技术的高架共构结构施工方案优化设计[J]	北方建筑，2018,3(05)：26-29
4	基于BIM的新机场项目预制梁场信息化管理平台研究[J]	交通世界，2018(32)：16-17+23

续上表

序号	名 称	刊 号
5	高架共构结构架设施工过程安全性研究[J]	北方建筑,2018,3(06):50-53+65
6	高大盖梁支撑体系结构优化有限元分析[J]	市政技术,2019,37(01):58-60+212
7	智能张拉系统在控制预制箱梁张拉力精度上的应用研究[J]	市政技术,2019,37(02):92-95
8	低矮型架桥机在高架共构结构有限空间桥梁中的应用研究[J]	市政技术,2019,37(02):50-55
9	北京大兴机场线共构结构架梁施工试验研究[J]	北京交通大学学报,2019,43(04):58-64
10	北京新机场共构段下部结构模板调运统筹设计[J]	山西建筑,2019,45(04):109
11	泡沫剂性能检测装置研究及性能研究	1009-7767或11-4527/TU
12	大直径土压平衡盾构下穿既有线U形槽结构变形	科学技术与工程,2019,19(17):320-326
13	北京大兴机场线盾构施工刀具磨损特征及优化设计	建筑机械化,2020(7):11-14
14	9.15m直径盾构始发阶段推力计算及反力架受力分析	市政技术,2019,037(004):121-124,128.
15	装配式检修井在盾构检修中的应用	市政技术,2019,37(03):153-156
16	北京大兴机场线一期8.8m直径隧道盾构选型研究	铁道建筑技术,2020(04):56-59+155
17	房屋建筑工程预应力混凝土施工关键技术研究	《产城》ISSN2095-8161
18	建筑工程混凝土结构施工技术要点研究	《工程技术》ISSN1671-5586
19	建筑工程项目管理中的施工现场管理与优化措施	《产城》ISSN2095-8161
20	建筑工程造价的动态管理控制分析	《工程技术》ISSN1671-5586
21	论建筑工程的钢结构施工技术	《工程技术》ISSN1671-5586
22	探讨建筑工程高大支模架支撑施工技术	《产城》ISSN2095-8161
23	《地下线双块式整体道床施工技术》	
24	《地铁限界检测方法及应用》	
25	《地下线嗝离式减振垫浮置板道床施工工艺》	
26	刚性接触网无轨测量原理及改进完善分析	工程技术
27	时速160km快速轨道交通架空刚性接触网技术研究	工程技术研究
28	浅谈地铁AFC专业施工要点	十四局通号项目
29	浅谈大兴机场线轨道交通CCTV设备及日常故障处理	
30	浅析大兴机场线轨道交通LTE设备及日常故障处理	
31	地下铁道供电制式与受流方式分析	中铁十二局集团优秀论文
32	非晶合金整流变压器在城市轨道交通中的应用分析	中铁十二局集团优秀论文
33	浅谈杂散电流的危害与防护	中铁十二局集团优秀论文
34	浅析地铁牵引供电系统保护	中铁十二局集团优秀论文
35	北京市域快轨大兴机场线关键技术及建设标准研究	《都市快轨交通》第29卷第4期
36	北京大兴机场线服务标准研究	《都市快轨交通》第29卷第4期
37	北京市域快轨大兴机场线长大区间防灾救援方案研究	《都市快轨交通》第29卷第4期

续上表

序号	名　　称	刊　　号
38	北京市域快轨大兴机场线车辆选型研究	《都市快轨交通》第 29 卷第 4 期
39	北京市域快轨大兴机场线车站建筑设计标准研究	《都市快轨交通》第 29 卷第 4 期
40	适用于 120 ～ 160 km/h 的地铁工程盾构隧道限界分析	《都市快轨交通》2017 年第 4 期
41	BIM 技术在站城一体化设计中应用与实践	《市政技术》2020-1
42	城市轨道交通工程 BIM 技术应用推广实施方法研究	《现代隧道技术》2019-3
43	轨道交通大兴机场线高架结构总体设计	《铁道标准设计》2020 年第 4 期
44	16m 站台单柱车站抗震研究	《铁道建筑技术》2019 年增刊 2 总 313 期；
45	盾构下穿高压电塔基础保护措施	《铁道建筑技术》2019 年增刊 2 总 313 期；
46	大直径盾构下穿地铁大兴线	《建筑工程技术与设计》2019 年 5 月下
47	暗挖换乘通道对既有车站和区间影响分析	《青岛理工大学学报》2020.42
48	地铁换乘通道上跨既有线保护设计及监测分析	《低温建筑技术》2020.41（3）
49	地铁隧道暗挖穿越燃气调压站设施保护措施研究	
50	轨道交通区域快线车辆检修修程研究	《铁道标准设计》2017 年第 61 卷第 11 期（总第 671 期）
51	城轨车辆大架修基地规划探讨	《铁道标准设计》2021 年第 6 期
52	北京轨道交通大兴机场线车辆运维标准研究	《铁道标准设计》杂志已录用，未排期
53	浅谈市域 D 型车轮对检修及设备配置方案	第七届全国智慧城市与轨道交通学术会议已录用，正在排期
54	北京轨道交通大兴机场线轨道系统设计综述	《铁道勘察》2020 年第 3 期
55	时速 160km 城市轨道交通内置式泵房板式道床动力特性分析	《铁道勘察》2020 年第 3 期
56	大兴国际机场线列车运行安全性及平稳性分析	《铁道勘察》2020 年第 3 期
57	城市轨道交通地下区间大跨可调疏散平台结构设计研究	《铁道勘察》2020 年第 3 期
58	北京轨道交通大兴机场线一期工程磁各庄车辆段上盖物业开发轨道减振降噪设计	《铁道勘察》2020 年第 3 期
59	时速 160 公里城市轨道交通预制板式整体道床设计与施工	《铁道勘察》2020 年第 3 期
60	时速 160 公里城市轨道交通用双块式轨枕设计研究	《铁道勘察》2020 年第 3 期
61	城市轨道交通车辆段用新型 9 号单开道岔设计研究	《铁道勘察》2020 年第 3 期
62	时速 160 公里城市轨道交通高架预制板整体道床设计研究	《铁道勘察》2020 年第 3 期
63	时速 160 公里城市快轨有挡肩扣件的研究	《铁道勘察》2020 年第 3 期
64	市域铁路路基地段双块式无砟轨道结构设计	《铁道勘察》2020 年第 3 期
65	城市轨道交通用时速 160 公里 60kg/m 钢轨 12 号单开道岔的设计研究	《铁道勘察》2020 年第 3 期
66	上盖开发车辆段库内轨道高等级减振扣件研发及应用	《铁道勘察》2020 年第 3 期
67	北京轨道交通大兴机场线长大区间隧道新风保障方案优化研究	《暖通空调》2016 年第 46 卷增刊 1

续上表

序号	名称	刊号
68	北京大兴国际机场线 4/8 辆不同编组列车混合运行的信号方案	城市轨道交通研究 2019 年第 12 期
69	北京大兴国际机场线信号系统制式的选择	城市轨道交通研究 2019 年第 12 期
70	北京大兴国际机场线基于 LTE-M 系统的业务综合承载方案	城市轨道交通研究 2019 年第 12 期
71	城市轨道交通视频云存储系统架构及功能模块设计	城市轨道交通研究 2019 年第 12 期
72	轨道交通城市航站楼行李处理系统	《居舍》2018 年 7 月第 22 期 CN 11-5638/TS
73	城航楼行李系统与轨道交通内其他系统的关系	《环球市场》2018 年第 15 期 46-1042/F

十一、城市铁建公司内部论文汇编（11篇）

表11-4-11　内部论文汇编

序号	题目	备注
1	轨道交通机场专线票制票价制定方法研究——以大兴机场线为例	
2	关于城市轨道交通厕所建设问题的思考	
3	大兴机场线航空旅客行李托运系统设计及实践	
4	大兴机场线 PPP 项目会计核算的问题研究	
5	从项目公司的角度浅谈大兴机场线 PPP 项目运营期风险管控及法务管理工作要点	
6	基于大兴机场线商务乘客全流程服务的研究	
7	新型数字媒体技术在公共空间的应用大兴机场线大型激光投影平台的安装与验收	
8	北京轨道交通大兴机场线 PPP 项目融资模式研究	
9	北京轨道交通大兴机场线 PPP 项目财务风险研究	
10	北京大兴国际机场线对标航空功能需求的研究	
11	大兴机场线商务车厢相关问题研究	

第五章 奖项荣誉

一、优质工程（16项）

表11-5-1　优质工程

序号	奖项名称	获奖等级	获奖年度	获奖单位	授奖单位
1	中国钢结构金奖	金奖	2020	北京市政路桥股份有限公司	中国建筑金属结构协会
2	中国钢结构金奖	金奖	2020	北京城建集团有限责任公司	中国建筑金属结构协会
3	北京市市政基础建设结构长城杯	金质奖	2019	北京市轨道交通建设管理有限公司	北京市政工程行业协会
4	北京市市政基础建设结构长城杯	金质奖	2019	北京城建集团有限责任公司 北京城建二建设工程有限公司	北京市政工程行业协会
5	北京市市政基础建设结构长城杯	金质奖	2019	北京城建集团有限责任公司 北京城建道桥建设集团有限公司	北京市政工程行业协会
6	北京市市政基础建设结构长城杯	金质奖	2020	北京市政路桥股份有限公司	北京市政工程行业协会
7	北京市市政基础建设结构长城杯	金质奖	2020	北京市政路桥股份有限公司	北京市政工程行业协会
8	北京市市政基础建设结构长城杯	金质奖	2019	北京市市政四建设工程有限责任公司	北京市政工程行业协会
9	北京市市政基础建设结构长城杯	金质奖	2019	北京城建集团有限责任公司	北京市政工程协会
10	北京市市政基础建设结构长城杯	金质奖	2019	中铁十二局集团有限公司	北京市政工程协会
11	北京市市政基础建设结构长城杯	金质奖	2019	北京城建集团有限责任公司	北京市政工程协会
12	北京市市政基础建设结构长城杯	金质奖	2019	北京城建集团有限责任公司	北京市政工程协会
13	北京市市政基础建设结构长城杯	金质奖	2019	北京城建集团有限责任公司	北京市政工程协会
14	北京市市政基础建设结构长城杯	金质奖	2020	中铁二十三局集团有限公司	北京市政工程行业协会

续上表

序号	奖项名称	获奖等级	获奖年度	获奖单位	授奖单位
15	北京市优质安装工程	省部级	2020	北京市政建设集团有限责任公司 北京市市政四建设工程有限责任公司	北京市建筑业联合会
16	北京市优质安装工程	省部级	2020	中铁十四局集团有限公司	北京市建筑业联合会

二、安全文明施工样板工地（1项）

表11-5-2　安全文明施工样板工地

序号	奖项名称	获奖等级	获奖年度	获奖单位	授奖单位
1	2018年度安全质量管控先进单位		2018年	北京城建集团有限责任公司	北京市轨道交通建设管理有限公司

三、绿色施工示范工程（3项）

表11-5-3　绿色施工示范工程

序号	奖项名称	获奖等级	获奖年度	获奖单位	授奖单位
1	北京市建筑业绿色施工示范工程		2018	北京市政建设集团有限责任公司	北京市建筑业联合会
2	北京市轨道交通工程绿色文明施工标准化示范工地	金奖	2017	中铁十四局集团有限公司	北京市轨道交通建设管理有限公司
3	2018年度北京轨道交通工程绿色文明施工标准化示范工地	银奖	2018	北京城建集团有限责任公司	北京市轨道交通建设管理有限公司

四、BIM示范工程（3项）

表11-5-4　BIM示范工程

序号	奖项名称	获奖等级	获奖年度	获奖单位	授奖单位
1	北京市工程建设BIM单项应用成果	Ⅰ类	2018	北京城建二建设工程有限公司	北京市建筑业联合会
2	北京市建筑信息模型（BIM）应用示范工程		2019	北京市政路桥股份有限公司	北京市住房和城乡建设委员会
3	北京市工程建设BIM成果证书	二类	2019	北京城建集团有限责任公司	北京市建筑业联合会

第十二篇 CHAPTER 12
环境保护篇

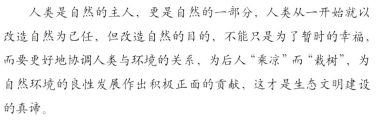

  人类是自然的主人,更是自然的一部分,人类从一开始就以改造自然为己任,但改造自然的目的,不能只是为了暂时的幸福,而要更好地协调人类与环境的关系,为后人"乘凉"而"栽树",为自然环境的良性发展作出积极正面的贡献,这才是生态文明建设的真谛。

  大兴机场线的工程建设,不仅完全满足环保要求,还为打造"绿色、人文"的轨道交通系统作出了贡献。在规划、设计、施工、运营的过程中,切实执行环境保护政策,落实环境保护措施,充分运用新型环保技术,在环保设计及应用中,尽最大可能减小了工程实施对环境与沿线居民日常生活的影响,并使沿线的自然环境得到了相当程度的改善。

  本篇对大兴机场线全线各项各类工程的环保设计,及建设过程中所采取的环保措施、所应用的环保技术,包括减振、防噪声、地表水、地下水水源及污水的处置、废物治理等做全面而确切的记述。

第一章 路线规划的环保选择

大兴机场线在项目可研阶段，五环路～京良路区间线路沿规划广阳大街敷设，广阳大街的线路方案线路较短，但周边存北京市二商学校教学楼、住宅楼等环评敏感点。设计单位在进行现场踏勘和深入论证后，认为范家庄西路沿线片区正在开展棚户区改造和工业大院拆迁，拆迁后地上构筑物较少，线路实施条件较原方案好。从线型条件方面比较，该方案线型条件较原方案较优，取消了二处限速曲线。从周边规划方面比较，原方案区间紧邻密集的居住文教区，线路对两侧居民影响较大；范家庄西路方案线路两侧多数规划为绿地、村镇企业用地，线路距现状环境保护目标距离较远，对两侧居民环境影响较小。

因此，综合各方面因素比选研究，并征求大兴区政府以及市规划院意见后，初步设计专家评审阶段将该段推荐线位由广阳大街调整至范家庄西路。调整后线路绕避了西红门集中居住区，取消了10处环境敏感点，有效地降低了对沿线居民环境的影响。

◆ 图12-1-1 地下区间线位调整示意图

第二章 地下区间轨道的综合减振

为保证大兴机场线工程建设满足环保要求，打造"绿色、人文"的轨道交通系统，轨道专业在正线及车辆段均采取了一系列的减振降噪措施，体现了环保先行、以人为本的设计理念。

一、正线轨道减振措施

（一）轨道综合减振措施

(1) 铺设60kg/m钢轨，钢轨质量和截面刚度均大于50kg/m钢轨，可减小振动10%。
(2) 采用较低刚度的橡胶垫板，合理设置扣件的扣压方式，降低扣件节点的刚度。
(3) 铺设跨区间无缝线路，减少钢轨接头，降低轮轨间的冲击作用，从而能有效地减振、降噪。
(4) 对钢轨顶面的不平顺要定期打磨，保持轨顶面的平顺，减小振动和噪声。
(5) 严格控制轨道施工质量，完善施工技术标准。对轨道应进行经常性的养护维修，保持轨道平顺的良好状态。

（二）轨道分级减振措施

该线设计速度为160km/h，依据《北京轨道交通大兴机场线工程环境影响报告书》和《全过程环评咨询报告》，大兴机场线减振分级按照高等减振和特殊减振两级来设置。高等及特殊减振措施均采用隔离式减振垫浮置板轨道，在环评报告要求的地段均铺设了隔离式减振垫浮置板轨道。

作为一种较为经济、有效的减振措施，减振垫在城市轨道交通减振降噪领域发挥了重要作用。结合大兴机场线轨道结构的特点，研发了用于城市轨道交通速度为160km/h的减振轨道结构体系，结构组成为钢轨、扣件、轨道板、自密实混凝土、隔振垫、混凝土底座。隔离式减振垫浮置板强度高、稳定性好，整洁美观，解决了160km/h运营条件下的减振环保需求，减振效果可达

8～12 dB，使用专用架铺机械及高精度测量控制网，大大提高了施工效率，提高了线路的安全性、稳定性和舒适性，具有高效节能、绿色环保、环境友好等特点。

（一） （二）

◆ 图12-2-1 隔离式减振垫浮置板道床

二、车辆段轨道减振技术措施

（一）库内线高等级减振扣件

结合车辆段轨道结构特点，研发了适用于车辆段的高等级减振扣件。采用多重弹性层形成串联结构，获得较低的垂向刚度，进而达到较高的减振效果。扣件静刚度为6～9kn/mm，减振效果可达8dB。该扣件有效减少库内股道的振动，具有减振效果明显、结构成熟可靠、工程适应性强、安全可靠、便于施工及养护维修等特点。

（二）库内线采用冻结接头，消除轨缝

车辆段轨缝多，轨缝处振动冲击大，一定程度增大了车辆段的振动与噪声。因此，减少轨缝处的冲击振动是减振降噪的关键因素之一。库内线路一般为直线，具备实施无缝线路的条件，项目组针对库内线减振专门研发了50kg/m钢轨冻结接头夹板，方便现场无缝线路的实施，增加了施工的灵活性和方便性。

（三）库外采用高效减振垫碎石道床

对于库外线轨道，尤其咽喉区，此区域密布道岔，轨缝众多，列车出库速度增大，在此区域易产生轨缝冲击振动，是振动控制的难点。结合磁各庄车辆段上盖开发情况，库外线咽喉区采用碎石道床下铺设高效弹性减振垫的技术措施，具有减振效果好、施工方便、快速、不影响过轨管线布置等特点。

（四）咽喉区小半径地段采用阻尼钢轨

车辆段咽喉区轨缝较多，一定程度上增加了轮轨振动冲击噪声。咽喉区小半径曲线采用阻尼钢轨，通过增加钢轨阻尼消耗有害振动能量，抑制钢轨共振，降低轮轨振动及曲线啸叫。大兴机场线采用的迷宫式阻尼钢轨的优点有：阻尼面积大，阻尼比高，约束刚度高，性能可靠。

第三章 高架区间的声屏障处置

大兴机场线是我国首条设计速度为160km/h的快速轨道交通，高标准的设计速度在带来便利的同时也产生了噪声。为了最大限度降低列车通过时所产生的噪声对线路两侧敏感点的影响，在相应地段设置了声屏障。

大兴机场线全线声屏障总长1084m，均为高架桥声屏障，分为直立式声屏障和半封闭声屏障两种。直立式声屏障高度为3m，直立式声屏障组成由下到上依次为：金属声屏障板、透视隔声窗（亚克力）、金属声屏障板，理论降噪达5dB；半封闭式声屏障采用门型钢框架结构，总高度8.5m，跨度10.8m，除车窗范围以下设置金属声屏障吸声板之外，其余部分均采用亚克力通透材料，理论降噪可达10dB。两种形式声屏障均外形美观，透光性好，强度高，既满足降低噪声的要求又不影响列车内乘客的观景需求。

（一）　　　　　　　　　　　　　　（二）

◆ 图12-3-1　高架区间声屏障

第四章 地表水环境保护措施

大兴机场线运营期沿线各车站污水均可纳入市政污水管道，车辆段的污水经过中水系统循环利用无外排污水，且各车站及车辆段均进行了地面硬化等防渗漏措施，运营期不会对周边水环境产生不良影响。

一、工程建设对地表水的影响分析

大兴机场线下穿天堂河、凤河区间均采用盾构法施工，下穿水系的难点是地下水的控制，如果水系与地下水连通，施工过程易发生涌水、坍塌。

大兴机场线上跨小龙河、大龙河均属区域内小型支流，跨越上述河流均跨越水体，不需要设置水中墩，基础一般采用钻孔灌注桩、钢护筒围堰，工程施工对河流的影响主要表现为钻孔泥浆及钻渣，如处置不当，可能进入水体，增加水体的悬浮物含量；施工机械的油污洒漏在河床之上，洪水季节被水体带入河流，污染水质；施工活动导致河堤、河床土壤松散，遇降雨、河水冲刷易加重河水悬浮物浓度。

这些影响均属于不规范、不文明施工过程的结果，只要加强施工期环境管理，文明施工，这些影响会得到极大缓解，并在施工结束后完全消失。

二、施工期污水处置措施

（1）施工期做好施工场地排水体系设计。施工人员粪便污水经化粪池处理后排入市政污水管网；在施工场地排水口设沉淀池，施工污水经沉淀处理后回用于场地冲洗、绿化、洒水防尘；盾构施工泥浆水经泥水分离系统处理后污水全部回用，其他施工污水经沉淀处理后回用于场地洗车和绿化。

（2）禁止施工场地生产污水及生活污水直接或间接排入天堂河、小龙河、大龙河、凤河、新凤河等沿线地表水系。

（3）施工场地及弃渣场均应设置在防洪堤以外区域。施工弃渣及盾构泥水分离系统处理后的干化污泥应在指定地点堆放，并采取围挡措施，之后及时交地方渣土管理部门处置。

（4）施工中应做到井然有序地实施施工组织设计，严禁暴雨时进行挖方和填方施工。雨天时必须在临时弃土、堆料表面覆盖篷布等覆盖物，以防止弃土在暴雨的冲刷下，进入地表水体，对水体造成污染。

（5）加强施工期环保监理。专设施工环保管理员以加强具体的环保措施的执行，做到预防为主，减少和防止对水体造成的污染。

三、河流水质保护措施

（1）跨河桥梁基础施工应采用钢管围堰等密封性好的围护结构，有效切断围堰内外的水力联系，减少围堰内污染物的外泄。

（2）采用管道、车辆将钻孔泥渣运送至河堤以外，严禁泥浆、钻渣随意排入河中或长期堆放河床之上，最大限度地减少泥渣、漏油对水体的污染。

（3）工程设置的施工营地及料场选址应离开河堤一定距离，防止营地、料场的污染物对水体的可能污染，防护距离一般应不小于30～50m。

（4）严格遵守《中华人民共和国河道管理条例》《北京市水土保持条例》中规定的相关条款，切实加强施工期环境管理，禁止向湖泊、河道倾倒生活垃圾、建筑垃圾、污水等污染物。

第五章 地下水环境保护措施

根据轨道交通大兴机场线工程建设区域的水文地质条件、地下水现状调查与分析结果、地下水的环境预测结果,轨道交通大兴机场线工程在施工期与运行期需做好对地下水环境的保护工作,施工期和运营期的保护对策与措施如下:

一、施工期

(1) 建设单位承诺在工程招标时,将有关环境保护、文明施工及环评报告书所提出的环保措施的内容列入标书,明确施工单位在施工期的环境保护责任与义务,同时加强施工期环境保护的监督与约束。

(2) 线路位于水源七厂防护区边界,并应遵守北京市人民政府《北京市城市自来水厂地下水源保护管理办法》(1986年6月10日北京市人民政府京政发82号文件发布根据2007年11月23日北京市人民政府第200号令修改)中关于水源保护区的防护要求,施工时禁止在保护核心区设置施工营地。

(3) 加强施工期防止污染的宣传教育工作,施工场地的排水沟、沉淀池、油库、化粪池等要采用水泥、沥青等防渗处理,设置车辆防渗清洗槽,进行洗车废水的收集,生产作业废水以及施工人员驻地排放的生活污水,通过处理达标后,按照市政管道管理部门指定的排放方式,排入指定的污水系统。生活垃圾、施工废物等固体废弃物定点集中收集,生活垃圾要日产日清,委托专门单位进行清理运送至指定地点处理,施工所产生的建筑垃圾要严格管理,工程弃土弃渣按照有关要求清运到市政府规定的消纳场处理。

(4) 车站建设的化粪池应采用混凝土铺砌底面和侧面,铺砌混凝土采用配筋混凝土加防渗剂;对铺砌地坪的胀缝和缩缝应采用防渗柔性材料填塞。化粪池底部和侧面须采用渗透系数$\leqslant 10 \sim 17 cm/s$的黏土材料铺设,底部黏土材料厚度不得小于200mm,侧面黏土材料厚度不小于100mm;底部黏土材料之上加铺2mm厚的高密度聚乙烯,渗透系数$\leqslant 10 \sim 12 cm/s$。

(5) 区域地下水监测结果显示,历史上新机场沿线地下水水位较高,埋深在地表以下5m左右,南水北调后随着北京地区地下水回灌和减停采区域地下水会出现上升情况，避免产生事故和对地下水水质产生影响，大兴机场线的建设需做好地铁的抗浮、防渗工作。工程设计、实施中严格按照《地下工程防水技术规范》及《地铁设计规范》要求进行工程防水防渗设计，保证防渗措施的可行性及可靠性。地下水位抬高时，施工过程中需注意加强降水，严格要求无水施工，设计时需充分考虑地下水的腐蚀性风险。同时进行工程抗浮设防水位的勘察工作，计算工程的抗浮稳定性，对于抗浮不满足要求的工程，采用压顶梁、抗拔桩及配重等抗浮措施。

（6）建立水源保护区地下水水质跟踪监测机制。在拟建草桥站东部设立1眼监测井进行地下水水位、水质监测，监测井深50m以内，监测依据《地下水环境监测技术规范》(HJ/T164—2004)执行，地下水位监测频率为1次/5天，地下水水质监测为1次/月，水质监测因子参照《地下水质量标准》(GB/T14848—07)选取，至少包含北京地区地下水污染的NH_4^+、Cl^-、SO_4^{2-}、F^-、NO_3^-、总硬度、溶解性总固体、NO_2^-、PH等指标，监测施工期地下水水位水质变化，一旦发现异常，应立即分析原因上报，保证地区地下水环境安全。

（7）建立污水事故应急处置制度，与北京市水源七厂联动，一旦发生污水事故，立即通报，查明事故原因、采取措施，必要情况下通知水厂停止开采地下水，避免产生地下水污染和对水厂供水产生影响。

二、运营期

（1）大兴机场线运营后，全线各车站及车场会产生生活污水、车站设施擦洗污水、粪便污水、车场食堂污水、车场内生产废水等，生活污水经化粪池处理后就近排入市政污水管网，污染物排放浓度能够满足政府、环保、水利等部门的排放标准。

（2）大兴机场线运营期产生的固体废物主要为生活垃圾，与市政环卫部门签订协议定期清运安全处置，生活垃圾由环卫部门收集纳入城市垃圾处理系统，金属屑等可再利用物品进行回收再利用，废蓄电池送专业厂家回收，使运营后固体废物均可得到有效处置。

（3）建立巡查机制和应急预案，委派专人负责车辆运行期污水处理、排放、结构渗水等的监测，及时发现安全隐患，制定事故应急处置预案，发现问题随时上报，及时处理。

第六章 大气污染源治理措施

一、风亭异味处理措施

从风亭异味的影响而言,理想的排风亭选址是距敏感点15m以远,且敏感点应位于风亭的上风向且背向排风亭,排风口面向道路方向;同时,排风口不能设置在1.5～2.0m人体呼吸带高度。对于大兴机场线中距敏感点太近的风亭尽量结合噪声治理进行优化选址,以保证与敏感点15m的距离。同时建设单位还应与规划部门充分沟通,结合区域改造规划,在完成道路红线和车站用地范围内建筑拆迁的同时,新的规划建设区应在风亭周边留出一定的限建距离。

评价提出对所有车站装修应选用符合国家标准的环保型材料、运营期适当加大通风量和通风时间,同时建议工程设计中将排风口背向敏感点、朝向道路一侧布置,并结合周边情况,采取乔灌结合措施进行绿化设计,确保排风恶臭不影响居民的生活环境。

大兴机场线各站风亭均距离各敏感点至少50m,且风亭主风口应背向居民区;另外,停车场、车辆段设备布置于场地中央,并满足噪声源距离周边敏感点达20m以上。评价建议结合《地铁设计规范》(GB50157—2013)中风亭距敏感建筑物的环境噪声防护距离,不宜在地下车站风亭及中间风井周围15m范围内新建集中居民住宅等对噪声、大气环境敏感的建筑;同时为保护更优质的环境,本评价提出在有空间的情况下,风亭周围进行绿化,使之为绿色植物所包围,吸收风亭异味,阻止其向外扩散。

二、风亭排放粉尘控制措施

地铁内部粉尘浓度是由拟建地铁沿线地面空气中的粉尘含量及地铁内部积尘量所决定的,从而最终决定了风亭排出粉尘对周围环境空气的影响。建议地面空气在进入地铁系统内部之前,需经过滤器过滤。资料表明,过滤器正常工作时对各种粒径的颗粒物除尘效率均在95%以上,对于1μm以上的颗粒,效率高达99%。清灰10次后除尘效率仍达88%。总体看来,地铁风亭排气中的粉尘主要是来自地铁地下隧道、站台等地施工后的积尘。因此，地铁建设完工后，必须从管理入手，对隧道、车站内的各种可能集尘的表面采取有效的、经常性的清除措施，使地铁环境空气中的TSP浓度尽可能地降低，减少地铁风亭排出粉尘对周边环境空气的污染影响，同时也可避免因通风不良引起反复污染。

三、喷漆库漆雾和有机废气治理方案

大兴机场线车辆段内设置空气循环系统，排风机口安装活性炭吸附装置。通过估算，油漆废气中有机物经15m高排气筒排放速率和浓度分别为苯(4.5×10^{-3}kg/h和0.48mg/m^3)、甲苯(0.3kg/h和3.21mg/m^3)、二甲苯(0.3kg/h和3.21mg/m^3)，均可以达到《大气污染物综合排放标准》(DB11/501—2007)中新污染源(包括新、改、扩建项目)排放速率和浓度的要求。

评价要求活性炭吸附装置应定期脱附或再生以保证良好的吸附效率，此外，喷漆作业过程应保证密闭操作空间，以避免有机污染物无组织排放。

车辆段有机废气经过过滤和吸附后经15m高排气筒排放，排放浓度满足限值要求。

第七章 固体废物排放量及处置措施

一、生活垃圾

由于旅客乘车和候车时间短，旅客流动性大，因此产生的垃圾量不大，根据对既有运营车站的调查，一般车站日垃圾排放量15～30kg，换乘站由于多条线路换乘人流较大，相应垃圾量增加。北京大兴机场线各车站按一般车站30kg/站·日、换乘车站100kg/站·日计算，大兴机场线三座车站均为换乘站，故旅客每年将产生垃圾约为109.50t。

磁各庄车辆基地初期设置定员约695人，按每位职工每天产生生活垃圾0.5kg计，则本线车辆段每年垃圾总产生量约126.84t。

大兴机场北停车场初期设置定员约160人，按每位职工每天产生生活垃圾0.5kg计，则该线车辆段每年垃圾总产生量约29.20t。

大兴机场线每年产生生活垃圾总量约为265.54t。由于车站产生的生活垃圾多为可回收的报纸、包装材料及塑料/金属罐等，因此在车站设置分类回收垃圾箱，由运营公司委托专业公司进行分类回收分拣，不能回收利用的剩余垃圾送至车站内或车站附近的垃圾箱内，由当地环卫部门清运。

车辆段、停车场生活垃圾及车厢清扫垃圾，集中收集后由当地环卫管理所派车清运，最终均纳入北京市垃圾处理系统，对环境的影响可以得到有效控制。

二、金属屑

磁各庄车辆基地和新机场北停车场列检、月检产生的废物较少，定修相对较多（大兴机场线车辆段不承担厂架修任务）。但更换下来的部件和零件要进行整修，废弃零部件大部分作为废品卖给废品回收站，切削下来的金属屑及加工过程产生的金属回丝大部分具有一定的回收价值，是可以利用的再生资源，可以定期统一由金属冶炼厂回收。

三、污水处理厂污泥

大兴机场线车辆段、停车场污水处理站产生的污泥量由污水量和SS浓度估算。经过调节隔油沉淀、气浮处理产生的污泥及废油进行干化后外运,大兴机场线每年产生的污泥约为0.12t。

污水处理站产生的污泥如果长时间堆放,不妥善处理会引起蚊蝇孳生,产生恶臭,造成环境污染,运营公司与市政环卫部门签订协议定期清运污泥,纳入城市垃圾处理系统统一处置,车辆基地场内设置污泥暂存池,暂存池要考虑防渗。

四、废蓄电池

根据《国家危险废物名录》规定,大兴机场线所产生的废蓄电池属于危险废物,因此对于车辆基地蓄电池间产生的废蓄电池要严格按照国家规定处理,妥善收集、存放;蓄电池间设计在满足功能的同时,也应满足《危险废物贮存污染控制标准》(GB 18597—2001)中"危险废物的堆放"的场地设计要求,用于废蓄电池的临时堆放;大兴机场线废蓄电池拟送专业厂家回收利用,废蓄电池产生后定期(每年1~2次)运回厂家处置,不会对周围环境产生影响。

五、废油及油泥

检修产生的废油及油泥属于危险废物,应集中回收,并与具有废油处理资质的单位签订相关合同,委托其进行统一处理。根据国家相关规定,废油作为危险废物由运营单位与有资质的危险废物处置单位签订处置协议,严格落实危险废物管理的规定;日常处理收集的废油处置应符合《危险废物贮存污染控制标准》(GB 18597—2001)中相关要求。

北京大兴机场线运营期固体废物产生量生活垃圾为265.54t/a,污水处理站污泥约为0.12t/a,蓄电池由专业厂家进行回收。生活垃圾收集进行部分分类回收后由环卫部门收集纳入城市垃圾处理系统;污水处理站污泥与市政环卫部门签订协议定期清运安全处置,含油废水处理系统产生的污泥、废油和渣、各工序擦拭油布以及废蓄电池等危险废物均委托具有相关资质的单位进行无害化处置,不造成危险固体废物危害。

轨道交通北京大兴国际机场线运营后固体废物均可得到有效处置,不会对周围环境产生影响。

第十三篇 CHAPTER 13
党建引领篇

"办好中国的事情,关键在党。"党的十八大以来,以习近平同志为核心的党中央以前所未有的勇气和定力推进全面从严治党,使党始终成为中国特色社会主义事业的坚强领导核心。坚持党的领导、加强党的建设是国有企业的"根"和"魂",是国有企业的优势。

国有企业是具有鲜明政治属性的市场主体,也是政治属性与经济属性的统一体。国企党建就是国企政治与经济属性统一的根本保障。大兴机场线建设各方,坚持以党建引领企业发展、服务生产经营、推进工程建设,始终践行着党的初心和使命,持续加强党风廉政建设,打造精品工程、阳光工程,为大兴机场线的建设作出了卓越的贡献。

本篇对参加大兴机场线建设管理的各企业党建工作进行展示。

党建强企业兴

自大兴机场线项目启动实施至2019年线路正式投运以来,大兴机场线建设各方始终坚持贯彻习近平新时代中国特色社会主义思想,秉承"发展轨道交通,建设精品工程"的建设理念和满足人民美好出行的初心使命,扛起又好又快发展首都轨道交通建设的政治责任,探索形成了一套以"全面嵌入、深度融入、务实创新、推动发展"为内涵的党建模式,用高质量党建工作把方向、明责任、保落实,确保党建工作与企业发展、项目建设融为一体、同频共振,在强"根"固"魂"中推动大兴机场线项目稳步实施,为线路按期、高质、顺利投运提供了坚强的组织保障。

◆ 图13-0-1 2018年10月18日,时任北京轨道公司党委书记、董事长吴宏建调研线路建设现场

◆ 图13-0-2 2018年3月7日,时任北京轨道公司党委副书记、总经理丁树奎,副总经理刘天正调研线路周边情况

安全检查一

安全检查二

◆ 图13-0-3 2018年3月14日,时任北京轨道公司副总经理、北京城市铁建总经理陈曦带队进行全线安全检查

1. 始终把党的政治建设摆在首位

党的政治建设是党的根本性建设，决定党的建设方向和效果。项目实施过程中，项目公司、股东公司、参建单位的各级党组织坚持以政治建设为统领，切实增强"四个意识"，坚定"四个自信"，做到"两个维护"，将"围绕中心抓党建、抓好党建促发展"的工作理念贯穿始终。坚持落实"三重一大"决策制度，保证党和国家方针政策、重大部署的贯彻执行。将"以人民为中心"的发展理念贯穿于大兴机场线建设始终，把对党忠诚、为党分忧、为党尽职、为民造福作为根本政治担当，发挥了党组织的战斗堡垒作用和党员的先锋模范作用。

合影

领导讲话

◆ 图13-0-4 北京轨道交通新机场线一期工程盾构首发仪式组图

◆ 图13-0-5 北京轨道公司召开大兴机场线大干100天动员大会

◆ 图13-0-6 北京城市铁建党支部召开全体党员大会

2. 坚持用新时代中国特色社会主义思想武装头脑

扎实开展"不忘初心、牢记使命"主题教育活动，用党的创新理论武装头脑，推动党员领导干部更加自觉地为实现新时代党的历史使命不懈奋斗。参建各级党组织深谙"学思践悟、知行合一"，始终用党的创新理论武装头脑，指导实践，推动落实；充分发挥理论学习中心组龙头作用、党员领导干部的带头作用，推动理论武装工作向纵深发展。

◆ 图13-0-7　北京轨道公司党委召开"不忘初心、牢记使命"主题教育动员会

◆ 图13-0-8　北京轨道公司组织党委理论学习中心组（扩大）学习

◆ 图13-0-9　北京城市铁建党支部召开"不忘初心、牢记使命"专题民主生活会

◆ 图13-0-10　北京城市铁建党支部召开"不忘初心、牢记使命"专题组织生活会暨主题党课

3．着力建设高素质专业化干部队伍

在大兴机场线项目实施过程中，各级党组织始终坚持党管人才原则，聚英才而用之。通过实行更加积极、开放、有效的人才政策，把行业内各方面优秀人才集聚到大兴机场线项目中来，营造出良好的干事创业氛围，为广大干部职工投身项目建设、迸发创造活力、贡献聪明才智提供了充分空间。项目建设过程中，各方注重凝心聚力协同共济，融合多方文化和力量，共同助力企业发展。

◆ 图13-0-11　北京轨道公司召开干部大会

◆ 图13-0-12　北京轨道公司召开领导班子和领导颁布考核测评会

◆ 图13-0-13　北京轨道公司团委组织开展青年干部训练营

◆ 图13-0-14　北京轨道公司团委组织召开"智汇轨道"青年创新工作站课题分享交流会

◆ 图13-0-15　北京城市铁建开展商业保密知识培训

◆ 图13-0-16　北京城市铁建开展法务风险防控培训

4．不断加强基层组织建设

各级党支部积极担负起教育党员、管理党员、监督党员和组织群众、宣传群众、凝聚群众、服务群众的各项职责。将形势政策教育、革命传统教育、先进典型教育、廉政教育贯穿始终，教育引导全体党员增强干事创业的能力本领，在促进中心工作、项目建设顺利开展的过程中发挥先锋模范带头作用，党组织战斗堡垒作用充分显现。运用党建创新工作推动建设项目发展，探索实践党建工作与中心工作相互促进、融合发展的新路，将联创共建作为推动企业高质量发展的有效抓手和创新实践，按照"有党建引领的党建理念、有组织体系的整合架构、有共同践行的服务意识、有主题鲜明的党日活动、有中心工作的提升举措"的共建思路，紧紧围绕工程建设、精准扶贫、服务提升等内容，推进企业党建、行业党建互联互通，推动项目统筹、多方联动、各领域融合发展。

◆ 图13-0-17 北京轨道公司党委开展参观《为新中国奠基——中共中央在香山》主题展览党日活动

◆ 图13-0-18 京投公司机关第四党支部赴大兴国际机场线开展主题党日活动

◆ 图13-0-19 北京城市铁建党支部开展"银企合作促发展、支部共建谱新篇"主题党日活动

◆ 图13-0-20 北京城市铁建党支部开展"见证重大工程，感悟首都发展"主题党日活动

◆ 图13-0-21　北京城市铁建党支部在井冈山开展"重温红色经典、传承革命精神"专题学习活动

◆ 图13-0-22　轨道运营公司机关第三党支部开展"迎七一、助发展"主题党日活动

◆ 图13-0-23　快轨公司党支部在平北红色第一村开展"探访先辈足迹 感受革命精神"主题党日活动

◆ 图13-0-24　快轨公司党支部开展参观新文化运动馆主题党日活动

◆ 图13-0-25　快轨公司党支部开展"勇挑重担、永不言败"参观铁道兵纪念馆主题党日活动

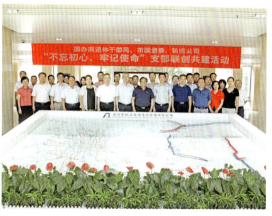

◆ 图13-0-26　国办离退休干部局、市国资委、北京轨道公司开展"不忘初心、牢记使命"联创共建活动

◆ 图13-0-27 北京轨道公司党委履行国企担当，与居庸关村结对共建，助力乡村振兴

◆ 图13-0-28 北京轨道公司举办"匠心筑梦 廉洁树魂"轨道交通建设项目联创共建活动启动仪式

◆ 图13-0-29 北京城市铁建党支部与银行团体、市政四处开展联创共建参观交流活动

◆ 图13-0-30 北京城市铁建党支部与北京速滑馆公司第四支部开展"激发青春力量，筑梦智慧东奥"联创共建活动

◆ 图13-0-31 快轨公司与中铁六局开展"集思广益解难题 党建融合促生产"联创共建活动

◆ 图13-0-32 基层党支部组织基层党员重温入党誓词

◆ 图13-0-33 基层党支部组织开展参观大兴机场线建设现场主题党日活动

◆ 图13-0-34 青年突击队发挥模范带头作用

◆ 图13-0-35 轨道运营公司开展大兴机场线全体党员"两岗一区"授牌仪式,主动亮身份、树形象、做表率

◆ 图13-0-36 各参加单位充分发扬工匠精神、"钉钉子"精神,推动工程建设创新发展

5．持之以恒，正风肃纪，健全完善监督体系

加强党风廉政建设和反腐败工作是国有企业健康发展的坚强保证，更是确保各项权利在阳光下运行的关键抓手。为保障项目从投融资、招投标、建设管理各个阶段公平、公开、公正，各级党组织深入落实主体责任，强化责任追究，坚持持之以恒抓作风，始终把纪律挺在前面。不断增强企业领导人员"一岗双责"和廉洁从业意识，加强党员、职工廉政教育和警示教育，确保党风廉政建设任务与中心工作同规划、同部署、同落实、同考核，形成责任明晰、层层传导、逐级落实的垂直问责体系，有效保障了工程项目的建设质量，监督管控水平进一步提升。

◆ 图13-0-37　北京轨道公司党委召开"以案为鉴、以案促改"警示教育大会

◆ 图13-0-38　北京轨道公司党委召开党风廉政建设暨"阳光工程"工作会

◆ 图13-0-39　北京城市铁建党支部召开专题警示教育大会

◆ 图13-0-40　北京城市铁建党支部组织开展"重温誓词、锤炼党性"廉洁教育主题教育活动

第十四篇 CHAPTER 14
文化宣传篇

大兴机场线的建设时期，正逢改革开放40周年和新中国成立70周年，建设各方纷纷运用这些契机，大力开展企业文化建设，强化国有企业文化建设基础，形成企业员工广泛认同、共同遵循的价值观念，进一步增强企业的文化软实力。

由于大兴机场线建设在行业中的重要地位，建设各方在相关领域开展行业交流，传播企业文化，不仅激发了建设者的使命感、责任感、成就感，发挥了企业文化的激励作用，而且通过广泛的行业交流，宣传了项目，宣传了企业，扩散了建设过程中形成的优良文化。

本篇对企业文化建设和行业交流情况进行展示。

第一章 企业文化

强化国有企业文化建设基础，增强企业的文化软实力，形成企业广大员工广泛认同、共同遵循的价值观念，是国有企业发展经营的重要课题，更是推动各项中心工作顺利推进的重要法宝。在大兴机场线项目建设运营过程中，充分融入"生产第一、创新制胜、和谐发展"的文化理念，将年度经营计划、管理工作目标与项目生产进度相衔接，积极开展工程创先争优、行业交流互鉴等精神文明活动，充分发挥员工群众的积极性和创造性，挖掘技术创新潜力，为大兴机场线项目顺利实施提供坚实的组织保障和人才保障。

◆ 图14-1-1　2017年11月7日，北京城市铁建干部职工参观调研地铁燕房线

◆ 图14-1-2 2018年6月14日，北京城市铁建联合大兴机场线轨道线银团01标相关企业参观大兴机场线一期土建04标建设现场

◆ 图14-1-3 2018年10月13日，轨道公司举办"运动凝聚力量 携手再创辉煌"运动会

◆ 图14-1-4　2018年12月8日，轨道公司举办"辉煌十五载 筑梦新征程"庆祝祖国改革开放40周年暨公司成立15周年文艺汇演

◆ 图14-1-5　2019年6月2日，轨道公司组织开展首都国企开放日——走进燕房线活动

◆ 图14-1-6　2019年7月19日，轨道公司组织"我和我的祖国"快闪拍摄活动

◆ 图14-1-7　2019年7月25日，北京城市铁建员工参观北京国际城市轨道交通展览会

◆ 图14-1-8　2019年10月18日，轨道公司举办"礼赞新中国 颂歌新时代"——庆祝中华人民共和国成立70周年合唱比赛

◆ 图14-1-9　2019年10月25日，轨道公司举办"不忘初心、牢记使命，做忠诚干净担当的轨道人"演讲比赛

◆ 图14-1-10　2019年10月28日，轨道运营公司召开大兴国际机场线开通暨新线专项工作表彰大会

◆ 图14-1-11　2019年11月1日，轨道公司举办庆祝中华人民共和国成立70周年服务保障总结表彰大会

◆ 图14-1-12　2019年11月15日，北京城市铁建召开庆祝大兴机场线开通暨新中国成立70周年系列活动表彰座谈会

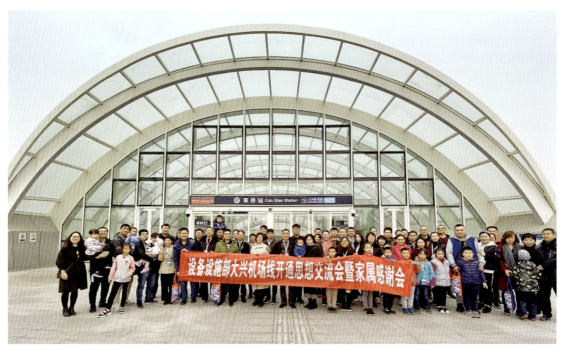

◆ 图14-1-13　2019年11月16日，轨道运营公司举办大兴机场线开通思想交流会暨家属感谢会

◆ 图14-1-14 2019年12月31日，北京城市铁建全体员工参观京投公司城轨交通历程展

◆ 图14-1-15 2019年，轨道公司荣获第九届北京影响力——最具影响力十大企业

◆ 图14-1-16 2020"首届北京网红打卡地"奖牌

◆ 图14-1-17 2020年11月18日,"首届北京网红打卡地"评选活动榜单发布会在首创朗园举行。北京城市铁建副总经理汪子美出席活动

第二章 行业交流

当前，城市轨道交通从单一的城市内部的交通发展上升为推动我国改革空间布局的重要载体，推动干线铁路、城际铁路、市域（郊）铁路、城市轨道交通"四网融合"这一重要课题，已经进入了全面发展的新时代。业内也就如何进一步推动城市轨道交通高质量发展提出了更多创新思路。大兴机场线作为服务于北京大兴国际机场外围交通体系的重要组成部分、轨道交通专线，得到了各级政府和社会各界的高度关注和大力支持。自项目建设到线路正式投运以来，广泛邀请各级主管部门和专家学者、全国城市轨道交通以及相关协会、学会等单位给予现场指导，对线路的规划设计、施工技术、建设管理、运营筹备、商务合作以及宣传推广等方面提出了建设性意见建议，有效促进了管理经验、技术经验互融互鉴，为项目顺利开展提供了强有力的支撑保障。

◆ 图14-2-1　2019年8月9日，京投公司党委书记、董事长张燕友（左七）一行参观大兴机场线建设施工进展情况

◆ 图14-2-2　2018年7月5日，北京交通大学土木建筑工程学院调研大兴机场线土建06标建设情况

◆ 图14-2-3　2018年12月2日，茅以升科技教育基金会副主任、桥梁委员会主任、中国工程院院士张喜刚（后排，左七）调研大兴机场线、大兴机场航站楼建设施工现场

◆ 图14-2-4 2020年12月1日，中国残联副主席、清华大学无障碍发展研究院管委会主任吕世明带领交通运输部科学研究院、全国无障碍专家委员会、清华大学无障碍发展研究院以及无障碍智库等相关领域专家、顾问一行20余人乘车体验大兴机场线，专题调研无障碍设施有关情况

◆ 图14-2-5 2019年8月18日，茅以升科技教育基金会桥梁委员会组织轨道专业委员调研大兴机场线

◆ 图14-2-6 2019年8月27日,市政路桥集团、华夏银行相关领导参观并体验大兴机场线试运行情况

◆ 图14-2-7 2019年8月30日,中国城市轨道交通协会调研大兴机场线

◆ 图14-2-8　2019年10月19日，福州市地铁工程建设指挥部常务副指挥长陈继鹏（左），福州地铁集团有限公司副总经理杨建国（右）参观调研大兴机场线

◆ 图14-2-9　2019年10月17日，中国工程院党组成员、副院长，中国科学技术协会副主席何华武及胡春宏、陈厚群、崔俊芝等工程院院士、韦平大师参观大兴机场线

◆ 图14-2-10　2019年9月10日，中国施工企业管理协会会长曹玉书乘车体验大兴机场线

◆ 图14-2-11　2019年10月23日，澳大利亚维多利亚州州长率团参观并乘车体验大兴机场线

◆ 图14-2-12 2019年10月31日,北京市总工会主席赵丽君、女工部部长张秀萍调研大兴机场线并慰问一线运营员工

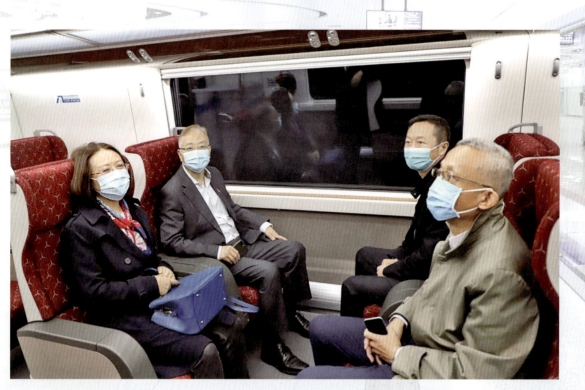

◆ 图14-2-13 2020年10月16日,中央广播电视总台亚非中心党委副书记孙景立(右一),南航华北营销中心书记、总经理邱祥文(左二)带领中央广播电视总台及南航工作人员近百人乘车体验大兴机场线

附录

一、大事记

2012年

2012年9月	国家发展和改革委批复《北京市城市轨道交通近期建设规划调整方案（2007~2016年）》。

2015年

2015年9月	国家发展和改革委批复《北京市轨道交通第二期建设规划（2015~2021）》。
2015年5月19日	北京市规划委员会《轨道交通大兴机场线规划方案的批复》。
2015年9月30日	北京市规划委员会《建设项目选址意见书》。
2015年10月26日	北京市国土资源局出具了《建设项目用地预审意见》。
2015年11月23日	市交通委出具了该项目的《社会稳定风险分析报告的审查意见》。
2015年12月4日	北京市政府正式批复新机场轨道线社会化引资实施方案与招商组织方案。
2015年12月14日	北京市水务局《大兴机场线水影响批复》。
2015年12月15日	北京市环境保护局《大兴机场线工程环境影响报告书批复》。
2015年12月31日	市发改委《关于北京市轨道交通大兴机场线一期工程可行性研究报告的批复》。

2016年

2016年9月28日	北京市规划和国土资源管理委员会《关于北京轨道交通大兴机场线一期工程初步设计的批保复》。
2016年8月12日	市交委发布新机场轨道线社会化引资项目招标公告。
2016年9月29日	市交委发布新机场轨道线社会化引资项目中标公告。
2016年11月30日	北京城市铁建召开大兴机场线联合体第一次股东会。
2016年11月30日	北京城市铁建召开大兴机场线联合体第一次高层会。
2016年12月26日	在现场召开动员大会，北段2号区间风井（中铁建）、中段1号盾构始发井（市政路桥）、南段路基段（城建）同时实现施工进场，标志着北京市第一个集投资、建设、运营为一体的轨道交通PPP项目进入建设实质阶段。

2017年

2017年3月2日	北京城市铁建在丰台区正式注册成立。
2017年3月13日	北京城市铁建召开大兴机场线第二次高层会,会议明确联合体分工和标段划分方案。
2017年3月17日	北京城市铁建向各股东发出首次注资的函,各股东该次应注资共计60000万元人民币。
2017年7月19日	北京轨道交通大兴机场线一期工程B部分委托建设管理合同正式签订。
2017年8月7日	新机场轨道线社会化引资项目特许协议正式签订。
2017年8月7日	北京城市铁建与京投公司、快轨公司正式签订建设监管三方协议。
2017年8月7日	北京城市铁建与北京轨道交通大兴机场线投资有限责任公司正式签订资产租赁协议。
2017年9月6日	举行新机场轨道线社会化引资项目银团贷款合同签约仪式。
2017年9月13日	市重大办和市交通委联合召开会议,宣布大兴机场线社会化引资项目建设期协调委员会正式成立。
2017年9月13日	财务贷款——银团1标、银团2标合同正式签订。
2017年9月15日	举行大兴机场线04标盾构始发仪式。
2017年12月12日	公司召开党支部第一次党员大会。
2017年12月20日	市重大办门扬副主任主持召开新机场轨道线建设期协调委员会第二次会议,明确建设期协调委员会各成员单位委员名单和联络人,建立A、B部分联络工作机制,明确A、B部分进度计划确认机制,以及工程变更报请机制等相关事宜。

2018年

2018年1月24日	北京银行总行行长杨书剑、城市副中心支行行长戴炜到北京城市铁建考察轨道交通大兴机场线社会化引资项目情况。
2018年3月22日	华夏银行北京分行行长李大营到北京城市铁建考察轨道交通大兴机场线社会化引资项目情况。
2018年4月3日	召开大兴机场线筹备工作启动会,标志着大兴机场线筹备工作正式开始。
2018年5月24日	高架区间共构段工作面开始移交机场高速。
2018年7月2日	市交通委王春强委员主持召开会议,研究讨论大兴机场线票价相关事宜。
2018年7月2日	北京城市铁建、北京市轨道公司与北京轨道运营公司及北京城建轨道交通咨询有限公司签订了《北京轨道交通大兴机场线一期工程联合试运转及相关服务协

	议》，由北京轨道运营公司负责开展协议中规定的大兴机场线动车调试、进驻与临管、设备设施动静态综合检测、系统综合联调、试运行等相关具体工作。
2018年7月23日	在北京交通大学召开"北京轨道交通大兴机场线货运增值服务研究"专家评审会。
2018年8月30日	中国土木工程学会理事长、住房和城乡建设部原副部长郭允冲实地查看轨道交通大兴机场线建设情况。
2018年10月16日	国资委国企绩效评价中心副主任徐赫实地调研大兴机场线项目建设情况。
2018年10月17日	公司向市交通委、京投公司正式发文对新机场轨道线PPP项目2019年可行性缺口补助资金需求进行请示说明。
2018年10月19日	北京市轨道交通指挥中心主任战明辉主持召开会议，研究大兴机场线一期及北延工程概况、一期初设专篇评审意见执行情况、北延可研专篇分组评审意见执行情况；大兴机场线行李系统、票制票价、商务车厢方案。
2018年11月22日	公司董事会、监事会成员调研大兴机场线建设情况。
2018年12月2日	茅以升科技教育基金会桥梁委员会主任、中交建设集团股份有限公司总工程师张喜刚带领桥梁委员会成员调研大兴机场线。
2018年12月2日	京山京沪节点桥完成转体施工。

2019年

2019年1月13日	最后一跨箱梁架设完成，实现高架区间桥通。
2019年1月17日	大兴机场线北磁牵引站总配外电源工程顺利实现发电,北磁总配外电源发电为后续各项设备的调试工作提供了保障，同时为大兴机场线顺利开通提供了基础保障。
2019年1月25日	大兴机场线路基段停车场热滑试验顺利完成，标志着路基段停车场已具备行车条件，为大兴机场线全线动车调试及按期开通试运营奠定了坚实的基础。
2019年1月29日	大兴机场线列车"白鲸号"首次亮相。
2019年2月16日	最大直径8.8m盾构机"筑梦号"1号盾构机在大兴机场线06标右线实现贯通。
2019年2月23日	北京轨道交通大兴机场线08标3号风井至草桥站盾构区间双线贯通。
2019年3月6日	北京城市铁建印发《关于印发2018年北京新机场轨道线劳动竞赛奖励》的通知。
2019年3月12日	国家发改委副主任、北京新机场建设领导小组组长胡祖才调研大兴机场线。
2019年3月12日	大兴机场线样板段（K3+961-K10+000,含北航站楼站）冷滑试验顺利完成。
2019年3月15日	大兴机场线样板段热滑试验顺利完成。
2019年3月16日	大兴机场线样板段实现动调。
2019年3月25日	设备设施人员开始进驻临时停车场（路基段停车场），标志大兴机场线运营

	筹备工作进入新的阶段。
2019年4月14日	高架段长轨贯通。
2019年4月18日	召开《长距离隧道盾构快速掘进综合技术研究》课题专题会。
2019年4月29日	站务人员进驻北航站楼站,实现了4月站务部开始进驻的目标。
2019年5月6日	站务人员开始进驻磁各庄站。
2019年5月8日	大兴机场线高架段(K10+000—K25+740)冷滑试验顺利完成。
2019年5月13日	站务人员开始进驻草桥站。
2019年5月14日	大兴机场线高架段(K10+000—K25+740)热滑试验顺利完成。
2019年5月18日	全线实现短轨贯通。
2019年5月23日	全线实现长轨贯通。
2019年6月1日	大兴机场线K25+740—K30+155(含磁各庄站,为样板段增加的测试区段)冷滑试验顺利完成。
2019年6月2日	大兴机场线K25+740—K30+155(含磁各庄站,为样板段增加的测试区段)热滑试验顺利完成。
2019年6月4日	在市交通委,召开大兴机场轨道线票制票价社会稳定风险评估研究报告专家评审会。
2019年6月5日	全线400V电通。
2019年6月7日	全线联锁系统开通。
2019年6月9日	全线传输系统、无线系统开通。
2019年6月11日	全线冷滑完成。
2019年6月12日	完成磁各庄站至草桥站区段热滑。至此,全线已具备动调调试条件。
2019年6月15日	开始空载试运行。
2019年7月7日	大兴机场线进行上、下行160km/h的提速测试,最高速度达到176km/h,动车调试进入新阶段。
2019年7月24日	大兴机场投运总指挥部总指挥刘雪松、宋胜利带领首都机场集团公司相关领导调研大兴机场线草桥站。
2019年7月24日	大兴机场线在轨道交通控制中心开始运转。
2019年7月26日	北京发改委副主任崔小浩、市交通委委员王春强共同主持召开会议,研究轨道交通大兴机场线草桥站设置简易城市航站楼事宜并现场调研。
2019年7月26日	东方金诚国际信用评估有限公司正式出具公司信用等级通知书,评定结果AA+。
2019年8月2日	发改委和交通委组织市人大、政协委员代表到大兴机场线调研票制票价工作。
2019年8月9日	中国城市轨道交通协会创始会长包叙定、常务副会长周晓勤、副会长兼秘书

	长宋敏华一行实地考察大兴机场线联调联试情况。
2019年8月9日	京投公司党委书记、董事长张燕友带队调研大兴机场线投资建设及运营筹备工作。
2019年8月12日	大兴机场线开始按图行车测试。
2019年8月15日	公司与轨道运营公司正式签订大兴机场线委托运营协议。
2019年8月15日	大兴机场线票制票价方案向社会公示。
2019年8月24日	北京市政府领导到大兴机场线调研。
2019年8月19日	北京大兴国际机场城市航站楼草桥站空轨联运产品发布会召开。民航局运输司副司长廉秀勤等嘉宾出席发布会。
2019年8月21日	交通运输部运输服务司副司长王绣春带队赴大兴机场线就初期运营前安全评估及动态综合检测工作开展现场调研。
2019年8月24日	市委书记蔡奇乘大兴机场线列车到大兴国际机场检查通航前服务保障工作以及大兴机场线运营筹备情况。
2019年8月25日	丰台区区委书记徐贱云带队赴大兴机场线草桥站就交通接驳事宜进行现场调研。
2019年8月26日	杨斌副市长调研大兴机场线，实地查看草桥站施工工地、物料堆放场所、站厅层施工现场等作业场所，并现场召开调度会。
2019年8月30日	市国资委党委书记、主任张贵林带队到大兴机场线调研。
2019年8月31日	全国政协副主席、国家发展改革委主任何立峰赴大兴机场线调研。
2019年9月2日	杨斌副市长带队调研大兴机场线草桥站，市交通委副主任王兆荣，市重大项目办副主任门扬，丰台区委书记徐贱云，轨道公司党委书记、董事长吴宏建等相关人员参加调研。
2019年9月5日	北磁主所一路正式电源发电成功。
2019年9月6日	完成正线工程档案验收。
2019年9月9日	全线竣工验收。在市政路桥集团大兴机场线一期05标磁各庄站项目部会议室，召开大兴机场线一期工程竣工验收大会。
2019年9月11日	大兴机场线初期运营前安全评估问题整改复检工作顺利完成。
2019年9月12日	大兴机场线初期运营前评估评审会顺利召开。
2019年9月12日	大兴机场线具备开通试运营条件。
2019年9月16日	杨斌副市长赴大兴机场线草桥站调研，现场察看地铁周边交通状况及值机办理流程和车辆运行情况。
2019年9月18日	在轨道公司，召开"行李托运系统运输过程设备、设施验收标准"专家评审会。
2019年9月19日	北京市国资委巡视员翟贤军调研大兴机场线。

2019年9月25日	中共中央总书记、国家主席、中央军委主席习近平来到大兴机场线草桥站,考察北京市轨道交通建设发展情况和大兴机场线运营准备情况。随后,乘坐大兴机场线列车前往北京大兴国际机场,在途中详细询问轨道列车的设计制造和票价、行李托运、同其他交通线路衔接等情况。
2019年9月26日	大兴机场线正式投运。
2019年9月27日	联合人民日报社在大兴机场线及车站拍摄《我爱你中国主题列车》快闪。
2019年10月10日	公司会同京投公司、轨道公司、轨道运营公司初步完成建管公司代建A部分以及B部分土建设施贴码与现场核验移交工作。
2019年10月18日	由中国工程院土木、水利与建筑工程学部主办的"建筑师对话结构师国际论坛"参会者参观大兴机场线,参观人员有工程院何华武副院长、院士,胡春宏院士、陈厚群院士、崔俊芝院士,北京城市铁建副总经理、总工程师金奕陪同。
2019年10月23日	澳大利亚维多利亚州政府安德鲁斯州长及代表团访问北京,在国家发改委国际司副司长高健的陪同下调研大兴机场线。
2019年11月1日	磁各庄车辆段冷滑顺利完成。
2019年11月4日	磁各庄车辆段热滑顺利完成。
2019年11月15日	公司召开庆祝大兴机场线开通暨新中国成立70周年系列活动表彰座谈会。总经理陈曦做总结讲话。
2019年11月15日	北京轨道运营公司进驻磁各庄车辆段。
2019年11月19日	大兴机场线首笔可行缺口补助按特许协议约定汇入公司银行账户。

2020年

2020年5月15日	北京轨道交通大兴机场线一期工程评为2019年度市政基础设施结构长城杯金质奖工程。
2020年8月13日	《智造"白鲸号"城轨树新标——解析北京轨道交通大兴国际机场线》正式出版。
2020年9月3日	京投公司党委副书记、总经理郝伟亚一行调研大兴国际机场线运营情况。
2020年9月4日	大兴机场线客运量突破3万人次,达到30426人次。
2020年9月24日	大兴机场线四编组列车上线试跑。
2020年9月26日	大兴机场线四编组列车载客运营。
2020年10月16日	《北京大兴国际机场线中型盾构长距离高效掘进综合技术》正式出版。
2020年11月6日	大兴机场线客运量达到39545人次,为线路开通以后的最高值(截至2020年11月10日)。

二、参建团队展示

● 北京城市铁建轨道交通投资发展有限公司

第一排左起：孙静、戴克平、金奕、陈曦、王广银、贺宝志、汪子美、陈南凤
第二排左起：赵安、宋继伟、肖辰斐、邢丹芳、樊雅丽、李琳、李琦、李芸霞、张潇允、李娜、宋佩佩、肖晓琳、马立秋
第三排左起：欧纯旭、孔德昕、丁方兴、王鹏、沈颀、司凤光、刘世珣、胡向科、支海虹、高嘉慧

第一排左起：刘滨、汪子美、金奕、陈曦、王广银、京投公司田广军、陈南凤、王朝阳
第二排左起：孔德昕、赵永康、肖晓琳、樊雅丽、邢丹芳、李琦、宋继伟、高嘉慧、李芸霞、欧纯旭、肖辰斐、刘依琳、李娜、丁方兴
第三排左起：王苏里、胡向科、王鹏、赵鹏、张兵、支海虹、司凤光、史辰、刘世珣、王睿、赵安

● 北京市轨道交通建设管理有限公司

企业发展资源总部

前排左起：王秀华、徐萌、李波、庆晓华、陈曦、寅燕燕、韩志伟、王毅宏、陈若芸、赵墨竹、季晓安
后排左起：刘蔚萌、熊晓琳、鲁林、郑宝魁、王海波、王小强、周雁、刘映池

大兴机场线指挥部办公室

左起：刘宏涛、许景昭、赵玉儒、赵浩辰、贾庆箭、唐汐、刘天正、任雪峰、刘永旗、张昊、张乃文、杨爱超、杨福永、刘阳

规划设计总部

第一排左起：赵荣琴、高银鹰、李宏安、路宗存、李振东、李祥、张春英、贺艳
第二排左起：孙志浩、李宜芳、于卿、吴彬、李泽慧、李亚铁

计划调度总部

左起：石司然、郎一兵、王斌、王帅、崔海涛、范方磊、尹超、吴为

前期总部

左边：袁烽智、张贺、肖俊、张宇、李凤豹、陆群、武润利、刘刚、王铁成、庞勃

设备管理总部

第一排左起：李寒松、王晓智、陈卓、王颖、王进、张世勇、韩志伟、张艳兵、王道敏、王征、李晓刚、郑然、杜薇
第二排左起：庞颖、王玉珏、翟宇昕、潘皓、李克飞、沈强、张传琪、赵立峰、李永政、张毅、蔡京军
第三排左起：赵鹏、杜智恒、张强、胡禹曦、王栋、张赛、刘世钊、李京威、吕文龙、石熠、张宝、白君岩、朱义兵

安全质量监察总部

第一排左起：周丹、王霆、许景昭、骆磊、吴精义、赵斌、张瑜、朱厚喜、王连友、杨颖
第二排左起：李倩倩、李汉青、宋宇、童松、林麟、张盼

安全监控中心

左起：李振东、杨开武、孙长军、赵智涛、张豫湘

合同管理总部

第一排左起：贾艳娥、闫朝霞、王一渌、张爱萍、杨俊玲、李婧、李健、刘邓军、于咏雪
第二排左起：陈其华、刘凤、柴筱琼、代军峰、李洪波、聂志理、包明爽

财务总部

第一排左起：张寅、马欣、方琼宇、苗欣亚、孙九玲、陈继忠、陈兰萍、邓晖、王超智、刘小平、王万成
第二排左起：侯方瑞、刘旭尔、俞俊、王小辉、吴唯、赵明旸、尚利华、许凯、赵斌

运营管理总部

第一排左起：马振超、郭熹艳、虞雍、石宁宁、金佳敏
第二排左起：赵杰、刘卜、郭本刚、李良、郭旭（轨道咨询公司）

总工程师办公室

左起：翁雪飞、陈明昊、李元凯、黄齐武、罗富荣、徐凌、朱胜利、孙琦

纪检监察部

左起：庆硕、邢江浩、张波、张树森、王魁宇、单明俐、王辰

第三项目管理中心

第一排左起：夏芸芸、高晋芳、邹文慧、余玉莲、周轶、苏靖、曹钰童、王铭程、王翠利、周海芸、郝鹤、李红玉、刘丽、姜艳、田彩英、王海茹、吴瑞雪、张郢、王力勇

第二排左起：李付昊、韩卫国、田超、樊庆鹏、刘旭、白波、宋志勇、许亚斋、张志伟、王伟、车路军、万俊、缴志刚、刘国庆、范永盛、何庆奎、曹伍富、程贵锋、郝钢、代维达、黄永涛、王子文、李强、徐祺、苏立勇

第三排左起：刘超、马松、耿佳旭、张疆、刘志伟、王峰、李子沛、罗龙、倪守睿、高超、宗庆才、孙健、寇鼎涛、樊湘、初士立、张默、黎小辉、薛松、李明、王冰、任立涛、赵建峰、赵彩俊、阎琰

参建未参加合影人员：崔晓光、代永双、马笑松、张利、韩江波、张君、许志强、路清泉、李峻峰、王定坤、王海燕、姚欣、朱晓晖、李占然、王鹏、金启福

● 北京城市快轨建设管理有限公司

第一排左起：周喜强、章铭然、张春旺、何孝贵、曲钢、王铎
第二排左起：尹岳、肖帅、韩洁、肖钢、黄静、滕忻利、闫东东、刘建辉

● 设备集成项目：北京市轨道交通运营管理有限公司

第一排左起：孙建鑫、王燕、黄倩、苏建新、王京津、朱晓姣、魏薇、宋立峰、田宇、张强、崔娜、王兰珍、姚学蕊、张川、何友桥、王元元、聂曦瑶
第二排左起：范晓静、曾子涵、陈彤、王永、韩顺程、黄守权、宋刚、张硕、兰天宇、刘晓宇、刘大鹏、李乔明、徐流、王洪彦、黄雪、赵莹、石岸宁、乔中辉
第三排左起：洪昱、张伟、司晓义、赵亮、冯晋岭、苏利戈、洪鹤鹏、赵东挈、李绅、邹瑞国、杨璐、贺诚、周方良、田溪、董建明、李宾涛、豆传勃

设计单位

01标：北京城建设计发展集团股份有限公司设计人员合影

第一排左起：张俊明、边克军、刘坤林、王锋、夏瑞萌、姜传治、张良焊、沈小洵、房明、郑杰、尹杰
第二排左起：张翀、李荻、贺晓彤、谢彤彤、潘瑞英、李英杰、刘晓波、汪烨、刘雨薇、赵芜、曾亚奴、高莉萍、牛淑霞、周菁、张丽君

02标：北京市建筑设计研究院有限公司设计人员合影

左起：杨玥、蔡会衡、王英侠、李晖、周钢、束伟农、张博、石昇、方荣

02标：中铁第六勘察设计院集团有限公司设计人员合影

左起：杨斌斌、刘志广、张金伟、唐云沙、徐骞、康宁

03标：中铁工程设计咨询集团有限公司设计人员合影

部分设计人员合影：
第一排左起：蒋洁菲、吴荣燕、李先婷、李辉、张安琪
第二排左起：杨喜文、李圣强、崔俊杰、宋月光、张付宾、黄伟亮
第三排左起：杨申、简方梁、韩晓方、冯祁、张崇斌、刘浩、李响

04标：中铁第五勘察设计院集团有限公司设计人员合影

第一排左起：刘培龙、裴晓颖、郎瑶、贾世涛、李平定、高煌、李长安、窦瑶、麻志利
第二排左起：殷广越、冯彦林、徐志森、刘雪斌、周丁恒、张鹏

06标：北京城建设计发展集团股份有限公司设计人员合影

左起：黄赫、尹杰、李荻、潘瑞瑛、李英杰、房明、何岳

07标：天津市市政工程设计研究总院设计人员合影

第一排左起：崔庆刚、张建琴、梁大坚、李爱民、周作顺、赵丽君、王文军、陈万成；
第二排左起：孙明国、边可、李斌、王新野、罗皓、张锦鹏

11标：北京市轨道交通设计研究院设计人员合影

第一排左起：张小雁、马衡、刘欣、李嘉俊、陈慧珊、张玉芳、婧娜、郭蕊莲、张红、曹向静
第二排左起：陈敏、徐彪、董剑锋、吴举、阮巍、王盛、周杰、李诚智、陈俊天、周广浩、管晓东

12标：中铁工程设计咨询集团有限公司设计人员合影

左起：骆焱、禹雷、刘玮、乔神路、张东凤、杨松、冉蕾

13标：中铁第六勘察设计院集团有限公司设计人员合影

左起：吴云飞、苏光辉、皋金龙、樊春雷

14标：北京城建设计发展集团股份有限公司设计人员合影

第一排左起：郭玉静、杨晓娟、何瑞兰、张良烨、牛淑霞、王玉、刘晓波、赵亚丽
第二排左起：周明月、郭光玲、唐世娟、褚海容、郭温芳、曹旸、刘坤林、康艺、汪烨、赵辰、黄云峰

15标：北京全路通信信号研究设计院集团有限公司设计人员合影

左起：鲜力岩、杨艳艳、王珊珊、周慧茹、李金峰、张帆、张东辉

● 装修单位

装修01标 深圳广田集团股份有限公司

左起：赵晨旭、韩再宇、侯丽妍、张奇琪、郑如新

装修02标 深圳市利德行投资建设顾问有限公司

左起：冯利园、赖华举、叶志田、谭政、赵善宁、廉晓霞

● 监理单位

土建01标总监办：中咨工程管理咨询有限公司

第一排左起：付道银、卢金培、段秋龙、王俊超、贺亚坤、苏超、王伟娇、伊建峰
第二排左起：白禹、李峰、董震永、冯耕琨、张晓宇、党嘉东、张志江、夏文龙、王帅、孙晓光、谢博宇

土建02标总监办：北京双圆工程咨询监理有限公司

第一排左起：刘若宏、曹忠民、刘建伟、王皓、曹军锋、韩立波
第二排左起：李合新、张超、李岩丽、刘革亮、肖永启、王肖寒、于银伟
第三排左起：时寅、邹燕龙、王伟、唐兴金、李培坤、尉志杰、黄遵伟、魏中云、李杰
第四排左起：张伟、卢书栋、赵爱国、史志猛、高东航、杨汉列、鲜永斌、刘帆

土建03标总监办：北京逸群工程咨询有限公司

第一排左起：贾玲霞、张欣欣、王俊英、周建斌
第二排左起：王浩进、张燕军、杨威、白殿涛、陈智平、王涛（总监）、陈彦峰（总代）、张恒庆、历明磊、汪景、李家豪
第三排左起：彭海全、杨卓、汪洋、杨玉国、张鑫、赵国铭、高志强（副总经理）、陈伟、马健、李俊萱、吴伟东、张志峰、赵鑫、刘伯奇

土建04标总监办：四川铁科建设监理有限公司

李文军、刘振松、李磊磊、赵新亮、李霞、张浩寒、吴元勋、孟祥英、宋少秋、石庆丰、任明阳、陈小雪、李轩、王鹤、李安杰、常建平、金继新、赵耀、胡巧霞、王柏清、郝向婷、宋乔、石俊杰、朱文龙、王云龙、秦玉轩、陈诗洋、肖国庆、胡飞飞、王军

供电及综合监控系统设备安装工程监理：
中铁华铁工程设计集团有限公司

右起：仵占海、江志忠、李彦东、朱雅颂、孙世礼、王亚清、王翠

轨道（含疏散平台、声屏障）监理：
铁科院（北京）工程咨询有限公司

左至右：赵梦拴、董伟、崔琪、姜延丹、牛瑞达、刘力、白建超、国爱勤、林子健

全线通信、信号、AFC、车辆工艺设备监理：
铁科院（北京）工程咨询有限公司

第一排：郑军、王邦彦、易彦成、董亚乐、李甲玑、李红、袁明
第二排：王建文、胡文选、苏越、马钊琦、甄宇桐、李佳宁、冯志强

全线机电（含FAS\BAS\含站台门）监理：
天津市路安电气化监理有限公司

左起：段振飞、申珂、董光耀、宋玉申、张君

总监：曹伟（左二）

全线人防工程监理：上海天佑工程咨询有限公司

人防总监办共7人，总监：赵正文；总监代表：秦晓光；专业监理工程师3人；监理员1人；资料员1人

● 施工单位

土建01标：北京城建集团

第一排左起：赵志强、宋东亮、相咸武、张有礼、孙广胜、魏有意、孟庆洪、司春花、郝云花
第二排左起：陈玉芳、王保林、葛天海、李国才、王玉龙、白鹭、王晓琴、张升媛
第三排左起：葛达杰、何立明、周宝财、裴立安、李俊萱、宋忠洲、曹明强、解小征、李胜斌、钟作文、秦好明
第四排左起：李瑞祥、杨志超、庞东凤、谭鹏、高楚君

土建02标：北京城建集团

第一排左起：刘景英、刘惠元、李秀英、崔合平、赵加荣、曹立艳、王瑞晓、赖勋卿、王璐、刘潇萌、罗静、常英俏
第二排左起：吴春霖、于啊辉、时金斌、吴广甫、苏靖、郭勇夫、姚自然、涂海毅、谢希英、沈学林、周成龙、李铄、安景义
第三排左起：王海军、董雨泽、张光静、任文博、黄宇、高崇旭、程宁亮、王凯、崔立新、朱从东、岑进仓、高庭瑞、邓礼鹏、李志永

土建03标:北京市政路桥股份有限公司

第一排:耿锦茜、王冬媛、王艳红、李博森、宁伟、秦丹、李丽华、袁伟强
第二排:徐瑞棠、王振、安红卫、冯思琪、张建伟、王胜、裴九超、刘新源

第一排:王月、刘颖丹、王颖、李慧、贾湘旭、李换超、周祉欣、李航、李向娟、杜广敏、王怡、汪静一
第二排:周俊杰、梁胜、戴志胜、冯力、方扶、曹伟光、谭彬杰、张鹏、李彬伟、白成、李广有、张宝强、侯磊、张德金、赵腾跃
第三排:孔维旭、郑世元、戴斌、戴瑞泽、董畅、张海蛟、王嘉诚、宋有天、王雨琪、石坚、尹占伟、孟英杰、绳启源、李响、胡云博、王强、张聪、李浩然、李春筱、李云鹤、 席正平

土建04标：北京市政路桥集团

第一排从左到右：王文英、王晓婵、景秋莲、刘梦、范晓霞、曹颖、冉玲、胡光杰、朱水鹏
第二排从左到右：赵智勇、赵东华、张永青、张志刚、张新全、赵常江、杜博然、宁爱国、夏瑞君
第三排从左到右：赵新生、张国良、刘俊良、徐雪飞、何国铜、孙文智、杨彬

土建05标：北京市政路桥集团

第一排左起：吕雪莹、陈月、史志香、宋贺臣、夏宝坤、李雪、卢长亘、赵瑾、李水平、吴美荣、王婷
第二排左起：贾铖成、刘文光、高百安、吴棒棒、黄玉健、张兴、高杰、李雨晨、师军雷、赵杨、刘越

土建06标：北京城建集团

第一排左起：孙英超、王朋、尉平五、魏晓光、高颖、张焘、李彦飞、王大路、胡强、贾明伟、白银、费博
第二排左起：王泽如、杨仕宇、楚丹丹、肖燕方、杨凯、刘义、周刘刚、刘双全、郭建文、宋大勇、刘琦、李文忠、龙长喜、黄京健
第三排左起：李鹏飞、谭全胜、李建宇、王方勇、王忠华、宋祥林、汝海龙、孟伟、樊杰、孙金龙

土建07标：中铁十四局

第一排左起：马秋丽、孙莹莹、王玉娜、隋晓燕、于燕、刘媛媛、李菲、刘洪坤
第二排左起：邵仕功、杨佳乐、张曦、张国伟、赵树才、高洪吉、张存诚、王瑞颖、刘清修、韩聪聪、姜波
第三排左起：何中勋、刘迪、牛广军、王继凯、黄鑫、徐博文、王霆、张伟
第四排左起：苗春平、谷恒阳、李文灏、郝方、景晓东、王浩

第一排左起：张学鹏、张哲、苑宝红、宋晓允、南瑞琼、朱继燕、邹建洲、顾倩倩、王枣娟、郑瑜、宋剑锋、于潇
第二排左起：马小超、李先盛、王昆、袁凯、贾汝领、何永强、卢江龙、吴吉振、贾建彬、王爱通

土建08标：中铁十二局

李宇、花相明、常鑫、贾智明、王利波、李勇、王光锐、张兴龙、唐洪尧、袁康磊、姚鹏飞、罗浩、苏新杰、李鹏、赵崇凯、王星宇、熊飞、叶志强

土建09标大兴机场站：北京城建集团

第一排左起：单勤、杨长在、王小平、赵辉、刘瑞光、毛广利、李巍、崔为前
第二排左起：王好礼、潘振涛、陈发珍、刘子谦、邹俊、黄克强、陈鹏、马志明、崔友贵

土建09标车辆段：北京城建集团

第一排左起：肖志强、贾明伟、朱建辉、马贵、葛金凤、李莉、安雨亭、刘欣、李立京、苑晓敏、刘小春
第二排左起：宫正一、于英杰、陈靖、贺永跃、邢兆泳、王慧斌、吴伟、韩红卫、董明祥、张元成

草桥站：中铁二十三局

第一排左起：罗程、武俊杰、何继华、杨西富、肖毅、王后高、方业飞、黄家奎、周一博
第二排左起：顾云龙、王鹏飞、姜潇、陈建平、王占成、刘建君、徐振勇、代宗灿、李英辉

● **试验检测单位**

见证试验01标、02标：北京市政路桥锐诚科技有限公司

第一排左起：杜炳伶、张海英、单丽杰、李晴、孙晓平、付萍、郭珊、杜丽妹、陈琳、武香云、尹思源
第二排左起：陈昊岳、舒睿、郑长增、范跃文、裴云峰、马占超、姜阳、李妍妍、何伟
第三排左起：卫琪林、吴磊、丁向东、胡森、白玉龙、李峥、杨涛、周梦楠

见证试验03标：北京市建设工程质量第三检测所有限责任公司

第一排左起：李东海、朱洪军、王彬、王晓东、张海燕、崔文镇、崔宁、刘祖军
第二排左起：胡一鸣、丁勇、邹阳、钟海涛、张世修、张磊、刘二冰、杜玲霞

地基基础检测01标：北京中勘国检工程技术有限公司

第一排左起：高雪峰、李世茂、王新远、许筱、李春贵、黄士龙、杜文举、闫飞、何晓东
第二排左起：单秋雨、李亚飞、张建强、程道伟、徐国忠、王生俊、陈伟、张献伟、张自强、刘伟健
第三排左起：赵新菊、程雅靖、囊金丽、肖立华、杨丽、郭晔、刘同文、李春晖

地基基础检测02标：北京铁五院工程试验检测有限公司

左起：王帅、王天星、谢昭晖、陈清、刘兰利

地基基础检测03标：北京市建设工程质量第三检测所有限责任公司

左起：张恒源、胡运、殷廷记、温建鹏、李震

主体结构检测01标：北京建业通工程检测技术有限公司

第一排左起：董洁、阵松洲、王婷婷、刘清、段丁丁、丁洋、石明静、高明月、刘春雪
第二排左起：刘磊、于士恒、吕方新、王金川、李晓、曾新霞、吴宝玲、吴宝双、刘新娜、陈佳悦、孔梦妍、龚丽娟、高景斌
第三排左起：柴刚全、于梁、刘京峰、王赞、姜鹏浩、卢玉秀、安杰飞、白东海、张美松、袁凯、赵欣淮、宋博、郑学静
第四排左起：陈百瑞、张红瑞、周晓东、白超然、周晓龙、刘新阳、王健、周云响、顾家臣、韩兴、石鹏、贾家琪、胡章、廖礼平

主体结构检测02标：北京环安工程检测有限责任公司

第一排左起：陈秋霞、王玲、王新泉、幸坤涛、张文革、惠云玲、郭小华、张旭、于英俊、管亚辉
第二排左起：聂劲、徐吉民、冷秩宇、李忠煜、辛雷、赵道军、周景超、韦绍亮、赵晓青、冯绍攀、孟灵勇
第三排左起：李豫明、崔正涛、尹贻海、关键、陈佳宇、陈忆楠、毕登山、崔春雨、杨建平、张家尊、贾占坤、薛善刚

磁各庄车辆段钢结构工程检测：北京环安工程检测有限责任公司

第一排左起：朱建伟、麻洪轩
第二排左起：何甲育、廖延圆、杜小虎、杨淑艳、王鹏
第三排左起：王永艳、毛健、梅钢、丁力前、孔祥利、李君、巩婕、索宁

北航楼站及临时停车场质量检测：北京市建设工程质量第三检测所有限责任公司

左起：王喻涵、温建鹏、蔡佳龙、常志红、胡运、魏西坤

第三方监测单位：北京城建勘测设计研究院有限责任公司

江玉生、杨志勇、侯公羽、江华、孙正阳、白志强、谢文达、景晨钟、房宽达、丁彦杰、漆伟强、邵小康、杨星、门耀文、郑尧夫、唐飞鹏、李继东

● 轨道施工单位

轨道01标：中铁十二局

第一排左起：韩奉廷、赵宇豪、高林龙、张小亮、杨郑、郑世杰、韩磊、刘爱雄
第二排左起：屠红飞、侯信龙、梁晓超、张玉、韩学良、程俊斌、何建发、陈卫、张智

轨道02标：中铁十四局

第一排左起：尹义东、安孟秋、代继斌、曹学农、轩辕坤、刘英超
第二排左起：邵浩洋、宋超、张建民、贺天时、符天恒

轨道03标：北京城建集团有限责任公司

第一排左起：朱建辉、郝冲、王海燕、冯佳慧、邹立新、王建珍、高慧芳、阮建鑫
第二排左起：黄智光、柳磊磊、黄松、刘武、周厚联、史东明、刘鑫、凌柏峰、刘小春

● 设备及安装单位

电客车辆：中车青岛四方机车车辆股份有限公司

北京市交通委及轨道公司领导在生产现场视察模型车

交委领导：王春强（前排左起第1个）

轨道公司副总经理兼轨道运营公司总经理：韩志伟（后排左起第4个）

轨道公司总经理：丁树奎（前排左起第3个）

轨道公司副总工程师及车辆部部长：张艳兵（前排左起第5个）

新机场线一期工程电客车辆合同谈判启动会

项目经理：张建国（右排右起第1个）、技术总负责人：梁君海（右排右起第5个）、商务经理：李倩（右排右起第2个）、设计经理：王学亮（右排右起第6个）、售后经理：冯全克（右排右起第3个）、技术总体负责人：于大伟（右排右起第7个）、项目总负责人：宋拥军（右排右起第4个）、技术电气负责人：尹守志（右排右起第8个）

机电01标：北京城建集团有限责任公司

左起：舒欣、刘成、徐栋、刘勇、张宝山、李振威、刘云飞、赵书亮、王超、王怀朋

机电02标：北京市政建设集团有限责任公司

第一排左起：陈平、于湛、魏雄阳、孙俊健、宋长伟、邵山、王志强、王亮、张新杰
第二排左起：孙军、李进、刘永祥、赵杨、吉时雨、董仁湖、刘越、王玉杰、胡建军、孟红志、安洪新、易桂鑫、谢蔷、常爱文、李晓璐

机电03标：中铁十四局

第一排左起：曹振、魏文龙、张东、杨瑞、牛晓军
第二排左起：李莉、刘硕、李天德、陈国瑞、丁珑、李鲁吉、李林生、张晋华、仲毅
第三排左起：张龙、杨乐林

全线供电及综合监控设备安装：中铁十二局集团有限公司

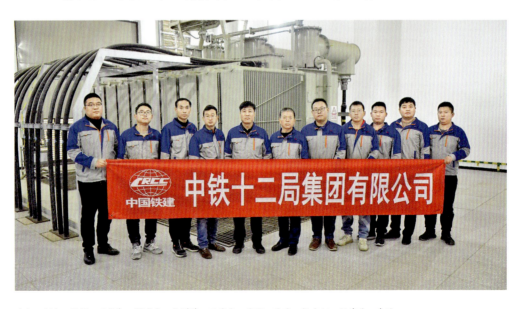

左起：彭克、张禄、王晓勤、缪嘉杰、韩悌斌、王瑞才、扈强、裴冲、杨方旭、胡建伟、李浩

全线通信、信号、AFC系统设备安装：中铁十四局集团有限公司

第一排左起：姜立峰、于洁、高辉、蔡传洋、唐沂伟、张永、张东、郎李伟、赵连宁
第二排左起：吴襄渝、路翠红、李莉、孟昊德、程其明、杨小庆、赵会永、田世超
第三排左起：李红、陈宇

全线FAS系统设备安装项目：北京城建安装集团有限公司

左起：石阳、边俊豪、赵金祥、庄枢臣、王京、张哲、王立文、朱学超、李凤伟、董振生

动车调试服务商：中铁电气化局集团第一工程有限公司

左至右：项目经理高须贤、项目书记李增利、项目总工孙庆斌、项目副经理李佳楠

第三方独立安全评估：莱茵技术（上海）有限公司

安全评估团队（左至右）：交控公司马琦、交控公司牛莹、交控公司熊玉姣、轨道公司 杜薇、TUV莱茵公司闫晓霞、交控公司孟建琪、项目经理陈光智、评估专家孙宁

全线人防工程项目：中铁第五勘察设计院集团有限公司

左起：张红梅、刘畅、王东旭、张伟刚、吴云飞、孙继元、张众锴、陈唯

编 后 记

  最近十几年，中国城市轨道交通工程发展迅猛，通车里程、客运量、科研成果、新技术应用等各项指标，都在世界上名列前茅，其中有些指标遥遥领先。从最早的"地下铁道"工程时代，发展到目前多制式、多线路、多功能，全面发展的城市轨道交通时代，给广大城市轨道交通建设者提供了广阔的舞台。全国各城市轨道交通建设者充分发挥自己的聪明才智，以城市轨道交通事业的高速发展，为国家崛起和社会进步，贡献着自己的力量。

  顺应中国的城市化进程，满足不断扩大的城市对城市轨道交通工程提出的更高标准、更苛刻的要求，进一步提升城市轨道交通能力，满足日益增长的人民群众出行要求，更好地服务城市中生活的人们，是摆在全体城市轨道交通建设者面前的课题，中国的城市轨道交通工程建设者们忠实地履行了自己的使命。

  北京轨道交通大兴国际机场线，有效地保障了新建的大兴国际机场与北京城区的交通需要，是一条服务于航空旅客出行的专用轨道客运线路，这条线路从建设伊始，便制定了较高的标准，对标世界各国机场专线，对标航空旅客出行需要，从规划设计到工程实施以及运营服务，高标准，高起点，高水平，借鉴和引用我国轨道交通领域近年来取得并应用的多项先进技术，进一步开拓创新，保质保量，按时完成了工程建设任务。北京轨道交通大兴国际机场线开通以来，受到了党和国家领导人的关注，获得了乘客、媒体、轨道交通行业等社会各方面的广泛好评，基本实现了"新国门第一线"的既定建设目标。

  为了更好地总结北京轨道交通大兴国际机场线工程建设中的经验，全过程记录建设历程，鼓励及鞭策参与工程的广大建设者更加努力地投身轨道交通的建设工作，北京城市铁建轨道交通投资发展有限公司根据国家发展改革委的相关要求，组织参与北京轨道交通大兴国际机场线工程建设的相关单位和人员编写了《国家交通重大工程档案·北京篇——北京轨道交通大兴国际机场线工程》一书。一方面，全面总结工程建设的相关经验，回顾与反思建设的过程，另一方面，把工程建设中的经验、体会通过此书予以分享。我们希望，通过全体城市轨道建设者的不断努力、共同拼搏，继续推进工程建设，为国家的发展、为实现两个一百年的奋斗目标，作出自己的贡献。

  由于水平有限，书中不免存在一些不足，欢迎大家提出意见，不吝赐教。

北京城市铁建轨道交通投资发展有限公司

《国家交通重大工程档案·北京篇——北京轨道交通大兴国际机场线工程》编委会

2021年2月9日

图书在版编目（CIP）数据

北京轨道交通大兴国际机场线工程/《国家交通重大工程档案》编辑部编著. —北京：人民交通出版社股份有限公司，2021.9
（国家交通重大工程档案. 北京篇）
ISBN 978-7-114-17631-9

Ⅰ.①北… Ⅱ.①国… Ⅲ.①城市铁路—道路工程—工程档案—北京 Ⅳ.①U415②G275.3

中国版本图书馆 CIP 数据核字（2021）第 188691 号

Guojia Jiaotong Zhongda Gongcheng Dang'an · Beijing Pian——Beijing Guidao Jiaotong Daxing Guoji Jichang Xian Gongcheng

书　　名：国家交通重大工程档案·北京篇——北京轨道交通大兴国际机场线工程
著 作 者：《国家交通重大工程档案》编辑部
责任编辑：赵瑞琴　齐黄柏盈
责任校对：孙国靖　扈　婕
责任印制：张　凯
出版发行：人民交通出版社股份有限公司
地　　址：(100011)北京市朝阳区安定门外外馆斜街3号
网　　址：http://www.ccpcl.com.cn
销售电话：(010)59757973
总 经 销：人民交通出版社股份有限公司发行部
经　　销：各地新华书店
印　　刷：北京地大彩印有限公司
开　　本：787×1092　1/16
印　　张：52.5
字　　数：943千
版　　次：2021年9月　第1版
印　　次：2021年9月　第1次印刷
书　　号：ISBN 978-7-114-17631-9
定　　价：412.00元（含两册）

(有印刷、装订质量问题的图书由本公司负责调换)